21
世纪经济管理类精品教材

战略管理

研究注记·案例

（第3版）

黄丹◎编著

Strategic Management:
Research Notes & Cases

清华大学出版社
北京

内 容 简 介

本书在第 2 版的基础上做了较大的修改，更新了大量案例和阅读材料，将一些中国最新的管理实践与理论体系很好地结合起来，使这一版充满了时代感。同时，本版书基于战略管理实践操作的需要，对原有的理论体系进行完善，填补了许多理论缝隙，也使概念更加精准，极大地提高了本书理论的丰富度与细致度。本书共分四篇：第一篇包括第一、二章，介绍战略管理的基本概念和逻辑；第二篇包括第三、四、五章，介绍公司层战略制定的相关理论与方法，包括内、外部环境分析，战略的匹配与评价选择等内容；第三篇包括第六、七、八章，分别介绍竞争战略、竞争优势的培育及动态竞争战略的内容；第四篇包括第九、十章，分别介绍战略实施和战略评价与控制。本版书删除了第 2 版的第十章"战略并购与资本运作"，因此总体篇幅有了一定的压缩。

本书涵盖了战略管理实践的所有理论和工具，其特色是概念精准、逻辑细腻、定量化程度高，其注记部分有助于读者理解相关的理论内容，便于自学，也便于教师使用，适合作为工商管理相关专业的本科生、研究生、MBA 和 EMBA 的教材。

图书在版编目（CIP）数据

战略管理：研究注记·案例 / 黄丹编著. —3 版. —北京：清华大学出版社，2020.11（2024.8重印）

21 世纪经济管理类精品教材

ISBN 978-7-302-56294-8

Ⅰ．①战…　Ⅱ．①黄…　Ⅲ．①企业管理—战略管理—高等学校—教材　Ⅳ．①F272.1

中国版本图书馆 CIP 数据核字（2020）第 153069 号

责任编辑：邓　婷
封面设计：刘　超
版式设计：文森时代
责任校对：马军令
责任印制：杨　艳

出版发行：清华大学出版社
网　　址：https://www.tup.com.cn，https://www.wqxuetang.com
地　　址：北京清华大学学研大厦 A 座　　　　邮　编：100084
社 总 机：010-83470000　　　　　　　　　邮　购：010-62786544
投稿与读者服务：010-62776969，c-service@tup.tsinghua.edu.cn
质量反馈：010-62772015，zhiliang@tup.tsinghua.edu.cn
印 装 者：三河市铭诚印务有限公司
经　　销：全国新华书店
开　　本：185mm×260mm　　　印　张：26.5　　　字　数：660 千字
版　　次：2005 年 9 月第 1 版　　2020 年 12 月第 3 版　　印　次：2024 年 8 月第 4 次印刷
定　　价：69.80 元

产品编号：046152-01

第 3 版前言

近几年来，笔者多年前的预言一点一点地变成了现实，全球经济也如预期一样不断下行，形成了一个 50 个季度的下行空间。另一方面，新的革命性技术与新商业模式层出不穷。按照康德拉季耶夫周期理论，这一切，都意味着一个新的时代即将到来。

2019 年，笔者向企业家强调了"元技术"的概念，即会带动一大批新技术诞生的基础性的技术，同时也提出了"元商业模式"这一新概念。不论是元技术，还是元商业模式，其共同特征都是彻底改变人类的生产和生活方式。笔者预测，按实现大规模产业应用的先后顺序，值得关注的元技术包括物联网、3D 打印、人工智能、新界面技术和轻核聚变等。这些元技术产业化后，将会形成一个庞大的生态系统，其相关的互补品业务将会得到巨大的发展。关注这些元技术或关注这些技术的外围生态领域（互补品业务），将是未来企业的战略重心。

尽管这十年来新商业模式创新的速度令人难以置信，但到目前为止，我们还没有发现超越了第 2 版所总结的九种盈利模式的商业模式。这就意味着，战略最重要的不是关注变化，而是要抓住这些变化背后不变的东西，只有把握住了这些永恒不变的东西，才可能在"唯有变化是不变"的时代不至于迷失方向和无所适从，也不会因"一切皆有可能"的蛊惑变得狂热而失去商业理智。对于这一信念，近几年来我们越来越坚定了。

第 3 版的面世拖得太久了。在这期间，我们进行了大量的教学反思、实践总结，并对新的商业实践案例进行了深入思考，目的就是将这一版的理论体系打造得更为完善。相比第 2 版，第 3 版在理论体系上并没有太大的变化，但在细节上填补了许多理论缝隙，也使概念更加精准，极大地提高了本书理论的丰富度与细致度。同时，第 3 版也引进了大量的新的商业案例，使其更具时代感。

第一章新增的内容是最多的，提出了"高二度理论"，即在自己的工作职位上拔高两个层次来思考问题，从而引导管理者在更高的格局上思考问题。该章还重新梳理了战略性思维中全局观维度四个层次的具体问题，使得战略性思维的四个维度的思考变得更为具体，更具操作性，同时还厘清了这四个维度间的逻辑关系。关于竞争战略理论，该章提出了竞争物种理论，即以是否提升产业价值作为一切竞争行为的决策准则。这一章还提出了总体层（公司层）战略四大类型的战略意图与战略理论，把战略行为与其意图及理论假设完美地结合起来，避免因概念的模糊而导致行为上的错误。

第四章主要对优势与劣势的定义进行了修订，提出了通过产业集中度及是否超越顾客期望，确定企业的优势标准，同时还构建了顾客认知"量子"曲线，使得企业优劣势分析更精准、更符合实际情况，也更具理论指导价值。

第六章对独特性/核心互补性资产的概念进行了更为精准的定义，使整个理论体系更为完整，增加了操作性视角，使读者能够在分析完业务问题后找到一个解决问题的路径。这一章还增加了波特的战略定位理论，并对波特的战略定位曲线进行量子化处理，提出了非连续定位的观点，是对波特定位理论的一种现实修正。

第八章重新梳理了价值网模型的相关内容，修订的重点是在价值网理论的基础上，为引力弹弓理论建立一整套完整的概念模型，提出了顾客、供应商、竞争对手、替代品、互补品和政府六个方面的战略张力场，并对这六个维度的张力场的结构进行了深入分析，使引力弹弓理论初具完整、规范的理论分析框架。

第3版删除了第2版的第十章，也删除了最后的综合案例，因此整书的篇幅较之第2版有了明显的缩减。除了第四章、第九章的案例保留外，其他章的案例都做了更换。同时，许多章节的阅读材料也换成了新案例，使本书更接近读者所处的时代，令读者能够更好地将当今的商业实践与理论结合起来。

本书的理论体系已经经过了十五年的打磨，虽然已臻成熟，但仍有提升的空间。另外，虽然我们的战略管理逻辑基本形成了一个严密的闭环，但纵观整个体系仍存在一个较大的漏洞，即对未来变化预测的分析大框架。对此，笔者已经有了一个新的思路，希望在不久的将来，经过认真的研究，能够弥补这一缺憾。

作　者
于上海

目　　录

第一篇　基　石　篇

第二篇　总体层（公司层）战略决策

第三篇　竞争层（业务层）战略决策

第四篇 战略实施与调整篇

第一篇

基 石 篇

第一章　战略的本质及其基本逻辑

我们对战略的认识就如同盲人摸象，因为人类还不具备完整的审视大象的眼光。难能可贵的是，管理学家们还一直不停地在"摸大象"，毕竟他们摸到的是"大象"，而不是别的什么东西。人类一思考，上帝就发笑，但人类并不因此而停止思考。经过无数次地摸索与思考，我们会越来越接近大象的"全貌"。这，就是管理学家的使命。

第一节　战略是什么

在管理学界中，最基本的概念问题，也往往是争议最大的焦点，战略管理也不例外。什么是战略，迄今为止仍无一个公认的定义。

事实上，任何具有现实意义的概念，都是基于问题的解决而提出的。1957 年出版的《经营中的领导能力》（菲利浦·塞兹尼克）和 1962 年出版的《战略与结构》（阿尔弗雷德·D.钱德勒）这两本书把战略思想引入企业管理范畴时，全世界的工商企业正面临着越来越复杂的环境，越来越激烈的竞争，越来越大的市场范围，越来越快的社会、经济、文化和技术变化。如何对未来的市场环境变化做出正确的判断？如何调整企业的经营行为，以应对这种未来的变化，从而领先对手，获得竞争优势？如何从各种社会与商业关系中挖掘别人没有发现的价值，创造出别人没有采用过的盈利模式？这都成为企业非常关注的战略问题。从这点来看，从一个更长远的视角帮助企业保持与环境的和谐，在社会分工大系统中将自身的优势充分地发挥出来，或系统地、有计划地培育企业在某一方面的竞争优势，实现企业价值的最大化，就是战略的最终使命。

一、战略的定义与特质

不同学派的战略学者对战略这一概念有完全不同的定义，本书以战略管理的操作性为出发点，给出以下定义：

战略是一种长期的计划，以及保证这种计划实施的整体性活动。

这一定义隐含了两个基本的含义：首先，战略是一种计划，强调战略的计划性。实际上，管理的核心就是计划，没有计划，任何管理活动都无法展开。哪怕是人们的日常生活，如果没有很好的计划，恐怕也会一塌糊涂。作为企业管理中高层次的领域，战略管理这种计划与日常计划存在区别：战略是一种长期的计划，跨度可能是三年，可能是五年，甚至是十几年。其次，战略不仅包括计划，还包括了整个实施过程。也就是说，写到纸上的未必是企业的战略，而企业实际发生的行为才可称得上是企业的战略。这意味着战略管理是一个全员、全过程的概念。这个概念最核心的关键词是：长期的计划，整体的实施。

根据这样的定义，企业战略具备以下六个特征。

（1）前瞻性。战略永远是要解决未来的问题。面对未来的变化，包括技术、经济、政治、文化和社会环境的变化，企业需要做好长期的计划与准备。电动汽车的发展已成为未来的大趋势，尽管目前电动汽车的比例还相当低，但如果相关企业不提前做好战略部署，未来一定会落后于整个时代，甚至被淘汰。新能源、3D打印、物联网、人工智能等众多技术的出现，将会彻底改变人类的生产和生活方式，如何应对这样的巨变需要企业在战略上做长远的考虑。

阅读材料 1-1 ●

英雄迟暮

2012年1月19日，伊士曼柯达在纽约依据美国《破产法》第十一章提出破产保护申请。在这之前的15年间，其市值从300亿美元蒸发至1.75亿美元。柯达"串起每一刻，别让她溜走"的广告语曾经在中国深入人心。现如今，曾经帮助无数人留住美好记忆的柯达公司却让这一刻"溜走"。英雄迟暮，令人唏嘘！

曾经，柯达并不是一家墨守成规的企业，看看柯达百年来不断创新的辉煌历史知道了。

- ❑ 1879年：伊士曼先生发明乳胶涂布机，从此开始批量生产摄影干版。
- ❑ 1885年：推出第一片透明摄影"胶片"，这种胶片使用至今。
- ❑ 1960年：推出KODAK ESTAR片基（聚酯片基）。
- ❑ 1961年：推出第一部极为成功的KODAK CAROUSEL投影仪。
- ❑ 1963年：推出KODAK INSTAMATIC相机系列，这款相机采用易于使用的盒装式胶片，最终将业余摄影推向了新的流行高度。
- ❑ 1975年：研发出了世界上第一台数码相机。
- ❑ 1988年：推出第一个彩色负片系列。
- ❑ 1996年：推出先进的摄影系统（APS）格式。
- ❑ 2006年：推出世界上第一部双镜头静态变焦数码相机；随后，推出世界上最小的10倍光学变焦双镜头数码相机。

遗憾的是，由于担心胶卷销量受到影响，柯达一直未敢大力发展数码业务。直到2003年，柯达才选择从传统影像业务向数码业务转型，并于其后陆续出售医疗影像业务及相关专利权。但是，当时佳能、富士等日本品牌已占据"数码影像"的龙头地位，就连韩国三星甚至中国华旗等企业亦已初具规模。此时，柯达已经错失了占领"数码影像"的先机。

（2）稳定性。既然企业战略要做长远考虑，那么战略就需要很强的稳定性，否则前瞻的研究就失去价值了。战略的稳定性是路径依赖的经济学定律决定的。任何资产都有一定的专用性，即某项资产最适合某种功能，而资产的定价又是根据其最适合的功能来计算其价值的，因此，该资产用于其他用途就无法收回成本，或不经济。这种资产的专用性就会产生转换成本和退出壁垒，形成路径依赖。也就是说，企业的战略如果出现重大调整，必将导致巨大的损失。好的战略一定是长期稳定的。当然，实施战略的路径可能会因环境的变化而做出一些调整，但总体的战略大方向不会发生变化。

（3）总体性。战略是企业整体经营管理行为的总和。一方面，战略涵盖了企业的所有工作，是一个全员、全过程的概念；另一方面，这种整体性并非企业各个系统的简单加成，而是互相间的有机协同，使战略管理最终实现 1+1>2 的效应。因此，战略管理是从整体最优的角度来考虑问题的。

阅读材料 1-2 ●

神奇的协同

X 集团在上海松江以 770 万元/亩（高于当时土地价格 120 万元/亩）的报价竞得一块 750 亩的住宅地产。该项目的容积率为 2.0，建设面积为 100 万 m^2。按同类项目 10 000 元/m^2 的市场价格，这个项目将亏损 7 500 万元。也就是说，该项目的单价为 10 075 元/m^2，成本分析如下。

- ❑ 楼板价：5 775 元/m^2。
- ❑ 建安成本：2 500 元/m^2。
- ❑ 资金成本：1 000 元/m^2。
- ❑ 其他成本：800 元/m^2。

在业界看来，X 集团以这样的价格竞标是非常不理性之举。但是，该项目刚好把一个政府规划的公用绿地项目包围了起来，如果把这块绿地打造成精品项目，需要投入 1 亿元，但会使周边的房地产的平均价格增加 1 000 元/m^2；如果简单处理，投入 1 000 万元即可，但不会增加周边的房地产价值。

X 集团以 0 元的标价同时竞得了该绿地的建设权，准备把它打造成精品绿地。这样，其周边住宅的价格可以达到 11 000 元/m^2。扣除项目成本，毛利达到 925 元/m^2，再扣除绿地的建设成本 100 元/m^2，集团总的毛利达到 825 元/m^2，即总利润将达到 8.25 亿元。

X 集团是如何把两个明显亏损的项目变成盈利项目的？由此可见，通过战略的协同，可以产生整体增量，从而实现全局最优。

（4）竞争性。"战略"一词源自希腊语"战争的艺术"，因此不可避免地带有竞争的属性。所谓竞争性，就是战略的内容包含着如何处理与竞争对手的关系的问题。

（5）指导性。战略既然是一种整体性的考虑，那么它便具有普遍指导意义，即所有的日常经营管理行为都应围绕着战略来展开。

（6）整合性。战略的整合性与指导性高度相关，它指企业各方面的工作应该相互协调，而这种协调完全是通过战略来保障的。

二、战略性思维

战略的特性决定了战略性思维的相应内容。环境在不断地发生变化，战略家的判断和企业的能力也在不断地发生变化，战略的形式也随之而变。尽管如此，战略却始终保留着它最基本的思想。战略性思维包括时间、空间、竞争和整合四个维度，如图 1-1 所示。

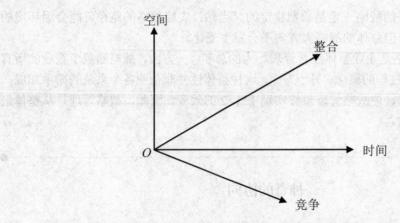

图 1-1　战略性思维的四维模型

（1）长远思维。"不谋万世者，不足谋一时"。长远这一战略性思维是战略的前瞻性与稳定性决定的。战略行动追求的是未来长期的回报而不是短期的利益。在一些战略性资源的获取或战略性能力的培育上，战略性思维倾向于放弃短期的利润而巩固充实自己的核心竞争力。当然，长远的思想也需要很好地平衡近期、中期和远期的企业目标，否则就会因缺乏远见而失去未来，或者因过于好高骛远而中途夭折。

（2）全局思维。"不谋全局者，不足谋一域"。企业能做多大，取决于企业家能从什么样的高度来考虑问题。战略家需要有全局观，从全局的角度来考虑问题，因此，其视野要拓展、拔高。对于企业战略来说，所谓的从全局的角度考虑问题可以分为从一个部门的角度（部门内员工的协作）、子公司的角度（产品或产品线间的协同）、集团公司的角度（业务/产业板块间的协同）、产业的角度（产业价值最大化）、产业链的角度（产业链整合）以及全社会的角度（跨产业链接，即把不同产业的价值链接在一起，产生互动关系）等不同层次。确切地说，就是要思考在不同的范围内进行社会资源的整合，整合的面越宽，企业的社会贡献就越大，企业的价值也就越高。为此，我们提出"高二度理论"，即要在自己的工作岗位上提高两个层次来思考问题。从统计经验上看，"高二度"意味着高出两个标准差，即可帮助人们成为优秀的管理者。

（3）竞争思维。除了着眼于企业内部外，战略性思维还立足于市场竞争来考虑问题。当今的市场环境是一个动态竞争的环境，企业时刻面临着各种各样的竞争威胁。战略性思维要求企业不仅要考虑自身的战略，更要关注其他竞争对手的战略，不断提升或巩固自身在行业中的竞争地位。

注记　竞争思维

具体来讲，竞争思维就是思考如何处理与竞争对手的关系问题，决定了企业的竞争观。竞争观，往往被视为零和博弈，通过打击对手来获取利益。实际上，在不同的行业，正确的竞争观是完全不同的。在完全同质化、刚性需求的行业，行业内的企业需要合作，共同维护产业秩序；在差异化的市场中，需要像波特所倡导的那样进行差异化经营，规避竞争；在具有规模效应的行业，需要进行理性的、双赢式的整合；而在具有网络效应的行业，则需要形成市场独占，如操作系统、视频标准等。竞争态势选择的规律可以总结如下。

（1）$f(x_1+x_2)>f(x_1)+f(x_2)$：打垮对手或兼并整合。

（2）$f(x_1+x_2)=f(x_1)+f(x_2)$：合作维护产业秩序。

（3）$f(x_1+x_2)<f(x_1)+f(x_2)$：差异化。

其中 x_1 和 x_2 是两家企业，第一种行业称为规模效应递增型行业，即两家企业合为一家企业比分开来竞争的产业价值大；第二种行业称为规模效应不变型行业，即两家企业合为一家与各自经营的价值是一样的；第三类行业称为规模不经济型行业，即两家企业合在一起不如分开经营价值高。

虽然不同的行业有不同的竞争思维，但它们都有一个共同的特征，就是产业价值最大化。评判企业竞争行为的对错，终极原则只有一个——是否增进了产业价值。这有如生物的行为都具有一个共同的特征，即为了促进其物种的发展壮大。我们把这一观点称为"竞争物种理论"。

（4）整体运作思维。这是战略的指导性与整合性决定的。战略性思维强调整体性运作，即企业是一个有机的整体。所谓有机，是指其各部门的运作是相互依赖、相互支持的。部门间的协调性与合作的能力对于企业竞争而言非常重要。这要求企业从制度上、目标计划体系上都要保持一致性（各部门的目标不能发生冲突）。

三、关于战略形成的观点

尽管目的是一致的，但达成这一目的的具体战略形态却引发了学者们的众多争议，从而也就形成了不同的学派。来自加拿大麦吉尔大学的明茨伯格教授对此做了很好的总结，将现有的战略管理研究分为十大学派。

（一）设计学派：将战略的形成看作是一个概念作用的过程

设计学派是最早也是最具影响力的战略管理学派。其战略管理思想是"在企业所处环境中能够决定其地位的机遇与限定条件之间的匹配"。塞兹尼克首次引入了"特色竞争力"（distinctive competence）的概念，钱德勒奠定了设计学派关于经营战略与结构相互关联的思想。安德鲁则最全面、最清晰地阐述了该学派的思想。该学派着重强调对内外环境的评价：确定外部存在的机会和威胁，提示组织内部的优势与劣势。这就是 SWOT 的基本思想。尽管战略管理领域已经在许多方面得到了很大的发展，但绝大部分教科书仍将 SOWT 分析作为其核心内容。

"匹配"（fit）是设计学派的核心概念。这一思想奠定了战略分析的基本范式——综合考虑企业内外因素，以内外部因素和谐为目标，决定企业的战略选择。这一范式被鲁梅尔特（Richard Rumelt，1997）很好地诠释为以下设计准则[1]。

- ❑ 一致（consistency）：战略要求达到目标与政策的一致。
- ❑ 和谐（consonance）：战略要对外部环境的变化做出正确的反应。

---

[1] Henry Mintzberg. Strategy Safari[M]. The Free Press，1998：27.

❑ 优势（advantage）：战略要提供或保持其所在领域的竞争优势。

❑ 可行（feasibility）：战略需要考虑资源和能力方面的可行性。

设计学派认为战略的形成应该是一个有意识的、深思熟虑的思考过程，其形成的模式必须保持简单和非正式，是一个个性化设计的最佳成果之一。因此，在相同的情境下，可以允许多个不同战略方案的出现。这种形成模式依靠的是战略制定者的能力，以及他（她）对相关战略问题的认知。设计学派的战略制定大多是一种非程序化的分析过程，它强调这是一种企业家有意识的个体思考过程，且更多地依赖企业家的经验和洞察力。

20 世纪 80 年代，当计划学派的地位开始动摇时，人们的注意力又重新回到设计学派的理论上："保持战略的清晰、简洁和具体。"

战略制定完成后，接下来就是它的实施，这是设计学派提出的清晰的结构。尽管明茨伯格言语之外有批评这一学派把战略的制定与执行割裂开的意思，但作为一种结构性陈述，这种安排是必然的。当然，战略的制定与执行往往交织在一起，难以清楚地从时间上截然分开，估计只有全新成立的公司，才会出现先制定战略、再加以执行的情况。

尽管对设计学派的批评不断，但设计学派为战略管理提供了一个静态的"力学模型"——一个理想化的、简化的和抽象的理论框架。它不一定全面，但却提供了分析的基础和起点。

（二）计划学派：将战略的形成看作是一个正式的过程

计划学派几乎与设计学派同时出现，1965 年安索夫出版了著名的《公司战略》一书，奠定了计划学派的基础。计划学派与设计学派有许多共同之处，而不同的是计划学派把战略制定看作一个规范化的计划过程。计划学派的主要特征是其大规模的战略规划，即将企业的战略意图进行全面的、系统的分解，使其成为一个完整的、庞大的计划体系。计划学派强调计算，注重财务的价值分析，力求通过战略的分解和战略规划的实施，实现企业的价值最大化。他们开发了大量的分析技术，如竞争战略评估、风险分析、价值曲线、股东价值计算等。

战略规划是这一学派的显著特征，大致分为以下六个阶段[①]。

（1）目标设定：提出量化的组织目标，这一目标被计划学派与战略区分开来。

（2）外部审计：对组织的外部环境进行评价。计划学派在这一阶段与下一阶段的观点与设计学派基本相同。

（3）内部审计：对组织的内部优势与弱点进行分析与分解。

（4）战略评价：采用量化的手段，对备选战略方案的股东价值进行评价，并依次制定出长期、中期和短期的组织目标和战略。"价值创造"（value creation）成为计划学派的流行术语。

（5）战略组织：这一阶段的重心是"分解"，即将总体层战略（业务组合）分解为业务层战略（定位），再分解为职能层战略，而战略控制则按公司管理层、事业部管理层、职能层、运作管理层的层级展开，最终将目标、预算、战略、程序等整合到一个操作性计划中，使之成为可管理的计划（计划系统）。

（6）战略反馈：对战略的执行情况进行回顾与评价，分析战略的可行性，对计划做出

---

① Henry Mintzberg. Strategy Safari[M]. The Free Press，1998：49-56.

调整。

计划学派明确地建立起战略管理的三个环节——战略制定、战略实施、战略反馈，涵盖了管理的所有职能，构成了一个闭环系统，其结构也因此变得非常完整。

计划学派接受了大部分设计学派的理论前提，不同的是计划学派把战略制定看作是一个规范化的计划过程，而对组织战略的实施进行控制的战略管理者也从企业家个人扩大到一个计划团队。

20 世纪 70 年代以后，计划学派对战略管理实践活动的影响逐渐增强，但该学派的研究也停滞不前。此外，计划学派也广受实践界和学术界的质疑。安索夫帮助 10 家公司进行战略规划，但 10 年后这些公司都失败了。明茨伯格甚至写了一本书——《战略规划》，通篇没有讲述如何进行战略规划，而是列举战略规划的种种"恶劣行为"。然而公允地看，这些学者在把洗澡水泼掉的同时也把孩子一起扔掉了。战略规划实践的失败不能归因于战略规划的理论与逻辑，而应归因于规划者的水平，以及人们对它的把握。

（三）定位学派：将战略的形成看作是一个分析的过程

定位学派是以迈克·波特为代表的、以分析为特征的流派。迈克·波特于 1980 年出版的《竞争战略》一书，成了定位学派形成的重要分水岭。他认为，战略是一种定位，即找到自己与众不同的独特定位，避免相互模仿、发生正面的冲突，从而规避竞争，获取更大的收益。波士顿咨询集团矩阵（BCG）、PIMS、竞争要素的五力模型、产业结构分析等，是这一学派的重要理论成果。这些成果大都建立在产业经济学理论的基础之上，相比较而言是站在宏观的角度来考虑企业战略管理问题的。

定位学派虽然接受了大部分设计学派与计划学派的理论前提，但它强调研究战略的内容，更关注战略本身，而不是制定战略的过程。定位学派与设计学派和计划学派最大的不同是：前者认为，只有少数几种战略（即波特的基本竞争战略），在相同的情境下，战略应该是相同的；而后两个学派则认为，即使在相同的情境下，也可能有无数种战略。定位学派还注重对产业结构的分析，并通过这种分析来确定企业的产业定位——选择一个好的产业以及在产业中的合理位置、对产业竞争均衡地施加影响，以使其朝着有利于自己的方向发展并利用竞争因素的变迁以提高企业的竞争优势。

定位学派的理论前提大体可总结为以下五条[①]。

（1）战略是通用的，是组织在市场中一个明确的定位。

（2）市场是有效的和充满竞争的。

（3）战略的制定是在分析的基础上，在通用战略方案里进行的一次选择。

（4）分析在战略制定过程中扮演着主要角色。

（5）战略经程序化过程制定出来后，应被清楚地描述和实施。

（四）企业家学派：将战略的形成看作是一个预测的过程

如果说前三个学派贡献了一种战略制定和分析逻辑的话，企业家学派则非常强调企业家的直觉和判断，强调其远见卓识，并且认为这种能力是与生俱来的特质。在面对未来不

---

① Henry Mintzberg. Strategy Safari[M]. The Free Press，1998：85.

确定的环境时，企业家凭着他的直觉发现别人没有发现的机会，并采取超常规的方式大跨度地向前发展。然而我们更愿意看到，企业家的这种远见一方面可能来自先天的特性，但更多的是来自通过对某一行业长期经营而形成的对这一行业的感悟。天才并不存在，企业家的价值在于积累行业知识和经验，并通过一种非线性的思维把这种积累转化为一种判断，而这种判断决定了企业发展的方向和重大的投资决策，从而决定了企业的命运和前途。将战略的形成绝对地集中在个别领导人身上，这是企业家学派的重要特征。

企业家学派的著作较为零散，没有形成一个结构性的体系，但总体而言，企业家学派的理论前提可以总结为以下六点[①]。

（1）战略存在于企业家的头脑中，主要表现为企业家对组织长期发展方向和愿景目标的一种认知。

（2）战略制定的过程主要依靠企业家的经验与直觉，往往不是一个完全有意识的过程。

（3）企业家以个体管理方式来推进组织愿景的实施、控制和调整。

（4）战略愿景是较为柔性的，企业家的战略意图是计划与意外因素相结合的产物——总体方向是既定的，但细节随环境变化而进行调整。

（5）组织结构也是较为柔性和简单的，可根据企业家的动机来进行相应的调整。

（6）企业家的战略倾向于进入细分的利基市场，避免进行全面竞争。

（五）认识学派：将战略的形成看作是一个心理过程

认识学派是在认知心理学的基础上发展而来的。战略家在很大程度上是自学成才的——他们主要是通过直接经验来形成自己的知识结构和思考过程，而经验决定了他们的知识，接着知识又决定了他们的行为，进而决定了后来的经验。认识学派的这种观点使得它成为沟通较为客观的设计学派、计划学派、定位学派、企业家学派与较为主观的学习学派、权力学派、环境学派之间的一座桥梁。[②]

由于认识论的差异，认识学派又分化为两个分支，即实证主义的与主观主义的。前者认为认知是客观事物在人们心灵中的反应，就像照相机，因此战略管理更多的是对客观世界的认知（尽管这种认知也不可避免地存在歪曲），而战略管理的任务就是要尽可能地减少这种认知的偏差；后者则认为认知都是主观的，认知是对世界的一种再创造，[③]因此战略管理应主要立足于人类的主观认知世界而非客观的外部现实。

认识学派强调世界是复杂的，人类知识的积累再丰富，也不及客观世界的万分之一。认识学派更强调战略是一种概念形成的过程，人的内心世界并非外部世界的简单翻版，而是通过大脑的构建、概念的创新来实现战略的创新。

"宝丽来"的成功是主观认识学派观点的最好诠释，人类创造性的活动是企业得以成功的一个重要构面。

[①] Henry Mintzberg. Strategy Safari[M]. The Free Press，1998：143.

[②] 亨利·明茨伯格，布鲁斯·阿尔斯特兰德，约瑟夫·兰佩尔. 战略历程——纵览战略管理学派[M]. 刘瑞红，等译. 北京：机械工业出版社，2002：107.

[③] 亨利·明茨伯格，布鲁斯·阿尔斯特兰德，约瑟夫·兰佩尔. 战略历程——纵览战略管理学派[M]. 刘瑞红，等译. 北京：机械工业出版社，2002：106.

阅读材料 1-3 ....●

"无知"的价值

1943 年，我们在桑塔菲度假。一天，我三岁的女儿詹尼弗问我为什么她不能立即看到我刚才为她拍摄的照片。当我在这个迷人的小镇散步时，我开始考虑解决女儿给我设置的难题。在那一瞬间，照相机、胶片和物理化学变得如此清晰，以致我十分激动地赶到朋友的住所，向他详细地讲述曝光后能迅速得到照片的固体照相机。在我的脑海里它是如此真实，以致我的描述花去了好几个小时的时间。

资料来源：亨利·明茨伯格，布鲁斯·阿尔斯特兰德，约瑟夫·兰佩尔. 战略历程——纵览战略管理学派[M]. 刘瑞红，等译. 北京：机械工业出版社，2002：114.

认识学派的理论前提可总结为以下四点①。

（1）战略的形成是战略家头脑中的一个认知的过程。

（2）战略以概念、地图、图解、结构等方式出现，决定了人们对环境信息加以处理的方法。

（3）外部信息进入人们大脑时受到各种扭曲变形，人们所描述的世界仅仅是人们所感知到的现象。

（4）作为一种概念，战略首先是很难形成的，而且往往得不到最优的方案；其次，当战略变得不可行时，也很难改变。

（六）学习学派：将战略的形成看作是一个应急的过程

既然外部世界如此复杂而多变，那么战略家们就必须不断地去学习，而且是有效地学习——这就是学习学派的基本论点。学习学派强调对变化的管理：一方面战略要适应环境的变化；另一方面，战略管理更应通过创造变化来进行管理（Lapierre，1980）。干中学、学中干，是这一学派的基本战略思想——当我们的知识与经验无法应对外部复杂的环境时，不妨从试错中寻找解决方案。Gordon Siu（1982）表述了这样一种观点："如果你在瓶中放置六只蜜蜂和六只苍蝇，然后水平放置瓶子，使瓶底封闭的一端指向有亮光的窗户，你会发现蜜蜂会一直努力寻找瓶子的出口，直到累死或饿死，而苍蝇会在不到 20 分钟内从瓶子的出口冲出去。正是蜜蜂的聪明和飞行的整齐划一使得它们在这次试验中毫无作为。显然，它们认为，任何一个拘禁处所的出口都是光线最亮的地方，它们按这样的原理来寻找出口，而且坚持这种逻辑性极强的行为。对蜜蜂而言，玻璃瓶是一个超自然的神秘东西，它们的智商越高，这个奇怪的东西越不能让它们理解和接纳。而那些愚蠢的苍蝇，由于缺乏逻辑感，到处乱撞，终于撞到了好运，找到了出口，并赢得了自由。"②

先行动，后思考，是学习学派的行为特征。企业家在一种渐进式的学习过程中创建出企业的战略。"一个按照逻辑渐进主义运作的成功的管理者总会把理解、信任和责任的种子播进那个形成他要创建的战略的过程中。到这个战略重点开始出现时，它的一些部分已经

---

① Henry Mintzberg. Strategy Safari[M]. The Free Press，1998：170-172.

② 亨利·明茨伯格，布鲁斯·阿尔斯特兰德，约瑟夫·兰佩尔. 战略历程——纵览战略管理学派[M]. 刘瑞红，等译. 北京：机械工业出版社，2002：123.

得到了应用。通过战略规划过程，他们已经建立了引导战略朝着弹性应用的方向发展的动力和心理上的责任。同时发生的战略规划和战略执行过程的不断融合成为了有效的战略管理的中心"（奎因，1980）。[①]

"战略是一种意图"——哈默教授的这一著名定义把设计学派与学习学派结合在一起。所谓战略意图，是指一种最终追求的目标。哈默认为，学习是建立在一种明确的意图（组织愿景）之上的。战略意图的建立，为组织学习指定了一个方向——战略（学习学派观点下的）并非一个无序的过程，而是企业愿景框架下的不断探索、不断追求和努力的实施。这就为学习学派所倡导的战略形成的非确定型的过程找到了一个明确的方向。

近年来，学习学派还发展出了学习型组织的理论——除了企业家自身的学习之外，企业作为一个有机的整体，其本身同样也需要学习。企业的绩效，更多的是体现在企业的整体性表现上，因此，组织的学习比个人的学习显得更为重要。学习型组织强调组织要素的有机构成，其显著特征是组织成员的学习之间存在极大的关联性，人们朝着一个共同的目标（共同的愿景），基于各自的职能与分工，不断地超越自我，提高对环境变化的适应性，并高度协作，运作协调。

因此，未来的竞争是组织学习的竞争，谁学习得更有效，组织协调性更强，谁就能在未来的竞争中取胜，而组织学习能力将成为未来的核心竞争力。这样，战略管理这头"大象"将被从CEO、总裁们的"皇家禁苑"中解放出来，战略思考、战略学习和战略行动成为全员性的活动。

学习学派的理论前提可以归纳为以下五点[②]。

（1）组织环境是复杂和不可预测的，在战略制定的过程中相关知识不断产生，预先的控制是不可能的；战略的制定伴随着整个学习的过程，战略制定与实施是不可分割的。

（2）尽管组织领导人是主要的学习者，但整个组织系统都处于不断学习的过程中，因此组织内有许多潜在的战略家。

（3）这种学习过程是随机发生的，对行为的反思使组织在行动过程中产生感知。战略可以从任何一个具有学习能力和资源的组织成员处萌发，而非一定按正常的程序产生。一些原创的想法可能会被高层管理者最终制定为战略方案，这就是一种意外出现的战略。

（4）领导人的角色不是预先制定战略，而是管理学习的过程，并从中形成战略。战略管理就是把思想与行动、控制与学习、稳定与变化之间的关系巧妙地处理好。

（5）战略首先来自过去的行为模式，然后才是对未来的计划，并作为指导组织整体行为的规范。

（七）权力学派：将战略的形成看作是一个协商的过程

与前几个学派不同的是，权力学派是从人性的角度来解释战略形成机制的。组织是一个"人的集合"，任何决策的做出，都是组织内部权力制衡的结果。而作为企业重要决策的战略制定，无疑将会对企业内部以及外部各个利益团体的利益产生重大影响。因此，战略的形成在现实生活中并非一个理性的过程，而是很大程度上反映了企业内部（微观）、外部

[①] 亨利·明茨伯格，布鲁斯·阿尔斯特兰德，约瑟夫·兰佩尔. 战略历程——纵览战略管理学派[M]. 刘瑞红，等译. 北京：机械工业出版社，2002：126.

[②] Henry Mintzberg. Strategy Safari[M]. The Free Press，1998：208-209.

（宏观）各种政治力量对比的关系。

由于加入了利益因素，权力集团就可能会对战略的选择和确定产生一些非集体理性的影响。因此，战略制定不仅要考虑企业法人理性——经典文献假设管理人员既大公无私又忠诚可靠，以企业利益最大化为工作目标，同时也需要考虑组织成员的个体理性——员工是自利的，以自我利益最大化为行为准则。

权力学派的理论前提有以下四点[①]。

（1）战略的形成受到权力和政治的影响，包括内部的制定过程和外部对组织行为的影响。

（2）战略的这一形成过程决定了它更多的是意外出现的，更多的是一种权力平衡和策略，而不是一种对未来的构想。

（3）微观权力论把战略制定看作是一种以政治游戏的形式，多种势力均衡的利益集团进行的游说、讨价还价、对抗的相互影响的过程。

（4）宏观权力论认为组织机构通过战略对其他组织进行控制或进行合作来增进自身利益。

基于上述考虑，微观权力学派提出如下建议[②]。

（1）认识并把握企业政治问题，关注内部利益联盟对战略制定及执行的影响。

（2）重视中间管理层的影响，他们往往对企业运作起着关键性作用。

（3）学会运作传统的政治工具，包括殊途同归的技巧（为达到同一个目标可以灵活采用多种途径来实现）、利益驱动（包括短期利益和长期利益）、问题定位在更高层次之上等。

（4）控制内部联盟的行为，包括把握好问题提出的顺序、增加问题的透明度、把问题进行分解以削弱联盟的对立情绪等。

（5）采取直接行动反对对立联盟，包括将联盟领导人从组织排除出去等各种手段。

宏观权力学派则关注组织外部力量对企业的影响，主要集中体现在利益相关人群的分析上，包括利益相关者的行为分析与解释、建立战略同盟等一系列的研究。

（八）文化学派：将战略的形成看作是一个集体思维的过程

文化学派是权力学派的近亲，如果说权力学派着眼于个体利益或小团体利益，文化学派则着眼于集体的共同利益。值得注意的是，这种利益并非局限于经济利益。20 世纪 80 年代出版的《公司文化》一书，使人们开始注意到文化在企业经营管理中的存在及影响。企业文化是一种亚文化现象，在企业范围内起到规范、引导人们行为的作用。文化还反映为一种本能、一种行为模式，它既可能对企业的战略起到支持作用，也可能起到阻碍作用。文化学派的研究主要集中在文化对战略决策风格的影响、文化对战略变革的影响以及克服文化的阻碍、解决文化冲突、树立企业核心价值观等方面。另外，文化学派还认为，由于组织文化影响的深刻性和长久稳定性，文化将成为企业的核心竞争力的来源（战略性资源）。

文化学派的理论前提可以总结为以下五点[③]。

① Henry Mintzberg. Strategy Safari[M]. The Free Press，1998：260.

② 亨利·明茨伯格，布鲁斯·阿尔斯特兰德，约瑟夫·兰佩尔. 战略历程——纵览战略管理学派[M]. 刘瑞红，等译. 北京：机械工业出版社，2002：167-169.

③ Henry Mintzberg. Strategy Safari[M]. The Free Press，1998：267-268.

（1）战略的制定具有社会属性，它以组织内部成员的信仰和理解为基础。

（2）组织成员通过文化适应和社会化的过程接受这种信仰，尽管有时这种过程通过正式的灌输来加强，但往往更多的是一种无声的、潜移默化的过程。

（3）组织成员只能部分地描述组织的文化，有关文化的解释是非常模糊的。

（4）战略是一种集体意图的体现，这种意图嵌入了资源、能力、组织优势等分析模式，因此可以说战略是一种深思熟虑的过程，尽管这一过程有时是下意识的。

（5）文化，尤其是企业的精神，不鼓励战略经常发生变化，顶多在集体战略愿景范围内进行一些调整。

（九）环境学派：将战略的形成看作是一个反应的过程

在环境学派眼中，战略形成的真正主角是环境，所谓的战略不过是人们对环境不断变化的消极应对而已。这种观点使环境学派有脱离战略思想的危险。从这一角度看，严格来讲环境学派不能称作战略管理的一个学派。环境学派否认存在一种"最好的方法"来管理组织，认为只能根据组织及外部环境的不同情境来进行应对。

环境学派的基本理论前提如下[①]。

（1）环境的力量是战略制定过程中的核心要素。

（2）组织必须应对这种力量，否则就会被淘汰。

（3）领导者只能被动地了解环境，适应环境。

（4）组织聚集在一起，直到资源越来越稀缺，环境越来越恶化，最终这些组织便会消亡。

（十）结构学派：将战略的形成看作是一个变革的过程

结构学派是对上述学派的综合。"结构"（组织及其外部环境）与"转变"（从一种战略状态飞跃到另一种状态）是结构学派理论的两个核心内容。

以下六个方面的观点基本综合了结构学派的主要观点。[②]

（1）大多数时候组织都可被描述为某种稳定结构：在特殊的时期内，采用特殊的结构，与特殊的内容相匹配，从而导致特殊的行为，进而形成特殊的战略。

（2）这种稳定状态偶尔会被打破，组织跃迁到另一种结构状态。

（3）这种结构状态与转变时期呈现出某种规律，成为组织的生命周期。

（4）战略管理的关键就是维持稳定，至少大多数时候是适应性的战略变化，但应周期性地认识到转变的需要，并能够在不破坏组织的前提下管理这个混乱的转变过程。

（5）战略的制定既可以是一种概念性的设计或正规计划，也可以是系统分析或领导的远见，还可以是共同学习或一种政治权术，但每一种都有自己存在的时间和自己的内容。换言之，这些战略形成的思想学派自身就代表了特别的结构。

（6）结构战略采取了计划或模式、定位或观念，甚至形成策略，但也都是依自己的时间和自己的情形出现的。

---

① Henry Mintzberg. Strategy Safari[M]. The Free Press，1998：288.

② 亨利·明茨伯格，布鲁斯·阿尔斯特兰德，约瑟夫·兰佩尔. 战略历程——纵览战略管理学派[M]. 刘瑞红，等译. 北京：机械工业出版社，2002：206.

基于对战略的不同认识，不同学派对战略的定义自然不尽相同，下面介绍几种较有影响力的关于战略的定义。

（1）设计学派：战略是一种匹配——经济战略就是在企业所处环境中能够决定其地位的机遇与限定条件之间的匹配。[①]

（2）定位学派：战略是一种定位，即寻找一个良好的产业定位，从而使企业获得高于平均收益水平的资本回报，同时避免相互模仿而发生恶性竞争，进而导致收益水平下降。

（3）计划学派：战略是一项长期的计划，即在企业战略意图的指导下，对企业的资源和活动进行规划，使企业形成一个高度计划性的有机整体，从而提高企业的经营效率。

（4）学习学派：战略是一种意图，同时战略又是一种革命。战略就是在某一个明确的意图下，通过坚韧不拔的努力增强并突出自身的竞争优势，并通过不断地进行革命性的创新来改变行业的竞争结构，使行业领先者的原有优势失去作用，从而超越行业领先者，实现企业的最终目标。

注记 战略管理这头"大象"

尽管各学派的观点各不相同，但上述十大学派之间并不存在本质性的冲突。不同的学者以各自的视角、在不同的理论边界内进行研究，便形成了不同的学派。明茨伯格把现有的学派称为"摸象"的瞎子，从另一方面也说明了我们摸到的仍是大象，并非其他什么动物，而这就为我们"组装"一头真正的大象（有机地整合各家学说）找到了理论上的支持。

除了理论上的价值外，对各家学派学说的整合也对战略管理实践起到重要的指导作用。不同流派的思想决定了组织形成战略的模式甚至影响到其对战略的看法，我们应该以什么样的视角和观点来看待战略和战略的确立，是综合战略管理理论的基本目的。

图 1-2 将帮助我们以另一种方式来对各家学派的关系进行一次整合。设计学派、计划学派与定位学派搭建起了战略的基本逻辑框架，就像组成了大象的骨架，使人们得以对"大象"有一个大概的认识，这正是绝大部分战略管理教材的内容来自这三个学派理论的原因。

设计学派、计划学派、定位学派构造的是战略形成的逻辑，这种逻辑加上企业家的判断（企业家学派），就形成了理性的战略方案（不管现实生活中的企业战略是如何形成的——是有意识的分析过程还是一种直觉，它都遵循这样的逻辑，可能出问题的是判断错误或在战略推演的过程中出现逻辑错误）。理性的方案会受到企业文化、企业内部及外部势力集团的影响，形成最终的战略方案。

战略方案形成后，计划学派对战略实施所做的努力无疑是合乎逻辑的。不可想象，在各职能（部门）无序运作的状态下，企业的战略能够得以很好的实施。对此形成挑战的是战略实施的环境可能会发生变化，这时应该调整的是实施方案而不是战略实施逻辑本身。

[①] 亨利·明茨伯格，布鲁斯·阿尔斯特兰德，约瑟夫·兰佩尔. 战略历程——纵览战略管理学派[M]. 刘瑞红，等译. 北京：机械工业出版社，2002：18.

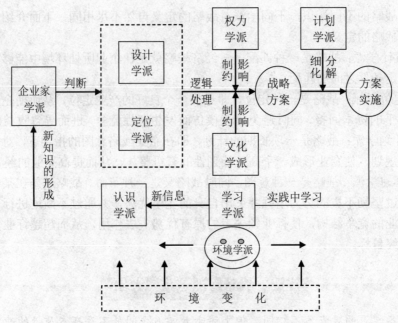

图 1-2　战略管理理论综合框架

　　其实许多企业都在不断地实践和在学习中成长，通过"学习"（学派），形成新的"认识"（学派），然后再修正"企业家"（学派）的判断，进而改变或明晰其企业的战略。企业战略的形成和发展（如图 1-2 所示的模式）不断地循环和提升——这就是战略这头"大象"，尽管它可能不是全部，但至少是其中一大部分。

　　至于环境学派，它游离于"大象"之外，随环境的变化而不断地摇摆，是"大象"身上的一只"寄生虫"。

　　如果说结构学派是对战略管理各种学说的一种综合，那么图 1-2 就是战略管理理论的一种新"结构"。由这一结构来看，战略管理是一个持续进行的过程而不是一个事件，是一个在实践过程中不断修正、成形并持续变化的过程。

第二节　战略管理的终极追求

　　从企业的宗旨来看，战略管理并非企业存在的目的，而仅是一种手段，不要为了战略而进行战略管理，这是每一个企业家必须时刻清楚的问题。

　　企业规模、销售增长、市场份额、技术领先、品牌知名度等，是企业热衷追求的目标。从某种意义上说，这些追求无不带有战略性考虑，不少企业为此采取了不惜代价的做法。在这种所谓的战略考虑下，许多企业往往忘却了战略最根本的目标不是市场份额、企业规模、技术优势、品牌知名度等，而是企业存在最根本的宗旨——盈利。

　　新古典经济学的企业理论认为：企业价值最大化，是企业的终极追求。企业的各种经营管理活动，都必须围绕着这一中心来进行，战略管理也不例外。战略的制定与实施必须增进企业价值，这是判断"战略"与"伪战略"最根本的标准。强化战略意识的同时，需要警惕落入"唯战略主义"陷阱。企业在市场竞争中，切忌被所谓的战略意识遮蔽了战略原本的目的。时刻明确自己行为的最终目的而不被纷繁复杂的策略性问题所迷惑，是一个真正的战略家所必须具备的能力。

具体而言，企业价值的构成可以用以下模型来表述：

$$价值 = f（盈利性、成长性、风险）$$

企业价值是由盈利性、成长性和风险三部分要素组成的。其中盈利性、成长性与价值成正比，即盈利性、成长性越高，企业价值越大；风险与企业价值成反比，即在其他条件不变的情况下，风险越大，企业价值越低。

公式中的"f"，我们称之为价值观，即企业对上述三要素的重要性的认知——把哪个因素看得更重，哪个因素看得更轻。事实上，企业竞争到最后就是比拼谁的价值观更正确，更符合其所在行业的未来发展趋势。因此，正确的价值观源自企业对行业未来发展的准确判断。

既然战略的最根本目的是企业价值最大化，那么战略的根本追求就转化为盈利、成长和风险问题，即企业战略必须在盈利性、成长性和风险之间谋求一种良好的动态平衡。战略首先必须考虑短期的盈利状况，因为无论如何，如果没有稳定的盈利，企业经营就无法维持下去，尽管还有股东再投资和外部融资等来源，但这种"烧钱"的经营状态难以持久——在这种状态下，企业高层管理人员的心态也将会因承受过大的压力而发生一些微妙的变化，从而容易在经营管理过程中犯一些原本不应该犯的错误（如急功近利、弄虚作假等）。

阅读材料 1-4

销售遭遇"滑铁卢"，星河湾陷现金流之灾

星河湾副总裁田原在博鳌·21世纪房地产论坛接受记者采访时表示，星河湾现阶段运作的城市有北京、上海、太原、鄂尔多斯及澳门等，在这些城市都有与其他开发商合作的项目，但这并不意味着星河湾要规模化。正相反，星河湾一直对规模很冷静，这源于其产品系不适合大规模复制。

不难看出，一直以打造"中国地产界的劳斯莱斯"为梦想的星河湾的战略结构正在进行调整，但这一举措却是当前星河湾面临巨大的资金压力下的无奈之举。销售业绩的大幅下滑，信托、基金的债务危机，似乎让这家当年以"打造中国第一豪宅"为目标的开发商豪气不在。

"产品和区域结构的不一致，是导致星河湾现金流出现问题的核心原因。星河湾产品主要针对高端改善型需求，因此受到政策调控的打击非常大。在区域结构方面，星河湾前几年在三四线城市铺得太多，现阶段难免会受到市场影响的冲击。"睿信致成管理咨询公司董事总经理薛迥文如是说。

屡战屡败的销售"悲剧"

销售回款作为房企现金流的重要组成部分，一直被业界视为"生命线"。而如今，一向在高端豪宅上所向披靡的星河湾，却在各地的地产项目销售中连连遭遇"滑铁卢"。

星河湾的房子真的难卖了。不久前，星河湾上海项目二期开盘，公司大力造势，展开了铺天盖地的广告宣传，可以说全公司严阵以待，全力蓄客。这与数年前基本不做大量宣传、开盘就能卖几十亿元的盛况可谓相去甚远。而这一现象的背后充满了对销售下滑的无奈。以上海星河湾项目为例，上海星河湾一期的销售已经出现疲软情况。据上海房地产交易官方网站显示，上海星河湾花园自 2010 年开盘以来，除了首次开盘签约八成之外，一期项目目前还显示有 113 套房源在售。

面对如此销售窘境，星河湾上海项目价格也是一路走低：从 2010 年 10 月开盘时 4.8 万元的均价，一路下跌到如今的 3.5 万元；而 2011 年上市的浦东星河湾二期单价也从 7.5 万元的开盘价一路下跌到如今的 5.5 万元。

2011 年 12 月 16 日，星河湾更是宣布对旗下套均总价在千万元以上的两个上海项目——浦东星河湾、上海星河湾——以八至八五折或更大优惠降价销售，并对两个楼盘的前期业主做出高达 6 亿元的差价补偿，创下中国房地产市场差价补偿的最高记录。

不难看出，以价换量正成为星河湾的最后一搏。但对于星河湾大力推广的二期项目，业内人士并不看好。"星河湾的楼盘都相对偏远，远离繁华商业区，导致租金收益偏低。因此，从产品和地段来说，星河湾不具备长期持有和投资价值。目前的市场情况也不利于单价 40 000 元/平方米以上的高端产品销售"。而上海星河湾销售业绩下滑并非个案，仅是星河湾各地项目销售遇困的一个典型。在中房信集团统计的"2012 年中国房地产企业销售 TOP50"排行榜中，星河湾集团直接跌出 50 强之列。

数据更说明问题，据第三方机构不完全统计，除了成都铂雅苑、澳门项目外，星河湾在上海、太原、北京等地的项目中实现的销售额不足 65 亿元。与之相对应的是，早在 2011 年，最初星河湾高调进军鄂尔多斯时，公司就曾信心满满地宣布有望实现销售收入 100 亿元，如今看来这仅是个美丽的愿望。

借基金融资进行"豪赌"

目前，星河湾正在为销售困境疲于奔命，销售回款遇阻已成定局，而一直没有完成香港上市的星河湾，在资本市场并没有优势。那么，星河湾下一步发展必需的资金，又要从何处来呢？为了满足这两年的扩张所需，星河湾选择了一场"豪赌"。

2013 年 3 月下旬，有消息称，星河湾联手易居为其西安项目成立了一个基金，目前正在北京、上海等城市推广、募集，这引发了业内热议。而热议的焦点并不是星河湾第一次借基金融资，而是其令人咋舌的最高可达 40% 的基金回报率，以及优先级投资与劣后级投资接近 41 的比例。

为了能顺利筹到这笔"高利贷"，星河湾可谓煞费苦心。据媒体报道，广州星河湾实业发展有限公司和星河湾实际控制人黄文仔将为其提供连带责任保证。此外，浦东星河湾以其持有的项目公司 70% 的股权向易居基金质押，为其对易居基金投资退出的承诺提供股权质押担保。不难看出，星河湾对资金的需求已经达到"求金若渴"的地步，而这正反映出集团整体捉襟见肘的财务状况。实际上，此次借道基金，并不是星河湾第一次运用"高利贷"。

据公开资料显示，星河湾从 2010 年开始多次借道信托进行融资。其中涉及新华信托的项目就包括了太原星河湾债权投资集合资金信托计划、华锦 16 号·太原星河湾贷款集合资金信托计划等基金项目。而随着时间的推移，一些信托计划正在陆续到期。

据记者了解，其中新华信托华锦16号·太原星河湾贷款集合资金信托计划的一期成立日期为2011年12月，二期成立日期为2012年1月，三期成立日期为2012年2月。信托总规模为4.9亿元，信托计划期限每期各1.5年。也就是说，该信托计划二期在2013年7月已经到期，三期则应在8月到期。

"星河湾现阶段的做法，可以说是断臂求生。目前其正面临销售不畅，如果产品打三至五折都无法出售，房企可能就会采取高息融资的方法。现在很多人都在赌，看是不是能扛过去。"一位熟知星河湾的业内人士对其高额融资这样评价道，"房企可能会有赌赢的机会，但这要看房企的存货布局，如果在北京、上海等一线城市，可能会有机会。如果存货在鄂尔多斯、南宁等中小城市，就很难了。"

显然，这对于产品布局多在二三线城市的星河湾来说，将是一个梦魇。

培养第二支柱改"卖酒"

面对现金流问题，星河湾采取了一些策略，但其操作的方式却显得"不务正业"。

2012年1月，通过一场老业主的品鉴会，星河湾亮出了"星河湾老酱香"的白酒品牌。时年59岁的黄文仔选择了陌生"水域"——想打造中国豪宅第一品牌的富豪要卖白酒了。

而这家只销售每平方米6万元以上豪宅的地产商，卖的酱香型白酒也是一件奢侈品。有媒体报道称，此白酒1斤或要卖到1万元，未来几年星河湾白酒的销售目标为600亿元。

针对业界对星河湾是否要在业务上进行调整的各种猜测，田原向记者回应："星河湾肯定是坚持以房地产为主业，这是毫不动摇的。前几年发展酒业与黄董事长本人对酒业的爱好和他长时间的收藏有很大的关系，但星河湾仍然是以房地产开发为主的企业。"但田原也表示："星河湾的业主都是一些高端客户，对高端白酒有需求。星河湾也是从需求入手，希望把酒业做成星河湾的第二个重要产业。"

虽然，星河湾反复强调进军白酒业已筹备很久，还将继续做高端房地产，但面对现金流的问题，将白酒作为收入第二支柱的做法显然是欲盖弥彰。卖酒求生可以理解，但在房屋质量上星河湾也是问题频出，而这与其"建造中国豪宅典范"的目标背道而驰，更加显得"不务正业"了。

2012年3月9日下午，在山西太原举办的一场"诚信与责任"地产高峰论坛上，来自太原星河湾的数十名业主突然出现在会场内，高举"太原星河湾还业主公道"等条幅大声呼喊，要求禁止给星河湾颁发诚信与责任的奖项。

据悉，这次业主维权活动主要是因为太原星河湾项目交房时间延后、房屋出现严重质量问题等。这则新闻迅速见诸报端，也使星河湾陷入严重的信誉危机。

"质量问题与现金流没有绝对的关系，但资金状况和质量问题有一定联系。任何一个房企都要考虑成本、质量和进度的均衡。在目前这种情况下，房企可能更倾向于成本。"对于星河湾的质量问题，薛迥文这样看待。

实际上，业界对于星河湾的质疑远不止于此。大肆举债是否会成为星河湾下一步发展之累？岌岌可危的现金流状况是否会导致星河湾的溃败？而面对资金的匮乏，星河湾是否会进一步压缩成本，导致新的质量问题的出现，从而进入恶性循环？

资料来源：马云龙. 走下神坛的星河湾：现金流之殇[N]. 法制晚报，2013-08-15.

战略还应该考虑未来的发展，良好的成长潜力是企业获取未来收益的可靠保证。需要注意的是，成长性的价值体现在未来的收益上，若企业业务的成长不能获取未来良好的投资收益，则这种成长性也将是毫无价值的。

企业必须规划好近期、中期以及远期的核心业务（为企业带来主要现金流的业务），三个层面的业务也必须协调发展。在不同的时期，企业应有不同的核心业务，以保证企业的可持续发展。但前一阶段的核心业务是后续阶段业务的基础，决不能以削弱现有核心业务为代价，为求增长而过分地强调多元化；也不能仅仅有许多令人激动的设想却无法将它们转化为现实的新的核心业务；更不能只埋头于现有业务而完全忽略培育新的业务增长点。企业发展的业务构成如图 1-3 所示。

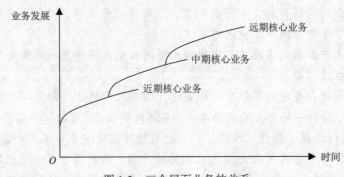

图 1-3　三个层面业务的关系

在考虑业务发展的同时，公司战略还必须注意风险的规避，尤其在复杂多变的超动态环境下，防范风险、保持公司的长寿显得更为重要。因此，战略管理的第三个任务便是通过适当的战略组合来应对可能发生的风险。这种要求一般体现在两个方面：一是通过对宏观经济和产业发展趋势的准确预见而采取预防措施；二是通过不同性质的业务组合来降低企业经营的风险（如波动性强的业务与稳定现金流的业务相搭配，可以很好地平衡企业业务波动的风险）。

注记　均衡等于最优

如果 C_i 是凸的，C_{i1} 和 C_{i2} 是集合 C 的两点，$t \in [0,1]$，则可从 $C_{i2} > C_{i1}$ 推出 $tC_{i2} + (1+t)C_{i1} > C_{i1}$。那么，关于分配系统的均衡 $\{(C_i^*), G^*\}$ 是最优的（关于次序关系）。[1]

该定律为德布鲁赢得了菲尔兹奖，这就意味着价值最大化是谋求收益、成长、风险三者的平衡从数学上被证明了，也就意味着成为了普适化的真理。这坚定了我们的信念，不可能会出现例外的情况，必须将我们心底残存的一丝侥幸都清除干净。

近年来出现的实物期权的思想尤其值得关注。在以往的观点中，风险是一种不利的因素，但依实物期权理论来看，高风险也意味着巨大的机会。业务的波动性越大，该业务的期权价值越高，企业获得超常规发展的可能性越大。期权思想在战略中的应用具体体现在：恰到好处的业务组合，能够在控制风险的基础上很好地保持把握这种超常规发展的机会。

① 杰拉德·德布鲁. 价值理论：对经济均衡的公理分析[M]. 刘勇，梁日杰，译. 北京：北京经济学院出版社，1988.

注记 "买椟还珠"的现代版

中国古代有一则寓言——买椟还珠，说的是有一个人去买珍珠，当他选中了一颗如意的珍珠后便付款离去。一路上他边走边欣赏这颗珍珠，却突然发现装盛珍珠的盒子精美异常，令他爱不释手。最后，这个人跑回卖珠人那里，把珍珠还给卖珠人，自己则带着盒子回家去了。

打着战略的旗号，实则损害了企业最根本的利益，正是"买椟还珠"的现代版。遗憾的是，现实中这类故事还在不停地上演着——疯狂地扩大生产规模、惨烈的价格战、赔本赚吆喝、重金买"眼球"。而这一切都基于一种理由：为了今后更大的回报或者为了眼前的生存需要。然而这种行为是否真的能为企业带来未来的收益，或者这种"生存"是否还有必要维持下去，我们的企业家们则更应该深入地进行思考。Intel 公司当初毅然放弃存储器业务，转向发展微处理器，结果为企业发展谋得了更大的空间，并最终发展成为一家伟大的公司。这一经典案例正是深得战略管理本质的体现。把握住这一本质，企业才可能在重大问题上做出正确的取舍。

落实到具体的问题定位上，战略管理必须处理好企业现阶段收益、能够带来长远回报的业务成长以及风险防范这三者的关系。企业整体战略方案的选择，以保证这三者协调发展为根本目的，这是战略管理的最终追求。以下各章所涉及的理论及方法，均以不违背这一基本宗旨为原则。

企业价值最大化的过程可分解为三个阶段（见图 1-4）：价值创造（value creation）、价值获取（value capture）与价值传递（value delivery）。价值创造是指企业最终产品的社会价值。严格地说，它是一个社会效用的概念，指消费者从企业的产品中所获得的满足（或称消费者价值）。在企业所创造的价值中，只有一部分价值能够被企业所获取，其他部分则成为消费者剩余以及被供应商分走。一些企业创造了很高的价值，但企业的获利并不高；相反，一些企业几乎攫取了其所创造的所有价值。值得提醒的是，"价值获取"并不是一个结果，而是事先有安排的一整套战略部署。

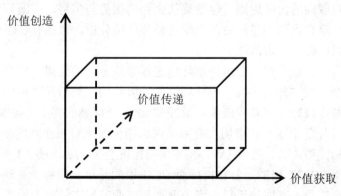

图 1-4　企业价值最大化的三个步骤

价值传递则是通过企业内部的运作管理，提升效率，从而提高企业的利润水平，使股东和员工的利益得到最终体现。相较于价值创造与价值获取，价值传递属于战术的范畴。

价值创造并不必然带来价值获取，如图1-5所示。价值创造是企业获利的根本，没有价值创造，企业即使短期会获利，也不可持续，我们称之为"骗钱"。但从企业价值最大化的角度看，仅仅创造价值是不够的，如果不能给企业带来回报，也只会"赔钱"。战略管理要追求的，是将价值创造与价值获取完美地结合起来——"赚钱"。

图1-5　价值获取能力

第三节　战略选择的基本准则

尽管战略选择的方法和模型层出不穷，但其基本准则是一致的。不同的理论模型有不同的适用范围和条件，把握这一准则，对于在千变万化的企业战略管理实践中正确地应用战略管理理论和工具非常必要。纵观现有的战略管理思想和学说，战略管理分析工具以及大量的战略管理实践，战略选择的基本法可以表述为：

扬长避短，趋利避害；不断通过战略投资和整体性运作，提高自身的核心竞争力。

"扬长避短，趋利避害"是传统战略管理思想的核心部分。前四个字是对企业内部条件进行分析及战略取向的内部原则，包括确认企业的优势与劣势，在随后的战略选择中，如何发挥优势，回避自己的不足；后四个字是外部环境分析，包括存在哪些机会，有什么潜在风险，如何抓住机会，防范风险。

所谓的战略定位，就是对企业内外部环境进行系统分析的结果。所有战略分析工具，都必须先构造一个二维（外部环境、内部环境）分析结构，然后在"市场最需要什么"和"我在什么地方做得最好（或者应该做得最好）"这两个问题的答案中寻找交集。BCG矩阵用市场增长率（外部指标）和市场占有率（内部指标）来分析企业的战略定位；SWOT分析则从内部指标优势（S）、劣势（W）和外部指标机会（O）、威胁（T）进行战略分析。它们的区别只在于SWOT用的是复合指标而BCG用的是单一指标，其他分析工具也是如此。至于采用什么工具，则取决于行业竞争要素和产业发展态势对分析指标的要求。抓住这一核心思想，即可灵活运用甚至随心所欲地创造适合自己的分析方法和工具。

特别需要注意的是，扬长避短是手段，趋利避害是目的。我们不能因为具备优势而从事某项业务，优势、劣势从来都不是单纯技术上的比较，而是跟市场需求紧紧结合起来的。正因为扬长避短是手段，所以它可能不是唯一的手段，因此才有了下半句话。"不断通过战略投资和整体性运作，提高自身的核心竞争力"可以具体诠释为"补短"，这提示了战略管理的另外四个方面的考虑。

（1）战略要突出企业战略投资方向。战略是基于对未来正确判断的基础上的一种长期追求，这种长期稳定性使得企业的战略投资成为一种有价值的行为。方向性、持久性是战略投资区别于一般性投资的重要特征。通过长期的积累，形成某一方面的竞争能力，从而保持持久的竞争优势。这种动态战略管理思想是与战略定位的静态思路相联系的，即长期的战略投资以企业的战略定位为依据，从而使企业的长期考虑和短期目标紧密地结合起来。

（2）加强整体运作。企业是一个有机的整体，企业各部门的运作都存在高度的关联性。因此，战略的实施是一种全员、全过程、结构性的概念，它涉及企业里的每一个员工。企业的每一种活动都应在总体战略思想与战略意图的指导下进行。围绕着一个共同的战略目标，在统一的战略思想指导下，对企业的经营管理活动进行整合，是战略管理的一项重要任务。

（3）动态管理企业的核心竞争能力。优劣并非一成不变，有的优势可能会失去，有的劣势可能得以弥补，或者优势转化成了劣势，劣势转化成了优势。在战略决策中，除了扬长避短的思想外，以补短的思路来确定企业战略，在实践中也涌现出大量成功的案例。索尼、IBM等国际著名的企业，都是从弱小的企业发展起来的。如果仅仅是扬长避短，这些企业根本不可能由一个只有几十个人的企业发展成为收入几百亿美元的公司。犹如哈默教授所说的那样，"战略的一成不变比实力雄厚的竞争对手还要危险"[①]。动态战略管理的另一个重要思想就是不断地寻求革命性的创新，通过对行业游戏规则的颠覆——使竞争对手原有的优势失去作用——来超越行业领导者。行业追随者要通过"革命"来超越对手，行业领先者同样要主动创造变化来维持自己的竞争优势。

阅读材料 1-5

愿景的力量

20世纪50年代末，一家在日本以外无人知晓的名为东京通信工业公司的小公司决定不惜代价，抛弃本来的公司名称，改名为索尼公司。这家公司的往来银行反对这一构想，认为公司10年的努力将付诸东流，因而质问："你们打算做这种毫无意义的改变，到底是什么意思？！"公司创始人盛田昭夫平静地回答说："这样能够使公司扩展到世界各地，因为旧的名称外国人不容易念出来，我们希望改变日本产品（在世界各地）品质低劣的形象。"

1924年，IBM的前身——计算制表记录公司，只不过是一百多家相当平凡、希冀有所作为的中小企业中的一家。在此三年前，这家公司几乎破产，还是靠着大量借贷才挨过1921年的经济衰退。公司只有52名业务代表能够完成销售指标，主要靠销售打卡机和肉摊上用的磅秤来维持生计，惨淡经营。

但是，老华森不希望看到公司继续平庸下去，他希望公司改弦易辙，成为真正具有全

① 加里·哈默，迈克尔·波特. 未来的战略[M]. 徐振东，等译. 成都：四川人民出版社，2000：129.

球地位的伟大公司，于是他决定将公司改名。我们今天或许对"国际商用机器公司"这个名称不会感到吃惊，但是在 1924 年，这个名称就显得近乎荒谬可笑。小华森事后回忆说："家父下班回家，拥抱家母，骄傲地宣布，从今以后，'计算制表记录公司'改称响亮的'国际商用机器公司'！我站在客厅的走廊上想道：就凭那家小公司？家父想的一定是未来的 IBM，他实际经营的公司仍然是到处叼着雪茄的家伙，卖的是咖啡碾磨机，还有屠夫用的磅秤。"

资料来源：俞军利. 基业长青[M]. 北京：中信出版社，2002：XI-XII.

（4）战略要有效地应对市场竞争。战略管理不仅要着眼于企业自身的战略行动，更要关注竞争者的战略。企业除了面对满足顾客日益提高的消费要求外，还面临竞争对手的不断挑战与争夺。战略决策的制定，不仅要体现企业竞争优势，而且要瞄准竞争对手的战略。这一考虑强调在动态的市场竞争中如何保存自己、发展自己，有时也包括通过打击、压制对手而壮大自己。战胜对手，是竞争战略第一个层面的境界，而通过合理的定位来规避竞争，从而获取更高的收益，是竞争的第二层境界。竞争观的最高境界则是化竞争为合作，共同推动产业的发展。

最终，战略管理的基本思想可以浓缩为九字精华："扬长避（补）短，趋利避害"。所有的战略管理流派、理论工具、案例，都没有超出这九个字的范围。

注记　弃短还是补短

静态的战略管理思想强调放弃，即对自己不具优势的业务，要坚决予以放弃，将资源集中在优势业务上；动态的战略思想更多的是着眼于"补短"，通过不断补短来改变企业的竞争地位。这两种思想在实际应用中经常发生激烈的冲突。不顾企业实力、盲目发展而失败的企业比比皆是，但以小胜大、由弱转强的成功案例也数不胜数。在进行战略决策的过程中，是以避短为主，还是以补短为主，是影响企业未来发展的一个最为基础、也是最为重要的战略思想。

"补短"是一种高风险性的战略行为，战略决策者需要对补短成功的概率进行谨慎研判。判断"补短"成功的概率可用下面概念模型来表述：

$$补短成功概率 = f(补短的难度, 补短的意愿)$$

（1）难度分析。在确定避短还是补短时，首先需要做资源预算。企业的短能否补得起来，是决定"避"还是"补"的决定性因素。补短的可行性问题在经济学上属于资源的禀赋性问题。所谓禀赋性，是指与生俱来的一些能力，这种能力很难通过后天的努力来弥补。在进行"避"和"补"的抉择时，我们必须判断这种能力（或企业战略资源）是属于禀赋性的还是非禀赋性的。一般而言，除了极少数的自然资源和其他一些特殊的要素外，从理论上讲，一切短都是可以补的。然而，这里的"禀赋"的定义显然是针对企业战略规划期而言的，即判断一种资源（能力）是不是禀赋性的，是以企业战略规划期内，以企业现有的有形资源与无形资源能否将目前的劣势转化为明显的优势为标准的。在补短决策之前，决策者需要做客观的资源预算，即要成功地补短，企业还缺什么资源，还需要提高什么能力。**补短的难度越大，成功的概率越低。**

（2）意愿分析。企业行为的最终结果在很大程度上取决于其主观意愿。许多公司的失败往往是"不为"，而不是"不能"。这种"不为"的背后，就是企业意愿的薄弱，至少是不够强烈。**补短的意愿越强，其成功的概率越高。**一个公司在确定进行补短时，还需要测算企业（这里强调的是企业整体表现出来的强度而不仅仅是某个企业领导人的愿望，当然，企业领导者的信念最为重要）补短的意愿。简单地说，就是企业是否有足够的动力和决心克服补短过程中预期会遇到的种种困难（基于资源预算所提示的困难）。如果得到肯定的回答，就采取补的策略，否则做出避的决策。

（3）调整分析。决策者对自身的判断可能会出现一些偏差，因此在真正实施战略之前决策者还需要对自己的判断做一些调整。具体做法是：决策者把自己过往对自身的判断进行一次客观的回顾，如果每次自己的判断都过于乐观，当决策做出后，应强制战略向后退一步，因为你总是过于乐观；如果每次对自己的判断总是过于悲观的话，当决定做出后，可以鼓励自己向前迈一步，因为困难往往没有你想象的那么大；如果对自己的判断基本上是准确的，就按前述的决定实施。这种做法的基本理论是，人一生对自己的判断基本上是稳定的，除非决策者遭遇到某种重大挫折，即便如此，他（她）后续对自己的判断也是稳定的。人的认知结构是稳定的，这就为"调整分析"奠定了理论基础。

第四节　战略的层次及战略管理基本问题

一、战略的层次

比较主流的观点是，战略按三个层次进行管理，即总体层（公司层）战略、竞争层（业务层）战略和职能层战略。不同层次的战略方案解决不同层面的问题，其战略类型也有其各自的立足点。总体层战略解决做什么、业务组合是什么的问题。对于这一层次的战略其他书籍都称之为公司层战略，但笔者认为并不是所有的组织都是企业，而它们同样要回答这样的战略问题，因此本书将其定义为"总体层战略"。竞争层战略解决怎么做、如何竞争的问题，其他书籍称之为业务层战略，但基于上文理由，并且不是所有组织都是盈利型组织，因此本书称之为竞争层战略。职能层战略解决企业的每个部门应如何配合企业的总体层战略和竞争层战略进行规划的问题。

目的性是人类行为的重要特征。人的任何行为都是一种有意识的活动，都希望达到一定的目的、解决一定的问题。对于战略管理者而言，首先应该明确所要解决的基本问题。

二、公司哲学定位

公司哲学是战略的源头，是公司一切经营管理活动的总体纲领。战略的选择最终体现出公司的哲学取向。一般而言，公司哲学主要解决以下三大问题。

（1）公司是一家什么样的企业？它的总体业务定位是什么？如英国石油公司的定位是一家能源企业（而不是一家石油公司），就将意味着它的业务发展可以进入其他能源领域。这一问题的回答，决定了后续战略分析的边界。

（2）公司的使命是什么？公司的存在是建立在其社会价值的基础之上的，公司应发挥什么样的社会功能，为人类社会做出什么贡献，才能够长久地生存以及获利下去，这是企业进行战略分析时应解决的。

（3）公司的愿景是什么？公司希望做到一种什么状态？是成为一家全球知名、行业里数一数二的企业，还是平平稳稳、踏踏实实地做好现有的业务，这在很大程度上也决定了公司的战略选择。公司的愿景还决定了企业对盈利、成长和风险这三者关系的认知。

三、战略发展态势

企业是生存在一个宏观的经济环境之中的，外部宏观大环境是企业无法改变而且受其深刻影响的关键要素。企业的战略发展必须与这种宏观大势保持协调，否则将会被外部环境的巨浪所淹没。在决策上，它体现为进、退还是守的问题。企业是加快发展的步伐，实施扩张性战略（如一体化战略、多元化战略、加强型战略），还是稳固现有业务，消化企业发展过程中的一些潜在的问题和风险，还是进行业务的收缩，以规避风险，渡过经济困难时期，这是企业战略管理首先应该确定的问题。企业的战略发展态势的终极判断准则是：风险是否大到企业不能承受。如果"是"，则采取"退"和"守"的态势以规避风险；如果不是，则需要抓住机遇成长到位。而判断企业能否承受外部风险，需要从宏观经济大势、所在产业与宏观经济的关系（产业的收入弹性）和企业的业务结构与财务结构来进行综合判断。

四、业务组合

业务组合属于总体层战略的问题。公司进入哪一个业务领域，每一业务的发展态势如何，这些业务之间是一种什么样的关系，都是企业在公司层面应该解决的根本性问题。业务组合问题可分解为以下几个问题来进行考虑。

（1）主业是否还有足够的发展空间。企业发展战略研究都是从现有的主业开始进行分析的，对目前主营业务未来发展前景的判断，极大地影响着企业战略方案的选择。主业发展空间是从两个方面进行考虑的：业务收入和盈利水平。一方面，考虑该产业的生命周期处于哪个阶段，是否还有业务发展的潜力；另一方面，对该产业的盈利前景进行分析。利润是企业生存的根本，没有良好的盈利前景，即使其成长前景很好，业务本身也失去了价值。

（2）保持专业经营还是展开多元化。对主业的判断决定了企业的业务组合。如果主业还有足够的发展空间（这里特指企业在这一领域还有足够的成长空间，而不是该产业还有增长潜力），则企业没有必要过多地介入其他业务领域，其近期目标仍以加强主业经营为主；若主业已经进入停顿状态，或未来的发展将趋缓，并且收益水平将大大下降，则企业应开辟新的业务领域，开展多元化业务以确保企业的持续发展。

（3）有无战略协同业务。总体层战略管理必须以更宽广的视野来考虑业务组合问题，除考虑业务本身的成长和收益水平外，还要看到是否存在其他协同业务——进入该业务会对原有的业务产生巨大的促进作用。战略协同业务的开展，将极大地提高企业主业盈利水平和竞争优势，这是企业必须积极拓展的业务领域。

（4）近期、中期、远期的核心业务如何演变。在企业的业务组合中，需要通盘考虑，以保证企业近期、中期与远期业务的协调发展。在战略规划中，要确定近期、中期和远期的核心业务，并有计划地予以培育。

阅读材料 1-6

地产"内生态"

很少人不知道上海的"新天地"，它的名气如日中天，几乎盖过了外滩和东方明珠。很少人去过后不感叹：石库门居然发生了这样翻天覆地的变化。很少人知道，究竟是谁把一片老旧的弄堂改造成今天的时尚之地。他就是"上海姑爷"罗康瑞。

约纳堂是一只海鸥。罗康瑞喜欢别人把自己比作约纳堂。

因为约纳堂不同于一般的海鸥，它是罗康瑞最喜欢的一本书《天地一沙鸥》里的一只以追求完美的飞行技巧为生存最终目的的海鸥。罗康瑞希望自己跟约纳堂一样，用锲而不舍、力求尽善尽美的精神带领自己的企业成长。

其实，论财富，罗康瑞一手创办的瑞安集团与香港十大财团中的和黄、恒隆、恒基等地产巨头相去甚远。但现在，罗康瑞可以称得上是中国最具国际知名度的开发商。在国内，有 10 多个大城市向他发出邀请，请他帮助改造旧区，在当地再造一个瑞安的标志品牌"新天地"。

"新天地"的传说

如果缺少了罗康瑞，在不少财经人士眼里，这届的福布斯峰会多少会失去些颜色。幸亏这个"新天地"的创造者很给史提夫·福布斯面子。

坐在金茂君悦大酒店的大堂里，55 岁的罗康瑞依旧穿着那身标志性的"改良中装"。之所以称为"改良中装"，是因为在设计上融入了西装的元素。而在他看来，上海"新天地"的成功，和自己的着装如出一辙，融合了东西方的文化。"整旧如旧"的石库门，内里装罐着"星巴克""吴思远影城""东魅"这些活动的因子，再加上人的串联，"新天地"不火也难。

罗康瑞并不愿意多谈"新天地"过去的沧桑和现时的辉煌，他更愿意聊聊他和瑞安的未来。他告诉记者，现在正计划筹组一个新的大规模的房地产公司，也是由瑞安控股，由许多投资者和瑞安一起来做。罗康瑞说，现在还不方便透露具体的投资者，但"现在国际上很多的投资者都看好中国，他们很喜欢'新天地'，因此他们都来找我。"说这话时，他的脸上浮现出一丝狡黠，还有几分得意。

对罗康瑞而言，他并没有很强的石库门情结，改造石库门于他不过是一桩生意。罗康瑞说起自己的地产生意经来乐此不疲。他告诉记者，自己投资的方针、策略和其他房地产开发商不太一样，"新天地"的房产只租不卖，但与其一湖之隔的住宅小区"翠湖天地"第一期很快就全部卖光了。原因是，瑞安总是先营造好环境，然后再进行房屋开发。像"新天地"旁边的这个湖就是瑞安先于小区挖凿的一个人工湖，并进行了绿化。"实际上我们一分钱广告都没有投，现在还有 2 000 多人在排队买我们的第二期。"说起这个结果，罗康瑞颇为满意。

其实，"新天地"周围的房子好卖，并没有罗康瑞说的那么简单。如今，"新天地"成了上海的又一个坐标，"新天地"模式也成了中国老城区改造的一个典范。但当时，罗康瑞决定投入巨资保留卢湾区的这一片3万多平方米的石库门建筑时，人们都认为这个香港商人有点傻。

石库门建筑其实就是上海的弄堂，过去曾经有六成的上海人住在这种房子里。这种房子里没有厕所等卫生设施，新的一天人们都是在家家户户的主妇刷马桶的声音里开始的。当上海市进行城市改造时，这样的弄堂自然要被拆掉。此时，罗康瑞却以公益性质的人工湖及绿地为代价从卢湾区区政府拿到了太平桥地区的52公顷土地。

太平桥地区，位于上海市中心淮海中路的南端，此地有大片的石库门建筑，但都破败不堪。罗康瑞举起了花巨资打造的手术刀，开始了对该地区的整容手术。他的想法是：把上海最典型、古老的街区保存下来，变为最新锐、奢华的消费场所。而这个手术不亚于一场赌博：这片不到10分钟可以走一圈的"弄堂"，花了罗康瑞当时总资产的50%——14亿元。

他花了3 000万元人民币请来美国旧房改造专家本杰明·伍德建筑设计事务所和新加坡日建设计事务所，并请同济大学建筑设计院为顾问，因为"美国人没有包袱"。为了"整旧如旧"，罗康瑞花了大价钱，最后统计出来的情况是，"新天地"每平方米的造价达到了2万元。而为动迁这一地块上近2 300户、逾8 000名居民，瑞安又耗资超过6亿元人民币。

罗康瑞的想法成为现实，石库门从私人化走向了公众享受——目前"新天地"已经有98家知名品牌的店铺。"每个人都能从中找到一点自己喜欢的东西。"

从13亿元到250亿元的历程

接下来，罗康瑞的工作重心转移到在"新天地"周围开发住宅楼、商务楼和购物中心上，而"翠湖天地"一期住宅楼只不过是小试牛刀。罗康瑞一脸豪气地说："我们的平均房价是上海最高的，而把"新天地"周围开发完要8~10年，预算投资至少250亿元。"

罗康瑞告诉记者："很多银行来找我们，说可不可以参与我们的融资计划之类的，但我们完全没有这个需要，我们的资金没有任何问题。"实际上，这可以看作是罗康瑞对外界怀疑瑞安的资金链肯定要出问题的一个回应。而说这些话时，罗康瑞脸上也始终挂着微笑，一句不提为"新天地"所吃的苦。

"新天地"改造工程开始时并不顺利。由于"新天地"的投资高达14亿元人民币，建设之时又正处于亚洲金融风暴的冲击下，国内外的银行都不肯轻易放贷。罗康瑞的助理周永平回忆起往事唏嘘不已："我们去找银行贷款，他们问，你们究竟是做什么？娱乐、餐饮、住宅还是旅游？我们去政府部门审批，也不知属于文化还是旅游。"不得已，罗康瑞拿出自有资金8亿元开工，一年后银行才放出了4 500万美元贷款，约占总投资的30%。罗康瑞后来说："我知道万一这个项目做不出来有多大风险，但那时我对自己还是很有信心的，因为我知道有可能出现的最坏情况会是什么样子：就是没人来租，14亿元等于扔进水里。"

但是罗康瑞还是觉得一定要做出来，因为他一直坚持自己的两个想法。罗康瑞认为，房地产跟经济增长肯定是挂钩的，在过去这10年中，上海的经济增长平均达到了12%。在这样的一座城市的市中心来做这样的一个项目，如果没人喜欢，没人租，那本身就是不正常的。罗康瑞经常到国外去旅游，每到一个城市，都要去看看这个城市的旧房子是什么样子。罗康瑞发现，它们都很吸引游客。他的另一想法就是：上海还没有，为什么我不可以在上海做一个呢？而这两个想法就造就了今天的"新天地"。

"更多地产商目光还在地皮上，而罗康瑞已经看到了地上老房子的价值了。"上海同济大学教授、著名规划专家阮仪三曾这样评价罗康瑞的胆大和见识。

资料来源："上海姑爷"罗康瑞250亿打造"新天地"[DB/OL]. 华夏经纬网，2004-03-15.

五、竞争层战略

总体层战略问题解决做什么的问题，而竞争层战略则解决怎么做的问题。在某一业务经营上，企业采取什么样的竞争手段来参与市场竞争——低价战略、差异性或战略聚集，这是企业的业务战略问题。不同的竞争战略，其对企业能力及资源的要求是不一样的。因此，竞争层战略的第二个问题是确定企业核心竞争资源与能力的问题。最后，企业如何安排在这些战略性资源与能力上的投资，从而不断提升对竞争战略的支撑，是竞争层战略的第三个问题。

六、职能层战略

为实现企业的战略意图（包括总体层战略与竞争战略），企业在组织结构、制度体系的设计上应做怎样的重构，各职能（包括营销、生产、研发、物流、财务、人力资源等）应如何围绕着公司的战略意图来开展自己的工作，这是职能层战略应解决的问题。这一部分正是战略与企业具体经营管理活动的衔接地带。

注记 战略管理问题集

战略管理五个方面的问题是依次展开的。公司哲学的确立深刻地影响企业总体发展态势等其他四类问题的解答；总体战略态势、业务组合等为后面的战略决策提供了依据。战略管理的问题构成了一个层次分明的问题集，如图1-6所示，这是企业战略管理者应全面审视并综合予以考虑的问题。

企业哲学	总体战略态势	业务组合	竞争战略	职能战略
□ 我们是怎样的企业？ □ 公司的使命是什么？ □ 企业生存的价值在哪里？ □ 公司的愿景是什么？	对宏观经济以及产业经济发展进行判断，确定企业的发展态势——进、退、守。	□ 主业能否提供足够的发展空间？ □ 单一还是多元化经营（何种多元化）？ □ 是否存在战略协同业务？ □ 近、中、远期的主业应如何演变？	□ 企业通过什么去竞争？ □ 什么是企业的核心竞争力？ □ 企业在什么地方进行战略投资？	实施上述战略意图,应如何规划设计组织结构、文化、人力资源、营销体系、技术发展、资本运作等？

图1-6 战略管理问题集

图 1-6 表明，企业经营管理行为与公司战略意图（哲学、总体层战略、业务层战略）是通过战略基石和战略风险联系起来的，战略基石是实现企业战略意图的必备条件，而可能对战略基石产生影响的因素就是企业最大的战略风险。企业所有的经营管理行为都是围绕着如何充实企业的战略基石、如何防范战略风险来展开的。

第五节　战略的基本类型

一、总体层战略

基于对现有业务的认知，总体层战略存在四大类的战略选择。

（一）加强型战略

加强型战略的核心思想与共同特征是加强主业，这是对现有核心业务的现状及其未来充满信心的体现。这一类型战略的共同特征是扩大现有业务规模，加强其在行业中的竞争地位。围绕这一核心思想，加强型战略可分为以下四种形态。

1. 市场渗透（market penetration）

市场渗透指通过努力，提高现有产品或服务在现有市场上的销售量和市场份额。这种渗透可通过两种途径来实现：一是地理上的渗透。2016 年，号称共享单车元年，共享单车企业正在疯狂地、源源不断地往城市的每个角落输送"弹药"，为了抢占有限的停车位，单车调度人员必须先于对手将自家的车辆摆放在指定的地点。二是营销上的渗透。"脑白金"这一产品的广告轰炸便属于这种战略。市场渗透的基本战略理论是：现有产品在现有市场上还有足够的增长潜力，通过渗透可以将这种潜力充分地挖掘出来。

在下述情况下企业可以考虑采用市场渗透战略。[①]

- □　企业特定产品与服务在当前市场上还未达到饱和。
- □　现有用户对产品的使用率还可显著提高。
- □　在整个产业的销售额增长时主要竞争者的市场份额在下降。
- □　在历史上销售额与营销费用曾高度相关。
- □　规模的提高可带来很大的竞争优势。

2. 市场开发（market development）

市场开发指以现有产品或服务打入新的地区市场。在全球经济一体化和全球产业结构大调整的背景下，市场开发战略越来越被企业所注重。市场开发的战略考虑基于对新市场和自身实力的信心。

随着中国制造业的多年的持续发展，巨大的产能需要找到新的市场。2015 年，国家发

---

① 弗雷德·R. 戴维. 战略管理[M]. 李克宁，译. 8 版. 北京：经济科学出版社，2001：183.

展改革委、外交部、商务部联合发布了《推动共建丝绸之路经济带和 21 世纪海上丝绸之路的愿景与行动》，这正是在国家层面推动实施"一带一路"倡议的市场开发战略。

"一带一路"经济区开放后，承包工程项目突破 3 000 个。2015 年，我国企业共对"一带一路"相关的 49 个国家进行了直接投资，投资额同比增长 18.2%。2015 年，我国承接"一带一路"相关国家服务外包合同金额 178.3 亿美元，执行金额 121.5 亿美元，同比分别增长42.6%和 23.45%。

市场开发战略的适用准则如下。[①]

❑　可得到新的、可靠的、经济的和高质量的销售渠道。
❑　企业在所经营的领域非常成功。
❑　存在未开发或未饱和的市场。
❑　企业拥有扩大经营所需的资金和人力资源。
❑　企业存在过剩的生产能力。
❑　企业的主业属于迅速全球化的产业。

3. 产品开发（product development）

产品开发战略是通过开发新型产品或提供新型的服务来拓展公司的业务。这种战略是不满足于现有产品经营状态的体现。苹果公司是一个不断追求产品创新的企业，自 2007 年推出首款触屏式手机以来，每年都在推出新的产品，而且将旧的产品下架，每年都引发消费者的追捧。

产品开发战略的适用准则如下。[②]

❑　企业拥有成熟产品。
❑　产业属于快速增长的高技术产业。
❑　主要竞争对手提供可比价格下更高质量的产品。
❑　企业拥有很强的研发能力。

4. 协同业务开发（synergic business development）

协同业务开发指进入一个新的产业，其根本目的不是在该新业务领域内获利，而是希望通过这一新业务的开发而为企业的现有主业带来更大的回报或增强主业的竞争能力。如为了提高在相纸和冲印药水业务上的收入，柯达公司开发了照相机产品。柯达公司在照相机业务上并不盈利，但据统计分析，每多一台照相机，每年市场上就会多消费 2.3 卷胶卷，按照柯达公司的市场份额，便可测算出柯达公司的收益。协同业务开发的准则只有一个，就是对现有主业提供强大的支持。

注记　业务协同优势

为明确区分进入新业务领域的不同目的，从而更好地把握新业务的战略使命，本书新提出了协同业务开发的战略类型，而以往这一战略是归并在多元化战略之中的。这一概念的提出把拓展新业务领域的战略使命分为了两类：协同业务开发的目的是加强原有业务的市场地位，为达到这一目的，协同新业务往往是非盈利的；多元化的意

[①] 弗雷德·R. 戴维. 战略管理[M]. 李克宁，译. 8 版. 北京：经济科学出版社，2001：184.
[②] 弗雷德·R. 戴维. 战略管理[M]. 李克宁，译. 8 版. 北京：经济科学出版社，2001：184.

图是挖掘新的利润增长点，新业务必须盈利，否则就没有存在的价值。

尽管每一种战略方案都有不同的适用准则，但这些准则背后的思想是一致的，即扬长避（补）短、趋利避害。上述各战略的适用准则是不完备的，它不可能涵盖所有可能的情况，但把握住它们背后的思想，则可根据环境的变化而做出合乎战略逻辑的选择。

总体层战略解决的是企业业务组合的问题。在当今市场竞争不断加剧的环境下，以单一业务与对手竞争已经远远不够了。随着产业协同思想的不断实践，未来的企业竞争将是产业集群间的竞争，而以单一业务与集群业务比拼，无疑是不同量级的较量。犹如两军对垒，一方是多兵种协同作战，另一方则仅能以单一兵种应对，其强弱对比不言而喻。打造高度协同的产业集群，是未来企业战略最为重要的任务之一。

（二）一体化战略

一体化战略基于两个方面的考虑：一是看好某一产业的长期发展，期望在这一产业链上获取更多利润；二是通过一体化战略来提升竞争能力，降低经营风险。一体化战略大体分为横向一体化和纵向一体化两大类，其中纵向一体化又分前向一体化和后向一体化两种类型。

1. 横向一体化

横向一体化（horizontal integration）指同业间的兼并（合并）。这一战略越来越受到中国企业的认可。2015年10月26日，携程发布公告称，携程与去哪儿合并，合并后的携程将持有45%的去哪儿股份，而百度以出售去哪儿股份的形式拥有携程25%的股份。外媒统计数据显示，携程与去哪儿两家公司市值合计达到156亿美元。

2016年8月1日，滴滴出行宣布与Uber全球达成战略协议，滴滴出行将收购Uber中国的品牌、业务、数据等全部资产在中国大陆运营。滴滴出行与Uber的合作，将让整个移动出行行业走向更健康有序、更高层次的发展阶段。

横向一体化战略的适用准则如下。[①]

❑ 为获取垄断。

❑ 企业处于成长型的产业中。

❑ 规模具有部分优势。

❑ 企业具有扩大经营规模的能力，竞争对手停滞不前。

2. 纵向一体化

（1）前向一体化（forward integration）。前向一体化指向产业链的下游延伸，即将业务延伸到企业的客户端。如显像管企业向电视机业务延伸、空调压缩机企业进入空调器生产领域等。前向一体化的适用准则如下。[②]

❑ 销售商成本高昂、不可靠、不能满足企业发展的需要。

❑ 产业快速增长或将会快速增长。

---

① 弗雷德·R. 戴维. 战略管理[M]. 李克宁，译. 8版. 北京：经济科学出版社，2001：182-183.
② 弗雷德·R. 戴维. 战略管理[M]. 李克宁，译. 8版. 北京：经济科学出版社，2001：182.

  ❑ 前向产业具有较高的进入壁垒。
  ❑ 前向产业收益水平较高。
  ❑ 企业具备进入前向产业的条件。
  ❑ 企业需要稳定的生产。

（2）后向一体化（backward integration）。后向一体化指向产业链的上游延伸，即将业务扩展到自己的供应商的领域内。如美国金光纸业（APP）在造纸业务扩大后，大规模地建设自己的林业基地，为造纸业务提供了原材料上的保障。后向一体化的适用准则如下。[①]

  ❑ 供应商成本过高、不可靠或不能满足企业对供应品的需求。
  ❑ 供应商数量少而需方竞争对手多。
  ❑ 产业快速增长。
  ❑ 企业具备自己生产原材料的能力。
  ❑ 原材料成本的稳定性极为重要，供应商利润丰厚。

（三）多元化战略

多元化战略体现出不满足于现有产业链的经营，或对现有产业链的前景做出不乐观的预期，基于分散风险的考虑，开展其他多元业务。多元化战略按与现有业务相关的程度，从强到弱依次分为集中多元化、横向多元化和混合多元化。

1. 集中多元化（concentric diversification）

集中多元化指进入一个与原有业务在技术、市场上都相关的新业务领域，发挥现有业务在技术、市场上的协同作用。以生产照相器材闻名的日本佳能公司利用其在光学、影像与微处理器控制领域的技术能力，将其产品扩展到复印机、打印机、传真机等办公设备。由于这些产品存在技术相关性，因此，这些不同的业务可以在技术上、内部资源上实现共享。当佳能发现数字激光打印机市场大有可为时，它授权该事业部的经理到其他事业部搜罗人才，以便建立业务所需的人才库。当佳能的复印产品部着手开发由微处理器控制的复印机时，也曾向照相产品部门求助，因为后者曾开发了世界上第一台由微处理器控制的照相机。

当以下情况出现时可考虑采用集中多元化战略。[②]

  ❑ 所属行业处于零增长或较慢增长。
  ❑ 增加新的相关产品会显著促进现有产品的销售。
  ❑ 有高度竞争力提供相关的产品。
  ❑ 新的相关产品所具有的季节性波动正好弥补现有生产周期的波动。
  ❑ 现有产品处于衰退期。
  ❑ 企业拥有强有力的队伍。

2. 横向多元化（horizontal diversification）

横向多元化是指进入市场相关但技术不相关的业务领域，即向现有客户提供新的不相关的产品。这一战略发挥的是现有业务的市场协同作用。

---

① 弗雷德·R. 戴维. 战略管理[M]. 李克宁，译. 8 版. 北京：经济科学出版社，2001：180.
② 弗雷德·R. 戴维. 战略管理[M]. 李克宁，译. 8 版. 北京：经济科学出版社，2001：186.

横向多元化在下述情况下可以考虑使用。[①]

- 增加新的不相关产品可以从现有产品中获得显著的收益。
- 现有产业属于高竞争或低增长的行业。
- 可利用现有销售渠道营销新产品。
- 新产品的销售波动周期与企业现有产品的滚动周期可以互补。

3. 混合多元化（conglomerate diversification）

混合多元化指进入一个与现有业务完全不相关的产品或服务领域。这种战略主要基于对现有业务增长的极限的应对、分散业务风险、吸收企业富余资金等三个方面的考虑。绿地集团就是国内混合多元化的典型，其业务板块包括房地产、商业、金融、地铁投资、能源、建筑等众多业务。

混合多元化的适用情况如下。[②]

- 企业主营业务销售和盈利下降。
- 企业拥有新产业成功竞争的条件。
- 有机会收购不相关但极具投资价值的企业。
- 收购与被收购企业间存在资金的融合。
- 企业现有产品已饱和。
- 集中经营可能受到垄断的指控。

（四）防御型战略

防御型战略属于一种弱战略，这种战略基本上处于一种退或守的态势，其更多的是出于对风险防范或产业退出的考虑。从另一方面看，某一业务的退出在很大程度上是为了在一个更好的领域内有所作为。防御型战略可分为合资经营、收缩、剥离和清算等四种类型。

1. 合资经营（joint）

合资经营指与其他企业合资，共同组成一个新的企业，基于借双方的力量共同把握一个机会、增加抵御风险的能力、绕开某种政策的限制等考虑。合资经营固然有积极性的向度，同时也确是实力有所不足的体现，因此属于防御型战略类型。

存在以下情况时可考虑采用合资经营的战略。[③]

- 合资方优势互补。
- 与国外公司合作以利用当地管理和经营资源或利用某些政策的便利。
- 投资基础上具有很大的盈利潜力，但需大量资金，风险很大。
- 组成战略联盟与对手竞争。
- 存在迅速利用新技术的需要。

2. 收缩（retrenchment）

收缩战略指通过减少某项业务的资产与成本，或陆续抽出资金，使该业务逐步萎缩，以减少损失。这种战略也被称为转向（turnaround）或重组（reorganization）战略。收缩战

① 弗雷德·R. 戴维. 战略管理[M]. 李克宁，译. 8版. 北京：经济科学出版社，2001：187.

② 弗雷德·R. 戴维. 战略管理[M]. 李克宁，译. 8版. 北京：经济科学出版社，2001：188.

③ 弗雷德·R. 戴维. 战略管理[M]. 李克宁，译. 8版. 北京：经济科学出版社，2001：193-194.

略包括出售资产、压缩产品系列、停产、裁员等一系列手段。破产也是一种常用的收缩方法，可使公司躲避大额的债务或使一些重大的合同失效。

收缩战略的适用准则如下。[①]

❑　企业具有明显而独特的竞争力，但没能做到持续实现企业目标。
❑　企业在产业中属于弱者。
❑　企业受到低效率、低盈利、低士气的困扰。
❑　企业在战略上遭受失败，或者企业迅速发展，需要大规模改组。

3.　剥离（divestiture）

剥离战略指出售公司的分公司、分部或一部分业务。剥离可以是全面收缩战略的一部分，也可以是为下一步战略投资筹集资金的手段。在竞争不断加剧、分工日益细化的今天，剥离成为非常风行的战略性活动。1999 年，陕西长岭股份有限公司进行了大规模的剥离，最终公司只保留了一条冰箱的总装线、少部分资产以及军工生产车间。剥离后的长岭股份的大部分生产来自外包，通过市场竞争提高了效率，降低了生产成本。

剥离战略的适用准则如下。[②]

❑　企业已采取了收缩战略但没得到改善。
❑　为保持竞争力而需要投入的资源超出公司的供给能力。
❑　分公司的失利使公司整体业绩不佳。
❑　分公司与其他公司组织不相适宜。
❑　企业急需大量资金而不能从其他途径得到资金，反垄断措施已对企业构成威胁。

阅读材料 1-7

断臂求生

2017 年 1 月 9 日报道，麦当劳将其在中国内地和香港地区的业务以 20 亿美元出售给中国中信集团与美国凯雷投资集团，未来两家投资者将负责麦当劳在中国的扩张经营。根据股权分配，中信在新公司中将持有 52% 的控股权，凯雷和麦当劳分别持有 28% 和 20% 的股权。目前，麦当劳在中国内地的餐厅总数超过 2 400 家，在香港地区超过 240 家。收购完成后，新公司将在中信的主导下实行扩张性发展，未来五年在中国内地和香港地区增设 1 500 多家新餐厅。麦当劳出售其中国业务是为了降低在中国持续经营的资金压力、应对中国越来越严格的食品安全审查以及来自中国本土快速发展的快餐业同行的竞争。

资料来源：商务部网站，2017-01-10.

4.　清算（liquidation）

清算指将公司全部资产整体或分块出售，又称结业清算。清算是对业务经营的彻底放弃，也是避免更大损失的无奈之举。摩托罗拉的铱星公司拥有 66 颗低轨道卫星组成的移动通信网络，旨在突破基于地面的移动通信的局限，通过太空向任何地区、任何人提供语言、数据、传真及寻呼信息服务。然而，由于技术选择失误，过于先进的技术导致成本过高，

[①] 弗雷德·R. 戴维. 战略管理[M]. 李克宁，译. 8 版. 北京：经济科学出版社，2001：190.
[②] 弗雷德·R. 戴维. 战略管理[M]. 李克宁，译. 8 版. 北京：经济科学出版社，2001：191.

维护费用巨大；市场定位错误，价格过高导致用户数量远远达不到预计规模；迫于外界压力匆匆投入商用，低质量的服务给用户留下的第一印象对公司造成灾难性的打击；销售渠道不畅，用户数量损失等种种原因，致使铱星公司经营不善，背负40多亿美元债务而无力偿还，最终于纽约当地时间2000年3月17日，宣布破产重组失败，被法院批准破产清算。

清算战略的适用准则如下。[①]

- ❑ 已采取收缩和剥离战略，但均未成功。
- ❑ 除清算和破产外没有其他选择。
- ❑ 通过出售企业资产而将损失降至最小。

阅读材料 1-8

疯狂单车

2017年6月16日，摩拜单车宣布完成超过6亿美元的新一轮融资，这一数字创下共享单车行业诞生以来的单笔融资最高纪录。摩拜单车本轮融资由腾讯领投，新引入的战略和财务投资者包括交银国际、工银国际、Farallon Capital等重磅投资人；TPG、红杉资本中国基金、高瓴资本等多家现有股东继续增持跟投本轮。华兴资本在本轮融资中继续为摩拜单车提供独家财务顾问服务。

摩拜单车联合创始人兼CEO王晓峰表示："作为全球智能共享单车首创者和领导者，摩拜单车始终以创新模式、创新科技和创新服务引领着城市共享单车的发展，与用户一起不断创造增长的奇迹，不断影响和改变着城市交通、环境和文明，并获得了一大批认同摩拜单车愿景的投资者和战略合作伙伴的坚定支持。"

在2017年上半年不到6个月的时间里，摩拜单车在城市拓展、用户数、订单量等多个维度都取得了十到几十倍的增长，并提前半年实现年初定下的覆盖100城目标。如今，摩拜单车不仅与富士康、陶氏化学、汉能移动能源、中再生等各领域顶尖企业达成战略合作，完成在供应链、新材料、新能源、循环利用等方面的布局，还在全球范围内与高通、爱立信、沃达丰、中国移动、华为、北斗等领先的通信物联网企业达成深度合作，初步建成全球最大的移动物联网，为引领中国创新"出海"打好坚实基础。

王晓峰介绍："新一轮融资将帮助摩拜单车在三个方面提速：① 摩拜将加速国际化进程，到2017年年底服务全球200个城市，将出行智能解决方案带给更多用户；② 摩拜携手全球领先的物联网合作伙伴，加速推动移动物联网技术的进步和实景应用；③ 摩拜将在人工智能、智能硬件等领域加速战略布局和技术创新，提高技术壁垒、扩大领先优势，给用户带来完美的体验。"

作为摩拜单车最重要的战略投资者和全方位合作伙伴之一，腾讯继C轮投资、D轮领投摩拜单车之后，继续领投摩拜本轮融资，体现了其对于摩拜单车的企业理念、成长速度和发展前景的认同和支持。

腾讯董事会主席兼首席执行官马化腾表示："腾讯非常认同和赞赏摩拜单车的愿景，并看好和支持摩拜单车的未来发展。过去近一年里，摩拜单车的成长速度突出。腾讯将继续开放包括微信在内的核心资源，为摩拜单车持续提供成长动能，助力摩拜单车的创新和业

---

① 弗雷德·R. 戴维. 战略管理[M]. 李克宁, 译. 8版. 北京: 经济科学出版社, 2001: 192.

务扩张。"

除持续战略投资外，腾讯与摩拜单车已经在多个层面上展开合作，并取得了亮眼成绩。2017年2月，摩拜单车首批入驻微信"小程序"，用户可以通过"扫一扫"直接扫码解锁用车。3月，摩拜单车全面接入微信，入驻微信钱包"九宫格"，深度接触微信超过9亿的月活跃用户。

多家重量级投资机构也参与了摩拜单车本轮融资。

红杉资本全球执行合伙人沈南鹏表示："过去一年多来，摩拜单车的高速发展和创新能力令人印象深刻，已建立了显著的市场领导地位和竞争优势。红杉中国一直以来非常看好摩拜单车的长期发展和未来的全球化扩张，我们希望能在助推摩拜单车向世界输出中国创新的路上贡献我们的力量。"

摩拜单车2016年4月率先在上海投入运营，先后进入上海、北京、广州、深圳、成都、天津等城市和新加坡，近日更是与当地政府联合宣布登陆英国的曼彻斯特和索尔福德两个城市，受到当地的热烈欢迎和支持。摩拜目前已在与欧洲多个城市积极洽谈，加速海外落地。

目前，摩拜单车在海内外超过100个城市运营超过500万辆智能单车，日订单量最高超过2 500万，注册用户超过1亿，是全球最大的智能共享单车平台、第一大互联网出行平台。

2017年5月，摩拜单车发布"摩拜+"开放平台战略，全面布局"生活圈""大数据""物联网"三大开放平台。中国联通、中国银联、招商银行、微信、百度地图、京东商城等数十个顶尖品牌成为摩拜"生活圈"的首批战略合作伙伴，将与摩拜携手为数亿用户提供方便快捷的城市出行和时尚生活服务。

资料来源：央广网，2017-06-16.

（五）总体层战略的使命与战略理论

不同的战略，其战略目的与战略理论（对环境的一系列假设）是不尽相同的。对于企业来说，重要的不是采取什么样的战略行动，而是能否解决其战略问题，以及战略的理论是否符合实际情况。表1-1把四类总体层战略各自的战略目的与战略理论做出了总结。

表1-1 四类总体层战略的战略目的与战略理论

战 略 类 型	战 略 目 的	战 略 理 论（假设）
加强型	加强主业（盈利）	满足于主业的成长空间
一体化	—	长期看好该产业链
	谋求产业链垄断（盈利）	产业链间存在协同效应
	寻求新的业务增长点（成长）	不满足主业的成长
多元化	寻求新的业务增长点（成长）	不满足主业的成长
	防范风险（风险）	不看好主业
防御型	规避风险（风险）	不看好主业

注："战略目的"栏下的"（）"内的内容代表该战略的战略重心。

从表1-1中可以看到，四大类战略的重心与企业价值三个要素之间形成了一种完全对应的关系。也就是说，企业通过战略的组合，就可以平衡价值三个要素的关系，从而实现价值最大化。这样，我们就构造出了总体层战略与企业价值最大化的直接逻辑关系。

值得注意的是，多元化与防御型战略可以防范（规避）风险，而这里的风险特指产业风险，即整个产业出现问题的风险。但是多元化在防范产业风险的同时，会使企业进入更多、尤其是不熟悉的领域，分散了管理者的精力与企业资源，所以会带来经营和管理风险。企业考虑风险问题时，需要在这两种风险之间寻求一种平衡。

通过表1-1，企业就可以对将要实施的战略方案进行检查，分析其是否能够解决其战略问题，其理论假设是否正确。例如，一个企业的主营业务是码头运营业务，该业务与宏观经济高度相关。为规避业务波动的风险，就需要组合一个与宏观经济无关或反向的业务，但如果该企业组合进一个同样与宏观经济正相关的行业——如高端餐饮业，这两个业务就不能起到对冲作用。因此，这样的多元化战略并不能规避业务波动的风险，我们称之为"伪战略"。

二、竞争层战略

迈克尔·波特的《竞争战略》《竞争优势》《国家竞争力》为竞争战略理论建立了一整套的分析体系。对于一个企业而言，如何保持企业的竞争优势，突出自己的定位，波特提出了其所谓的基本竞争战略——成本领先战略、歧异化战略、集聚化战略。将这三个基本战略进行组合，可得到以下五种竞争战略类型。

1. 成本领先战略

成本领先战略指通过规模化生产或依靠独特的生产工艺，在成本水平上大大领先于对手，从而获得价格上的竞争优势。在消费者对价格敏感、产品标准性较强、产品品牌效应不显著的情况下，成本领先战略是有效的。成本领先战略往往意味着巨大的生产规模和专业化程度很高的生产设施。格兰仕是采用低成本战略的典型。凭借规模经济和专业化生产所带来的成本优势，格兰仕占有中国微波炉市场60%的市场份额、世界微波炉市场的35%，成为中国乃至全世界的微波炉大王。格兰仕的规模经济表现在生产规模、销售、科研和管理方面。1992年，格兰仕引进当时最先进的东芝微波炉生产线，在10年的发展中，生产规模由最初的年产量1万台到年产量1500万台，通过扩大生产规模，极大降低了单位产品的成本。同时，格兰仕还在降低采购成本、行政管理成本、营销成本和流通成本方面做了巨大努力，使得格兰仕在综合成本竞争中占据很大优势。除了规模制造以外，格兰仕还通过专业化生产取得成本优势。格兰仕由一个最初生产羽绒服的企业转而生产微波炉，在十多年的发展中，一直专注于微波炉生产，并且不断开发新产品和专有技术以及关键元器件，降低制造成本。

美国西南航空通过削减航空配餐和行李托运服务，有效地实现了低成本优势，如表1-2所示。

表1-2　西南航空公司的成本领先：会计成本分析（短程乘客英里/可用座位成本）

成 本 项 目	西 南 航 空	联 合 航 空
工资和福利	2.4	3.5
燃料和油料	1.1	1.1
飞机维护	0.6	0.3

续表

成 本 项 目	西 南 航 空	联 合 航 空
机票销售佣金	0.5	1.0
广告	0.2	0.2
食物和饮料	0.0	0.5
其他	1.7	3.1
总　计	7.2	10.5

2. 歧异化战略

歧异化是通过形成自己的特色，以与其他企业的产品形成区别，从而避开正面的价格竞争的战略手段。歧异化一般通过品牌、技术性能、新功能、服务等方式来实现。值得注意的是，歧异化战略并不意味着可以忽略成本控制，只不过此时成本不是企业首要的战略目标。

3. 成本集聚战略

成本集聚是基于成本领先考虑的，将业务集中在某一细小领域内的战略手段。企业在某一领域内具有特殊能力，或集中资源把这一领域内的业务规模做得非常大，导致其在成本上具有优势，这是成本集聚战略的基础。

4. 歧异集聚战略

歧异集聚是在某一细小业务领域内做出企业的特色，依靠高度的专业性来获取竞争优势。联邦快递公司是采用歧异集聚战略的典型。当公司的创始人史密斯看到社会正朝着以服务为导向的方向发展，而随之产生的人们对文件及小包裹快速安全投递的需要涵藏着巨大的商机时，便创造出小件邮包隔夜递送的业务。与传统的爱默瑞和航空快递公司收集各种大小的运输包裹、通过航空运输机和商业航空公司将包裹运至指定地点的经营方式不同，联邦快递公司只集中经营小型包裹和文件的隔夜递送。联邦快递公司不但拥有自己的飞机和货车，还在曼非斯国际机场设立中枢，邮件从当地的投递点收集（其中有些邮件甚至是下午较晚时投递的），然后用公司自己的飞机将邮件送到曼非斯中心，工人每天从晚上的11:00 到凌晨的 3:00 对邮件分类，再重新装到飞机上，在早晨较早时候运到指定地点，然后由公司员工立刻用卡车送到收件人手中。联邦快递公司的成本结构很低，所以可以保证将小件包裹隔夜递送到美国任何一个地方，而价格只有 13 美元。

5. 最优成本供应商战略

在消费者高度理性的市场中，最优成本供应商战略是极具吸引力的。物美价廉是最优成本供应商战略的最通俗的诠释。大宗的工业原材料产品、大多数的房地产等产品都适宜采用最优成本供应商战略。在这样的市场中，顾客既考虑价格，同时又对其品质或其产品性能有较高的要求。最优成本供应商战略往往是行业过度竞争后的产物。丰田公司推出其 Lexus 系列车型准备参与豪华车竞争时，实施的便是经典的最优成本供应商战略。丰田 Lexus 的战略有以下三个特色。

（1）将丰田公司在低成本制造高质量丰田车方面的技能转移到比其他豪华车制造商——尤其是奔驰和宝马——低的成本制造超级豪华车。丰田的执行经理认为，丰田的制造技能应能使其以比其他豪华车制造商更低的成本提供高技术性能和高质量。

（2）利用其相对低的制造成本制定比奔驰和宝马更低的价格。这两家公司的汽车售价都在 40 000～75 000 美元。丰田装备诱人的 Lexus 系列新车型的定价可以在 38 000～42 000 美元，从而可以从奔驰和宝马那里抢走对价格敏感的顾客，也许还可能引诱对质量敏感的林肯车和凯迪拉克车主转向 Lexus。

Lexus 400 系列车价位在 48 000～55 000 美元，与奔驰 300/400E、宝马 535i/740、尼桑 infinitiQ45、凯迪拉克 Serville、Jagera 和林肯 Continential 展开竞争。

Lexus 300 系列车价位在 30 000～38 000 美元，同奔驰 C-class、宝马 3n、尼桑 infiniti J30、凯迪拉克 Eldorado 展开竞争。

Lexus 取得成功，迫使奔驰也推出 C-class 新车型系列以获得更强的竞争地位。Lexus LS400 和 Lexus SC300/400 车型在著名的 J.D.Power eassociates 的 1993 年汽车质量调查中分别名列第一和第二。

（3）为 Lexus 建立新的特约经销商网络，同丰田的特约经销商网络分开，致力于提供行业中无与伦比的个人化、细心体贴的客户服务。

注记　竞争战略的基础

成本领先战略其实更应该称作"低价"战略，因为这一战略的优势最终是在价格上体现出来的。成本领先是一切竞争战略的基础，不过这种优势既可以通过价格体现出来，也可以体现在其他方面，如在品牌塑造、功能、顾客服务上投入更多的资源。而这一切巨大的支出都需要在其他方面得以补偿，如果将这些费用全面转移到消费者身上，便可能出现价差过大的风险，消费者忠诚便无从谈起。因此，不管采用什么样的竞争战略，严格的成本控制都是企业取胜最基本的要求。

三、职能层战略

职能层战略是指企业各个职能竞争，包括生产、研发、物流、营销、财务、人力资源管理、组织设计与规划等方面的战略性思考。由于这一方面的战略个性化很强，并没有一个固定的战略类型，企业应根据具体的情况和战略意图的要求，制定相应的职能层战略。

四、战略的逻辑传导

上述三个层面战略的关系可用图 1-7 来表述。公司哲学是企业所有经营管理行为的思想内核，哲学中的使命、愿景、价值观等确定了公司的总体层战略，而总体层战略又决定了其竞争战略，进而决定了公司的战略基石（即为了实现总体战略与竞争战略所必需的最核心的资源与能力），同时也带来了相应的战略风险（即动摇企业战略基础的外部因素），战略基石和战略风险又对企业所有的经营管理活动提出相应的要求。有了这个逻辑传导模式，企业的战略意图就可以分解到企业方方面面的工作当中。企业的日常经营管理活动就不是"围绕着战略来展开"这么一句空话，而是可以具体到充实什么战略基石，如何应对具体的战略风险来考量的。

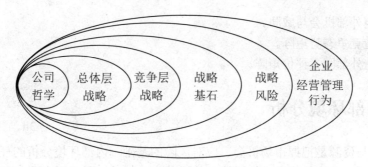

图 1-7　战略管理逻辑框架

> ## 注记　基石与优势
>
> 企业优势、劣势与战略基石一样，都是体现在资源与能力之上的。所谓优势，是指企业有某种优势资源与能力；而基石，则是实施某一战略所必备的资源与能力。因此，优势不一定是基石，因为企业的战略可能无法发挥这些优势；基石也不一定是优势，因为企业战略的某必备资源与能力可能暂时还欠缺。当然，对于还不能成为优势的基石，这些"短"必须补足，使之成为优势，否则企业战略的实施就一定会失败。

第六节　战略管理的阶段与程序

简单地说，战略管理是对"企业的战略"进行管理，即战略管理涵盖了管理的所有基本职能。总体上讲，战略管理分为战略制定（计划职能）、战略实施（组织、领导、人事职能）和战略的反馈控制（控制职能）三个阶段。

战略决策虽然不是一种程序化的活动，但战略管理大体可按以下程序进行。

一、基本任务陈述

基本任务陈述是战略管理的首要步骤。企业在确定战略之前，首先要搞清楚自己的目标和最终追求是什么。在这一阶段战略管理需要完成以下两项工作。

（1）认定公司现有的任务、目标和战略。

（2）制定基本任务陈述。

二、外部环境分析

外部环境是企业无法改变而又必须适应的因素，战略的确定必须建立在坚实的外部环境分析的基础之上。在外部环境分析过程中，需要首先确定外部重要的机会与威胁，然后构造出竞争态势矩阵和外部因素评价矩阵。这一阶段应依次完成以下三个方面的任务。

（1）确定外部机会与威胁。

（2）构造竞争态势矩阵。

（3）构造外部因素评价矩阵。

三、内部环境分析

企业能力与资源是把握市场机会、应对风险的基础。内部环境分析的任务是要确定企业的优势与劣势，并将其整合成结构性的关系矩阵。可以按照以下步骤来完成。

（1）确定企业内部优势与劣势。

（2）构造内部因素评价矩阵。

四、战略方案匹配与选择

决策最基本的特征是提出初步备选方案并从中进行择优。备选方案的提出是一个战略粗加工的过程。战略匹配与选择是通过以下两个步骤来完成的。

（1）制定战略备选方案和决策矩阵。

（2）提出战略目标，列出预算，比较现行战略。

五、战略实施方案

战略意图的实现需要对企业各部门的活动进行有机组织——战略制定之后，要将战略意图分解到具体的经营管理行动中去，这一过程应该是正式的组织行为。这一阶段需要完成以下两个方面的工作。

（1）说明实施方法，预测结果，制定战略实施的步骤与时间表。

（2）提出具体的年度目标和经营政策。

六、战略评价与反馈

在战略实施的过程中，企业需要不断地检验其战略理论和正确性，不断地监控环境的变化，检查企业的操作是否按既定的战略方向发展，因此这一阶段需要提出对战略进行审查和评价的程序。

本 章 小 结

战略管理既是科学，更是一种智慧。战略是对未来环境的判断，以及根据这种判断对企业的经营活动进行整合，并合理进行资源配置。战略管理实际上是一种环境认知与逻辑演绎的结合体。战略家对环境的认知对企业战略的成败起着决定性的作用。这种认知虽然带有一定的禀赋的成分，但它更多的是一个不断形成和发展的过程。在实践中不断学习以及对市场具有深刻感悟，是形成判断能力的重要基础。

基于对环境的复杂性和不确定性的认知，人们对战略管理的价值存在一些疑惑：相对稳定的战略真能与相对动态的环境保持协调吗？思想之树长青，理论是灰色的。战略管理的价值更多的是体现在它的思想性而不是具体的模型和结论上，更多的是用战略思想来思考和判断问题而不是应用具体的模型。

思 考 题

1. 什么是战略？什么是战略管理？
2. 加强型战略、一体化战略、多元化战略和防御型战略这四大类战略的基本考虑是什么？
3. 什么是战略管理的最终追求？判断真伪战略的标准是什么？
4. 企业应如何协调好扬长避短、确保战略的稳妥性与积极补短、把握机会、实现企业战略性突破之间的关系？
5. 战略管理问题分为哪几大类？
6. 三个层次战略之间是一种什么样的关系？
7. 战略管理十大学派之间的关系是什么？
8. 如何认识构筑产业群在未来市场竞争中的作用与地位？
9. 如何认识战略管理是科学与艺术的结合？这种结合体现在哪些方面？
10. 战略思想的基本内容是什么？
11. "权力"与"文化"对战略制定是如何产生影响的？
12. 成本领先在企业竞争战略中的作用与地位如何？

本章案例：乐视汽车梦还能走多远？

案例导读：

互联网汽车，一定是未来汽车发展的主流。乐视跨界进入这一领域，贾跃亭的战略眼光不可谓不超前。乐视汽车近几年来备受各界关注，也争议不断。资金链的问题，始终是乐视汽车业务发展过程中的命门。实际上，乐视影视与乐视汽车是两个吞噬现金流的黑洞。贾跃亭两条战线上作战，是否做好了准备？在巨大的资金需求面前，乐视又是如何考虑其融资战略的呢？

2017 年 7 月 4 日，贾跃亭只身飞往洛杉矶，他也许没有想到，这一飞在国内引起了轩然大波。国内互联网上纷纷热议：贾跃亭跑了！还有人留言：贾兄，好不容易出去了，就别回来了吧……

横空出世，多元化发展

2004 年，贾跃亭在北京成立了乐视网信息技术（北京）股份有限公司，致力于打造基于视频产业、内容产业和智能终端的"平台+内容+终端+应用"完整生态系统，被业界称为"乐视模式"。乐视垂直产业链整合业务涵盖互联网视频、影视制作与发行、智能终端、大屏应用市场、电子商务、互联网智能电动汽车等；旗下公司包括乐视网、乐视致新、乐视影业、网酒网、乐视控股、乐视投资管理、乐视移动智能等。

2011 年，乐视影业成立，一开始就定位为"互联网时代的电影公司"。在出品、发行影片的同时建立"一定三导"和"五屏联动"O2O 的电影市场系统，为观众提供从线上到线下全方位的观影及增值服务。

2012—2014 年，乐视影业出品、发行了《敢死队2》《消失的子弹》《熊出没之夺宝熊兵》《小时代》等数十部颇有影响力的电影。2014 年，乐视影业总计票房收入近 24 亿元人民币，票房市场占有率位列中国民营电影公司第三位。

乐视影业拥有全国最强大的地面发行系统，已覆盖 136 座城市、1 200 家电影院，覆盖占 92% 以上市场份额的影院。

此外，乐视影业积极探索国际化战略新模式，相继成立乐视影业北美分公司、韩国分公司。

2012 年，乐视投资 3 亿多元成立乐视致新电子科技（天津）有限公司，在智能硬件领域，推出了超级电视、乐视盒子等产品；在终端软件领域，则打造了 LetvUI。自 2013 年 7 月 3 日至 2016 年 6 月底，超级电视在国内的销售量已破 700 万台。同时，乐视超级电视也在向美国、印度及泰国等市场开拓。

2012 年 8 月，乐视网体育频道上线，为用户提供足球、篮球、网球、高尔夫球等赛事的直播、点播和资讯的视频服务。

2014 年 3 月，乐视体育文化产业发展（北京）有限公司在乐视网体育频道的基础上正式成立，由单一的视频媒体网站的业务形态发展为基于"赛事运营+内容平台+智能化+增值服务"的全产业链体育生态型公司。

乐视体育聚合了全网赛事版权资源。2014 年，乐视体育与 NBA、F1、CBA、欧冠篮球、亚冠、中超、WTA 与 ATP 巡回赛、中网、高尔夫美国大师赛、英国公开赛、PGA 锦标赛和高尔夫莱德杯等品牌签约了版权，几乎囊括了全球顶级赛事资源，成为全网唯一拥有欧洲五大联赛全部赛事版权的平台。

2014 年 10 月，乐视体育和三星电子联合发布 Gear 系列智能产品，"乐视体育 F1VR"和"看球"两款应用内置在其智能手表和虚拟现实头盔中，乐视体育的智能化应用产品获得用户首肯。乐视体育独立研发和经营数款智能硬件产品，2015 年上半年开始逐步推向市场。

2014 年 11 月，乐视体育游戏平台上线试运行，提供近千款游戏产品，日均吸引付费用户数万人。同时，乐视体育将通过申办国际赛事、联合引进赛事运营权等方式，实现数项国际顶级赛事本土化落地，占据体育产业上游资产。

2014 年 1 月 27 日，乐视网与乐视控股双方共同投资，正式成立乐视云计算有限公司。乐视云计算包括云点播、云直播、CDN 等解决方案，业务已覆盖广电、电商、教育、媒体、动漫、智能家居等诸多领域。

此外，乐视还开展了网酒网、花儿影视、乐视投资等多元化业务。2016年，乐视营收218.3亿元，同比增长67.73%，营业利润4 479.1万元，同比下降35.48%，净利润7.66亿元，同比增长33.6%。

离奇转型，进军汽车业

2013年，贾跃亭突然萌生了"研发并发布一台电动汽车"的想法，这是乐视做汽车最初的萌动，然而这个想法遭到了乐视众高管的反对。但他自己的态度却非常坚定："即使乐视做车可能把我们拖死了，甚至把上市公司拖死了，我们万劫不复，但只要乐视做了这件事，在中国就能极大地推动这个产业的发展。"

贾跃亭个人为汽车生态投资近10亿元。在他的坚持下，2014年年底，乐视终于宣布"SEE计划"进军汽车行业，并表示将打造超级汽车以及汽车互联网电动生态系统。

2014年12月9日上午10点，贾跃亭正式在微博上宣布打造超级汽车："移动互联时代，汽车产业面临一场巨大革命。潜行一年的SEE计划复制乐视生态垂直整合的成功模式重新定义汽车，通过完全自主研发，打造最好的互联网智能电动汽车，建立汽车互联网生态系统，使中国汽车产业弯道颠覆欧美日韩传统巨头，有效解决城市雾霾及交通拥堵，让人人都能驾驶超级汽车、呼吸纯净空气。"乐视也因此成为全球首家宣布造车的互联网公司。

按贾跃亭的战略构想，乐视超级汽车将实现"三化"，即电动化、智能化、互联网化。2014年夏天，乐视与北汽一起投资了美国高科技纯电动汽车设计公司Atieva。其中，北汽是第一大股东，而乐视是第二大股东。

2015年1月20日，乐视智能汽车（中国）公司成立，原英菲尼迪中国及亚太区总经理吕征宇担任乐视智能汽车（中国）公司副总裁，直接向乐视董事长兼CEO贾跃亭汇报。乐视全球超级汽车研发团队达到260多人。

2015年2月3日，乐视向外界发布了中国第一套智能汽车UI系统——LeUI Auto版。这是乐视发布的首个与造车计划相关的产品。据了解，LeUI系统是整个乐视生态系统中的重要一环。LeUI系统将覆盖汽车、手机、TV等，给用户提供完整统一的UI操作体验，真正实现无缝连接，一云多屏。乐视也成为继苹果、谷歌之后，中国首个打通全终端UI系统的互联网公司。

2015年5月下旬，贾跃亭辞去乐视网总经理职务，只担任乐视董事长一职。他表示："整个乐视体系未来的业务将从上市板块、非上市板块、汽车板块三大块，变为上市板块和汽车板块两大块，非上市业务最终都会并入上市业务。"

2015年9月9日，乐视宣布战略投资北京电庄科技有限公司（以下简称"电桩公司"），共同开展充电桩业务的拓展，并联合启动第二轮融资。

2015年10月，乐视控股易到用车70%股权。

2016年4月，乐视超级汽车战略伙伴Faraday Future（以下简称FF）在美国北拉斯维加斯的工厂正式奠基，同月在北京车展上乐视官方旗下汽车品牌LeSEE的首款纯电动概念车高调亮相。12月，投资200亿元的乐视莫干山超级汽车项目宣布动工。

短短两年内，乐视迅速搭建起一套"汽车生态体系"，独立于上市公司乐视网，且不在上市公司控股方乐视控股板块内。

捉襟见肘，遭遇困境

如果在2015年，贾跃亭会认为，在七大生态中，乐视汽车排第一。但现在的他，或许不得不承认：上市公司排在第一，乐视汽车排在第二。

造车梦对资金的需求十分巨大。一方面乐视公司正在研发乐视超级汽车；另一方面贾跃亭又在美国投资了FF与Lucid两家公司，这些都是"烧钱"的项目。

汽车行业资深人士认为，一家成熟的汽车制造企业想要打造一款全新的车型最少需要五年的光景，汽车的研发、设计、制造、测试、量产这五大环节都需要大规模的资金支持、大量的人员协作以及过硬的技术研发能力。这对贾跃亭和乐视集团来讲，都是极大的挑战。

2016年下半年，乐视的造车梦似乎开始遇到了阻力。尽管汽车业务的投资仍在继续，但陆续花掉100多亿元的自有资金后，乐视陷入了资金链断裂的危机，甚至一度笼罩着裁员的阴云。

这时，乐视旗下的易到用车创始人周航和贾跃亭也"翻脸"了。周航表示"易到没钱是被乐视连累的"，乐视以易到为主体贷款14亿元，却挪用了其中的13亿元。易道开始寻找出售路径，用网约车资质的易到卖个好价钱来解渴造车的资金短缺。

5月下旬，乐视北美正式宣布裁员325人，占比将近四分之三。一位内部人士透露，面对资金困难的现实，贾跃亭不得不牺牲美国市场，让位造车梦。

风云莫测，造车能否梦圆

在饱受市场质疑和资金匮乏之际，乐视终于拿到了一笔"救命钱"——融创中国为乐视注入了150亿元资金，以缓解其资金链的紧张态势。然而，融创中国的董事长孙宏斌并不看好贾跃亭的造车梦，注入的资金特意绕开乐视汽车板块。

孙宏斌表示，"看不懂乐视汽车"。他一连提出了三个问题：电动汽车市场的拐点究竟什么时候来到？电池技术突破及相应的成本降低如何实现？充电条件何时才能成熟？

尽管如此，贾跃亭依然坚信自己的造车梦值得推进，并宣布"乐视汽车A轮融资很快就会启动，年内有望完成"。

但对于乐视的互联网造车梦，外界看法不一。

"从乐视最新的口径来看，汽车已在事实上成为一个被边缘化的业务单元，尽管官方未必愿意承认这一点。"汽车行业分析师阿诺特·埃林霍斯特表示，"这相当于在其生态闭环里留下了一个可被竞争对手加以利用的后门，对乐视的长远发展极为不利。"

奇点汽车创始人沈海寅表示，他并不希望乐视汽车倒下，因为这样"对谁都没有好处"。他认为，当前行业尚处于发展初期，企业间不存在竞争对手，每家企业都需要全力以赴推动这个新兴市场的发展，以培养和教育用户。

汽车行业分析师钟师认同沈海寅的看法。他表示，从新兴造车势力角度看，企业会有先把蛋糕市场做大、抱团取暖的想法。如果乐视败退，一定程度上会影响外界对互联网造车的看法。

无论如何，乐视汽车的独立造车计划都需要拿到生产资质牌照，所以尽快建好工厂来搭上政策红利对其显得尤为重要。资金压力此时仍萦绕在乐视的汽车梦之上，这场梦是否能够圆满依旧是个谜。

介入银行业，意在何为？

2016年年底，贾跃亭计划在山西申办一家民营银行，民营银行将成为2017年乐视金融的重中之重。

对于乐视金融而言，拥有一张"大"金融牌照的迫切性无疑很强烈。尽管手握小额贷款、保理、私募、基金销售、保险经纪等牌照，但乐视金融在支付、银行、保险、证券没有一张"大"牌照。没有"大"牌照的话，在内部生态协同、外部同业合作上会存在很大限制，业务模式创新空间受限，导致业务规模受限，竞争力受限，最终使金融集团化发展战略受阻。

银行牌照在上述"大"牌照中最为稀缺，但事实上，即便是在相对容易获取的支付牌照上，乐视金融也屡屡碰壁。

事实上，业内并不看好乐视金融获取民营银行牌照的实力。自启动民营银行申报以来，民营银行牌照的竞争一直处于白热化状态。就目前已经获得民营银行牌照的民营企业看，大多数属于地方实力较强的民营企业。

重要的是，作为上市公司的乐视网在关联交易方面备受质疑。对乐视网 2016 年年报数据梳理显示，乐视网的关联交易大幅增加，前五大客户均为关联方，2016 年乐视网与关联方的销售额为 128 亿元，相当于全年营业总收入的 53.6%。

乐视的巨额关联交易已经引发注意，成为深交所发函问询的重点。2017 年 5 月 8 日，深交所发函称留意到乐视网的预付账款期末余额较年初增长 19.52%，要求补充说明预付账款期末余额前十名客户的基本情况，并明确是否存在关联方资金占用的情形。

对于乐视金融而言，要获得银行牌照，当前除了要满足硬性指标外，还必须解决因母公司面临的一系列负面信息，特别是资金链紧张的情况下，乐视金融的公信力问题。

对于乐视申办银行一事，业内权威人士认为，近期乐视频频爆出资金链问题，资金困局对乐视来说是一道坎，尽管有融创中国的 160 亿元注资仍难解渴，这会影响市场信心。

按照监管要求，设立民营银行需要实缴资本金不低于 20 亿元，按照单一股东持股比例不高于 30% 测算，约合 6 亿元。虽然这么来看资金总额不算太高，但是短期来看，设立民营银行、一次性缴纳资本金后，不仅无助于补血反而会进一步加剧乐视的资金紧张。

那么，乐视是否可以走直销银行这一条路呢？然而，国内首家采用独立法人运作模式的直销银行很难达成。对于直销银行设立的门槛和条件，目前并没有正式规定。国家金融与发展实验室银行研究中心主任曾刚表示，直销银行设立的门槛和条件目前还没有正式规定，毕竟才开始试点。

收缩战线，保住小生态

梁军升任乐视网总经理后，于 2017 年 6 月 14 日从内部提拔了四位高管，预示着上市公司乐视网今后将进一步以彩电为主。与此同时，乐视其他子生态正在收缩战线。不过，在附加值减少、面板成本上升的情况下，收缩的乐视能保住电视、影业与视频的小生态吗？

2017 年 5 月 21 日，贾跃亭卸任乐视网总经理，以电视为主业的乐视致新总裁梁军接替贾跃亭出任乐视网新一届总经理。履新后的梁军，将乐视电视的销售权从 LePar 收回，在上市公司层面打通电视业务的研、产、销链条。这次又在乐视致新提拔了多名高管。

原乐视致新营销传播副总裁任冠军，被提拔为乐视网市场传播营销高级副总裁，兼乐视致新 CMO（首席营销官）。梁军在乐视致新的另外两位老部下，也得到提升：廉蕾被提升为乐视致新人力资源总监；刘晓芃被提升为乐视致新财务高级总监。

而且，乐视彩电重回攻势，最近又大幅降价促销，有的产品降幅达到 3 000 元。事实上，电视面板的成本持续上升。如果乐视电视继续以硬件亏损的模式来扩大销量，即使 2017 年销售 700 万台的目标达成，其电视业务减亏、扭亏的难度也会增大。

从乐视的动作来看，乐视视频、乐视电视、会员运营将更紧密地互动；与此同时，乐视电视的内容也不局限于乐视视频，可以与其他视频商合作。当然，乐视视频亦不仅服务于乐视电视，也可以服务于其他电视品牌。但最终，终端的电视产品要扩大销量，内容要变现获得利润，实现乐视电视和乐视网的规模化盈利。

上市公司聚焦彩电业务，非上市公司则收缩战线。这是孙宏斌旗下的融创向乐视网、乐视致新、乐视影业注资 168 亿元后，后贾跃亭时代乐视的变化。

乐视收缩的还有手机业务。乐视为第一大股东的酷派公司，2016 年财报披露亏损 42.1 亿港元。乐视超级手机的云存储服务也于 2017 年 6 月 30 日起停止，无法再提供云相册等服务。

贾跃亭最钟情的乐视汽车，亦放缓了脚步。贾跃亭参股的美国汽车初创公司 Faraday Future（FF）在北美的工厂已经停工。乐视汽车联合创始人丁磊辞去乐视超级汽车全球副董事长、中国及亚太区 CEO 等职务。贾跃亭持有的美国汽车初创公司 Lucid Motors 的股权亦在出售。

此刻，乐视网正在酝酿重大资产重组，拟收购乐视控股旗下的乐视影业。而乐视网之所以一再延后公布资产重组的方案，与乐视影业碰到的困境也有关。与前些年上映电影《小时代》时的红火相比，乐视影业最近也碰到新片票房不佳的问题。

随着乐视手机业务萎缩、乐视电视的销售权又被收回梁军手里，LePar 今后的走向有些让人担心。而如果减弱对 LePar 的依赖，改为更多地利用社会化渠道，乐视电视还能维持之前渠道成本低的优势吗？这对梁军而言，也是一个不小的挑战。

不过，乐视视频、乐视影业、乐视致新是上市公司的主营业务，尤其乐视致新所经营的电视是乐视的成熟业务和核心资产，也是孙宏斌重点投资的业务。目前，乐视网的调整包括治理结构的变化、业务线的划分、人员组织的安排，这些都是为了使核心业务做大做强，使上市公司价值回归。

从电视业务来说，虽然它短期内经受了其他生态的牵扯，业绩有波动，但乐视电视和内容品牌的建设已有一定基础，渠道和产品布局也逐渐走上正轨，体量也已具备规模。

股份冻结，梦在何方？

2017 年 7 月 27 日晚，乐视网宣布，收到控股股东贾跃亭通知，截至 2017 年 7 月 27 日，贾跃亭新增被北京市第三中级人民法院等轮候冻结股份数量 3 584 933 254 股，轮候期限为 36 个月，占公司总股本 179.72%；乐视控股所持公司股份新增被北京市第三中级人民法院等轮候冻结股份数量 66 705 780 股，轮候期限为 36 个月，占公司总股本 3.34%。

本次股份被司法冻结，主要系贾跃亭为乐视手机业务融资承担个人连带担保引发的财产保全所致。

公告称，贾跃亭所持公司股份被冻结与公司本身无关，对贾跃亭公司控制权影响暂无法判断，不会影响公司正常的生产经营与管理，也不会导致公司股权分布不具备上市条件。但鉴于贾跃亭为公司控股股东，后续如其股权发生变动将导致控股股东对上市公司拥有的权益发生变动。贾跃亭在网上发文承诺："给乐视汽车一些时间，我们会把金融机构、供应商以及任何的欠款全部还上。"

乐视有员工表示："我们仍然崇拜贾总，但对乐视的未来已无法判断……"

资料来源：

1. 杜豪. 乐视收缩战线 能否保住电视的小生态？[N]. 第一财经日报, 2017-06-15.

2. 张梅. 乐视开银行难关重重：没大牌照 必须解决信任问题[N]. 南方都市报, 2017-06-16.

3. 赵争铮. 乐视能否撑得起他的互联网造车梦？[N]. 中国能源报, 2017-06-10.

案例讨论：

1. 乐视汽车为何陷入困境？进入互联网汽车领域是乐视战略上的错误，还是战术上的失败？

2. 乐视申请银行牌照对乐视的意义何在？在时机的把握上是否恰当？教训又在哪里？

3. 乐视网与乐视电视业务能否保住其未来的发展？乐视汽车的失败对乐视原有主业的伤害又有哪些？

第二章　公司哲学与盈利模式

任何一家企业，首先要搞清楚其存在的依据，即企业为社会做出了什么贡献。这是公司的使命。但是，仅有情怀是不够的，毕竟企业只有获利了才能够持续地经营下去。因此，两者缺一不可。社会使命与企业盈利完美地结合，是商业的最高境界。

第一节　商业的本质

在充满危险与挑战、生存环境极度恶劣的非洲草原上，鬣狗们学会了团结。对于鬣狗这种体形较小的肉食动物来说，如果单独行动的话，最多只能猎取羚羊等小动物，而且成功率还非常低。然而鬣狗们合作起来集体围猎的话，甚至可以猎食像野牛那样的庞然大物。人类也是一种群居"动物"，这种群居最早是为了满足种群繁衍的需要，更好地抵御天敌、获取食物、应对自然环境的变化等。可以说，人类社会从一开始就是为发挥合作功能的目的而存在的。

企业战略管理解决的是企业的生存与发展，然而企业在社会中到底扮演一个什么样的角色，社会为什么需要它，它为什么能够生存下去，这些是在探讨战略管理问题之前必须搞清楚的。

回顾人类生产力发展史不难发现，整个人类社会发展的历史就是一部社会分工合作不断深化的过程。每一次社会大分工都会带来人类生产力的巨大提升。当今的商业社会正是人类社会分工发展到高级阶段的表现形态——为了更高的效率、更美好的生活，人们进行着更为广泛（全球范围内）和更为细化的分工，更为频繁地交换产品和劳务。这一切背后最基本的动因就是这种分工合作能给交易各方带来好处。

商业的本质就是合作。通过合作，发挥出"1+1>2"的效应，这是企业得以存在的最根本的前提。组织能够存在，必然有其社会价值。对于一个组织而言，其价值可定义为：

$$组织价值=1+1>2$$

这一价值公式表明，组织必须产生价值增量。1 与 1 的合作，经过企业的处理，必须产生大于 2 的结果，否则企业就无法生存下去。对于不同企业来说，这个增量是大相径庭的。所谓竞争优势，最终比较的就是这种增量，换言之，企业竞争就是合作效率的竞争。

基于这种商业哲学，企业战略的立足点就在于如何实现企业经营过程中合作各方的最大利益。在这个合作系统中，股东、员工、顾客、供应商、相关的社会利益群体都是企业需要负责的人群。树立正确的企业观，是企业在进行战略规划之前需要具备的公司哲学。

合作：1+1>2

扣针制造业是极其微小的，但它的分工常常引起人们的注意。一个劳动者，如果对于该职业（分工使扣针的制造成为一种专门职业）没有受过相应的训练，又不知怎样使用专业机械（使这种机械有发明的可能的，恐怕也是分工），那么即使竭力工作，也许一天也制造不出一枚扣针，而要做二十枚，当然是绝对不可能了。但按照现在经营的方法，不但这种作业全部已经成为专门职业，而且这种职业又分成了若干部门，其中大多数也同样成为专门职业。一个人抽铁线，一个人拉直，一个人切截，一个人削尖线的一端，一个人磨另一端，以便装上圆头。而要做圆头，又需要有两三种不同的操作。装圆头，涂白色，乃至于包装，都是专门的职业。这样，扣针的制造分为十八种操作。在有些工厂，这十八种操作分由十八个专门工人担任。当然，有时也一人兼任两三种。我见过一家这样的小工厂，只雇用了十个工人，因此在这个工厂中必然会有几个工人担任两三种操作。像这样一个小工厂，虽然它的必要机械设备很简陋，但如果工人勤勉努力，一天也能成针十二磅。以每磅中等针有 4 000 枚计，这十个工人每日就可成针 48 000 千枚，即一人一天可成针 4 800 枚。如果他们各自独立工作，不专习一种特殊业务，那么不论是谁，都绝对不可能一天制造 20 枚针，说不定一天连一枚针也制造不出来。他们不但不能制出每日由适当分工合作而制成的数量的 1/240，就连这个数量的 1/4 800，恐怕也制造不出来。

资料来源：亚当·斯密. 国民财富的性质和原因的研究[M]. 郭大力，王亚南，译. 北京：商务印书馆，1996：6.

注记　先做人，后做事

企业的商业道德越来越受到社会的关注。究其本源，合作是人类社会最基本的特征，做一个好人，自然能够与他人更好地合作。有人曾请教一名杰出的中国民营企业家，问他的成功之道是什么，那位企业家回答道："看到别人成功了我会很高兴，因此，我便成功了。"正是有这样的胸怀，这位在 20 世纪 90 年代初仅凭身上的几百美元创业的企业家，才将公司做成了现在子公司遍布全球的跨国大企业集团。而有一位民营老板则对他的员工说："看到你们拿那么多钱，我心里不平衡。"两相比较，无异于天地，其企业发展的差异也如天地之别。正所谓"得道者多助，失道者寡助"，亚当·斯密所举的扣针厂便实现了"1+1=1 000"的效果，所以没有比合作更好的生产方式了。

经常有人问核心竞争力，笔者答道："做一个好人吧。"

第二节　任务陈述

企业的建立及经营，首先必须设定纲领性的基本理念。企业不同于企业家，企业必须超越个人的寿命，超越一代人的寿命，而长存于世。企业也不能像过去的冒险家，做完一笔生意，又去寻找新的机会。在分工日益精细化的社会中，企业必须精益求精，突出在某一方面的核心竞争力。这种竞争力的形成需要经历一个非常漫长的过程。此外，企业是一个由许许多多的人构成的组织，如何协调他们之间的行为，使这个组织的协同作用达到最大，是企业必须解决的问题。因此，企业必须对一切资源进行长远的承诺和安排。如果没有这样的承诺与安排，企业就会因缺乏一个共同、持久的目标而失去方向。金（King）和克莱兰（Cleland）认为，企业精心制定书面任务陈述的目的如下。[①]

- ❑ 保证整个企业经营目的的一致性。
- ❑ 为配置企业资源提供基础或标准。
- ❑ 建立统一的企业风气或环境。
- ❑ 通过集中的表述，让员工认识企业的目的和发展方向，防止员工在不明白企业目的和方向的情况下参与企业活动。
- ❑ 有助于将目标转变为工作组织结构，以及向企业内各责任单位分配任务。
- ❑ 使企业的经营目的具体化，并将这些目的转变为目标，以便使成本、时间和绩效参数得到评估的控制。

调解分歧、保持企业经营活动的长期稳定性是任务陈述的目的，同时也是战略管理的基本要求。任务陈述也为战略制定提供了一个评价导向——在众多的战略方案面前，应该按什么样的原则来选择最终的战略，以及一开始就朝哪个方向进行分析和研究。

一、任务陈述的特性

一位管理学家形象地说，企业的任务陈述应该一百年不变。对于任务陈述而言，要保持长久稳定性，就必须提高其包容性。一个企业的任务陈述应具备以下几点特征。

（1）态度宣言。任务陈述应表明一种态度。一个有效的任务陈述应能唤起人们对企业的好感和热情，包括企业员工与外部公众。它为企业的发展提供标准，据此判断"是"与"非"及"利"与"害"。

（2）高度抽象。任务陈述要具备较高的包容性，其描述必须是高度抽象与相对笼统的。它必须把握事物最根本的特性而不是这一事物的外在形式。

（3）用户导向。任务陈述应阐明企业经营的目的、用户、产品或服务、市场、宗旨等。而这些目标都必须以市场为导向，方能实现其最终的社会价值。维恩·麦金尼斯（Vern McGinnis）认为，一项任务陈述应当：① 对企业进行定义并表明企业的追求；② 内容要窄到足以排除某些风险，宽到足以使企业有创造性地增长；③ 将本企业与其他企业相区别；④ 可作为评价现时及将来活动的基准体系；⑤ 叙述足够清楚，以便在组织内被广泛理解。[②]

这几项要求最终都需要市场来检验，或者说在制定任务陈述时，是以对市场的理解、按照以上五点要求来进行任务陈述的。

二、任务陈述的内容

一般而言，任务陈述应包括以下几个方面。

---

① 弗雷德·R. 戴维. 战略管理[M]. 李克宁，译. 8 版. 北京：经济科学出版社，2001：74.

② 弗雷德·R. 戴维. 战略管理[M]. 李克宁，译. 8 版. 北京：经济科学出版社，2001：79.

（一）企业家性质界定

我们是一家房地产企业；我们是一家钢铁企业；我们是一家烟草公司；我们是一家服装公司……这当然是一种回答，但绝对不是最佳答案。上海大众燃气公司认为自己是一家能源企业；中集集团认为自己是一家为现代化运输提供设施与便利的企业，这些正是基于企业长远发展考虑的正确答案。

贝尔公司的成功在很大程度上取决于其定位——本企业是一个服务大众的企业。当时，电话通信业是垄断性的事业，很容易被政府收归国有。一个私营的电话公司，如果没有社会和公众的支持，将难以生存下去。要得到社会的支持，必须依靠全心全意的服务、顾客满意的创造。贝尔公司以此为目的，在公司内部坚持了 60 多年，终于将自身打造成为一家伟大的企业。

（二）公司的产品和业务界定

公司的产品和业务界定，即顾客向我们购买的是什么或顾客为什么会购买我们的产品和服务，是一个企业生存最基本的问题。从表面上看，顾客购买的是具体的商品，但究其本质却是商品带给消费者的效用，因为是这些效用引发了消费者的购买行为。例如，顾客购买洗衣机并非因为洗衣机的洗衣功能，而是洗衣机能够带来闲暇时光；消费者花更高的价钱购买礼品，其目的是借此表达对亲朋好友的情谊；MBA 学生们放弃机会、花费高昂的学费去商学院读书，其根本目的并不是获取知识、经验或一纸学历证书，而是期望自己能有一个更为成功的未来。

阅读材料 2-2

不要给我东西

不要给我衣服，我要的是迷人的外表。
不要给我鞋子，我要的是双脚舒服，走路轻松。
不要给我房子，我要的是安全、温暖、洁净和欢乐。
不要给我书籍，我要的是阅读的愉悦、知识和满足。
不要给我磁带，我要的是美妙动听的乐曲。
不要给我工具，我要的是创造美好物品的快乐。
不要给我家具，我要的是舒适、美观和方便。
不要给我东西，我要的是想法、情绪、气氛、感觉和收益。
请，不要给我东西。

资料来源：弗雷德·R. 戴维. 战略管理[M]. 李克宁，译. 8 版. 北京：经济科学出版社，2001：79.

要界定公司的产品或服务，需要挖掘企业的内在社会功能。正如一家房地产公司所宣言的，"我们为消费者提供的不是房子，而是一种生活方式——我们不仅为顾客提供一个栖身之地，更应该为顾客提供一个舒适、健康、和谐的生活环境，包括物质环境和社区人文环境，让我们的业主感受到生活是一种美好的享受。"

一家物流企业提出：我们为顾客提供的不是运输服务，而是一种竞争力——全力帮助顾客提升他们在物流方面的竞争力，以更低的成本、更快的响应、更可靠的保障帮助他们在竞争中取胜。

只有明确了这一点，企业才可能把目光集中在顾客的根本效用而不是外在的产品上，企业的经营管理行为才不致与其应有的企业价值产生偏离，才能更好地得到社会的认可并以最快的速度发展。

接手凯迪拉克的杜瑞斯达说："凯迪拉克的竞争对象，是钻石和貂皮大衣。凯迪拉克的顾客，购买的不是汽车，而是地位。"正是这一回答，挽救了业务日渐式微的凯迪拉克。仅仅两年时间，凯迪拉克便又站了起来，并在当时经济萧条的时期成为一家成长性的企业。

注记　回归本源

我们应该为社会提供什么？我们是否正在提供这些东西？我们的经营活动有无社会价值？公司能否长久地发展下去？这些问题的答案都与我们的产品和服务是什么有关。找准了企业的社会价值，公司宝贵的资源才能够运用得更加有效。例如，一家公司的产品本属礼品型保健品，但却采取了功效型的广告策略，着重宣传其功效，这就完全违背了其原有的社会价值，必将引发社会的争议，甚至使企业自身陷入信任危机。我们在卖什么，或者顾客到底在买什么？这个问题的回答有助于我们把握准顾客需求，更有效地开展经营活动。

（三）公司的顾客群界定

顾客是产品或服务的最终使用人。不同类型的顾客对商品的要求差异很大，按顾客特性进行分类，并选择自己的特定客户，将决定企业特殊能力的发展方向。为突出企业的特色，公司必须界定自己的顾客群体。这种界定一般需要与企业的特殊能力相结合。例如，一家房地产公司把自己的顾客定位为购买中高档楼盘的消费者，因为这家房地产公司虽拥有较强的创造力，但企业资本实力、土地获取和储备能力有限，所以不可能进入高端市场（需要强大的营销能力以及资本实力），也不可能进入低端市场（需要极强的成本控制能力及大量的土地储备和政府关系）；而另一家房地产公司则因实力强大、营销网络独特而将公司的顾客定位为购买豪宅的富人。又如，某家具企业定义自己的业务是为中国农民打造他们能买得起的好家具。之所以将自己的顾客定位为农民消费者，也是因为公司在成本和质量控制上具有优势。

谈到顾客，往往并不仅仅是一类顾客，而是两种以上。例如，银行的顾客除了贷款企业机构外，储户也是其顾客。顾客这一概念还可以进一步延伸，即企业需要关注和帮助什么样的人群。例如，上海大众燃气公司在界定其顾客时，除了燃气用户外，还把燃气设备商列为自己的顾客。其目的在于通过为燃气设备商提供更好的配套服务，帮助它们开展业务，从而拉动燃气的消费。

（四）公司的业务使命与战略展望

环境分析是任何决策的第一个环节。在进行战略环境分析之前，必须有一个大概的业务范围，否则环境分析将过于发散，导致操作性下降。除此之外，公司必须有自己的战略展望——希望达到一个什么目标、成为一个什么样的企业、树立什么样的愿景。这对后期的战略决策都起着至关重要的作用。

公司的业务使命与战略展望要明确以下几个问题。[①]

❑ 界定公司的当前业务。

❑ 确定公司的长期战略道路。

❑ 用一种清晰、激动人心、催人奋进的方式，传播公司的战略展望。

战略展望必须界定企业的大致业务范围，确定企业的大致产业和业务线的宽窄。华为公司在其著名的《华为公司基本法》中开篇就明确地提出自己的业务使命与战略展望：

华为的追求是在电子信息领域实现顾客的梦想，并依靠点点滴滴、锲而不舍地艰苦追求，使我们成为世界级领先企业。

为了使华为成为世界一流的设备供应商，我们将永不进入信息服务业。通过无依赖的市场压力传递，使内部机制永远处于激活状态。

战略展望决定了企业的志向。战略展望必须得到广泛的传播，使更低层次的管理人员都对其有充分的了解。除了单向的传播外，交互式的沟通与交流往往更能收到更好的效果。战略展望还必须崇高、远大、激动人心，能够鼓舞士气、激励员工。

战略展望必须在企业内部形成统一的认识。尤其在公司高层，展望的分歧往往会产生极大的破坏力。中国民营企业有一个怪圈，就是企业发展到一定程度时，往往面临一次大的分裂。究其原因，绝大多数是高层管理者对企业未来发展的目标与方向产生了分歧。

一家房地产公司经过了五年的发展，成为一家在当地颇具影响力的房地产开发企业。当公司正雄心勃勃地向更高层次冲击时，公司高层却发生了"地震"。几位高级管理人员策划了一场"分家"的"政变"，带走了一批资金、项目和人员，公司因此元气大伤。这些高级管理人员认为，公司发展到现在这个程度已经非常不错了，没有必要冒这么大的风险去继续扩张。为了保住"胜利果实"，他们选择了"分家"。

注记 战略是同舟共济

战略是一种长期的追求。在漫长的企业成长过程中，需要有一个共同的愿景来引导和激励企业全体员工的行为。企业的基本追求及最终目标、愿景是合作的基础，正所谓"道不同不相为谋"，缺乏相同的基本价值观，就失去了合作的前提，这种团队注定是要失败的。

（五）公司的价值体系

一家伟大的公司一定会有一套崇高的价值体系。公司必须界定判断是非对错的标准，这些标准包括如何对待股东、员工、顾客、供应商、社区相关人群间的关系，企业为社会负什么样的责任，企业的行为准则等。企业的价值体系为员工的行为提供了一个明确的指导。

[①] 汤姆森，斯迪克兰德. 战略管理：概念与案例[M]. 段盛华，王智慧，译. 10版. 北京：北京大学出版社，2000：33.

企业宣言

本着对社会、员工、消费者和股东高度负责的精神，我们发出以下宣言。宣言作为公司纲领性文件，将规范我们的行为、界定我们的经营、引导公司的文化，并作为我们对社会、员工、顾客和股东们的承诺。

基本哲学

我们之所以能够生存，是因为社会需要我们；而社会需要我们，是因为我们能以更有效的手段、更低的成本，向社会提供物美价廉的产品与服务。增进社会价值，是我们实现自身价值的唯一途径。

"1+1=2"的组织是没有价值的，"1+1<2"的组织是万恶的。我们的目标就是通过对一系列社会资源的整合，包括优秀的员工、股东的资本、顾客的信赖和社会的支持，让我们的企业发挥出"1+1"远大于2的功效，这是公司的价值之所在。

暴利是对社会财富的一种掠夺，哪怕有获取暴利的机会，我们也要毫不犹豫地放弃，并把这种利益回报给社会，回报给我们的顾客。我们企业不追求暴利，同样，我们的员工也不要追求个人的暴利。

公司使命

追求美好生活是人类的天性。居者有其屋，家者有其乐，是所有人心中的梦想。我们要用我们的努力和智慧，让更多的人能够提前实现这一梦想，并在这一过程中实现我们自己的梦想。

公司愿景

我们将成为什么样的公司，取决于我们对自身的期望。我们之所以努力工作，以及社会对我们的支持与帮助，都是为了一个远大的目标：把协和建设成为一个国内乃至国际一流的房地产开发企业。

我们心目中一流的房地产开发企业，是能够永远站在行业的前列，引领房地产开发的潮流，倡导新的房地产开发理念，在顾客满意上做到最好，同时保证企业可持续发展，以便为更多的消费者提供优质产品和服务。

公司价值观

高度的社会责任感是公司的立身之本，公司不仅对股东负责，更对员工、消费者及其他相关利益群体负责。

诚信绝不是我们的外在装饰，而是发自内心的行为准则。真诚地对待员工、真诚地对待顾客、真诚地对待股东、真诚地对待其他相关群体，坚持良好的商业伦理道德，是公司的基本政策。

我们要牢固树立员工第一的观念。员工是公司的财富，是企业的核心资源。公司要为员工创造一个良好的工作环境、团队氛围，为员工提供一个美好的生活和发展前景。我们经营的不仅是产品和服务，更是培育优秀的员工。加强对员工的培养，全面提升员工队伍的素质，是企业最好的投资。

顾客是我们最真诚的合作伙伴，通过这种真诚的合作，为双方创造更大的财富，这是我们能够创造并能留住顾客的唯一方式。我们并非无所不能，但我们一定要真诚面对所有的顾客，尽我们所能为顾客创造价值。

企业只有能够自我造血，实现自身的良性循环，才能更健康地生存下去。股东的投资必须得到很好的回报，不盈利的企业不仅是对股东不负责任，也是对社会资源的浪费，是一种犯罪。

供应商是我们的事业盟友，他们物美价廉的材料、及时的供货、优质的施工及其他业务上的支持，是我们成功的重要保障。我们要与我们的供应商共同收获成功的喜悦。

我们生活在同一片蓝天下，对社会有着不可推卸的负责。我们要与外界保持和谐关系，合法经营、诚实守信，遵守良好的行业规范与行业道德，并为促进行业健康发展发挥应有的作用。

为整个社会创造财富，是我们根本的价值观。

公司精神

拒绝平庸，追求"止于至善"是我们的工作作风。不断创新、不断提高是企业在竞争中取得长期优势的根本。我们必须时刻保持这种创造性张力，停滞不前、不思进取是我们最大的敌人。

我们的每一位员工都要为公司贡献知识、经验与智慧，公司也要为员工的工作提供全方位的帮助和指导。我们的公司将成为一个真正的学习型组织。

基本态度

协和的每一位员工，都应该时刻保持良好的心态，并用这种心态面对我们的工作和生活。为此我们倡导：

平和的心态。尊重别人是我们的一贯作风，不论对方是谁，我们在人格上都是平等的。我们不妄自菲薄，也决不能飞扬跋扈。不管对方是否与我们存在利害关系，不管对方的背景、能力和学识如何，我们都要以同一种态度去与人相处。我们的处世哲学中没有功利主义生存的空间。

学习的心态。任何人都是我们学习的对象，我们不仅要向同行学习、向外部专家学习、向我们的供应商学习、向我们的顾客学习，同时也要向我们的非顾客群体学习，向其他相关及不相关行业人士学习。我们一定要打破行业的界限，形成360°的学习模式。

谦虚的心态。任何时候，我们都不可以认为自己已经做得很好，即使我们超越了大多数的对手，也还有人做得比我们更好；即使我们超越了所有对手，我们也还要超越我们自己。永不满足，永远进步，我们才不会被一时的胜利冲昏头脑。

认真的心态。每一个细微的过失，都可能给我们造成致命的伤害。我们时刻要有战战兢兢、如履薄冰的工作态度。对工作中的每一个细节，我们都要认真对待，做到最好，零工作缺陷是我们永远的追求。

忧患的心态。潮起潮落，月圆月缺，市场不会永远惠顾我们，过去和现在的成功不能成为以后成功的自然依据。我们一定要居安思危、未雨绸缪，要为将来可能出现的困难早作打算，要时刻提醒自己，今天的一丝懈怠将成为未来的失败之果。我们要树立牢固的风险意识，谨慎决策，决不能心存侥幸。

扎实的心态。世上没有无因之果，我们相信天道酬勤，我们的每一点收获，都应来自我们艰苦的努力。勤勤恳恳工作，老老实实做人，不弄虚作假，不投机取巧，不哗众取宠，不自以为是，是我们做人的基本准则。

平常的心态。不以物喜，不以己悲。不管面对成功，还是失败，都要保持一颗平常的心。判断我们经营好坏的绝不是抽象的数字，而是我们是否尽了自己的努力、是否用最有效、最合理的方式去为我们的社会、我们的顾客、我们的员工和股东服务。

勤俭的心态。聚沙成塔，集腋成裘，价值来自我们一点一滴的积累。反对奢华、勤俭节约，是我们每一个人都要时刻保持的作风。人人都有节约每一分钱的心态，我们将成为最有竞争力的企业。

公司的产品

我们给顾客提供的并不是房子，而是一种美好的生活方式。顾客购买我们的房子，不仅仅是需要房子的物理功能，也不仅仅考虑环境的优美与生活的便利，同时更需要一个良好的社区人际和文化氛围。

在我们的生活小区中，一定要做到人与建筑相和谐、人与自然相和谐、人与人相和谐。

质量是我们的生命，它不仅关系到我们企业的声誉，更涉及消费者的生命、财产安全和生活质量，这是我们工作中的首要考虑。

物美价廉、货如轮转是我们的经营宗旨。只有"物美"或仅仅"价廉"是远远不够的，我们要低成本地为顾客提供精美的、个性化的产品。我们之所以"物美"，是因为我们坚持严格的质量标准和超前的、高水准的设计，以及我们每一位员工的精心工作；我们之所以"价廉"，是因为我们永远保持超人的效率、实行严格的全员成本控制（TCM）以及我们反对暴利的价值观念。

业务描述

高速发展是我们的特征，但决不是我们最根本的追求。我们以什么样的速度增长，取决于我们是否还能够保持既定的工作素质和坚持我们的价值观念。

我们相信社会分工，为增长而多元化是一种本末倒置的做法。在相当长一段时期内，我们还是要坚持以房地产开发为主业，但这并不意味着我们不涉足其他领域。我们开拓什么新的业务，取决于我们能否比别人更有效地服务社会。没有独特的核心竞争力，我们决不进入一个新的业务领域。

必须从短期、中期、长期三个层面来规划公司的业务，三个层面的业务必须协调发展。现有的核心业务是企业发展的基础，我们决不能以削弱现有核心业务为代价，为求增长而过分强调多元化，也不能仅仅有许多令人激动的设想却无法将它们转化为现实的新的核心业务，更不能只埋头于现有业务而完全忽略培育新的业务的增长点。

公司文化

"和"是我们企业文化的核心，也是我们的最终追求。企业内部要形成一幅和谐的图画：共同的愿景、一致的价值观念、有机的部门关系和协调一致的经营管理行为。

为了共同的企业目标以及坚守我们的基本价值观念，我们之间应该团结、友爱、互相尊重、互相学习。在我们企业里，团队的作用永远是最重要的。

工作没有高低贵贱之分，员工之间永远是平等的。职位的设置完全是出于工作的需要，它是一种职责，而不是权力。

部门的分立完全出于专业化分工的要求，部门存在的价值在于它能更好地配合其他部门的工作，使企业的整体效益达到最大化。

为此，我们应该忘记自己的职位，忘记部门的界线。我们一切工作，都应以企业的业务流程需要为核心。在我们的企业里，不允许存在与企业利益不一致的特殊利益团体。

资料来源：广西协和房地产开发有限责任公司宣言.

（六）公司对生存、增长和盈利的关注程度

公司的追求是战略选择的依据。不同企业对生存、增长和盈利的关注程度是不同的。对于追求生存的企业而言，风险因素和短期目标被作为最为重要的因素来考虑；对于追求增长的公司而言，在战略选择上会放弃短期利益，倾向于忽略风险而追求市场份额、规模的扩张等；如果企业追求盈利，则其战略会倾向于短期的获利，不愿介入高风险的业务，增长性战略对其吸引力不强。自 2002 年以来，在中国的数次轿车价格大战中（主要是低档车），市场份额占据前两位的上海大众与一汽大众两家公司却岿然不动。一家杂志的评论一针见血：大众要掘取入世后的最后一桶金。这正是大众车系战略的内在考虑。

（七）公司经营的地域

企业的经营地域也是公司需要确定的问题。例如，SONY 公司从一开始就确定了自己全球型公司的地位。公司是专注于本地市场，还是采取市场开发战略，取决于这一经营的定位。

（八）公司采用什么技术

在目前这么一个时代，采用什么技术，走什么样的技术道路，对于许多行业的企业来说是至关重要的。新能源汽车无疑将成为未来的主流，而目前制约电动车最大的问题是充电问题。要解决充电难的问题除了需要大规模的充电设施之外，还要解决充电时间的问题。因此，一些企业开始投资可拆卸电池技术和装备，但是电容式充电技术一旦大规模应用，将使汽车充电时间缩短到一分钟之内。那么，可拆卸电池技术的所有投入将彻底打水漂。发电企业也面临相同的问题，如果轻核聚变技术产业化，现有巨大的发电设备也会失去价值。如果发电企业在技术路径及时机上把握不准的话，其遭受的损失将达数十亿元，甚至上百亿元之巨。

注记　战略的哲学基础

战略是企业一切经营管理活动的依据，而战略制定的源头则来自企业的哲学——企业的愿望与追求。任务陈述与环境分析的关系有如鸡与蛋的关系。任务陈述使得战略环境分析有了一个大致的范围与方向，但任务陈述何尝又能脱离环境而进行"自我设计"？或者说，企业哲学的形成也深深地打上了企业家对环境认知的烙印，这两种过程交织在一起，难分其中之因果。

第三节　盈利模式

战略的根本目的是实现企业价值最大化，而归根结底价值体现在盈利（短期与长期盈

利的结构）水平上。战略必须为企业带来盈利，否则就没有存在的意义。如何在充满挑战与诱惑的市场中保持清醒，使企业战略不发生偏离而成为伪战略，需要时刻清楚企业战略背后的盈利模式。

有人把盈利模式称为赚钱的模具，这是从它的结构来看待的。笔者认为，盈利模式是利润的根本来源，则是从盈利模式的社会价值的视角来考虑的。企业盈利只有两个根本来源：一是满足人类新的需求，二是大大降低满足现有需求的成本。因此，新的盈利模式的设计可以从两个方面入手：一是观察人类还有什么需求没有被满足，还有什么遗憾、不满和抱怨；二是是否有大量的顾客由于高昂的价格而被排斥在市场之外。发现这两者之一，我们就找到了创新的源泉。

到目前为止，企业商业实践形成的盈利模式大体上可以分为以下九大类型。

一、套利模型

套利模型是最古老的盈利模型，这种模型的根本要点是利用差异来实现盈利。从理论上讲，只要存在差异，就存在套利模型。这种模型被大量应用于国际贸易中。套利模型的对象基本上可分为三种：商品套利、生产要素套利和能力差套利。

（一）商品套利

商品套利是最简单的套利行为。由于地理环境、生活习惯、地域文化、生产力水平等方面的差异，不同市场上同一种商品的价值可能存在巨大的差异，这是套利模型的根本利基。比如，美国人不吃鸡爪，每磅的价格只有 7 美分，但进口到中国，批发价每吨可达 7 000 元，有时甚至高达 14 000 元，价格翻了 6～12 倍。又如，义乌市场的小饰品出售到南美，价格更可以提高到 20～40 倍。可以说，套利的地理空间越大，套利的价值空间就越大。

（二）生产要素套利

作为一种特殊的商品，生产要素也成为一种套利的对象。近十多年来，大量外资企业在中国设立制造基地，就是利用中国廉价的劳动力进行生产要素的套利，然后将商品再出口到世界各地。据有关资料统计，中国出口的商品中有四分之三是由跨国公司完成的。可见，生产要素套利在全球经济一体化时代是一种重要的套利方式。

套利模型虽然非常简单，但由于人们习惯于长期生活在一个有限的地理范围内，对套利的机会往往缺乏了解。跨度越大的市场（包括地理跨度与文化差异程度），往往套利的机会和空间就越大。随着现代技术的发展、全球化开放环境的完善，跨国交易成本大幅度下降，为套利模型提供了很好的操作空间。

除了通过跨市场进行套利活动外，还可以利用时间进行套利。在化工、钢铁、设备制造、房地产等行业，其发展具有典型的周期性。在这些行业中，企业利润是行业周期变化的结果。按照周期利润模型，企业无法改变行业的周期特性，但可以很好地把握其周期性的变化规模，犹如冲浪运动，顺势而为，从而收获行业成长期的利益、规避行业调整期的风险（见图 2-1）。房地产行业在这一方面体现得最为突出。一般房地产行业的周期为 15～20 年，房地产开发企业对于这种行业大循环必须有充分和及早的准备，在项目开发、土地储备、其他业务组合上进行长远的战略性规划。只有把握住行业机会，收放有度，才能在产业中长久地生存下来，并获取行业大势的好处。这种盈利模式的关键要素是对行业发展的洞察力而不是具体的经营能力。采用这种盈利模式，只要把握好行业大势，企业盈利就有了基本的保证。

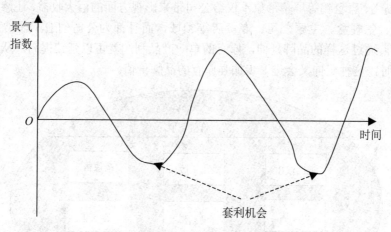

图 2-1　周期利润模型的战略含义

（三）能力差套利

随着互联网技术的不断发展和对各个行业的渗透，互联网金融蓬勃兴起。其中天弘基金的余额宝是最为突出的例子。据报道，2016 年年底，余额宝的资金规模突破 8 000 亿元。余额宝这类的盈利模式的原理就是能力差套利，即利用自身资金运作收益与大量小资金持有人资金运作收益的巨大差异，大量吸存。可见，互联网金融的这种最新的商业模式，实际上并没有超出最原始的盈利模式的范畴。当然，余额宝除了运用套利模型外，还运用了交易成本模型，这一模型将会在下文论述。

二、复制模型

复制模型是在一种基本盈利模式的基础上进行放大的盈利模式，因此复制模型一定以某种盈利模式为基础。复制模型可分为简单复制模型和利润乘数模型两种。

（一）简单复制模型

简单复制模型是将某种盈利模式简单地进行重复，从而扩大盈利规模。在一种盈利模式得到确认，并且能够锁定风险时，简单复制不失为一种很好的盈利模式。在我国证券市场刚开始发展起来时，德隆公司就是看到了新股认购的稳定收益，并将其放大，从而获得了"第一桶金"。这是简单复制模型最有代表性的应用。电影、电视剧的续集等，也是简单复制的例子。简单复制过于简单，往往盈利的周期较短，同时也需要注意原有盈利模式的基础是否已经发生了变化。例如新股认购模型，如果中签率大幅度下降，或股票行情下滑，新股认购的获利低于融资贷款利率（新股认购模型需要从金融机构进行大量融资来支撑），那么这一模型就失效了。

（二）利润乘数模型

利润乘数模型指从同一产品、特色、商标、能力或服务中重复地获取利润，即从一种核心产品中派生出其他业务并获取回报。迪士尼公司是这一模型实践者的杰出典范。迪士尼的米奇、高飞、唐老鸭等屏幕形象不仅给公司带来影视方面的巨大收益，还渗透到书籍、服装、手表、午餐盒、主题公司、专卖店等领域，而且都为公司创造了非常可观的利润（见图2-2）。通过这样的品牌延伸，原有的单一产品利润就可以延续提高，从而获取更大的回报。同时，这种延伸又会进一步加强原有的品牌价值。

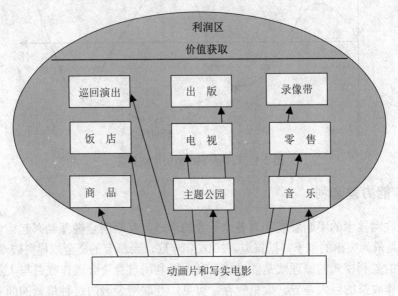

图 2-2　迪士尼公司的企业设计创新

资料来源：亚德里安·J.斯莱沃斯基，等. 发现利润区[M]. 凌晓东，等译. 北京：中信出版社，2000：234.

利润乘数模型也有风险，品牌的盲目延伸可能会导致失败。另外，品牌本身的维护显得非常重要，越具价值的品牌也往往越脆弱。对于迪士尼公司来说，品牌管理是一项复杂而重大的任务。迪士尼旗下的商品过万种，哪一种产品出一点儿问题，就很有可能产生多米诺骨牌效应，迅速蔓延到公司的其他业务，甚至导致企业的整体崩溃。

目前，文化产业的一个炙手可热的概念——IP，就是利润乘数模型的最新应用。IP 最早是一种故事创意，之后开发成电影、电视等艺术作品。目前 IP 已经延伸成了一种利润乘数模型，围绕着小说、影视等作品延伸到游戏、互联网产品等。如一部叫《鬼吹灯》的小说，其 IP 延伸到电影、游戏、主题公园、网络听读等产品。

注记　利润乘数模型的基础

任何盈利模型都要求具备一定的基础。利润乘数模型是依靠品牌来建立乘数效应的，这就要求应用这一模型时必须拥有一个足够强大的品牌。在中国，三辰卡通企业集团依托"蓝猫"这一品牌，走上了利润乘数模型的发展道路。"蓝猫"品牌开始进入儿童用品领域，如服装、书包、文具、玩具等。该品牌权属公司开始了其 600 家中心店、6 000 种产品的战略规划。但与利润乘数模型的要求相比，"蓝猫"品牌的塑造显然还没有深入人心，其号召力仍不够强大，不足以支撑其他业务的开展。在这种情况下启动利润乘数模型，商业风险极大，不仅投入中心店和产品开发的资金会受损，更不利的是电视剧制作的精力会因此而分散，从而影响品牌价值的进一步提升。对于战略管理而言，方向的确定是一个方面，时机的选择也非常重要。十年过去了，三辰的"蓝猫战略"已经不见了踪迹。

三、规模经济模型

规模经济模型是通过扩大生产或经营规模来降低成本，从而获取利润。它与复制模型不同，规模经济模型的成本随着生产和经营规模的扩大而大幅度下降，而复制模型这一特征并不明显。规模经济模型有两个方面的经济效应：规模经济与学习效应。

（一）规模经济

规模经济指随着生产或经营规模的扩大，成本出现相应下降的现象，如图 2-3 所示。

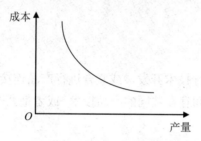

图 2-3　规模经济效应

首先，规模的扩大使得固定成本得到更好的摊销，尤其是在一些固定成本高的行业，如软件业、报业、图书印刷业、航空运输业等，规模的扩大使其单位固定成本大幅度下降。其次，规模的扩大使得一些专用设施（包括专用的营销渠道）得以应用，生产效率大幅度提高。再次，规模的扩大使企业在与供应商的谈判中更有实力，可以得到更低的采购价格。

（二）学习效应

学习效应（又称经验曲线或学习曲线）指当企业在制造产品或提供服务方面积累了更多的经验时，其成本会随累积业务量的提高而下降（见图 2-4）。在这种情况下，前期进入行业是有利的。由于早期的介入，企业可以积累更多的经验，而这种经验又可转化为一种成本优势。

需要注意的是，学习效应一方面跟累积产量有关，另一方面也跟学习的效率有关。更有效的学习可以使后进者学习得更快，成本下降得更快。在技术改进方面加大投资，加强知识管理，都有助于学习效率的提高。需要注意的是，学习效应存在溢出的问题，溢出会导致企业的学习优势丧失。一般而言，越是复杂的、涉及面广的，基于组织结构和文化的技术溢出的可能性越小。

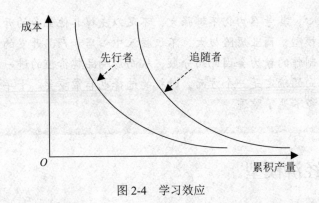

图 2-4　学习效应

四、范围经济模型

范围经济指企业从事多种业务，从而分摊企业的运营成本。范围经济模型与利润乘数模型在经济学原理上存在一定的相似性，但范围经济的业务之间的关联较之利润乘数模型要弱得多。范围经济模型主要从研发协同、生产协同、营销协同、管理协同、财务协同等五个方面产生价值。

（一）研发协同

研发协同是通过联合进行技术开发，或联合进行产品连接的界面设计来实施的，其基本前提是两个不同的业务之间存在共同的产品技术，或者把两个业务的某些产品进行合并，产品间存在连接关系等。

（二）生产协同

范围经济可以使不同的业务共享生产设施，更充分地利用生产设施（包括制造、物流、采购等）的固定成本。生产协同的前提是，不同的业务在生产领域存在制造技术的相似性和时间节点的互补性等。

（三）营销协同

营销协同是范围经济最常用的一种手段，包括销售网点、销售人员的共享等。营销协同不仅能降低企业的营销成本，而且因为范围经济能带来更大的业务量，给销售队伍和销售渠道带来更大的获利空间，因此可以帮助企业维系优秀的销售队伍和销售渠道，从而避免渠道流失。

（四）管理协同

范围经济可以发挥管理上的协同，主要是通过共享管理机构和人力资源来完成的。管理协同可以降低企业的管理成本，这一点在一些管理成本占经营成本比重较高的行业显得非常重要。如在服务业、贸易、金融等领域，范围经济经常能发挥良好的作用。

（五）财务协同

财务协同指多种业务共享企业的财务资源。尤其在中国市场，融资活动需要一定的业务规模，而范围经济使得企业的融资活动更有说服力，也更能承受融资成本。在一些具有周期性的业务中，通过不同周期业务现金流的调剂，能够很好地提高资金的利用率，提高资本收益水平。

五、客户解决方案模型

为顾客提供完整的解决方案（total solution），也成为许多公司的盈利模式。IBM 的前任总裁郭士纳总是这样提醒他的员工：我们不要给顾客提供计算机，我们不要给顾客提供技术，而是要为顾客提供一套解决问题的方案。这种盈利模式是通过渗透到顾客的内部价值链中而建立起盈利基础的。上海一家汽车空调制造企业的经理曾经提及，其顾客——上海通用汽车有限公司——只给他们两个小时的拉动期，即仅仅相当于路程上的时间花费。为了做到这一点，这两家公司的 ERP 系统对接到了一起。那位经理描述道："事实上，通用汽车什么时候要用什么型号的空调，我比他们的调度人员还要清楚。"这种价值链的渗透无疑使顾客产生了一种依赖感，从而也为顾客建立起一种转换成本（从时间上，更从情感上），因此提高了顾客的忠诚度，为企业带来了更高的、持续的利润水平。

为了更好地挖掘和理解顾客需求，这种模型的前期将花费巨大的费用，导致前期会存在一定程度的亏损，但随着对顾客研究的深入和解决方案的积累，企业将会得到巨大的回报。

随着竞争的加剧，尤其是在高科技行业，由于顾客对技术很陌生，越来越多的企业开始采用顾客发掘/顾客解决方案模型。IT 企业与咨询公司的大规模整合，就反映了这种趋势。

2003 年，IBM 花巨资 35 亿美元收购了普华永道的全球商务咨询和技术服务部门——普华永道咨询公司，从而一跃成为 IT 服务业的领军人物。这种 IT 企业与咨询公司的整合趋势在国内也同样明显。2002 年 3 月 21 日，联想在香港地区宣布，以现金 5 500 万港币及联想企业 IT 咨询业务控股汉普管理咨询公司 51%的股份，将之收到了旗下。新汉普在整合后，准备扯起 IT 服务的大旗。

阅读材料 2-4

卖解决方案

这是一个被所有的商业类杂志都忽视了的故事：一个中等规模的公司从通用电气购买了价值 50 万美元的个人计算机。通用电气并不制造计算机，这家公司为什么不直接从制造商那里购买计算机呢？答案是：制造商只卖计算机，而通用电气不仅向这家公司出售计算机，还提供自选配置、附件、服务和融资，如图 2-5 所示。这家公司与客户的联系是电子化的，其计算机网络必须一天 24 小时、一周 7 天、一年 52 周运转。这家公司不仅需要计算机来支持对客户的服务，而且需要通过融资提供资金的来源，使企业能够更好地匹配收入和支出，进行一项为期 3 年的技术改造。通用电气看到了这一系列需求，满足了他们的需要，为其提供了解决方案（Solution）。

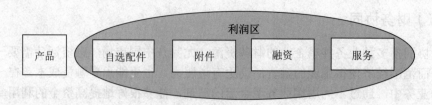

图 2-5　通用电气的企业设计：卖解决方案，而不仅是产品

资料来源：亚德里安·J. 斯莱沃斯基，等. 发现利润区[M]. 凌晓东，等译. 北京：中信出版社，2000：85-86.

六、产业生态模型

在企业经营过程中，影响其盈利的因素并不仅仅局限在其业务范围内，往往整个产业甚至是产业之外的因素，都有可能极大地影响企业的盈利水平。因此，企业不能仅关注现有的市场，更应该关注与之相关的产业生态，并从中获利。这种盈利模式称为产业生态模型。

产业生态模型可分为以下几种类型。

（一）多种成分系统模型

在某些行业中，生产和销售系统可分为若干个不同的子系统，而不同子系统的获利能力是不尽相同的，有些利润率极高，而其他一些利润则很低，但为了在最盈利的子系统中赢得竞争的胜利，企业需要充分参与低利润区域的经营。

如在碳酸饮料行业，有食品店、饭店、自动售货机等子系统。尽管食品店的利润很低，但却是保持企业在高利润区市场地位的必要组成部分。例如，可口可乐公司一方面努力保持在食品店低利润区的市场份额和品牌地位；另一方面尽可能地向自动售货机领域渗透，以获得高额利润（见图 2-6）。食品店的经营是建立品牌的关键，没有食品店的成功经营，在自动售货机市场中又怎能唤起顾客的购买欲望呢？

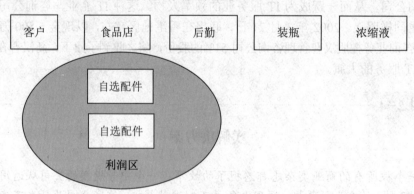

图 2-6　可口可乐企业设计：管理价值链

资料来源：亚德里安·J. 斯莱沃斯基，等. 发现利润区[M]. 凌晓东，等译. 北京：中信出版社，2000：156.

（二）售后利润模型

售后利润模型不依靠销售产品或提供服务来盈利，而是利用售后产品和服务来获利。它与基础产品模型的差别在于它不一定经营基础产品，但仍可以通过后期的服务而盈利（见

图 2-7）。对于产品销售而言，售后服务的业务收入是稳定而持久的，能够给企业带来较为稳定的现金流，这对于企业来说是一种非常理想的业务模式。

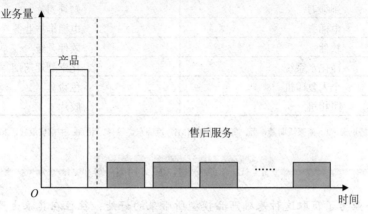

图 2-7　售后利润模型的现金流

一家叫小米的公司，成立 4 年其市值就达到 240 亿美元，是当时松下、索尼、夏普市值的总和。它最具价值的模式就是售后利润模型。小米通过极低的价格提供高品质的手机，并通过粉丝经济效应，极大地推动手机销量，然后通过小米盒子、手环、挂绳、耳机、手机壳、防划屏等外围产品来获利。小米成功运用了两种盈利模式：一是通过高性价比来获取规模的迅速扩大，即规模经济模型；二是通过基础产品——手机，来实施售后利润模型——外围产品经营。

（三）基础产品模型

基础产品模型是指企业将售后业务与前售产品绑定，使顾客只能使用其提供的后续业务。

基础产品是指能为企业带来后续业务的产品。采取这种模式的企业首先应建立起一种基础产品业务，然后围绕这一基础产品经营其派生产品（见图 2-8）。基础产品模型的盈利重点在派生产品，但它的基础却是基础产品的经营。雀巢公司推出了世界上第一个咖啡胶囊产品 Nespresso，只能用雀巢的专用咖啡机冲煮。雀巢公司制定的策略是咖啡机不盈利，只通过出售咖啡胶囊来获利。这就是一种典型的基础产品模型。在表 2-1 所示的行业中，基础产品模型将有所作为。

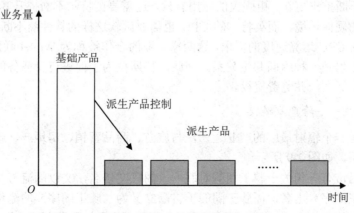

图 2-8　基础产品模型的业务流

表 2-1　带来后续业务的基础产品

基 础 产 品	派 生 产 品
剃须刀	剃须刀片
电梯	电梯维护业务
软件	软件升级
净化水系统	化学处理药剂
个人复印机	色粉盒
照相机	胶片

资料来源：亚德里安·J. 斯莱沃斯基，等. 发现利润区[M]. 凌晓东，等译. 北京：中信出版社，2000：46.

注记　暴利永远没有市场

　　许多企业为了获取这种基础产品模型所带来的好处，往往在其派生产品的使用上进行捆绑，给顾客在派生产品的使用上建立起一种转换成本。例如，宝钢集团当初采用的窑炉就只能使用澳大利亚某矿山的矿石，结果日本公司在后续的矿石业务中大收其利。这种基础产品模型虽然能给企业带来高额利润，但如果期望凭此获取暴利的话，则难以长久下去。给客户建立转换成本无疑是一种强盗行为，虽然一时得逞，但损害了企业的声誉，使得顾客日后对其敬而远之。策略是术，贡献社会是道。企业在谋求利益之时，切不可逐术而忘道。

（四）共生模型

　　共生模型的经济学原理是互补效应。通过利用具有互补效应的业务的发展，达到相互促进的效果。共生模型与利润乘数模型的区别在于利润乘数模型不具备很强的相互促进作用。共生模型按产业纵向和横向两个方面的协同关系划分，可分为产业链整合（纵向协两只）和跨产业链接两种形态。

　　1. 纵向共生——产业链整合

　　一个产业的发展，离不开产业链的共同发展。英特尔和微软的关系就是一种最典型的共生关系。微软的核心业务是软件开发，英特尔的竞争优势是其 CPU 的处理速度。微软的软件业务需要不断推出更新、更强大的应用软件，这需要英特尔不断提升其 CPU 的运算速度来提供良好的硬件环境。而英特尔的 CPU 也需要微软这样的软件商不断开发软件产品，以此带动市场对 CPU 运算速度的需求。这两家企业的合作被称为 Wintel 联盟。电动汽车与充电设施的关系也是一种纵向共生关系。因此，特斯拉为了促进自身业务的发展，公开了自己的电动技术标准，并免费授权。

　　2. 横向共生——跨产业链接

　　文化产业是一个辐射最广的产业之一，与旅游、商品营销、房地产、政府管理等都有很好的共生关系，如图 2-9 所示。

　　在江西南昌市有一句关于滕王阁的对联——阁以文传名，文以阁流芳。说的是滕王阁因王勃的《滕王阁序》出名，而滕王阁的千古矗立又为《滕王阁序》的流传起到了昭示的作用，让人们看到滕王阁，就想起《滕王阁序》，想起"落霞与孤鹜齐飞，秋水共长天一色"

的千古绝唱。文化产业与旅游的共生关系是明显的，如庐山与庐山恋（庐山脚下的庐山恋电影院），云南与云南印象，都产生了极好的共生效应。

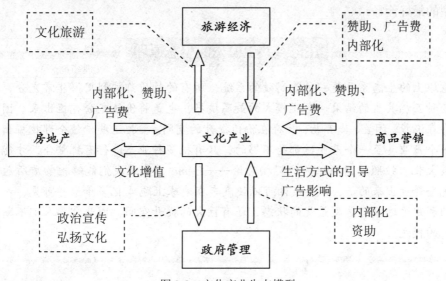

图 2-9 文化产业生态模型

注：内部化指其他产业直接经营文化业务，从而将这种共生关系与共生价值内部化，如企业或政府出资拍摄一部影视剧等。

阅读材料 2-5

我在庐山放电影

庐山恋电影院是一幢古老的建筑，建于 1897 年，原为基督教协和礼拜堂。1960 年，庐山当地政府对该教堂进行改造用作电影院，取名"东谷电影院"，后因电影《庐山恋》改为"庐山恋电影院"。

1980 年 7 月 12 日，《庐山恋》电影在庐山恋电影院首映，后一直在此影院放映，长久不衰，至今长达 28 年。

2002 年 12 月 12 日，在北京人民大会堂，庐山恋电影院接受了英国吉尼斯总部授予的"首轮电影时间最长的电影院"的吉尼斯世界纪录。同时，电影《庐山恋》创造了"放映场次最多""用坏复制最多""单片放映时间最长"等多项世界纪录。

《庐山恋》电影 1980 年年初摄制完成，1980 年 7 月 12 日在庐山恋电影院首映。影片以庐山风光为背景，展现了秀美的山川、悠久的人文历史和纯真的爱情。影片上映后在全国引起轰动，仅一年时间观众就达到一亿人次，形成了"庐山游"的热潮。20 多年来，《庐山恋》电影在庐山恋电影院共放映 10 000 余场，用了近 20 次复制，观众多达 200 多万人，其意义远远超出了一部电影。

《庐山恋》中虚构的电影故事以千古永恒的庐山为载体得以留存，给予庐山山水以生命和灵性，形成了独具特色的以《庐山恋》为代表的庐山影视文化。庐山恋电影院现已成为庐山夜晚文化生活的重要场所。"白天逛山景，晚上庐山恋"，已成为众多来山游客旅游行程中的最佳选择。

资料来源：郭凯敏. 我在庐山"放"电影[EB/OL].（2008-10-07）[2020-04-20]. http://blog.sina.com.cn/s/blog_5411b4930100an7a.html.

同样，文化产业与房地产、商品营销、政府管理等都有着很好的相互促进作用，其共生关系具有极大的社会价值与商品价值。"文化产业化"和"产业文化化"是运用文化产业生态模型的最好诠释。

注记　共生模型的生态原理

地球上的生态系统是一种最高效的系统，所有的物质都被利用得非常充分，这是多种物种互相共生的结果。商业模式的最高境界，也是将价值充分挖掘出来。因此，只要存在浪费、闲置、废弃物，就存在价值提升的空间。要把这些价值全部挖掘出来，仅靠一个产业甚至一个产业链都是不够的，只有把多种业态进行有机整合，才能实现价值最大化。按照爱因斯坦的广义相对论——$E=mc^2$，如果我们能够把物质所蕴含的能量完全释放出来的话，一升汽油可以使汽车在地球上跑4亿多千米。可见，人类对价值的利用远远没有达到最优的状态，还有巨大的提升空间，因此需要人们不断地创造出新的模式。

七、交易成本模型

交易成本泛指为达成交易而形成的各种成本。交易成本的类型因交易不同而不同，而且新的商业模式可能会导致新的交易成本类型产生，因此很难给出完备性的分类。按威廉姆斯的分类，交易成本大概可分为搜寻成本、信息成本、议价成本、决策成本和监督交易的成本。但实际上，交易成本还包括为实现交易而产生的场所成本（最典型的是商铺成本）、检验成本、纠错成本（维权成本很高），以及由于交易环节过多而产生的多重税收与每个环节的期望利润（称为重复操作成本）等成本。

以市场创新为基础，不断降低交易成本，提高社会运转效率，是推动人类社会向前发展的基本动力。以交易成本的降低为利基，是一种重要的盈利模式。总体而言，交易成本的降低有两种途径，即减少交易的数量和提高交易各方的信息对称性，因此也就形成了两类盈利模式——配电盘模型和信息供应商模型。

（一）配电盘模型

在某些行业，多个供应商与多个客户发生交易，双方都承担很高的交易成本。在这种情况下，中介业务将成为一种具有价值的产业。这种业务就像一个配电盘，为交易各方建立一个沟通平台，从各个方面降低顾客的成本。行业里的企业越分散、交易种类越多，这种模型就越有价值。

在互联网技术的推动下，近年来涌现出大量的互联网平台企业，就是将配电盘模型通过互联网的技术实现出来的新的商业模式。如美团网，为众多的餐饮企业与众多的消费者搭建了一个平台，使得顾客订餐的搜索成本大大降低，同时也帮助了餐饮企业拓展业务，如图2-10所示。又如淘宝网，为众多的网店经营者提供了价格低廉的销售渠道，同时大大方便了消费者。

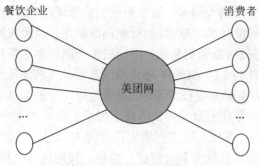

图 2-10 美团网配电盘模型

注记 配电盘模型的应有价值

配电盘模型的顾客价值体现在以下三个方面。

（1）以更完备的信息为顾客提供信息服务。中介商由于对市场了解得更全面，可以为顾客提供更好的商业机会、更质优价廉的产品。

（2）以专业技术为顾客交易提供指导。在电信工程中，技术方案一般是由设备商提供的，但设备商的立场往往决定了其方案可能过多地采用一些不必要的设备，而中介商则可以避免产生这一问题。

（3）以配电盘的方式降低买卖各方的交易成本，包括有形的通信成本、差旅成本或无形的精神成本等。

（二）信息供应商模型

由于信息的不对称，交易的双方往往存在一种不信任感，而这种不信任对经济发展造成了阻碍。此时，信息的提供与认证就成为一种增值活动。比如，银行的资信证明、二手车的鉴定认证等，都是采用的这种盈利模式。

在美国，二手车市场发展非常成熟，只要在电脑中输入编码，就可以很方便地查询某台车的详细资料。二手车的增值服务也很多，主要由中介机构提供，包括车辆交易、检测审查、鉴定报告、质保凭证、整修方案和保修计划。这种信息服务打消了购车人对二手汽车品质的顾虑，促进了二手车市场的发展。

不论哪类交易成本模型，其本质都是为了降低整个社会的交易成本。围绕着交易成本的类型进行分析，就可以找到创新的商业模型。目前，我国的电子商务平台主要解决了交易的搜寻成本、信息成本（部分）、场所成本、重复操作成本等问题，而决策成本、信息成本（部分）、监督交易的成本、检验成本和纠错成本等诸多问题都没有得到很好的解决，这应该是下一代电商企业创新努力的方向。

八、网络价值模型

在基础产品模型的基础上，如果企业再据此建立一种行业标准，则可创造出一个规模收益递增的业务。在规模收益递增的行业中（如软件业），大量的企业被纳入行业标准持有人的系统中，进入这个系统的人越多，这个系统的价值就越高，行业标准的持有人就可获取越多的回报。因为我国没有参与DVD的行业标准制定，因此我国企业生产DVD时需要缴纳巨额的专利费用。在DVD研制初期，不同的生产商制定了各自的DVD标准，其中又以东芝、松下等公司为首制定的SDCD格式和以索尼、飞利浦等公司为首制定的MMCD格式为典型代表，因而有两种光盘技术并存，没有达成统一的标准。后来在IBM、Microsoft等公司的协调下，这两大集团经过反复协商终于握手言和，在1996年达成了统一的DVD标准。以东芝为代表的6C联盟、以飞利浦为代表的3C联盟、汤姆逊等多家DVD制造巨头分别结成联盟，面向全球发放专利许可证。当然，使用这些公司的专利要缴纳很高的专利费。2002年，中国电子音响工业协会与日立、松下、JVC、三菱、东芝、时代华组成的6C联盟达成协议，每出口一台DVD要缴纳4美元专利费；与索尼、先锋、飞利浦组成的3C联盟达成协议，每出口一台DVD要缴纳5美元专利费；与汤姆逊达成协议，每出口一台DVD要缴纳1~1.5美元专利费。还有杜比、DTS、MPEG-LA等公司也都因为拥有某项DVD专利技术，纷纷向中国索要专利费。总计下来，目前中国出口一台价格90美元的DVD，要缴纳的专利费成本达到22.3美元。2003年，中国DVD出口已超过1 300万台，按这个规模计算，中国每年要缴纳的专利费近3亿元。①

阅读材料 2-6

标准之争得先手

2004年7月8日，信息产业部科技司副司长韩俊宣布：从即日起，新一代高密度数字激光视盘系统（EVD）标准将在中国电子工业标准化技术协会网站上正式公示，为期一个月。在一个月的公示期之后，EVD将正式以"国家行业标准"的姿态面世。

这意味着，EVD将会在高清晰度影碟机上得到普遍应用。可以想象，一旦标准确立，众多相关企业将立即投入这个可观的市场。这些企业的热情在这以前一直因为标准的悬而未决被抑制。

第一个焕发热情的，理所当然的是EVD核心技术专利的拥有者——阜国数字技术有限公司（以下简称"阜国数字"）。这位EVD标准最不遗余力的推动者即将从EVD标准中获得收益：所有采用EVD标准的中国企业先要交入门费5万元，而且每台EVD影碟机要交费2元；如果对象换成外国企业，费用将分别是5万美元与2美元。

这是一个不菲的数目，但阜国数字总裁郝杰并不认为有什么不妥。"这不是在求你帮我，"在谈判引进版权时，他对好莱坞片商说，"是我来帮你们。"

这不是郝杰第一次在谈判中表现出咄咄逼人的态度。2003年，阜国数字和美国著名芯片设计厂LSI签订合作协议，郝杰提出在LSI提供EVD系列芯片设计之前不支付任何研发费用。最后LSI接受了郝杰的要求，获得了阜国数字一份从2003年2月至2005年2月的EVD芯片批量代工的合同。那时候EVD标准尚未获得名正言顺的地位。

"你永远不来这个市场的话，没关系。但只要你来，就要看谁能真正帮你。"郝杰说。

实际上，EVD一直都很受信息产业部的青睐。EVD本就是由信息产业部开发的项目，并在开发过程中得到了国家科技部和原国家经贸委（现发改委）的支持。这也许才是郝杰

---

① 中国工商时报，2004-03-24；京华时报，2004-06-30.

如此理直气壮的真正原因。

缺乏自主知识产权曾经给中国影碟机企业带来了巨大的伤痛，这也导致了政府对 EVD 的青睐。信息产业部副部长娄勤俭在 2003 年 11 月 18 日召开的中国 EVD 知识产权战略与产业联盟发布会上说："推动企业成为标准制定的主体，是加强信息产业科技创新体系建设的一项重要内容，也是信息产业部大力推进标准化工作改革的一项重要措施。"

当然，不可否认的是，阜国数字所制定的 EVD 标准也有其独到之处。除了引用目前国际标准 ISO13818 及 ISO16448 之外，EVD 标准包括声音、导航系统、功能扩展及版权保护技术在内的其他部分都拥有自主知识产权。

郝杰热心于对记者称赞 EVD 的音响效果。"你可以很清楚地感觉到小提琴在单簧管的左边，"他停下来，"这是小提琴拨弄弓弦的声音。"

在 2003 年年底由国家广播电视产品质量监督检验中心数字电视用户端产品测试实验室出具的《ExAC 音频编解码器听音试验报告》中，EVD 得了 4.7 分（满分是 5 分），比杜比产品高了 0.2 分。

EVD 解决的不只是音响效果的问题。外界认为，EVD 成为"国家行业标准"至少解决了三个问题：由中国掌握了影碟机行业未来发展的主动权，避免重蹈 DVD 的覆辙；保证产业过渡中拥有构成全球光存储行业最基本的国际标准；独有技术加密实现了知识产权保护。

资料来源：张春蔚，常楠溪. 标准之争得先手，EVD 启动产业链[N]. 南方周末，2004-07-15.

九、独特产品模型

企业在开发出独特的新产品时，由于产品与竞争对手的产品区别开来，因此可以在价格上避免正面的竞争，并从这种垄断性产品的溢价中获利。这种独特性包括技术、品牌、服务等方面。独特产品模型的维系需要不断注入新的投资，如图 2-11 所示。例如制药、专业化工行业，其产品的生命周期在 8～15 年。随着时间的推移，独特产品的价值逐步下降。企业要采取这种模式持续发展，必须维持巨额的研发支出，不断推出新的独特产品。在制药行业，企业的研发费用一般要占到销售额的 15%，生物制药企业的这一比例更是高达 20%～30%。

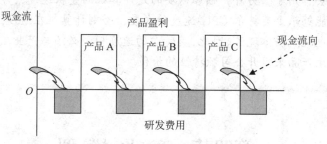

图 2-11 独特产品模型的现金流关系

速度往往是独特产品模型的关键，在一些技术快速发展、市场变化瞬息万变的环境中，速度就显得尤为重要。以超越对手的速度不断创新，不断推出新产品，即可保持其独特性。在独占的市场中，获取超额的利润回报，这是独特产品模型的一种亚型，称为速度模型。

英特尔的习惯做法是以相当高的价格推出新一代的微处理器，迅速获取新产品的高额利润，然后随着生产产量提高和竞争对手仿制品大量出现，再大幅度地下调价格。一般英特尔在新品推出后一年内会将价格下降 30%[①]（见图 2-12）。这种做法也称为"撇奶油"战略，即在创新产品的前期收回大部分成本和预期的收益，在产品中后期迅速降价，然后开发更新的产品。这种盈利模式要求极高的技术创新能力，是靠技术优势盈利的一种方式。

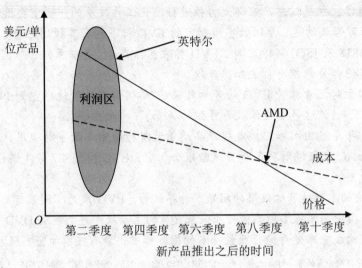

图 2-12　英特尔企业设计："领先两步"

资料来源：亚德里安·J. 斯莱沃斯基，等. 发现利润区[M]. 凌晓东，等译. 北京：中信出版社，2000：210.

注记　速度的风险

速度模型最大的风险来自市场需求，企业在不断超越对手、推出新产品的同时，不能忽略了市场的需求。比如，英特尔的速度模型要成功，一方面要不断领先竞争对手，另一方面还需要得到市场的认可。如果相关的软件产品跟不上，英特尔的速度将可能会英雄无用武之地，这时英特尔公司的技术优势也就无法转移为商业价值，其速度模型也就失去作用了。另外，顾客需要的是计算机的整机速度，计算机其他相关部件的性能必须能够跟上英特尔 CPU 速度的发展，否则计算机在速度上就会出现瓶颈，英特尔的速度也就无法体现了。因此，英特尔的速度模型必须与产业生态模型相结合，通过相关的共生产品来提升公司独特性的价值。

第四节　商 业 模 型

如果说盈利模式是企业找到利润的来源，那么商业模型则是推动利润的引擎。简单地说，商业模型是对盈利模式具体实施的内容，其目的是在"资源—能力—绩效"三者之间

---

① 汤姆森，斯迪克兰德. 战略管理：概念与案例[M]. 段盛华，王智慧，译. 10 版. 北京：北京大学出版社，2000：448.

形成一个正反馈环路，不断增强企业的盈利水平。因此，商业模型中必定包含一种或几种盈利模式。

一、商业模型的各类

商业模型与竞争战略是一一对应的，故存在两种基本的商业模型。

（一）低成本模型

低成本模型是通过降低价格来带动销量，从而产生规模经济效应来进一步降低成本，进而提升进一步降低成本的能力。低成本模型的核心是规模，其基础模型如图 2-13 所示。销售量的提高扩大了经济规模，从而使成本降低；成本降低提高了产品的毛利水平，从而使企业可以进一步地降低产品价格；价格的降低又进一步推动销售的增长。这是低成本模型的主循环。当然，企业还可以在产品毛利中抽出一部分资金来进行广告宣传、加大研发投入等，这些都会促进销售量的增长。这是低成本模型的辅助循环。在任何一个环节上，企业都可以通过一系列的活动，来增加这一商业模型的辅助循环，从而使这一商业模型变得更加强大。

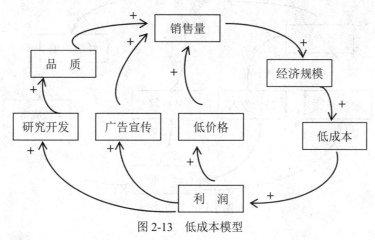

图 2-13　低成本模型

注：图中的"+"代表因素间的正相关关系。

低成本模型的主盈利模式是规模经济模型，但套利模型、复制模型、范围经济模型、产业生态模型、网络价值模型等与扩大规模、尤其是降低成本有关的盈利模式都可以嵌套在低成本模型中，作为辅助循环。

（二）差异化模型

差异化模型的主要目的是不断保持和提升企业产品的独特性，从而保持顾客的忠诚度，获取产品溢价所带来的利润。其基础模型如图 2-14 所示。差异化模型的主要盈利模式包括顾客解决方案模型、交易成本模型、独特产品模型等；其他一些有助于成本降低，从而可以使企业在独特性资源的投入上更有优势的盈利模式也可以作为辅助循环嵌套在差异化模型中。

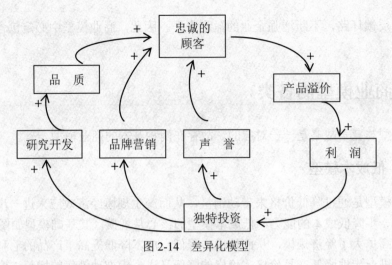

图 2-14　差异化模型

注：图中的"+"代表因素间的正相关关系，"-"代表负相关关系。

在实际操作中，低成本模型和差异化模型是可以综合在一起的，往往用于多产品线的业务模型。图 2-15 就是某企业规划的复合商业模型。

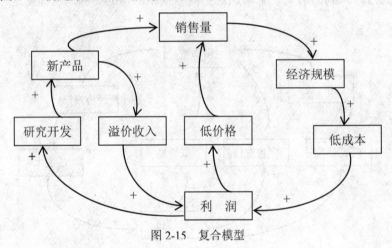

图 2-15　复合模型

二、商业模型的设计

商业模型是一个正反馈系统，其良好的运转起到一个良性循环的作用。但商业模型中的任何一个活动对其他活动的促进作用都存在一个边际效应递减的问题。在一个回路中，任何环节的边际效应递减为零时，这一回路都将停止增长，此时需要找到新的回路来继续推动商业模型的发展。

商业模型的设计原点发轫于行业的症结，即研究整个行业未来的发展中存在什么障碍、瓶颈和困难，然后围绕着这些问题找到合适的技术或商业模式。

图 2-16 就是中国养老行业的发展症结。中国养老行业最大的症结是社会认知问题。在中国人的传统观念中，把父母送到养老院是一种不孝的行为。这种不良的社会认知制约了养老业的发展，使得其业务收入不高，从而盈利水平低下。养老业缺乏很好的盈利能力，

便用不起高端的养老专用设备，同时也无法给予员工令人满意的工资，同时由于社会认知不良，员工缺乏职业自豪感，从而导致该行业的从业人员素质不高。软件、硬件两个方面的不足，会导致服务品质下降，引发许多恶性的事件，进而恶化社会对养老行业的认知，形成恶性循环。

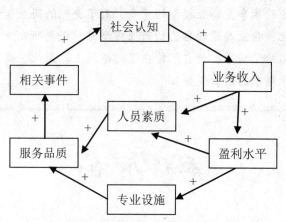

图 2-16　中国养老行业的发展症结

要创新养老商业模型，就必须从大幅提升服务品质着手。通过优质的服务，可以提供大量正面的新闻事件供报道，从而改变社会的认知。而高品质的服务要长期持续下去，就必须有相应的盈利水平作保障。从服务品质与盈利水平这两点来思考，养老商业模型的设计就有了抓手。图 2-17 就是围绕着这一行业症结而设计的商业模型。

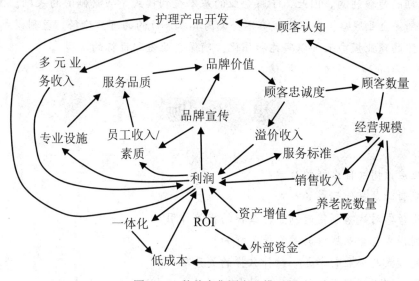

图 2-17　某养老集团商业模型图

注记　商业模型的竞争

在规划商业模型时，首先要确定企业的竞争战略，并结合盈利模式，围绕相关业务的关键性资源（包括有形资源与无形资源）进行。企业可通过模型中的独特资产来开通辅助环路，如商场利用顾客购物信息开展信息咨询业务。一般来说，越复杂、环路越多的模型越具竞争力，但越复杂的商业模型操作的难度也越大，成功实施的可能性也越小。商业模型不能停留在纸上，真正可行的商业模型需要经过实践的检验、不断地调整，才能最终成为现实中的模型。

归根结底，企业的竞争是商业模型的竞争，有了更优的商业模型，企业在竞争中就会更具实力。因此，企业在设计自己的商业模型时，还要研究竞争对手的模型，避免在商业模型中就输给了对手，使自己输在了起跑线上。因此，商业模型设计的根本目的是设计一个强于对手的商业模型。

本 章 小 结

企业整体表现出来的企业经营哲学、价值体系等决定了企业的战略方向与模式，企业经营哲学概念的模糊必然导致企业战略的摇摆以及战略实施的混乱。任何企业在制定和实施战略之前，必须明确企业哲学及价值体系，并在此问题上达成企业共识，否则战略就成了无源之水、无本之木。

战略的最终目的是实现企业的价值最大化，判断战略是否具有价值的标准是其能否为企业带来长期的超额利润。因此，了解企业的基本盈利模式是战略制定的基础，围绕这些基本模型来制定企业战略，是确保战略不会偏离其本来目的的可靠途径。盈利模式提出后，需要引入具体的商业模型来加以实施和强化，确保企业盈利目标的实现。

思 考 题

1. 企业应该树立什么样的哲学？
2. 企业哲学是如何形成的？
3. 企业哲学对战略制定起到了什么样的指导作用？
4. 盈利模式与企业战略的关系是怎样的？
5. 盈利模式与企业哲学是一种什么样的关系？
6. 如何处理企业哲学的长期一致性与环境的不稳定性之间的关系？
7. 企业任务陈述在战略管理中起到什么样的作用？
8. 任务陈述的核心内涵应当包括哪几个方面？
9. 企业选择自己的盈利模式时应该考虑哪几个方面的问题？
10. 九大类盈利模型对企业各有哪些特殊的要求？
11. 利润乘数模型在应用过程中需要注意哪些关键性问题？

12. 共生模型的核心理论是什么？如何才能使共生模型运转得更有效？

13. 盈利模式与商业模型的关系是什么？商业模型与战略的关系是怎样的？

本章案例：阿里的生态系统

案例导读：

淘宝网电商平台的问世，彻底改变了零售业的生存方式，同时也改变了人们的生活方式。围绕着电商业务发展的需要，阿里巴巴集团完成了一轮又一轮的商业模型升级，逐步发展成为一个巨大的商业帝国，也为自己打造了一个丰满的产业生态体系。从阿里巴巴集团的演化过程中我们能找到什么规律？未来的阿里巴巴往何处去？我们能够预测吗？

一、公司简介

（1）阿里巴巴集团成立于 1999 年，实行 VIE 结构，是注册于开曼集团的外资公司，而实体公司全权依托于中国大陆。

（2）阿里巴巴是一家提供电子商务在线交易平台的公司，业务包括 B2B 贸易、网上零售、购物搜索引擎、第三方支付和云计算服务。

（3）阿里巴巴是世界上最大的电子商务和移动商务公司，2013 年平台交易总额高达2 480 亿美元。

（4）阿里巴巴力求服务中小企业，为买家和客户构建交流平台。

（5）阿里巴巴的子公司及关系公司包括阿里巴巴 B2B、淘宝网、天猫、一淘网、阿里云计算及支付宝等。

二、公司历程

（1）1999 年年初，马云在杭州以 50 万元人民币创业，开发阿里巴巴网站，开拓电子商务应用，尤其是 B2B 业务。

（2）为了渡过互联网寒冬并完成市场推广，2000—2004 年，阿里巴巴完成多轮融资，引进软银等多位战略投资者。

（3）2005 年，阿里巴巴与雅虎中国战略合作，用 40%的股权取得 10 亿美元和雅虎中国所有中国业务与资产。

（4）2007 年，阿里巴巴 B2B 业务平台在港交所上市，2012 年通过私有化退市。

（5）2014 年 9 月 19 日，阿里巴巴在纽交所完成整体上市，目前市值超过 2 500 亿美元。

图 2-18 为 2004—2014 年阿里巴巴股权结构的变化。

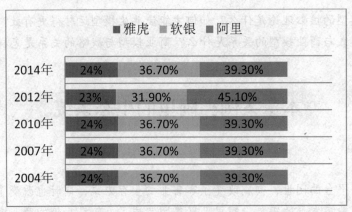

图 2-18　2004—2014 年阿里巴巴股权结构的变化

三、公司结构改革

（1）2007 年阿里巴巴 B2B 业务平台上市时，阿里巴巴将旗下业务分拆为五个独立的子公司：阿里巴巴公司、淘宝网、支付宝、阿里软件、中国雅虎。

（2）2012 年中旬，阿里巴巴集团宣布将现有子公司的业务升级为阿里国际业务、阿里小企业业务、淘宝网、天猫、聚划算、一淘和阿里云七个事业群。

（3）2013 年年初，阿里巴巴宣布对集团现有业务架构和组织进行相应调整，成立 25 个事业部。

四、公司下属平台

（一）淘宝网（网上购物平台）

淘宝网（www.taobao.com）创立于 2003 年 5 月，是注重多元化选择、价值和便利的中国消费者首选的综合类 C2C 网上购物平台，是 C2C 经营模式的典型代表。淘宝网整个的商业模式是：用户注册—身份认证—发布信息—购买—付款到支付宝—发货—确认收货—打款到商家—信用评价。淘宝网拥有近 5 亿的注册用户数，成为中国最大的网上购物平台。

淘宝网旗下的主要产品如下。

（1）阿里旺旺。阿里旺旺，一种即时通信软件，供网上注册的淘宝用户之间通信，是淘宝网官方推荐的沟通工具。淘宝网同时支持用户以网站聊天室的形式通信，并认可阿里旺旺交易聊天内容可以作为电子证据。

（2）淘宝店铺。淘宝店铺是指所有淘宝卖家在淘宝上所使用的旺铺或者店铺。每个在淘宝新开的店都是系统默认产生的店铺界面，就是常说的普通店铺。而淘宝旺铺（个性化店铺）服务是由淘宝提供给淘宝卖家，允许卖家使用淘宝提供的计算机和网络技术，实现区别于淘宝一般店铺展现形式的个性化店铺页面展现功能的服务。

（3）淘宝指数。淘宝指数是一款基于淘宝的免费数据查询平台，可通过输入关键词搜索的方式，查看淘宝市场搜索热点、成交走势、定位消费人群在细分市场的趋势变化的工具。

（4）快乐淘宝。2009年12月，淘宝和湖南卫视合作组建"快乐淘宝"公司，联手拓展电视网购新市场。

（5）淘宝基金。2013年11月1日中午，淘宝基金理财频道上线，泰达瑞利、国泰、鹏华、富国等多只基金成为首批上线的基金淘宝店。

（6）淘点点。淘宝推出"淘点点"，希望重新定义"吃"。通过淘点点，消费者可以随时随地自助下单、付款，留下送货地址和电话，十几分钟后外卖商户就把新鲜出炉的美食送上门。

（二）天猫（为品牌及零售商而设的第三方平台）

天猫（www.tmall.com）创立于2008年4月，原名淘宝商城，是一个综合性购物网站。2012年1月11日上午，淘宝商城正式宣布更名为"天猫"，天猫是淘宝网全新打造的B2C（Business-to-Consumer，商业零售）平台，是亚洲最大的综合性购物平台，拥有10万多品牌商家。2014年2月19日，阿里巴巴集团宣布天猫国际正式上线，为国内消费者直供海外原装进口商品。

（三）聚划算（团购网站）

聚划算（www.juhuasuan.com）于2010年3月推出，是阿里巴巴集团旗下的团购网站。淘宝聚划算原是淘宝网的二级域名，2011年，淘宝聚划算启用聚划算顶级域名，旗下包括城市团购、聚定制、品牌团、整点聚、聚名品、聚家装、生活汇等子频道。

（四）全球速卖通（全球消费者零售市场）

全球速卖通（www.aliexpress.com）创立于2010年4月，是阿里巴巴旗下唯一面向全球市场打造的在线交易平台，被广大卖家称为"国际版淘宝"。全球速卖通面向海外买家，通过支付宝国际账户进行担保交易，并使用国际快递发货，是全球第三大英文在线购物网站。其用户主要来自俄罗斯、巴西和美国。世界各地的消费者都可以通过全球速卖通，直接以批发价从中国批发商和制造商手中购买多种不同的产品。

（五）阿里巴巴国际交易市场（全球批发贸易平台）

阿里巴巴国际交易市场（www.alibaba.com）是阿里巴巴集团最先创立的业务，目前是领先的跨界批发贸易平台，服务于全球数以百万计的买家和供应商。小企业可以通过阿里巴巴国际交易市场将产品销售到其他国家。阿里巴巴国际交易市场上的卖家一般是来自中国、印度、巴基斯坦、美国和泰国等其他生产国的制造商和分销商。

（六）1688（网上批发市场）

1688（www.1688.com，前称"阿里巴巴中国交易市场"）创立于1999年，是中国领先的网上批发平台。1688为在阿里巴巴集团旗下零售市场经营业务的商家提供了从本地批发商采购产品的渠道，旗下产品包括诚信通、产业带、伙拼、名企采购、企业集采、淘工厂、商友圈和生意经。

（七）阿里妈妈（网上营销技术平台）

阿里妈妈（www.alimama.com）创立于 2007 年 11 月，是为阿里巴巴集团旗下交易市场的卖家提供 PC 及移动营销服务的网上营销技术平台，主要是针对网站广告的发布和购买平台。此外，阿里妈妈也通过淘宝联盟，向这些卖家提供同类型而又适用于第三方网站的营销服务。在系统应用软件方面，阿里妈妈采用了网上信用管理系统、身份认证管理系统、网络监控管理系统和网络安全管理系统等，保证网站安全、数据安全、交易安全。

（八）阿里云计算（云计算与数据管理平台开发商）

阿里云计算（www.aliyun.com）创立于 2009 年 9 月，致力于开发具有高度可扩展性的云计算与数据管理平台。阿里云计算提供一整套云计算服务，以支持阿里巴巴集团网上及移动商业生态系统的参与者，其中包括卖家及其他第三方客户和企业。2013 年年底，阿里云向部署海外业务的中国企业以及海外本土企业输出云计算服务能力。阿里云主要提供弹性计算服务、开放存储服务、开放结构化、关系型数据库服务、开放数据处理服务、云服务引擎 ACE、安全及搜索服务等。

五、主要关联公司

（一）支付宝（第三方网上支付服务供应商）

支付宝（www.alipay.com）创立于 2004 年 12 月，是阿里巴巴集团的商业生态系统的重要参与者，主要为个人及企业用户提供方便快捷、安全可靠的网上及移动支付和收款服务。支付宝旗下有"支付宝"与"支付宝钱包"两个独立品牌，支付宝为阿里巴巴集团旗下平台所产生的交易以及面向中国境内第三方的交易，提供支付及/或担保交易服务。此外，支付宝是淘宝网及天猫的买家和卖家的主要结算方式。支付宝主要提供支付及理财服务，包括网购担保交易、网络支付、转账、信用卡还款、手机充值、水电煤缴费、个人理财等多个领域。在进入移动支付领域后，支付宝为零售百货、电影院线、连锁商超和出租车等多个行业提供服务。支付宝还推出了余额宝等理财服务。

（二）中国智能物流骨干网（物流信息平台运营商）

中国智能物流骨干网（或称"浙江菜鸟供应链管理有限公司"）是阿里巴巴集团的一家关联公司的全资子公司，致力于满足现在及未来中国网上和移动商务业在物流方面的需求，一方面为买家及卖家提供实时信息，另一方面向物流服务供应商提供有助于其改善服务效率和效益的信息。由阿里巴巴集团、银泰集团联合复星集团、富春控股、顺丰集团、三通一达（申通、圆通、中通、韵达）、宅急送、汇通共同组建成立。其中，天猫投资 21.5 亿元，占股 43%。

以上业务组成阿里巴巴的核心平台，平台之间形成良好的业务协同，分别如图 2-19 和图 2-20 所示。

图 2-19 阿里巴巴的主要业务板块

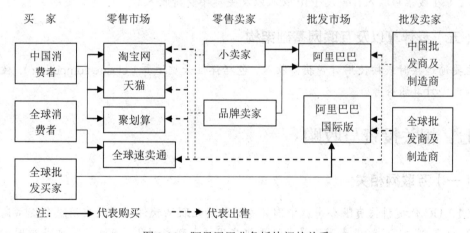

图 2-20 阿里巴巴业务板块间的关系

六、阿里的盈利模式

（一）国内零售商收入（淘宝网、天猫、聚划算）

1. 在线营销服务（online marketing services）

（1）P4P 收入（pay-for-performance）：在淘宝搜索页的竞价排名，按照 CPC 计费。

（2）展示广告（display marketing）：按照固定价格或 CPM 收取广告展示费用。

（3）淘宝客项目（taobaoke program）：按照交易额的一定比例向淘宝和天猫的卖家收

取佣金。

（4）安置服务（placement services）：卖家购买聚划算的促销页面的费用。

2. 交易佣金（commissions on transactions）

天猫和聚划算的卖家，对于通过支付宝的每一笔交易，需要支付交易额的 0.5%～5% 不等的佣金。

3. 店铺费用（storefront fees）

对于淘宝旺铺每月收取固定费用，同时店铺软件业提供收费工具以帮助店铺升级。

（二）国内批发商收入（1688.com）

（1）会员费收入以及增值服务收入。
（2）在线推广收入，包括 P4P 收入以及关键字竞价收入。

（三）国际商业零售（Aliexpress）

按照通过支付宝交易的交易额的 5% 收取佣金。

（四）国际商业批发（Alibaba.com）

（1）会员费收入以及增值服务收入。
（2）在线推广收入，包括 P4P 收入以及关键字竞价收入。

（五）云计算以及互联网基础架构

主要通过按时或按使用计费获得收入，包括弹性云端运算（elastic computing）、数据库服务和大型计算服务等。

七、相关投资与收购

（一）互联网相关

（.1）UC 优视科技有限公司，中国领先的移动互联网软件技术及应用服务提供商。公司于 2004 年创立，已经成为国内最大的手机应用技术研发团队，而该公司亦是中国第一家在手机浏览器领域拥有核心技术及完整知识产权的公司。UC 浏览器涵盖了信息导航、移动娱乐、生活服务三大用户服务平台。2014 年 6 月 11 日，UC 优视并入阿里巴巴集团，成为阿里巴巴集团旗下全资子公司，组建了 UC 移动事业群。

（2）新浪微博，一个由新浪网推出的提供微型博客服务的类设交网站。2013 年 4 月 29 日，新浪微博公司与阿里巴巴集团子公司签署战略合作协议，阿里巴巴正式入股新浪微博。2014 年 3 月 17 日，新浪微博正式登陆纳斯达克。招股书显示，随着阿里巴巴与新浪微博进一步展开融合，在新浪微博的机构股东中，新浪集团的持股占比为 56.9%，而阿里巴巴持股占比 32%。

（3）Tango，美国移动视频聊天手机应用。该应用的大部分用户为美国人。阿里巴巴集团持股 20%。

（4）虾米网，以点对点传输技术以及社区互动文化为核心的音乐分享平台，被阿里巴巴集团全资收购，并入旗下音乐事业部。

（5）穷游网，跨国多目的地的中文旅游资讯和在线增值服务提供商，国内最大的出境游社区，为用户提供原创实用的出境游旅行指南、旅游攻略、旅行社区和问答交流平台，并提供签证、保险、机票、酒店预订、租车等服务。阿里巴巴集团参与投资。

（6）友盟，中国最专业、最有数据凝聚力的移动开发者服务平台。友盟以移动应用统计分析为产品起点，发展成为提供从基础设置搭建、开发到运营服务的整合服务平台，致力于为移动开发者提供专业的数据统计分析、开发和运营组件及推广服务。服务包含移动应用统计分析、细分行业的移动游戏统计分析、社会化分享组件、消息推送、自动更新、用户反馈、错误分析等产品。2013 年 4 月，阿里巴巴正式签约收购友盟，交易价格约为 8 000万美元。

（7）酷盘，同步性跨平台网络硬盘，可将相同文件即时自动同步至 PC、手机和 Web。阿里巴巴集团已全资收购酷盘，成为阿里巴巴旗下网盘。

（二）O2O 业务

（1）高德，中国领先的数字地图内容、导航和位置服务解决方案提供商。2010 年，高德登陆美国纳斯达克。高德拥有导航电子地图甲级测绘资质、测绘航空摄影甲级资质和互联网地图服务甲级测绘资质"三甲"资质。2014 年 2 月，阿里巴巴斥资 11 亿美元完成对高德地图的全资收购。

（2）银泰商业，一家以百货零售业为主营业务的全国性大型百货连锁集团，已初步形成了全国性的百货连锁集团公司的框架。2014 年 3 月 31 日，阿里巴巴宣布投资 16.6 亿港币获取银泰 9.9%的股份，同时使用 37 亿港币购买银泰的可转债，两项合计可以获得银泰26%的股份。同时，阿里巴巴将与银泰共同成立一家合资公司，阿里巴巴持有合资公司 80%的股份，用来开发中国的 O2O 商场、门店及超市。

（3）快的打车，是中国首款立足于 LBS（地理位置）的 O2O（线上到线下）打车应用。该软件为打车乘客和出租车司机量身定做，不仅可以帮助乘客快捷方便地实时打车或者预约用车，还可以帮助司机安全便捷地接生意，并通过减少空跑来增加收入。阿里巴巴参与多轮投资，支付宝与快的打车合作给予乘客打车补贴。

（4）丁丁优惠，集合全国 40 座城市全城优惠资讯的本地生活应用。丁丁优惠可根据用户当前定位所在地理位置，随时随地提供用户身边的各类优惠券。阿里巴巴参与多轮投资，支付宝与丁丁优惠合作打通线下支付环节。

（5）口碑网，国内最早能够跨区域（覆盖全国 2 000 多个县市）、一站式（覆盖餐饮、休闲娱乐、房产等行业）满足民众生活消费需求的网络平台。2006 年 10 月，阿里巴巴注资口碑网。2009 年 9 月，口碑网并入亚洲最大的网上零售商圈淘宝网。

（6）美团网，团购网站领先者。阿里巴巴参与多轮投资。

（三）数字媒体业务

（1）优酷土豆，中国网络视频行业的领军企业，由优酷（2010 年于纽约证券交易所上市）和土豆（2011 年于纳斯达克上市）以 100%换股方式合并而成。2014 年 4 月 28 日，优酷土豆集团与阿里巴巴集团宣布建立战略投资与合作伙伴关系，共同打造线上线下融合的互联网文化娱乐生态系统。阿里巴巴和云锋基金以 12.2 亿美元购得优酷土豆 18.2% 的股份，其中阿里巴巴持股比例为 16.5%。

（2）文化中国传播，以精品影视剧制作、传媒经营和手机无线新媒体运营为主业的综合性文化产业集团，在香港联交所主板上市。阿里巴巴增持至 60% 的股权，成为大股东，并将其更名为"阿里巴巴影业集团有限公司"。

（3）华数传媒，主营中国数字化传媒的宣传与分销。马云及史玉柱实际控制的杭州云溪投资合伙企业以金额 65 亿元人民币认购非公开发行股份，占其扩大后股本的 20%，成为公司第二大股东。

（四）品类拓展

（1）中信 21 世纪，主要业务包括为中国医药产品提供产品识别、鉴定及追踪系统（"PIATS"）。药品 PIATS 业务主要是指为在中国销售的产品提供鉴定及产品追踪和物流信息化服务，进而提供防伪冒的强化服务、转运信息服务、市场研究、推广服务、客户服务、物流管理及其他增值服务，以及向中国相关部门提供产品追溯召回和执法联动信息服务。阿里巴巴及云锋基金分别持有 38.1% 及 16.2% 的股份，成为大股东。为反映新股权架构，中信 21 世纪更名为"阿里健康信息技术有限公司"。

（2）广州恒大足球队。阿里巴巴斥资人民币 12 亿元购入其 50% 的股权，将与恒大集团共同经营球队。2014 年 7 月 4 日，广州恒大足球俱乐部有限公司正式更名为"广州恒大淘宝足球俱乐部有限公司"。

（五）物流

（1）日日顺物流，主要从事海尔及非海尔品牌的其他家电产品的渠道综合服务业务。日日顺在全国建立了 7 600 多家县级专卖店，26 000 个乡镇专卖店，19 万个村级联络站，在中国 2 800 多个县建立了物流配送站，布局了 17 000 多家服务商，真正做到了"销售到村，送货到门，服务到户"，解决了三四级市场的配送难题。阿里巴巴认购了海尔旗下的日日顺 9.9% 的股权，同时购买了可转债。如果行使可转债，则阿里巴巴对于海尔日日顺物流的控股比例会上升至 34%。

（2）新加坡邮政，新加坡的国家邮政服务供应商，拥有 1 300 多个分支机构，提供广泛的信件投递、电信通信及代理业务。阿里巴巴斥资约合 2.49 亿美元占有其 10.35% 的股份。同时，两家公司签署战略合作备忘录，建立"国际电商物流平台"，旨在把握东南亚地区潜力巨大的电子商务机遇。

（六）金融服务

（1）众安在线，中国首家通过互联网销售所有产品并处理理赔的财产保险公司。阿里巴巴持有众安在线 19.9% 的股份，成为其最大股东。中国平安和腾讯控股分别持股 15%。另有六家中小股东分别为携程、优孚控股、日讯网络科技、日讯互联网、加德信投资、远强投资。

（2）天弘基金，目前中国第一大基金公司（管理规模最大），2013 年 6 月 13 日与阿里巴巴旗下支付宝合作，开通余额宝（增利宝货币型基金）服务。同年10月9日，支付宝母公司蚂蚁小微金融服务集团出资11.8亿元认购天弘基金51%的股份，成为控股最大股东。

（3）浙江网商银行，期望能用互联网的技术、互联网的理念，尤其是互联网的信用，提供适合小微企业和草根消费者的金融服务。它的主要发起人股东包括浙江蚂蚁小微金融服务集团有限公司、上海复星工业技术发展有限公司、万向三农集团有限公司、宁波市金润资产经营有限公司，其持股比例分别为30%、25%、18%、16%。

八、阿里的未来在哪里？

目前，阿里巴巴已经形成了一个庞大的商业帝国，其市值突破4 000亿美元，成为亚洲首次突破此规模的企业。阿里巴巴的生态系统也可谓无与伦比，并尝试走得更远。2014年6月5日，阿里巴巴集团注资12亿元，购入恒大足球俱乐部50%的股份。创始人马云甚至开始介入娱乐圈，拍起了电影《功守道》，与王菲合作电影主题曲《风清扬》。这种出格的行为背后是否又是马云布的一个大局？站在商业的巅峰之上，阿里巴巴的未来何去何从？

资料来源：

1. 阿里巴巴官网，https://www.alibabagroup.com/cn/global/home.

2. 雷建平. 4张图看懂阿里股权结构变化[EB/OL].（2017-06-22）[2020-04-20]. http://finance.eastmoney.com/news/1354, 20170622749334431.html.

3. 雷分妹. 阿里巴巴调研报告[EB/OL].（2020-04-06）[2020-04-20]. https://wenku.baidu.com/view/5d14f93574c66137ee06eff9aef8941ea66e4b70.html.

案例讨论：

1. 分析阿里巴巴的生态系统是如何一步一步形成的，并绘制阿里巴巴集团的商业模型图。

2. 在阿里巴巴的生态系统中，最核心的部分是哪里？应该如何不断巩固、充实这一部分的竞争力？

3. 阿里巴巴要继续发展，未来的空间在哪里？应该如何突破？

第二篇

总体层（公司层）战略决策

第三章　战略环境分析

"凡事预则立，不预则废"，外部环境的变化正变得越来越难以预测。正因如此，战略家更需要盯紧外部因素的变化，而且视角也需要大大拓宽，以求及时触碰到未来的犄角。一个新的技术或商业模式的出现，很可能形成一个新的生态，同时也会毁掉一个生态。

第一节　外部环境分析的逻辑

在高度开放的系统里，环境对企业的影响是至关重要的。商业的本质决定了企业只能通过与其他社会成员的有效合作来实现自身的价值。在当今社会，任何组织都无法脱离社会和市场环境而独立存在。外部环境往往是企业无法改变的，企业只有适应环境的变化而生存，而不能期望环境根据企业的要求而发生变化。由于上述两个原因，外部环境分析在企业战略选择的过程中扮演着一个最为重要的角色。

外部环境分析一定是针对某一行业进行的。对于企业战略环境分析，外部环境分析的任务是对现有主业或目前业务的价值进行分析。外部环境分析有两个构面：价值创造和价值获取。这两个构面可采用 PIE 模型来进行分析，如图 3-1 所示。

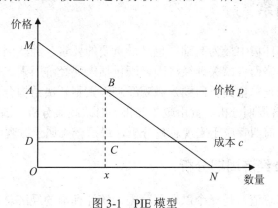

图 3-1　PIE 模型

MN 为该产业的需求曲线，OMN 代表社会从该产品获得的效用（如果所有的需求都得到满足的话），这是该产业可能存在的潜在价值，这部分称为价值创造部分。但是，产品成本 c 不可能为零，在价格 p 下，社会需求有 x 得到满足，因此厂商所获取的价值只有 $ABCD$，这部分称为价值获取部分。外部环境分析，就是要分析影响价值获取的三个因素——MN（需求曲线）、价格 p 和成本 c。换言之，外部环境分析的具体任务就是要分析影响需求

MN、价格 p 和成本 c 的变化趋势。

总体而言，外部环境因素可分为两大类，即机会与威胁。对于外部环境分析来说，需要确定的是，在可以预见的未来一段时期内或是在企业的战略规划期内，可能出现的机遇或风险。在选择分析要素时需要把握以下三个基本要点。

（1）关联性。机遇与风险分析必须与企业现有业务或将要发展的业务相关联。外部环境因素之间的关系是非常复杂的，确定它们与企业战略之间的关联性是外部环境分析的重点与难点。

（2）关键性。影响企业战略的外部因素数不胜数，外部环境研究必须针对一些重要的、关键性的要素进行分析。一般情况下，10~20个关键性要素是比较合适的。因素太少，不足以反映外部环境的特性；因素太多，不但会造成操作上的困难，而且没有必要。任何理论分析框架都不可能保证完备性，关键性的把握也在很大程度上取决于主观的判断。

（3）可分析性。所分析的外部环境因素必须是可定义（定义清晰）、可观测（有效的数据和资料来源）和可度量的（可以量化），只有满足上述要求，外部环境分析才可对企业的战略选择提供理性上的支撑。

第二节　产业需求分析

需求分析属于价值创造的概念范畴。影响需求的因素有多种，但总的来说可以分为经济因素，政治、政府及法律因素，国际政治与经济环境因素，社会文化、人口与地理环境因素，技术因素以及替代品与互补品（PEST-SC）的影响六个方面。这六个方面因素的变化，都有可能引起社会需求的变化。

一、经济因素

经济因素是外部环境中最为基础、也是最重要的要素。经济因素的影响主要体现在需求方面。对于企业战略而言，关键经济因素既包括宏观经济因素，也包括微观经济因素。宏观经济因素解决的是总量分析问题，微观经济因素则解决结构分析问题。经济因素分析一般包括 GDP 及经济周期分析、货币政策分析、财政政策分析、国民收入（财富）分配分析和国际汇率分析。前四者属于宏观总量分析，最后一类属于微观结构分析。

（一）GDP 及经济周期分析

GDP（国内生产总值）是一个以地理范围为统计标准的经济总量，指的是一年内在某一地理范围内所生产的最终产品的市场价值总和。GDP 是反映一个经济体经济活跃程度的最重要的指标，也是反映市场需求的一个重要指数。一国 GDP 的变动，对所有行业都会产生影响。对于一般商品而言，GDP 的上升意味着需求量的提高，GDP 的下滑则预示着需求量的减少。在许多行业，GDP 的增长都是最为重要的外部环境因素。

各国的经济发展实践表明，国民经济的波动呈现出一种周期性，即经济活动的扩张及随之而来的衰退、收缩等变化会按一定的顺序反复出现。对经济周期的预测，是 GDP 分析的主要手段。

一个完整的经济周期会经历繁荣、萧条、衰退和复苏四个阶段。这种循环的发展是一个复杂的过程，不仅每个周期的长短没有固定的时间，而且长周期过程中有许多中周期，中周期过程中又有许多短周期，长、中、短周期交织在一起，构成一个复杂的经济周期系统。现有的经济学理论认为，经济周期可按其时间的长短分为以下四种类型。[①]

（1）基钦周期（Kitchin cycle）。这种周期又称为短周期，是由美国统计学家基钦提出来的。基钦周期的长度平均约为 3.5 年（40 个月）。

（2）朱格拉周期（Juglar cycle）。这种周期又称为中周期，是法国经济学家朱格拉提出来的，其平均长度为 8.35 年。

（3）库兹涅茨周期（Kuznets cycle）。这是由美国经济学家库兹涅茨提出来的，平均长度为 15～20 年。由于这种周期在建筑业中特别明显，因此又被称为"建筑业周期"。

（4）康德拉季耶夫周期（Kondratieff cycle）。这是俄国经济学家康德拉季耶夫所提出的著名的"长波理论"。康德拉季耶夫认为，资本主义经济中存在平均长度为 50 年的长期波动，同时他还得出了有关"长波"的五点结论。

① 各个长波的上升与下降阶段中都有繁荣与萧条的交替，但在上升阶段繁荣的年份多，而在下降阶段萧条的年份多。

② 在长波的衰退期间农业往往出现明显的长期萧条。

③ 在长波的衰退期间生产和交通运输中有许多重要发明，但只是在下一个长期高涨开始时才能得到大规模运用。

④ 在长期高涨开始时，通常黄金产量会增加，并由于有新国家，特别是殖民地国家的参与，世界市场有所扩大。

⑤ 在长波上升时期会发生战争和革命。

与经济周期相伴随的经济变量还有通货膨胀和失业等，这三者构成了宏观经济系统的三个重要的结构参数。

注记　GDP 分析的战略含义

GDP 的经济周期分析是通过弹性这一经济学的重要概念来与战略（需求）发生关系的。某些商品受国民收入波动的影响极大，而另一些商品却对这些波动不太敏感。这其中，收入弹性是非常重要的分析工具。经济增长与人均收入成正相关关系，当经济繁荣时，人们的平均收入会提高；当经济萧条和衰退时，收入会降低。而在消费行为中，收入是一个非常重要的变量。可以认为，当其他条件不变时，收入弹性高的商品受宏观经济波动的影响大，而收入弹性小的商品受宏观经济波动的影响小。

从图 3-2 中可以看出，电冰箱、冰柜和空调器这三种商品的收入弹性是不同的。在不同收入阶层的家电拥有量中，冰柜的差距最小，空调器的差距最大，电冰箱则介于两者之间。这表明，冰柜的收入弹性很小，受经济波动的影响不大；而空调器的收入弹性较大，其消费量受经济波动的影响较大；电冰箱的收入弹性较小，受经济波动的影响也较小。

---

① 梁小民. 高级宏观经济学教程[M]. 北京：北京大学出版社，1994：635-637.

按收入等级划分的城镇居民家庭平均每百户年底耐用消费品拥有量

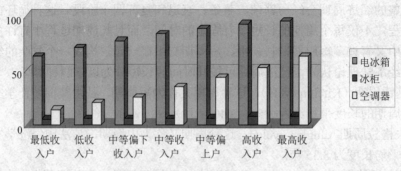

图 3-2　不同商品的收入弹性

资料来源：国家统计局. 中国统计年鉴——2000[M]. 北京：中国统计出版社，2002.

　　收入对商品消费的影响存在正反两个方向的作用。对于正常商品来说，收入越高，消费需求越高；收入越低，消费需求越低。但市场中存在一些被称为劣等品的商品，它们的消费需求与人们的收入呈反向关系（见图 3-3）。最经典的例子当属爱尔兰的土豆消费。土豆是一种低档的农产品，是爱尔兰人的一种主食。当经济繁荣时，土豆销售不畅，价格下降；而当经济萧条时，土豆需求却增加，价格上涨。因此，在分析经济周期（收入）对商品的影响时，除分析经济周期的波动趋势外，还要分析商品的收入弹性，从而确定商品需求的变化趋势。

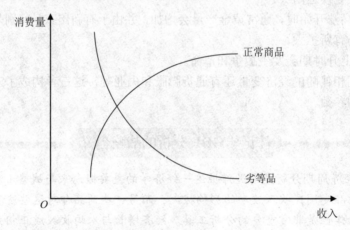

图 3-3　不同商品消费量与收入的关系

（二）货币政策分析

　　即使在强调经济自由化的国家里，政府干预经济的现象仍时有发生。近年来，货币政策已越来越成为政府调控经济的重要手段。以格林斯潘为代表的美国联邦货币储备委员会就屡屡采用以调控利率为主要手段的货币政策来对美国经济进行干预，并取得了良好的效果，使得美国经济保持了二十年的低通胀、高增长的经济发展。

　　货币政策包括货币投放量、利率、准备金率等金融手段。对于企业的战略管理而言，国家的货币政策存在两个方面的战略含义。

（1）需求的影响。国家的货币政策对社会消费需求和投资需求都会产生较大的影响。对于消费需求而言，货币量供应的减少会直接影响到消费者的支付问题，尤其是信贷消费方面（如住宅消费、汽车消费等大额的消费项目）的影响更大。利率的高低也会影响消费。利率较高时，消费者将会放弃更多的未来消费来换取现在的享受，这时社会的消费倾向会下降，从而导致储蓄率上升。

货币政策对投资需求的影响则更大。相对于消费需求而言，投资需求更多的是负债经营的模式。绝大多数企业的业务扩张都依赖举债来解决投资资金的问题。当货币供应紧缺时，企业举债的渠道就会不畅，进而影响到其投资的需求。另外，利率的影响更为重要。利率的提高意味着投资成本的上升，这将从源头上抑制投资需求。

（2）战略扩张的风险。国家货币政策的变化会影响到企业战略扩张的风险。在一个紧缩的货币政策环境里，不仅战略扩张的成本提高，其风险也随之增加——在扩张的过程中，企业资金链断裂的可能性大大增加。当这种情况发生时，企业将会蒙受巨大的损失。

（三）财政政策分析

财政政策的理论基础来自凯恩斯的宏观经济理论。凯恩斯认为，市场经济存在着市场失效的现象，市场并不能很好地自我调整。当社会出现总需求不足时，需要政府对经济进行干预，采取一系列的财政政策，利用政府投资来刺激经济需求。凯恩斯的经济学理论虽然在理论界备受争议，但财政政策已成为许多国家政府治理经济危机的主要手段。财政政策对经济的影响首先是拉动需求。从财政政策的历史看，财政政策更多的是在基础设施方面的投入，这部分产业受惠的程度最大。另外，由于财政政策通常在经济不景气的环境下采用，受政策拉动的需求会集中体现在生产资料、中低端生活资料等方面。

财政政策的具体影响取决于政府的具体政策，而通过产业链的传递，会进一步影响到各个不同的产业。由于产业间的相互依赖度不尽相同，因此，不同的产业受政府财政政策的影响会大不相同。

投入产出表反映了产业间的这种相互依赖的数量关系。通过投入产出表的分析，可得出产业间的相互影响关系，同时也可得到国家财政政策对不同产业的影响程度。投入产出表分为静态表和动态表。静态表反映不同产业在生产过程中的相互消耗关系，而动态表则反映投资过程中的产业需求关系。动态投入产出模型可表述为

$$X_t - AX_t - B(X_{t+1} - X_t) = YC_t \tag{3-1}$$

其中：X_t 为各产业的总产出，A 为直接消耗系统矩阵（静态表），AX_t 反映为生产需求；B 为投资消耗系数矩阵（动态表），$X_{t+1} - X_t$ 为各产业的年增加值，$B(X_{t+1} - X_t)$ 反映出一种投资的需要；YC_t 为各产业最终形成的可供消费的净产品。

静态表目前应用最为成熟，中国每五年进行一次投入产出表的普查工作，每年对静态表进行一定的调整。由于普查生成的工作量过于庞大，动态表的应用尚处于理论阶段，各国在这方面仍无系统的统计工作。

表 3-1 和表 3-2 是 1997 年 17 个部门的投入产出（静态）表。表中的数值表示某一部门（横向）的生产过程中需要另一部门（纵向）产品的比例。如对建筑业而言，其对建筑材料及其他非金属矿物制品业、金属产品制造业、机械设备制造业、商业饮食业这四个部门的拉动作用最大。每生产一个单位的建筑产品，就需要分别耗用这四个部门 0.270 661 2、0.122 483 8、0.080 634 8 和 0.047 827 7 个单位的产品。

表3-1　1997年17个部门的投入产出表（一）

项目	农业	采掘业	食品制造业	纺织、缝纫及皮革产品制造业	其他制造业	电力及蒸气热水生产和供应业	炼焦、煤气及石油加工业	化学工业	建筑材料及其他非金属矿物制品业
总投入合计	1	1	1	1	1	1	1	1	1
中间投入合计	0.402 627 7	0.477 365 9	0.722 623 6	0.706 275 5	0.648 028	0.568 114 4	0.777 546 8	0.731 435 8	0.684 072 3
农业	0.160 638 8	0.009 890 3	0.429 417 7	0.089 588 6	0.051 809 7	0.000 131 3	0.000 008 4	0.046 436 7	0.002 931 4
采掘业	0.002 075 9	0.076 003 5	0.004 626 2	0.002 632 5	0.016 456	0.200 163 7	0.532 444 1	0.047 197 3	0.113 167 2
食品制造业	0.066 331 9	0.000 281 1	0.128 051 1	0.015 78	0.000 945 8	0	0	0.012 680 2	0.000 802 9
纺织、缝纫及皮革产品制造业	0.002 862	0.008 587 3	0.002 312 4	0.403 696 7	0.072 935 5	0.003 852 7	0.002 834 7	0.040 499 8	0.014 214
其他制造业	0.004 227 6	0.015 380 1	0.028 269 6	0.012 396 7	0.219 027 1	0.012 819 4	0.007 412 2	0.022 588 3	0.061 097 8
电力及蒸气热水生产和供应业	0.007 315 2	0.048 847 1	0.007 935 9	0.006 069 3	0.024 412	0.034 789 3	0.021 867 1	0.038 261 2	0.043 796 2
炼焦、煤气及石油加工业	0.008 463 2	0.022 357 8	0.002 257 3	0.001 627 8	0.005 340 2	0.052 593 8	0.049 597 8	0.018 995 8	0.027 968 5
化学工业	0.073 983 4	0.048 672 9	0.025 259 7	0.076 585 5	0.077 303 4	0.007 425 7	0.021 290 8	0.365 344 5	0.057 326 8
建筑材料及其他非金属矿物制品业	0.002 543 7	0.011 913 5	0.006 796 3	0.001 325 3	0.008 335 4	0.007 808 6	0.008 802 1	0.009 937 8	0.141 758 5
金属产品制造业	0.003 115 4	0.039 054 4	0.007 674 3	0.003 136 5	0.046 778 3	0.006 924 6	0.006 316 6	0.013 138 8	0.053 279 7
机械设备制造业	0.015 994 9	0.087 544 9	0.008 427 4	0.012 803 4	0.024 687 9	0.117 002 7	0.039 238 7	0.025 079 1	0.044 582 7
建筑业	0.001 983 8	0.002 221 3	0.000 535 7	0.000 612 5	0.000 875 4	0.002 752 1	0.001 201 5	0.000 880 4	0.000 756 8
运输邮电业	0.011 906 2	0.043 353 4	0.012 491 6	0.013 119 5	0.021 096 7	0.032 499 8	0.028 741 9	0.023 149 7	0.042 031 8
商业饮食业	0.018 133 7	0.030 554 6	0.040 289 7	0.051 912	0.056 002 2	0.052 937 3	0.038 039 7	0.042 551 2	0.057 136
公用事业	0.004 392 8	0.011 340 1	0.011 691 6	0.007 159 7	0.010 449 4	0.011 297	0.007 530 5	0.011 879 2	0.008 440 8
金融保险业	0.004 689	0.012 254 8	0.005 479 3	0.006 931	0.008 598 5	0.020 265 7	0.010 016 6	0.010 700 1	0.013 073 6
其他服务业	0.013 970 2	0.009 108 8	0.001 108	0.000 898 4	0.002 974 3	0.004 850 9	0.002 203 9	0.002 115 7	0.001 707 7
增加值合计	0.597 372 3	0.522 634 1	0.277 376 4	0.293 724 5	0.351 972	0.431 885 6	0.222 453 2	0.268 564 2	0.315 927 7
固定资产折旧	0.023 697 3	0.106 726 9	0.037 576 7	0.042 277 3	0.036 953 6	0.133 718 1	0.035 011 1	0.042 511 1	0.049 237 1
劳动者报酬	0.525 933 5	0.241 630 6	0.076 887 9	0.137 441 3	0.144 865 3	0.110 414 8	0.053 651 5	0.100 739 6	0.150 427 7
生产税净额	0.017 546 3	0.053 234 7	0.094 780 1	0.085 895	0.039 59	0.076 211 9	0.089 575 1	0.061 555 9	0.053 579 6
营业盈余	0.030 195 2	0.121 041 9	0.068 131 7	0.065 416 4	0.130 563 1	0.111 540 8	0.044 215 6	0.063 757 6	0.062 683 3

表 3-2 1997 年 17 年部门的投入产出表 (二)

项目	金属产品制造业	机械设备制造业	建筑业	运输邮电业	商业饮食业	公用事业	金融保险业	其他服务业
总投入合计	1	1	1	1	1	1	1	1
中间投入合计	0.784 684	0.718 081 5	0.712 548 8	0.441 515 3	0.516 036 7	0.513 229 9	0.389 614 2	0.532 844 1
农业	0.000 347 7	0.000 342 6	0.004 144 8	0.001 592 8	0.043 884 2	0.006 212 7	0	0.009 940 8
采掘业	0.101 348 5	0.008 081 4	0.026 210 9	0.006 173 8	0.001 397 6	0.006 322 7	0.000 518 2	0.007 659 7
食品制造业	0	0.000 015 2	0.000 639 1	0.005 801 3	0.072 819 6	0.024 623 2	0.000 175 9	0.005 817 8
纺织、缝纫及皮革产品制造业	0.004 470 7	0.007 849 8	0.003 289 9	0.006 542 6	0.014 325 3	0.021 877 8	0.002 454 7	0.011 855 9
其他制造业	0.045 794 3	0.023 394 7	0.026 105 5	0.018 952 7	0.041 767	0.055 974 1	0.039 993	0.063 559
电力及蒸气热水生产和供应业	0.045 346 8	0.010 957 2	0.007 015 2	0.016 434	0.008 542	0.010 371 6	0.005 348 8	0.017 062 9
炼焦、煤气及石油加工工业	0.025 898 9	0.007 139 3	0.028 623 8	0.079 507 9	0.013 515 6	0.021 997 9	0.003 516 1	0.009 102 8
化学工业	0.022 786 4	0.072 574 1	0.020 917 3	0.015 373 3	0.018 375 1	0.030 93	0.002 460 7	0.075 489 2
建筑材料及其他非金属矿物物制品业	0.023 936 5	0.021 050 6	0.270 661 2	0.004 184 6	0.008 05	0.016 785 1	0.001 450 7	0.011 261
金属产品制造业	0.356 915	0.152 367 2	0.122 483 8	0.006 089 5	0.004 814 9	0.009 162 9	0.001 725 5	0.011 182 5
机械设备制造业	0.046 674 4	0.330 743 9	0.080 634 8	0.142 798 4	0.083 056 4	0.110 367	0.048 661	0.064 763 6
建筑业	0.000 861	0.001 172 7	0.000 580 4	0.019 397 6	0.004 348 2	0.026 187 4	0.018 496 1	0.035 956 9
运输邮电业	0.038 180 9	0.019 447 9	0.036 657 9	0.044 357 9	0.024 720 8	0.041 121 6	0.036 745 4	0.067 393 2
商业饮食业	0.035 773 2	0.037 016 4	0.047 827 7	0.020 975 4	0.089 584 2	0.037 406 6	0.021 831 3	0.046 764 1
公用事业	0.010 874 8	0.012 184 5	0.020 148 5	0.030 795	0.050 517 8	0.064 497 8	0.113 448 4	0.055 823
金融保险业	0.022 345 4	0.010 783 3	0.006 162 3	0.015 756 7	0.032 081 4	0.019 676 9	0.086 798 2	0.015 740 9
其他服务业	0.003 129 6	0.002 960 6	0.010 445 6	0.006 781 9	0.004 236 5	0.009 714 5	0.005 990 1	0.023 470 7
增加值合计	0.215 316	0.281 918 5	0.287 451 2	0.558 484 7	0.483 963 3	0.486 770 1	0.610 385 8	0.467 155 9
固定资产折旧	0.038 118 3	0.034 683 5	0.016 502 8	0.163 164 8	0.048 769 7	0.175 332 2	0.047 574 5	0.073 409 1
劳动者报酬	0.104 931 7	0.120 788 5	0.198 893 3	0.219 003	0.242 086 3	0.203 737 3	0.182 712 4	0.364 785 2
生产税净额	0.044 834 4	0.045 285 3	0.023 432	0.045 798 5	0.101 567	0.036 780 9	0.231 153 8	0.008 282 6
营业盈余	0.027 431 6	0.081 161 1	0.048 623 1	0.130 518 4	0.091 540 2	0.070 919 7	0.148 945 1	0.020 679 1

资料来源：国家统计局. 中国统计年鉴——2002[M]. 北京：中国统计出版社，2002.

注记　经济政策的预期

政府干预经济的基本原则是逆向操作，即对经济波动进行反向操作：当经济过热时，政府将采取紧缩的经济政策，平抑过热的经济；当经济萧条时，政府将采取积极的经济政策，拉动社会需求，刺激经济的增长。维持经济的平稳发展，是政府干预经济的基本原则，这是预测政府行为的重要依据。事实上，政府的财政政策和货币政策是一种可预期的行为，这也就决定了在进行战略制定时，政府行为的研究是一项重要的环境分析要素。

（四）国民收入（财富）分配分析

在经济环境分析中，仅进行宏观经济总量分析是不够的。尤其在具体的战略分析中，总量分析显得过于粗糙，无法反映经济系统中的结构问题。从微观的角度看，影响消费行为的是消费个体的收入水平而不是国民经济的总量收入。因此，收入分配结构便成为研究消费者行为的一个非常重要的指标。国民收入分配分析对战略制定的作用体现在以下两个方面。

（1）消费总量的判断。社会消费总量除了与国民收入总量相关外，还取决于整个社会的收入分配（财富）结构。凯恩斯主义经济学中有一项核心理论——边际消费倾向递减，即个体的收入水平越高，其消费占收入的比重越小，其储蓄的比重就越大。因此，富人具有比穷人更高的储蓄率和更低的消费率。这就意味着，收入分配差距越大，社会的消费总量越低（占国民总收入的比例），而收入分配越平均，消费量会越大。

尽管在理论上仍存在争论，但实证数据表明，边际消费倾向递减在现实生活中是成立的。从库兹涅茨的统计分析看，[①]除英国、德国、意大利等少数国家不具有明显的变化趋势外，随着总体收入水平的提高，丹麦、挪威、瑞典、加拿大、澳大利亚、日本等国家的国民资本总形成在国民总产值中的比重都大大提高了，分别从 10%左右提高到 20%～30%。另外，随着"政府消费的大幅度上升"，很难让人相信消费倾向仍保持一定的稳定。从横向比较看，正如库兹涅茨在分析不发达国家的经济结构和社会结构所解释的，"由于不发达国家人均收入很低，大部分产出用于居民消费"，[②]这也从另一角度反映了消费与收入的递减关系。另外，中国的实证研究也表明，边际消费倾向递减在中国也是成立的。[③]

由于经济正常运行的基础是社会供求的大致平衡，而收入分配的悬殊会导致消费与供给的巨大落差，进而引起不良的投资预期，导致投资需求下降，因此，收入分配结构的变化也是判断经济周期演变的重要指标。

基尼系数（Gini Coefficient）是量度一个地区收入分配悬殊程度的最常用的指标，其取值为 0～1。基尼系数为 0 表示收入是绝对平均分配的；基尼系数为 1 则表示所有的收入都归一人所有。联合国有关组织规定：基尼系数低于 0.2，表示收入绝对平均；0.2～0.3 表示

[①] 作者注：库兹涅茨对边际消费倾向递减这一理论假设是持反对态度的。

[②] 西蒙·库茨涅兹. 现代经济增长[M]. 戴睿，易诚，译. 北京：北京经济学院出版社，1989：200-203，366.

[③] 黄丹，席酉民. 边际消费倾向递减论[J]. 数量经济技术经济研究，1999（5）：16-19.

比较平均；0.3～0.4 表示相对合理；0.4～0.5 表示收入差距较大；0.6 以上表示收入差距悬殊。但研究表明，基尼系数的合理取值范围还与该地区的产业结构相关。①从目前中国的基尼系数的绝对值来看，收入分配已进入差距悬殊的区域。

（2）消费分层的情况。收入分配结构还影响到消费的分层状态。传统的需求分析是在人均 GDP 的基础上进行的，但是由于收入分配结构的不同，其市场的消费能力也会呈现出巨大的差异。2017 年，中国 GDP 总量达到 11 万亿美元，名列全球第二位，但中国的人均 GDP 只有 8 800 多美元，在世界上排名第 69 位。中国这样一个人均 GDP 水平较低的国家，事实上却存在巨大的高档（甚至是顶级）消费需求。这一方面是由于中国的收入分配较为悬殊；另一方面是因为人口众多，财富基数巨大，收入的顶层占有的财富非常庞大。

阅读材料 3-1 ●

看不懂的中国奢侈品消费力

在 2008 年 4 月 22 日开幕的第十届北京国际汽车展，一辆价值约 2 500 万元的布加迪卫航跑车成为全场的焦点。从预展到正式开幕仅仅两天时间，这样一辆天价跑车已经"名花有主"。至于谁是买主，布加迪的代理商表示无法透露客户详情。

"从预展到昨日公众日，2 500 万元的布加迪卫航跑车已售出一辆，另外还有 6 位北京的潜在客户对此车型产生了强烈兴趣。"陪同布加迪全球总裁考察上海市场的宾利上海总经理黄立新介绍，"展车已经售出，布加迪全球总裁已经答应将两台卫航带到上海作展示及试车用。"

此次车展上，宾利、世爵、法拉利、保时捷等品牌纷纷登场，显示出各品牌对中国豪华车市场的看好。另外，宝马 1 系、奔驰 SMART 相继宣布进入中国，布局中国微型豪华车市场。宾利欧陆 GTSpeed 极速版（极速 GT）甚至在车展中举行中国首度发布仪式，使得欧陆这个宾利在中国销量最好的系列产品更有竞争力。截至 2008 年 3 月底，宾利大中华地区共交车 126 台，同比增长 233%。

保时捷德国负责市场和销售的执行副总裁及董事贝宁对于顶级豪华车相继来华相当兴奋。2007 年保时捷在中国销售达 4 000 辆，销量翻番。不过他表示，保时捷中国在其全球市场中已排名第四，但由于服务及销售经验不足，他们还不想让保时捷在中国的销量暴涨。

沃尔沃汽车公司首席执行官弗雷德里克·埃普分析，中国豪华车市场 2007 年的增幅达到 40%，是汽车行业 20% 增幅的两倍，2008 年市场前景仍被看好。就在车展前，沃尔沃旗舰轿车 S80V8 行政版和 XC90V8 Inscription 典藏版正式推向中国市场，显示出这些豪华车品牌抢滩中国市场的信心更足。

2008 年一季度，宝马在华销量达 14 574 辆，同比增长 43.2%；奥迪共售出 30 188 辆，同比增长 25%；沃尔沃、捷豹、路虎共售出 5 217 辆，同比增长 102%。预测显示，到 2010 年，中国豪华车市场规模将达 30 万辆，而 2007 年豪华车在中国共计销售 20 万辆左右，仍有大幅增长空间。在奥迪、宝马、奔驰、沃尔沃国产销量大涨后，进口车大量进入引导的豪华车第二轮兴奋期或许正在来临。

① 黄丹. 收入分配系统特性研究及其对宏观经济管理的启示[J]. 美中经济评论，2003（10）：1-8.

宝马、奥迪、奔驰在商务车市场站稳脚跟后，向稍低端的紧凑型车及微型车市场布局的意图明显加强。在此次北京车展上，宝马上市了1系，奔驰带来了微型车品牌 SMART，新车即将进入中国市场。

据了解，宝马宣布1系预售价格区间为28.5万～45万元，具有 BMW130i 和 BMW120i 两种型号，这是首款进入中国紧凑型豪华车市场的产品；而 SMART 目前还未在中国公布售价，其国外售价在20000美元左右。

一位豪华车经销商总经理分析，豪华车产品线向下扩展，是为了培育未来更多的潜在客户，对品牌忠诚度有利。顶级品牌细分化进入各个市场，可以满足更多个性需求，普通豪华品牌也是一样。

资源汽车行业分析师钟师认为，由于目前节能环保在中国成为焦点，因此，宝马、奔驰等豪华车品牌向下延伸产品线，不排除有这方面的考虑。

同样向下延伸产品线的还有捷豹这个英系豪华车品牌。由于身处盈利考验期，他们期望 XF 这款进入中国最便宜的新车能促使其销量在一年内翻番。这款车售价在68.8万元，而此前捷豹车型在中国最便宜的都在80万元以上。捷豹全球执行董事 MikeO'Driscoll 表示，捷豹 XF 成功推向市场是捷豹公司盈利的垫脚石。

资料来源：佚名. 神秘富豪买走2500万元布加迪，还有8位潜在客户[DB/OL]. 解放网（上海），2008-04-23.

（五）国际汇率分析

在一些外向型的产业，如纺织业、玩具业、服装业等，汇率的变动产生的影响将是非常重要的。汇率变动意味着商品在国际市场上的价格发生变动，这将会影响到一国之产品在国际市场上的竞争力。汇率变动实质上反映了贸易双方供求关系的变化，这种变化同国内经济周期性变动一样，也呈现出一定的周期性规律。与封闭市场的收入分配波动相似，汇率的波动反映了财富在不同国家间分配的变化，这是国际经济系统的一种自我调节机制。

注记　战略呼唤结构分析

经济环境分析解决的是需求问题，即消费购买行为问题。购买行为是一种微观现象，所以战略分析必须建立在微观分析的基础上，否则就会"只见森林，不见树木"。对于战略管理而言，更注重的是对"树木"的把握。

任何一种结构都具有自我稳定功能，阴极则阳至，物极则必反，结构性分析就是建立在这种周期性的思想之上的。

二、政治、政府及法律因素

政府是各种经济政策、市场法规的制定者。政治、政府及法律因素会对企业的生存环境产生巨大的影响，而这种影响有时甚至是决定性的。政治、政府及法律因素反映的是市场运作的游戏规则问题。

（一）政治环境

政治环境涉及社会经济的稳定性，对一个国家或一个地区的经济发展来说是非常重要的因素。稳定的政治局面会给企业的发展提供良好的外部环境。亚洲地区如印度、越南、柬埔寨、印尼等将是一个极具潜力的市场，但这种潜力能否释放出来，取决于其政治局势的稳定情况。

政治因素对企业环境的影响是宏观的，如市场开放、相关政策法规的制定、国家经济政策的制定等。例如，我国 1980 年的特区开放政策、1999 年以后的西部大开发政策，以及 2003 年的振兴东北老工业基地的政策等，都给相关的企业带来了许多战略机遇。

随着经济的不断发展，尤其是加入世界贸易组织（WTO）以后，受 WTO 相关法规制约以及国际政治文化渗透，中国的政治环境也在不断发生着深刻的变化。

（二）法律环境

法律环境是政治环境的具体化、有形化，以法律的形式来约束社会行为，使政治因素的影响变得更具确定性和可预测性。在中国，法律环境正在不断地完善。《中华人民共和国反垄断法》《中华人民共和国反不正当竞争法》以及大量的技术法规和标准相继出台。截至 2006 年年底，我国已经有国家标准 21 410 项、备案行业标准 33 552 项、备案地方标准 10 304 项和备案企业标准 130 多万项。按照标准化法，我国标准分为国家、行业、地方和企业四级标准。在 2 万多项国家标准中，有强制性国家标准 3 084 项、推荐性国家标准 18 231 项和指导性技术文件 95 项。我国参与国际标准化活动的水平不高，与我国在世界上的政治经济地位相比尚有较大差距。国际标准化组织（ISO）共制定了 16 455 个国际标准，但是由我国提出并成为 ISO 标准的只有 23 个，由我国提出并正在制定的标准只有 28 个。国际电工委员会（IEC）发布了 5 613 个各类标准，由我国提出的只有 19 个，由我国提出并正在制定的 IEC 标准只有 11 个。

总体而言，规范的法律环境对行业中的领先企业有利，而一些弱势企业在这种环境中将失去生存的机会与空间。

除法律法规体系的状况外，社会法律基础是一国市场的法律环境的另一个重要指标。法律的制度是一方面，更重要的是法律的执行与遵守。

三、国际政治与经济环境因素

随着中国加入 WTO，全球经济一体化对中国经济的影响越来越突出，中国经济的外贸依存度已超过了 70%（见表 3-3），因此，国际政治与经济环境成为企业战略研究必须考虑的问题。

表 3-3　各国历年来进出口贸易占 GDP 比重对比

单位：%

国　　家	2000 年	2003 年	2004 年	2005 年	2006 年
中国	49.10	57	65.40	69	72
美国	26.30	23.70	25.40	27	28

国　　家	2000 年	2003 年	2004 年	2005 年	2006 年
日本	20.20	22	22	27	28
英国	58.10	53.70	52.70	57	62
法国	56.30	50.30	51.70	53	55
德国	66.40	67	71.10	77	85
印度	27.30	30.90	40	43	49

资料来源：世界银行.

2007 年，美国次贷危机的蔓延几乎出乎了所有人的意料，影响到了整个金融领域，并逐步祸及实体经济。到了 2008 年第四季度，中国经济也明显受到了这一因素的影响，南方大批外向型企业关闭或开工不足，大批员工失业或提前返回家乡。人们普遍对未来充满不良预期，消费（尤其是房地产、汽车的消费需求）意愿下降，企业经营行为变得更加谨慎。

阅读材料 3-2

四面楚歌，还是柳暗花明？

新世纪以来，中国一直被誉为"世界工厂"。然而，近几年越来越多的企业加速撤离中国。企业撤离，带走的除了巨额的投资和庞大的市场，还有大量的劳动岗位。

1. Microsemi 关闭上海工厂

2017 年 3 月 21 日，FPGA 原厂美高森美（Microsemi）在纳斯达克发布上市公司公告称，基于集团公司战略发展方向调整的原因，开始关闭其在中国的生产设施。美高森美还向代理商和客户发送邮件通知，宣布关闭位于上海的制造工厂，将于 10 月底正式关闭。

美高森美在业内久负盛名，在高可靠性应用领域有出众且独特的芯片制造工艺技术。上海工厂是美高森美在中国唯一的一家制造工厂。

最近，美国萨德系统进入韩国部署，而美高森美是美国军方/航天的重量级供应商，其相关半导体器件涉及中美军用产品，因此，关闭上海工厂或许是为了避免不必要的麻烦，为 2017 年拿到特朗普新政府关键订单铺路。

2. 霍尼韦尔安防从深圳撤离

2017 年 3 月 15 日，世界 500 强美资企业霍尼韦尔安防中国公司宣布将从深圳撤离，关闭位于深圳福永以 SMT、安防等产品生产制造为主的工厂，将产品线内迁至西安。

但是令人不解的是，2016 年霍尼韦尔深圳福永工厂依然是盈利的，并且净利润达到了 1 亿元人民币。此次内迁的原因，据称是"工厂产线策略重新部署"，但是从此前众多的深圳企业将工厂外迁的案例来看，主要可能还是深圳的综合制造成本不断提升，而相对来说内地更具竞争优势。

3. 甲骨文北京研发团队或全数裁员

2017 年 1 月 14 日，有甲骨文中国公司的员工爆料称，甲骨文北京研发中心的员工收到了来自美国总部的离职邮件。邮件中提到，由于市场变化，公司开始整合各研发中心资源，将在云计算方向发力。邮件的最后单独提出了中国公司将会进行裁员，并且 2017 年 3

月 31 日, 所有人必须离开。

根据该公司的员工描述, 此次裁员并不完全是人员缩减, 还会在存储条线的人员裁减后将部分工作岗位调整回美国和印度。

此外, 此次裁员正好发生在美国候任总统唐纳德·特朗普 (Donald Trump) 与硅谷科技大佬的峰会之后一个月, 所以员工们猜测, 这可能与特朗普要求制造业和高科技企业将业务转移回美国的政策有关。

对此, 甲骨文中国公司表示, 这次裁员是甲骨文全球战略的调整, 跟特朗普上台无关, 是甲骨文产品规划的调整。此外, 这次调整不仅牵涉到中国, 还涉及全球其他地方。

4. 希捷集团关闭苏州工厂

2017 年 1 月 12 日, 全球知名硬盘制造商希捷集团关闭了位于江苏省苏州市的工厂。

根据希捷集团的全球业务重组计划, 中国苏州工厂关闭后, 中国无锡工厂将继续是其全球仅有的两家生产基地之一。希捷集团对中国市场充满信心, 将进一步增加在无锡的投资, 优化自身业务以满足市场需求。

虽然中国无锡工厂依然是希捷全球供应链至关重要的一环, 但是希捷集团面临种种困难。数据显示, 希捷苏州 2016 年的进出口额同比下降了近 40%, 而整个希捷集团 2016 年第四季度的净利润更是同比减少 82.3%。由于经营状况不佳, 该公司曾经宣布在全球范围内裁减人员 14%。

由此可见, 希捷关闭苏州公司也是基于市场变化做出的正常调整, 是其公司自身原因, 与对中国经济是否有信心没什么关系。

5. SRAM 速连关闭中国昆山工厂

2016 年 11 月 14 日, SRAM 发布通告称关闭在昆山的生产工厂, 顿时震惊业内。

通告中表示, 开厂三年, 中国大陆自行车市场和全球市场的变化导致昆山厂的产能利用率仅为 20%, 同时昆山产品的销售持续下跌而费用却在增加中。

为了调适这些新改变及将生产制造集中以便能更好地支持客户, SRAM 速连将在 2017 年 6 月底之前把相关生产移转到其在中国台湾的工厂。

6. 三星供货商艾迪斯宣布停产

2016 年 8 月 25 日, 三星主要供应商之一——深圳艾迪斯电子科技有限公司宣布停产。据该公司内部人员透露, 艾迪斯已拖欠员工数月工资。

自从三星电子于 2012 年正式进军越南后, 其庞大的产业链必然跟着搬迁至越南, 因此, 三星及供应链企业继续退出中国也是意料之中的事。

不过, 在艾迪斯发布的通告中并未有就此关门的打算: "依据目前的实际情况, 公司重新组织生产尚需时日。公司自 2016 年 8 月 25 日起, 保留少部分员工上班; 留值员工负责公司固定资产安全、处理部分设备、组织恢复生产。"

IHS Displaysearch 研究总监张兵分析认为, 整体上来说, 艾迪斯宣布停产是因为大环境不好, 这个产业正处于衰退期。在产业衰退时, 肯定有部分企业会遭到淘汰, 有竞争力的就能活下来。

7. 飞利浦照明深圳工厂关闭

2016 年 5 月 31 日起, 位于中国深圳的飞利浦照明全资子公司——飞利浦灯饰制造 (深圳）有限公司，正式停止运营，不再进行任何生产，并遣散所有员工。

不过，让人难以想到的是，5月27日飞利浦照明在荷兰阿姆斯特丹证券交易所成功上市，上市之后市值达到30亿欧元，成为全球最大的独立照明生产商，而仅仅5天后，其位于深圳的公司就宣布提前解散。

之所以关闭工厂，主要原因是其本身的战略转型，它不断尝试加大医疗设备的研发和投入，对传统照明产业确有压缩产能的考虑。另外，中国本土照明品牌的崛起也对飞利浦照明产生了一定的冲击。此类动作基本上是一种止损和主动寻求战略方向的动作。

8. 珠海及成通讯宣布关闭，退出中国大陆

2016年5月30日，在供货商的追债和员工的抗议声中，珠海及成通讯科技股份有限公司正式宣告倒闭。自此，这家全球最大的手机金属外壳OEM加工商在中国大陆的工厂悉数关闭，中国制造的大家庭中又少了一家高端制造企业。

其实早在2014年年底，及成集团就关闭了位于昆山的工厂，全力退缩到珠海工厂。但随着制造成本的上涨和客户订单的减少，及成通讯最终还是未能守住在大陆的最后一个据点。

9. 富士康逐步撤离大陆，在印度建百万人工厂

2016年5月10日，有报道称，富士康有意在马哈拉施特拉邦买下1 200公顷土地，将投资100亿美元建新的制造厂用于生产iPhone。

据悉，富士康计划在2020年之前在印度建设10～12座工厂，聘用超过100万名员工。马哈拉施特拉邦的一位工业部长曾表示，富士康之所以要选择在印度建立iPhone加工厂，主要是因为中国人力成本上升。

10. 诺基亚关闭上海金桥的工厂

2016年3月22日，位于上海金桥的诺基亚通信（上海）有限公司突然宣布关厂裁员的计划，这是一年来被关闭的第四座诺基亚工厂。

上海诺基亚通信突然发布一张《说明函》，决定将上海工厂的生产转让给全球EMS合作伙伴捷普上海公司，而这一决定意味着将对632名上海员工产生影响。

公司对工厂转让原因的说明是：中国及其他市场的4G部署放缓，2016年运营商市场预期继续持平，以及宏观经济担忧加剧，同时市场需求不断变化导致持续的成本压力，而客户要求缩短供货时间。

外资撤离中国，无非三个问题。

第一，成本的问题。近年来，长三角、珠三角的土地成本持续上升，提高环保标准的诉求此起彼伏，税收优惠的力度越来越小，造成外资在中国的投资收益率越来越低。目前，全球多数国家的劳动力的工资都在缩水，但中国劳动力的工资增速多年来一直保持全球第一。即便如此，有些工人仍然不满意，抗议工资低于他们的预期。

第二，优惠政策的问题。长三角、珠三角都提高了投资门槛，不仅对新进的外资企业没有专门的优惠政策，甚至还对其产业类型、节能减排方面提出很高的要求。外资企业的"超国民待遇"也正在失效，不少对外商企业的优惠政策都已经取消。

第三，税的问题。有税务专家对易简财经指出，中国"死亡税率"的问题已经引起社会各界的热烈讨论，有学者以民营企业税负数据为依据，认为中国企业已经不堪忍受。特别是民间投资下滑的今天，重新思考中国税制和税率非常有益，而落实减税政策并深化税

制改革，让企业在轻税环境下更好地成长，是当务之急。

外资撤离，中国制造业危在旦夕？"中国制造"没有想象的那么强大。我们的制造业还没有升级，制造业者已开始撤离。工业和信息化部部长苗圩认为，在全球制造业的四级梯队中，中国尚处于第三梯队，而且这种格局在短时间内难有根本性改变。中国要成为制造强国至少要再努力 30 年。

但是，"中国制造"也没有想象的那么弱。西方工业没有衰退到依赖中国，同样，中国的工业也没有衰退到依赖外资。外资撤离之初，必然会给中国的经济带来一定的动荡，尤其是会造成大量的劳动工人面临失业的问题。但是分析人士认为，一方面这些撤离中国的企业多数属于低端制造产业，也是中国下一步需要调整的产业；另一方面，中国本土企业在这些领域已完全有能力与这些企业抗衡。在盈利空间和市场竞争力下降的情况下，外企及早做策略调整，从侧面看也许会为中国的本土企业腾出更多的发展空间。

不经历阵痛，如何能蜕茧成蝶？中国制造确实还要走很长的路，但至少只有走过才知道未来如何。

资料来源：玉环相扣. 2016—2017 这些制造企业撤离中国：是四面楚歌，还是柳暗花明？[EB/OL]. （2019-03-15）[2020-04-20]. https://wenku.baidu.com/view/9f23e9719a89680203d8ce2f0066f5335b816701.html.

阅读材料 3-3 ●

特朗普启动 30 年来最大税改 制造业会回流美国吗？

2017 年 12 月 2 日，经过漫长的彻夜辩论之后，美国参议院以 51 票对 49 票通过新一轮的税改法案。作为三十年来规模最大的税改方案，这引起了全球关注。

美国总统特朗普将其视为"巨大的胜利"。早在 11 月 29 日，他就曾在密苏里州告诉集会民众，税改将是他们今年收到的最大的圣诞礼物。

在美东时间 12 月 2 日凌晨 2 时的新闻发布会上，参议院共和党领袖麦康奈尔（Mitch McConnell）将其视为机遇："让美国更加具有竞争力，阻止就业流向海外，并为中产阶层减轻负担。"

然而，美国前财长劳伦斯·萨默斯依然认为，这是"美国历史上方向错得最严重的税制改革"。

参议院民主党领袖舒默（Chuck Schumer）更是在《纽约时报》上抨击这一表决结果：将会把更多财富装满富人和最大企业的口袋，同时从中产家庭的几百万人身上榨取税收。

苹果公司或成此次税改最大赢家。维拉诺瓦大学的税务教授理查德·哈维曾在参议院就苹果的税收问题作证。他表示，参议院版本的税收法案将要求苹果为过去的收益支付 314 亿美元的税款，比目前将资金汇回美国需要支付的价格低了整整 470 亿美元。相比而言，此前欧盟开出的 150 亿美元罚单似乎显得不那么重要了。

短短三个月就出炉的税改意味着什么？减税将给全球带来什么样的影响？在此关头，中国又将以什么样的态度来面对即将到来的税改风浪？

新一轮全球减税潮或许即将来临。12 月 6 日，日本紧跟美国步伐，把公司所得税率降到美国同等水平的 20%。

在 12 月 7 日全球化智库（CCG）举办的研讨会上，多位专家表示，在中国现有的体制下，如果能够把营商环境进一步改善，基本可以抵消掉现有美国降税的影响。

为什么税改？

清华大学国家战略研究院研究员、全球化智库（CCG）特邀高级研究员寿慧生指出，时值年末，共和党想通过一次大的立法成果，来弥补一年当中特朗普上台之后没有任何立法成果的空白，"纯粹是为了颜面的政治手段"。

"这次税改，与其说是特朗普的税改，还不如说是共和党的税改"，这是中国社会科学院美国所副所长倪锋的切身感受。12月6日，倪锋刚从美国调研归来，他认为，特朗普只是"借壳上市"的政治圈外人，主导这次税改方案的并不是特朗普，而是共和党人。

这一结论也可以在投票结果中得到验证。此次共和党与民主党泾渭分明。48名民主党参议员——投票前他们只有48小时来阅读500页的税改方案——全体投出反对票，并在表决之后迅速离场。仅有1名共和党参议员Bob Corker出于对赤字问题的担忧而投票反对，其余51名共和党参议员均投票赞成。

对此，寿慧生认为，那些在奥巴马医改上投反对票的自由派共和党，这次基本上全部放弃原则，为了党派的利益放弃了国家利益。

曾经在政策上与共和党有诸多分歧的特朗普，此次却将共和党推动的税改视为"巨大的胜利"。这是为什么？倪锋分析道，一方面，作为今年影响最大的立法成就，税改可以带给特朗普类似于奥巴马时代一样的执政成就，对于他未来执政大有好处；另一方面，这样的铺垫也为特朗普在明年的中期选举中创造合作平台。

改在哪里？

这是美国又一次大规模扩张性的财政政策，主要做法是为企业和个人减税，简化税制。同时，该法案鼓励海外企业回流美国，进行本土投资。

与现有税制相比，本次税改有几大主要变化：一是简化个人所得税制，税率由七档减少为四档；二是遗产税提高起征点并将最终废除；三是公司税由原来的35%降低到20%；四是海外利润汇回将享受更低的税率，由原来的35%降低至5%～12%。

根据美国媒体的消息，在参议院的彻夜辩论中，对税改法案也做出了一定的调整：在取消州和地方税收抵扣、平衡赤字方面，参议院原本计划完全取消抵扣，后改为保留最高1万美元的财产税抵扣；对于防止富人避税的替代性最低税收（AMT），参议院也不再完全废除，而是对个人方案进行调整，对企业方案则保持不变。

在具体细节方面，参议院与众议院通过的版本之间还存在一些不同。比如，在对跨国公司的海外收入征税方面，众议院计划对现金等收入征收14%的税，对流动性稍弱的资产征收7%的税，而据外媒援引知情人士称，参议院方案计划对现金类资产征税14.5%，对流动性较弱的资产征税7.5%。

从12月4日开始，参众两院将着手解决两个版本之间的分歧，并拿出最终法案呈交给总统特朗普。如果一切顺利，特朗普将在2017年年底正式签署该法案，预计未来10年内将削减1.4万亿美元的税收。

商务部研究院原院长、CCG特邀高级研究员霍建国分析道，减税效果的显现会比较缓慢，而现在刚通过税改方案，具体执行需要等到2018年，并且执行之后没有一年也是不可能见到效果的，因此，真正见效至少需要2～3年。

良药还是苦药？

参议院共和党领袖麦康奈尔（Mitch McConnell）将税改视为一剂良药，认为这是"让美国更加具有竞争力，阻止就业流向海外，并为中产阶层减轻负担"的机会。但是据倪锋了解，华盛顿智库的学者对于此次税改的评价基本是负面的。

"根据我们对当选总统和国会领导人的意图的了解，他们有可能推行美国历史上方向错得最严重的税制改革。"美国前财长劳伦斯·萨默斯认为。

"美国的贫富差距正在加剧。"倪锋介绍，"税改马上会对普通人的生活产生影响，如明年州立大学的奖学金将受到影响，从而使得穷人上学更加麻烦。"

毋庸置疑，税改将增加财政负担。目前，美国的外债已经高达 20 万亿美元，按照现在的税率，税改后将少征收约 1.4 万亿美元。

霍建国分析道，美国的算盘是，通过鼓励制造业回流，或者通过制造业减税激活制造业，以扩大税基；通过减轻个人所得税带动居民消费，从而起到弥补的作用；通过降低资本回流税率，吸引跨国公司，特别是海外利润较高的跨国公司回流资本，从而起到一定的效果。目前，排名前 30 的公司在海外约有 2 万多亿美元，规模比较大。

然而，霍建国认为，这种如意算盘需要"打个对折"。前任总统奥巴马在两任八年内所呼吁的"制造业回归、振兴制造业"并没有明显效果，而就业的上升并未对整个消费有明显的带动，即便减轻个税，消费税收入的上升也很有限。

美国唯一一名投票反对的共和党参议员 Bob Corker 给出的原因是，出于对赤字问题的担忧。他的反对意见是，这个税改会增加国债，所以必须要有预备方案以应对税改达不到原来预期的效果的情况。他甚至提出一个预备方案，即当达不到预期效果时，设立一个机制让税率再提升回去、让国会重新退回去。但是，共和党把这个问题放在了一边，没有考虑。

制造业将因此回流美国吗？

商务部美大司原司长、CCG 高级研究员何宁认为，制造业回流是个伪命题。"美国减税不意味着在中国市场或者其他市场没了利润，即使走的话，走多少、走到什么程度也要跟企业在全球的生产、布局相关。"何宁如是说。

霍建国认为，对于"制造业回流"的质疑在于，公司投资时并不差这 10%、15% 的税率，还会考虑资源周边配置问题、产地和销地距离问题。有一部分企业可能会因为有 15% 的税率优惠而迁回去，但不可能都回流，特别是短期内，看不到撤离。

也有一些学者认为，，对于中国来说，美国的税改带来的机遇大于挑战。CCG 副秘书长唐蓓洁分析道，特朗普的税改从某一程度来说是一种外部环境倒逼的压力，给十九大以后国内改革的态势提供了一个契机。

资料来源：张文扬. 特朗普启动美 30 年来最大税改 良药还苦药？[N]. 经济观察报（北京），2017-12-10.

1947—1995 年，GATT 主持了 8 轮关税减让谈判，使主要国家的平均关税从 50% 左右逐步削减到 4% 左右。WTO 继承关贸总协定的原则，继续以逐步削减关税和规范非关税措施的方式实现国际贸易自由化的目标。国际贸易摩擦的协调形式逐步由政府的磋商转向以企业为主体的协议与诉讼。[①]

（一）反倾销

倾销与反倾销越来越成为国（或地区）与国（或地区）之间，尤其是发达国家（或地区）与发展中国家（或地区）之间进行贸易商战的主要手段。

[①] 吴清津. WTO 反倾销规则[M]. 广州：广东人民出版社，2001：1.

所谓倾销，是指一国（或地区）的生产厂商（包括出口商）在正常的贸易过程中，以低于其国内的正常价格（或低于其成本），在其他国家（或地区）进行商品销售。

反倾销法律体系一般由"倾销的确定""产业损害的确定""倾销与损害之间的因果关系"三个要素构成。

1. 倾销的确定

判断某一产品是否存在倾销行为，其主要依据是该产品在目标市场上的销售价格是否低于该产品在出口国国内市场上销售的可比价格。倾销的确定包括正常价格、出口价格、公平比较和倾销幅度四个组成部分。

确定正常价格的方法主要是判断该产品在出口国国内市场的售价是否低于成本。如果该价格低于生产成本，则不能称为正常价格。另外，一般国家都规定，出口国的国内价格要具有代表性，即该产品在出口国国内市场的销量要达到销往反倾销调查国家的出口量的5%或以上。被调查产品在出口国国内无销售或其国内价格不具有代表性时，反倾销协议还提出两种确定正常价格的方法：一种是以相似产品出口到一个合适的第三国的价格为可比价格（一般都不明确指出第三国的标准，这使得反倾销方占有主动权）；另一种是以原材料、能源、劳动力成本作为结构成本，再加上合理的利润率后得到的结构价值作为正常价格。

出口价格指正常的贸易过程中，外国厂商向进口国的产品进口商进行交易的价格。所谓正常贸易，就是排除了关联交易、易货贸易等非正常贸易情况。当出现非正常贸易情况时，可以进口产品首次转售给独立的买主的价格来推定该产品的出口价格，这种价格也称为结构出口价格。

在确定正常价格与出口价格后，便可对这两种价格进行比较，以确定倾销的幅度，并据此征收反倾销税。倾销幅度指出口价格低于正常价格的幅度。由于反倾销税以消除倾销影响为主要目的，因此，反倾销税率一般不超过倾销幅度。

2. 产业损害的确定

反倾销规则除了确定倾销行为外，还需要确定进口国产业所受的损害。这其中涉及相似产品、国内产业、损害三个概念。界定相似产品就是确定进口国国内产业中有哪类企业受到了倾销的损害（作为反倾销调查的基础），并确定损害的幅度以及倾销与损害之间的因果关系。"国内产业"指反倾销国内生产该相似产品的全体厂商。损害有以下三种情况：一是对进口国国内产业造成实质性损害；二是对其国内产业构成实质性损害的威胁；三是对反倾销国内这种产业的形成产生实质性阻碍。

3. 倾销与损害之间的因果关系

反倾销调查最后要获取倾销行为确实损害了国内产业的有关证据。这方面没有具体明确的规定，只是载明了一些虽对国内产业产生损害，但不能归为倾销进口的情况：以非倾销价格进口的产品；国内需求减少或消费模式发生变化；技术进步；国内产业的出口业绩和生产率；国内外生产企业之间的竞争；限制性贸易措施等。

阅读材料 3-4

美国反倾销法规的主要内容

美国反倾销法起源于1916年的不公平竞争法。1921年，美国国会通过《1921年反倾销法》。1930 年，美国颁布新关税法，对反倾销问题做了补充。随后，美国于 1954 年、1958 年、1974 年、1979 年、1984 年和 1988 年做了多次修改和补充。其中实质性的修补有以下几个方面：

（1）确定"非市场经济国家"倾销的标准，对来自计划经济、转轨经济和市场经济不发达的国家的产品，采用替代国制度。

（2）将征收反倾销税的标准之一由"损害"改为"重大损害"或"实质性损害"，并规定了确定实质性损害时应考虑的因素。

（3）采用"构成价格"的方法计算正常价格。美国的这种方法扩大了倾销的概念——产品只要低于成本销售即视为倾销。

（4）增加了"累积估算"倾销的条款，即可以把来自不同国家的相似产品累计起来分析对美国工业的损害。这使得采用原生产地手段来规避反倾销指控变得更加困难。

美国的反倾销法对实体问题的规定如下。

1. 倾销的确定

根据美国反倾销法规定，在美国市场上以低于公平价值销售的产品（倾销产品），如果给美国的同类产业带来重大损害、重大损害的威胁或对新建产业有重大阻碍，且倾销与损害之间具有因果关系，就可以采取反倾销措施。

（1）公平价值。公平价值一般指外国市场价值，即在正常贸易过程中，在出口国或原产地国内市场上出售或待售用于国内消费的被指控产品的价格。在实践中，美国商务部将选择涉案出口国同一生产商生产的与被指控产品完全相同，或在实物特征、用途和商业价值方面相似的产品，计算公平价值。这种做法要求符合三个条件：一是受调查产品在其国内市场的销量要达到"正常销售数量"（一般为 5%）；二是这种价格是在正常贸易中形成的；三是交易发生的时间与被指控产品出口到美国的时间相近。

如果出口国国内价格不具可比性，则以该产品或相似产品销往第三国的价格作为参照。该参照国应满足两个条件：首先，向第三国出口该产品的数量应达到在美国销售产品数量的 5%或总价值的 5%；其次，第三国价格具有代表性，即该国市场的特殊性不至于使它不适合与出口价格做比较。

若上述两种方法都不适用，可采用"结构价值"来推断公平价值。结构价值的具体构成有三个：一是生产成本，包括原材料成本、正常交易中的生产、装配或加工费；二是批发销售过程中的一般费用、管理费用和合理利润；三是运输容器和包装费及其他费用。

对于来自非市场经济国家的产品，美国采用替代国价格来确定公平价值。确定一国是否属于非市场经济时，主要考虑以下因素：一是该国货币的可兑换性；二是工资水平是否由劳资双方自由商定；三是对外国投资或建立合作企业的准入程度；四是政府对生产资料所有和控制生产方式的程度；五是政府定价、控制资源分配的程度；六是其他因素，虽无明文规定，美国一直把一些国家较固定地定为"非市场经济国家"。

此外，美国反倾销法还特别规定了确定跨国公司出口产品公平价值的方法，以防止跨国公司规避反倾销法的管辖。

（2）出口价格（美国价格）。美国反倾销法中的出口价格包括两种：一是被调查产品进口到美国前，生产商或出口商首次向美国境内无关联的买主出售产品的价格；二是结构出口价格，即在买卖双方存在关联交易时，在美国首次向无关联方销售或待售该产品的价格。

（3）调整和比较。出口价格低于公平价值，即视为倾销，这两者的差额就是倾销幅度。为保证两者的可比性，应尽可能选择同一时间的公平价值和出口价格，并做必要的调整。调整的内容还有销售数量的差异、销售条件差异（仓储、折扣、回扣、佣金、广告费、质量保证费等）、产品的物理性能差异、运输成本、关税和间接税的调整、汇率的调整等。

（4）反倾销税的确定。美国在确定倾销税时不适用"较少税原则"，其税率恰好等于该产品的外国市场价值超出美国价格的平均数额，即美国确定的倾销幅度。

2. 产业损害的确定

（1）相似产品。相似产品一般指同类产品，在缺乏同类产品时，选择与被调查产品在性能和用途上最相似的产品。

（2）国内产业。美国反倾销法对国内产业的定义是：国内生产同类产品的全体生产商，或合计总产量占美国该种或相似产品总产量主要部分的生产商。只要涉及的产业中大部分企业没有提出反对，起诉方就可以代表其所在的产业提出诉讼。

（3）确定损害。美国反倾销法对实质性损害、实质性损害威胁和对新建产业的实质性阻碍没有明确的界定。美国学者提出"不是无关紧要的""不是微不足道的""不是细微的"用于界定损害的实质性。在确定实质性损害时，美国反倾销法要求考虑倾销产品对美国产品的销售数量、市场份额，以及美国产品的销售价格、美国同类产品生产厂商的影响。

3. 因果关系

美国国际贸易委员会在审查倾销的进口产品与损害是否有因果关系时，主要考虑以下因素：一是倾销进口的绝对数量和相对数量的增幅；二是进口产品对美国相似产品价格的影响；三是对美国国内生产商的冲击程度。

4. 累积评估

当受调查的倾销进口产品同时来自两个或两个以上的国家时，如果这些产品之间是相互竞争的，而且与美国国内生产的相似产品也是相互竞争的，那么美国国际贸易委员会应累积评估其对国内产品在数量和价格的影响，以及损害的程度。累积评估实质上增加了确定损害的可能性。

5. 反规避条款

美国的反规避措施包括以下四种：

（1）在美国组装规避。出口商将被美国征收反倾销税的产品的零配件出口到美国，在美国组装成产品后进行销售。如果美国商务部认定该零配件是从反倾销税令所针对的国家进口的，并且在美国销售的产品价格和进口零配件的价格之间的差额很小，就有权将零配件组装件或原材料纳入反倾销税令。

（2）第三国组装规避。出口商将被美国征收反倾销税的商品转移到第三国组装，然后以第三国为原产地向美国出口该商品。如果美国商务部认定，出口到美国的商品在进入美国之前是原反倾销税令所针对的产品，或者是原反倾销税令所针对的国家生产的产品在第三国进一步加工生产或组装的，且原反倾销税令针对的进口产品价值和上述产品的价值差额极小，则有权将上述产品纳入原反倾销税之中。

（3）细微改变产品规避。出口商对被美国征收反倾销税的产品进行细微的加工，或轻微改变产品的外观或形态，然后出口到美国。

（4）后期改进规避。出口商在其产品受到反倾销调查后改进原产品，以规避反倾销措施。如果在反倾销调查后改进的产品在物理性能、最终消费者的效用、最终用途、贸易渠道、广告和陈列方面，与被征收反倾销税的产品相同，美国商务部在参考国际贸易委员会的意见后可以将这种产品纳入原反倾销税令。

资料来源：吴清津. WTO反倾销规则[M]. 广州：广东人民出版社，2001：25-35.

阅读材料 3-5

欧盟反规避条款的主要内容

与美国相比，欧盟反规避条款的主要内容与特征如下。

（1）明确界定了规避行为。欧盟认为，规避是指第三国与欧盟之间的贸易方式发生变化，而这种变化的根源在于欧盟对该类贸易产品征收了反倾销税。欧盟确定了在"欧盟组装规避"和"在第三国组装规避"两种规避形式。

（2）对"进口国组装规避"的征税对象不同。欧盟对组装后的制成品课征反倾销税，而美国则是对零部件或原材料征收反倾销税。

（3）增加了对"第三国组装规避"的反规避措施。

（4）扩大了规避行为的主体。一般情况下，倾销出口商和规避行为的主体往往为同一主体或存在关联性，但欧盟 3283/94 号条例删除了这种关联性的规定。这意味着与被征收反倾销税企业无关的企业，只要符合欧盟判断规避行为的条件，也可能成为反规避措施的适用对象。

（5）进一步明确了判断规避行为的标准。其具体规定为：一是在反倾销调查之后或即将发起调查前，才开始或迅速扩大在欧盟或第三国的组装经营，所用的零配件全部或部分来自这个被征收反倾销税的国家；二是这些零配件至少构成装配产品所用零配件总价值的60%，但是，如果这些零配件在装配或组装过程中实现的增值超过生产成本的 25%，则不被列为规避行为；三是组装的相似产品的价格/数量正在破坏反倾销的补救效果，并且原来确定该类相似产品倾销的证据依然存在。

上述法令仅适用于欧盟对一般贸易产品的反倾销，关于煤炭和钢铁的反倾销适用于1988 年欧洲共同体第 2424/88 号反倾销法令；《欧盟反倾销条例》不适用于共同体成员国；欧盟各成员国还拥有附属的反倾销措施，可以在遵循欧盟反倾销法的前提下对非成员国采取反倾销措施，并且可以在本国法律中确定这个权限。

资料来源：吴清津. WTO反倾销规则[M]. 广州：广东人民出版社，2001：59-60.

（二）补贴与反补贴

补贴是由一成员国境内的政府或任何公共机构提供并授予某种利益的财政资助或其他任何形式的税收或价格的支持措施。[①]补贴的实质就是通过财政手段，增强国内企业所生产产品在国际和国内市场上的竞争地位。WTO 把补贴分为禁止性补贴、可申诉补贴与不可申诉补贴三类。[②]

[①] GATT 乌拉圭回合达成的《补贴与反补贴措施协定》（ASCM）对补贴的定义。

[②] 马楚. WTO 补贴与反补贴规则[M]. 广州：广东人民出版社，2001：5-8.

1. 禁止性补贴（prohibitive subsidy）

禁止性补贴指成员国不得授予和维持的补贴。成员国一旦实施了这类补贴，任何受影响的其他成员国可直接采取反补贴措施。除 WTO 规定的农产品协议外，下列补贴被定义为禁止性补贴：一是在法律上或事实上作为独立条件或多种条件之一向出口活动提供的有条件的补贴（出口补贴）；二是作为独立的条件或多种条件之一向使用国内产品替代进口产品提供的补贴。

ASCM 对禁止性补贴的具体形式还做了明确的规定：一是政府按出口实绩对企业或产业的直接补贴；二是给予出口企业的倾向留成计划或其他类似的出口奖励措施；三是政府提供或授权的，使出口商品享受比国内运输更优惠的交通运输费用；四是政府或其机构直接或间接通过政府指令计划的方式，对供出口货物生产的进口或国内产品及服务提供的条件，优于国内消费货物生产的相同或直接竞争的产品及服务的条件；五是出口直接税，或由工业或商业企业支付或应支付的社会福利的全部或部分豁免，或特别延期；六是与出口或出口业绩相联系的特殊税收减让，其优惠超过以直接税为基础而计算的国内消费品生产费用；七是对出口产品的生产与销售的间接税的免除程度超过对用于国内消费的相同产品的生产与销售的间接税的免除程度；八是用于出口产品生产的货物或服务的前期累计间接税的免除或延期，超过用于国内消费的相同产品的生产或服务的前期累计间接税的免除或延期；九是对出口产品生产中消耗的进口费用的免除或退税，超过对进口投入的免除或退税；十是政府（或由政府控制的专门机构）提供的出口信贷担保或保险，其利率不足以弥补这类计划长期操作费用和损失的开支；十一是政府（或由政府控制的专门机构）所给予的出口信贷利息低于市场实际资金利率。

2. 可申诉补贴（actionable subsidy）

可申诉补贴指成员国根据自己的政治和经济发展需要，在一定范围内对生产者或销售者进行的补贴。可申诉补贴不被禁止，但如果这种补贴对其他成员国经济贸易利益造成严重损害（对申诉方境内的国内工业造成损害、在给予补贴的成员国市场或第三国市场上造成对其他成员国出口利益的严重损害、造成其他成员国在 1994 年 GATT 下直接或间接享受的利益丧失或损害），其他成员国可以对其补贴措施进行申诉，并可以诉诸多边争端解决。

3. 不可申诉补贴（non-actionable subsidy）

不可申诉补贴指成员国政府为鼓励研究活动、发展落后地区经济、保护环境而实施的补贴，及其他普遍实施的非专向性的补贴。这种补贴对国际贸易造成不利影响的可能性极小，且具有特殊意义而应受到鼓励，所以其他成员国不应采取反补贴措施且不可诉诸争端解决。

ASCM 的反补贴措施程序包括以下六个步骤：调查的发起；取证；协商；补贴额度的计算；对补贴损害的实质性损害威胁的确认；反补贴措施。其中，反补贴措施由以下四种手段组成。

（1）临时措施（provisional measures）。临时措施可采取临时反补贴税的形式，其额度由相当于初步确定的补贴额的现金存款和债券来担保。临时措施自立案之日起 60 天后方可实施，最长不能超过 4 个月。

（2）承诺（undertaking）。出口方政府或企业为了避免被采取临时措施或征收反补贴税，自愿做出承诺，同意取消或限制补贴，或同意提高出口产品的价格，以避免损害后果。

（3）征收反补贴税（imposing and collection of countervailing duties）。反补贴税征收的期限以消除补贴所造成的损害为限度，一般不得长于 5 年。

（4）追溯力（retroactivity）。在紧急情况下，由于受补贴的产品在短期内大量进口，进口当局对该进口产品所造成的损害难以补救，为防止损害再度发生，进口当局可以决定对已进口的补贴产品进行追溯征税。追溯征税的时间不能超过临时措施实施之日前的 90 天。

（三）其他非关税壁垒

除上述主要的贸易壁垒外，发达国家经常采用各种各样的方法来设置其他非关税壁垒。这些手段主要包括技术、安全壁垒，环境保护壁垒，动物、植物检疫壁垒，伦理壁垒等。为保护本国的相关产业，2001 年 9 月欧盟拟对产自我国温州的打火机设置 CR 技术壁垒，规定 2 欧元以下的打火机要设置防止儿童开启的安全装置，而温州的打火机出口价格通常都是 1 欧元左右，这就意味着温州目前的打火机产品大部分都将被挡在欧洲的大门外。作为中国金属外壳打火机生产基地，温州年产销 5 亿只打火机，占全国打火机出口总量的 80%，而据温州烟具协会有关人士介绍，温州打火机出口欧洲的比例占全市打火机出口总量的 60% 以上，因此，欧盟一旦通过 CR 法规，将给温州大量依赖欧洲出口的企业以沉重打击。其实，美国早在 1994 年就通过了 CR 法规，使得有低成本优势的温州打火机一直较难进入美国市场。尽管后来经过温州打火机协会的交涉，欧盟原定于 2004 年强制执行的 CR 法规暂不执行，但另一项严格的 ISO 9994V2002 标准却从 2004 年 1 月起执行。ISO 9994V2002 标准是针对打火机规定的一系列安全标准，主要包括可调节的后混式气体打火机最大火焰高度被降低、增加了前混式打火机的要求、增加了耐温试验温度、火焰高度调节的方向被要求标在打火机上等。当时，温州只有部分企业达到了欧盟 ISO 9994V2002 标准，因此大量企业急寻对策以达到 ISO 9994V2002 标准。

阅读材料 3-6

"大棒"直戳中国企业软肋

从 2004 年 5 月开始，中国的一些企业开始不断地接待一些"不速之客"。他们说是受某跨国公司委托来下单的，但却不看产品质量的好坏，而是把目光盯在备用药箱上；不问企业生产情况，而是问职工工资、加班工资、医疗保险和劳动保障等。有的还调查厕所有几个坑位、是否有手纸和香皂等，甚至钻进洗手间摸墙摸地。他们脖子上挂着的身份牌说明，他们就是 SA8000 的审核员。

从 2004 年 5 月 1 日开始，欧美国家对中国企业强制实施 SA8000 标准。受到 SA8000 标准约束的主要是劳动密集型产品，如服装、纺织、制鞋、化工原料等。这些行业的产品占了中国向欧美出口产品的大部分，而劳动密集型产品又是中国的优势出口产品。此外，该标准认证实施的是强制认证，如果中国企业通不过，不只是订单受影响的问题，而是将被排斥出欧美市场。中国纺织品进出口商会法律部律师就曾表示，严格执行这一认证将使中国大部分企业陷入认证危机，因为在中国劳动力市场供大于求的情况下，企业对于员工的劳动保护和权益保障还远未达到"道德认证"的标准。

SA8000 标准是全球第一个可用于第三方认证的社会责任国际标准，旨在通过有道德的采购活动改善全球工人的工作环境，最终达到公平而体面的工作条件。它涉及童工、强迫劳动、健康与安全、歧视、惩戒性措施、工作时间、工资报酬、管理体系等内容。目前，SA8000 标准已经越来越多地出现在许多跨国公司订单的附加条件中。一些跨国公司为了避免品牌形象受到影响，纷纷加入这一运动，不仅自己制定社会责任守则，而且要求产品配套企业和合作企业遵守这些守则，从而将企业社会责任运动扩展到了生产制造基地的发展中国家。

资料来源：张宏君. SA8000 "大棒" 直戳中国企业软肋[N]. 中国经营报，2004-06-28.

四、社会文化、人口与地理环境因素

（一）社会文化因素

社会文化因素涉及某地区的消费倾向与消费习惯，一般具有长期稳定性，在一定程度上讲是企业难以改变的客观环境。举一个大家熟知的例子：两名销售人员到一个小岛上推销鞋子，发现岛上的居民全都不穿鞋。随后这两人得出截然相反的结论，一名销售员认为，该岛没有市场，因为这里的人都不穿鞋；而另一人则认为该岛的市场潜力巨大，因为这里的人都没鞋穿。很难说这两种判断谁对谁错，但可以确定的是，在该岛上推销鞋子风险极大，因为这里本来就没有穿鞋的消费习惯，而要改变这种生活方式又谈何容易。当然，一旦该市场被成功地开发出来，其回报将是巨大的。对于这一类型的问题，战略家们首先需要明确的便是值不值得做这样的事，做这件事的可能代价是多大，以及企业能否承受这件事失败。

从国际产业统计数据来看，人均 GDP 达到 4 000 美元时，空调器会有一个较大的需求增长。波多黎各是南美的一个代表性市场，人均 GDP 达到 18 000 美元。该国长年气候炎热，年平均气温达到 30.3℃，而且相对湿度较高。在这样的市场中，空调器应有一个较高的普及水平。但是，该国居民在家居方面的支出偏低，只占其总支出的一成左右，加上空调器属高耗电消费品，所以波多黎各居民对购买空调持审慎的态度。

巴西为南美第一大国，人口众多，人均 GDP 达到 3 500 美元左右。巴西北部为热带雨林气候，赤道横贯；东北部沿海地区分干雨两季，高温多雨，内地则全年干旱；东南部为巴西最富裕的地区，属亚热带气候；南部为温带气候，四季分明，冬季降霜，有时下雪。从人口、收入水平、气候条件来看，巴西应是一个空调消费大国。但是，由于该国居民奉行 "及时行乐"，储蓄水平很低，加上贫富差距较大，因此该地区的空调消费水平很低，普及率只有 5%～6%，且多为老式的窗式空调，能耗高、噪声大。

尽管社会消费文化在不同的地区差异极大，但其演变也体现出一种较为明显的趋势。

（1）绿色、健康、环保的社会。健康、环保概念已越来越深入人心，人们在健康方面的消费不断提高。绿色手机、绿色空调、环保彩电、可降解塑料、可重复使用的器具等，越来越被消费者所接受。

（2）受教育程度不断提高。中国已经普及了九年制义务教育，而且大学逐年扩大招生，所以人们接受高等教育的机会越来越大。据教育部发展规划司 2002 年教育统计报告，1990 年我国 18～22 岁的学生高等教育毛入学率为 3.4%，此后逐年增加，2020 年将达到 19%。另外，各种后续教育项目也不断完善。据国家统计局每年公布的统计数据，1995 年城镇居民平均每人每年的教育消费支出仅为 165.7 元，以后逐年增加，到 2018 年有了较大的增长，达到 2 974 元/人。

（3）物质消费所占的比重越来越少。随着人类生产力水平的不断提高，人们的物质消费需求基本得到满足。可以预见的是，21 世纪经济增长的主要动力将来自人类的非物质需求，教育、娱乐、体育产业、生活体验、科学探索等领域将会出现长足的发展。

（二）人口因素

人口增长成为一个世界性的问题，不过人口增长意味着消费市场增长。目前，全世界人口已超过 75 亿，其中中国人口达到了 14 亿，印度人口达到 13.5 亿。人口老龄化成为另一种趋势，截至 2019 年，我国 65 岁及其以上老年人口已达 1.76 亿，占全国总人口的 12.5%，我们已经跨入了老龄化社会的门槛。据预测，2025 年 60 岁以上老年人口可达 2.8 亿，占总人口的 18.4%左右。2050 年将达到 4 亿左右，占总人口的 1/4 以上。

人口老龄化会从以下几个方面对经济造成巨大的影响：人口老龄化会导致劳动年龄人口比重下降，劳动力资源不足，不利于经济发展；随着人口老龄化发展，生产人口减少，消费人口增多，不利于储蓄投资；人口老龄化会导致老年赡养系数上升，在职劳动者负担增加，用于老年人的养老金和福利支出增多，不利于储蓄投资；老年人收入一般比中青年低，老龄化不利于消费市场发展。

（三）地理因素

由于地理位置与气候的差异，不同地区的消费行为会呈现出明显的特征。在气候寒冷的北方，裘皮服装、白酒、化妆品等的需求会大大高于南方市场；而清洁用品、消暑产品在南方的销售则会更好一些。对于企业战略而言，地理因素还意味着关键市场的确定。中国香港特别行政区西邻珠江三角洲，北接长江三角洲，南通新加坡，是这几大经济区的中心枢纽。从中国境内地理位置来看，随着中国内地经济的发展，九省通衢的武汉的战略重要性将会体现出来。

五、技术因素

人类社会发展的历史，也是一部技术发展史。在过去的几十年间，人类科学进步的成就超过了两千多年来的总和。随着科学技术的发展，信息技术使信息传递更快、更便捷，促进了全球经济协调机制的形成。世界经济总量的增长，大多是由科技进步推动的。随着商业竞争的加剧，企业产品创新速度的快慢和科技含量的大小决定了企业的盛衰成败。科学、技术、生产之间以及各门科学和各项技术之间的关系更加紧密，科技成果转化为生产力的速度空前加快，极大地提高了劳动生产率，促进了世界经济的发展。20 世纪 70 年代初，在西方发达国家，科技进步对经济增长的贡献率为 50%，现在已达到 80%。

技术因素分析基于以下几个方面的战略考虑。

（1）确定企业研发、战略性技术储备的方向。在企业的战略制定中，技术分析要解决未来技术发展的方向性问题，即未来的行业关键技术是什么。如电动汽车一定是未来的汽车技术模式，而汽车电池则成为其中的一个至关重要的技术环节。从目前来看，我国汽车电池以磷酸铁锂为主，日韩则以三元材料和锰系为主，那未来的主流技术路径是什么？是磷酸铁锂，还是三元材料？还是可能会出现新的技术路径？企业不管采用什么技术路径进行生产和研发，都意味着投入巨大的资金，研发方向如果与未来的主流标准相吻合，企业就可以获得巨额的回报；但如果研发方向选择失误，企业将招致毁灭性的打击。

（2）判断技术进步的进程。技术发展的大趋势是企业战略制定的重要考虑，但企业的技术研发和应用既不能落后，也不能过于超前，因此，还必须考虑技术发展的具体进程。技术过于超前未必是一件好事，如摩托罗拉因为将精力集中在发展 CDMA 技术上，错过 GSM 的发展机会，从而失去了在 2G 时代中的领先地位。

（3）判断相关技术变化的影响及其走势。技术分析的第三个使命是研究相关技术变化对某一产业的影响。CRT（阴极射线管）屏幕经历了"球面"——"普通平面"——"超平"——"纯平"的技术变革的过程，与之相关的电视机玻壳行业的供求关系也发生了巨大的变化。由于 CRT 采用的是真空管技术，屏幕"变平"意味着玻壳的玻璃厚度大大增加，而玻壳企业的产能是以吨数来度量的，因此，当 1999 年"纯平"技术在中国市场大规模应用时，玻壳供给数量大幅度下降，导致玻壳供应紧缺。

六、替代品与互补品的影响

（一）替代品

替代品的影响往往是重要的。替代品的影响主要通过性价比来发挥作用。当替代品价格上升时，被替代品的性价比相对提高，其需求会因此提高，价格也会相应提升，反之亦然。例如，近年来石油价格连续攀高，其重要替代品酒精的需求也因此大大提高，进一步造成对粮食的需求大幅度攀升，导致全球粮食出现短缺。

（二）互补品

互补品的变化对产业需求的变化是直接的，如刀架销售越多，刀片的需求就越大。这种关系常常被称作刀架/刀片模型（razor/blade model）。因此，外部环境分析不仅仅从本产业着手，也需要从产业的重要互补品的发展与演变着手。

不管是替代品分析，还是互补品分析，都同样需要从经济因素、政治因素、国际政治经济因素、社会因素、技术因素和替代品、互补品因素六个方面来进行。这样似乎就出现了逻辑上的问题。

注记　替代品与互补品的交叉分析循环

替代品与互补品的分析是一个相对较为复杂的过程。替代品与互补品之间存在一种交叉关系，在分析替代品时，需要分析替代品的互补品的变化情况，而在分析互补品时，也需要分析互补品的替代品的变化趋势。替代品分析和互补品分析存在一个无限循环的风险，如可能需要分析替代品的互补品的替代品的互补品的替代品……的变化趋势。因此，需要特别强调重要替代品或重要互补品的界定，以免陷入无谓的无穷无尽的分析之中。

产业需求分析的最终结果是要得到一个明确的结论，即产业需求（PIE）的变化趋势——上升或下降，如图 3-4 所示。

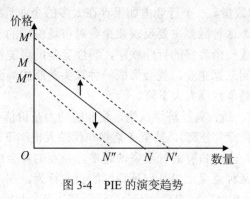

图 3-4 PIE 的演变趋势

第三节 获利能力分析

获利能力分析属于价值获取的概念范畴。它分析产业链纵向关系，即某一产业在产业链中获取份额的大小。这一问题的分析可基本采用波特的竞争分析框架。波特认为，竞争是导致收益水平下降的重要因素，而对产业的竞争因素进行分析，其目的是对该产业的盈利前景做出较为全面的分析与预测。根据 PIE 模型，替代品的影响是作用在产业需求上的，并非作用在产业链的纵向关系之上。因此，影响产业在产业链纵向收入份额（即产业的盈利能力）的因素包括同类企业、潜在竞争者、顾客、供应商四种因素（Four Slices）。

来自同类企业的竞争既会影响该产业的产品价格，也会影响采购成本；而来自潜在竞争者和顾客的压力主要体现在价格之上；来自供应商的影响体现在采购成本上，如图 3-5 所示。

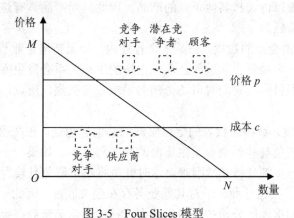

图 3-5 Four Slices 模型

一、影响同类企业竞争程度的因素

在某些行业中，产业的结构决定了其同业间的竞争是相当激烈的，而在另一些行业中，企业间的竞争则相对温和得多。波特认为，影响行业内竞争程度的产业结构包括以下八个方面的要素。

（1）行业内企业的数量。一个行业内如果存在太多的企业且它们实力相当，这一行业的竞争将是非常激烈的。这种激烈主要反映在企业对市场份额的争夺上，而且因为企业数量众多，行业内很难形成一个良好的行业秩序，恶性竞争的可能性会大大增加。相比较而言，行业内如果只有两到三家企业，就会形成一种寡头垄断的局面。这种寡头垄断容易达成行业内的默契，使得竞争程度大大下降。

（2）产业增长速度。新古典经济学认为，企业的动力是价值最大化。但事实上，在代理人机制下（所有者与经营者分离），甚至在某些非代理人机制下，企业的动力大多体现为规模最大化。规模越大，企业占有的社会资源越多，企业的社会地位也就越高。因此，这种规模最大化的行为在某种意义上说是一种理性的企业行为。在产业增长空间较大时，企业忙于各自市场的瓜分，相互之间的竞争不会过于激烈。当产业增长速度放缓甚至停止增长时，企业为了进一步扩大规模，会开始谋求侵蚀其他企业的市场份额，从而打响正面而残酷的战争。

（3）固定成本或高库存成本。较高的固定成本和高库存成本会导致行业竞争的加剧。按照财务决策的基本原则，产品生产的边界是产品售价大于产品的变动成本。只要产品售价高于其变动成本，该产品就可以为企业带来边际毛利，为企业分摊固定成本，带来收益。对于高固定成本产品而言，销售规模是极其重要的，因为企业需要大量的销售所带来的毛利来弥补巨大的固定支出。因此，当市场竞争达到一定程度时，产品价格可以降至变动成本的区域附近，而固定支出则被视作一种沉入成本而被忽略。由于固定成本很高，该类产品的降价幅度将会非常惊人。高的库存成本产生的影响也是如此。当库存成本很高时，企业必须不惜代价地进行产品的抛售。此时，产品的生产（购买）成本则被当作沉入成本。

（4）歧异或转换成本。所谓歧异，是指产品的非标准性，即产品与市场上的同类产品存在显著的区别。转换成本是指当企业放弃目前使用的产品转而采用其他企业的同类产品时所需付出的代价。对于一些产品而言，其转换成本是巨大的，使得企业一旦选用了某企业生产的产品，就难以再选择其他企业的产品。因此，当产品具有歧异性或转换成本时，供应方的竞争是不激烈的。

（5）行业内新增企业的数量。在某一个行业内，如果新增企业数量过多，这一行业的竞争将会非常激烈。大量新企业进入之后，市场的供求关系会发生变化，而且新企业的战略更多的是以生存为目标，它们对市场份额的渴求非常强烈，所以，它们对行业秩序的破坏往往是重大的。

（6）细分化程度。波特所代表的定位学派的基本思想是，在产业中寻找一个适合自己的细分市场，从而避免与其他企业发生正面的冲突与竞争。如果一个产业的细分化程度已经很高的话，再进一步细分将非常困难，这时竞争将不可避免且较为激烈。

（7）战略利润。某些行业由于对其他业务存在强关联性，因此一些企业会在这些行业中存在战略利润。如房地产公司在公用事业中、移动通信运营商在手机销售业务中等都存在战略利润。房地产公司投资公用事业、移动通信运营商销售手机，其目的都不是通过这些新的业务来盈利。由于存在高额的战略利润，一旦出现竞争，这些企业可以把这些业务的盈利水平降到零甚至进行零价格竞争，如许多移动运营商采取的入网送手机的策略。因此，如果一个行业存在高额的战略利润，这一行业将无法盈利。

（8）退出壁垒。退出壁垒指企业退出某一行业的难度或退出成本。如果退出难度很高的话，企业必然会在这一行业中做最后的搏斗。如移动支付，一旦退出，其原有的投入会全部报废，因此可以预期，一旦发生竞争，其竞争将会是非常激烈的。在退出壁垒高的行业时，其行业成熟期的竞争程度也是非常激烈的。

二、影响进入威胁的因素

进入威胁意味着一个行业是否存在潜在的竞争对手。这种潜在的威胁在条件成熟时就会转化成为现实的威胁。如在行业收益水平上升，或产业出现大幅度增长时，受利益的吸引，其他企业就会进入该行业，从而消耗掉原有的产业利益。影响进入威胁的因素主要表现为以下五类。

（1）进入壁垒。进入壁垒代表能够进入该行业的企业数量的多寡。影响进入壁垒的因素有以下方面。

- ❑　规模经济。
- ❑　产品歧异。
- ❑　转换成本。
- ❑　分销渠道的稀缺性。
- ❑　与规模无关的成本劣势。
- ❑　政府政策。

（2）预期的报复。企业在进入一个新的行业前，必须考虑在位企业的反应。一些行业领导者在新进入者涉及其核心业务时，会采取针对性行为，使新进入者无法盈利，从而对其他潜在的进入者起到阻吓作用。如格兰仕公司，当其他企业进入微波炉行业时，格兰社会采取针对性的降价行为，往往将价格降至对手的成本之下。一个行业在位者是否会采取报复行为可通过以下几个方面进行分析。

- ❑　报复的历史。
- ❑　报复的能力。
- ❑　该业务是不是在位企业的核心业务。
- ❑　产业发展空间。

（3）进入拦制价格。企业进入一个新的行业，需要承担一定的投资以及可能出现的风险，而吸引企业冒险进入这一行业的动力是这一行业的收益水平。如果行业的收益水平一般，不足以吸引企业进入，这等于为行业树起了一道壁垒。

（4）经验与规模效应。对于一些经验与规模效应较强的行业，后来者在行业竞争中将处于劣势，因而也构成一种进入壁垒。

（5）进入壁垒的变动情况。一些进入壁垒，如专利过期、技术变化引起壁垒变化等，都会对进入壁垒的水平产生较大的影响。

三、影响买方威胁的因素

"客大欺店，店大欺客"，买方的讨价还价会使企业的收益水平下降。影响买方讨价还价实力的因素有以下七个方面。

（1）购买的批量和集中程度。若买家相对集中，由于其采购量占行业中的份额较大，因而可以要求更为优惠的价格。如沃尔玛、国美电器等大型卖场，往往对供应商采取压迫性的采购策略，迫使供应商大幅度降价。

（2）产品的标准性。产品的标准性较高时，由于市场中存在大量的同类供应商，买方的议价能力自然会高。但若产品的歧异性较强，供应商的产品不具可替代性，买方讨价还价的能力会弱得多。

（3）买方转换成本。转换成本高时，买方转换供应商的代价会非常大，其议价能力因而下降；反之，买方的议价能力则会增强。

（4）买方盈利水平。买方盈利能力较低时，会影响到供应商的盈利水平。由于利润空间较小，当供应商要求一个更高的价格时，买方往往无法随同，其停止采购的威胁就变得特别真实。

（5）买方后向整合的现实威胁。当买方存在后向整合的能力时，其讨价还价的能力是较高的，因为如果供应商不接受其合理的要求，买方会转而自行生产，从而对供应商产生巨大压力。

（6）产品对买方的影响。若产品对买方特别重要，买方一般不轻易更换供应商。这时，买方的议价能力就较差。如 GE 公司在确定其飞机发动机零部件供应商时，需要经过 5 年的考察。一旦确定供应商，往往会签订一份长达 10 年的一揽子采购合同（框架性合同）。这样，其供应商都相对稳定，收益也较高。

（7）购买者的信息掌握程度。买方对产品信息掌握越多，其议价能力越强。因此，如果面对的是非常专业的买家，供应商往往在谈判过程中处于劣势。

四、影响供应商威胁的因素

影响供应商威胁的因素与影响买方的因素正好相反，主要有以下六个方面。

（1）供方产业的集中度（相对指标）。

（2）供方在某产业销售中没有替代产品。

（3）产业并非供方的主要客户。

（4）供方产品是买方业务的主要投入品。

（5）供方集团的产品已经歧异化或建立转换成本。

（6）供方集团表现出前向整合的现实威胁。

注记 竞争分析的根本目的

在分析竞争要素时，切不可忘记分析最根本的目的——决策，即通过竞争分析来确定企业应采取的战略行动。竞争因素分析需要解决以下问题。

（1）定位。选择一个可以获利的市场，从而保持较为持久的盈利能力。五种竞争力模型是基于产业结构的一种分析。一个无竞争、高盈利的行业固然是企业的追求；但另一方面，对于企业而言，更需要做的是选择与自身相适应的产业，而不是盲目企求，做与自己竞争优势无关的业务。在美国五大私营公司之一的考奇工业公司，公司展望的实现和战略的形成要经过对公司能力和生产能力的分析，决定如何将这些能力和生产能力与存在的市场机遇相匹配。一个官员发现："我们曾经认为自己是在石油的经营领域中，但后来发现我们真正的专长是在采集、运输、加工、贸易领域。"伴随着公司在原油采集、提炼、运输和贸易方面的能力的发展，管理层认识到了公司的生产能力是什么，并将其扩展到液化气产品，继而又进入气体的采集、运输、加工、贸易领域。对气体类产品的经营使考奇进入与石油业务的联系比服务加油站更加密切的氨的运输和贸易领域。之后的多项并购使考奇的核心生产能力开始转移到谷物采集和牛饲料供给等领域，发挥其在采集、运输、加工、贸易方面的特长。

（2）对竞争均衡施加影响。竞争分析的第二个意图是希望通过竞争因素分析，找出影响行业收益水平的关键要素，从而对这些因素施加影响，使环境朝有利于自己的方向发展。在西方国家中，不少行业都建立一些院外集团，负责政府公关，期望影响政府的政策，从而达到利己的目的。美国大豆协会（ASA）在美国最主要的作用在于代表农民游说政府，为农民争取有利的产业政策。中国每年进口大豆的贸易额达10亿美元，占美国大豆出口额的20%左右，居美国大豆贸易国首位。当美国国会讨论是否给予中国最惠国待遇时，为使议案通过，ASA四处奔波，联合各地区的农民说服他们当地的国会议员投中国支持票。

2008年1月底，日本媒体报道称，超过400人在食用了中国河北省天洋食品加工厂生产的速冻水饺后，出现了呕吐、腹泻等中毒症状。日本方面表示在产品包装袋中检测出有毒农用杀虫剂——甲胺磷，于是勒令禁售该公司的产品，同时要求暂停使用中国进口的食品材料。为此，中国国家质量监督检验检疫总局马上责成有关企业与日方进口商联系，主动下架并立即召回该企业在日本的产品和正在运输途中的产品。与此同时，由质检总局和商务部组成的中国政府赴日调查组到达日本，立即与日方代表团进行会谈磋商，并通报了中方有关调查的进展情况。工作组回京后，即刻委托中国检验检疫科学院采用中日共同确认的检测方法和检测仪器，对工作组从日本带回的水饺样品进行检测。而所有检测结果显示，均未检出甲胺磷和敌敌畏。在中国政府的努力下，日本德岛县知事饭泉嘉门于14日宣布，日前在该县回收的中国产冷冻饺子外包装上检测到的微量敌敌畏已基本可以确定是来自日本销售方店内使用的杀虫剂。至此，这场纷纷扰扰了一个星期的"毒饺子"事件，终于以一种生动而戏剧性的手法还了中国食品质量的清白。中国驻日本大使崔天凯也借访问日本地区最大的华侨聚居地神户之机，为中国饺子正名。他与当地华侨代表一边吃饺子一边交谈，再次强调了中国政府会对食用中国食品的世界人民负责。

（3）利用竞争因素的变迁。环境不是一成不变的，随着外部环境的变化，产业的结构也随之发生变化。竞争分析的第三个目的就是预测产业结构变化的趋势，先人一步采取行动，把握竞争因素变迁所带来的机遇，或及时应对可能产生的威胁。随着人们健康意识的提高，不少消费者在选择饮料时开始注重饮料的成分。于是，喝碳酸饮料与果汁饮料的人逐渐少了。而凉茶因其上百年的悠久文化历史、独特的口感及对身体健康的调理功效而大受青睐。随着现代化生产设备和先进管理理念的引入，凉茶业作为岭南特有的一种饮食文化，发生了巨大变革。凉茶被加工成配方更合理、饮用更方便的罐装饮料，使这一广东传统产品突破了凉茶铺只有2.5千米销售半径的局限，行销全国，成为适合现代人日常饮用的清火饮料。2006年，国务院正式宣布凉茶为国家级非物质文化遗产。这对于凉茶企业和传统饮料企业来说，都是具有震动性的。以前凉茶是区域性产品，而国务院的正名提升了消费者对凉茶的认知度和信任度，激活了我国整个凉茶产业。近年广东凉茶产销量势头颇猛，同期增加了十倍之多，2005年已飙升到每年400万吨，而同期可口可乐在内地的产销量是317万吨。此外，凉茶产品还远销东南亚、欧美市场，获得国际市场认可，引领健康消费潮流，成为国内最有希望能与可口可乐相抗衡的民族饮料产业。

政府的影响对产业的竞争格局也是极为重要的。因此，除了产业结构分析以外，还需要分析政府的行为。影响政府行为的因素主要有两个：一是国内政治因素；二是国际政治因素。中国40年的改革开放主要体现为两个方面：一是市场化；二是引入竞争机制。如电力系统的改革，已经实行的厂网分开（发电企业与输电配电企业分离，成为各自独立的企业）、竞价上网和未来将要考虑的输配分开（骨干输电企业与配电企业分离），都大大加剧了电力行业的竞争；而中国知识产权的保护、一些特殊行业准入的开放，则是国际政治格局发生变化的结果。

第四节　外部关键因素评价矩阵

外部环境分析的最终结果是要形成一个总体性的环境评价，而外部因素评价矩阵EFE（external factor evaluation matrix）可以把一个产业的经济因素、政治、政府和法律因素、社会文化因素、人口因素、技术因素和竞争因素等综合在一起，形成一个总体的判断。构造EFE矩阵的步骤如下。

（1）确定外部关键因素。通过PIE模型和Four Slices模型的分析，确定一个外部关键因素集合。根据统计经验，外部关键因素的数量为10~20个。

（2）对所选出的关键因素进行分类——机遇或威胁，并按照因素的重要程度进行排序。

（3）在排序的基础上进行一系列的数学变换，得出各因素的权重。各因素的权重之和应等于1。

（4）就各关键因素对企业的影响程度进行评分。机遇的评分范围为1~5分，威胁的评分为-1~-5分。其具体含义是：对于机遇而言，5分表示这是行业发展中的一个重大机遇，1分表示一般性机遇；对于威胁而言，-5分表示这一因素会对企业造成极大的威胁，-1分表示这一因素威胁性不大。

（5）用每个因素的权重乘以它的评分，得到这一因素的加权分数。

（6）将所有因素的加权分数相加，得到企业的总加权分数。

在EFE评价中，企业的最高得分是5分，最低得分是-5分，平均分为0分。超出平均分以上的，说明企业的外部环境非常有利；反之，则说明企业的外部环境恶劣。表3-4是一家房地产公司的EFE矩阵。

表 3-4　某房地产公司的 EFE 矩阵

项　　目	外部关键因素	权　　重	评　分	权　　数
机会	经济持续增长，住宅消费需求长期上升	0.250 1	5	1.250 6
	城市改造不断加快，住宅开发潜力巨大	0.069 0	4	0.276 1
	入世、申博成功，拉动房地产市场需求	0.047 4	3	0.142 2
	奥运会给建筑市场带来巨大商机	0.047 4	2	0.094 8
	城市化进程不断加快，推动房地产市场的发展	0.143 7	3	0.431 0
威胁	土地成本的制约	0.103 9	-3	-0.311 6
	房地产行业周期性强，行业波动对企业生存威胁巨大	0.059 7	-3	-0.179 0
	竞争对手的威胁越来越大	0.052 7	-3	-0.158 2
	房地产行业管理逐步规范，经营门槛不断提高	0.082 5	-4	-0.330 0
	房地产金融环境的变化	0.143 7	-4	-0.574 6
总评分		1		0.641 2

注记　外部因素分析技巧

在确定外部关键因素时，我们需要一个分析的基础，即判断关键因素的依据。同一个因素对于不同的企业来说，其战略意义是不一样的。因此，在进行外部环境分析之前，必须首先有一个分析的起点，这个起点就是第二章所述的任务陈述。

在进行外部关键因素分析时，建议采用如图 3-6 所示的分析框架，以企业的任务陈述为分析基准，判断外部环境各因素对企业定位的影响，一一进行梳理，做到不漏、不滥，保证外部关键因素矩阵的完备性。

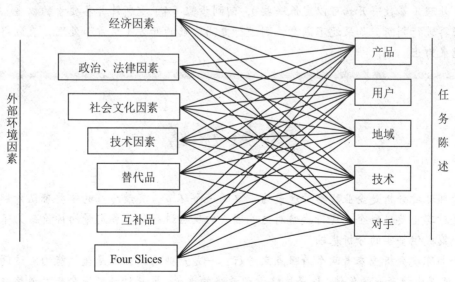

图 3-6　外部关键因素判断的分析框架

对于不同的定位，因素的重要程度是大不相同的。如中国人民银行于 2003 年 6 月 13 日下发了 121 号文件，该文件对开发贷款、土地储备贷款、个人购买高档住宅和第二套住宅的个人消费信贷以及施工企业利用流动资金借款进行垫资的行为进行了限制，被房地产界认为从消费信贷和企业融资两个方面卡紧了房地产开发企业的资金链。这一文件，对不同的产品定位的企业的影响是完全不同的。对于开发中低端住宅的企业而言，这一政策的影响不大，因为这一政策是针对高端住宅产品的。对于开发顶端住宅的企业的影响也不太大，因为开发这类住宅的房地产商往往具有很强的资金实力，而且购买这种住宅的顾客大多不需要贷款。受121号文影响最大的正是中高端的住宅，其原因主要有三个：一是这类住宅是房地产投机的主要产品；二是这类住宅的购买者往往需要较大数额的贷款；三是开发这些住宅产品的企业的资金实力往往非常有限。因此，根据某一因素对企业基本定位的影响，方可判断其是不是关键因素。

在EFE中，权重的含义是较难理解的。对因素权重的评价，更多的是对这一类要素在企业经营中的重要性的评价而不是对具体因素的评价。把关键因素的排序转换成权重是一个复杂的过程，它是科学与艺术的紧密结合。由于关键因素一般都超过10个，因此无法采用AHP进行分析。本书推荐采用以下程序进行转换。

（1）对各要素进行排序。

（2）计算各要素排序的倒数，即排第一位的为1/1，排第二位的为1/2，以此类推。

（3）把各要素排序的倒数相加，得到总数A。

（4）以各要素排序的倒数除以A，得到各要素的初步权重，如排第一位的要素的权重为1/1/A，排第二位的要素的权重为1/2/A。这一过程称为单位化过程。经过单位化处理，各要素的权重之和便等于1，符合权重的定义和要求。至此，各要素间重要性的相对数量关系便得到了初步的确定。

（5）对得到的初步权重数据进行判断，确定其离散度是否合适，即各要素之间权重的差距是否合适。

（6）如果认为要素权重间的差距过大（小），可对各要素排序的倒数进行开方（乘方）处理（幂数一开始可以定低一些），回到步骤（4）重新计算各要素的权重。对该结果再进行判断，如果还不满意，则进行更高次数的开方（乘方）处理，直到得到满意结果为止。

本 章 小 结

外部环境分析是企业战略管理最为重要的一个环节，其最终目的是要确认外部关键因素，并对其重要性和企业现行战略对这些因素的反应进行定性和定量的评价，为下一步的战略决策提供坚实的分析基础。

外部环境分析应本着两个着眼点来进行：一是产业需求；二是盈利能力。这两者相结合，便可得出该产业的价值，这是战略管理最终的追求，也是外部环境分析的最终立足点。

外部关键因素的确定并不是漫无目的的，它应该以企业的任务陈述为基准，判断各因素对任务陈述相关内容的影响，只有影响较大的才作为关键要素进行进一步分析。这一分析过程必须遵循一定的分析框架，利用工具来保持分析的完备性。

EFE的确定是科学与艺术相结合的一个典范。定量分析是建立在定性分析（这是一种主观的判断，属于艺术的范畴）的基础之上的，而定性分析必须借助一定的手段，使事物间的数量关系得以较为准确的定位。在这种结合的过程中，定性的判断是最为重要和基础的。

思 考 题

1. 外部环境分析在战略管理中处于什么样的地位？
2. 企业的任务陈述与外部环境分析之间是一种什么样的关系？
3. 在进行外部环境分析时应围绕什么核心问题来进行？
4. 外部环境分析一般包括哪些内容？
5. PIE 模型与 PEST 模型和五力模型的关系如何？
6. 如何判断某具体外部环境因素的重要性？
7. 外部因素中哪些是一般环境因素？哪些是特殊环境因素？
8. 如何分析特殊环境因素？
9. GDP 增长这一因素对哪些产品的需求拉动大？对哪些产品的需求拉动小？
10. 中国企业应如何应对出口国的非关税壁垒？
11. 收入分配分析对企业战略制定的作用体现在哪些方面？
12. 在构造 EFE 矩阵时如何保证其准确性？

本章案例：实体书店——路在何方

案例导读：

实体书店正面临着两个重大的挑战：一是网络销售对实体零售的冲击；二是电子阅读对纸质阅读的颠覆。更为可怕的是，这种挑战是颠覆性、毁灭性的。新华书店的战略突围，恐怕需要对自身的哲学定位进行重新思考，并在新的定位上进行系统、可行的战略部署，才有可能看到未来的曙光。

炎炎夏日，在 G 省新华书店集团的书城里，书架旁坐满了小孩和年轻人。每天书城的人流不少，但营业额却少得可怜。无疑，人们把这里当成了图书馆和避暑胜地了。集团董事长何进走在五楼财经类区域，心中一片茫然。实体书店业绩不断下滑，集团将如何突破困局？

一、公司背景

G 新华书店集团股份有限公司（以下简称"集团公司"）是经 G 省党委、政府批准，于 2012 年 10 月 30 日挂牌成立的。集团公司是以原 G 新华书店集团有限公司为主体，以股份制的形式，整合重组全省13个市的新华书店资产后变更而成，是自治区人民政府直属的国有控股大型文化企业。

集团公司具有图书报刊国内总发行资格，形成了多元化的发展格局，业务范围涉及出版物发行、图书开发、文化体育用品经营、进出口贸易、印刷、餐饮、旅游、服务、教育、房地产开发及物业租赁等领域。

集团公司拥有雄厚的资金、充足的业务资源、良好的企业信誉、精干的发行队伍和丰富的出版物发行经验，多年来坚持机制创新、战略创新、管理创新、技术创新和业态创新，在全省成功推行了中小学教材特许连锁经营和电子（网上）银行货款结算制度，实现了全省新华书店出版物发行信息管理高度一体化，通过了 ISO 9001:2000 质量管理体系认证，以"科学管理、诚信守约、安全准确、迅速经济"为质量方针指导各项经营工作，努力实现社会效益和经济效益的统一。

集团公司子公司包括：G 新华传文大中专教材有限公司、G 新华文博图书有限公司、G 新华物流有限公司、G 新华世纪出版有限责任公司、G 新华大酒店、G 文新图书有限公司、G 新华会展酒店管理有限公司、A 市新华书店有限公司、B 市新华书店有限公司、C 市新华书店有限公司、D 市新华书店有限公司、E 市新华书店有限公司、F 市新华书店有限公司、H 市新华书店有限公司、K 市新华书店有限公司、L 市新华书店有限公司、M 市新华书店有限公司、N 市新华书店有限公司、P 市新华书店有限公司、Q 市新华书店有限公司。

2012 年，集团公司销售收入（码洋）达到 30 亿元，总资产 30 亿元，净资产 20 亿元，利润 4 600 万元。从经营情况看，集团公司的销售收入增长相对停滞，个别业务略有下滑，如图 3-7 所示。从利润情况来看，集团公司的主业利润呈现出一定的停滞，甚至略有下滑，如图 3-8 所示。从销售结构来看，教材一业独大。教材业务属于垄断业务，但有很强的刚性，在确保了集团公司的业务规模的同时也使其未来的发展受到很大的制约。

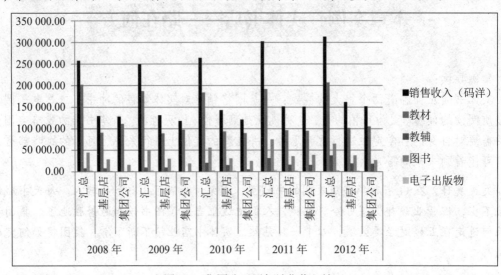

图 3-7　集团公司历年销售收入情况

总体来讲，集团公司目前最大的战略问题是缺乏突出的明星业务，如图 3-9 所示。从战略协同关系来说，教辅、出版业务与主业（教材发行）的协同性最强，大中专教材与一般图书次之，物流相关性一般，而酒店旅游的相关性最低。从发展潜力来看，物流业的空间最大，出版业次之，酒店旅游排第三，大中专教材和教辅排第四，一般图书最低，呈现萎缩态势。从竞争优势来看，教材处于垄断地位，出版业务、教辅发行和一般图书都有一定的优势，物流和大中专教材业务竞争力较差，酒店旅游业最差。集团公司需要确定将哪些业务培育成明星产品。

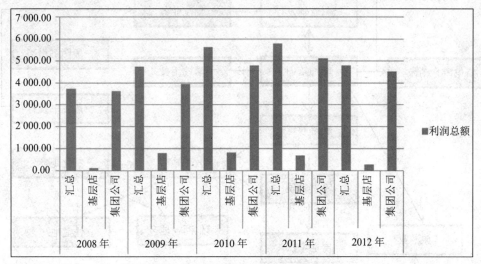

图 3-8　集团公司历年利润情况

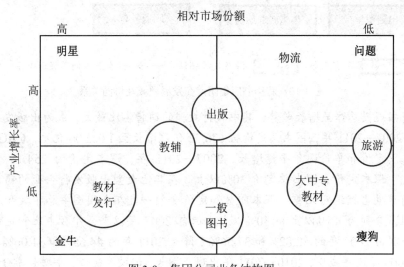

图 3-9　集团公司业务结构图

二、产业分析

　　图书的产业链可分为教材与一般图书两大系列。教材的产业链分为教材教辅出版、教材教辅发行、教师培训、初等教育、考试辅导、专业考试、学生就业服务等，这是一条比较长的产业链。一般图书的产业链分为出版、印刷、发行、读者服务等，这一产业链较短。但是，一般图书的实体门店会横向衍生出商业地产、文化地产的价值，其产业辐射的宽度很广。在整个产业生态中，教育机构及管理机构掌握着终端话语权，出版企业掌握着内容，这两个环节是该产业链中最核心的环节。新华书店在这一生态圈中都处于较为弱势的地位，如图 3-10 所示。

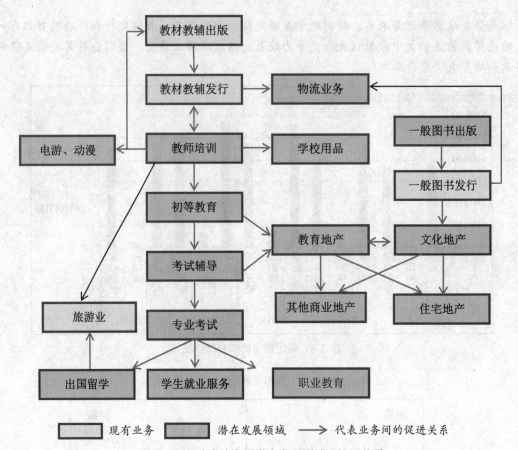

图 3-10 新华书店集团潜在发展领域及协同关系

中国图书规模总体呈增长趋势，其中教材教辅的销售占比最大，成为出版发行企业最重要的业务。2007—2011 年，图书总定价从 676.72 亿元增长至 1 063.06 亿元，CAGR=11.95%。其中，课本总定价和单价逐年平稳增长，2007—2011 年，课本定价由 254.15 亿元增长至 330.17 亿元。课本定价占图书总定价 30% 以上。在其他大型出版发行企业的销售收入中，教材教辅销售也占据绝对比重。课本印数和定价金额一直在全国图书总印数和总定价中占据很大比例，分别为 45% 以上和 30% 以上。但自 2007 年以来，印数占比和定价占比均逐年下降，分别由 2007 年的 52.82% 和 37.56% 下降至 2011 年的 44.65% 和 31.06%。课本印数在 2007—2009 年逐年减少，2010—2011 年出现正增长，但增速缓慢，年增长率分别为 3.68% 和 2.55%。

2006—2011 年，全国在校总人数基本保持平稳，其中普通小学和普通中学在校人数明显下降，而这两类人群正是教材教辅需求最大的目标客户，直接影响教材教辅行业的增长。高等教育在校人数总量较小，但由于近年来高校扩招等政策，录取比例升高，在校人数增加显著。但是，由于中小学学生减少和政策稳定，高等教育人数也将逐渐保持平稳。2007—2011 年，全国学校课本总定价保持增长趋势。其小学课本总定价并未增长，中学课本总定价略有增长，高等教育课本总定价的增长幅度最大。预计未来中小学教材教辅发展将遭遇天花板，大中专教育将存在发展机遇。

从总体上来看，虽然教材业务是新华书店集团独家发行，但由于我国人口在未来的相当长时期内增长会明显放慢，因此其业务发展空间会非常受限。另外，副科教材的循环使用使得新书的配送只达到 30%。更为重要的是，电子书包的出现将会使新华书店集团公司的业务遭受致命的打击。

随着网络销售（如亚马逊、卓越、当当等）和电子书的大量涌现，新华书店集团的一般图书业务也受到巨大的冲击。从全球范围内来看，实物产品销量下降，畅销书推动之力，各国图书销售近几年总体表现为销售额大体持平而销量下降。尽管不乏《哈利·波特》《暮光之城》《追风筝的人》《失落的符号》的助阵，但销售量没有实质性的增长。

出版巨头垄断依旧，并购之势趋缓。2008 年，培生、励德-爱思唯尔和汤森路透总收入192.9 亿美元，占全部 50 强收入的 26.5%，2010 年这一比例上升到 30.5%。

实体书店举步维艰。美国两大连锁书店——巴诺集团和鲍德斯集团——业绩持续下跌，英国连锁巨头伍尔沃斯倒闭，英国第三大连锁书店鲍德斯宣布破产。同时，以亚马逊为代表的网络书店的销售收入与市场份额不断攀升。在美国，亚马逊网上书店 2008 年的总销售额为 53.5 亿美元，比巴诺连锁书店的销售额高出 18%，首次超越传统书店，成为美国最大的书店零售商。法国、德国、韩国的网上书店销售年增长率均超过 20%。网络书店未来取代连锁书店成为第一大售书渠道已毫无悬念。

另外，数字内容资源不断扩充，营业收入大幅提高。2007 年以来，美、日、韩为代表的世界出版大国数字出版业务迅猛发展，数字内容出现井喷式增长。在美国，包含按需印刷图书在内的数字图书出版种数在 2006—2010 年增长了 126 倍，达到近 280 万种，是传统图书年出版种数的近 9 倍。2007 年，日本出现了手机小说大热现象，至 2008 年 3 月，日本主要面向计算机和手机的电子图书的发行种数约为 15 万种。2007 年，韩国包括手机书在内的电子书已超过 21 万种。

2007 年，日本电子出版市场规模为 355 亿日元，五年间增长 35 倍。其他国家数字领域的发展也加快了步伐。

数字内容资源的丰富程度在科技期刊数据库的扩充中体现得尤为明显。如爱思唯尔建立起全球最大的研究类文献提要及引文数据库——Scopus，包含 5 000 多家出版社的 18 000种期刊和 3 000 种期刊的在编文章；施普林格集团建立了全球第一个电子期刊的全文数据库——Springerlink 平台。

数字出版技术陆续进入大、中、小学校，各大教育出版商也在数字产品上纷纷加大投入，积极开发适销对路的数字产品。麦格劳-希尔教育出版集团已基本实现全流程的数字化，向大学师生推出全数字化、适应性的在线学习资源和考试解决方案。

移动阅读终端日益普及，数字内容投送模式不断丰富。2007 年，美国亚马逊发布了第一款电子阅读器，引发全球电子阅读器生产热潮。索尼、巴诺为代表的电子产品生产大鳄加快自身研发、发布电子阅读器的速度，适应不同读者阅读和使用期望的阅读器层出不穷。2010 年，iPad 的问世让读者在电子阅读器与手机之外又有了新的选择。

三、G 省宏观环境分析

（一）经济因素

我国经济的持续高速增长为文化事业的发展提供了坚实的经济基础。中国经济经过近几年的调整，应该走出低谷，进入一个平稳发展的时期。从各项宏观经济指标看，未来的经济增长将至少保持在历史的中下水平上。保守估计，2013—2018 年 GDP 平均增长率将在7%左右。

　　G省GDP从2007年的5 885.88亿元增长至2012年的13 031.04亿元,CAGR=17.22%,其中第二产业和第三产业增长更为迅速（见图3-11）。G省人均收入迅速增加,2010—2012年的收入年增长率均超过10%,特别是乡村居民纯收入的增长率已达到15%左右(见图3-12)。G省城乡居民储蓄存款增长迅速,从2006年的2 946亿元一跃达到2012年的6 654亿元。

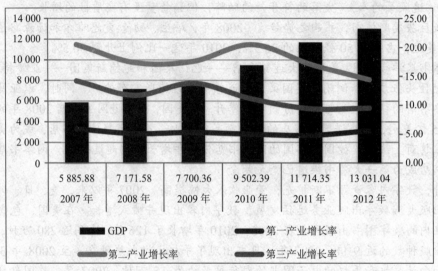

图3-11　2007—2012年G省国民生产总值（亿元）及各产业增长率（%）

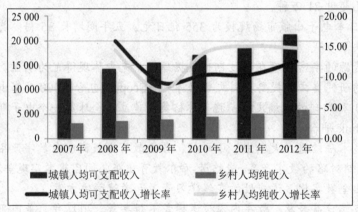

图3-12　2007—2012年G省居民人均收入（元）及增长率（%）

（二）文化消费习惯

　　G省城镇和农村居民的文教娱乐支出比例均低于全国平均水平,尤其是农村家庭文化娱乐方面的消费支出只占消费支出的4%,远低于8%的全国平均水平。表明G省居民的文化消费观念有待提升,但另一方面,这也成了未来文化产业发展的机会。

　　G省城镇居民在书报杂志方面的消费总体偏低,各收入阶层的消费差异不大,但最高收入阶层人群的消费有一个比较大的提高,说明高端消费市场是一个重要的潜力市场（见图3-13）。从纵向数据看,G省城镇居民在书报杂志方面的消费在消费总量中的比例自1995年来没有太大的变化,说明居民的消费习惯没有因收入水平的提高而改变。居民在图书消费上的比例还是非常低。

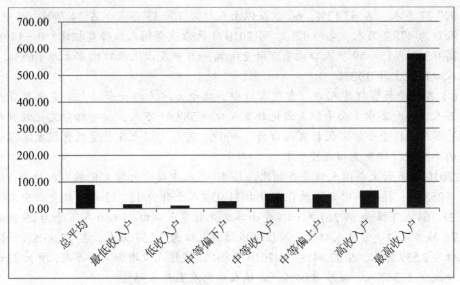

图 3-13　G 省各收入阶层的书报杂志消费数据

文化消费与人民收入的增长不匹配，是 G 省图书市场面临的一个巨大挑战。如何突破这个症结，是这个行业必须解决的问题。

（三）人口状况

根据 G 省 2015 年的人口统计，G 省的人口数量及结构如下。

（1）常住人口。2015 年年末，全省常住人口为 4 796 万人。与 2010 年同期相比，共增加 186 万人，增长 4.03%，年均增长 0.79%。

（2）人口地区分布。根据人口抽样调查推算，2015 年年末全省 14 个市常住人口分布如表 3-5 所示。

表 3-5　G 省 14 个市常住人口分布表

地　区	年末常住人口（万人）	地　区	年末常住人口（万人）
A 市	698.61	H 市	429.37
B 市	392.27	I 市	570.72
C 市	496.16	J 市	359.67
D 市	299.94	K 市	202.59
E 市	162.57	L 市	347.68
F 市	91.84	M 市	218.20
G 市	320.93	N 市	205.45

（3）家庭户人口。2015 年，全省共有家庭户 1 298.54 万户，家庭户人口 4 557.88 万人，平均每个家庭户的人口为 3.51 人，与 2010 年第六次全国人口普查相比，每个家庭户增加了 0.17 人。

（4）性别构成。常住人口中，男性人口为 2 493.1 万人，占 51.98%；女性人口为 2 302.9 万人，占 48.02%。常住人口性别比（以女性为 100，男性对女性的比例）为 108.26，与 2010 年第六次全国人口普查持平。

（5）年龄构成。常住人口中，0～14 岁人口为 1 059.4 万人，占 22.09%；15～59 岁人口为 3 027.27 万人，占 63.12%；60 岁及以上人口为 709.33 万人，占 14.79%，其中 65 岁及以上人口为 478.2 万人，占 9.97%。同 2010 年第六次全国人口普查相比，0～14 岁人口比重提高 0.38%，15～59 岁人口比重下降 2.06%，60 岁及以上人口比重上升 1.68%，65 岁及以上人口比重上升 0.73%。

（6）各种受教育程度人口。常住人口中，接受大学（指大专以上）文化教育人口为 347.83 万人；接受高中（含中职）文化教育人口为 587.61 万人；接受初中文化教育人口为 1 791.83 万人；接受小学文化教育人口为 1 400.61 万人（以上各种受教育程度的人包括各类学校的毕业生、肄业生和在校生）。

同 2010 年第六次全国人口普查相比，每 10 万人中接受大学文化教育人口由 5 977 人上升为 7 253 人；接受高中文化教育人口由 11 033 人上升为 12 252 人；接受初中文化教育人口由 38 764 人下降为 37 361 人；接受小学文化教育人口由 31 680 人下降为 29 204 人。

（7）城乡人口。常住人口中，居住在城镇的人口为 2 257 万人，占 47.06%；居住在乡村的人口为 2 539 万人，占 52.94%。与 2010 年相比，城镇人口增加 408 万人，增长 22.07%；乡村人口减少 222 万人，减少 8.04%。城镇人口比重上升 6.95%。

（四）政策因素

在政策方面，无论是一般图书，还是教材教辅，新华书店都面临许多不利的因素。

（1）中央对教材教辅发行做了各项规定，限制了总体市场的发展。相关的政策包括以下几方面。

① 教辅教材发行招标，促进跨区域、多样化发展。这一政策加剧了市场的竞争，同时也提高了市场营销成本。

② 部分艺术教材循环使用。虽然只有部分科目的教材推选这一政策，但仍对教材的市场容量产生了一定的影响。

③ 教辅发行流程规范化，并对价格有所限制。

④ 倡导数字化出版发行。《国家中长期教育改革和发展规划纲要》提出"信息技术对教育发展具有革命性的影响，要以信息化促进教育内容、教学手段和方法现代化"。2011年，主管教育信息化的教育部副部长杜占元指出，"教育信息化做好顶层设计"，以数字校园整体建设深化全国教育信息化发展。2012 年，教育部印发《教育信息化十年发展规划（2011—2020 年）》，"以教育信息化带动教育现代化，以建设、应用和共享优质数字教育资源为手段，促进每一所学校享有优质数字教育资源，提高教育教学质量；推进信息技术与教育教学深度融合，培养学生信息化环境下的学习能力"。未来十年，教育信息化的发展是整体设计，是软硬件、资源与服务的整合。

（2）省级政府对教辅数量和价格进行限制，获得政府审批的企业将优先发展。

① 省级教育厅制定《中小学教辅发行征订管理办法》，设置审定教辅推荐目录，只有推荐目录中的教辅才能在学校内发行。

② 学校实行"一课一辅"政策，即一门课程只推荐一本教辅。这个政策杜绝了以前教辅满天飞的乱象，但也大大压缩了教辅市场的容量。

（3）地市级教委的教辅管辖权将限制企业的教辅发行，与政府合作的企业将获得较多的资源。

① 地市级教委对于教辅发行有管辖权，教辅发行需要在各地市进行招投标，从而加大了市场和运作成本。

② 地方学校馆配图书等项目也纳入招标管理的范围。虽然学校馆配图书总量不小，但很分散，这使得学校馆配图书变成了一个鸡肋市场。

（4）政策鼓励数字化出版，成为未来传统出版发行行业面临的最大威胁。重要的相关政策包括以下几个。

① 2009 年，《文化产业振兴规划》把发展数字出版和电子阅读提上日程。

② 2010，《关于进一步推动新闻出版产业发展的指导意见》和《新闻出版综述关于发展电子书产业的意见》给出具体指导性意见。

③ "十二五"规划明确指出，数字出版是"十二五"期间的重点规划之一。

数字出版的发行平台与传统发行方式完全不同，未来数字出版的发展将彻底淘汰传统发行商。

（五）技术因素

目前，电子书包的出现成为新华书店最为致命的威胁，因为这一变化直接对新华书店最核心的主业——教材教辅市场产生巨大的冲击，对中国出版事业和教育事业的发展也将产生根本性的影响。

伴随着信息技术与数字出版业的飞速发展，以及我国教育信息化建设的逐步深入，"电子书包"这一新型教育信息化产品为学生"减负"、改变教师教学模式和推动我国教育改革提供了切实可行的解决策略，已成为我国教育界及高新技术厂商关注的热点。

1999 年，新加坡政府率先启动"电子书包"项目，马来西亚、菲律宾等也紧随其后推广"电子书包"。苹果、微软、联想等世界 IT 巨头都纷纷进入这一市场。2001 年 10 月 28 日，中国第一代互动式"电子书包"问世。在迈入新世纪第二个十年之际，《上海中长期教育改革和发展规划纲要（2010—2020 年）》提出"推动'电子书包'和'云计算'辅助教学的发展，促进学生运用信息技术丰富课内外学习和研究"。上海虹口区启动的基础教育"电子书包"项目拉开了中国政府以区域为单位整体推动"电子书包"在学校教育中的应用的序幕。中国"电子书包"已走过十一年，日渐为学校、家长、学生、教育部门所认可，其设计与开发逐渐从笨重的笔记本计算机变成轻巧便携的移动终端，从硬件为主变成终端、软件、资源、平台等集成为一体的整体性解决方案。

四、路在何方

新华书店曾经有过一段相当辉煌的历史，但是，现在它却遇到了前所未有的挑战。教材业务属于刚性需求，尽管靠着垄断经营的保护可以一直延续下去，但对 G 省新华书店来说并非战略上的成功。一般图书业务面临着网络销售与电子阅读物的两面夹击，恐难有太大的作为。企业的业务如何保持持续增长，新的增长点又在哪里？

案例讨论：

1. 对 G 省新华书店的经营状况进行诊断，提取出其关键性战略问题。
2. 从案例材料分析，G 省新华书店的机会与威胁是什么？
3. 确定 G 省新华书店的 EFE 矩阵。
4. 对 G 省新华书店的战略突围给出你的初步建议。

第四章　企业能力与资源的战略分析

　　所谓的优势和劣势，其实完全是一个动态的过程。优势可以瞬间化为乌有，而劣势也完全可以得到补长。决定成功的要素，从来都是企业内在的核心能力，而不是外在的资源。而前者，恰恰是不可以分析的。这正是战略管理的魅力所在。

第一节　内部分析的逻辑

　　内部能力与资源分析的根本目的是实现扬长避短（或补短）的战略意图。对企业的各种资源和能力进行分析，需要解决以下问题。

　　（1）什么资源与能力是行业竞争中的关键因素？优势与劣势是具体体现在资源与能力之上的。所谓优势，即企业具备某些资源或能力。在战略分析中，空谈优势与劣势并无意义。对优劣势进行分析，首先要确定这些因素是否会对企业在行业中竞争起到关键性的作用。比如，对于标准化的大宗交易品，资本实力与成本优势至关重要；对于非标准性产品和服务性行业来说，创新能力则显得更为重要；在房地产业、天然植物提取业这种周期性强的行业，对大势的判断，即对市场的洞察力则成为企业的核心能力。

　　（2）评判优势、劣势的标准是什么？定义优势与劣势的最终目的是帮助企业制定出可以获取超额回报的战略，因此，优势、劣势的确定必然以是否能为企业带来超额回报作为标准。而是否能够给企业带来超额回报，则需要从横向与纵向进行分析。横向是与同行相比，按照前述定义的目的，优势的标准应取决于企业所在行业的产业集中度。在垄断型行业中，只有第一名才是优势；在寡头型行业中，须进入前几名才能算优势；在高度零散型行业中，超过平均水平就可能是优势了；在有些行业中，最后一名都可能获取超额利润，那么只要能进入这个行业，就可以算优势。

　　企业的超额回报来自客户，所以优势的确定还需要进行纵向的比较，即是否可以超越顾客对企业的期望。按照心理学的阈限理论，人对事物的感知是有其局限性的。顾客对企业产品或服务的认知并非是连续的，而是一个阶梯形的过程（见图4-1）。只有顾客对产品或服务的认知超越对手，才称其为优势。如图4-1中的A定位与B定位，虽然B的实际性能比A强，但顾客认知却是一样的。在这种情况下，B不仅不是优势，还是劣势，因为B的成本比A高。只有达到C的状态，才能称为优势。但凡落在"台阶"上的定位，都存在被浪费的价值。我们把对手挤到"台阶"上，我们的"劣势"就会成为优势；反之，对手把我们挤到"台阶"上，我们的"优势"就会是劣势。那么，最优点在哪些点上呢？

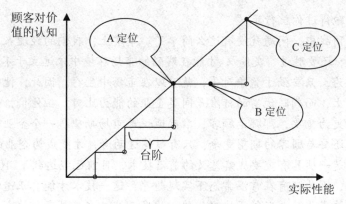

图 4-1　顾客认知"量子"曲线

注记　现代"屠龙术"

《庄子·列御寇》里记载了一个屠龙术的故事：朱泙漫向支离益学习屠宰龙的技术，用尽价值千金的家产，耗费了三年的时间，学成归来却无用武之地。这一故事告诉我们，探讨企业的优势与劣势不能脱离行业的背景。内部因素的分析必须以外部的行业环境为基础。在现实生活中，也存在许多"屠龙术"。比如，铱星公司就是一个典型。1997 年，摩托罗拉公司建立的由 66 颗低轨道卫星组成的移动通信网络——铱星系统投入商业运营，铱星移动电话成为唯一在地球表面任何地方都能拨打电话的公众移动通信工具。摩托罗拉耗资 1 亿美元为铱星进行广告宣传，将铱星推向登峰造极的地位。整个铱星系统耗资达 50 多亿美元，每年光系统的维护费就要几亿美元，使得铱星背上了沉重的债务负担。另外，由于铱星移动电话价格过高，用户数量远远达不到预计规模。2000 年 3 月，铱星因背负 40 多亿美元债务无力偿还而宣告破产。从高科技研发而言，铱星计划的确是一个生动的故事。铱星系统的复杂、先进之处在于：一是采用了星上处理和星间链路技术，相当于把地面蜂窝网倒置在空中，使地面实现无缝隙通信；二是解决了卫星网与地面蜂窝网之间的跨协议漫游问题。铱星系统开创了全球个人通信的新时代，被认为是现代通信的一个里程碑，使人类在地球上任何"能见到的地方"都可以相互联络。可是过于先进的技术导致成本过高，有限的市场规模无法维系公司的巨额运营维护费用，最后铱星公司只能成为一颗美丽的流星。企业切莫把这些"屠龙术"作为自己的竞争优势，从而将企业的战略引向歧途。

（3）企业的优势是什么？劣势在哪里？除了判断行业关键竞争要素外，内部环境分析应紧紧围绕着甄别企业的优势与劣势来展开。一般而言，影响企业竞争的内部要素主要有公司财务状况、管理水平、规模与成本优势、技术优势、市场网络、独特的资源六个方面。

注记　判断优与劣的标准

有两位经理在森林中探险，他们突然遇到了一头大灰熊。灰熊发现了他们，并直立起身子朝他们吼叫。其中一位经理赶忙摘下背上的背包，取出运动鞋换上。这时，他的伙伴大声说："喂，你不要指望能跑得过那头熊。"那位经理答道："我知道跑不过熊，但我只要跑得过你就行了。"

在当今的商战中，问题就没有这么简单了。事实上，我们的经理人不仅要比自己的伙伴跑得快，还要胜过"灰熊"，才能在残酷的市场环境中永远立于不败之地。许多企业管理者认为，只要强于竞争对手，就可以在市场中生存。因此，他们的注意力会集中在对手身上，而判断优劣的标准是同类企业的能力比对。但他们恰恰忘了，还有一类竞争对手更为重要，那就是顾客，准确地说是市场期望。一个企业除了要与同类企业竞争外，还要与顾客的期望竞争，只有超越这两者，才能成为企业的竞争优势。

超导技术是一项具有重要战略意义的前沿技术，目前已经达到了 100K 以上，但这还远远不够，因为只有在常温常态下实现超导，这一技术才能真正造福人类。切不可忘记的是，技术优势并不等于战略优势。许多企业，尤其是高科技企业，往往容易犯这类错误。3G 在欧洲的巨亏、铱星公司的破产，都是片面强调技术先进性所造成的恶果。

判断优势与劣势的目的是确定那些能为企业带来超出社会平均收益水平的能力与资源。因此，判断优势与劣势的最终标准是为企业增进价值的能力。能为企业带来价值的能力和资源，则称为优势；而对企业价值带来威胁的内部因素，则称为劣势。

第二节　财务状况分析

财务状况是企业生存和发展最重要的基础。战略管理中的财务状况分析与一般财务分析有共同之处，但也有所区别。其共同之处表现在通过不同的财务指标体系的分析，对企业的价值状态进行准确的评估，以作为经营决策的依据；其不同点在于战略管理中的财务分析最大的一个任务还在于挖掘企业的优势与劣势，通过财务数据的特殊含义，解读出企业的长与短。财务分析的内容包含对企业现有资产的规模及状态的分析、盈利水平分析、成长性分析、风险分析四个部分。其中，盈利水平分析、成长性分析、风险分析实质上构成了对企业价值的完整描述。

一、资产规模与资产状态分析

资产规模与资产质量是企业发展的物质基础，往往可以从以下四个方面来分析企业资产规模与状态对战略决策的影响。

（一）现金流量分析

现金流量分析在现代财务管理中已经被放到最重要的地位上。任何企业的经营，尤其是战略的拓展，都需要大量的现金，而企业现金流量的多寡在很大程度上决定了企业战略发展的边界。对于一个拥有100亿元现金流量的企业来说，其战略可选择的范围非常宽广；而对于一个现金流量只有100万元的企业，其战略发展的空间显然就小得多。

（二）企业规模分析

一方面，规模代表着企业在行业中的地位和影响力；另一方面，规模还与成本紧紧地联系在一起。这里要分析的是企业在行业中的相对规模，也就是要判断出企业在行业中所处的位置、是否具有成本优势等。

（三）资产状态分析

财务分析一般都是基于报表的分析，但仅靠财务报告来进行决策是不够的。历史成本法是会计的一个基本准则，但实际上企业拥有的资产的价值与其账面上的价值可能已经产生了很大的差距，因此必须对其资产的真实价值进行评估，才能作为战略决策的依据。

（四）资产专用性分析

一方面，资产的专用性越高，其效率就越高；另一方面，资产的专用性越高，它的可移植性也就越差，对企业战略拓展的支撑也就越小。关于资产专用性方面的战略含义，可以采用资源利用度—转移度模型来进行分析，如图 4-2 所示。

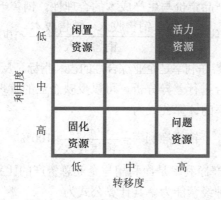

图 4-2 资源利用度—转移度模型

在资源利用度—转移度模型中，企业资源按其目前的使用状态及其资产的专用性分为四类。

（1）闲置资源。这类资源目前既没有发挥作用，也无法转作他用，因此闲置下来。这类资源的存在造成企业资源的浪费，因此，企业应该寻求出路将这些资源的能量发挥出来。

（2）固化资源。这类资源目前的利用度很高，同时转移性也很差，其用途基本上已经固化，因此它对企业的战略扩张起不到较好的支持作用。

（3）问题资源。这类资源的利用度与转移度都很高，因此，在进行企业战略分析时，应该判断这类资源的使用效益，确定继续保持这些资源目前的使用状态还是转为其他战略用途。

（4）活力资源。活力资源是企业目前没有充分利用、转移性又非常好的资产。这类资产为企业战略发展提供了良好的资源基础。

在资源利用度—转移度分析过程中，可根据行业的关键资源，分别对物质资源（包括货币、生产资料等）、人力资源、技术资源、网络资源、隐性资源（指企业特有的文化、组织模式等隐性的能力）等一一进行分析。

注记　资产资源分析的逻辑

现金流量、资产规模、资产状态分析是对企业内部资源的数量分析，而资源利用度——转移度分析是结构性分析。前者确定企业资源的数量对战略发展的支持力度，而后者确定战略拓展的可能方向。如果企业资源的可转移度比较高，那么企业的战略就可以拓展到其他产业领域中去，此时多元化战略就成为一种可行的战略考虑。如果企业资源的专用性较高（可转移性较差），那么企业在短期内难以发展其他业务，只能在现有的行业内发展，采取加强型战略将是比较稳妥的战略决策。

二、盈利水平分析

盈利水平分析通常使用以下四个财务指标。

（1）销售毛利率。销售毛利率是销售收入减去销售成本后与销售收入的比率。它反映了企业的经营效率，包括产品定价与生产成本的合理性。销售毛利率的计算公式为

$$销售毛利率 = \frac{销售收入 - 销售成本}{销售收入} \times 100\% \tag{4-1}$$

（2）销售净利率。销售净利率是企业综合性的盈利指标，反映了企业的综合盈利能力。销售净利率与毛利率相结合进行差异分析，可以反映企业的管理水平、销售成本等企业其他方面的能力。销售净利率的计算公式为

$$销售净利率 = \frac{净利润}{销售收入} \times 100\% \tag{4-2}$$

（3）资产净利率。资产净利率是净利润与企业总资产的比率，体现了企业对社会资源的利用效率，反映的是一种经营能力。其计算公式为

$$资产净利率 = \frac{净利润}{平均资产总额} \times 100\% \tag{4-3}$$

（4）净资产收益率。净资产收益率是净利润与股东权益的比率，体现了企业利用股东投资的效率。它一方面反映了企业的经营水平，另一方面也反映了企业的财务管理水平。净资产收益率可用以下两种方式来表达：

$$净资产收益率 = \frac{净利润}{平均净资产} \times 100\% \tag{4-4}$$

或

$$净资产收益率 = \frac{净利润}{年末股东权益} \times 100\% \tag{4-5}$$

注记　战略性财务比率分析

在战略管理中，对企业的盈利能力的分析基于以下两方面的考虑。

（1）分析不同业务的盈利能力，以确定企业未来发展的重点领域。是否需要放弃

某些现有业务？是否需要寻找新的盈利点？等等。这一方面的分析方法与一般财务分析的方法是完全相同的。

（2）挖掘企业的优势与不足。这一方面的分析与一般财务分析的方法存在较大差别。一般的财务分析通常采用横向比较分析（与同行比较，反映企业在行业中的盈利水平）、纵向比较分析（与企业的过去相比较，反映企业的进步情况）和计划比较分析（与目标计划进行比较，反映企业执行计划的能力）。战略性财务比率分析则有其独特的分析方式，称为横向比较基础上的指标间比较，即在与同业平均水平相比较的基础上，分析不同盈利指标在行业中位置的差异，从中找出企业的优势、劣势或比较优势与比较劣势。

对于销售毛利率与销售净利率这一对指标，如果企业的销售毛利率比同行平均水平高而销售净利率比同业平均水平低，则说明该企业生产方面的能力强，管理或销售方面的能力弱；反之，则说明企业在制造方面的能力弱，在管理或销售方面的能力强。当企业在两个方面都比行业水平高（低）时，通过比较分析还可以发现哪一方面的能力更强（弱）一些，从而确定企业的比较优（劣）势。

同理，如果企业的资产净利率较高，而净资产收益率较低，则说明企业的经营能力强而财务能力弱；反之，则企业的经营能力弱，财务能力强。净资产收益率与资产净利率的差异反映出财务杠杆的运用程度。当净资产收益率大大高于资产净利率时（过大的财务杠杆），意味着存在巨大的财务风险，这也是在分析中应该注意的问题。

三、成长性分析

成长性分析的哲学基础在于它预示着企业未来的收益。因此，对企业成长性的分析的实质是对其未来收益性的分析。从实践操作上看，一个企业的增长潜力可以通过以下五个方面的指标来进行判断。

（1）销售增长率。销售量的增长是反映企业增长潜力最直接的指标，也是最综合的指标。

（2）市场份额增长率。市场份额的增长反映企业在行业中地位的提高。市场份额指标是对销售量指标很好的补充。例如，在行业快速发展的过程中，大多数企业的业务量都会有所增长，但真正具有增长潜力的是那些市场份额增长的企业。一方面，这些企业在行业整体增长的过程中能够更多地把握市场增长的机会；另一方面，在市场下滑时，这些企业更能抵御市场波动的风险。

（3）无形资产增加值。品牌、专利等无形资产的增加会为企业的后续增长提供强有力的支持。从第二章的盈利模式看，品牌、专利技术都会给企业带来更高的收益水平。因此，无形资产的增加是企业增长潜力很好的注解。

（4）销售总额中新产品的比例。近年来，新产品[①]销售占总销售额的比例被作为衡量企业增长潜力的一个指标。新产品销售的比例高意味着企业新产品开发的能力较强。更为

[①] 这里所谓的新产品，是指相对于市场而言的新出现的产品。

重要的是，新产品还处于初期阶段，未来还有很好的增长空间。

（5）新客户比例。与新产品比例分析相似，新客户比例较高意味着企业市场开拓的能力较强。另外，新客户的购买大多为尝试性使用，未来购买增长的可能性将很高。

注记　成长性分析的内在考虑

成长性是企业发展战略的三大目标之一。成长性分析同样要解决两个重要的战略性问题：首先，企业业务是否还有足够的空间，企业有无必要考虑涉足其他领域；其次，通过企业业务增长速度与行业平均增长速度的比较，可以确定企业在某一业务上的竞争能力。

企业的成长潜力需要从上文五个方面的指标来进行综合的分析和判断。另外，在进行企业成长潜力的判断时，仅凭一两年的指标是不够的，通常需要五年以上的数据。最为重要的是，增长必须与企业的盈利相结合，如果企业的增长对未来的盈利没有贡献，甚至损害了未来的盈利能力，则这种数量上的增长不能成为企业增长潜力的依据。

边际代表着一种趋势，在进行成长潜力分析时，进行边际分析是有效的手段。边际分析是对指标变动的加速度进行分析。结合总量、增加量和加速度（增加量的增加量）三者进行分析，可以得到企业未来的业务量增长和盈利水平的更清晰的图景。

四、风险分析

从财务管理的角度来看，企业的风险分为短期风险和长期风险两大类。表 4-1 中的各项指标反映了企业的风险水平。

表 4-1　2007 年上市钢铁公司的风险水平

企业名称	流动比率	速动比率	资产负债率	产权比率	有形净值债务率	已获利息倍数
宝钢股份	1.010	0.495	49.77	105.91	105.91	0
武钢股份	0.593	0.251	60.24	151.80	151.80	0
首钢股份	1.124	0.928	55.91	128.46	128.46	0
马钢股份	0.906	0.528	67.00	207.00	207.00	0
鞍钢股份	1.508	1.072	37.48	59.96	59.96	0

资料来源：上市公司 2007 年财务报表.

（一）短期风险

流动性比率（或称偿债比率）是度量企业短期风险的常用指标。这方面应用最为广泛的两个指标为流动比率和速动比率。

$$流动比率 = \frac{流动资产}{流动负债} \tag{4-6}$$

$$速动比率 = \frac{流动资产 - 存货}{流动负债} \tag{4-7}$$

除了从财务比率上分析企业的短期风险外，许多表外的因素也需要进行分析。下列因素能够减少企业的短期风险。

（1）可动用的银行贷款指标。银行贷款指标意味着企业可以在短期内从银行融到一笔资金，从而提高企业的偿债能力与经营能力，降低企业的短期风险。由于这笔预期的资金还没有到达企业的账户，财务指标无法反映出来，因此需要对企业的风险水平进行调整。

（2）准备很快变现的长期资产。长期资产的变现将企业的长期资产转变成流动资产，更多的情况下是变成现金，因此企业资产的流动性得到提高。

（3）企业偿债能力的声誉。偿债能力的声誉能从两个方面缓解企业的现金压力：一是债权人的偿付要求会有所放宽；二是企业更容易从各种渠道融到急需的现金。由于企业短期风险大大降低，这类企业为了提高资产的收益水平，往往会保留较少流动性高的资产，如现金、银行存款等，其流动性指标如流动比率、速动比率等会因此而显得较低，但并不意味着企业的风险增加。

此外，如果存在以下因素，企业的风险水平增加。

（1）未作记录的或有负债，包括可能发生的质量事故、诉讼案件的可能败诉、尚未解决的税务争议等。

（2）对外担保所引起的负债。

上述这两种情况如出现问题，企业在短期内会支付大笔现金。

（二）长期风险

企业的长期风险可以通过以下四个指标来测评。

（1）资产负债率。资产负债率是最常用的长期风险指标，反映的是企业的总资产与总负债之间的关系。资产负债率的高低表明了企业能够偿还债务的总体能力。

$$资产负债 = \frac{负债总额}{资产总额} \times 100\% \tag{4-8}$$

（2）产权比率。产权比率指企业负债总额与股东权益之比，反映的是企业在风险发生时能够保障债权人利益的能力。

$$产权比率 = \frac{负债总额}{股东权益} \times 100\% \tag{4-9}$$

（3）有形净值债务率。

$$有形净值债务率 = \frac{负债总额}{股东权益 - 无形资产净值} \times 100\% \tag{4-10}$$

（4）已获利息倍数。

$$已获利息倍数 = \frac{息税前利润}{利息费用} \tag{4-11}$$

除财务比率分析外，下述情况也会对企业的长期风险产生影响。

（1）或有负债与对外担保。企业的长期风险包括了短期风险，因此或有负债和对外担保也需要作为对企业长期风险的补充分析。

（2）长期经营租赁。长期经营租赁的数额较大时，它对企业长期风险的影响将是极大的。由于签订了长期的租赁合同，租赁这部分资产的费用被长期固定下来，当企业的业务量下滑时，企业同样要支付这笔费用，这部分资产在风险考虑上就被等同于企业自身的资产。由于经营租赁的资产在产权上不属于租赁企业，这部分资产在账面上没有反映，因此需要根据企业长期租赁的情况进行分析，并对风险比率所反映出来的企业风险水平进行调整。美国安然公司采用的所谓的表外负债策略（或称轻资产战略），就是大量利用长期经营租赁的手法——把公司资产出售给关联企业，再与这些关联企业签订长期的租赁合同，将资产移出企业财务报表之外，把资本性支出（折旧）转化为经营性支出（租赁费用）——在表面上改善财务指标，从而可以大量融资，在短期内迅速把企业规模做大。虽然这么做改善了财务指标，但其风险并没有消失。

（3）行业特殊的记账方式。某些行业特殊的记账方式会对企业的资产负债结构产生较大的影响，因此需要对风险指标所反映的风险水平进行调整。比如在房地产开发企业中，购房预付款是一笔巨大的资金，由于房地产开发的周期很长，因此，在房产交付之前这笔款项一直作为负债来处理。但是，这笔负债实质上是企业的收入，因此应适当调减企业的风险水平。

注记　风险分析的战略意义

风险是企业价值的一个重要组成部分，平衡收益、成长与风险是战略管理的最终目的。因此，企业的风险水平对战略决策来说是一种重要的考虑因素。战略决策过程中的风险分析的目的是针对企业的风险水平，调整企业的发展态势及业务组合。如果企业的风险状态较高，在战略上将体现为较为保守的战略形态，或在业务组合上进行合理的搭配。如果企业的主营业务风险很大，为了减少业务波动给企业带来的冲击，涉足一些业务量稳定、具有稳定现金流的业务，将会在业务结构上改善企业的风险状态；反之，企业可以采取积极的战略扩张，或可以介入一些高风险、高成长和高收益的业务。

财务指标分析是财务状态分析的一个主要手段，但财务指标所定义的含义是建立在一系列的市场假设之上的。市场假设在变，不变的是这些财务指标背后所包含的财务管理思想。因此，在进行财务指标分析时，必须将财务指标完全打开，对资产与负债的具体情况进行分析，根据财务分析的思想对指标分析结果进行调整。

第三节　管理水平分析

管理水平是企业竞争的一项重要的基本技能，管理水平的高低直接影响着企业其他战略性资源（如资金、技术、人力资源、社会网络等）的获取能力及使用效率，同时它也是企业获取财务利益的重要保障因素。尽管企业的管理水平并不直接带来财务价值，甚至可能不是最重要的竞争要素，但毋庸置疑，在其他条件相同的情况下，管理水平高的企业，其财务指标一定会较为理想，或者在市场环境恶化、突发事件发生时，它们更能经受考验，渡过难关。从上述几个方面看，管理水平就是企业价值的一个重要来源。

阅读材料 4-1 ·· ●

管理的价值

  Solectron 公司起步于 1977 年成立的一家小型加工车间，坐落在加利福尼亚州的米尔皮塔斯。为了在市场上站稳脚跟，公司很快认识到自己不能有丝毫的闪失。公司不但要产品质优价廉，而且要交货及时。于是，像大多数电子公司一样，Solectron 公司采用了全面质量管理（一种含六西格玛管理在内的动态管理方法），希望以此提高产品质量，降低生产成本，增加经营利润，促进公司业务的繁荣发展。

  这项战略果然十分奏效。在整个 20 世纪 80 年代，Solectron 公司飞速成长，从用户那儿赢得了 27 项优质奖。到 1991 年，Solectron 公司在米尔皮塔斯及其周边 5 个生产基地的雇员已经超过 2 000 人。可是，它依然只是一家普通的印刷电路板生产厂。1991 年年初，公司市盈率（P/E）为 13 倍，每股收益 1 美分。行业分析师虽然看重企业潜力，但是又有谁注意到当时还名不见经传的 Solectron 公司呢？

  1997 年，Solectron 公司第二次荣获包瑞居质量奖，巩固了它名列世界优质管理公司之一的地位，同时也再次验证了投资人的投资是多么正确。此时，更多的投资者开始蜂拥而至，试图搭上这辆"赚钱列车"。当然，他们看中的不是 Solectron 公司的管理能力，而是它的财务业绩。

  截至 1999 年，Solectron 公司成为世界上最大的电子承包生产商，并晋升到硅谷第十大公司的地位。投资人在 1991 年用 1 000 美元购买的公司股票，到 1999 年年底，已经差不多值 130 000 美元，8 年内几乎增值了 130 倍。

  资料来源：斯蒂芬•乔治. 管理是金[M]. 海通证券交易所，译. 上海：百家出版社，2002：1-3.

  企业管理由计划、组织、领导、人事、控制五个职能构成，因此评价一个企业的管理水平，应该从这五个职能入手。在战略管理中，这五个职能与其在战略管理过程中最重要的阶段如表 4-2 所示。

表 4-2　管理的基本功能

功　能	简　介	在战略管理过程中最重要的阶段
计划	为将来做准备的所有管理活动。具体任务包括预测、树立目标、建立战略、制定政策及确立总体目标	战略制定
组织	包括确立任务与权力关系结构的所有管理活动。具体领域包括组织设计、工作专业化、工作说明、工作规范、控制范围的确定、权限划分、协调与岗位设计与分析	战略实施
领导	旨在塑造员工行为的活动。具体内容包括激励、沟通、建立工作小组、行为调整与规范、授权、丰富工作内容、提高雇员的工作满意度、满足员工需求、提高员工及管理人员士气	战略实施
人事	包括工资管理、员工福利、人员招聘、培训、员工发展、劳动安全保护、人员评价、制定纪律、提供平等的工作环境、处理工会关系、听取意见及公共关系	战略实施
控制	所有保证使实际工作结果与计划预期相一致的管理活动。包括质量控制、财务控制、库存控制、支出控制、变量分析、奖赏及惩处等	战略评价

  资料来源：弗雷德•R. 戴维. 战略管理[M]. 李克宁，译. 8 版. 北京：经济科学出版社，2001：147.

一、计划职能

在管理的五个职能中，计划能力是最为重要也是最为基础的，它是企业进行资源、人员组织的依据，也是激励员工、进行企业控制的基础。计划能力反映了企业对自身运作过程、能力的了解以及对未来市场变化的判断能力。一个企业的计划水平体现在以下几个方面。

（1）对外部环境的预见性。对外部市场的判断能力是非常重要的，尤其对于一些周期性发展的行业来说，由于其存在较强的规律性，这种能力的优势更能体现出来。这种能力的检验通常可以通过以往的市场分析的准确性来进行。

（2）对自身运作系统的理解。这种能力反映了企业基础管理的水平。计划的分解能力、各种基础数据（质量数据、成本数据、时间数据、产能数据、资源配备要求等）的准确性、计划最终实现的程度等，都反映了这种管理能力。

（3）计划执行的力度。企业的内外部环境都在发生不断的变化，计划准确性是相对的。在环境发生变化时，企业能否实现既定的目标更为重要。保证计划的严肃性，比计划的准确性还要重要，因为不严肃的计划比没有计划还要糟糕。在不严肃的计划环境中，员工甚至会人为地制造变化来与企业进行博弈，在达到自身利益最大化的过程中损害企业的根本利益。

二、组织职能

企业是一个有机的整体，企业的优势除了其资源（包括物质资源和人力资源）品质外，更重要的是企业对资源的整合能力。世界一流企业，如 IBM、通用电气、SONY 公司等，都是从小到大、从弱到强发展起来的。这些企业在发展壮大的过程中，都是打败了一个个强于自己的对手后成长起来的。在这种以弱胜强的背后，就是更有效的组织。在有效的组织当中，各种资源的能量被十倍、百倍甚至上千倍地放大，这正是小企业战胜大企业的基本原因。

我们可以通过以下两个方面来分析一个企业的组织能力。

（1）企业的规范程度。企业有没有工作规范和工作程序，流程是否合理，职责是否清晰，责权是否明确，都可以判断企业组织能力的好坏。这方面的分析体现了组织效率方面的能力，反映了企业在效率上与其他企业的差异。

（2）企业对环境的适应能力。在一个动态复杂的环境中，仅有高效率是远远不够的，甚至是危险的。对于企业而言，除了保证效率外，还需要对环境变化具有很强的适应能力。这种能力可通过企业对环境变化的响应速度、部门横向沟通的能力、新产品（业务）上市的周期等指标来进行分析。

三、领导职能

领导职能主要包括激励、沟通、授权、指挥与协调等工作内容。与管理的其他职能相比，领导职能完全与具体的人相关。组织职能是从组织体系上保证企业正常、高效地运行，而领导职能则是对这一职能的补充。组织体系形成后，企业的运作必须建立在组织成员的具体操作上。对员工行为进行有效的引导，使之符合企业的期望，是激励的最终目标。除了正常的运作规程外，企业在经营管理中还会遇到大量的意外情况。此时，企业既定的操作规范与流程便不能解决问题了。在这种情况下，需要一个核心成员来进行指挥与协调，从而保证企业经营管理活动的正常进行。领导职能的强弱可以从员工的满意度、工作积极性、企业的协调能力、内部冲突处理能力等方面进行评价。

四、人事职能

人事职能又称为人力资源管理。在现代社会中，人在企业生产各要素中的比重越来越大。企业的竞争，很大程度上取决于人的竞争。现代人力资源管理基本包括两个方面的考虑：一是企业维度，即从企业的角度来进行管理——如何获得企业发展所需要的合格人才（招聘）、如何高效地利用企业的人力资源（人员安排）、如何留住企业所需要的人才（人员激励与重要人员管理）、如何提高现有人力资源的素质（培训）等，这些工作都是从更好地提升企业绩效的角度出发的；二是员工维度，即帮助员工更好地发展其个人的职业生涯，实现员工的人生理想（职涯规划与培训）。企业的人力资源管理能力可以从企业的员工素质（学历、职称、年龄构成等）、人员流动率（尤其是关键部门的人员流失率）、人员与岗位的匹配度（适合的人做适合的工作，并非是人才的档次越高越好）等方面来进行衡量。

五、控制职能

控制是保证企业朝既定方向前进的重要职能。对于战略管理中的控制能力，更重要的是看其对内、外部环境变化的感知能力与应对能力。对控制能力的评价可以从企业是否有明确的、可量度的目标，是否建立了完整的绩效评价系统，员工的工作任务是否清楚地规定和说明，企业的奖励与绩效是否存在直接的关系，员工的士气是否高昂等方面进行。

六、业务能力分析

让数据说话是最有效的分析。除了从职能的角度来分析和判断企业在管理中的优势与劣势外，一些定量的财务指标能够更好地反映企业在经营管理各个环节中的能力。通常可以采用资产管理比率来反映企业在不同环节中的管理水平。常用的资产管理比率的计算公式为

$$营业周期 = 存货周转天数 + 应收账款周转天数 \tag{4-12}$$

$$存货周转率 = \frac{销售成本}{平均库存} \tag{4-13}$$

$$存货周转天数 = \frac{360}{存货周转率} \tag{4-14}$$

$$应收账款周转率 = \frac{销售收入}{平均应收账款} \qquad (4-15)$$

$$应收账款周转天数 = \frac{360}{应收账款周转率} \qquad (4-16)$$

$$流动资产周转率 = \frac{销售收入}{平均流动资产} \qquad (4-17)$$

$$总资产周转率 = \frac{销售收入}{平均资产总额} \qquad (4-18)$$

上述指标分为总体指标（营业周期）、物流管理指标（存货周转率、存货周转天数）、账款管理指标（应收账款周转率、应收账款周转天数）、流动资产管理指标（流动资产周转率）、固定资产管理指标（总资产周转率，与流动资产周转指标进行差异分析）五大类，分别反映了企业在这五个方面的管理水平（见表 4-3）。与本章第二节的指标间的比较方法相同，我们可以分析企业不同比率在同业中的地位，从而确定自己的优势与劣势。

表 4-3　2007 年上市钢铁公司的管理水平

企业名称	营业周期	存货周转率	存货周转天数	应收账款周转率	应收账款周转天数	流动资产周转率	总资产周转率
宝钢股份	88.797	4.617	77.981	33.284	10.816	2.983	1.127
武钢股份	62.292	5.809	61.971	1120.390	0.321	4.485	1.034
首钢股份	34.760	20.186	17.834	21.270	16.926	3.337	1.554
马钢股份	70.479	5.556	64.800	63.394	5.679	2.830	0.804
鞍钢股份	63.619	6.073	59.277	82.910	4.342	3.136	0.902

资料来源：上市公司 2007 年年报.

第四节　技术优势分析

企业的技术优势体现在企业的技术装备、研究与开发能力、技术专利储备等方面。技术装备（包括生产装备、技术开发装备、检测装备）是从硬件设施的角度来衡量企业的技术能力，技术专利储备则是从无形资产的角度来进行评价。这两者反映的是企业的技术资产状态，表明企业现行的技术优势。研究与开发（R&D）能力则是从能力的角度来分析企业可持续的技术竞争优势。

对于战略发展而言，研究开发能力是最为重要的。作为一种战略性投资，国际知名的大企业在研究开发上的投入都非常巨大。一般企业的研发投入占到销售额的 5%，高新技术企业的研发费用要远远高于这一水平。一般来说，国际大型制药企业的研发费用平均占到销售额的 10%～15%，生物、基因技术企业的研发费用则高达销售额的 25%，个别公司的这一比例甚至高达 40%。2007 年，全球制药企业用于新药研发的经费创历史新高，达到 588 亿美元，比 2000 年增长了一倍还多，其中著名药企的研发费用如表 4-4 所示。美国研究制药工业协会（PhRMA）等的调研资料表明，美国的制药企业在过去的 7 年（2001—2007 年）里，研究开发投入约占其销售额的 18%，与 1980 年的 11.9%相比增长了 6 个百分点，经费中的 60%用于新产品的研究开发。

表 4-4 2007 年全球著名制药企业研发费用统计

单位：亿美元

制药企业名称	投入研发数额
辉瑞	80.89
赛诺菲-安万特	45.37
诺华	64.30
罗氏	65.01

　　研究与开发的总体任务包括支持现有业务、帮助开发新业务、开发新产品、改进产品质量、提高生产效率、加强或提高企业的技术能力等内容。研究与开发活动渗透到企业经营的各个环节，因此，研究与开发应该是一种全员性的活动而不是某一部门的专门工作。

　　在现代竞争中，企业的研发活动不能仅仅局限于企业内部。充分利用社会研究与开发资源，提升企业的技术竞争力，是企业研发策略的重要手段。对于新产品开发等这样大规模的研究开发活动，大多数企业都采用自主开发、委托或合作开发相结合的模式，以加快企业产品和技术创新的步伐。因此，企业的外部技术合作资源也应纳入技术优势分析的范畴。

　　检验企业的技术优势可以从以下几个方面来进行。

- ❑ 企业在研发活动上的投入量。
- ❑ 研发团队的素质与整合情况。
- ❑ 技术优势在市场绩效中的体现。
- ❑ 企业的外部研发资源。
- ❑ 企业的技术装备与技术储备情况。

第五节 生产与成本分析

　　企业生产运作的能力体现在两个方面：根据市场变化快速调整的能力和成本控制能力。不同的行业和不同的战略形态对这两种能力的需求是大不相同的，但是，市场竞争到最后阶段，这两个方面的能力必须同时具备。

　　生产运作管理主要包括生产过程、生产能力、物流、人员和质量五个方面的功能，这五种功能的具体内容如表 4-5 所示。

表 4-5 生产运作管理的五种基本功能

功 能	简 述
生产过程	涉及实际生产系统的设计，具体内容包括对技术和设施的选择、工艺流程分析、设施布局、生产线的平衡、工艺控制及运输分析
生产能力	确定企业的最佳产出水平，具体内容包括预测、设施计划、综合计划、生产计划、生产能力计划及排产分析

续表

功　能	简　述
物流	涉及对原材料、在制品及产成品存量的管理，具体内容包括订货的内容、时间和数量以及物料运输
人员	涉及对熟练及非熟练工人、职员及管理人员的管理，具体内容包括岗位设计、工作考核、丰富工作内容、工作标准及激励方法
质量	基本目的在于以合理的成本生产高质量的产品与服务，具体内容包括质量控制、抽样检验、测试、质量保证、成本控制

资料来源：弗雷德·R. 戴维. 战略管理[M]. 李克宁，译. 8 版. 北京：经济科学出版社，2004：162.

中国正日益成为全球的加工制造中心，生产制造管理水平与能力对于中国企业来说是非常重要的竞争要素。工艺及装备水平、材料、高水平的技术工人等将会成为中国制造业发展的主要瓶颈。尤其是高素质的工人，未来一段时期内将出现较为严重的短缺，如何加紧这方面人才的储备与培养，是企业重要的战略考虑。

不同的战略形式，对生产制造系统有其特定的要求。它们之间的关系如表 4-6 所示。

表 4-6　各种经营策略对生产管理的要求

可能的经营策略	实施条件及对企业经营的影响
以低价格进行竞争	阻止竞争、拓宽市场。需要更长的生产周期和更少的产品变化；需要专用设备和设施
以高质量进行竞争	往往实现更高的单位产品盈利，或者以更小的销售总量得到更多的盈利。需要做出更大的产品质量保证努力，导致更高的作业成本；需要更精良也更昂贵的设备；需要更熟练的技术工人，从而支付更高的工资和进行更多的培训
强调用户服务	需要更多、更好的服务人员及服务用设备与配件；需要对用户需求或偏好做出更快的反应；需要更高效、更准确的信息系统及更精心的协调；需要更大的库存投资
更快速、更频繁地推出新产品	需要更通用的设备和人员；需要更高的研究与开发成本；需要更高的再培训成本及更频繁的生产机具的安装；每种产品的销售总量下降，这将失去一些学习曲线效应可带来的产品改进机会
努力实现绝对增长	需要接受一些有更低盈利水平的项目或产品，从而降低投资收益率；将人才分散用于各薄弱环节而不是集中使用优势力量
实行纵向一体化	使公司能够控制更长的生产链；在某些生产环节可能实现不了规模经济；可能需要超出企业现有能力的更高的投资、技术和技能
为灵活生产而储备生产能力	提供更大的生产能力，以满足高峰需求；当需求预测偏低时可迅速实施权变计划；需要对储备性生产能力进行投资；提供迅速扩大生产的能力，因为扩张通常需要一定的生产准备期
集中生产	可导致规模经济；可在一家主要用户或供应商附近建立工厂。缺点：一次罢工、火灾或洪水等便可能使整个生产过程陷于停顿
分散生产或服务	可以接近多地区市场；需要更复杂的协调网络；可能需要昂贵的数据传输系统及一些人员和设备在各地的重复设置；如果每处只生产一种产品，则存在大量的运输问题；如果各处分别生产对所有产品都很重要的某种零部件，公司受各种突发事件的影响较大；如果各处均生产整个系列的产品，则可能得不到规模经济的好处

续表

可能的经营策略	实施条件及对企业经营的影响
强调提高机械化、自动化及使用机器人的水平	需要巨额投资；减少灵活性；可能会影响劳资关系；使设备维护更为重要
强调员工的稳定性	提供员工所需要的安全感从而提高其忠诚度；有利于吸引和留住优秀员工；可能需要重新审视自制还是外购这一决策，并利用人员储备、高产品库存及外包生产等方式来应付需求波动

资料来源：弗雷德·R. 戴维. 战略管理[M]. 李克宁，译. 8 版. 北京：经济科学出版社，2004：163-164.

检验企业生产系统的能力可以从以下几个方面进行。

- ❑　企业物流系统的运作状态如何？
- ❑　生产设施的状态是否良好？
- ❑　计算机信息系统是否高效、运作良好？
- ❑　企业的制造布局是否符合战略要求？
- ❑　质量控制系统是否有效？
- ❑　企业是否存在成本优势（通常要求低于竞争对手 10%）？
- ❑　企业是否拥有足够的技术能力？

第六节　其他关键资源分析

除上述能力指标外，一些特殊的资源对企业战略发展的影响也是非常重要的。对于企业竞争来说，品牌、社会网络关系、人力资源、隐性资源以及一些特殊的自然资源是非常关键的竞争要素。

一、品牌资源

品牌在市场竞争中的作用越来越重要。对于消费者来说，品牌给他们带来的是信誉、质量和安全。在社会高度分工和企业经营地域不断扩大的时代，消费者的这种品牌感受使得品牌具备了极大的商业价值，知名品牌拥有企业也因此在市场竞争中获得巨大的优势。

品牌价值体现在以下三个方面：接受的更高的价格、产品信誉和消费者对品牌的忠诚。世界品牌实验室 2008 年发布的 BrandZ 全球最有价值品牌百强榜显示，榜上品牌的总价值从 2007 年的 1.6 万亿美元上升到 1.94 万亿美元，增幅超 2007 去年同期增幅的两倍。在我国，企业的品牌价值也越来越成为企业的一项核心资产。2007 年，世界品牌实验室发布的中国 500 最具价值品牌的评估表明，许多企业的品牌价值已经超过了企业的实物资产价值，成为企业资产最为重要的组成部分（见表 4-7）。

表 4-7 2007 年中国 500 最具价值品牌排行榜（1~20）

单位：亿元

排　行	品　牌	品 牌 价 值	企业总资产
1	中国移动	1 100.54	7 000.0
2	中国工商银行	805.46	86 843.2
3	CCTV	654.34	NA
4	海尔	640.00	111.9
5	中国人寿	588.67	8 946.0
6	长虹	583.25	230.6
7	中化	582.90	136.6
8	联想	580.20	505.6
9	宝钢	544.86	1 883.3
10	中国中铁	523.12	2 152.1
11	国家电网	448.96	NA
12	中国石油	448.89	9 940.9
13	一汽	445.42	NA
14	红塔山	439.20	NA
15	中国银行	438.24	59 955.5
16	华为	436.52	NA
17	苏宁电器	402.25	162.3
18	中远	397.66	50.0
19	中国石化	393.10	7 185.7
20	交通银行	367.28	21 036.3

注：NA 表示默认数据。

资料来源：世界品牌实验室 2007 年"中国 500 最具价值品牌"排行榜；上市公司 2007 年年报.

尽管品牌在市场竞争中具有重要的作用，但在不同行业中，品牌对企业竞争优势的影响度之差异是巨大的。在一些同质产品行业，如钢铁、电解铝、石油等，品牌的影响是极小的。因此，对企业品牌的分析应从以下两个方面着手。

- ❑ 该行业品牌的重要性。
- ❑ 企业品牌价值评估。

二、社会网络资源

社会网络资源指企业与对该企业在市场竞争中发挥重要作用的一些社会组织之间的关系。在人的社会中，网络关系始终起着一定的作用。尤其在东方社会中，关系的作用尤为突出。社会网络资源一般包括政府、银行及其他金融机构、大众媒体、行业协会、供应商、经销商、相关科研机构、其他与行业有关的社会团体（如环保组织、动物保护协会、人权组织等）。同样，对于一些政策性强、社会资源整合性强、受公众高度关注的行业（如房地产、金融业、通信业等），社会网络资源所起的作用非常大。因此，对某些企业来说，需要对其所拥有的社会网络资源进行评价，以确定其在市场竞争中的影响。

三、销售渠道

对于入世后的中国企业来说，销售渠道将是一种极为重要的战略性资源。在未来的市场竞争中，占据主动的有两类企业：一类是研发能力超群的企业，另一类是掌握市场终端的企业。中国企业与国际知名企业相比，在研发上还存在差距，甚至较长时期内这种差距是无法弥补的。但是，研发实力并不等于市场竞争的全部。通过市场渠道的控制，中国企业同样可以在竞争中获得主动权。相比较而言，中国企业与国外企业在这一方面的差距并不太大，而且中国企业在中国这样一个巨大的市场中有天时、地利、人和之利。市场渠道的控制将成为一种切实可行的战略选择，终端网络渠道也因此成为兵家必争的战略高地。

在过度竞争的市场环境下，零售商将在整个产业链中占据主导地位。以我国彩电产业为例，2007 年，国内液晶电视的市场需求在 770 万台左右，而国内厂商的年产量却已经达到了 4 000 万台。大量的液晶电视库存迫使厂商急切地要将产值转化为销售收入，此时厂商便不得不看零售商的脸色。因此，零售商的砍价能力越来越大，并成为游戏规则的制定者。像国美这样具有良好的零售品牌、完善的售后服务、雄厚的资金的家电大卖场在行业中更是占据了举足轻重的地位。除了利用规模优势在与供应商的谈判中占据主动，拿到更低的进货价格以外，国美还试图打破厂商的价格体系，由自己来主导产品的市场价格。例如，2005 年 9 月 23 日，广州国美在报纸促销广告中，擅自宣布将几大本土品牌的 32 英寸和 37 英寸液晶彩电单价降价 4 000 元，降价幅度高达 29%～40%。这引起了包括 TCL 王牌、康佳、创维、长虹、海信、厦华六大国产彩电品牌的集体反抗。TCL、康佳、创维和长虹的促销员 24 日、25 日连续两天从广州国美的各卖场撤出，以示抗议。广州国美对几大彩电品牌的"撤场"行动，采取逐个击破的策略，扬言如果哪个品牌不接受这一定价，就将它的产品"八折出售"。24 日起，广州国美率先拿 TCL"开刀"，将其彩电产品的售价"全场打八折"。而海信、厦华的促销员在 24 日撤场后，25 日又回到了广州国美的卖场内。这并不是国美第一次降价，近几年来，国美一次次将价格拉低的举动，使厂家一直以来极力维护的价格体系濒临崩盘。在这场厂商与零售商的博弈中，谁有实力谁说了算，这就是真正的市场规则。

四、人力资源

资本与劳动是人类生产活动的两大要素，虽然这两者表面上是截然不同的两类要素，但它们却没有本质的区别。资本在生产过程中发挥的作用，其实质是资本作为一种固化的劳动形态在后续生产中所起到的作用。因此，资本与劳动最大的差异体现在生产要素的固化程度上。在工业社会中，市场结构和技术结构都相对稳定。在这一稳定的系统中，生产要素的效率最为重要。因此，在工业社会中，资本的重要性尤为突出。这种关系也体现在资本要素与劳动要素在分配上的差异。

但在后工业社会中，变化成了主旋律。近五十年来人类在科技上的创造与成就，超过了人类以往几千年的总和。在结构性变化的系统中，创新能力、应变能力就成为更重要的因素。目前的一种主流观点是：在后工业社会中，从战略的角度来看，企业应该适当地放弃一些效率来换取系统的适应性，并应该放弃一些对利润的追求以保证企业的长期生存。

从生产要素的特点看，只有劳动，或者说只有人才具备这种应变能力，而资本作为一种固化的生产要素，无法对环境的变化做出应对。因此，在后工业社会中，人的因素变得越来越重要，这也正是所谓的知识经济的最主要的特征之一。

基于资本与劳动在人类生产过程中的这种关系，在后工业社会中，战略管理对人力资源评价的重点应落在企业人力资源的创造性与学习能力方面。具体来看，以下几个方面的因素可以作为企业人力资源评估的重点。

- ❑ 人力资源的素质。
- ❑ 多样化的人才结构。
- ❑ 企业的创新文化。
- ❑ 创新的制度环境。

五、隐性资源

在企业经营管理中，除了一些显性资源外，还存在一些重要的隐性资源。隐性资源潜藏在组织体系、组织机制和组织文化之中。组织所体现出来的执行力、创造力和凝聚力，是企业战略实施最为重要的因素，是一种重要的战略资源。这种资源难以采用明确的指标进行分析，更难以进行定量的分析。在隐性资源分析过程中，更多的是企业对克服困难的把握与信心。而这种判断，一定来自企业家对企业的感觉，而非其他人员。

六、特殊的自然资源

在一些特殊的行业，其生产经营对某些自然资源或特殊资源的依赖性是极强的。尤其当这些资源是不可再生性资源和独特性资源时，这些资源对于企业在行业中的竞争来说更是至关重要的。例如，在酿酒行业，窖池的连续使用年限（且保存完好）——"窖龄"越长，蓄积微生物越多，酒的香味成分越丰实，酿出的酒质量越好。一旦窖池由于某种原因终止使用超过3个月，其间微生物菌群就会遭到破坏或死亡，此窖池就会成为"废窖"。泸州老窖国宝窖池，自公元1573年建成以来连续使用且保存完好，被人们称作"中国第一窖"，是酿酒企业的珍稀资源。

注记　独立的内部能力分析

内部能力分析是寻找企业在不同业务、不同经营环节中的能力，为企业发展探讨各种可能性。与外部环境分析不同的是，内部能力分析应独立于企业的现有业务或预期的业务，即分析的范围应打破现有业务对企业能力需求的局限，客观地、全面地分析企业各个方面的优势与劣势，不论这种能力与企业的现有业务或预期战略有无关系。保持内部能力分析的独立性，其目的在于为企业的战略发展开拓更为广阔的空间。

阅读材料 4-2

管理筛选法

管理筛选法由包瑞居质量管理奖评选的七个要素构成。

一、领导才能（共 20 分）

（一）高层领导把质量管理放在最优先的位置上（12 分）

（1）公司是否有上下一心的奋斗目标？是否以顾客为中心？是否在不断营造一种提高员工自主权和鼓励技术创新的工作环境？

（2）公司总裁或 CEO 和其他高层领导有否谈到质量进步在公司成功中起着非常重要的作用？

（3）高层领导是否亲自参与改革质量管理的活动，如指导和参与培训、表彰突出成果、鼓励学习和创新？

（二）公司及其员工有良好的公德（8 分）

（1）公司是否恪守职业道德，履行社会责任？

（2）公司及其员工是否积极支持他们所在社区的活动？

二、战略决策计划（共 20 分）

（一）公司具有高效的战略决策计划流程（12 分）

（1）公司是否有战略决策计划流程？

（2）员工是否真正参与战略决策计划过程？是否真正执行 Hoshin 计划？是否通过政策、计划或是战略开发项目进行管理？

（3）公司在制订计划时是否充分考虑到各种类型的信息，如 SWOT、愿景规划、顾客和供货商的反馈意见？

（二）公司通过组织结构实施战略规划（8 分）

（1）是否有证据证明公司在其组织机构中全面开展了战略决策计划？公司所有的活动是否都是以战略决策计划为核心？

（2）公司是否有跟踪计划执行情况的关键性指标（KPIs）或验证方法？

三、以顾客和市场为中心（共 20 分）

（一）公司的产品和服务要满足顾客的需要（12 分）

（1）公司是否有诸如顾客咨询委员会、市场调研、消费者满意调查，并以此来了解顾客需求？

（2）公司是否有正规的程序，如"质量功能开发"（QFD），把顾客的要求转化对产品和服务的设计改革？

（3）公司是否对顾客的满意度进行定期测试（按年、季度、月或周）？

（4）公司有否从一个或多个客户中获得过供货商奖？

（二）公司建立和保持同顾客的紧密联系（8分）

是否有证据表明公司吸引大量的回头客，顾客对公司产品和服务有较高的满意率和/或一个较高的非常满意率（50%或50%以上）？

四、信息和分析（共20分）

（一）公司具有质量工作成效测试体系（10分）

（1）公司是否用平衡计分卡或其他测试体系作为质量工作成效的关键性指标（KPIs）？

（2）公司是否将其工作成效与在本行业中处于领先地位或世界级的公司进行比较？

（二）公司以评测结果来评估公司的整体运行状况（10分）

（1）公司是否用各种不同的测试方法，如经济增加值或作业成本核算（activity-based cost accounting）等来分析质量工作成效？

（2）公司是否以其他公司为楷模，汲取它们管理的精华部分来提高自身的管理水平？

五、聚焦人力资源（共20分）

（一）公司通过促使员工更加有效地工作来提高公司的业绩（12分）

（1）公司是否通过团队或跨部门培训来提高员工工作的灵活性、创新性并实现员工间的知识共享？

（2）公司是否在员工培训上做时间和资金方面的投入？

（3）公司是否肯定员工所做出的贡献，并通过分红、利润共享和职工参股计划（ESOPs）等方式来奖励员工？

（二）公司拥有忠诚的、积极主动和令人满意的员工（8分）

（1）公司是否公开宣布：对公司而言，员工具有重要价值？

（2）员工是否以积极的态度对待公司工作？

六、流程管理（共20分）

（一）公司系统化管理和流程程序改革（12分）

（1）公司是否一切从流程出发进行管理，如管理流程改革小组、管理流程创新、业务重组等？

（2）公司是否应用六西格玛、ISO9000、QMS 或 Kaizen 等方法来管理和改进公司的工作？

（3）公司管理流程改革是否改善了公司的财务、人力资源和销售状况？

（二）公司进行系统化管理并改善与供货商之间的关系（8分）

（1）公司是否用供货商计分卡或供货商成绩报告单来评估供货商的工作成效？

（2）公司是否通过诸如供货商资质、销售伙伴、供货商参与公司产品设计和战略决策计划来发展公司与供货商之间的长期合作关系？

七、经营业绩（共80分）

（一）公司在顾客满意方面显示出其杰出的领导才能（16分）

（1）公司是否有诸如顾客满意度调查、供货商奖、老顾客统计、独立机构的评级之类的数据和信息，可以用来反映顾客的满意程度？

（2）与其他公司相比，在令顾客满意方面公司是否占据领先地位？

（二）公司在财务业绩方面显示出其杰出的领导才能（16分）

（1）公司是否在财务业绩和市场占有方面，如营业收入、盈利、资金周转周期、收益、市场地位或市场份额等，有卓越的表现？

（2）与竞争对手相比，在财务业绩和市场占有方面公司是否占据领先地位？

（三）公司在员工满意、员工发展和员工工作表现方面显示出其杰出的领导才能（16分）

（1）公司是否有诸如公司就业安全感、人员流动、缺席率、员工满意程度、每个员工接受培训时间或员工自主权等方面的信息数据，可以用来反映员工满意度、员工发展和员工工作表现？

（2）与竞争对手相比，在人力资源开发方面公司是否占据领先地位？

（四）公司在供货商工作方面显示出其杰出的领导才能（16分）

（1）公司是否有诸如供货商质量等级、有资质供货商的数量、减少浪费、减少存货、缩短资金周转周期方面的信息数据，可以用来反映供货商的表现？

（2）与竞争对手相比，在供货商质量方面，公司是否占据领先地位？

（五）公司在组织机构方面显示出其杰出的领导才能（16分）

（1）公司是否有诸如缩短资金周转周期、提高质量、节约成本、提高生产力或第三方评估（ISO，QMS）方面的信息数据，可以用来反映公司组织机构的有效性？

（2）与竞争对手相比，在组织机构方面，公司是否占据领先地位？

注：（1）Hoshin计划是为实现某个目的而制订的一年期的短期计划。Hoshin与特定的目标以及实现这些目标应用的成本、质量、流程和激励的手段有关。可以简单地描述为：Hoshin = Targets + Means。目标描述要说明衡量成绩的指标，指标是增加还是减少，以及准备达到的目标值和时间。接着根据组织的情况在多种可实现目标的方法中选出适合的方法。Hoshin计划管理分为五个阶段。第一个阶段，首先由高级经理来决定Hoshin计划的目标和手段，然后中层经理和底层经理根据他们的经验和历史数据，决定他们各自的Hoshin计划的目标和手段。第二个阶段是配置Hoshin计划（这个阶段也被称为"抓球"阶段）。在这个阶段中，要考查组织中各个层级的管理人员所指定的Hoshin计划的关系，协调他们达成一致。第三个阶段是执行Hoshin计划，在执行之前，先要决定多久考查一次成绩衡量指标。第四个阶段是评论阶段，通过使用图表和数据来描述成绩衡量指标，每一层级的管理人员可以考查他们的Hoshin计划中提出的目标完成情况。第五个阶段是Hoshin计划调整阶段，根据已经完成的情况，考查Hoshin计划制定的目标是太高还是太低，并根据组织的情况，决定是否要做出相应的调整。

（2）读者可直接从www.baldrige.com网站下载"管理筛选评估表"。

资料来源：斯蒂芬·乔治. 管理是金[M]. 海通证券交易所，译. 上海：百家出版社，2002：161-165.

第七节　内部关键因素评价矩阵

对企业的内部能力与资源进行集成、定量的分析，汇成内部因素评价矩阵——IFE（internal factor evaluation matrix），是内部因素分析的最终工作。内部因素评价矩阵（IFE）的评价过程与 EFE 的过程相似。IFE 的评价可按照以下步骤进行。

（1）确定内部关键因素。通过对公司财务状况、管理水平、规模与成本优势、技术优势、市场网络、独特的资源六个方面因素的分析，确定企业的内部关键因素集。内部关键因素的数量一般在 10～20 个比较合适。

（2）对所选出的关键因素进行分类，将优势与劣势分列开来，并按照因素的重要程度进行排序。

（3）采用与第三章 EFE 因素权重评定相同的方法，确定 IFE 矩阵中各关键内部因素的权重。

（4）对企业的各种资源与能力进行评分，评分范围为 1～5 分。1 分表示企业在该方面处于绝对劣势；2 分表示企业在这一方面较为薄弱；3 分表示企业在此方面处于中等水平；4 分表示企业具有较强的竞争优势；5 分表示企业在该方面拥有绝对优势。

（5）用每个因素的权重乘以它的评分，得到这一因素的加权分数。

（6）将所有因素的加权分数相加，得到企业的总加权分数。

在 IFE 评价中，企业的最高得分是 5 分，最低得分是 1 分，平均分为 3 分。一般情况下，超出平均分以上，说明企业具有一定的优势，反之则说明企业处于劣势。

注记　优势与劣势和最终尺度

确定优势与劣势的目的是为企业战略决策提供依据，以便扬长避（补）短。如前所述，确定企业是否具有优势的最终尺度是企业能否据此获取高出社会平均收益水平的资本回报。在某一个特定的产业结构内，产业集中度将对优势、劣势的界定（IFE 的分值）起决定性的作用。如果该产业属于自然垄断行业，如收费电视、城市燃气、电信运营等，企业只有成为最强者，才能称为优势企业；而产业为寡头形态时，如金融业、金属冶炼、零售业等，只有前几位的企业能称为优势企业；当产业为零散行业时，如机电行业、会展业等，高出平均收益水平，甚至更低的标准，都可以视为具有优势，因为它们在这样的行业都可以获取超额回报。

如果某一要素在某些方面表现为优势，在另一方面却是一种劣势时，这一因素应出现两次。如某电信实业公司所拥有的与运营商的关联关系，虽然对公司业务起到较好的保障作用，但也使得企业形成了一种依赖性和惰性，同时也影响对其他运营商的业务开发。表 4-8 是一家房地产公司的 IFE 矩阵。从中可以看到，企业在行业中的竞争能力超过了平均水平，但并非实力很强，仅处于中等偏上的水平。

表4-8 某企业内部分析评价矩阵IFE

项 目	排 序	权 重	评 分	权 数
优势	市场洞察力	0.188 2	4.5	0.846 8
	企业品牌	0.062 7	3.5	0.219 6
	品质控制	0.066 5	4.5	0.299 4
	员工队伍	0.108 6	3.8	0.412 9
	企业管理	0.094 1	3.8	0.357 6
	营销能力	0.059 5	3	0.178 5
劣势	资金与资本实力	0.188 2	2	0.376 4
	企业文化	0.084 2	2	0.168 3
	公关、网络资源	0.076 8	1.5	0.115 2
	土地储备	0.071 1	2	0.142 3
合 计		1		3.116 925

注记 针对性与延拓性的矛盾

在本章第六节的内部因素分析中,为了拓宽企业的战略发展思路,强调了内部关键因素确定过程中的独立性。这种思想使得内部因素的确定并不与任何特定的行业相关联。然而,在IFE的评价中,行业的特殊性成为不可回避的问题。IFE的一个重要变量就是因素的权重,而任何一个要素对于不同的行业来说,其重要性都是完全不同的。这里将产生一个矛盾:在对内部关键要素进行权重评价时,如何协调要素的行业针对性与战略业务的延拓性之间的关系?应该说,这一矛盾是无法完全解决的。然而,考虑到总体层战略制定的这一环节更多的是要做出是否进行多业务发展的大致判断,在权重分析时还是应针对企业目前的主业,判断内部关键要素的重要性。

如果已有确定的目标产业,可以针对不同的产业进行不同的评价,然后取其最大值作为其最终的权重,也可以将其最小值作为最终的权重。前者反映了一种进取(激进)的价值取向,而后者则采取较为稳妥(保守)的发展观。内部关键因素与不同产业间的关系,将会在第五章QSPM矩阵的相关评价中得到体现。

本 章 小 结

企业的战略决策不仅要考虑外部市场需要什么,同时也需要考虑企业能不能满足社会的相关需要,以及能不能在满足市场需求上具有竞争优势。因为企业的内部因素是动态的,今天的优势并非能够一直保持下去,现有的劣势也并非不能改变,或者随着市场需求、游戏规则的变化、新技术的出现,行业竞争的关键要素都会发生极大的变化,因此,内部因素分析通常是非常困难的,在进行内部关键因素的确定时需要对一些基本性资源和能力进行确认,从而使内部关键要素分析更有稳定性与适应性。

通常，内部关键因素包括公司财务状况、管理水平、规模与成本优势、技术优势、市场网络、独特的资源六个方面。在关键因素的确认时，需要拓宽视野，不受现有业务的限制，从而为企业的战略发展寻求更大的空间。

思 考 题

1. 什么是战略投资？战略投资有什么特征？
2. 能力具有什么特征？
3. 资源分析一般包括什么内容？
4. 哪些资源比较容易通过财务分析发现？哪些资源不容易通过财务分析发现？
5. 如何综合评价自身诸因素综合起来的竞争力？
6. 如何确定企业的优势与劣势？优势与劣势是相对什么而言的？
7. 如何分析企业的比较优势和比较劣势？比较优势和比较劣势对战略制定起到什么作用？
8. 资源是一成不变的吗？是什么导致了资源的变化？企业如何使这种变化对自身有利？
9. 企业的隐性资源通常体现在哪些方面？
10. 如何应用资产专用性分析进行战略制定？
11. 分析企业的管理水平应从哪几个方面着手？

本章案例：明基——在贫瘠的土地上丰收

案例导读：

从传统意义上讲，不能说明基是一个有资源的企业，但是正是这个企业成功塑造了一个以 BbnQ 为品牌，业务涵盖信息、数码显示、影像、数字媒体以及无线通信等领域的全球巨舰。这个诞生于宏碁内的 IT 企业，凭借自己长远的战略发展定位及其包容而充满活力的企业文化，在舵手李焜耀的领导下，不断撰写着一个又一个的辉煌纪录。其发展历程所隐含的一个话题是：究竟哪些因素构成企业真正的资源？

一、明基的诞生

在我国台湾地区桃园明基总部庭园中挺立着一棵一层楼高的落叶松，冬天，叶落尽了，只剩下树枝，像把巨大的圆形木梳子。春寒料峭的 3 月，树枝末端又开始冒出一个个大小如芝麻的绿芽。李焜耀说："我很喜欢这种死掉后又重生的感觉！"

回顾明基一路走来"胆大包天"的发展策略，就犹如这棵落叶松，在枯索的冬眠期忍受寂寞，置之死地而后生，只等春天到来……

"很多人都希望快，两年就要回收；我宁可投资五年，但可以做个十几年。事业要选择长期积累性的。我常比喻，到底是要种稻还是种水果，到最后可能两种都要。种稻必须一直种一直割，但我们希望果树种多一点，因为果园的经济效益比较高，只是起初的投入要多一点、久一点。"

这就是李焜耀的逻辑。

1952年，我国台湾地区苗栗县的一个碾米厂老板家里，又一个小男孩呱呱坠地了。在这个共有8个子女的家庭中，谁也没有想到这个小男孩未来会成为一个全球品牌的掌舵人。和许多出身贫寒的企业家一样，李焜耀自小吃番薯长大，从读小学开始，就要帮助身为碾米厂老板的父亲舂米。

除了学习和做家务，李焜耀最大的嗜好是爬山。和许多登山爱好者不同，他迷恋的不是一座座险峰被他征服后的喜悦，而是登山过程中长时间体力煎熬所经历的人生风景，"我喜欢向高难度挑战，为了得到比较甜美的果实，多付一点代价，撑久一点是必要的。"他说。

大二时登山遇险，让他终生难忘。那一天是五四青年节，李焜耀和几个朋友结伴，攀登雪霸纵走（从大霸尖山到雪山的一条登山路线）。虽是初春，但大家却在最具挑战性的素密达断崖遭遇了风雪。毫无防备的他们为躲避风雪，跑进了原始森林。山上的小径早已被大雪吞没，大家在森林里迷了路，而此时天色已经暗了下来。

在风雪交加的夜晚，在人烟稀少的山峦，看着那好似一个无底黑洞般的原始森林，他们不知道自己能否走出这次灾难。为了保障维持身体的基本能量，他们开始严格控制食物的发放，每天都只能进食一次；在无法生火的黑冷夜晚，他们将冻似钢铁般的年糕硬生生吞入肚中。等风雪退去，李焜耀和同伴才找到了下山的路，到达目的地时，他们已经比预定的行程晚了两天。

登山时的高峰体验，在步入社会后仅能在心中品味，但这个来自苗栗的穷小子并没有想到，自己和伙伴们协力的精神、坚强的意志使自己能够翻越一座高似一座的事业高峰。

1976年服完兵役的李焜耀，丢掉了三四封美国研究所附奖学金的入学许可，谢绝了外商的加盟邀请，来到了仅11名员工、比外商开出的薪水低一半的宏碁。李焜耀在宏碁的编号是007，但他不算宏碁的创业者。宏碁的创业者有5个人，李焜耀是宏碁从外面请的第一个工程师。这也为以后的种种变化埋下了伏笔。李焜耀在宏碁一口气做了10年研发，台湾地区第一台英文终端机就是李焜耀领头设计的。只有在一个新兴的企业里，才能很快地直捣其中枢神经，这是李焜耀加入宏碁的想法。他希望用自己所有的精力，去赌一个企业的成功。"认准一件事是对的，他就会投入所有的精力。你可以说他把自己的未来'赌'在这家公司上，但对他来说，不是0就是1，中间没有灰色地带。他不是不缺钱，但他进宏碁15年，从来都只领股票不领股利。"李焜耀的部属如是说。

因缘际会，李焜耀搭上了宏碁成长最快的一班车。在宏碁搭上计算机产业起飞的喷气式飞机飞越全球的同时，历经研发、制造、行销、策略规划等磨炼的李焜耀，也将舞台带到了全世界，由于李焜耀是宏碁的老员工，在宏碁，他也是"桃李满天下"，很多当年的手下现在都在宏碁担当重任。到1991年任明基电通总经理之前，李焜耀曾历任产品研发、生产制造、行销、策略规划等职务，并晋升为宏碁电脑副总经理，是施振荣曾经认为的宏碁三大接班人之一。但率直、脾气火爆的李焜耀因为"上面管不动"最终没有接成宏碁的班，转而开拓明基，取得了不菲的业绩。

1984 年，宏碁从美国接到一个 OEM PC 的大订单。这个订单很大，宏碁内部没有足够的产能，于是施振荣从宏碁抽调了四个人，让他们出去建工厂，其中就有李焜耀，但李焜耀不是领头的，他只是主管生产和技术的副总。这个工厂与宏碁分离之后起名为明基，但成立明基并非宏碁有意而为之，其中的原因有两个：第一，建工厂要有很大的厂房，虽然碰巧当时台湾地区有很多纺织厂外移到东南亚，有现成的厂房可以利用，但这些厂房都不在新竹科技园区。另外，科技园区的管理规定，高科技公司不能在园区之外开分公司，如果开，就不能叫原来的名字，所以他们只好给工厂起了一个新名字——明基。科技园区和非科技园区税收不同，所以明基的财务必须和宏碁分开。第二，宏碁当时没有足够多的资金建那么大的工厂，所以吸纳了一个大股东，占明基 50% 的股份。后来，为了便于管理，这个大股东的股份合并到了宏碁中，明基成为宏碁 100% 控股的子公司。

高处不胜寒，李焜耀在宏碁享受过实现梦想的快感，但也在爬得越高、视界越广的过程中产生了困惑——随着宏碁高速成长，一次又一次的改组，一个个空降部队的"洗礼"，让他觉得自己的发挥越来越受限。

1988 年，李焜耀向公司提出申请，赴瑞士洛桑管理学院进修，并举家迁往瑞士。一年的学业结束后，他回到宏碁的第一件事就是向老板施振荣提出转调明基的请求。

当时，几乎所有人都认为这是一步险棋。事实摆在眼前：明基当年营收只有新台币近 26 亿元，是宏碁的 1/6；主力产品是成熟产品，由于市场跌价，卖出越多、亏损越大。这家规模只有区区 25 亿新台币的公司，很难支持资本密集或技术密集的新产品开发，再加上产品不能与宏碁重复，所以他只能"困守"在获利微薄的计算机周边产品之中。

这的确不是一条坦途，但也不是无路可走，正如李焜耀爬山时的心情："为了得到比较甜美的果实，多付一点代价、撑久一点是必要的。"李焜耀决定退出 PC、周边卡片，全部做周边产品，与宏碁在业务上切割得更清楚。1992 年，李焜耀将显示器的制造外移到马来西亚，以节约成本，并使之成为供给明基其他新事业的"粮库"。后来，马来西亚厂在最高峰时曾经负责明基电通六成的营收比重，证明这个决策很成功。

二、与宏碁划江而治

1994 年，李焜耀开始了与宏碁帝国的分离行动。他先是做传真机，后做 BP 机，还做过无绳电话，但都没有成功。最终，他将目标锁定在手机上，完全自主投资研发制造手机——一个没人相信台湾企业做得出来的产品。经过 5 年的辛苦耕耘，其生产的手机获得 100 多项专利，明基也因此成为我国台湾地区最大的且唯一以自有品牌行销的手机厂商。以产量而言，如今的明基已经是全球第七大手机制造商。

而后，李焜耀开始了更大的动作——成立友达光电，这也是一个孤注一掷式的赌博行为。1996 年，施振荣功成名就，作为将 ACER 做成我国台湾地区首个国际品牌的企业家，堪称当地 IT 业的泰斗。当时风华正茂的李焜耀找到施振荣，提出想做液晶显示器。而当时液晶显示器（TFT-LCD）还处在发展初期，20 世纪 90 年代初才刚刚实现量产，60% 以上的应用仅局限在笔记本电脑上，而高昂的价格也使得它的市场非常有限，1996 年全球产量仅几百万台。但是，高瞻远瞩的李焜耀却看到了 TFT-LCD 未来巨大的发展空间和潜力。

当李焜耀表明自己希望做 TFT-LCD 的想法后，施振荣很是吃惊。施振荣的第一反应是不可能，他告诫李焜耀："你有没有充分考虑过做液晶显示器意味着什么？它是典型的技术和资本双密集的产业，技术从哪里来？资金从哪里来？搞不好会被它吞掉。"

的确，施振荣的担忧不无道理。TFT-LCD 是一个高投入的项目，技术难度大，风险更大。第一，在技术层面上，TFT-LCD 是半导体技术和液晶显示技术相结合的产物，其中 TFT 阵列的设计与制作是整个项目中投资最大、技术难度也最大的部分，技术上成功与否将决定整个项目的成败。而在当时，这项技术几乎全被日本人所垄断。第二，TFT-LCD 的制作需要玻璃基板、彩色滤光片、驱动 IC 和背光源等多种高技术原材料和元器件的供给。而在当时，台湾地区能够提供这些上游相关元件的企业屈指可数。第三，TFT-LCD 产业需要大批有较高理论素养和具有丰富实践经验的工程技术人员，仅当时最新推出的一条第三代生产线，就需要几十个不同领域的工程师现场监控。第四，建生产线需要动辄上十亿美元的资金。技术、原材料、人才和资金都是摆在面前的难题，而李焜耀现在连一样资源也没有。

其实，还有一个重要的教训，施振荣没有言明，李焜耀也没有捅破，那就是宏碁在同样技术和资本双密集的半导体上暗亏到内伤。李焜耀回忆，当年宏碁发展集成电路并不成功，最后被迫断臂，把整个半导体部门卖给了台积电，这件事使施振荣心存阴影。

对于宏碁半导体的反噬，李焜耀的看法却如初生牛犊：一是因为宏碁与美国的技术转让商签订了不平等条约，限制很多；二是因为上市安排太晚，融资未能跟上。但是他认为自己不会在同一个地方跌倒。他极力主张，既然明基定位在外协件，而液晶显示器是其中未来最重要和最具潜力的领域，那么便是兵家必争之地，不成功便成仁。最终施振荣提出明基做大股东，宏碁做小股东，并一再叮嘱李焜耀小心。就这样，初始的 10 亿元新台币投资中，明基和宏碁分别约占 95%、5%。

"明知山有虎，偏向虎山行"，李焜耀首先要做的就是解开技术的"死结"。

早在 1972 年，美国西屋公司就提出了彩色 TFT-LCD 的构思，但是日本东芝公司于 1982 年率先实现了这一技术的规模生产，并从此开始保持在这一领域内的技术垄断和优势地位。全球第一、二代 TFT-LCD 生产线有 16 条，大部分都建在日本。但是，由于日系厂商出产的产品价格一直居高不下，市场又存在很大的潜在需求，看好 TFT-LCD 发展的韩国人开始进军这一产业，并迅猛发展，20 世纪 90 年代中期已有赶超日本的势头。实际上当时除了日本和韩国，TFT-LCD 的发源地——美国也在悄悄地开启这扇技术的大门。当时 IBM 已经研发出了全部 TFT-LCD 技术，但 IBM 在前 CEO 郭士纳的率领下正全力转向 IT 服务，无暇分心。李焜耀正是从 IBM 处得以突围。不出李焜耀所料，IBM 不愿看到日本商人独霸液晶显示器，因而很优惠地将技术授权给了明基。

让李焜耀心绪不宁的还是资本。那时这个行业的领跑者，如韩国三星、日本松下，大多既是实业寡头，又是金融寡头。尤其是三星，背靠三星保险公司，由于保险公司支付一般是存款后的二三十年，因而资金对三星而言就像拧开了的水龙头源源不断。但明基没有，就连母公司宏碁也只是以 5% 的股份表明了旁观的立场。

李焜耀必须制订一个全盘的融资战略计划以匹配其产业战略规划。

达基科技（友达光电的前身）在 1996 年 8 月诞生了，激情而理性的李焜耀做的第一件事就是在达基和明基之间设一道防火墙，以免明基被达基拖累。

明基的职业精英团队为达基确立的融资战略是，既然明基没有日本、韩国企业的内部关联资金通道，那就将明基和达基的财务公开和透明性发挥到极致，使之赢得社会公众的依赖，以最短的时间争取在美国纽约证券交易所上市，进而从全球资本市场募集到取之不尽、用之不竭的资本。但能否成功事在人为，因此李焜耀有意识地从美国吸纳"海归派"，尤其是财经界精英，如美国北依利诺依大学的会计硕士郑炜顺被任命为友达光电的财务长。从此，这位年轻而英俊的CFO越来越老道地游刃于国际投资人中间。

一步登天是不可能的。正如施振荣当初所言，液晶是一只贪婪的"销金兽"，明基的第一笔10亿元新台币投资宛如投到水中，一下就不见了，随后是10亿元、30亿元、40亿元……与此同时，明基的第一种财技——吸引风险投资也出手了。由于当时明基已经登陆台湾股市，明基的职业经理人团队开放透明的经营模式，在家庭企业为主体的中国台湾令人耳目一新，而它的成功使当年追捧的风险投资家赚得盆满钵溢。因而当达基TFT-LCD起步顺利后，他们继续追随。其中有一位李焜耀不愿透露姓名的犹太人，管理着美国一家拥有几十亿美元的基金，一下便投资超过4亿元新台币，占当时达基约80亿元总资产的5%～6%。李焜耀清楚地记得，这笔雪中送炭的资金价格约每股18元新台币，而三年后每股已实际升值到43元新台币左右。这位精明的犹太人在李焜耀的身上又大赚了一笔。

对于液晶这头"猛虎"，风险投资的上亿元资金最多是"开胃小菜"。1999年，当李焜耀决意跻身于液晶主流，上大尺寸TFT-LCD时，绷紧的资金链勒紧了明基的脖子。

这一过程要连续投入约70亿～80亿元人民币。在此过程中，明基每一次都要垫付将近一半，自有资金很快告罄，即使向外借贷也无济于事。明基董事会无奈之下决定冒险，用在国际市场已经小有声望的明基押注，在欧洲卢森堡发行可转换债券。

欧洲的可转换债券的最大便利是，它没有规定一个统一的财务标准，只要募集者将财务报表翻译成英语就行，这可以使融资时间缩到最短。

明基两次共发行2亿美元，大部分都喂了液晶"老虎"。这最后的赌注令明基命悬一线，如果债主到期后要求赎回，明基就完了。幸而当时李焜耀开始挖掘中国大陆制造和市场优势，营业额增长迅速，股价节节攀升，债券到期后如愿以偿地都转成了持股。

"虎仔"一晃长成"青虎"，李焜耀使出浑身解数，惊出一身冷汗。

达基的迅速发展带动了台湾地区整个TFT-LCD行业的兴起，成为台湾地区当时最热门的话题之一。1999年，刚起步的台湾地区TFT-LCD行业在当时日、韩厂商独大的世界市场上抢到了3%的占有率，相关厂商股价在短短几个月内大涨数倍乃至数十倍；而且新的投资计划还在酝酿中，2000年产值可接近1 000亿元新台币，市场占有率也将上升到20%。可以说这一高新技术产业已经进入一个新时代。

1999年世界TFT-LCD的生产状况和投资计划如表4-9所示。

表4-9 1999年世界TFT-LCD的生产状况和投资计划

公　司	工　　厂	基板尺寸（mm²）	投入能力（片/月）	主要品种（cm）	备　注
夏普	天理1	320×400		7.6～15.2	天理1改选成为p-Si TFT生产线
	天理3	360×465	15 000	26.4以上	
	天理3	370×470	15 000	26.4以上	
	三重1-1	400×500		28.7以上	
	三重1-2	550×650		28.7以上	
DT1	姬路2	360×465	30 000	10.2～38.1	1998年笔记本电脑市场最大占有率
	野洲	550×650	30 000	30.7以上	

公　司	工　厂	基板尺寸 （mm²）	投入能力 （片/月）	主要品种 （cm）	备　注
东芝	姬路		10 000	10.2～26.4	深谷为低温 p-Si TFT 生产线
	深谷		5 000	6.86	
NEC	秋田 1	370×470	28 000	30.7～35.8	1998 年生产 50.8cm 屏；1999 年投资 40 亿日元改造旧线
	秋田 2	550×650	15 000	30.7 以上	
	鹿儿岛 1	300×350	20 000	30.7	
	鹿儿岛 2	360×465	35 000	30.7	
精工爱普逊	取访南	203		2.28/3.3	高温 p-Si TFT
日立制作所	茂原 2	370×470	30 000	30.7～35.8	
	茂原 4	650×830	10 000	30.7～35.8	
鸟取三洋电机	新工厂	550×670		30.7～38.4	
松下电器	石川 1	320×400		小型	石川 1 为低温 p-Si TFT；长冈为高温 p-Si TFT
	石川 2	370×470	12 000	7.6～27.9	
	鱼津	550×650	15 000	30.7 以上	
	长冈	203		1.8/3.3	
卡西欧计算器	高知	320×400	13 000	4.6～14	
星电（Phillis）	神户 1	270×360	60 000	7.6～46	1996 年销售开始与 Phillips 合作
	神户 2	400×500	25 000	30.7	
	神户 3	650×830		30.7 以上	
ADI	熊本 4	300×400		26.4～30.7	1998 年开始低温 p-Si TFT
	熊本 5	370×470		28～38.1	
	熊本泗水 LB	410×520	31 000		
三洋电机	歧阜 G3	300×400	10 000	5.1/10.2/14.2	首家 p-Si TFT
富士通	米子 1#	300×400	7 500	28.7 以上	1997 年开始垂直取向液晶屏的生产
	米子 2#	410×520	30 000	28.7 以上	
	米子 2#			2.5～15.2	
	米子 3#	650×830		38.1 以上	
索尼	国分 6 号栋	203		1.4/1.8/3.3	p-Si TFT
中国台湾中华映管	桃园	550×670		25.4 以上	三菱电机技术
韩国现代电子	利川	370×470	12 000	25.4～30.5	Image Quest 技术
	利川	550×650	5 000	25.4～30.5	
	利川	600×720	30 000	25.4～30.5	
Image Quest	美国	360×465			
韩国 LG 电子	龟尾	370×470	30 000	33.8	针对美国笔记本电脑 OEM；龟尾*为与菲利普合资
	龟尾	550×650	20 000	33.8	
	龟尾	590×670	20 000	33.8	
	龟尾*	680×880		监视器专用	
Litton	加拿大	300×400		中小型	CdSe TFT
Optical Imaging Systems	美国	300×400		中小型	
Prime View	新竹	370×470	6 000	4.6～26.4	

续表

公 司	工 厂	基板尺寸 （mm²）	投入能力 （片/月）	主要品种 （cm）	备 注
韩国三星	器兴	370×470	25 000	中小型/54.1	720×920 为目前最大尺寸，美国苹果出资 1 亿美元
	器兴	550×650	10 000	30.8/381	
	天安	600×720	30 000	33.8/381	
	天安	720×920		33.8/43.2	
中国台湾元太科技	新竹	320×400	10 000	4.6～17.3	台湾最早投产 TFT，大型生产线为松下技术
	新竹	370×470		10.2～26.4	
	新竹	610×720	30 000	30.8～50.8	
中国台湾达基科技	新竹	600×720	15 000	30.8 以上	IBM 技术
Chi-Mei Optoelectronics	台南	600×720	60 000	30.8 以上	
中国台湾瀚宇彩晶	杨梅	500×650	30 000	30.8 以上	东芝技术
	高雄	模块线			
中国吉林彩晶数码高科	长春	300×400	30 000	10.2～40.6	DTI 姬路 1
正在筹备改造计划					
Prime View	第四代生产线 2 条，分别于 2001 年和 2003 投产				
Chi-Mei Optoelectronics	台南	660×870			
夏普	三重	680×880	30 000	50.8 以上	600 亿日元
日立	茂原	730×920	40 000		340 亿日元
松下	石川 3	550×670	15 000		320 亿日元
NEC	秋田	370×470	35 000	30.8 改成 35.8	100 亿日元
DTI	姬路	投资 230 亿日元，成盒（制屏工序）增加野洲工厂生产能力			
东芝	新加坡			960×1 100	

伴随着达基的逐步成长，李焜耀深深地感受到了当年施振荣以臂饲虎的恐惧，他现在想的是赶快把这只"虎"放到资本"深山"中去，而这样做就意味着自己手中控股的绳索要加长，现在明基对达基的控股高达 50%，太高了。

台湾股市显然不是李焜耀心目中的"深山"，它只是一只"浅碟"；欧洲股民也不理想，股市的交易性差，几乎只能是 IPO 时一次性融资，而后它会被股民遗忘。达基财务长郑炜顺建议，根据台湾股市和纽约证交所的相关规定，一只股票可以同时在中国台湾和纽约上市。因此，达基的股票先在台湾地区上市，不发行新股，而后再到美国上市。这样有三个好处：一是可以按上市公司要求进一步提高达基的财务透明度；二是可以通过流通让部分老股东变现获利，增强股东的持有信心；三是可以通过流通确立股价，这也利于将来在美国再次发行时更好确定股价。

2000 年 9 月，达基在中国台湾地区上市，李焜耀如郑炜顺所请发了旧股（这与大陆首次 IPO 必须发新股不同）。

与李焜耀一样在 TFT-LCD 上与虎谋皮的台湾实业巨子并不少，台联电的掌门人曹兴诚就是一位。早在达基成立前 5 年，曹兴诚就成立了联友，开发 TFT-LCD。因为他要喂两头"老虎"——一头是半导体，一头是液晶，因而直到 2001 年，其液晶事业在世界上仅排徊在第八九位。他眼睁睁地看着后起之秀——达基虎虎有声地超前，遂萌生退意。而李焜耀也有整合台湾液晶行业的欲望——如果到美国上市，目前的盘子显然还太小。

曹兴诚和李焜耀本来就是老熟人，双方一拍即合，两个各价值约 150 亿元新台币的公司达基和联友在 2001 年 9 月正式合并（实质上是达基并购了联友）。友达光电的诞生震动了国际IT业。明基控股比例降到22%，台联电为第二大股东，持股19%。此次合并，在中国台湾地区诞生了国际液晶行业的一头猛兽，总资产额超过300亿元新台币，一跃成为世界液晶显示器的第三强。2001年，显示器面板市场占有率的前三名是三星、LG-Philips LCD和友达，其市场占有率分别为23.1%、21.9%和15.9%，合计61%。在17英寸以上的显示器面板市场中，LG-Philips LCD的市场占有率大约为40%，三星约占29%，友达则为20%。为了能在瞬息万变的市场中抢占先机，友达先从第3.5代和第4代生产线进行渗透，并在极短时间内跨进第5代生产线，迅速缩小与三星的距离，使友达几乎同时和三星、LG直接抢滩第5代TFT-LCD产品。

截至2002年，中国台湾TFT-LCD业界的累计投资总额超过4 000亿元新台币，约合135亿美元，并创造出3万个以上的就业机会。2002年，包括显示屏、主要元器件及材料在内的大型TFT-LCD产业的生产总值已达到2 905.8亿元新台币，约合100亿美元，其中显示屏的生产总值占世界份额的34.4%（2 249亿元新台币，约合77亿美元），仅次于韩国，居世界第二位。另一方面，元器件及材料的生产总值达到656亿元新台币，约合23亿美元，占世界份额的6%。上述生产规模的扩大是在短短4年之内完成的，以达基为领头羊的TFT-LCD产业创造了IT行业的又一个奇迹。

2001年，中国台湾地区主要TFT-LCD面板厂营收概况如表4-10所示。

表4-10　2001年中国台湾地区主要TFT-LCD面板厂营收概况

单位：亿元

2001年	出片量（万）	营业收入	税后利润	2002年	出片量（万）	营业收入	税前利润（预估）
友达	420	375	-67	友达	750	700	140
华映	235	323	-57	华映	450～500	445	120
彩晶	217	153	-64	彩晶	400～440	401	60
奇类	220	164	-36	奇美	800（含日本子公司）	495	150

2000—2002年，TFT-LCD市场占有率变化如图4-3所示。

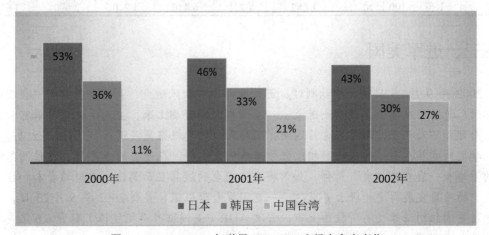

图4-3　2000—2002年世界TFT-LCD市场占有率变化

1998—2003年，日本、韩国、中国台湾地区主要TFT-LCD厂商设备投资动向如表4-11所示。

表 4-11　1998—2003 年日本、韩国、中国台湾地区主要 TFT-LCD 厂商设备投资动向

厂　　家		年　　份					
		1998	1999	2000	2001	2002	2003
日本（亿日元）	日立	50	310	500	300	100	200
	东芝/DTI	150	80	520	300	500	500
	三菱电机	20	20	30	30	30	30
	NEC	70	160	70	100	50	50
	富士通	6	7	70	50	50	50
	松下电器	120	320	420	250	200	200
	夏普	191	394	900	600	600	800
日本（亿日元）	三洋/鸟取三洋	45	100	220	100	100	100
	星电	80	10	30	10	10	10
	合计	732	1 401	2 760	1 740	1 640	1 940
	增长率（%）		91.4	97.0	−37.0	−5.7	18.3
韩国（亿韩元）	三星电子	50	700	950	900	500	900
	LG	100	800	900	1 000	200	300
	现代电子	0	200	500	100	0	0
	合计	150	1 700	2 350	2 000	700	1 200
	增长率（%）		1 033.3	38.2	−14.9	−65.0	71.4
中国台湾（亿元新台币）	元太科技	100	100		50	50	50
	联友光电	100	250		100	100	200
	宏碁	150	400		0	0	0
	翰宇彩晶	150	300		100	50	50
	中华映管	150	300		50	50	50
	奇美	150	250		200	100	200
	合计	800	1 600		500	350	550
	增长率（%）		100.0	−18.8	−61.5	−30.0	57.1
合计　1 美元=100 日元		1 682	4 701	6 410	4 240	2 690	3 690

三、进军美国

2002 年 9 月 23 日晚，中秋刚过，苏州澄阳湖畔秋风送爽，菊正香蟹正肥。在友达光电苏州厂奠基的夜宴上，最后一道菜——澄阳湖大闸蟹端上来，主人李焜耀看着它食指大动，面部却不动声色，面对好奇的追问，刚知天命的李焜耀笑笑说："它胆固醇太高。"

李焜耀竟然也有怕的东西？相比张牙舞爪的大闸蟹，在过去的 6 年里，这位明基兼友达的董事长一直在与"虎"为伴。如何将友达光电的液晶显示器这个典型的资本和技术双密集型的项目发展得更为壮大并成熟，一直困扰着李焜耀。直到 2002 年 5 月 23 日，友达光电在美国纽约证券交易所挂牌上市，首次 ADR（美国证券存托凭证）融资 6.6 亿美元，他才终于可以喘一口气，在澄阳湖边闻一闻蟹香。

在此之前，友达光电已经是一头国际级"猛虎"，已经打破了台湾地区 IT 产业先驱宏碁施振荣的预言，甚至吞掉了台联电曹兴诚麾下的联友。这个庞然大物的总资产已达 413

亿元新台币，甚至是其母公司明基电通总资产的两倍；其销售收入已经疯长到世界第三，市场占有率超过 13%，仅次于韩国三星的 16%、LG 的 15%。明基也已经度过了同宏碁"一荣共荣，一损共损"的阶段。在完成了宏碁体系的脱离后，李焜耀正在构造自己的企业帝国。万事俱备，李焜耀开始筹措着把友达光电这只"猛虎"放入世界资本市场最深的"山脉"——纽约证券交易所中。

中秋时节，坐在苏州的李焜耀仍后怕得心惊肉跳。尽管友达光电一成立，就全力以赴冲刺美国纽约证券交易所，但好事多磨，直到 2002 年 5 月 23 日才正式挂牌，搭上了春季交易的最后一班车。回头一看，他们正是与华尔街的萧条速度拼命地赛跑，如果拖到下半年，后果不堪设想。

友达光电 CFO 郑炜顺介绍说，美国的资本市场有两个黄金季节：一个是 3～5 月，另一个是 9～11 月。因为美国一些大的投资基金都是半年结算一次，一次是 6 月中旬开始，一次是年底，而在结算期他们一般都不交易股票，尤其是欧美人都有放暑假的习惯，每年的 7～8 月是没有人做新股案子的，因此，友达最初计划的上市时间表是 2002 年 3 月。

为登陆纽约，友达光电专门聘请了 SEC（美国证券交易所）认可的毕马威香港公司的注册会计师，同时聘请了所罗门美邦作为承销商。尽管纽约证券交易所对财务报表透明度、准确性要求非常高，会计报表必须非常严谨、统一，而且到美国纽约上市费用高昂（相比于在欧洲给承销商的费用占融资金额的 2%～3%，到美国去要缴纳 4%～5%，而且会计师和律师费也非常昂贵，总中介费用要占到总融资额的 7% 左右。不仅如此，上市后维持与投资人的关系的成本也非常高，如每季度在美国召开全球投资人说明会，建立面向全球的电话财务解释系统等），但是李焜耀志在必得。

尽管早在一年以前，李焜耀和郑炜顺已有计划地广泛接触国际投资人，但天有不测风云，随着安然、世通等一系列公司的财务丑闻曝光，纽约证券交易所对财务审核空前严格，要求解释疑问的频率普遍提高，而会计师事务所更是诚惶诚恐，会计师签字非常保守，生怕一失足成千古恨，被抓了顶风作案的典型。因此，友达光电上市时间一拖再拖。

与此同时，李焜耀和郑炜顺等友达光电高层在毕马威的安排下，频繁与投资人会面，不厌其烦地向投资人解释行业潜力、市场成长评估，友达光电在行业中的竞争力，未来 5年的盈利评估，以及明基的职业经理人团队的优势等，甚至如果打价格战，友达凭什么优于对手等细节。

就在美国春季黄金交易季即将落幕之际，友达光电搭上了最后一班车。2002 年 5 月 23日，伴随着一声清脆的开市锣声，友达光电在纽约证券交易所挂牌，其 5 700 万单位的 ADR以每单位 11.57 美元价格发行，市盈率 13 倍，募集资金 6.6 亿美元，当天股价最高上探 12.95美元。这是华人企业在纽约的又一次成功，也是中国台湾地区继联电、福雷电、日月光后第四家在美国纽约证券交易所上市的公司。

今天的李焜耀已经变得很有包容心。当李焜耀和下属意见不一致时，李焜耀的处理方式是，假如对方一定要坚持，李焜耀会接受对方的观点和做法，但是一定会关注结果如何。对那些虽然能干，但是相互之间并不服气的下属，李焜耀通常会首先把他们安排妥当，各负其责，然后要求他们不仅仅要站在自己的位置上思考问题，更要站在全局的角度上思考问题。"假如他不是站在自己的本位上，而是站在我的层面上，站在公司的层面上宏观地看待问题，就比较容易取得一致的意见，这在我们公司是有机制来保证的。"李焜耀认为，一个企业和组织里存在着冲突才会健康。对那些像当初的自己一样业务能力强而又不怎么"服管"的下属，李焜耀说："我会细心地去包容业务能力强的人，如果一个企业和组织总是排斥能力强的人，这个企业和组织就不会有发展，我必须要接受各种不同的意见。"在这个过程中，李焜耀还必须要做到以公司利益至上和公平地处理事情。

然而，企业具有最大的包容度也是把双刃剑。当初的宏碁和施振荣就是因为包容度太大，才造成了太多的模糊地带，导致业务块之间切割不清楚，重叠性的业务大量存在。"我们绝对不可能有这样的事情存在，大家一定要事前讲清楚彼此的界限在哪里，不能形成模模糊糊的状况，然后大家都拼命去抢地盘。"李焜耀说。

李焜耀承认，现在的明基带有一些人治的色彩，但不是太重。"我认为快速成长的企业都是从以人治为主的阶段开始起步的，通常是通过某一两个人的运作，让企业的知名度快速提升，但企业发展到一定规模之后必须要走向法治化。"李焜耀说。事实上，一个企业能否走向法治的关键还是要先经历资本市场的洗礼，靠大众的监督力量来实现制度化，使企业的运作达到一定的透明度，最终形成合理的管理体系。从这个角度上说，明基已经上市8年多了，在美国和欧洲都挂了牌，拥有丰富的资本运作经验，所以相对于许多国内的本土企业，明基的透明度和法治化进程都要好许多。

经过这么多年的风风雨雨，李焜耀渐渐熬到了收获的季节。2003年2月，国际知名财经类杂志《福布斯》以明基董事长李焜耀为封面人物，用长达4页的篇幅报道了明基自创立BenQ以来的品牌成长之路。至少对一个阶段而言，这标志着李焜耀率领的明基的一个里程碑。然而，BenQ所要面对的竞争还远远没有结束。

李焜耀很喜欢一首诗："暮从碧山下，山月随人归。却顾所来径，苍苍横翠微。"他说："这首诗的意境很好：经过许多辛苦，爬过一座山，历练过很多的境界，然后到了坦途，很轻松地走下山之后，有随时可以爬另外一座山的心情。"

这是李焜耀的心境，也是明基的心境。

四、参考资料

（一）明基的基本情况

成立日期：1984年4月21日。

资本额：256亿元新台币。

全球制造区：中国台湾地区桃源、中国苏州、中国上海、墨西哥墨西卡利、捷克布尔诺。

全球员工人数：14 000多名员工，分布40余国（2007年5月）。

（1）国家或地区销售比重如表4-12所示。

表4-12　国家或地区销售比重

单位：%

国家或地区	2006年	2005年	2004年
中国	18	18	15
美洲	38	35	30
欧洲	24	28	31
亚非中东	20	19	24
合计	100	100	100

（2）产品在全球的市场占有率如表 4-13 所示。

表 4-13　产品在全球的市场占有率

产 品 类 别	2006 年占全球销量的百分比
液晶显示器	3.5%（全球第七大）
投影机	7.6%（全球第三大）
扫描器	16%
手机	2.1%（全球第六大）

（二）明基系主要企业情况

1. 明基电通信息技术有限公司

曾用名：苏州明基电脑有限公司

成立时间：1984 年 4 月。

职工人数：7 885 人。

排名情况如下：

❑ 2002 年中国企业 500 强：248 名。

❑ 2002 年中国出口额最大的 200 家企业：31 名。

❑ 2003 年中国工业企业 1000 大：346 名。

❑ 2004 年中国工业企业 1000 大：65 名。

❑ 2005 年中国大型工业企业：65 名。

❑ 2005 年中国企业信息化 500 强：250 名。

企业简介：该公司是明基集团下属企业，初期以计算机外设产品为业务重心，并逐渐扩展至光电、通信以及数字多媒体领域，涵盖液晶显示器、CRT 显示器、等离子显示器、投影机、Digital Hub、光驱、刻录机、DVD 光驱、数码相机、扫描仪、移动电话、宽带网络等多元化产品线。

2. 苏州达方电子有限公司

成立时间：1999 年 8 月。

职工人数：2 021 人。

企业排名：2005 年中国大型工业企业第 1 232 名。

企业简介：该公司是台湾明基集团之子公司，投资总额 2 998 万美元，致力于专业通信与精密元件研发与制造，并发展出包括输入元件、陶瓷元件、通信元件、电源元件四大产品线。公司主要产品有桌式键盘（Keyboard）、笔记本键盘、光电鼠标（Mouse）、MP3、表面粘着型变压器（SMD）和陶瓷积层电容（MLCC）等。

3. 苏州明基电子技术有限公司

企业排名情况如下：

❑ 2002 年中国出口额最大的 200 家企业：174 名。

❑ 2002 年中国进出口额最大的 500 家企业：180 名。

企业简介：该公司主要研发和生产各类电器件、扫描仪和 DVD 产品，并提供相应的技术售后服务。

4. 友达光电（苏州）有限公司

职工人数：8 669（人）。

企业排名情况如下：

☐ 2002 年中国进出口额最大的 500 家企业：158 名。

☐ 2003 年中国工业企业 1000 大：51 名。

☐ 2003 年中国专利申请量国内企业百强：9 名。

☐ 2004 年中国工业企业 1000 大：170 名。

☐ 2005 年中国大型工业企业：170 名。

企业简介：该公司是友达光电股份有限公司在中国苏州设立的工厂，专门从事薄膜电晶体液晶显示器（TFT-LCD）之设计、研发及制造。产品涵盖了 1.5～46 英寸 TFT-LCD 面板，应用领域包含桌上型显示器、笔记本电脑、液晶电视、车用显示器、工业用计算机、数码相机、数码摄录机、手持 DVD、掌上游戏机、手机等。

资料来源：

1. 明基 Benq 官方网站，https://www.benq.com.cn.

2. 张庭宾，綦久立. 李焜耀伺虎[N]. 21 世纪经济报道，2002-10-14.

3. 何承健. 李焜耀：从 "007" 到 "KILLER" [N/OL]. 21 世纪人才报，2002-07-16[2020-04-20]. https://business.sohu.com/51/96/article202199651.shtml.

案例讨论：

1. 明基的优势与劣势是什么？

2. 确定明基的 EFE 矩阵。

3. 明基在液晶显示器业务上是如何把劣势转化为优势的？

4. 分析确定企业发展过程中最核心的竞争要素是什么？

5. 明基在发展液晶显示器的过程中最凶险的一环在哪里？

第五章　战略制定——工具与逻辑

在战略管理领域里，模型与工具是最不重要的了。但缺乏了战略制定的工具，我们往往会在判断正确的情况下，犯各种各样的低级错误。这样的错误，犯得不可饶恕。模型与工具的作用，就是让人们在判断正确的前提下，做出正确的决策。尤其在决策维度很多且问题非常复杂的情况下，工具能够确保人们理性思考。更为重要的是，模型与工具可以使战略家的判断得以显性化，使其便于沟通与求证。

从环境分析到最终的战略决策，既是智慧的结果，更是一个科学的过程。在这一过程中，战略家对战略方案与环境之间的复杂关系的判断是最为重要的，但仅有判断能力是远远不够的。在直觉判断的基础上，借助科学的分析工具进行战略决策，是提高决策质量、决策效率的重要途径。

对任何一个决策来说，都须遵循下述程序。

（1）确定决策目标。

（2）对环境进行分析。

（3）提出备选方案。

（4）对备选方案进行评价，并做出选择。

（5）实施方案。

本章内容主要集中在以上程序中的第 3 个和第 4 个环节——战略的匹配与选择阶段，这是战略制定过程中的核心环节。本章提供一个战略制定的四阶段决策体系，这是一个操作性比较强的分析框架及分析工具，如表 5-1 所示。这一分析框架包括以下四个阶段。

（1）信息输入阶段。信息输入阶段就是将环境分析（包括内部环境分析与外部环境分析）的结果输入分析框架中，作为后续分析的基础。

（2）匹配阶段。匹配阶段需要解决的是将内、外部的关键因素进行综合分析，匹配出可供选择的战略方案。这一阶段提供的是一个战略可行集，缩小了分析的范围，为下一步的战略方案评价做好准备。

（3）评价阶段。评价阶段是对各种备选方案进行比较，按优劣程度对各方案进行排序，得到战略的优先集。优先集是指在企业资源或能力有限的情况下，优先考虑采用的评分较高的战略方案。

（4）战略确定阶段。战略决策的最后一个环节是要进行战略预算，参考战略优先集的评价结果，最后确定实施哪几个战略方案。

表 5-1　战略制定的四阶段分析框架

第一阶段：信息输入阶段					
外部因素评价 （EFE）矩阵			内部因素评价 （IFE）矩阵		
第二阶段：匹配阶段					
威胁—机会— 劣势—优势 （SWOT）矩阵	战略地位与 行动评价 （SPACE）矩阵	业务增长/ 市场份额 （BCG）矩阵	内部—外部 （I-E）矩阵	大战略 矩阵	市场成熟度/ 协同度矩阵
第三阶段：评价阶段 定量战略计划矩阵（QSPM）					
第四阶段：战略确定阶段 战略预算图					

第一节　SWOT 矩阵

威胁—机会—劣势—优势矩阵（threats-opportunities-weaknesses-strengths matrix），简称 SWOT 矩阵。SWOT 矩阵把企业所面对的外部因素（包括机会与威胁）和内部因素（企业的优势和劣势）综合起来进行考虑，使得分析更为全面和有针对性。SWOT 分析不仅仅在战略中得到广泛的应用，而且还可以运用到其他任何问题的决策上。

SWOT 分析的核心在于"匹配"，即根据企业的机会、威胁、优势、劣势设计出 SO、WO、ST、WT 战略。

优势—机会（SO）战略是发挥企业的优势去把握机会的一类战略；劣势—机会（WO）战略是通过外部机会来弥补企业的不足或通过补短提高自己的竞争力来把握机会；优势—威胁（ST）战略是利用企业的优势来应对外部的威胁；劣势—威胁（WT）战略是通过补短来应对威胁或通过弃短来回避风险。

SWOT 分析可以通过 SWOT 矩阵图来反映企业的战略全景。建立 SWOT 矩阵包括以下八个步骤。

（1）列出公司的关键外部机会。

（2）列出公司的关键外部威胁。

（3）列出公司的关键内部优势。

（4）列出公司的关键内部劣势。

（5）将内部优势与外部机会相匹配，得出 SO 战略并填入 SO 的格子中。

（6）将内部劣势与外部机会匹配，得出 WO 战略并填入 WO 的格子中。

（7）将内部优势与外部威胁相匹配，得出 ST 战略并填入 ST 的格子中。

（8）将内部劣势与外部威胁相匹配，得出 WT 战略并填入 WT 的格子中。

上述八个步骤的前四步工作是信息输入工作，即将环境分析环节中的结果输入相应的分析框架内。SWOT 分析的核心是将内部因素与外部因素进行综合考虑，匹配出合适的战略方案。从前两章的分析要求看，关键内部因素与关键外部因素的数量都为 10～20 个。在如此复杂的因素之间，凭直觉判断进行匹配往往难以保证分析的质量，因为一些重要的因素会在直觉分析中被遗漏。尤其是对 SWOT 工具的使用不够熟练或对行业关键因素的把握不足的使用者，需要一个工具上的引导。本书对 SWOT 进行了修正，将 EFE、IFE 中的定量数据（因素的权重）引入 SWOT 分析中，通过权重数据帮助分析者关注重点因素，引导战略的匹配，即注重权重较高的因素之间的匹配，抓住重要机会、关注重要威胁。表 5-2 是某制药公司的 SWOT 矩阵。

表 5-2　某制药企业的 SWOT 矩阵

	优势—S	劣势—W
	1. 现有品种结构（0.269） 2. 管理意识（0.033 6） 3. 工艺质量管理水平（0.044 8） 4. 品牌价值（0.134 5） 5. 市场开拓能力（0.053 8） 6. 市场营销水平（0.020 7） 7. 企业文化（0.026 9） 8. 财务指标（0.044 8）	1. 新产品开发能力（0.134 5） 2. 硬件设施水平（0.014 9） 3. 管理基础（0.029 9） 4. 应变能力（0.020 7） 5. 人力资源（0.067 3） 6. 市场控制水平（0.017 9） 7. 生产成本（0.026 9） 8. 生产规模（0.026 9） 9. 销售网络（0.016 8） 10. 融资能力（0.015 8）
机会—O 1. 经济回升，药品消费增长（0.058 9） 2. 利率保持低水平（0.044 2） 3. 直接融资手段增加（0.050 5） 4. 中药发展存在巨大潜力（0.070 7） 5. 政府扶持（0.176 7）	**SO 战略** 1. 开发新市场（S_1、S_4、S_5、S_6、O_1、O_4） 2. 继续提高原有市场的占有率（S_1、S_4、S_6、O_1、O_4）	**WO 战略** 1. 实行兼并、资产重组等低成本扩张的横向一体化战略（W_1、W_8、W_{10}、O_2、O_3、O_5） 2. 推出新产品（W_1、W_5、O_1、O_4）
威胁—T 1. 媒体宣传的作用弱化（0.088 4） 2. 潜在的竞争对手实力较强（0.353 5） 3. 原材料供应短缺（0.039 3） 4. 供应商的威胁增强（0.117 8）	**ST 战略** 进入药品批发领域（S_1、S_2、S_5、S_6、S_7、T_4）	**WT 战略** 1. 建立自己的终端销售网络（W_3、W_4、W_5、W_6、W_9、T_2） 2. 建立药材基础（W_5、T_3） 3. 开展保健品、卫生用品等集中多元业务（W_1、W_3、W_4、W_5、W_6、W_9、T_2）

注：S、W、O、T 每一个因素后的数字为前文 EFE 和 IFE 诸因素的权数（权重与评分之积）。这一数字提醒 SWOT 使用者在匹配战略时聚焦在那些权数大的问题上，在设计战略方案时应首先把这些重要因素考虑进去，这样可以为 SWOT 匹配提供决策上的指引与提示。

注记　非程序化的 SWOT

SWOT 分析由于其应用灵活、系统性的分析和清晰的表述而具有极强的应用价值。SWOT 分析是一种非程序化的决策工具。这种非程序性使 SWOT 在分析中显得非常灵活，使得分析者可以根据经验在各种复杂的环境中匹配出细致多变的应对方案。然而，非程序性决策在很大程度上依靠决策者的经验和直觉，对人的依赖性较大。SWOT 是设计学派的代表工具，在战略方案设计的过程中，我们无法保证战略方案的完备性，即无法确定是否遗漏了一些重要的战略方案，但引进因素权数有助于解决这一问题。在匹配时，应以外部关键因素为索引，首先找出最为关键的机会与威胁，然后根据企业的内部优势与劣势情况，寻找出把握机会、应对威胁的战略方案。例如在表 5-2 中，需要特别注意把握政府扶持（O_5）和中药发展存在巨大潜力（O_4）这两个机会，也特别需要关注潜在的竞争对手实力较强（T_2）和供应商的威胁增强（T_4）这两个威胁。在匹配过程中，不能遗漏对这些因素的针对性解决方案。尽管如此，方案的完备性问题仍无法完全解决。对分析者素质的依赖性较强，是 SWOT 的一个主要弱点。

第二节　战略地位与行动评价（SPACE）矩阵

战略地位与行动评价矩阵（strategic position and action evaluation matrix），简称 SPACE 矩阵，是一种较为复杂的匹配工具。这一矩阵采用两个内部维度（财务优势与竞争优势）和两个外部维度（环境稳定性与产业优势）来进行战略匹配分析。其中，财务优势与环境稳定性构成纵坐标，竞争优势与产业优势构成横坐标，将企业的战略地位分为进取、保守、防御和竞争四个象限（见图 5-1）。

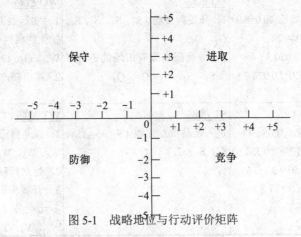

图 5-1　战略地位与行动评价矩阵

SPACE 的四个因素可以采用以下指标来进行综合评价。

（1）财务优势（FS）：通常财务优势可采用投资收益、杠杆比率、偿债能力、流动资金、现金流动、退出市场的便利性、业务风险等指标来衡量。

（2）环境稳定性（ES）：可采用技术变化、通货膨胀率、需求变化、竞争产品的价格范围、市场进入壁垒、竞争压力、价格需求弹性等指标来评价。

（3）竞争优势（CA）：可采用市场份额、产品质量、产品生命周期、用户忠诚度、竞争能力利用率、专有技术知识、对供应商和经销商的控制等指标来评价。

（4）产业优势（IS）：可利用产业的增长潜力、盈利潜力、业绩稳定性、专有技术知识、资源利用、资本密集性、进入市场的便利性、生产效率和生产能力利用率等指标来进行评价。

在 SPACE 分析中，FS、ES、CA、IS 都是复合指标。对它们进行评价时，需要对其内部的各个分指标进行加权，同时对每一个分指标进行评分。FS 评分范围为 1～5 分，分值越高，表示企业越具财务优势；ES 评分范围为-1～-5 分，-1 分表示环境非常稳定，-5 分表示环境极不稳定；IS 评分范围为 1～5 分，分值越高，表示产业越具价值和吸引力；CA 评分范围为-1～-5 分，-1 分为极具竞争优势，-5 分表示企业劣势非常明显。

建立一个 SPACE 矩阵的步骤如下。

（1）分别选择构成财务优势（FS）、竞争优势（CA）、环境稳定性（ES）和产业优势（IS）的一组变量，并确定组内变量的权重。

（2）对各个变量进行评分。

（3）计算出四大变量的加权评分，作为四个维度的分值。

（4）将 FS、ES、CA、IS 的分值标在相应维度的坐标轴上。

（5）将 X 轴上的两个分数相加，计算出其平均值，作为企业战略地位的横坐标；将 Y 轴上的两个分数相加，计算出其平均值，作为企业战略地位的纵坐标。

（6）根据企业战略地位的横坐标与纵坐标定位出企业的战略地位，并做一记号"×"，从原点引一条线段到"×"。

企业的最终战略地位决定了其战略行动。从图 5-1 可以看到，战略地位分为进取、保守、防御和竞争四类区域，处于不同的区域代表着企业应考虑的相应的战略行动也不同。战略地位与战略行动的关系如下。

- ❑ 进取象限：宜采取市场渗透、市场开发、产品开发、后向一体化、前向一体化、横向一体化、混合多元化、集中多元化、横向多元化或组合式战略。
- ❑ 保守象限：宜采取市场渗透、市场开发、产品开发及集中多元化战略。
- ❑ 防御象限：宜采取紧缩、剥离、清算和集中多元化战略。
- ❑ 竞争象限：宜采取后向一体化、前向一体化、横向一体化、市场渗透、市场开发、产品开发以及合资战略等。

注记　强调风险的 SPACE 矩阵

操作 SPACE 矩阵非常复杂，因为它采用了四个维度，每个维度又由若干个指标构成。分析的行业不同，构成维度的指标也应不同。SPACE 矩阵与其他分析工具不同的是它对风险问题予以了特别的关注。SPACE 矩阵将财务优势与环境稳定性这一对指标独立出来构成纵坐标，并把风险因素作单独的分析与考虑。因此，这一工具适用于风险较大的行业或对风险非常敏感的企业。

第三节　业务增长/市场份额（BCG）矩阵

业务增长/市场份额矩阵是波士顿咨询集团公司提出来的一种战略分析工具，故又称 BCG 矩阵（Boston Consulting Group matrix）。BCG 矩阵关注多元化企业的业务组合问题，其特殊结构使多个业务的战略置于一个平面上进行分析成为可能。

BCG 矩阵采用两个简单的指标作为分析坐标：相对市场份额（relative market share position）作为横坐标，这一维度反映的是企业在行业中的竞争地位；产业增长率作为纵坐标，这一维度反映产业的吸引力（价值）。图 5-2 是最简单的 BCG 矩阵。

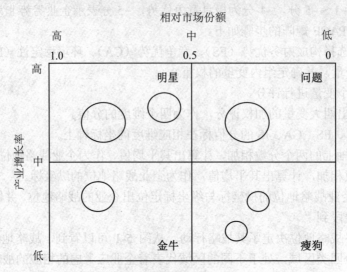

图 5-2　市场份额/行业增长（BCG）矩阵

相对市场份额可定义为企业在本行业中的市场份额与该产业最大竞争对手的市场份额之比。产业增长率以 GDP 增长率为平均增长水平，高于 GDP 增长率的产业定义为高增长产业，而低于 GDP 增长率的产业为低增长产业①。此外，企业还可以根据战略分析的具体情况和问题，定义这两个维度。

在定义了两个维度及其中位数的基础上，采用两分法，可以将企业业务的战略状态分为四个象限。

（1）问题（question marks）。问题业务是指产业增长率较高，业务具有较好的发展前景，但企业在该行业中的市场份额较低，不具优势。对于这类战略，企业需要决定采用加强型战略（包括市场渗透、市场开发和产品开发），以加强企业在行业中的竞争地位，还是采取剥离战略，将该业务售出。

（2）明星（stars）。明星业务指产业增长率高，企业在该行业中又具有较强的竞争力的业务。由于这一业务具有很好的增长潜力，企业可以采取市场渗透、市场开发、产品开发等加强型战略，进一步巩固企业在行业中的竞争优势，也可以采取前向一体化、后向一体化和横向一体化的战略，将这一优势扩展到整个产业链中。此外，为充分发挥企业在行业中的优势，企业也可以采取合资战略，更好地把握行业增长的机会，对产业实施更为牢固的控制。

（3）金牛（cash cows）。金牛业务属于产业增长缓慢，企业在该行业务中具有较强的竞争力的业务。由于金牛业务的行业增长已经有限，获取收益已成为这一业务的主导思想。

---

① BCG 矩阵采用产业增长率作为判断行业好坏的标准，因此，以 GDP 增长率作为平均水平，能够把不同业务在国民经济各行业增长中的地位进行清晰的定位，有利于对业务采取相应的战略决策。

对于这样的业务，应采取产品开发、集中多元化战略，以应对产业增长缓慢的威胁，寻找新的业务增长点；而当金牛业务竞争力有所下降时，则宜采取收缩、剥离战略。无论采取什么战略，金牛业务都是产生现金流的业务，其使命就是为企业产生利润和现金回报，以支撑其他业务的发展。继续加大对这些业务的投入将是不理智的行为。

（4）瘦狗（dogs）。瘦狗业务是产业增长缓慢，企业又无竞争优势的业务。由于这一业务没有发展的空间，企业在该行业中又处于劣势，因此被形象地称为"瘦狗"。瘦狗业务是企业业务组合中最无价值的业务，应该采取收缩、剥离与清算等战略，以免耗费企业宝贵的资源。不过从动态角度来看，当业务刚沦为"瘦狗"时，首先采取收缩战略，通过大规模的资产收缩和成本削减，也许会使这一业务成为有盈利能力的金牛业务。

注记　深度挖掘 BCG 矩阵

BCG 矩阵的核心思想在于通过对各个战略业务的组合态势分析，确定多元业务之间的关系。在 BCG 矩阵分析中，除了对每一战略业务单元进行定位，以确定其战略方向外，金牛业务与明星业务的关系也是 BCG 分析中非常重要的问题。金牛业务所溢出的现金是明星业务得以迅速发展最为重要的因素之一。企业的现金流如何在金牛业务和明星业务间进行合理的安排，是 BCG 分析需要解决的一个重要问题。基于这样的思想，BCG 矩阵分析还可以进行更深度的挖掘，为多元化公司的战略业务优化组合提供更有价值的决策信息。

围绕这样的考虑，除了传统 BCG 矩阵的两个维度以外，我们还可以根据具体战略决策的不同需要，在 BCG 矩阵中增加更多的分析向量（维度），从而挖掘出更多的信息。通常 BCG 矩阵可以增加以下几个方面的分析向量。

（1）现金流量。在 BCG 矩阵中，可以通过分析各业务之间的现金流规模——可以用表示业务的几何图形的大小（图形的外接圆的直径或面积）来表示业务的现金流规模——来判断它们之间的相互匹配关系。如果企业的金牛业务很多（或现金流规模很大）而明星业务很少（或现金流规模较小），则说明目前的明星业务无法充分吸收企业富余的现金，未来的业务增长潜力没有充分发挥出来，因此，企业应该寻找（培育）更多的（更合适的）明星业务。反之，则说明企业的现金流不足以支撑现有明星的成长，需要在战略上做相应的考虑。比如高速公路公司产生的巨大现金沉淀，仅靠沿路服务业开发是不足以吸收其巨额的现金流的，因此，高速公路公司还需要寻找在现金流规模上相匹配的新业务，以解决企业资金出路的问题。

（2）行业利润水平。当企业现金有限而明星业务众多时，有限的资源应投向何种明星业务？这是一个重要的问题。"资金向利高处流"，这是资本流动的一个基本定律。在其他条件相同的情况下，有限的现金资源一定会投向收益水平较高的业务。因此，行业利润水平可以作为一个分析的变量。在 BCG 矩阵中可对代表业务的几何图形加注"星级"来表示。五颗星代表收益水平最高，一颗星表示收益水平最低。

（3）未来增长潜力。传统的 BCG 对产业增长率的分析是基于对现有的行业增长水平来进行的。除此之外，我们还可以对产业的增长进行边际分析，即分析产业增长的加速度。边际变量反映一种趋势。有些业务的产业销售增长率虽然较高，但其增长速度连续几年出现增长幅度放慢的现象，这意味着该产业的未来增长空间已经非常有限；而一些业务目前增长率虽然不高，但却呈现出加速增长的趋势，这说明该业务有着非常良好的增长前景。在 BCG 矩阵中，可以用几何图形的形状来反映行业增长的加速度，图形的边数越多，表示加速度越大。比如，三角形表示负增长，四边形表示增长速度很慢，圆形代表加速度最高的业务。

（4）业务的协同性。BCG 仅仅反映的是业务间的现金流支撑关系。要成功地发展多元业务，除了要有现金上的支持外，新兴业务与核心业务（金牛业务）的协同关系也是非常重要的考虑。当明星业务与金牛业务的协同性很强时，明星业务成功的可能性会大大增加，否则就存在一定的风险。在资源有限而收益性、成长潜力等其他因素相同的情况下，企业应重点发展与现有核心业务高度协同的产业，并体现在各种资源的分配上。业务的协同性可以用颜色来表示，颜色完全相同表示协同度最高，颜色反差越大，表示协同度越低。

多维 BCG 矩阵如图 5-3 所示。在图 5-3 中，A 业务与 B 业务是目前的金牛业务，C 业务与 D 业务是明星业务。显然，该公司金牛业务的现金流不足以支撑 C 业务与 D 业务的同时发展。从现金流的大小、业务的协同性来看，D 业务与企业现有的核心业务更加匹配，但其收益性与成长性都不如 C 业务。C 业务的价值虽然更高，但由于在现金规模和业务协同上与现有业务的匹配性较差，进一步发展存在一定的不确定性（风险）。因此，在确定重点发展业务时，企业需要权衡利弊，做出抉择。这种抉择的背后，是企业的发展观——是采取稳妥的发展路径，还是乐于冒险以把握更大的机遇。不论决策者的价值观如何，多维 BCG 矩阵都可以为这种抉择提供清晰而全面的图景。

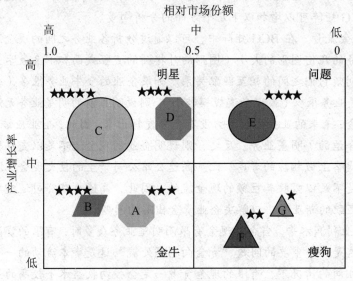

图 5-3　多维市场份额/行业增长（BCG）矩阵

在 BCG 矩阵中添加什么分析向量，完全取决于企业所面临的问题。因此，企业可以根据自己的需要，增加新的分析向量。但是，不论增加什么分析向量，其宗旨都是解决"金牛"与"明星"的现金流关系问题，解决企业短缺资源的流向问题。

第四节 内部—外部（I-E）矩阵

内部—外部矩阵（internal-external matrix），又称 I-E 矩阵，是由通用电器公司的业务检查矩阵发展而来的。I-E 矩阵与 BCG 矩阵属于同一类型的分析工具——对企业的业务进行标识，从而检查企业的业务组合状态，因此它们也被称为组合矩阵。

I-E 矩阵采用 IFE 和 EFE 作为分析变量——以 IFE 的评分为横坐标、EFE 的评分为纵坐标，按高、中、低的水平进行区域划分，将企业业务的战略地位划分为九个象限、三大板块，如图 5-4 所示。

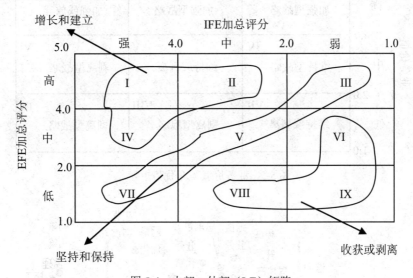

图 5-4 内部—外部（I-E）矩阵

EFE、IFE 的等级划分为：1.0～2.0 为低等水平；2.0～4.0 为中等水平；4.0～5.0 为高等水平。I-E 矩阵各区的战略含义如下。

（1）I、II、IV 为增长和建立区。该区域业务的外部环境很好，企业的竞争实力也较强，适合采用加强型战略（包括市场渗透、市场开发和产品开发）和一体化战略（前向一体化、后向一体化、横向一体化）。

（2）III、V、VII 为坚持和保持区。该区域业务的内、外部的综合评分为中等水平，适合采用市场渗透和产品开发战略。

（3）VI、VIII、IX 为收获或剥离区。该区域业务的内、外环境综合评价为差，宜采用收获（harvest）型战略或剥离（divest）型战略。

I-E 矩阵与 BCG 矩阵不同的是，I-E 矩阵采用复合指标来反映企业在各个产业的内、外部关系因素，而 BCG 矩阵则采用单一指标来衡量业务的内、外部因素。这两种方法往往可以同时使用，还可以分别绘制企业目前的 BCG（I-E）矩阵和战略方案如期实施后预期的 BCG（I-E）矩阵，以预测战略方案对企业业务组合的影响。

注记　价值型内部—外部矩阵

I-E 矩阵采用 EFE 评分作为产业吸引力的指标。由于不同产业的关键外部因素大不相同，因此各业务的 EFE 评分不具可比性。为解决这一问题，本书提出一种价值型 I-E 矩阵，称为业务价值/竞争优势矩阵。该矩阵以业务价值为纵坐标，以竞争优势为横坐标，同时每一维度按高、中、低三个水平进行分区，将企业的业务划分为九大类，如图 5-5 所示。具体应用如图 5-6 和表 5-3 所示。

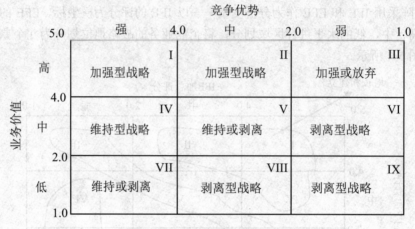

图 5-5　业务价值/竞争优势矩阵

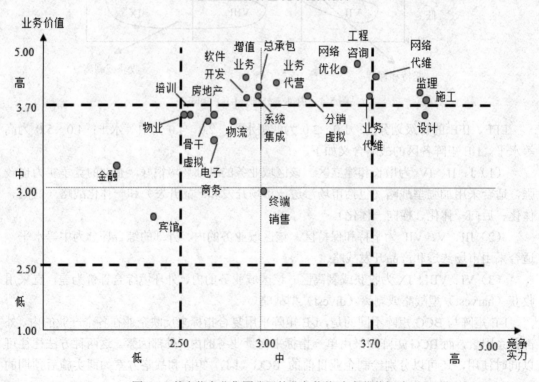

图 5-6　某电信实业集团公司的业务价值/竞争优势矩阵

表 5-3　某电信实业集团公司的业务价值和竞争优势评分

业　　务	收益水平	成长水平	风险水平	综合价值	IFE评分
设计	4.00	3.10	3.95	3.62	4.05
施工	3.90	3.49	3.97	3.73	4.06
监理	3.90	3.77	0.67	3.78	4.03
工程咨询	3.67	4.33	4.17	4.09	3.58
总承包	3.67	4.17	3.33	3.81	2.98
网络优化	3.90	4.33	3.83	4.08	3.51
网络代维	3.50	4.17	4.10	3.95	3.72
系统集成	3.89	3.76	3.60	3.76	2.97
业务代营	3.33	3.83	4.67	3.89	3.08
业务代维	3.33	4.00	4.33	3.88	3.71
物业	2.83	4.00	3.97	3.64	2.52
物流	3.15	3.95	3.97	3.64	2.81
房地产	3.93	4.10	2.37	3.62	2.70
培训	3.60	3.52	3.87	3.63	2.55
金融	3.37	3.57	2.30	3.19	2.00
宾馆	2.30	3.10	2.60	2.74	2.39
电子商务	2.60	4.10	3.00	3.38	2.70
终端销售	2.97	2.80	3.30	2.98	3.06
软件开发	3.83	3.90	3.30	3.73	2.90
增值业务	3.67	4.50	3.17	3.92	2.90
分销虚拟	3.33	4.00	3.93	3.78	3.30
骨干虚拟	3.17	4.00	3.33	3.58	2.68

其中，业务价值由被评价业务的收益水平、成长水平和风险水平三个指标来进行综合评价。按三个因素对价值的贡献大小进行五级评分。对于收益水平和成长水平而言，5分表示收益水平或成长水平最高；对于风险水平而言，5分表示风险最小。

I-E 矩阵不仅可以用于现有业务的分析，也可对预期发展业务进行评价，以确定企业未来的业务组合。关于新业务发展的选择，本章将给出另一个新的分析工具——市场成熟度/协同度矩阵。

第五节　大战略矩阵

大战略矩阵（grand strategy matrix）也是一种被经常使用的战略匹配工具。这一工具采用行业的增长率（纵坐标）和市场竞争力（横坐标）来标示企业的战略地位，如图 5-7 所示。

大战略矩阵也可以适用于多元化企业。在该矩阵中，竞争地位是以主业在行业中的竞争优势来定义的，而且市场增长率也是主业的行业增长率。

市场增长迅速

象限 II	象限 I
1. 市场开发	1. 市场开发
2. 市场渗透	2. 市场渗透
3. 产品开发	3. 产品开发
4. 横向一体化	4. 前向一体化
5. 剥离	5. 后向一体化
6. 结业清算	6. 横向一体化
	7. 集中多元化

弱竞争地位 ———————————————————— 强竞争地位

象限 III	象限 IV
1. 收缩	1. 集中多元化
2. 集中多元化	2. 横向多元化
3. 横向多元化	3. 混合多元化
4. 混合多元化	4. 合资经营
5. 剥离	
6. 结业清算	

市场增长缓慢

图 5-7　大战略矩阵

在第 I 象限中，内部环境和外部环境都对企业非常有利。在这种情况下，企业应集中在原有的产业链范围内展开经营。在此象限内的企业适合采用加强型战略（包括市场渗透、市场开发和产品开发战略）。当企业的资源充裕时，可以考虑采用前向一体化、后向一体化和横向一体化战略，以渗透到相关的产业链业务中。如果公司的产品线过于单一，需要分摊一些业务风险，可考虑采用集中多元化战略。

如果企业处于第 II 象限，则需要对自身的竞争能力做深入的分析。公司主营业务的行业增长率虽然很高，但企业在此领域的竞争效果不佳，企业需要做出继续加强此业务的经营还是放弃这一业务的抉择。因此，可供选择的战略为市场开发战略、市场渗透战略、产品开发战略、横向一体化战略、剥离和清算战略。

如果企业处于第 III 象限，战略选择的大方向是开拓新的业务领域，以摆脱行业发展缓慢的困局，回避企业的劣势。可考虑的战略类型有集中多元化战略、横向多元化战略、混合多元化战略、收缩战略、剥离和清算战略。

处于第 IV 象限的企业具有较强的竞争优势，但主业所处的行业已经呈现萎缩的趋势，因此，公司应该加强在新的多元业务上的发展。可以选择的战略包括集中多元化战略、横向多元化战略、混合多元化战略、合资经营战略等。

第六节　市场成熟度/协同度矩阵

企业在发展过程中经常会考虑进入一些新的业务领域。由于企业在新的业务上没有积累，尤其是一些新兴的产业，市场前景不明朗，企业在决定是否介入新业务时往往会处于两难境地——介入新业务可能带来巨大的收益，但同时也存在巨大的风险。为了解决这一问题，本书提出一种市场成熟度/协同度矩阵，本着动态规划的思想，充分地把握机会，同时也考虑最大限度地降低风险。

在动态的市场环境中，由于外部环境和企业的内部能力都存在巨大的不确定性，因此新业务的选择也存在极大的不确定性。在这种情况下，可以采取尝试性战略，在运作过程中不断获取更多的信息，动态地调整企业的战略方案。这种思想来自学习学派的观点，目前实物期权的研究也说明了这种战略的价值。不确定性高的业务也正是收益性极强的产业，因此，完全放弃这些业务对于企业来说也是一个巨大的损失。在未来无法判断的情况下，通过有限的介入，以获得未来取得新业务发展的利益的机会，并在经营过程中不断地学习。如果新业务的良好发展态势在第一阶段的经营中得以确认，企业就进一步加大在这一领域的投资，否则就继续等待；而当新业务的败势确认时，企业则放弃这一业务。这种思想正是期权的思想，我们将战略上的这种思想称为战略期权思想。

市场成熟度/协同度矩阵采用两个分析维度：一是新业务的市场成熟度，即这一业务是否已经得到了市场的确认，或者是不是现有的成熟市场；二是新业务与现有业务的协同度，协同度又可从技术上的协同程度（是否在技术上存在相似性或相关性）、生产上的协同程度（是否可以利用现有的制造资源）、财务上的协同程度（资金上能否进行互补）以及市场上的协同程度（是否属于同一市场）四个方面进行评价。协同度的高低标志着企业成功开发新业务的概率，协同度越高，成功的可能性越大；协同度越低，成功的可能性越小。市场成熟度反映了业务的市场风险。由于一些新兴的业务可能最终无法形成一个有效的产业，因此介入该业务的风险是极大的，而现有市场这方面的风险已经被充分地释放了。用两分法把新业务的状态分为四个象限，如图 5-8 所示。

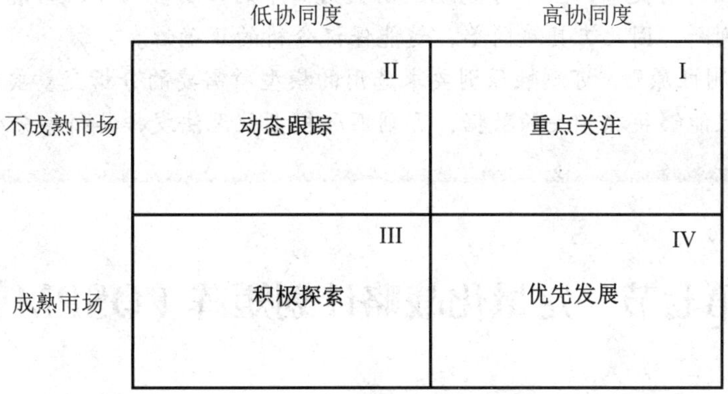

	低协同度	高协同度
不成熟市场	II 动态跟踪	I 重点关注
成熟市场	III 积极探索	IV 优先发展

图 5-8 市场成熟度/协同度矩阵

（1）第 I 象限的新业务与现有业务的协同度较高，但市场未得到确认，因此对这类业务应采取重点关注的策略。

（2）第 II 象限的业务与企业现有业务的协同度较低，市场风险较大，因此最理性的选择是保持对这一业务的跟踪，以便做出进一步的决策。

（3）第 III 象限的业务与现有业务的协同度较低，但是市场已得到确认，因此企业可对这些业务进行一些尝试和探索，从而为企业发掘出一个可能的新的业务增长点。

（4）第 IV 象限的业务与企业现有业务的协同度较高，市场需求也得到了确认，应作为重点发展的业务。

市场成熟度/协同度矩阵是企业确认了多元化战略以后的后续分析工具，主要解决具体的业务选择问题。

注记　工具选择的逻辑

在战略的匹配阶段，可供选择的分析工具除了 SWOT 矩阵、SPACE 矩阵、BCG 矩阵、I-E 矩阵、大战略矩阵、市场成熟度/协同度矩阵等以外还有其他许多可以利用的工具。在战略匹配时，选择合适的分析工具是成功的一个重要因素。关于工具的选择，一般应遵循以下几个原则。

（1）有效性原则。这是工具选择最为重要的考虑。匹配工具的思想是一致的——扬长避（补）短、趋利避害，而且备选方案的提出都是内部因素与外部因素综合分析的结果。匹配模型之间的本质差异在于它们分析内、外部关键因素时所选用的变量不同。一些工具采用的是单一指标，如 BCG 矩阵；一些工具采用复合指标，如 SWOT 矩阵、SPACE 矩阵、I-E 矩阵等；也有一些将单一指标与复合指标结合起来，如大战略矩阵。选择工具最根本的原则是工具所采用的变量是否有效地反映所分析行业的外部环境特性和竞争要素。比如，对于某些行业来说，市场份额对于评价企业的竞争优势是具有代表性的，此时 BCG 矩阵是适用的；但对于另一些行业来说，仅用市场占有率这一指标并不足以反映行业的关键竞争能力，此时 BCG 矩阵就不适用了。实际上，多数工具采用的都是灵活的框架，如 SPACE 矩阵、大战略矩阵等，都可以根据具体的行业特性选择合适的分析变量来构成复合指标。

（2）简易性原则。分析工具要力求简明，可操作。因此，选择工具时，在确保分析工具有效性的前提下，应尽可能地选用较为简单的工具。由于战略管理更多地依赖于人的主观判断，因此工具越简单，越能保证分析的正确性。

（3）可测性原则。可测性原则要求选用的模型所需要的分析变量要能够进行准确的定义，并且能够获取相关的数据，否则匹配模型就无法发挥其科学分析的功能。

第七节　定量化战略计划矩阵（QSPM）

经过战略匹配阶段后，得到的是一个战略方案的可行集，即一个可供选择的方案的集合。在这些可行的方案中，它们之间的重要程度如何，在企业资源有限的情况下应如何取舍，需要进一步进行分析。定量化战略计划矩阵（quantitative strategic planning matrix，QSPM）技术的主要功能是对备选方案的战略吸引力做出评价，从而确定战略方案优劣的定量关系。

QSPM 是利用环境分析、战略匹配的成果来进行进一步的深入分析，即对匹配出来的备选战略方案进行一一的评价，从而确定战略方案的优先序列。一个 QSPM 包括了内、外部关键因素、关键因素的权重及其评分、备选战略、吸引力评分、吸引力总分以及吸引力总分和等要素。如表 5-4 所示为某房地产开发公司的定量化战略计划矩阵。

表 5-4　某房地产开发公司的定量化战略计划矩阵

关键因素	权重	评分	市场开发 AS	TAS	市场渗透 AS	TAS	开发高端产品 AS	TAS	开发低端产品 AS	TAS	纵向一体化 AS	TAS	合资合作 AS	TAS	土地储备 AS	TAS	集中多元化 AS	TAS	混合多元化 AS	TAS
机会　经济持续增长，住宅需求长期上升	0.25	5.00	4.00	5.00	4.00	5.00	4.00	5.00	4.00	5.00	4.00	5.00	5.00	6.25	4.00	5.00	3.50	4.38	2.50	3.13
城市改造不断加快，住宅开发潜力巨大	0.07	4.00	4.00	1.10	4.50	1.24	4.00	1.10	4.50	1.24	4.00	1.10	5.00	1.38	4.00	1.10	3.50	0.97	2.50	0.69
入世、申博成功，拉动房地产市场需求	0.05	3.00	2.50	0.36	4.00	0.57	4.00	0.57	3.50	0.50	3.50	0.50	4.00	0.57	4.00	0.57	3.00	0.43	2.00	0.28
奥运经济给建筑市场带来巨大商机	0.05	2.00	4.00	0.38	3.00	0.28	3.50	0.33	2.00	0.19	2.50	0.24	4.00	0.38	3.00	0.28	2.50	0.24	2.00	0.19
城市化进程加快，推动房地产市场发展	0.14	3.00	4.50	1.94	4.00	1.72	3.00	1.29	4.00	1.72	4.00	1.72	4.00	1.72	4.00	1.72	2.00	0.86	1.50	0.65
威胁　土地成本的制约	0.10	-3.00	3.50	-0.47	2.00	-0.93	1.50	-1.09	3.50	-0.47	2.00	-0.93	3.50	-0.47	2.00	-0.93	4.00	-0.31	4.00	-0.31
产业周期性强，行业波动威胁巨大	0.06	-3.00	3.50	-0.27	3.00	-0.36	2.50	-0.45	3.50	-0.27	2.50	-0.54	5.00	0.00	4.00	-0.18	3.50	-0.27	5.00	0.00
竞争对手的威胁越来越大	0.05	-3.00	4.50	-0.08	3.50	-0.24	3.00	-0.32	3.50	-0.24	2.50	-0.40	4.00	0.00	5.00	0.00	3.50	-0.24	4.00	-0.16
行业管理逐步规范，经营门槛不断提高	0.08	-4.00	3.50	-0.50	2.50	-0.83	2.00	-0.99	2.50	-0.83	2.50	-0.83	4.00	-0.33	1.50	-1.16	3.50	-0.50	4.00	-0.33
房地产金融环境的变化	0.14	-4.00	2.50	-1.44	2.50	-1.44	2.00	-1.72	2.50	-1.44	2.50	-1.44	3.50	-0.57	1.50	-2.01	3.50	-0.86	4.00	-0.57
优势　市场洞察力	0.19	4.50	3.50	2.96	4.50	3.81	3.00	2.54	3.00	2.54	2.50	2.12	3.50	2.96	3.00	2.54	2.00	1.69	1.50	1.27
企业品牌	0.06	3.50	4.00	0.88	4.50	0.99	3.50	0.77	3.50	0.77	2.50	0.55	3.00	0.66	3.00	0.66	2.00	0.44	1.50	0.33
品质质量控制	0.07	4.50	3.50	1.05	4.00	1.20	3.50	1.20	3.50	1.05	2.00	0.60	3.50	0.90	2.00	0.60	2.00	0.60	1.50	0.45
员工队伍	0.11	3.80	3.50	1.45	4.00	1.65	3.50	1.45	3.50	1.45	2.00	0.83	3.00	1.45	2.00	0.83	2.00	0.83	1.50	0.62
企业管理	0.09	3.80	3.00	1.07	4.00	1.43	3.00	1.07	3.00	1.07	2.00	0.72	3.00	1.07	2.00	0.72	2.00	0.72	1.50	0.54
营销能力	0.06	3.00	3.50	0.62	4.00	0.71	3.00	0.54	3.00	0.54	2.00	0.36	5.00	0.54	2.00	0.36	2.00	0.36	1.50	0.27
劣势　资金与资本实力	0.19	2.00	4.00	-0.75	3.00	-1.51	2.00	-2.26	3.00	-1.51	2.00	-2.26	5.00	0.00	2.00	-2.26	3.00	-1.51	3.00	-1.51
企业文化	0.08	2.00	2.50	-0.84	2.50	-0.84	2.50	-0.84	2.50	-0.84	2.50	-0.84	3.00	-0.67	4.00	-0.34	3.00	-0.67	3.00	-0.67
公关、网络资源	0.08	1.50	3.00	-0.86	3.00	-0.69	3.00	-0.86	3.00	-0.69	2.00	-1.04	3.00	-0.69	2.00	-1.04	3.00	-0.69	3.00	-0.69
土地储备	0.07	2.00	3.00	-0.57	2.00	-0.85	2.00	-0.85	2.00	-0.85	3.00	-0.57	4.00	-0.28	5.00	0.00	5.00	0.00	5.00	0.00
总　计				11.04		10.93		6.47		8.94		4.89		14.86		6.47		6.45		4.16

建立一个 QSPM 的步骤如下。

（1）建立一个二维表格。在表格左边的列中分别输入 EFE 和 IFE 分析表中的关键内、外部因素、权重及评分。

（2）将匹配阶段得出的备选战略输入表格最上端的行中。

（3）确定各备选战略的吸引力分数（attractiveness scores，AS）。根据每一个关键因素，判断该备选战略与这一因素的关系，并给出量化的评分。分值范围为 1~5 分。其具体定义如下。

- 对于机会类的因素，AS 表示备选战略能够利用该机会的能力。5 分表示充分抓住了这一机会；4 分表示较好地把握了这一机会；3 分表示把握机会的程度一般；2 分表示对该机会的利用程度较差；1 分表示完全没有抓住这一机会。

- 对于威胁类的因素，AS 表示备选战略应对威胁的能力。5 分表示能够很好地应对该威胁因素；4 分表示能够较好地应对这一威胁；3 分表示应对该威胁的能力一般；2 分表示不能很好地应对威胁；1 分表示完全不能应对该威胁。

- 对于优势类的因素，AS 表示备选战略发挥企业优势的程度。5 分表示充分利用了企业该方面的优势；4 分表示较好地发挥了企业这一方面的优势；3 分表示对该优势的利用程度一般；2 分表示不能很好地利用企业这一方面的优势；1 分表示完全发挥不出企业该方面的优势。

- 对于劣势类的因素，AS 表示备选战略补短（或避短）的作用。5 分表示该战略很好地弥补了企业在这一方面的不足（或很好地回避了企业不足之处）；4 分表示该战略能够较好地弥补企业在这一方面的缺陷（或较好地回避了这方面的不足）；3 分表示该战略在弥补企业不足上作用一般（或在回避企业劣势方面作用不明显）；2 分表示该战略不能弥补企业的不足（或该战略对企业劣势方面的资源或能力有所依赖）；1 分表示该战略对企业劣势资源或能力有极强的依赖性（扬短避长）。

由于 QSPM 是对备选战略方案进行对比评价，因此 AS 评分应该横向进行，即对某一因素在各备选战略方案间进行比较。

（4）计算吸引力总分（TAS）。吸引力总分（total attractiveness scores，TAS）为关键因素的权重、因素的评分与吸引力评分（AS）三者的逻辑乘之积，即

$$TAS = 权重 \times 吸引力评分 \times AS$$

这里使用逻辑乘的概念，是因为对这三者进行乘法的过程中需要进行一些数学变换，以保证 TAS 的结果能够正确反映战略优劣之间本来的逻辑关系。TAS 的具体算法如下。

对于机会类因素，TAS 的计算公式为

$$TAS = 权重 \times 评分 \times AS$$

对于威胁类因素，TAS 的计算公式为

$$TAS = 权重 \times 评分 \times (5-AS)$$

由于在威胁类因素的评分中采用的是负分制，而 AS 在威胁类因素中的含义是分值越高，该战略的吸引力越强，因此需要进行简单的数学变换——（5-AS），使原有的战略方案间的优劣关系不发生变化。

对于优势类因素，TAS 的计算公式为

$$TAS = 权重 \times 评分 \times AS$$

对于劣势类因素，TAS 的计算公式为

$$TAS = 权重 \times (评分-6) \times (5-AS)$$

由于优势类因素的分值为 3~5 分，而劣势类因素的分值为 1~2 分，在数值上劣势类因素低于优势类因素，导致企业劣势的影响会被低估，因此，劣势类因素的评分的绝对值要调整到 3~5 分的范围内，以确保劣势的影响不会被低估。对此可以进行数学变换——（评分-6），此时这一项便变成了负值。按照威胁类因素算法的处理办法，吸引力评分项上同时需要进行变换——(5-AS)。

（5）计算吸引力总分和。吸引力总分和由各行的 TAS 相加而成，反映了各战略方案的最终评价得分。吸引力总分和的分值越高，说明该战略对企业越具有吸引力。

从表 5-4 的计算结果看，各战略方案优劣的排序为合资合作（14.86）、市场开发（11.04）、市场渗透（10.93）、开发低端产品（8.94）、开发高端产品（6.47）、土地储备（6.47）、集中多元化（6.45）、纵向一体化（4.89）、混合多元化（4.16）。

在 QSPM 中，外部因素与内部因素被视为同等重要（外部因素与内部因素的总权重都为 1），这是一种风险中性的反应。决策者也可以根据自己的风险偏好调整内、外部关键因素的关系，可以将外部因素的权重设得更高（进取型），也可以将内部因素的权重设定得高一些（稳妥型）。

注记　无处不在的 QSPM

QSPM 的逻辑极其简单：两利相权取其重，两害相权取其轻。不同的战略与不同的关键要素之间的关系是不同的——有些方案能扬长，有些方案能补短，有些方案能趋利，而有些方案能避害。只有对长、短、利、害各种因素进行综合的评价，方能做出正确的取舍。

QSPM 是一种数量化的战略决策工具。实际上，不论战略决策者是否采取这种方式，其心中都必然存在这么一张 QSPM 表，帮助他们做出主观判断。QSPM 正是将决策者心中的主观判断显性化，使其可以进行检验和讨论，帮助决策者认识自己决策过程中的假设和判断，从而提高决策的可靠性。此外，QSPM 也为高层管理者们在战略决策问题的讨论上提供了一个良好的平台，使得各方的观点、判断及其背后的假设都清楚地显现出来，从而帮助决策团队达成共识。

第八节　战略预算与最终决策

QSPM 得到的是各战略方案的评分，即得到了一个战略方案的优先集，但最终企业选择哪几种战略方案仍没有确定。战略决策的最后一个环节是对企业的资源进行战略预算，以确定企业最终能够实施的战略方案。为了解决这一问题，本章提出了一个简单的分析模型——企业战略资源预算图，如图 5-9 所示。

企业战略资源预算图是对表 5-4 中计算结果的进一步分析，具体做法如下。

（1）根据 QSPM 得出的各备选战略的评分，对各方案的优劣进行排序。如果备选方案中存在相互冲突的方案，则去除其中得分较低的方案，并将余下的方案按得分的高低从左到右绘制在一个二维坐标中。在图 5-9 所示的案例中，由于战略合作不额外占用企业资源，因此将它绘制在顶部；开发高端产品、土地储备和集中多元化战略三者的评分非常接近，可认为它们的吸引力是相同的（考虑到可能存在的误差），因此把它们重叠绘制。

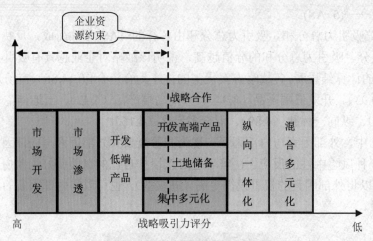

图 5-9　企业战略资源预算图

（2）对实施战略所需要的资源进行测算，包括财务资源、人力资源等。根据预算情况绘制一条资源约束线（见图 5-9），表示企业的资源能够同时实施哪几个战略方案。图 5-9 的分析表明，该企业应该实施战略合作、市场开发、市场渗透和开发低端产品等四个方案；纵向一体化和混合多元化短期内将不予考虑；而开发高端产品、土地储备、集中多元化战略等的开发要视战略合作的效果以及具体的预算情况来决定是否实施。

第九节　影响战略决策的其他因素

经过环境分析、战略匹配、战略评价、战略预算与最终决策这四个环节的工作，理性的战略决策便完成了。然而，在战略管理实践中，除了理性的逻辑考虑外，还有许多其他因素对战略的最终形成产生重大的影响。这些因素包括文化因素、权力因素和治理因素。

一、文化因素的影响

企业文化是企业内部成员共有的价值观、信仰、行为方式、规范、习惯、态度等的总和。文化对人的影响是深刻而久远的，企业员工在日常经营管理活动中本能做出的反应就是企业文化最好的体现。

文化对战略的影响是多方面的。从现有的研究看，文化对战略的影响体现在以下三个方面。

（1）决策风格。文化不仅影响组织在分析过程中所使用的方法，也影响战略的形成过程。实际上在 QSPM 的权重的确定中，就渗透了大量的组织文化的因素，反映了企业对待战略问题的价值观。

（2）支撑战略的实施。文化因素的影响首先要考虑文化对战略的支持。文化与战略相适应时，会对战略产生极大的支撑作用。文化是一种本能，当这种本能与企业战略相结合时，战略的实施将会变得非常高效与稳定。比如，新飞冰箱在设计过程中发现，冰箱压缩机后面的铁皮挡板是多余的，因为冰箱压缩机是密封的，不需要这块挡板来防潮防尘，而且压缩机背面一般是靠墙放置的，没有挡板也不影响美观。因此，企业将这一挡板去掉，每台冰箱节约了近一元钱。在像新飞冰箱这样采用成本战略的企业，严格的成本控制要反映在生产经营中的每一个环节，而要做到这一点，必须拥有一个与之相适应的文化。

（3）阻止战略改变。共同的信念有助于组织行为的一贯性，但同时也会对战略的变革产生阻力。强大的文化使得企业管理人员不能正视外部条件的变化，而且"即使经理们能够克服这种丧失鉴别力的情形，也是按照他们的文化来对变化的事件做出反应"——他们往往坚持以往行之有效的信念（Lorsch，1986）。[①]越成功的企业，对其成功经验的迷恋越深，对环境变化的适应性也越差，这恰恰也是它们最大的危险。

注记 成亦萧何，败亦萧何

在战略的制定过程中，既要考虑文化的现实性影响，即考虑到文化对战略的制约，也要考虑对文化的改良性，克服文化对战略变革的阻碍。这两者必须得到很好的协调。尊重文化的沿革还是打破文化的桎梏，取决于企业家的心智力量。改变一个组织的既有文化，需要巨大的变革力量。值不值得变？有没有储备如此巨大的能量来变？这是判断公司战略中文化影响的主要问题。

企业文化的变革往往经历以下四个阶段。

（1）战略转移。外部环境发生巨大变化或企业内部信念体系出现了新的追求，都会促使企业战略转移，而这种转移往往仅仅停留在公司的高层，甚至在高层还存在巨大的分歧。此时，文化对战略的变革起阻碍作用。

（2）现行信念体系的解冻。在战略转移的过程中，公司往往面临巨大的危机，或是体现在财务状况的恶化方面，或是体现在强大的竞争压力上，这都给企业带来极大的危机感。利用好这种危机，便可以对原有的信念体系提出质疑和冲击，最终导致原有文化体系的崩溃，为新型组织文化的建立扫清障碍。

（3）文化变革。根据环境的变化和公司战略的需要，培育出新的公司文化模式，使之与企业战略相匹配。

（4）固化。新的文体体系成形后，需要进一步的固化，使之深入组织每一个成员的头脑中，并将这种文化有形化到企业的各种经营管理方针、制度和流程中，成为一个组织整体体现出来的文化。

在这种变革过程中，有两个要素是非常重要的：一是舆论宣传工作，即通过大量

[①] 亨利·明茨伯格，布鲁斯·阿尔斯特兰德，约瑟夫·兰佩尔. 战略历程——纵览战略管理学派[M]. 刘瑞红，等译. 北京：机械工业出版社，2002.

的宣传实现文化的变革；二是引进新鲜的文化因素，如引进外部人才，形成一个新的团队，在企业中倡导新的文化模式，使新旧文化力量的对比发生转变，最终成功实现变革。

惠普公司是一个具有80年历史的公司，在长期的发展过程中，积累了深厚的文化底蕴——惠普之道。惠普之道具体包括以下内容：惠普有受人拥护的诚信之道，忠诚地对待客户；关心员工，以员工的满足为中心，在惠普文化影响下，公司甚至还有弹性工作制和管理人员与雇员之间的公开对话；惠普公司重视技术的创新，强调保持技术上的领先。可以说惠普之道是典型的硅谷文化标本，而创业、协作、员工的满意度和对公司的忠诚正是这个文化必不可少的元素。迅速崛起的康柏电脑的企业文化注重于以业务为导向，强调以快速抢占市场为第一目标。这在迅速变化的今天，是值得以稳健著称的惠普借鉴的。正是由于这种企业文化的差距，自惠普新总裁卡丽·菲奥莉纳提出合并康柏的动议以来，就一直遭到惠普创始人休利特和帕卡德两大家族的后裔以及一些惠普老员工的反对。惠普创始人之子沃尔特·休利特甚至向特拉华州法院提起诉讼，要求法院裁定股东大会所投的赞成合并的结果无效。虽然最终合并还是完成了，但是并购以后第一季度收入的下降和惠普股票的下跌，反映了新惠普要想将两种不同的企业文化融合还有很长的路要走。

二、权力因素的影响

任何战略的改变都会对组织内部各利益群体的利益产生一定的影响。随着新的战略观点的出现，企业内部的利益群体会逐渐发生分化，围绕着新战略的核心内容重新产生新的利益团体。这些团体中自然有支持派，也有反对派。当反对的力量过于强大时，战略变革也就无法实施。因此，企业在确定新的战略时，必须考虑企业内部权力的均衡问题。

博尔曼和迪尔（Bolman and Deal，1997）认为权力因素的影响来自以下五个方面的事实。[①]

（1）组织是不同的个人和利益集团的联合体。这些利益集团的基本行为准则是本集团利益的最大化，而非企业价值最大化。这是一种人性的自利假设。尽管这一假设并非一定成立，但这种现象的发生确实是层出不穷。

（2）联盟内的成员在价值观、信仰、信息、利益实现观念、知识、能力等方面存在着持久的差异，这种差异导致了不同的人群对同一个决策的态度截然相反。上述要素的差异是利益集团形成的动因。

（3）一些最重要的决定涉及稀有资源的配置——谁得到什么，谁失去什么。公司战略对企业内部资源配置的影响是深远、深刻而全面的。某些利益群体会因新战略而获得巨大的公司资源，其利益也由此而得到体现；而另一些群体则会失去一些原有的资源，在新战略中处于劣势地位。

---

① 亨利·明茨伯格，布鲁斯·阿尔斯特兰德，约瑟夫·兰佩尔. 战略历程——纵览战略管理学派[M]. 刘瑞红，等译. 北京：机械工业出版社. 2002.

（4）稀有资源的持久差异使冲突在组织动力学方面发挥了中心作用，因而使得权力成为最重要的资源。由于资源的稀缺性，企业内部利益团体会因此而产生激烈的争夺，而争夺最为有效的手段就是影响企业的战略方向，从而使之向有利于自身的方向发展。

（5）目标和决定产生于讨价还价、协商以及运用手段在不同的企业利益相关者之间谋取地位。最终，战略是一个权力均衡的结果，即原有的战略方案经过讨价还价与妥协，形成一个新的方案，在企业内部达成一个新的力量均衡点。

注记　聚之以利

利益是一切人类行为的原动力，在战略决策的过程中，需要加入利益分配的因素。聚之以利是战略制定与实施的基本思想。基于新战略的实施所带来的巨大回报，以及对这种回报的合理分配，并为每一利益群体找到其合理的位置，通过利益把企业内部各方力量凝聚起来，是战略成功的基本条件。从经济学的角度说，要降低战略变革的成本（阻力小），应该采取帕累托改进的思路。所谓的帕累托改进，是指在不影响任何人（团体）利益的前提下，至少改善一个人的福利。

帕累托改进的基础是价值增量，新战略只有为公司带来巨大的利益，企业才有可能克服权力因素的阻碍。在增量的基础上，可以安排与企业权力结构相适应的分配方案，从而保障各种利益集团的利益。

除了利益的保障外，形成内部、外部人力资源的竞争是应对权力制约的另一个考虑。利用企业政治的各种方法，为战略方案的顺利实施奠定人事基础。

三、治理因素的影响

企业战略的确定还来自另一方面的影响——控股股东（或外部治理方，如政府）的影响。子公司的战略不能与母公司的战略发生冲突；否则，它就不可能获取母公司的支持，甚至还会受到母公司在资金、人事和其他方面的阻挠。如果子公司的战略与母公司的战略能够很好地匹配，子公司就会得到来自母公司的巨大的资源支持。这对公司战略的成功是极为重要的。

发生在 2003 年的格力电器与格力集团的冲突就是子公司和母公司战略冲突的典型案例。格力集团是一家拥有多种业务的多元化的集团公司，其下属的格力电器上市公司是专业生产空调器的厂家。"格力"这个品牌最早是由格力空调创出的，但拥有人却是格力集团。格力集团下属的三家小家电公司在集团公司的准许下，也同时使用格力品牌。这在一定程度上影响了格力电器专业化的形象。而且，小家电的质量与格力空调的质量不可同日而语，从而影响了格力品牌的美誉度及消费者对格力品牌的认知度。因此，集团公司的这种品牌多元化战略与格力空调的专业化战略相冲突，矛盾激化只是时间问题。

比较而言，新奥集团与其子公司安瑞科集团的关系要和谐得多。新奥集团是国内一家大型的民营燃气供应商，而安瑞科集团是专业燃气机械制造公司，与其母公司是产业链的上下游关系。近几年，依托母公司的快速发展，安瑞科集团充分把握燃气行业大规模发展所带来的对燃气机械的巨大需求，保持业绩持续增长的良好发展势头。目前，新奥集团正计划让其子公司安瑞科集团在海外上市。新奥集团对安瑞科集团的定位是成为中国能源机械一流供应商，甚至是成为世界能源机械一流供应商。

本 章 小 结

战略是公司哲学、外部环境和内部环境相互结合的产物。所谓的战略决策就是寻找公司哲学、外部环境和内部环境三者的交集。一个规范战略的形成分为环境分析（环境分析阶段）、备选战略方案的提出（匹配阶段）、战略方案评价（评价阶段）、最终方案确定（战略方案确定阶段）等四个阶段。一个理性的战略方案成形后，它还会受到来自企业文化、内部利益集团，以及控股股东、地方政府等方面的影响。战略的形成，是理性思考与各种文化、利益因素相妥协的结果。

思 考 题

1. 公司战略与公司哲学、内外部环境之间是一种什么样的关系？
2. 一个规范的战略形成要经历哪些阶段？
3. SWOT 矩阵对于制定战略有什么样的作用？该分析工具有什么样的局限？
4. BCG 矩阵存在什么样的局限？
5. 选择战略匹配工具应遵循什么原则？
6. 何为定量化战略计划矩阵？该矩阵主要解决哪些方面的问题？
7. 理性化的战略决策方案出台后还会受到什么因素的影响？
8. 公司治理结构对公司战略会有什么样的影响？
9. 如何处理好文化的现实性与改良性之间的关系？
10. 在战略匹配的过程中，如何综合应用程序化工具和非程序化工具？

本章案例：阳光计划

案例导读：

我国实施了三十多年的一孩政策所导致的独特的家庭结构，给社会造成了巨大的养老需求与压力，我国已经进入老龄化社会。但是，我们的观念还停留在农业社会的认知阶段，养老行业的发展艰难前行。对于一家有一定历史和积累的养老企业，面临着把握机遇与应对挑战的双重问题。中国未来的养老行业将如何发展，从这家企业的战略发展中可能窥得全豹。

一、阳光养老集团简介

青岛阳光养老服务集团（以下简称阳光养老集团）创建于 2000 年；2001 年被首批列入民政部"星光计划"；2002 年开设"全科门诊"；2004 年成立"青岛春晖老年病医院"；2005 年成立"青岛四方阳光老年护理院"以及"青岛阳光职业培训学校"；2008 年，其先后成立"青岛李沧阳光老年服务中心""青岛市李沧区阳光老年公寓""青岛阳光爱晚情投资管理有限公司"；2009 年成立"青岛阳光居家养老服务中心""青岛李沧阳光爱心护理院"；2010 年，其先后成立"青岛阳光养老事业发展中心""青岛市市北区阳光老年公寓""青岛市市南区阳光老年公寓"。

1. 企业哲学

阳光养老集团本着"老人的幸福就是我们的成功"的宗旨，以"认真、快、坚守承诺"为作风，以"保证完成任务"为准则，以"律己者律世，志高者品高"为司训，秉持"一切以老人的需要为根本"的客户观和"忠诚正直、专业进取"的人才观，努力"成为中国最优秀的养老服务与科技机构"，肩负"让天底下的老人都能安享晚年"的使命。

2. 组织结构

阳光养老集团下属两大组织，即在民政部门注册的非营利组织和在工商部门注册的营利组织。营利组织旗下有负责投资管理的"阳光爱晚情投资管理有限公司"以及负责开发老年产品的"阳光爱晚情老年产业发展有限公司"。集团在营利组织的收入用于非营利组织的运作。非营利组织分为自主运营和受政府委托运营两块。自主运营方面，下属负责日间服务的"李沧区阳光日间照料中心"、负责培训服务的"阳光职业培训学校"和负责咨询业务的"青岛阳光养老事业发展中心（筹）"。受政府委托运营方面，下属负责居家养老的"李沧区阳光居家养老服务中心"和"四方阳光老年配餐中心"，以及负责行业服务的"李沧区养老行业协会"（见图 5-10）。

3. 财务状况

集团企业资产接近两亿元，为企业未来发展打下很好的基础。毛利率（不含房租成本）达到 60% 以上，为融通资本创造了良好的条件。值得注意的是，集团自由运营资金仅 1 000 多万元，对企业战略拓展的保障较为薄弱。

在未包括政府扶持及优惠的收益下，集团全部自有资金的内部报酬率 IRR 高达 15.46%，远高于各行业上市公司的平均回报率，且现金流稳定。

二、环境分析

为了解决集团的下一步战略问题，需先对社会养老事业进行环境分析。

1. 人口比例和经济收入

自 1999 年我国步入老龄化社会以来，人口老龄化加速发展，并日益呈现老年人口基数大、增长快、高龄化、空巢化趋势明显，需要照料的失能、半失能老人数量剧增等态势。据统计，2020 年，我国 60 岁及以上老年人口将达到 2.55 亿，约占总人口的 18%。因此，中国已开始进入老年化社会，面临着"未富先老"的问题，我国部分省份65岁及以上老年人占人口比例如图5-11所示。

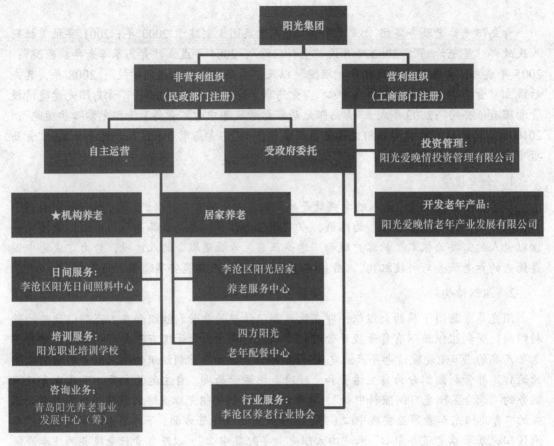

图 5-10　阳光养老集团组织结构图

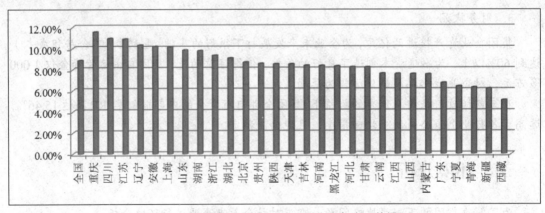

图 5-11　我国部分省份 65 岁及以上老年人口数据

长期以来，我国实行以家庭养老为主的养老模式，但随着计划生育基本国策的实施，以及经济社会的转型，家庭规模日趋小型化，"4-2-1"家庭结构日益普遍，空巢家庭不断增多。据 2015 年人口普查数据，我国户均人数已降至 3.02 人，较改革开放之初的 4.61 人下降了 34.5%。城乡老年空巢家庭比例不断上升，全国大中城市老年空巢家庭已达到 70%，农村老年空巢家庭已达到 48.9%。家庭规模的缩小和结构变化使其养老功能不断弱化，对专业化养老机构和社区服务的需求与日俱增。

目前，我国城乡老年人失能、半失能率达到 19.6%，其中城市为 14.6%，农村已超过20%。随着人口老龄化的加剧，失能、半失能老年人的数量还将持续增长，照料和护理问题日益突出。但是，由于现代社会竞争的激烈和生活节奏的加快，中青年一代正面临着工作和生活的双重压力，无暇也无力照护失能、半失能老年人，这只有通过发展社会养老服务来解决。

2. 政策扶持

《"十三五"国家老龄事业发展和养老体系建设规划》明确提出了一个总目标和四个分目标。

一个总目标：到 2020 年，老龄事业发展整体水平明显提升，养老体系更加健全完善，及时应对、科学应对、综合应对人口老龄化的社会基础更加牢固。

四个分目标：一是多支柱、全覆盖、更加公平、更可持续的社会保障体系更加完善；二是居家为基础、社区为依托、机构为补充、医养相结合的养老服务体系更加健全；三是有利于政府和市场作用充分发挥的制度体系更加完备；四是支持老龄事业发展和养老体系建设的社会环境更加友好。

在这些目标指引下，该规划结合各方面工作发展实际，有针对性地设定了以下若干个具体可行、便于评估的指标。

（1）结合养老服务业供给侧结构性改革的要求，提出政府运营的养老床位占比不超过50%、护理型养老床位占比不低于30%等指标。

（2）结合健康中国战略，按照健康老龄化的要求，提出老年人健康素养提升至10%、二级以上综合医院设老年病科比例达到35%以上、65 岁以上老年人健康管理率达到70%等指标。

（3）为进一步丰富老年人精神文化生活、促进老年人社会参与，提出经常性参与教育活动的老年人口比例达到20%以上、老年志愿者注册人数占比达到12%、城乡社区基层老年协会覆盖率达到90%以上等指标。

由于我国的社会养老行业还远未达到规划的要求，近年来政府对该行业予以了多方面的支持。青岛市政府对入住养老服务机构（经市、区民政部门认定）的困难老年人，由市、区财政给予养老补助。其标准是：对生活半自理的困难老年人每人每月补助不低于500 元，对生活不能自理的困难老年人每人每月补助不低于700 元。另外，对于新开设的养老院，政府给予每张床位 2 000 元的补贴。同时，对养老从业人员的培养也予以大力扶持，每培训一个护工，政府予以 200 元的补贴。

3. 社会认知

尽管目前的人口因素和政府扶持因素，都让养老事业的情况有所改观，但在大多数中国人的眼中，养老院还是一种不得已而为之的养老方式。中国历来的传统观念认为，久病床前出孝子，赡养老人应当身体力行，将老人寄养在养老院是种不孝顺的做法。这种观念不仅影响到养老机构的业务扩展，更影响到这一事业的从业人员。

4. 行业问题

中国目前的社会养老事业，仍存在以下问题：服务队伍专业化程度不高，行业发展缺乏后劲；社区养老服务设施和养老机构床位严重不足，供需矛盾突出；设施简陋、功能单一，难以提供照料护理、医疗康复、精神慰藉等多方面服务；养老机构结构失衡，布局不合理，区域之间、城乡之间发展不平衡；政府投入比例少，民间投资规模有限；服务规范、行业自律和市场监管有待加强；国家出台的优惠政策落实难，落实不到位。

5. 市场拓展的潜力

对于阳光养老集团来说，市场的拓展是其战略中必然会涉及的问题。基于自己的中高端市场定位，阳光养老集团对国内部分省份的人口及收入水平进行了分析，从而为业务拓展决策提供依据，如表5-5所示。

表5-5　2018年我国部分省份相关数据统计表

省　份	总　人　口	人均GDP（万美元）	距离因子	市场动能	市场场强
山东	9 579	1.152 5	5	153 081 532.8	765 407 664.1
浙江	5 443	1.490 7	3.5	331 261 340.1	1 159 414 690
江苏	7 866	1.744 5	4.5	530 900 239.6	2 389 051 078
上海	2 302	2.042 1	4	851 590 907.8	3 406 363 631
安徽	5 950	0.725	4	38 107 812.5	152 431 250
河南	9 402	0.757 7	3	43 500 260.9	130 500 782.7
湖南	6 568	0.800 1	3	51 219 202.4	153 657 607.2
四川	8 042	0.738 7	2	40 309 210.96	80 618 421.92
辽宁	4 375	0.959 3	4	88 280 205.09	353 120 820.3
湖北	5 724	1.007 9	3	102 388 772.3	307 166 316.9
北京	1 961	2.118 8	3.5	951 195 731.7	3 329 185 061
江西	4 457	0.719 3	3	37 216 041.81	111 648 125.4
天津	1 294	1.802 1	3.5	585 243 582.3	2 048 352 538
山西	3 571	0.685	3.5	32 141 912.5	112 496 693.8
黑龙江	3 831	0.652 9	2	27 831 717.39	55 663 434.78
内蒙古	2 471	1.032 2	2	109 974 390.6	219 948 781.2
陕西	3 733	0.976 9	2	93 228 850.36	186 457 700.7
吉林	2 745	0.874 8	2	66 946 260.5	133 892 521
甘肃	2 558	0.473 5	1	10 615 976.54	10 615 976.54
新疆	2 181	0.756 7	1	43 328 255.33	43 328 255.33
宁夏	630	0.817 5	2	54 634 035.94	109 268 071.9
青海	563	0.720 7	1	37 433 769.87	37 433 769.87
重庆	2 885	1.000 7	3	100 210 147	300 630 441.1
贵州	3 475	0.623 3	3	24 215 385.13	72 646 155.4
河北	7 185	0.721 9	3	37 621 068.45	112 863 205.3
云南	4 597	0.562 9	2	17 835 847.32	35 671 694.64
广东	10 430	1.305 8	2.5	222 653 739.1	556 634 347.8
西藏	300	0.65	1	27 462 500	27 462 500
福建	3 689	1.383 8	5	264 984 199.6	1 324 920 998
广西	4 603	0.62 7	2	24 649 188.3	49 298 376.6
海南	867	0.785 1	2	48 392 151.61	96 784 303.21

三、企业资源分析

这一部分主要从企业的优势、劣势和竞争力三方面来分析。

1. 阳光养老集团的优势资源与能力

（1）丰富的社会资源网络。根据组织架构所示，阳光养老集团拥有非常丰富的社会资源，既有受政府委托运营的"李沧区阳光居家养老服务中心"和"四方阳光老年配餐中心"，也有负责行业服务的"李沧区养老行业协会"，还有负责投资管理的"阳光爱晚情投资管理有限公司"，与政府、行业、金融体系都有良好的资源网络。

（2）共享上海乃至发达国家及地区的专业资源。阳光养老集团地处山东省青岛市，坐拥华北地区丰富资源，毗邻华东地区，从北到南分别经过江苏、上海和浙江，可以共享三地的专业资源。

（3）十年的行业经验以及三年的产业经验积累。阳光养老集团成立于 2000 年，拥有 18 年养老行业运营经验；2008 年成立投资公司，目前已积累了 10 年的产业经验。这样的优势产业资源是同行业难以相比的。

（4）形成专业、高效、高凝聚力的护理及经营团队。阳光养老集团成立的专门负责开发老年产品的"阳光爱晚情老年产业发展有限公司"，一方面提供收益，增加集团资金，另一方面进行老年产品开发，特供集团下属养老机构，运营模式上更高效。

（5）已形成操作性较强的管理标准。10 年的行业经验加上 3 年产业经验，使得集团形成一套成熟的管理标准，并得到了政府相关部门的肯定，正受托制定地方政府的行业标准。

（6）自身可持续发展资金的积累以及合作投资机制的初步形成。阳光养老集团成立了"青岛阳光爱晚情投资管理有限公司"，并初步形成了一个高效、有活力的年轻团队，为集团的资本运作打下了较好的基础。

2. 阳光养老集团目前存在的劣势

（1）专业研发能力不足，高端人才的储备不够。阳光养老集团的人员结构相对比较单一，缺乏高端的现代管理人才，甚至还没有很好的人才规划，缺乏人力资源管理体系，无法适应企业未来的快速发展的人才需求。

（2）品牌建设、集团化发展、产业化运作的经验不足。阳光养老集团在品牌建设方面虽然已经有了一些基础，但仍处于起步阶段，品牌影响力还很有限，尤其是对异地业务拓展来说，其品牌力还有较大差距。另外，集团在集团化管理与发展、相关产业拓展等方面还缺乏经验。

（3）资本实力较弱。目前阳光养老集团只有现金 1 000 多万元，相对于企业的发展愿景，阳光养老集团的资本实力远不能满足企业发展对资金的需求，这是其下一步发展必须突破的关口。

3. 阳光养老集团的竞争力分析

（1）进入壁垒。阳光养老集团通过十多年养老服务的积累，形成了一整套标准化、科学化的养老服务标准和管理流程，使其对后来者来说具有了一定的先入优势。

① 专业壁垒。养老服务是一个专业性比较强的行业，需要根据老人的生理特征和健康状况进行服务，这需要规范、科学和专业的服务流程与标准。同时，护理员需要通过专门的培训和考取养老护理员职业资格证才可上岗。对于新进入的机构来说，短时间内很难形成专业的服务流程。

② 品牌壁垒。对于老人选择养老机构，品牌是一个非常重要的因素。目前，社会上的养老机构鱼龙混杂，服务质量参差不齐，老人在选择时往往会选择口碑好、服务有保障的机构。对于新进入的养老机构来说，品牌是需要时间来积累的，短时间内难以形成品牌。

③ 规模壁垒。养老服务营业网点的投入是比较大的，这要求新进入者必须具有一定规模进入市场，否则将不得不面对成本劣势的现实。一定的规模可以使采购、服务和管理具有一定经济性。例如，食堂饮食、采购电视、床上用品、中央空调等，都具有一定规模效应。

（2）行业内竞争格局。目前，国内养老服务机构大多还处于单点发展的状态，还没有连锁发展养老机构的模式。阳光养老集团经过十多年的摸索，已形成比较成熟的连锁发展模式，这为未来的发展打下了比较好的基础。其他相关产业如果想进入此行业，会遇到上面提到的进入壁垒的限制。

综上所述，阳光养老集团已初步奠定了优势的行业竞争能力，具备了快速发展的基础，只要在一些关键性资源与工作上进一步改善，必然会在中国养老行业中脱颖而出。

四、战略问题

我国养老行业虽然即将迎来巨大的机遇，但也存在诸多的挑战，阳光养老集团未来的战略出路在哪里？需要考虑和解决以下三方面问题。

（1）阳光养老集团下一步向哪个方向发展？是继续围绕着养老产业进行拓展，还是进入新的领域？

（2）阳光养老集团的战略突破点在哪里？什么是撬动企业发展的支点？

（3）阳光养老集团采取什么样的发展模式？自我循环还是资本扩张？最理想的外部资本在哪里？

案例讨论：
1. 分析阳光养老集团的机会与威胁、优势与劣势。
2. 匹配阳光养老集团可能选择的战略。
3. 评价、选择阳光养老集团的最终战略。

第三篇

竞争层（业务层）战略决策

第六章 竞争战略决策

"竞争"绝对不是竞争战略的主题词。如何提升企业价值，获取满意的回报，才应该是企业竞争战略考虑的核心问题。但遗憾的是，人们在谈到竞争战略时，往往想到的是"竞争"，而忽略了其核心，忘却了初衷。

第一节 竞争战略的根本目的

不管什么战略问题，其最终目的都是实现企业价值最大化。如第一章第二节所述，价值最大化是通过价值创造、价值获取和价值传递三个步骤来实现的。从战略分层理论来看，竞争战略属于业务层面的战略，即解决价值获取的问题。因此，竞争战略要考虑的是"价值获取"如何与"价值创造"完美结合的问题。

基于这么一个职能定位，竞争战略的研究最终指向以下几个根本目的。

（1）以比竞争对手更有效的方式满足顾客需求。这一问题可以分为两个方面：一是做得比对手好，包括成本比对手低、对顾客需求的理解比对手更准确、市场反应比对手快等，这是竞争的狭义定义；二是找到一个没有对手的市场，或者对手相对少的市场，从而规避激烈的市场竞争。

（2）建立长久的竞争优势，从而持续维持其市场竞争地位。迈克尔·波特教授在《什么是战略》（其实他指的是竞争战略）一文中，对于竞争战略的判定标准就是以持续的竞争优势来界定的。这体现了战略思想的时间维度，即立足于长远来思考企业的发展问题。

（3）获取超额利润。这是竞争战略最根本的目的。无论如何，没有超额回报，企业也就没有存在的必要。获取超额回报，也可以从短期和长期两个维度来衡量。

关于竞争战略的思考，也就是围绕着这三点来展开的。值得关注的是，这三个目的之间虽然存在很强的逻辑关联，但它们之间的关系可能会存在较大的时滞。也就是说，竞争效率、长期竞争优势的奠定与获取超额回报这三个目的极有可能不是同时达到的，这也是我们把这三个目的分立的原因。

例如中欧工商管理学院，在前期办学的过程中经历了长时间的亏损，但一直坚持高水准的办学质量，最终成功实现盈利办学。在这个过程中，战略的信念尤为重要。一个组织的领导人能否坚持既定的战略方向，成为影响其成功的重要因素。坚持是成功的要素，但并非所有的坚持都会收获好的回报。坚持就是胜利的前提是其选择的方向是正确的。对于企业来说，这一前提就是顾客价值的创造。如果企业战略确定能够为社会创造价值，那么这种坚守就是值得的。

这里我们指向的是为社会创造价值，而不是"满足顾客需求"，这是两个完全不同的概念。20世纪末兴起的绿色营销理念——并不是盲目地满足顾客的需求，而是为顾客的长期利益着眼，满足符合其长远利益的健康需求——可以为此提供一个明确的视角。顾客其实并非是完全理性的，他们完全有可能存在许多诸如短期行为、饮鸩止渴等不良需求。例如，针对安然的财务造假行为，安达信作为当时的五大会计师事务所之一，为其提供了相关的"服务"，不仅让安然在错误的道路越走越远，也彻底地毁掉了自己。可见，"顾客是上帝""顾客永远是对的"这样的论断是完全错误的。

本书第一章所提出的竞争物种理论，更明确地提出了具体的判断准则。我们需要关注的其实不是"顾客需求"，而是如何促进人类社会的进步和健康发展。只有以此作为我们的战略准则，才可令企业立于长久的不败之地。

第二节　产业分析

与总体层战略的环境分析不同，竞争战略环境分析的使命是在给定的业务领域中，正确地选择与产业环境相适应的竞争战略。总体层战略的产业分析是对业务进行价值分析，业务层战略的产业分析是竞争特性分析。而竞争特性，很大一部分是由产业结构决定的。

具体而言，竞争战略中的产业分析是从其盈利结构的角度来研究的。盈利结构分析往往按照以下三个层面逐一展开分析。

（1）产业的总体盈利水平。包括产业目前的平均盈利水平、产业增长的潜在水平、产业的进入壁垒、产业目前的竞争状态等因素。

（2）战略集团的盈利水平。在产业整体分析的基础上，研究不同战略集团的盈利水平。其分析的要素与产业分析的要素相同。

（3）企业在战略集团内的地位。在任何一个市场中，只有极少数的企业能够获取超额的回报。在选择了理想的产业、盈利能力高的战略集团之后，企业仍需要在战略集团内取得领先优势，才能确保令人满意的投资回报。

一、产业生命周期

根据产品生命周期理论，一个产业的生命分为导入期、增长期、成熟期和衰退期四个阶段，如图6-1所示。不同生产周期的行业，其市场体现出来的顾客需求特征、行业竞争状态都大不相同。从表6-1[①]中可以清楚地了解产业在其生命周期中是如何演变及如何影响战略决策的。

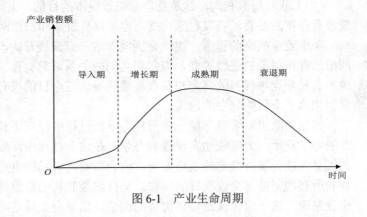

图6-1　产业生命周期

---

① 迈克尔·波特. 竞争战略[M]. 陈小悦，译. 北京：华夏出版社，1997：158-159.

表 6-1 有关战略竞争和经营业绩的产品生命周期理论预测

项 目	导 入 期	增 长 期	成 熟 期	衰 退 期
买主和买主行为	高收入购买主，必须说服买主尝试该产品	正在扩大的买主群，消费者会接受参差不齐的质量	巨大的市场饱和，重复购买的顾客，顾客在各种品牌间选择	非常精明的买主
产品及产品变化	质量低劣，重点在产品设计及开发上，没有统一的行业标准，最基本的产品功能设计	产品具有技术和性能方面的歧异性，复杂产品的关键性能在于其可靠性，竞争性产品不断改进	质量优异，产品歧异不明显，标准化，产品变化不迅速，折价具有重要意义	产品歧异性小，产品质量出现问题
市场营销	很高的广告/销售额（a/s）比，撤脂价格战略，高营销成本	广告费高，但比导入期的广告/销售额低，多为心理定销，广告和分销对非技术性产品很关键	市场细分程度提高，努力延长生命周期，拓宽产品线、服务和代理更为盛行，包装很重要，广告费，低的 a/s 比	低 a/s 比
制造与分销	能力过剩，生产周期短，需要高技能劳动力，高生产成本，专门化的销售渠道	能力不足，向大批量生产转换，争夺分销渠道，大宗产品的分销渠道	有些能力过剩，生产过程的稳定性增强，较低的劳动力技能，生产周期长，技术稳定，分销渠道利润减少有形分销渠道，大宗营销，宽产，品系列导致有形分销渠道	能力大大过剩，大批量生产，专门化的渠道
研究与开发	改进生产技巧			
对外贸易	一些出口	大量出口，少量进口	出口下降，大量进口	没有出口，大量进口
总体战略	扩大市场份额的最好时机，研究开发、工程技术是重要职能	改变价格或改变质量形象非常实用，市场营销是关键职能	不利于增加市场份额的时机，特别是市场份额占有率低的公司，成本为竞争的关键因素，不利于改变价格形象或改变质量形象，市场营销有效性是关键	成本控制是关键
竞争	竞争者增加	出现兼并事件	价格竞争，淘汰，知名品牌出现	少数竞争者退出
风险	高风险	高增长但导入期低，此阶段值得冒险	周期性是关键	
毛利与净利	高价格、高毛利、低净利，价格弹性不如成熟阶段高	高净利、高毛利，价格受高但比导入期低，较乐于收购时机	价格下降，净利润较低，毛利较低，代理商毛利低，市场份额及价格结构的稳定性增强，收购环境较差——出售公司较困难，价格和毛利最低	价格低、毛利低、价格下降，在衰退后期价格可能上扬

尽管不少文献对产业生命周期理论提出种种质疑（一是生命周期的不同阶段在实践中无法界定；二是技术进步等因素会对产业生产周期产生影响，如自行车业，本是一个非常成熟的行业，但共享单车商业模式出现后，这一行业的需求突然有了巨大的增长；三是生命周期可能是循环发展的；四是不同产业的同一生命周期与战略的关系可以极为相同等），但生命周期作为一种概念和客观存在的现象，对战略决策起着极具价值的指导作用。

注记　生命周期的战略含义

确定产业目前属于生命周期的哪一个阶段，是产业生命周期研究最为关键、也是最为困难的问题。一个行业到底发展到了哪一个阶段，并没有一个确切的指标来衡量。这主要依赖于研究者个人的主观判断，而这正是生命周期理论的薄弱环节。

不要忘记的是，产业生命周期研究的最终目的不是产业生命阶段的确认。产业生命周期研究的重点在于借助生命周期的概念，围绕着以下五个问题进行研究。

❑ 顾客在产业演变的各个阶段，其消费行为将会发生什么样的变化？
❑ 行业竞争将出现什么特征？
❑ 什么要素是这一阶段的关键竞争要素？
❑ 存在什么样的战略机会？
❑ 盈利水平的变化意味着企业在业务上应做怎样的战略调整？

二、产业集中度

产业分析的一个重要内容是产业的集中度。在某些行业中，企业的分布是零散的，整个产业由许许多多的中、小型企业组成，每个企业所占的市场份额都不大，没有一家企业能够对整个产业产生重大的影响，如零售业、娱乐业、农业、咨询业、房地产业等。而另一些行业的产业集中度则很高，如钢铁业、铝业、汽车业等。零售业巨头沃尔玛的市场占有率仅为10%，而美国铝公司的市场份额则高达70%。在中国，2017年电商平台前两位（天猫与京东）的占比就达到87%，而同期房地产前十名企业所占市场份额不到5%。

在一个零散型的产业中，规模越大，效率越低，因此追求领导地位是徒劳的，也是没有价值的。在这样的产业中，利润成为重要的竞争目标。相反，在一个集中度很高的行业中，市场份额会带来竞争力和价值的提升，获取市场份额往往会成为一种战略投资，尤其在产业前期，市场份额的追逐会成为一个重要的战略目标。共享单车、外卖平台的圈地大战，就是高集中度产业中企业竞争行为最有代表性的例子。

因此，产业集中度对于竞争战略目标的确定是一个重要的考虑因素。一般而言，导致产业零散的因素有以下十种。[①]

（1）行业总体的进入壁垒低。由于行业进入壁垒很低，许多的小公司可以随时进入该行业，因此，行业将永远处于高度竞争的状态。

（2）不存在规模经济或经验曲线。由于行业不存在规模经济或经验曲线，大企业在该

---

① 迈克尔·波特. 竞争战略[M]. 陈小悦，译. 北京：华夏出版社，1997：191-195.

行业并不具备经营上的优势，而且大企业的管理成本远高于小企业，因此大规模在这种行业中反而是一种劣势。

（3）高运输成本。运输成本高抵消了规模经济的优势，使企业的经营半径受到较大的限制，总体上有使产业趋于零散的动力。

（4）高库存成本或不稳定的销售波动。高库存成本或销售波动性与大规模制造、资本密集、要求连续运行的制造设施的要求是矛盾的，而小规模、高通用性的生产设施则更有优势。

（5）与顾客和供应商交易时无规模优势。这种物流和销售上的规模不经济性同样使得大企业与小企业相比不存在明显的优势。

（6）其他的规模不经济性。如产品需求变化快、顾客的经营规模小（下游行业是零散的且需求不相同）、经营上要求更贴近顾客等，这些方面的行业特性都使大企业处于劣势。

（7）多种市场需求。规模经济的基础是能够大批量制造同质性的产品或服务，而歧异化程度高的市场会使这种规模经济失去市场基础。例如，婚庆服务是一个很大的市场，但由于每对新人都希望自己的婚礼与众不同，因此，在任何一个国家，婚庆公司的规模都做得不大。

（8）产品高度歧异，且这种歧异依赖于某种特殊的资源。例如，名画、某种特殊的天然动植物制品等，都会使企业受制于资源的有限性而难以做大。

（9）退出壁垒较高。高的退出壁垒会使大量的企业留在产业中，导致产业集中的局面。

（10）相关的法律。相关的法律限制会限制行业的集中，这是来自法律方面的影响。

一般而言，形成产业零散往往是诸多因素的结合，而不是某一两个因素的结果。

三、产业内战略集团分布

在许多行业中，我们都可以发现一个非常值得思考的问题，即在同一个行业中，某些类型的企业盈利水平很高，而另一些企业则经营业绩不良。这种差异是由不同的经营战略所导致的。一般而言，经营战略的特征往往通过以下十三个方面体现出来。[①]

（1）专业化程度：企业经营产品线的宽度、目标客户群及地区市场的广度。

（2）品牌知名度：依赖品牌还是价格或其他竞争手段。

（3）推动与拉动：通过在最终用户中建立品牌拉动还是依靠分销渠道的推动。

（4）渠道的选择：企业分销渠道的类型。

（5）产品质量：公司产品质量的水准，在行业中处于何种地位。

（6）技术领先程度：企业寻求技术领先还是采取追随或模仿战略。

（7）纵向整合：公司前向和（或）后向整合的程度。

（8）成本状况：公司对寻求低成本优势的关注程度。

（9）服务：公司针对其产品提供系列服务的程度。

（10）价格政策：企业在市场中的相对价格。

（11）杠杆：公司财务杠杆与经营杠杆的大小，即企业对财务风险和经营风险的偏好

---

① 迈克尔·波特. 竞争战略[M]. 陈小悦，译. 北京：华夏出版社，1997：127-128.

程度。

（12）与母公司的关系：公司在母公司中的地位。

（13）与政府的关系：企业获取政府资源的能力。

相同经营战略的企业形成一个战略集团，这些企业由于在战略上的相似性而取得相似的经营绩效。因此，在某一行业中，必然存在一些获利能力强的战略集团，也必然存在一些获利能力弱的集团。

战略集团分布图为行业内战略集团相关研究提供了很好的分析工具。战略集团分布图有助于解决以下六个问题。[①]这六个问题解决之后，将描绘出整个产业的竞争图景。

（1）聚类分析。将行业内的主要企业按所研究的问题划分成若干个集团。这种分类分析是后续研究的基础。

（2）判别移动壁垒。分析一个战略集团向另一战略集团移动过程中可能出现的成本，以判断各个战略集团结构的稳定性和获利能力。

（3）确定边际集团。由于处于边际状态的企业处于"夹在中间"的尴尬状态，它们可能会退出该行业，但更可能朝某一战略集团移动，因此是需要重点关注的对手。

（4）标绘战略活动方向。对行业内的战略集团（或战略集团内的企业，尤其是重点企业）的战略移动方向进行研究，并标示在战略集团分布图上，作为竞争对手分析的重要内容。

（5）分析趋势。通过以上几点分析，可以进一步确定未来的趋势，包括某些集团的生存能力是否降低，某些集团的屏障是否提高，某些方向上的竞争是否因不可避免而加剧等。

（6）预测反应。预测整个产业对某一事件的反应。由于战略上的相似性，集团中的公司对某些外部的干扰或关键因素的变化会产生一致的反应行动。

选择两个重要的经营战略特性向量，构成一个二维图，将行业内较为重要的企业绘制在图上，便形成了战略集团分布图。图 6-2 是中国特殊钢市场战略集团分布图。在绘制战略集团分布图时，作为坐标轴的两个战略特征向量的选取是非常关键的。选择战略特征向量时可以考虑以下四个原则。

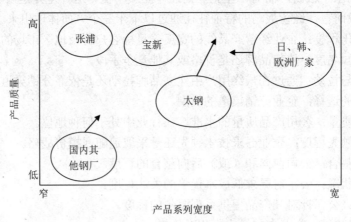

图 6-2　中国特殊钢市场战略集团分布图

（1）所选择的战略特征向量对产业的移动壁垒起着决定性的作用。

① 迈克尔·波特. 竞争战略[M]. 陈小悦，译. 北京：华夏出版社，1997：153.

（2）所选择的两个向量不应具有相关性，即一个变量的影响不会同时引起另一个变量的变化。

（3）根据目前的行业竞争重点问题来选择分析向量。

（4）可针对不同的问题分别绘制不同的战略集团分布图。

第三节　业务获利能力分析

一、独特性/核心互补性资产模型

创新和资产结构决定了什么企业可以从中获利，从而也确定了企业的竞争行为。独特性/核心互补性资产模型提供了一个将价值创造与价值获取进行系统思考的工具。这一模型用于解决这一问题：在任何一个业务中，谁可以获取超额利润，或者是靠什么获取超额利润。第一个视角是分析问题的视角，用于对业务进行系统性的分析，发现其中可能存在的问题；第二个视角是解决问题的视角，即在问题分析完之后，提供一个解决问题的大体思路。

独特性/核心互补性资产模型认为，谁获利（靠什么获利），取决于该业务的两个属性：独特性（Uniqueness）和核心互补性资产（Complementary Assets）。独特性决定了业务的价格水平，分析的是企业与竞争对手以及客户的关系；核心互补性资产决定了业务的（核心）成本高低，分析的是企业与供应商的关系。这里的供应商是广义的概念，指影响企业成本的所有因素，包括原材料、设备、人才、土地、技术及品牌授权费等。

如图 6-3 所示，业务的独特性可分为容易维持和难以维持两种状态；核心互补性资产可分为可自由获取和可垄断两种情况。当独特性容易维持而核心互补性资产又可自由获取时（第 I 象限），由于业务的溢价高而成本低，所以是创新者获利（第一个视角），或者说是靠创新获利（第二个视角）；当独特性容易维持且核心互补性资产可垄断时（第 II 象限），这种情况称为双头垄断，需要深入分析企业与供应商的议价能力，方可判断谁能获取更大的利益；在独特性难以维持而核心互补性资产可自由获取的情况下（第 III 象限），由于价格和成本都低，因此无人获利（无人获取超额回报）；当独特性难以维护而核心互补性资产可垄断时（第 IV 象限），企业业务价格低，而成本又很高，因此是资产拥有者获利（第一个视角），或者是靠资产获利（第二个视角）。

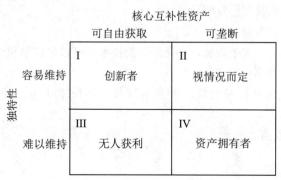

图 6-3　独特性/核心互补性资产模型

> ### 注记　独特性/核心互补性资产模型变量的确切含义
>
> 　　从字面上理解，独特性是指业务与众不同的地方，但这仅是独特性表面的含义。更重要的是，这种独特性能够提升企业的竞争地位，有助于提升企业产品溢价，即顾客在意的某种价值。互补性资产，也称补足性资产，是指企业经营某业务需要购买的资产。在实践分析中，我们只需要关注那些最重要的核心互补性资产即可。在分析过程中，独特性与核心互补性资产容易产生混淆，但只要以产权为最终判断依据，就不会出错，即企业自身的东西是独特性，而企业需要从外部购买的是核心互补性资产。核心互补性资产这一概念的理论含义是不要受制于人，即不要在核心互补性资产上被别人卡了脖子。

二、独特性与核心互补性资产的属性分析

　　独特性与核心互补性资产的属性判断，是该模型分析的重要环节。因此，在对这两个维度的属性进行分析时需要强有力的理论工具来帮助我们正确地进行判断。

（一）独特性的来源

　　创新的独特性一般来源于以下三个方面。

　　（1）知识产权保护，包括专利、版权等。其优势与劣势分别如下。

- ❑ 优势：
  - ➤ 具有合法的权利。
  - ➤ 可以进行交易。
  - ➤ 赢得构建关键资产的时间。
  - ➤ 提供暂时的垄断。
  - ➤ 减少竞争。
- ❑ 劣势：
  - ➤ 创新被要求披露。
  - ➤ 维护成本较高。
  - ➤ 引致其他的替代性发明。
  - ➤ 保护的时间太短。
  - ➤ 专利申请有一定的限制，不是所有的技术都可以申请专利。
  - ➤ 专利保护并不一定安全。

　　（2）商业秘密，包括贸易信息、非竞争性条款和技术诀窍。商业秘密也有其优势与不足。

- ❑ 优势：不被披露。
- ❑ 劣势：
  - ➤ 难以维持。
  - ➤ 非竞争性条款难以维持。

➤ 优秀的技术人才不希望其成果以商业秘密的形式进行保护。

（3）速度：指企业不断进行创新，以防止竞争者的模仿。其优势与劣势分别如下。

❑ 优势：

➤ 竞争者无法跟上。

➤ 难以模仿。

➤ 快速获利。

❑ 劣势：

➤ 更新过快。

➤ 回报递减。

➤ 难以实现。

➤ 难以维持。

➤ 耗散产业利润（使整个产业变得难以盈利）。

事实上，独特性的来源还有很多，如无法描述的经验、企业运作的内在默契、品牌、企业规模等，都可能是企业独特性的来源。

（二）独特性属性分析

对于独特性是容易维持，还是难以维持，可以从以下两个方面来进行分析。

（1）独特性的描述性。如果独特性很容易描述，那么就会容易被别人模拟，因此便难以维持；反之，如果独特性不好描述，那便容易维持。

（2）独特性的操作性。影响独特性是否容易维持的另一个因素是该独特性的操作难度。如果操作非常复杂，那么独特性即便可以描述，也较容易维持。

只有既好描述又好操作的独特性，才难以维持，否则就容易维持。

前文说过，行业经验、企业对环境的判断力、洞察力都是难以描述的独特性。但在许多情况下，企业的独特性是可以描述的，但却难以操作。比如一个优质的品牌，它形成并被顾客所认可，是一个漫长的过程，是短时间内难以复制的。又如规模，需要如何扩大规模好描述，但却不容易做到。一个企业不可能凭空形成一个巨大的经营规模，因为无论是资本方面还是人才储备、管理水平等，都需要长期的积累。这两种情况是典型的好描述、难操作的独特性。另外，涉及跨部门、跨技术合作的业务，其独特性也是好描述、难操作的。

（三）核心互补性资产属性分析

核心互补性资产的属性分析在以往的文献中被视为过于简单而不被重视，但我们在实践操作中发现，这并不是一个显而易见的问题。核心互补性资产是可自由获取还是可垄断，需要深究这一概念的理论含义——不要受制于人。因此，我们提出以下两个方面的分析框架。

1. 稀缺性

稀缺性对核心互补性资产的可控性的影响是显而易见的。如果一项资产非常稀缺，就很容易被别人垄断；如果该资产并不稀缺，那就不可能被别人垄断。这一概念似乎简单，但在战略决策中往往被人忽略。

四川长虹公司就因为没有认识到显像管这一资产并不稀缺，于1998年年底掀起所谓的"彩管大战"，希望通过垄断显像管来打击竞争对手。事实证明，显像管是一种量产的工业化产品，难以垄断。"彩管大战"最终导致进口大量增加，既提高了整个行业的生产成本，也没有达到垄断的目的。四川长虹以及整个中国彩电行业都为此付出了惨痛的代价。

核心互补性资产的稀缺性从本质上讲是供应商的稀少。从波特的产业结构分析上讲，企业对供应商的谈判筹码取决于这两个产业的集中度。供应商越少，核心互补性资产越容易被垄断。美国对华为的断供事件，使我们对这一问题有了一个全新的视角。在分析这一问题时，我们不仅要关注供应商的多少，还需要关注供应商来源国的分布情况。尤其在全球经济下行的情况下，保护主义一定会开始盛行，而政府干预行为就是一种可以预期的行为了。因此，如果供应商来源国非常单一，对企业来说也存在巨大的威胁。

阅读材料6-1

垄断的代价

1998年，倪润峰基于国家严厉打击走私以及当时国内彩电已经处于供过于求的判断，拿出10亿元的银行承兑买断了200万只21英寸彩电显像管，力图从产业链的上游掐住竞争对手的喉咙，进而达到限制整个彩电行业产量的目的。倪润峰在这里打了三个赌：第一，他赌国家打击走私的决心比市场的力量更加强大；第二，他赌的是商人的道德；第三，他赌新的替代技术不会这么快进入中国市场。遗憾的是，倪润峰下的三个赌注都输掉了。许多彩电企业都是当地的税收大户，一旦企业利益受损，就会连累当地政府的财源。当业内其他彩电行业察觉到长虹在囤积彩管时，这些企业就联合当地政府向信息产业部、外经贸部要求进口彩管。原本那些因为中央打击走私而滞留香港地区的彩管一下子蜂拥而入，这给了企图垄断彩管的长虹重重一击。此外，长虹买下的彩管大多留在彩管厂的仓库里，而这些彩管厂受利益的诱惑，暗地里放水卖出大批彩管，让长虹垄断彩管的美梦成为泡影。更让长虹始料未及的是，在1999年，索尼推出了纯平彩电，国内彩电企业纷纷跟进，导致传统型彩电的显像管需求萎缩，这让长虹通过垄断彩管供应量来遏制产量的计划彻底破灭。经此一役，长虹的应付款项、票据从35.51亿元直线上升到61.9亿元，库存高达77亿元，比上一年高出一倍，而长虹的主业收入也锐减4亿元。如果处于一个虚拟的或是规范的经营生态环境之下，长虹囤积彩管、垄断上游资源的举动或许能够成功，并可一举将对手逼到绝境，然而长虹对形势的错误判断铸成了大错。

资料来源：倪润峰. 现代商战史上的"中国巴顿"[J]. 新营销，2004-08-24.

2. 转换成本

核心互补性资产属性分析的目的是不要受制于人，因此还需要分析该资产的转换成本（换一家供应商的成本）。如果转换成本很高，企业无法转换供应商，则该资产还应视为稀缺。加多宝与王老吉的品牌争端就是最艰险的例子。当加多宝与广药集团的品牌授权到期后，加多宝对王老吉这一品牌的转换成本就很高。广药集团要求加多宝为王老吉这一品牌付出200亿元的代价，双方谈判最终失败。加多宝之前为王老吉这一品牌付出的所有营销费用全部化为乌有；所有上架的产品要全部下架，变得一文不值；所有的库存成品都不能销售；

连制成的空罐，甚至涂上第一道红颜色的包装罐都不能使用。可见其转换成本有多高。

只有既不稀缺，转换成本又低，该资产才是可自由获取的，否则就是可垄断的。

三、独特性与核心互补性资产的属性变迁

创新的独特性与核心互补性资产的属性并非一成不变，随着时间的推移，创新的独特性不断下降，核心互补性资产也逐步增长，如图 6-4 所示。不管何种业务，都是前期独特性具有价值，核心互补性资产价值不高。但到了业务的成熟期，独特性就失去了价值，而随着同业的竞争，核心互补性资产一定会增值。这是一个必然的过程。不过，如果独特性容易维持，这一过程会慢一些；反之，这一过程就快一些。为了确保从创新中得到收益，企业应根据创新周期的进程，适时加强对核心互补性资产的控制。

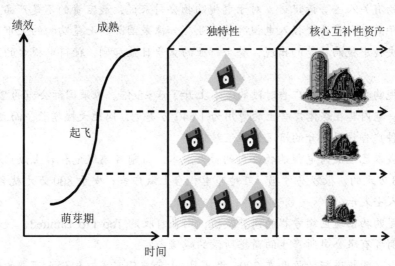

图 6-4 创新的独特性、核心互补性资产在创新技术不同生命周期的演变

阅读材料 6-2 ●

七星购物的巨亏

"超长待机 62 天""一部摔不烂的手机"……这些充斥荧屏的电视购物广告词，正是国内电视购物领军企业七星购物过去两年创造销售奇迹的见证，然而这家业内佼佼者的业绩却在 2007 年划出了一道诡异的弧线。

2008 年 4 月 28 日，七星购物发布的 2007 年年报显示，期内亏损达到 3.8 亿港元，而在 2007 年上半年，该公司还取得了 4 329 万港元的净利润。仅仅半年时间，业绩出现如此大幅度的下滑，究竟是因为什么？七星购物的股价也应声堕入仙股之列。2004 年以来重现辉煌的国内电视购物行业，遇到了怎样的瓶颈？

业绩大变脸

2006 年 11 月，七星购物成功借壳香港上市公司蓝顿国际，完成上市。2007 年上半年，七星购物的销售收入达到 4.14 亿港元，其中归于上市公司股东的净利润达到 4 329 万港元。由此，七星购物与 2007 年 5 月成功在美国纳斯达克上市的橡果国际一道，成为中国电视购

物行业中的佼佼者。

一位曾参与过橡果国际上市和七星购物重组的电视营销高级职业经理人告诉记者，橡果国际和七星购物占据了国内电视购物市场30%～40%的份额，一时风光无限。

然而，从盈利到巨亏，七星购物的业绩在半年时间内犹如"坐了过山车"。

根据七星购物发布的2007年年报，期内公司销售收入达到6.8亿港元，导致3.8亿港元亏损的因素主要是电视台大幅提高广告费、行业竞争环境转坏，以及其多项收购所产生的商誉减值拖累。

根据七星购物的财报，由于电视台广告费用的上升，2007年七星购物的电视台广告成本增加到3.8亿港元。据透露，前几年一些地方电视台白天和晚上11点之后的所谓"垃圾时段"，一分钟的广告费只要一两百元，现在每分钟涨到了600～2 000元，"垃圾时段"变成了"黄金时段"。

七星购物有关人士告诉记者，对于电视购物公司来说，最宝贵的不是产品，而是媒体资源。近几年随着大量资金投入电视购物行业，如橡果国际和七星购物的上市，以及湖南台快乐购、央视中视购物等的出现，整个行业的竞争日益加剧，使得电视台的广告时段成为紧缺资源。

这让电视购物公司购买广告时段的成本上升了3～5倍。橡果国际公布的2007年二季度财报显示，期内其在媒体广告上的费用为1 640万美元，同比大幅增长。而到了2007年下半年，这种广告费用上升的情况仍在继续。

"媒体成本已经成为电视购物公司的最大成本，目前在省级电视台上做广告，年营业额少于5 000万元的，很容易亏损。在地市电视台上做广告，少于800万元就会亏损。"七星购物有关人士表示。

导致七星购物出现巨额亏损的商誉减值，则来自收购Top Pro Limited、骏超有限公司及上海佩莲商贸有限公司所产生的商誉所做的减值。

据悉，七星购物进行的收购在2006年4月11日就已完成，但代表商誉的两笔数额为2 842.2万港元及2.19亿港元的款项分别于2006年年报和2007年上半年业绩报告截止日期时入账。鉴于2007年下半年七星购物在业务策略上的改变以及中国电视购物行业经营环境的逆转，七星购物董事会决定对该商誉做出全数减值的拨备。

资料来源：郎朗. 七星购物2007年巨亏3.8亿，手机电视直销神话破灭[N]. 21世纪经济报道，2008-05-06.

四、应对决策

企业业务位于不同的象限，其应对策略是不一样的。但尽管如此，其基本思路都是一样的，即采用第二个视角，先确定该业务靠什么获利。

（一）第Ⅰ象限

在第Ⅰ象限中，由于创新者靠创新获利，要保持可持续盈利，就需要可持续创新，因此创新在这时是有价值的。当然，这里的创新是广义的概念，其确切的含义是在帮助企业获利的独特性上继续加大投入。如果企业是依靠品牌获利的，可持续创新的含义是继续加大对该品牌的维护；如果企业是以规模作为其独特性的，可持续创新的含义就是继续保持规模优势；如果企业是以技术创新为独特性的，可持续创新的含义是不断对该技术进行升级。苹果手机就是最好的例子。因为苹果手机是靠新的功能为独特性的，所以苹果公司就必须每年推出新功能的新款手机，否则其盈利性就不可维系。

（二）第 II 象限

在第 II 象限中，企业会受制于供应商。解决这一问题有以下三种路径可以选择。
（1）通过后向一体化，把外部采购转为内部自制。
（2）通过签订长期合约锁定成本。
（3）向第 I 象限转移，即通过相应的措施，摆脱对该资产的依赖。

（三）第 III 象限

在第 III 象限上，没有任何一方可以获取超额回报。企业只有两种选择：一是放弃该业务；二是通过独特性的提升，转换到第 I 象限。

（四）第 IV 象限

在第 IV 象限上，获利的是资产拥有者，也就是说是靠资产来获利的。因此，企业要保持对该资产的控制，通过签订长期合约等手段来控制成本的膨胀。

> **注记　控制核心互补性资产的时机**
>
> 从图 6-4 可知，核心互补性资产的升值是一个必然的过程，只不过是时间快慢而已。在控制核心互补性资产这一问题上，时机的把握是非常重要的。从理论上讲，如果该业务成熟得慢，可以在起飞期实施资产的控制（因为资产的控制是需要付出代价的）；如果该业务成熟得快，则需要在萌芽期就进行资产的控制。但在实际操作中，业务成熟的快慢是无法具体定义的，业务的萌芽期和起飞期也没有操作性的定义。因此，要对该资产实施控制，只需要把握住这一原则——在其他人认识到该资产的价值前，把这一资产控制在自己手中。对于有些业务，由于其成熟得太快，甚至需要在开展该业务前就锁定资产。一家生物科技公司在欧洲用牛血提炼一种名贵的生物制剂。当时牛血的价值在欧洲是没有被发现的，因此他们在产品上市之前，就与各大屠宰场签订了长达 50 年的供货合同，锁定了重要的核心互补资产，从而锁定了成本。

第四节　竞争对手分析

除了考虑行业的竞争特性外，行业内的竞争对手也是一个重要的考虑因素。在企业做出重大的战略决策之前，需要审慎地分析竞争对手的反应，从而避免发生恶性冲突，以提高战略实施的成功率、降低竞争风险。

阅读材料 6-3

汽车行业竞争激烈，淘汰赛已打响

近期，发生在不同合资企业身上的事件，都指向了同一个课题——中国汽车行业的淘汰赛已经打响，率先退场的正是那些相对落后的合资车企和中低端品牌企业。

分析其中原因，从表象上看，产品竞争力的缺失是这些企业和品牌无法在中国市场存活的主因。

翻看铃木、菲亚特近些年在华产品的销售成绩单，几乎没有一款车型可以称得上是"主流"。其实，铃木和菲亚特在中国都有一定的品牌认知基础，但如果站在其产品面前，无论是行业人士还是消费者，都会感到较为保守和陈旧，吸引力不足。

以铃木为例，其在华产品的核心技术还停留在 5 年前的行业水平，代表行业趋势的电动化、智能化、网联化技术基本没有应用。此外，车型设计风格过于中庸，与时代有所脱节。从车型的定位和特点看，无论是铃木还是菲亚特的车型，都不具备差异化竞争力，产品自然少人问津。

从本质上看，这些合资车企和中低端品牌企业被抛弃，也许是因为他们对中国市场需求的反应速度太慢，但更深层的原因是自身实力较弱，无法支撑其快速转型。

与其他海外市场相比，中国新车市场不仅规模最大，而且变化最快。前几年，SUV 异军突起，成为带动乘用车市场发展的引擎。而像铃木、菲亚特这样的品牌，没能及时跟上这样的产品趋势，使得自己的生存空间越来越小。近两年，我国新能源汽车快速发展，很多合资企业已经开始行动，在中国市场推出了新能源车型，而铃木、菲亚特这样的品牌，至今连新能源汽车的规划都没有。

无论是 SUV 还是新能源汽车，产品响应速度不够快，是一家企业实力不强的直观体现；对于合资企业来说，也是其对中国市场不够重视的表现。这其中涉及对研发体系、技术储备、管理流程的硬性要求，以及这一系列要素的有效衔接，因此，只有强大的车企才能够按下"快进键"，加速转型。

中低端合资品牌的败退，也是自主品牌向上冲击的结果。近两年，吉利、长安、长城、上汽、广汽等车企表现优异，成长迅速，不断向上抢占合资品牌的市场份额。在与中低端合资品牌的竞争中，这些优秀的自主品牌依靠出色的产品设计、丰富的智能科技配置占据了优势，并在这个过程中不断完善研发体系、推动技术创新，走入了良性的发展通道。对于中低端合资品牌来说，自主品牌溢价能力的提升、实力的增强，让他们很难看到在中国市场翻盘的希望，这成为压倒他们的最后一根稻草。

其实，当这些合资车企和品牌退出中国市场，行业淘汰赛正式打响时，大多数人更关心的是除了菲亚特、铃木，之后还有谁？

笔者大胆尝试回答这个问题。从近一两年看，像斯巴鲁、DS 这样经营状况已经明显下滑的小众品牌，很有可能步菲亚特、铃木后尘，退出中国市场。而未来三五年，目前已颓势明显的法系车和韩系车，或许也将加入这支队伍。

有人会说，法系车和韩系车在华的根基很深，有的合资企业现在的规模也不小。但笔者认为，这些企业的产品竞争力、技术实力和品牌溢价能力在合资企业中相对较弱，在整体汽车市场微增长的状态下，自主品牌"向上"首先会冲击韩、法系车，三五年之内自主品牌超越它们的势头现在就已经显现。当然，并不是说德系、日系、美系品牌就高枕无忧，那些技术实力不突出、产品差异化竞争力不明显、无法快速适应中国市场需求变化的品牌，也都面临退出的风险。

当然，退出中国市场的车企名单中，绝不仅仅只有合资企业和外资品牌。目前，自主车企已经呈现两极分化的趋势，排名靠前的几家企业大步前行，一些靠后的企业则举步维艰。或许是因为没有退路，这些自主品牌更愿意挺着、坚持着，但其中绝大多数都让人看不到希望。除了传统车企，造车新势力的风险也不小，当他们的造车思路、经营模式、营销方式已经公开，资本对于他们的信任度开始减弱，传统车企开始快速转型时，这些刚刚入局抑或是还没有入局的企业，在被行业淘汰时，或许真的是连招呼都不会打一声。

资料来源：http://auto.eastday.com/a/180812124659801.html，2018-08-12.

判断对手的行为，首先应从企业所属的行业特性来进行分析。在规模递增型行业，竞争对手采取份额竞争的可能性很大。尤其是垄断型和寡头型行业，由于规模和市场份额可为企业带来后续的竞争优势，企业为争取市场份额，前期的竞争将会非常激烈，如共享经济模式、移动支付等。而在一些不具备规模优势的行业，企业间竞争的动力就相对弱一些，如咨询业、教育行业等。除此之外，要判断对手的行为，还需要从公司未来目标、现行战略定位、战略假设和竞争能力四个方面进行分析。

阅读材料 6-4

支付大战火烧海外：支付入口之争，全球付有多远？

目前，中国市场上，移动支付微信和支付宝占比达 67%，银行卡支付达 20%，现金支付只剩下 11%，而苹果的苹果支付仅仅占到了 2%。在此前提下，微信和支付宝的海外扩张也成效显著，使得海外本土的支付业务有难招架的态势。

微信直追支付宝，进驻欧美日

2017 年 7 月 10 日，腾讯与德国支付公司 Wirecard 达成合作，在欧洲推出微信支付业务。之后，便迅速在商场铺开，成为欧洲市场上一个重要的支付方式。不仅中国游客可以使用微信钱包支付，只要有微信并开通支付功能，本地人也可以立刻支付。

有媒体称，微信这是要挑战其在中国最大的竞争对手——阿里子公司蚂蚁金服旗下的支付宝业务。目前，微信拥有 9.38 亿的月活用户。据 Wirecard 介绍，直接扫码支付的付款方式将于 11 月正式上线。

其实，在此之前，微信已经携手 citcon 正式进军美国市场，如今，在美国，衣食住行都可以直接用微信结算。无论是吃饭、交通、娱乐、住宿等，都可以用微信直接支付买单。

目前，日本的微信支付已经覆盖了药妆店、旅馆、服装店、出租车、饭店、乘船等多个便民生活场所。微信是要改变日本的生活方式吗？据了解，日本最火爆的药妆店之一"堂吉诃德"，作为全球第 100 家微信支付旗舰店，全面介入微信支付系统，所有用户到店支付都可以用微信进行买单。

将微信支付带到国外，是腾讯出海的重要战略目标之一。随着中国境外游客的增加，腾讯也想顺势将微信支付业务带到国外。在中国，移动支付业务发展迅猛，很多用户已经习惯于使用第三方支付平台来打车、订餐、购物等。以此推理，当越来越多的中国游客远赴欧洲时，他们也可能非常希望使用同样的服务。来自联合国世界旅游组织的数据显示，

2016 年中国游客在境外的消费额最高，达到 2 610 亿美元。面对如此大的市场，腾讯自然也想分一杯羹。

就这样，微信和支付宝的支付战争从国内一直延伸到国外，从线上延伸到线下，从一个场景再到另一个场景。

自 2012 年年末微信 5.0 发布以来，因其带有绑定银行卡的功能，从此踏入了中国移动支付的队伍，开始划分蛋糕。此前，支付宝一枝独秀。

支付宝起点高，俨然成"全球付"

支付宝原本由阿里巴巴推出，目前属于蚂蚁金服的一部分。支付宝自 2004 年创立，目前其全球扩张的步伐快速而又稳健。它已开始从第三方支付平台发展成为"全球付"。

2016 年 10 月 24 日，支付宝宣布与支付处理平台 First Data、Verifone 达成合作，正式进入美国市场。同年，70 个国家的逾 8 万零售商签约接入支付宝服务，包括慕尼黑、东京以及奥克兰在内的 10 个国际机场。而且这一年，DFS 集团与蚂蚁金服合作，在旧金山国际机场推出了支付宝服务。

支付宝的战略是锁定那些已经习惯在国内使用其服务的海外中国游客。2016 年，超过 1.2 亿中国人出国旅游，消费金额接近 2 000 亿美元。

为了吸引中国消费者，全球各地的零售商也渴望接入支付宝服务。支付宝现在已经被英国奢侈品百货商店哈罗兹、塞尔福里奇百货公司所接受。

据统计，支付宝已经打通了全球 200 多个国家和地区的资金渠道。不仅如此，支付宝在海外已经跟 200 多家金融机构达成合作，包括 Visa、万事达、JBC、花旗银行、渣打银行、巴克莱银行、德意志银行等。在货币结算上，目前支付宝支持 18 种境外货币结算。

2017 年 1 月，支付宝强势进军日本。全日本近 1.3 万家罗森便利店，以及东京地区的 3 500 余辆出租车已全部支持支付宝扫码付款。2017 年春节前，欧洲米兰、慕尼黑、赫尔辛基机场上线即时退税到支付宝服务。2017 年 2 月 6 日，支付宝宣布，芬兰航空客机将全面接入支付宝，用户今后可在 3 万英尺的高空使用支付宝进行购物与服务的付费，这是移动支付应用首次登上飞机。4 月 4 日，支付宝接入意大利首批店铺。

据蚂蚁金服方面表示，目前海外最多当地用户通过支付宝完成电子交易的国家和地区分别为俄罗斯、美国、西班牙、法国和巴西。

对比来看，目前全球已经有 12 万个贸易商支持支付宝，而且支付宝已经登陆 27 个国家和地区。微信方面，微信支付已登陆超过 13 个境外国家和地区，在全球范围内覆盖超过 13 万家境外商户，支持超过 10 个外币直接结算。

现在，在中国移动支付业务的发展速度快于欧洲、美国市场的大背景下，微信和支付宝的出海行动对海外本土支付会形成很大的冲击，想象空间巨大，而国内的竞争又从不停歇，也是得益于其各自的用户基础。未来，这种竞争只会更加激烈。

双方都步步紧追，用户选择谁

微信所代表的强大用户群，其主体人群年龄较小，也是移动支付的主力军。微信正是看上了这数亿用户的支付潜力，才推出了微信支付。但是，微信要与之竞争的是几乎被所有人熟知的支付宝。淘宝购物已经让一大批人养成了支付宝支付的习惯，而且这些人的支付宝上也绑定了无数银行卡，因此习惯是非常难改变的。

从支付宝的角度来说，它面对的是中国最大的即时通信工具所推出的支付服务。微信已经推出了企业号，2014 年有近一半的中国内地企业拥有自己的企业号，相当一部分公司会用微信来进行办公，所以在此之上培养支付习惯也不是什么难事。

2015年，双方加紧烧钱圈地，支付宝与微信支付均推出了无现金打折活动。万达与支付宝合作的那天，微信也上线了电影票购买服务。

从现在的支付流程来看，支付宝与微信显然存在着巨大的差异，而支付流程的不同源于二者的安全标准的不同。支付宝除了要保障银行渠道的安全以外，还要保障余额宝资金的安全，因此，支付宝在移动端添加了很多安保措施。而微信则完全简化了支付流程，所以自从微信添加了支付功能以后，用户就发现支付宝的支付过程很复杂。这也是微信能争取到庞大的支付群体的原因。

从入口来看，微信与支付宝各有优势，微信借助的是腾讯的特色社交体系，而支付宝借助的则是阿里巴巴打造的金融体系。对于移动支付来说，很难说哪个入口更加重要。

微信和支付宝的大战才刚刚开始，从支付功能层面上说，支付宝要比微信做得更加完善，更加易用，而且日趋完善的支付系统使得用户能做更多的事，而微信在易用性和用户黏性方面占上风。

无论从2015年中国移动支付的元年看，还是微信与支付宝竞争激烈的2016年和2017年来看，微信和支付宝的应用都各有各的优点，微信的优势在于它庞大的用户体系，而支付宝的优点则在于它常年累积的品牌效应。在未来，二者的竞争将更加激烈，而对于普通用户来讲，欢迎所有让生活更加便捷的产品和应用。

资料来源：http://www.techweb.com.cn/news/2017-07-17/2557989.shtml，2017-07-17.

一、公司未来目标

分析竞争对手的目标和追求是预测其行为最重要的依据。一个追求高成长、关注市场份额的企业和一个追求盈利和投资回报的企业，它们对其他公司采取的价格竞争的反应是完全不同的。以增长为目标的企业会对对手的竞争行为产生激烈的反应，而以盈利为目标的企业则会牺牲一些市场份额来确保企业的收益水平。一个企业的未来目标可从以下几个方面反映出来。

（1）企业的财务目标，包括其公开发布与未公开发布的。对于竞争对手的财务目标，需要分析长期指标与短期指标的比重如何，利润指标和收入增长指标的关系如何等。

（2）企业的组织结构。一个企业的组织结构反映出企业对不同职能的关注程度，也反映出企业对不同目标的重视程度，如是否设立独立的研发部门，企业总经理主管哪一个部门，有没有专门的收购与兼并部门等。

（3）考核与激励系统。一个企业的考核与激励系统是决定企业行为的关键要素。分析竞争对手的未来目标的目的是预测对手的行为，它所表现出来的行为与其写在年度计划中的目标可能并不一致（这种差异正是考核与激励制度和企业目标脱节的结果），因此，分析竞争对手的考核与激励制度是预测其行为最重要的因素。

（4）会计核算体系。竞争对手的会计核算体系会影响到其对成本的估价、对库存的评估、定价方式，以及经营结果的估计等，而这些也是分析竞争对手行为的重要线索。

（5）管理团队。企业的行为往往取决于其管理层的行为偏好。分析竞争对手的管理团队（包括董事会与经营班子），如他们的学历背景、职业经历、以往的行为史等，对于分析竞争对手的未来目标也是至关重要的。

（6）母公司的目标体系。除了要分析直接竞争对手的未来目标外，有时还需要分析竞争对手母公司的目标体系。母公司的目标追求同样也会体现在子公司的经营策略中，对子公司的行为产生重要的影响。母公司目标的分析体系与前四个方面的分析要素相同。

苹果手机就是一个极好的例子。根据 2018 年全球手机市场的统计数据，三星全球智能手机市场份额占比达 18%，位居第一；苹果占 17%，位居第二；华为占 15%，位居第三；随后 OPPO、小米、vivo 和联想分别以 8%、7%、7% 和 3% 的份额占比位居第四、第五和第六，其中 vivo 和小米并列第五。虽然苹果手机丢失了全球份额第一的地位，但其经营策略仍旧没有重大的改变。在全球智能手机的利润中，苹果手机利润份额稳居全球第一，且达到 73% 的惊人比重，而所有的中国手机品牌加起来也仅有 13% 的份额，与三星持平。在要市场份额还是要利润的问题上，苹果显然选择了利润，其竞争行为自然就不难理解了。

注记　市场结构与企业目标

企业目标不应脱离市场结构而存在。企业在确立自己的业务目标时，除了企业自身的偏好外，还需考虑这种追求与市场结构的相容性。本章提出一个动量指数模型，用于判断在不同的市场中应采取什么样的市场目标。它由市场业务增长率和动量指数（业务规模与业务增长率之乘积）两个维度构成，如图 6-5 所示。

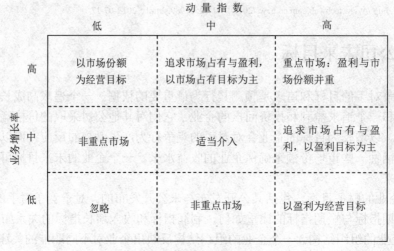

图 6-5　动量指数模型

建立动量指数矩阵的步骤如下。

（1）将各地区某行业的增长率做一个统计，将其分为高、中、低三个档次。

（2）将各地区的行业增长率与该地区行业的业务额相乘，得到该地区的动量指数，并按动量指数的大小分为高、中、低三个区间。

（3）将纵坐标与横坐标的三个区间相匹配，得到九个象限。

（4）按不同地区的业务增长率和动量指数，将其定位在相应的象限内。各个象限标有建议采取的市场目标。

企业可根据相应的建议，同时考虑其他因素，最终确定企业在不同市场中的不同战略目标。图 6-6 是电信行业的地区动量指数模型。动量指数模型的基本规则是：企业的盈利能力取决于其市场规模。在动量指数高而增长率低的市场，由于其市场规模庞大，但增长空间有限，在此类市场中宜采取以盈利为目的的经营方针；在动量指数和市场增长率均高的市场，虽然具备了盈利的条件，但仍需要考虑未来市场的占有，因此应采取盈利与市场占有的双重目标；在动量指数低但市场增长率高的市场，企业经营的目的应着眼于未来的市场，因此应以市场占有为主要目标；在动量指数低、市场增长缓慢的市场，其市场价值不高，企业可以考虑放弃。

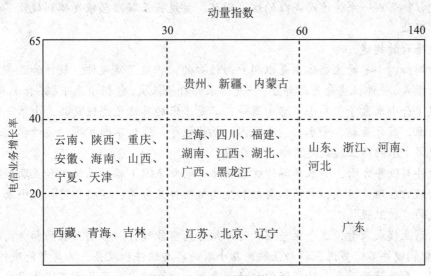

图 6-6　电信业动量指数分析

资料来源：信息产业部 2002 年行业报告

二、现行战略定位

由于战略在企业经营中具有普遍指导性，公司的现行战略定位决定了其基本的行为取向。现行战略分析可从总体层战略和业务层战略及其盈利模式着手。

（1）对手现行的战略重点是什么——它们关注什么业务？

（2）竞争对手的竞争策略是什么——它们经常采取价格竞争，还是品牌、服务、质量、功能等其他方面的竞争要素？

（3）竞争对手的盈利模式是什么——它是否存在与该业务高度相关、存在巨额战略利润的业务？

阅读材料 6-5

2 000 亿美元凭什么？"小米帝国"到底靠什么赚钱？

2018 年，华米科技在美国纽约证券交易所上市，成为小米生态圈中首家在美上市的企业。以小米手环起家的华米，此次突然上市，业内盛传是在给小米上市探路。

前不久，刚刚曝出雷军在 2017 年 11 月已与投行接触，并设定了 2 000 亿美元的估值。就在人们议论纷纷之际，雷军又在小米年会上立下军令状，"10 个季度内，国内市场重回第一"！

由此，人们对小米2018年下半年的IPO深信不疑。但是，小米是否能实现2 000亿美元估值，雷军是否能成为首富，无疑都是资本说了算。

然而，小米的崛起在让人惊叹的同时，也让人对其创新的互联网思维和商业模式产生强烈的兴趣。

互联网的玩法往往力求直接连接消费者，从用户需求出发，并贯穿设计、开发及上市的整个流程，形成一个快速而高效的生态闭环。要说将互联网思维发挥到极致了的，小米可谓当仁不让。

双边平台的构建

众所周知，小米的生态体系是以用户为核心的，构筑了集硬件、软件和服务为一体的生态商业模式。硬件板块分为两部分：一是小米的自研板块，包括小米手机（含小米平板）、小米电视（含小米盒子）和小米路由器等；二是小米的其他生态链产品，由第三方开发，如移动电源、蓝牙音箱、净水器、净化器、插线板等。通过不断扩张，逐步扩大这一生态体系，使得小米的商业模式更清晰、更先进。

在软件与服务方面，小米具备传统的软件（包含MIUI操作系统）和互联网服务，包括各种活跃的应用、游戏、电商、金融和生态链硬件业务等，这些都将构成小米实现生态商业模式的"护卫舰"。

单从商业模式来看，这个生态圈又可以细分为智能硬件、移动互联网和电商平台（新零售）。智能硬件不必多说，移动互联网指小米的各类软件和服务，其与智能硬件相结合，打造成了一个开放的平台。从经济学的角度来说，由于该平台服务于不同的用户，因此是一个典型的双边平台。

用户吸引

MIUI操作系统是小米生态的核心，也是小米起家的根基。从2017年年底小米公布的数据来看，MIUI的用户量已经突破3亿大关。

2017年，小米市场的分发量更是突破1 000亿，可以说已拥有超强的用户凝聚力，这要归功于小米生态战略的成功。

此外，从2016年开始，小米疯狂开设线下实体店——小米之家。据悉，小米之家门店平均在200平方米左右，年均营业额为6 500万～7 000万元，平效达27万元/年，仅次于苹果零售店。开设小米之家的目的无非就是线下落地，以吸引更多潜在用户。

核心价值

依托成熟的生态体系，小米一直在抢占移动互联网的新入口，坐拥巨大的用户量和流量入口。据统计，在2016年小米设备就已承载中国20%的移动互联网流量，发展速度可见一斑。

对于用户来说，小米智能设备在该领域提供了完整的解决方案。就以手机为例，预装定制化的MIUI系统，不仅支持OTA升级，便于用户直接上手，而且提供大量实用的应用软件，还可以通过的账号实用多个智能设备之间的互通。

对于第三方合作伙伴和开发者来说，MIUI系统也能提供完善的服务，在将服务适时推送给需要的用户的同时利用大数据针对人群进行匹配，甚至成为一个营销推广的平台。

盈利模式

相对于该领域同类产品来说，小米一直是性价比的代名词。但是，小米的盈利模式并非简单的销售硬件，而是相当复杂的。

显而易见，硬件并非小米的重点，移动互联网的流量才是其商业模式的根本。有了流量，就有了用户，盈利点自然会来。例如，会员服务、电商、云空间、金融等大量增值服务都可以通过这一流量入口第一时间推送给用户，因此其最终目的就是变现。

如果说硬件销售是一竿子买卖，卖服务就是长期的生意，显然比卖硬件高明得多。预计小米生态圈 2017 年的收入超过 1 000 亿元，可谓"赚钱机器"。

开放性平台

平台的开放性，意味着数据的互通，不仅让软件和服务之间更好地协同，也使得硬件更智能。设想一下，家中空气净化器、净水器甚至插线板都能与你的小米智能手机相连，将会是怎么样的体验。

同时，数据的互通也更有利于收集不同用户的使用习惯，形成大数据，为小米及合作伙伴未来的研发提供基础和依据，推动小米生态圈的发展。

在投资方面，小米同样不遗余力。据统计，截至 2017 年 7 月，小米投资了 89 家生态链企业，其中有 16 家年销售过亿元，至少有 4 家估值超过 10 亿美元的独角兽公司，刚上市的华米就是其中之一。

尽管在智能手机的红利衰退及竞争对手的双重冲击下，小米手机的销量风光不再，目前其在国内的销量已经跌出了前三名，但是小米生态体系已经建立，在软件及增值服务上的收益仍然相当可观。而且，在其创新的商业模式和互联网思维的支持下，依靠巨大的用户基础和增长服务，依然有潜力可挖。

如今，小米早已不是传统意义的手机厂商，它已越来越贴近生活方式、消费升级及新零售等不同领域，且商业模式涵盖互联网、科技界的方方面面。如此复杂、综合的模式，即便 BAT 也难以匹敌。

那雷军到底能否实现 2018 年的"小目标"？让我们一起期待吧。

资料来源：http://news.ifeng.com/a/20180213/56017659_0.shtml，2018-02-13.

三、战略假设

战略假设指涉及企业战略行为的一系列的判断，包括对产业的假设与对自身能力的假设两个方面的假设。

竞争对手的产业认知对其行为会产生重要的影响。如果企业认为某行业还有较大的增长空间，那么它将极有可能追求未来的成长而放弃眼前的回报；反之，它则会注重收益性而放弃对市场份额的争夺。

企业对自身的认识并非是无偏的，真正影响其行为的是其对自身竞争优势的假设而不是其真实的能力。如果企业认为自己具有成本优势，其采取价格竞争手段的可能性就会大增，而不管其是否真正具备这一能力；反之企业则会回避价格大战。

阅读材料 6-6 ●

共享单车免押金模式下的"围剿"，有"钱"才可以继续任性

共享单车押金问题，一直被行业热议，押金似乎是一个亘古不变的话题。行业头部玩家摩拜、ofo 曾一度被曝出数十亿元押金被挪用，更不用说早一批倒下的企业了。根据新闻报道，早一批倒下的企业中，町町单车押金欠款数约为 2 000 万元，小鸣单车涉及欠款用

户人数达 25 万人，总计金额为 5 000 万元，小蓝单车更是被传有 20 亿元的押金未退。

业内人士表示，共享单车的押金问题在共享经济发展中普遍存在，资金管理不透明、缺乏相应监管，退押金速度慢甚至无法退回时有发生。众所周知，共享单车始终面临着盈利的难题，从创立之初，就需要不断通过融资"输血"。由于共享单车的发展需要及时铺量占领城市，因此，企业在布局过程中成本支出金额巨大，包括单车成本、运营成本、宣传成本等各项费用。自然而然地，押金成为一众共享单车企业的"救命稻草"。

押金的监管一直被看作重中之重。2017 年 8 月，十部委出台共享单车新规，即为规范共享单车的押金管理，鼓励各企业免收押金。2018 年 5 月，《北京市非机动车管理条例（草案第二次审议稿）》进行审议。草案提出，建立健全共享单车押金、预付金管理制度，将押金存放在北京市开立的资金专用账户，承租人申请退还押金时，应当及时退还。

开启免押大战，共享单车行业走向精细化运营

2018 年 3 月 31 日，哈罗单车宣称即日起哈罗单车全国免押金骑行，即在哈罗单车覆盖的全国 180 个城市，芝麻信用 650 分以上的用户可以享受免押金骑行。哈罗单车 CEO 杨磊透露，接下来会在更多的城市加大投放量，预计年底信用免押金可辐射 1.6 亿用户，免除押金金额超过 300 亿元。

2018 年 6 月 11 日，摩拜宣布将无门槛免押。6 月 25 日，摩拜单车继续宣布，无门槛免押金城市再扩容。包括天津、武汉、南京、济南、郑州、长沙、沈阳、石家庄、福州、南昌、南宁、银川、兰州、佛山、温州、珠海、德阳、宁波、金华在内的 19 座城市及全国其他部分地级市被列入新一批免押名单。2018 年 7 月 5 日，摩拜单车更是向行业投出了一枚深水炸弹，其进一步宣布将在全国范围内实行无门槛免押服务。

对此，行业人士分析，各玩家开启免押服务的原因在于：一是共享单车的押金去向一直是行业热议对象，免押金服务是行业希望看到的结果；二是免押金能够方便用户使用单车，为企业吸引新用户，获得用户好感。其实，反过来想，从本质来说，共享单车企业利用押金缓解企业危机并不是长久之计，真正考验企业的应该是企业的运作能力和自身服务能力的提高。

亿欧智库研究院院长由天宇表示，他一直认为押金从来都不是单车大战的核心所在，尤其当美团收购摩拜之后，摩拜的资金会受到美团集团整体的支持，那么押金的作用就更小了，而免押金会成为一个很好的、进一步拉升品牌和获取更大的用户流量的方式，所以他认为摩拜这样做没有问题。摩拜现在作为美团的业务之一，需要用更长远的眼光和更长期的战略来进行布局和积淀。

亿欧汽车出行频道负责人杨永平补充道：第一，各企业开放全国免押金服务，可对外界释放业务稳健、无资金压力（不存在押金挪用的情况）的利好消息；第二，其他共享单车品牌开启的免押金战略，给共享单车行业造成了一定的市场竞争压力，其他企业必须跟进；第三，免押金可以进一步激活用户使用率，尤其是因担忧无法退还押金而流失的那部分用户，有利于让"押金退还难"的传言不攻自破。

另有行业人士表示，各共享单车企业相继开放免押服务，对行业来说无疑是一种信号，这预示着行业的新一轮洗牌正在到来。而未来共享单车新一轮的洗牌，无疑拼的是精细化运作，如何提质增效，降低运营成本，提高车辆免维护费用和后期的营收等。

共享单车行业格局或生变，能"挺"下去的才有机会

据亿欧观察，截至目前，共享单车走过了拼资金、实力、铺车速度、市场的占有率等阶段，行业已形成三足鼎立的局面。而随着共享单车免押金模式的开启，共享单车的战场正在转向新的境地，未来竞争格局更加明显。

随着资本兴趣的衰退，整个共享单车从当初万众瞩目的风口跌落至尘埃。如今，被收购的收购，被合并的合并，坚持独立发展的所剩无几。从当前局势来看，从校园走出来的 ofo 小黄车正在加紧步伐证明自己的盈利模式；哈罗单车更多的是在以智能化手段提升企业运营能力；有了美团做靠山的摩拜显然更"任性"一些，正在加固企业的社会形象。这时，唯一没有靠山的 ofo 显得更是难上加难了。

可以看出，有钱才能任性。谁能在这一轮挺下来，谁就能获得未来收割市场和用户的机会。对此，亿欧也认为，免押措施或许是摩拜对 ofo 的又一次错维围剿。

与此同时，企业免押金意味着失去了保护伞，这对共享单车的玩家提出了更严格的要求。未来在没有押金管控的作用下，企业更应该努力想好下一步该如何走。

资料来源：https://www.iyiou.com/p/76192.html，2018-07-05.

四、竞争能力

影响企业行为的最后一个因素是它的竞争优势（或特殊的能力）。作为竞争的基础，竞争能力会促使企业采取一些充分发挥其竞争优势的战略举措。企业的竞争能力一般体现在以下十一个方面。[①]

（1）产品：每个细分市场中，用户眼中产品的地位；产品系列的宽度和深度。

（2）分销渠道：渠道的覆盖面和渠道质量；渠道关系网的实力；为销售渠道服务的能力。

（3）营销与销售：营销组合诸方面要素的技能水平；市场调查与新产品开发的技能；销售队伍的培训及其技能。

（4）运作：生产成本（规模经济性、经验曲线、设备新旧程度等）；设施与设备的先进性；设施与设备的灵活性；专有技术和专利或成本优势；生产能力扩充、质量控制、设备安装等方面的技能；工厂所在地，包括当地劳动力和运输成本；劳动力状况；原材料的来源和成本；纵向整合程度。

（5）研究和工程能力：专利及版权；研究与开发能力（产品研究、工艺研究、基础研究、开发、仿造等）；研究及开发人员在创造性、简化能力、素质、可靠性等方面的技能；与外部研发和工程技术资源的接触（如供应方、客户、承包商等）。

（6）总成本：总的相对成本；与其他业务单位分担的成本或活动。

（7）财务实力：现金流；短期或长期借贷能力（负债比例）；获取新增权益资本的能力（如股东的支持、上市融资等）；财务管理能力（谈判、融资、信贷、库存以及应收账款等方面的管理能力）。

（8）组织：组织中价值观的统一性和目标的明确性；对组织的近期要求所带来的负担；组织安排与战略的一致性。

（9）综合管理能力：CEO 的领导素质和激励能力；协调能力（如生产制造与研发部门间的协调等）；管理层的年龄、所受的教育等；管理深度；管理的灵活性和适应性。

（10）业务组合：公司在财务和其他资源方面对所有业务单位的有计划变动提供支持

---

① 迈克尔·波特. 竞争战略[M]. 陈小悦，译. 北京：华夏出版社，1998：64-66.

的能力；公司补充或加强业务单位的能力。

（11）其他：政府部门的优惠政策及获得优惠政策的途径；人员流动性。

注记　决定行为取向的要素

竞争对手分析的根本目的是预测其竞争性行为，这种竞争性行为受到来自公司哲学、总体层战略与竞争战略等三个方面的影响。公司哲学对行为的影响体现在其对利润、业务增长和风险防范的追求上。公司层面的战略决定了竞争对手对某一业务的重视程度、其在竞争过程中投入资源的程度等。竞争战略则对企业究竟是采用价格竞争还是采用其他的歧异化手段产生重要影响。总体来说，竞争对手行为分析最终要解决两个方面的问题：一是它们会不会参与竞争；二是它们将会采取什么手段来竞争。

第五节　竞争战略决策

与总体层战略决策一样，竞争战略也是企业追求、外部竞争因素、内部竞争优势三者的结合。尽管企业相对其竞争对手可能会有很多劣势，但企业仍然可以拥有两种基本的竞争优势——低成本或歧异性。而一个企业所具有的优势或劣势的显著性，最终取决于企业在多大程度上能够对相对成本和歧异性有所作为，即企业的竞争战略能否将这种优势最大限度地发挥出来，并成功地将之转化为商业价值。这种优势源于企业能够比其对手更有效地处理那些相关的企业资源。

将这两类基本竞争优势与企业的愿景相结合，可形成一个竞争战略分析的两分图，如图 6-7 所示。这一分析框架遵循的是扬长避短与企业愿景有机结合的逻辑。企业愿景分为两类：全面的目标市场、某一狭窄的细分市场。全面市场目标与成本优势相结合，形成了企业的成本领先战略；与歧异性优势相结合，得到的是歧异化战略。狭窄的细分市场目标与成本优势相结合，企业应采取成本集聚战略；与歧异化优势相结合，应选择歧异集聚战略。在这四种战略的基础上，面对更加激烈的竞争或高度理性的消费市场，企业必须同时具备低成本优势和歧异化能力，与之对应的是最优成本供应商战略。

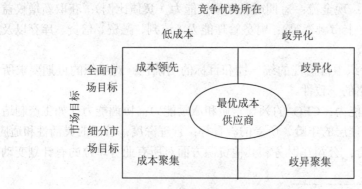

图 6-7　竞争战略的选择分析框架

一、成本领先战略

成本领先战略的基础是企业的低成本优势（通常为 10%～20%），这种优势来自企业在经营运作方式上的高度有效性。该战略在消费者对价格非常敏感的市场中具有很强的竞争力。值得注意的是，低成本优势是指在同等品质下相对于竞争对手的成本优势，而不是以牺牲品质、服务为代价的绝对的低成本。

采取成本领先战略的企业，应该具备以下一些资源上的要求。

（1）强大的资本实力。低成本总是与大规模联系在一起。大规模的生产制造能够在采购、管理成本分摊、专业化的生产设施、生产能力充分利用方面具备优势，而这都体现在成本的降低上。采取成本领先的企业，必须具备强大的资本实力，才能满足大规模的投资需求。

（2）独特的工艺加工技能。如果企业掌握一些独特的工艺秘诀，能够在成本控制过程中领先于对手，则将构成成本领先战略的极好的基础。比如在天然植物提取物的生产中，由于企业掌握了一些工艺秘诀，提取环节中的比率大大高于竞争对手，就会使企业在成本上取得极大的优势。

（3）独特的价值链管理。价值链管理对成本的控制也起到很大的影响。价值链管理体现在以下三个方面。

第一，经验优势。对于一些行业来说，企业在累积产量上的优势会反映在其成本优势上，企业在这方面的经验越多，其成本就越低。上海大众生产的桑塔纳是运用经验优势的典型例子。1985 年，大众公司刚刚从德国引进桑塔纳时年产量仅为 1 733 辆，国产化率是 2.7%，几乎是全进口，而整车的成本相当惊人。随着桑塔纳逐步扩大生产规模，其配套体系不断完善，均摊成本也相应降低。到 1994 年，产量已达 115 326 辆，国产化率达到 85.82%，均摊成本、进口零部件的成本是 26 150 元，国内制造成本为 69 298 元，一辆车的总成本大概是 9.5 万元。2003 年，桑塔纳的产量达到 124 034 辆，国产化率已达 94%。据计算，现在一辆普桑的成本也就 7 万多元。

第二，运作效率。成本优势还体现在对资源的充分利用上，包括人力资源、物质资源和无形资产的利用。资产的流转率越高，企业的固定成本占单位成本的比例越低。在固定成本不变的情况下，周转率越高，成本越低。沃尔玛就是一个典型的通过提高运作效率来降低成本的企业。通过 20 世纪 80 年代初建造的卫星计算机系统，沃尔玛将 80 000 多种商品、全球 4 000 多家连锁店、20 多个配送中心管理得井井有条。1987 年，沃尔玛的市场占有率只有 9%，但生产率却比竞争对手高 40%；到 1995 年，沃尔玛的市场占有率达 30%，生产率比竞争对手高 48%。在沃尔玛，从商店发出订单到接到货物并把货物提上货架销售，完成一整套工作只要 36 个小时。而且，每 1 美元商品销售额，沃尔玛在配送方面只需花费 1 美分多点，而其竞争对手凯玛特要 5 美分。沃尔玛总部的计算机和各个发货中心及各家分店的计算机连接，每种商品的各种数据都通过主干网和通信卫星传递到数据中心，管理人员能及时地对销售情况、物流情况等进行监控。而且，卫星系统还可以将销售点每天的资料快速、直接地传递给 4 000 多家供应商，让供应商随时了解其商品在沃尔玛各分店的销售和库存变动情况，据此调整公司的生产和发货，提高效率，降低成本。

第三，价值工程管理。通过研究不同消费人群的需求特点，去除一些不必要的功能。例如，福特公司推出 T 型车，采取了"只有黑色"、不安装速度表、雨刮器甚至没有倒车镜的办法，大大降低了汽车的成本，使之成为大众化的汽车。通过等寿命设计，减少质量上的浪费。例如，日本丰田公司在汽车各组件的设计上采用了等寿命的思想，当汽车报废时，其他部件（像雨刮器等）也同时损坏。价值工程管理可使企业的设计成本低于其竞争对手。

（4）低成本的分销渠道。成本优势是以最终到达消费者手中的成本来界定的，因此，拥有一个低成本的分销渠道，是成本优势的一个重要因素。戴尔公司之所以能迅速崛起，战胜 IBM、康柏、惠普等巨型企业，与其低成本的销售渠道分不开。戴尔公司的直销模式抛弃了中间渠道，采取点对点的销售方式，因而大大加速了周转，降低了成本。据说，直销产品要比同类产品价格低 15%～20%，所以戴尔公司可以保证丰厚的利润。最初，戴尔公司通过"电话直销"向大型跨国公司、政府部门、教育机构、中小型企业以及个人消费者销售其计算机，同时提供技术咨询，并于次日到现场服务。1996 年 7 月，戴尔在线商店开业，现在每天可销售超过 1 000 万美元的 PC 机和辅助设备。通过 Internet 和电话，戴尔直接从用户手中收取订单，然后再根据他们的要求组装计算机。这种与客户的直接接触加强了反馈功能，可以生产客户需要的任何产品，而不会造成积压。而通过传统渠道销售计算机，常常由于对市场判断有误而造成产品大量积压。直销模式可以保证戴尔只有 12 天的库存，从而使公司能对新的技术、顾客需求的转变以及价格的波动做出快速的反应。直销模式甚至帮助戴尔设计出没有仓库的工厂。

（5）设计的产品易于制造。除了上述对企业资源及管理能力的要求外，采用成本领先的企业，其经营的产品必须是易于制造的，即可以大规模进行生产的产品。否则，成本领先既无可能，也没有价值。在一个零散化的市场中，依靠价格取胜并不能为企业创造价值，因为其经营规模不会因价格的降低而大幅度提高。证券业的产品是服务，这显然不是一个易于大规模制造的产品，可是 2002 年中国证券业却上演了一场佣金大战。2002 年 4 月 5日，国家计委、中国证监会、国家税务总局联合下文，自 2002 年 5 月 1 日起证券公司代理证券交易佣金收取实行最高 3‰上限下的浮动制。浮动佣金制实施以后，证券业刮起一阵降佣的风潮，一时间"零佣金""年金制"等措施纷纷出台，本该依靠个性化、多元化取胜的证券公司打起了佣金价格战。结果当然可想而知，2002 年，中国证券行业出现前所未有的全行业大面积亏损，全行业亏损额达 37 亿元。

与成本领先战略相匹配，企业在组织设计上要进行相应的考虑。成本领先战略强调组织效率，其基本特征是科层制（也称为层级制、官僚制）的组织形态，具体体现在以下几个方面：一是结构分明的组织和责任；二是以严格的定量目标为基础的激励；三是严格的成本控制；四是经常、详细的控制报告；五是纵向的沟通。

在实施成本领先战略的过程中，企业还需要关注这一战略所可能带来的风险。

（1）技术和市场变化的风险。技术变化的风险是成本领先战略最大的风险，主要有两个原因：一是成本领先的企业往往是投资规模巨大的企业，一旦技术发生变化，这类企业的损失最大；二是为了追求高效率，成本领先企业的资产专用性往往都极高，技术变化将使得这些资产一文不值。由于采取低价战略的企业为了降低成本，往往采用单一的供应来源，这也会大大增加其市场风险。比如西南航空公司，为减少运营成本，采用的是波音 737单一机型，因此，波音 737Max 的全球停飞导致其航班受到了很大的影响，并产生了巨大的顾客赔偿损失。

（2）竞争对手模仿的风险。竞争对手通过学习或更高水平的设备投入，在成本上超越自己，后来者居上。

（3）注意力放在成本上而忽视了产品或市场营销的变化。技术的变化、产品的变化、消费者对成本关注的变化，都可能对成本领先企业造成巨大的打击。当成本领先企业把全部身心投入成本控制时，可能忽略了外部环境的这些变化。

（4）成本膨胀削弱了保持足够价差的能力。随着地区经济、产业经济的发展，或是企业经营的成功，成本膨胀的压力会逐步地显现，使得企业保持低成本的优势越来越困难。20 世纪 70 年代初，日本企业是以低成本优势打入全球制造业市场的，但随着日本经济的发展，这种优势逐步地消失，于是制造业开始向我国的香港、台湾地区及新加坡和韩国转移。20 世纪 80 年代末，上述地区的成本优势已不复存在，全球制造业大量向我国内地转移。而现在，制造业又呈现出向越南等东亚、南亚地区转移的趋势。

阅读材料 6-7

全世界制造业转移到越南，越南会成为下一个直接制造中心吗？

全球贸易冲突升级的威胁，让新加坡和马来西亚等依赖出口的经济体承受重压，而印度尼西亚和菲律宾本国货币兑美元承受下行压力，致使本国背负沉重外债。

面对美国贸易关税带来的成本压力，中国制造商开始将生产从内地城市转移至越南和孟加拉国等成本更低的亚洲国家。中国、韩国和日本等国家的公司已经在越南投资。很多东南亚国家联盟（下称"东盟"）成员国当前的经济状况，都比 20 个世纪 90 年代末金融危机爆发期间的经济状况强劲的多。但是，新兴市场近来的波动，再加上全球贸易摩擦，都让投资者情不自禁地猜测哪个国家受到的冲击会更为严重，亚洲地区将承受怎样的传染风险，如何才能限制资金外流和货币贬值的影响……

1 月份至 8 月份，越南收到价值 112.5 亿美元的外国直接投资，相比 2018 年年同期增长 9.2%。

2 月 11 日～13 日，世界经济论坛东盟峰会在河内举行，与会的决策者和商界领导人将尝试着探讨如何减轻"美国双管散弹枪"的影响。"美国双管散弹枪"是瑞穗银行策略师创造出来的词语，指的是更加鹰派的美联储和美国总统特朗普"发动并加大贸易战的风险"。

道富环球市场亚太区宏观策略部主管伊凡斯说："我们现在所看到的是区域性新兴市场分化的迹象，因为某些市场可能不得不承受负面结果，而有些市场则会坐收渔翁之利。"

外国投资者蜂拥而入

根据越南政府投资部门 1 月发布的数据，1 月份至 8 月份，该国收到价值 112.5 亿美元的外国直接投资，相比 2018 年同期增长 9.2%。2017 年，越南共收到价值 175 亿美元的外国直接投资，创下纪录高位。

10 日，在接受 CNBC 采访时，野村证券新兴市场经济部门负责人罗伯特·苏巴拉曼说："很多公司正在调整策略。从目前的实际情况来看，外国直接投资流入非常强劲，并且一直在为越南提供良好的国际收支支持。"

不过，苏巴拉曼还指出，尽管当前的基本面看起来"非常好"，但是，越南在财政支出方面必须保持谨慎态度。决策者必须确保该国政府的预算赤字不会膨胀，同时也得确保经济不会过热。苏巴拉曼说："当资金流入非常强劲，且公司纷纷涌入时，经常会出现经济过热或政府预算赤字迅速扩大的情况。"

渣打银行亚洲区经济学家奇杜·纳拉亚南指出，越南是一个严重依赖国际贸易的国家，贸易在其国内生产总值中所占的比例接近 200%，而且该比例正呈现上行趋势。此外，越南参加各自由贸易协定后获得了很多的利益。此外，受到良好教育的年轻人口和劳动力量日益丰富且成本低将有助于越南在中期大力吸引外商直接投资资金。

在 6 月下旬发布的报告中，纳拉亚南写道，2019 年越南的外国直接投资流入将保持在高位，主要受制造业的外国直接投资流入猛增推动。这位经济学家预测，2019 年越南制造行业收到的外国直接投资在该国外国直接投资总和中所占比例将接近 50%。

纳拉亚南认为，未来数年内，越南应该会继续吸引大量外国直接投资流入。2019 年年初，渣打银行曾指出，2017 年，越南宏观经济大部分指数都得到改善，从而减少了市场不稳定的危机，与东盟其他经济体相比有助于该国提高出口竞争力。

并非没有挑战

根据越南国内媒体发布的报道，从 2011 年到现在，越南经济年均增长率为 6% 以上，与发展中国家相比这是一种相当高的速度。劳动生产率和人均收入有所提高，平均每人每年 2 385 美元，几乎是 2010 年的 1 倍和 2007 年的 2 倍。

不过，越南的经济前景虽然非常明媚，但是也并非没有挑战。该国政府官员指出，尽管对 2018 年经济前景持乐观态度，但越南经济仍面临诸多挑战。比如，2018 年第一季度该国的经济增长率为 7.38%，远高于预期，因此或多或少会在心理上出现"放松"现象，影响到接下来几个季度的目标。与此同时，十年的经济周期可能会影响到 2018 年的增速。

此外，越南的通货膨胀也令人担忧。由于全球油价复杂变动以及越南国内系列价格调整政策即将生效，比如工资、医疗费和教育费等上调，2018 年越南的通货膨胀将面临更大的压力。

资料来源：http://www.sohu.com/a/294445691_99891630，2019-02-13。

二、歧异化战略

歧异化战略突出的是与众不同的、能够体现其产品和服务差异性的创新能力。与成本领先企业追求效率不同的是，采取歧异化战略的企业更关注的是在产品和服务上具有创造能力，并且能够使这种创造让消费者所充分感知（这恰恰是歧异化战略的核心与难点）。技术与产品的创新能力与营销能力，是歧异化战略实施的两大要素。具体而言，采用歧异化战略的企业应该具备以下七个方面的能力。

（1）强大的营销能力。与价格优势不同的是，差异性的价值是模糊且不确定的，让消费者认知到这种差异性的价值，需要强大的营销能力。

（2）独特的加工能力。差异性的产品和服务需要一个载体来实现，如与众不同的结构、高精度的机械、特别耐久的寿命、口味独特的美酒等，实际上都依赖于独特的加工工艺。劳力士（ROLEX）手表就是一个凭借独特的加工工艺享誉全球的例子。劳力士手表拥有多项第一：1914 年，劳力士荣获伦敦 Kew 天文台颁发的 A 级证书（此前这项殊荣只授予要求极度严格的专业海事天文台表），从此劳力士的盛名传遍世界，其崇高地位发展至与人类成就时刻相伴，见证了无数体坛、探险、工艺及生活范畴上的历史创举；1926 年，劳力士制出全球首只防水表——劳力士蚝式表（Oyster），无论在何种恶劣环境（从海洋深处到额菲尔士峰，从零下数十度的两极到异常酷热的撒哈拉沙漠）下，此表始终运转如常，时至今日仍然是表中的经典、许多收藏家的至爱；1929 年，劳力士发明了世上首只自动表，给钟表业带来了一场革命；1945 年，劳力士又出产了带有日期的表及能用 26 种语言显示日期的手表。

（3）独特的创新能力。除个别特殊的行业外，不断推出新产品，从而独享创新利益，是歧异性企业的重要盈利模式。以奔腾的速度不断领先的英特尔公司，其产品更新换代速度之快世所公认，几乎无人企及。过去，英特尔习惯以 4 年为周期，一个接一个地开发微处理器。现在，为了能增加英特尔在竞争中领先的时间，压制对手 AMD 公司和 NexGen 公司，英特尔公司总裁安德鲁·格罗夫决定压缩产品开发周期。为此，公司决定将不同产品的开发周期重合起来，这样就可以平行地开发三代不同的处理器。2004 年计划推出的双芯处理器 P6 就是在奔腾投放市场前两年多就开始开发的。

（4）很强的基础研究能力。要具备强大的创新能力，基础研究是必不可少的，尤其是在一些技术更新很快的行业，如软件行业。微软就是一个注重基础研究的企业。为保持技术优势，微软公司在全球建立了雷德蒙研究院、硅谷研究院、旧金山研究院、剑桥研究院和亚洲研究院五个基础研究机构。仅亚洲研究院的投资在 4 年的时间内就已经超过 8 000 万美元。研究院的主要工作是在技术研究的基础上，认识和把握技术发展趋势以及产品和市场的演变规律，并在更高的层次上对其进行总结和归纳；预测三五年后的市场和技术环境；为公司技术发展设计蓝图，确定最有利于公司技术积累的研究方向；向公司提供技术发展趋势报告，帮助公司总结用户需求，分析市场竞争态势，为公司的技术政策提出指导性意见。研究院不仅仅能推动产品研发，还是新产品的孵化器。比如 Windows CE 的概念，就是 1994 年研究院首先提出的。

（5）质量、技术上的良好声誉。良好的声誉、品牌价值，是歧异化的一个突出表现。大多数企业的歧异化体现在品牌上。价值数百亿美元的可口可乐总裁曾声称：即便一把火将它在世界各地的分厂全烧掉，它靠品牌也能很快起死回生。

（6）悠久的传统或独特的技能。悠久的历史对于某些行业来说是极为重要的，如化妆品、服装、食品等，它给消费者一种可靠、名贵甚至神秘的感受。中国的同仁堂是北京久负盛名的老字号中药店，成立于康熙八年（1669 年），距今已有 351 年的历史。早年的同仁堂前边是店，后边是作坊，自制自卖。因为同仁堂注重药材质量，制作工艺讲究，信守"炮制虽繁，必不敢省人工；品味虽贵，必不敢减物力"的承诺，所以其中成药在市面上一向声誉很高。清雍正元年，开始为清宫御药房提供中药。同仁堂生产的中成药有四百多种，大部分都经过反复实验，配方合理，剂量合适，有明显的疗效。其中最为著名的是同仁堂的十大王牌，可以治疗中风、半身不遂、神经衰弱等疑难顽症。中华人民共和国成立后，同仁堂获得新生，药店翻修一新，拥有三家药厂，成为北京最大的中药店、全国四大药店之一。同仁堂的中成药远销到东南亚等十几个国家，享有很高的声誉。

（7）销售渠道的高度合作。歧异化企业对销售渠道的要求也高于成本领先型企业。与大众销售渠道不同的是，歧异化产品和服务往往需要独特的销售渠道，而这种渠道的畅通也成为歧异化战略最终能否实现其商业价值的最后一个关键环节。2004 年年初封顶的上海檀宫别墅，邀请世界著名设计机构 WAT&G 进行设计，由 18 套单价 1 000 万美元的豪华独体别墅构成。以国际金融贸易中心作为定位的上海，已经成为吸引全球投资的一块热土，而 2010 年世博会的申办成功，更为上海的发展带来一个飞跃的平台。因此，开发类似檀宫这样的超豪华别墅的开发商都抱着同样的一种想法，以上海为核心的长江三角洲正在显现出全球第六大都市圈的雏形，而像纽约的第五大道和长岛、洛杉矶的比佛利山、多伦多的

Forest Hill等每个国际都市圈的核心城市都有自己引以为荣的尊贵名宅区域。对于这种观点的认知程度，将是这些超奢侈品的营销关键所在。现在包括全球福布斯榜上的商贾名流和世界500强企业的CEO在内，越来越多的世界级经济领袖正汇聚到上海，而华丽家族正是希望通过突出以及深化外界对檀宫独特定位的欣赏及认可，来达到其营销宣传的目的。"上海需要和其国际地位、历史地位相匹配的建筑！"这也是檀宫的"打造者"上海华丽家族的董事总经理曾志锋一再强调的营销口号。

与创新能力相对应，歧异化企业的组织结构更像所谓的后现代模式，它与传统的科层制组织有着根本的区别，主要体现在它的非正式性特征上。虽然这种结构将导致一些效率上的损失，但却为企业的创新活动营造了一个良好的组织环境。

（1）研发与销售部门间的密切合作。创新是一个整合性的活动，从一个新的创意开始，历经设计、制造、营销等各个部门，最终实现其市场价值，方才完成一个创新的完整过程。歧异化企业的变化速度要远远快于成本领先企业，因为在不断变化的过程中，既定的制度、流程、设计方案等很快就会变得过时而无法操作。因此，歧异化企业对部门间的横向合作，尤其是研发部门和销售部门的合作尤为重要。企业的创新必须结合市场，而要满足市场新需要又需要研发部门予以实现。这种快速地对企业内部各资源的整合能力，是歧异化企业最为关键的核心竞争力。朗讯公司拥有世界上最强大的贝尔实验室，但其经营绩效却每况愈下。朗讯公司的制造部门经常发现，设计部门下达的生产方案用到的配件在市场上早已被淘汰了，很难采购或采购成本极高。多次更改设计方案，让朗讯公司在高度竞争和迅速变化的IT市场中失去了先机，最后不得不咽下失败的苦果。

（2）重视主观评价与激励。对于创造性的工作而言，其工作价值往往是无法定量评价的。在歧异化企业中，主观评价更具操作性。同时，主观评价避免了评价体系的僵化，为员工发挥其创造性留下了巨大的空间。

（3）轻松愉快的氛围，以吸引高技能工人、科学家与创造性人才。只有在一个宽松的环境中，创新活动才能大量地涌现。允许犯错误，鼓励不同的思想，形成一个宽容的制度与文化氛围，是企业焕发创造活力的必要条件。GE是一个容忍失败的公司。在杰克·韦尔奇的自传里记载了这样一个例子：在20世纪70年代末，公司里的人计划开发一种叫作哈拉克（Halarc）的新款灯泡，这种灯泡的寿命可以比一般的产品长达十倍以上。这看上去将是一种完美解决环境问题的方法，但问题是无论这种产品多么"绿色"或者说多么富有划时代的意义，都很少有人愿意为了一个灯泡而花费10.95美元。项目失败了，公司不但没有惩罚与哈拉克项目有关的任何人，反而为他们做出的伟大尝试表示祝贺。公司给他们发了奖金，并提拔了几位哈拉克项目的研究人员到新的工作岗位。

采取歧异化战略的企业，需要特别关注来自以下三个方面的风险。

（1）实行低成本战略的竞争对手的产品价格与实行歧异化战略的公司的产品价格差太大，致使歧异化战略失效。据营销统计研究，20%的价差就可使歧异化产品（服务）失去竞争优势。一般而言，歧异化能够获取10%～15%的溢价。因此，在实施歧异化战略的过程中，忽视成本的控制是危险的。苹果公司的iPhone手机在进入英国市场时就遭遇了此类困境。2007年11月9日，在美国热卖的iPhone手机终于正式进入英国市场。根据iPhone手机在英国的独家移动运营商O2预计，iPhone前八周在英国的销量将达到35万～40万部，但实际的销量只达到预期的50%，仅为19万部。导致iPhone在英国惨遭冷落的最主要原因就是其高达554美元（269英镑）的价格，使它显得与其他手机产品格格不入，吓跑了许多潜在的买主。2008 年 4 月初，运营商 O2 宣布，8GB 版苹果 iPhone 手机售价从 269 英镑降至 169 英镑，此举有效地促进了 iPhone 在英国的销售。位于英国伦敦、纽卡斯尔、伯明翰的 O2 专卖店在降价当天就出现了 iPhone 售空的情况，其手机零售合作伙伴 Carphone Warehouse 的多家店铺也出现了这种情况。降价当天，很多店铺的 iPhone 销量从 30 部翻番至 60 部。

（2）买方需要的歧异化需求下降。顾客对产品（或服务）差异性的需求是歧异化企业生存的根本，而当顾客对产品（服务）差异性的需求下降时，就会对歧异化企业造成致命的打击。曾经风行的平民化运动就令这类歧异化企业处于十分尴尬的境地。所谓平民化，就是不搞特殊，即社会群体丧失了追寻独特性的动力。由于在此类运动中，给人带来的最大影响来自心理方面，人们不再热衷于新鲜但高价的商品，转而投向普通、标准化及替代性高的产品，由此带来的结果必然是对此类歧异性商品的需求大幅度下降。

（3）模仿的风险。企业在差异化上的创新在很多情况下需要付出巨大的研发成本，而当产品面市后，竞争者的低成本模仿会使歧异化企业陷入"为人作嫁衣"的陷阱。20 世纪 80 年代初，英特尔曾向 AMD 和其他微处理器厂商颁发其微处理器生产许可证。当英特尔采取许可证战略时，它的差别化体现在先进的芯片设计和结构上。然而，竞争者可以很快地对那些非授权生产的产品进行逆向研制，在英特尔的产品推出之后的 12 个月内就可以生产出仿制芯片。在这种情况下，英特尔只有压缩产品开发周期才能保证研制的速度快过仿制的速度。为此，英特尔将研发放在三个地区进行——加利福尼亚、俄勒冈和以色列，平行地开发三代微处理器。一旦竞争者推出一种仿制芯片，英特尔就迅速降价，从而严格限制模仿者的利润空间，使其无法得到技术投资所需要的现金流。这也是为什么速度成为英特尔新的企业设计的基本特征，也是其产品差别化的主要原因。

三、集聚化战略

集聚化战略将企业资源和注意力集中在某一个狭窄的市场上，这种狭窄的市场可以是按产品的专业性来界定，也可以按地域来界定。例如，远大中央空调，其经营集中在中央空调，而且是直燃式中央空调方面。远大的成功从根本上说，是公司形成了一个非常清晰的易于阐明的公司战略目标，就是在直燃式中央空调业内发展成为可在世界范围内竞争的公司。在这一明确目标的支配下，公司走上了一条持续的发展道路，不为其他行业的利益所诱惑，专心于自己的业务领域。而像美国的许多地方银行，它们只在本地市场中经营。美国州立银行虽然规模较小，但成立时间悠久，银行数较多。州立银行主要为本州地区经济发展服务。每个州都有自己的金融管辖权，同时依据地区差异而设置不同标准的法定准备金率，是美联储的一贯做法。美国会员银行法定准备金额，不但根据银行规模大小，而且根据银行所在地区的不同而确定。这种有所区别的金融政策，对缩小地区差异、缓解民族矛盾、促进落后地区发展起了很大的作用。同时由于当地银行更了解当地的状况、法律和习俗等，客户也更倾向于和本地的银行打交道。

集聚化战略的竞争优势来自企业的专业性。由于专注于某一细分领域的经营，企业在成本（成本集聚）或其他经营方面（歧异集聚）体现出领先于对手的能力。基于成本的集聚战略对企业资源与管理的要求与成本领先企业相同，基于歧异的集聚化战略在资源与组织上的需求则与歧异性企业相同。

对于采取集聚化战略的企业来说，以下三种风险是需要特别关注的。

（1）价格差异增大，失去歧异化优势。价差过大是永恒的风险，即使在一个专业化的市场中，过大的价差也会使替代品有了入侵的机会。对于集聚企业来说，由于市场的狭窄，企业需要靠较高的盈利水平来维持生存与发展。协调好合理价格与较高盈利之间的关系，是集聚化战略最为重要的考虑。

（2）战略目标市场与整体市场之间在所期待的产品或服务上的差距缩小。专业化经营所体现出来的差异（不管是成本上的还是品质、性能、品牌、服务上的）的价值如果达不到顾客的期望，集聚化战略就会成为毫无意义的东西。

（3）竞争对手在战略目标市场上又找到细分市场，使公司的集聚化程度降低。歧异化战略在于独占细分市场，但如果竞争对手在已有的细分市场上成功地进行再细分，这无疑将彻底动摇集聚化企业的生存根本。这种风险是集聚化企业最致命的风险。对于这种风险，集聚化企业必须主动出击，不断寻求更细、更专业的经营。然而，细分同样也存在一个度的问题，基于前两点的考虑，过于专业的经营不仅极大地束缚了企业的发展空间，而且也不一定被市场所接受。一旦细分所耗费的成本超出了由细分带来的经济效益，便可以判定市场被过度细分了。比如强生公司，其曾经将洗发水划分为成人和婴儿两个市场，但后来发现婴儿市场的容量非常有限，而其针对成人市场的产品也未获得成功。经过调查，发现其婴儿洗发水在成人消费者中反而有更大的需求。因此，强生公司及时地向成人市场推广婴儿洗发水，称其性质温和，也适合成年人使用，最后该产品成为成人洗发香波的领导品牌之一。由此也可以看出，扩大基础策略的特点是，同样的产品、同样的包装、同样的标签，只有使用的方式有所改变。

四、最优成本供应商战略

最优成本供应商战略是在同等的价格下，为顾客提供更多的价值。它综合了两种基本战略的特质——低成本以及特色化的产品和服务。对于高度理性且关注价值的市场来说，竞争的最高境界就是最优成本供应商战略（俗话说的物美价廉）。而在一些非理性市场中，没有必要采取最优成本供应商战略，而且会因此失去本应获得的高盈利回报。对于采取最优成本供应商战略的企业来说，必须同时具备成本领先企业和歧异化企业的资源与能力。在管理风格和组织方面，这类企业特别需要采取以流程为核心的运作模式，将企业从以职能为核心的传统经营的僵化中解放出来，同时以高效的决策和运转为企业的成本降低提供保障。

注记　战略决策的三维视角

一个竞争战略决策，应基于三个方面的分析，即主体、客体和环境。

首先需要分析的是环境因素——市场需要和竞争对手的情况。环境因素需要分析的是在本行业中，顾客关注的是成本还是其他的要素，每一个细分市场的规模有多大，每个细分市场的盈利水平如何，以及每一个市场中的主要竞争对手是谁，从而判断行业中的市场细分情况和每一细分市场的价值。

其次需要分析的是客体，也就是经营的产品或服务的特质，如这种产品是否可以大规模生产，从而判断企业是否可以采取成本领先战略或歧异化战略。

最后要分析的是主体，即企业在追求什么，企业的优势和劣势何在，最终确定企业选择哪一个目标市场、采取什么竞争战略。

　　竞争战略可按其竞争要素分为两类：价格竞争（成本领先型战略，包括成本领先战略和成本集聚战略）和差异化竞争（歧异型战略，包括歧异化战略和歧异集聚战略）。而竞争战略的最终确定是主体、客体和环境三个方面综合分析的结果。本章提供一个竞争战略决策的分析工具——竞争战略决策四维表。

　　竞争战略决策四维表由市场取向（关注成本、关注歧异）、产品特性（易于制造、不易制造）、企业竞争优势（成本优势、歧异优势）和业务价值（高、低）四个维度构成。其中，业务价值由该业务的收益水平、成长潜力和风险指标三个方面进行综合判断。在四维表中，企业可采取的战略方案有成本领先类战略（C）、歧异类战略（D）、最优成本供应商战略（O）和放弃战略（A）。

　　在顾客关注成本的市场中，如果：

　　❑　产品易于大批量制造，企业的竞争战略应更主要倾向于成本领先类战略；若企业在成本上无优势的话，还需考虑该业务的价值——如果业务价值高，企业可以通过建立自己的成本优势来参与竞争（补短），也可放弃该业务；如果业务价值不高，则应放弃该业务。

　　❑　如果该产品不易于大批量制造，而顾客又非常关注价格的话，该业务不是一个能够很好盈利的业务，在业务价值不高的情况下，可以考虑放弃该业务；如果该业务还具有较高的价值，企业又具有成本优势，则可考虑采用成本领先战略；如果企业不具备成本优势，可考虑放弃或通过建立成本优势来参与竞争。

　　在顾客关注歧异性的市场中，如果：

　　❑　产品易于制造，企业具有成本优势，此时需要考虑该业务的价值：如果业务价值高，可采取成本领先战略（不管在什么市场中，低成本都具有一定的吸引力）或最优成本供应商战略（需要弥补企业在歧异化方面的能力）；如果业务价值不高，缺乏成本领先战略的市场基础，则可考虑放弃。如果企业具有歧异优势，可采用歧异化战略；在市场价值高的业务上还可以考虑采取最优成本供应商战略（建立成本优势，以应对可能的竞争）。

　　❑　产品不易于制造，企业总体上应考虑采取歧异化战略。如果企业不具备歧异优势，可以考虑放弃；若该业务价值较高，也可考虑通过提升自身的歧异化能力来参与竞争。

　　竞争战略四维表的相应决策可用表 6-2 来表示。

表 6-2　竞争战略决策四维表

市场取向															
关注价格								关注歧异							
易于制造				不易制造				易于制造				不易制造			
成本优势		歧异优势		成本优势		歧异优势		成本优势		歧异优势		成本优势		歧异优势	
价值高	价值低	价值高	价值低	价值高	价值低	价值高	价值低	价值高	价值低	价值高	价值低	价值高	价值低	价值高	价值低
C	C	C或A	A	C	A	C或A	A	C或D	D	D或O	D	D或A	A	D	D

注：C 表示采取价格领先类战略；D 表示采取歧异类战略；O 表示采取最优成本供应商战略；A 表示放弃。

第六节 战 略 定 位

波特的一般竞争战略虽然成为经典的竞争战略理论，但其逻辑是经不起严谨推敲的。从概念上看，"成本领先"不能称之为一种战略。首先，影响顾客购买行为的不是成本，而是价格，顾客不关心实际上也不了解企业的成本。其次，成本领先是所有战略的基石。为了保持企业的竞争力，不管企业采用价格策略，还是差异化策略，都必须以资源的最优利用、成本优势为基础，区别只在于企业是将这种成本优势体现在价格上，还是体现在其他的差异化性能上。第三，成本优势与低价战略并不是一一对应的关系。近年来中国市场上出现的价格竞争，实际上是通过资本来推动的，而不是通过成本来支撑的。

可能是波特先生认识到了其中的逻辑缺陷，他于1996年在《哈佛商业评论》上发表了一篇《什么是战略》的文章，对竞争战略做了全新的解释。波特先生使用适配（fit）和取舍（trade-off）构建了竞争战略的逻辑。

一、基本概念

波特认为，战略是一种定位（positioning），不同的市场定位，对企业运营管理方方面面工作要求和形式是完全不同的。比如，Airborne 快递公司[①]定位于低价快递市场，其与 Fedex、UPS 的运营模式的差异如表 6-3 所示。

表 6-3 两种战略定位的运营模式差异

项 目	Fedex，UPS	Airborne
机场设施	租用	自有机场
货仓装载率	65%～70%	80%
快件投递时段	早上投递	中午投递
开始投递时间	早上九点	散户中午投递，集团客户早上七点投递
管理模式	分散管理	集中管理
投递方式	自己投递	50%～60%外包
零售点	多	少
广告	多	少
价格	高	低

Airborne 公司定位于低价格市场，因此其所有的经营管理活动都是围绕着压低成本来设计的，尤其是中午投递的定位，使得其可以将 50%～60%的投递业务外包，而 Fedex、UPS 这样的早上投递的公司，是没有足够的时间来对接外包公司，从而就无法获取外包所带来的成本降低的好处。因此，Fedex、UPS 这样的企业要转向定位低价市场的话，公司所有的运营活动都要重新打造，这是一件非常困难的事情。因此，不同定位的企业的运营系统是不能适配的，企业需要在不同的定位中进行取舍。因此，战略定位能够带来稳定而长

[①] 现已被 DHL 收购。

久的竞争优势。

基于上述的逻辑，竞争战略最为重要的问题就是在产品的低价格和高品质所构成的一个可能性曲线上选择一个合适的定位。但根据第四章第一节的阈限理论，企业的战略定位并不是连续的，而是在顾客认知的阈限点上进行定位，如图 6-8 所示。图 6-8（a）是纵向定位，即企业在不同价格上进行的定位。例如，20 万～30 万元价位的汽车，与 100 万元左右价位的汽车的定位是不同的。图 6-8（b）是横向定位，即在同一个价位上，按不同的价值功能进行定位。例如，同样是 100 万元左右的价位，有定位于越野功能的车型，也有定位于城市舒适性功能的车型等。

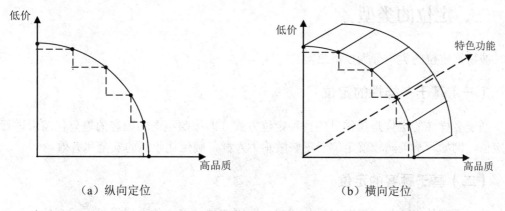

图 6-8 企业战略定位选择

二、适配类型

波特把适配（fit）分成了以下三种类型。

（一）简单适配

简单适配是最基础的一种适配形式，即企业运营系统的各个方面的活动都与其战略定位相适应。例如，Airborne 采取的是低价战略，其投递系统就必须是午后投递，从而导致大量业务外包，同时其组织文化、营销模式也与低价相适配。

（二）相互加强

相互加强指各种业务活动之间形成了一种良性循环的关系。例如，企业不断在研发上加大投入，提升了产品的品质，从而有利于其品牌价值的提高，而品牌价值的提高，又促进了产品的销售，带来了更多的利润，企业从而更有能力加大在研发上的投入。这种相互加强可以采用本书第二章商业模式这一工具来进行分析。

（三）最优化

最优化是将企业的运营活动提高到一个最优的状态，使其达到某一技术结构下生产可能性曲线的边界，从而提高竞争效率。例如，传统快递公司的机舱装载率只有 65%～70%，而 Airborne 能达到 80%。又如，一家香料企业的植物精油提取率（得率）达到 80%，而一般企业则只达到 75%。这种效率上的优化无疑极大地提高了企业的市场竞争力。

波特先生在适配这一概念上没有过多地进行深入的讨论，但依本书作者的理解，这三种适配是一个递进的关系。简单适配是最基本的要求，也是最容易实现的目标；相互加强则要求企业内部各部门发挥协同效应，产生 1+1>2 的效果；最优化则是在前面两个方面的基础上，不断进行完善和提升。从表面上看，相互加强和最优化是一个技术问题，但实际上它涉及大量的组织经验、文化、试错等的积累，并非单一技术那么容易模仿。因此，这种适配体系一旦形成，就可以产生持久的竞争优势。

三、定位的类型

波特把定位的类型分为以下三类。

（一）基于多样性的定位

基于多样性的定位是最常见的一种定位方式，即按照不同的顾客的差异化需求进行战略定位。例如，鸥美药妆就定位于皮肤敏感类人群，确保化妆品的安全和有效。

（二）基于顾客的定位

基于顾客的定位类似横向多元化战略，即围绕某一特定的人群提供一系列的产品和服务。例如，养老机构针对老年人提供养老房产、养老护理、体验、医疗、保健、娱乐、教育等一系列的服务。

（三）基于渠道的定位

基于渠道的定位属于职能层战略的定位，即定位于某一特殊的渠道，从而避开渠道的竞争，如安利采取的直销模式等。

不论哪种定位，其核心目标都是规避竞争，从而获取更高的收益。因此，定位类型的选择从根本上说取决于竞争压力来自哪些方面。确定了竞争压力的来源，也就确定了定位的方向。

第七节　生命周期与竞争战略

在不同的生命周期，行业竞争所体现出来的特性是大不相同的。针对不同阶段的产业特点，可以确定相应的竞争战略。本节将介绍新兴产业、成熟产业和衰退产业的竞争战略决策问题。

一、新兴产业中的竞争战略

随着社会的进步和技术的发展，新兴产业大量地涌现出来，如网络游戏业、电信虚拟运营业、生物基因产业等。从战略决策的角度看，新兴产业的基础特征是不确定性——市场的不确定性（没有形成一个确定的市场需求，面对大量的初次购买者，市场开拓难度大）、技术的不确定性（新技术层出不穷，迅速淘汰老技术，初期生产成本极高但中后期会急剧下降）、产业规则的不确定性（游戏规则、行业标准、企业的竞争方式）等。这种高不确定性在带来巨大风险的同时，也潜藏着巨大的商业价值。

对于一个新兴产业而言，其移动壁垒与成熟产业的结构是大不相同的。较为常见的早期壁垒有以下几种。[①]

（1）专有技术。在新兴产业中，技术掌握在少数企业手中，形成一种技术壁垒。这种情况在产业的早期尤为突出。

（2）分销渠道。在新兴产业中，分销渠道多为专门性通路或者全新的销售渠道，其他企业很难在短期内建立起一个比较完整的销售渠道。

（3）适当成本与质量的原材料或其他投入（如熟练的劳动力等）。在产业的前期，由于没有形成产业规模，原材料和合格的人力资源是相对短缺的，这也会在一段时期内形成一种移动壁垒。

（4）经验导致的成本优势。由于产业的不确定性，经验就成为一种极为宝贵的竞争资源，而这种经验和积累需要经过相当一段时期，从而使得因经验导致的成本优势能够保持较长的一段时间。

（5）资本壁垒。由于风险较大，资本介入的机会成本较高，因而形成了一种资本壁垒。

上述五种壁垒使得新兴产业的前期发展非常缓慢，因此，判断新兴产业（或一个细分市场）何时进入快速增长期成为战略上的重要考虑。新兴产业被市场接受的程度取决于它给顾客提供的利益的性质。顾客利益的性质体现在性能利益（提供一种其他产品无法提供的性能）和成本利益（比其他产品具有更低的成本）两个方面。一般情况下，最早购买一种新产品的市场通常是具有一种性能利益的市场。在分析顾客利益时，需要考虑以下两个方面的问题。[②]

（1）性能利益方面，具体包括以下五点：一是消费者对特定性能利益的认知程度；二是性能利益的显著性；三是购买者对该性能需求的迫切程度；四是迫使购买者进行采购的压力；五是顾客对价格的敏感程度。

（2）成本利益方面，具体包括以下三点：一是对一个特定的顾客讲述成本利益的重要性；二是成本利益的显著性；三是迫使顾客做出改变的压力。

在新兴产业中，由于竞争活动规则不确定、产业结构可能发生变化、对竞争对手缺乏了解等，企业享有一个极大的战略自由度。在新兴产业发展的过程中，企业应在以下几个方面进行战略上的考虑。

（1）塑造产业规则。在新兴行业中，建立一个产业规则和行业标准是极为重要的。由于前期产业结构仍未成形，企业谋求产业法则的确立不仅可行，而且还可因此而获得长久的领导地位。

（2）引领产业发展。作为一个产业的领导者，需要在产业发展和自身利益之间寻找一种平衡。在产业初期，一方面需要大力培育市场，另一方面更要帮助其他企业（包括同类企业、供应商、分销商）共同发展，并联系政府、金融机构，形成一个良好的产业环境。

---

① 迈克尔·波特. 竞争战略[M]. 陈小悦，译. 北京：华夏出版社，1997：213-214.

② 迈克尔·波特. 竞争战略[M]. 陈小悦，译. 北京：华夏出版社，1997：219-220.

（3）供应商与分销商能量的挖掘。随着产业的发展，供应商和分销商为了自身竞争地位的提高及巩固，可能希望与产业链中的其他企业进行合作，如供应商为下游企业研究特殊的材料、设备，分销商为上游企业投资广告等。企业应充分利用好这些产业链上的能量为自身的发展服务。

（4）构筑新的转移壁垒。新兴行业早期的壁垒在产业的发展过程中会不断受到侵蚀，企业需要不断地建立起新的转移壁垒。

新兴行业虽然具有不确定性导致的高风险，但也可能带来高收益，因此，企业在选择进入的时机时会处于两难之地。早期进入可能会先发制人，然而风险太大；后期进入虽然规避了风险，但丧失了先机。企业在确定进入时机时，应考虑以下两个方面的问题。

（1）企业实力。早期进入的风险较大，而且当产业培育成熟时，为了不至于"为人作嫁"，企业必须有迅速扩大产能和销售的能力，这些都要求企业有雄厚的实力。因此，是早期进入，还是采取追随战略，应首先考虑企业自身的能力（包括资金实力、生产能力、销售渠道三个方面）和对风险的承受力。

（2）考虑产业的结构特征。早期进入可获得一些先入优势，而这种优势能够在后期的产业竞争中发挥作用，这是早期进入战略的基本假设。基于这一理论基础，企业在决定进入时机时，必须考虑上述假设是否成立。

当下述情况成立时早期进入是合适的。

- ❑ 企业的形象和声望对顾客至关重要，企业可作为先驱者而发展和提高声望。
- ❑ 一个产业中学习曲线很重要，经验很难模仿，并且不会因持续的技术更新换代而过时。
- ❑ 顾客忠诚非常重要。
- ❑ 通过早期对原材料供应、分销渠道等的控制可带来绝对的成本利益。

在以下几种情况下早期进入是危险的。

- ❑ 早期竞争和细分市场的核心能力与资源和产业发展晚期的重要基础不相同，企业建立起的技能会因此失效。
- ❑ 开辟市场代价高昂，先行者往往被前期的市场开发拖垮。
- ❑ 早期与小的新办企业竞争的代价高昂，造成两败俱伤，后来者渔翁得利。
- ❑ 技术变化使早期投资过时，并使晚期进入的企业因拥有最新产品和工艺而获益。

二、成熟产业中的竞争战略

一个成熟的产业往往体现出以下九种特性。[①]

（1）行业增长缓慢，竞争加剧。

（2）老顾客的价值大大提高。

（3）竞争将更趋于强调成本和服务。

（4）在整个产业范围中出现产能和人员过剩的问题。

（5）制造、营销、批发、销售及研发等方法经常发生变化。

（6）新产品开发及应用变得越来越困难。

---

① 迈克尔·波特. 竞争战略[M]. 陈小悦，译. 北京：华夏出版社，1997：234-239.

（7）国际竞争加剧。

（8）产业利润通常会下降。

（9）中间商的利润水平下降，但其对行业的控制力增强。

产业在向成熟化演变的过程中，产业的基本结构会发生一些较为深刻的变化，通常反映为竞争激烈程度增长、移动壁垒发生变化、市场不断细分等。在成熟化的产业中，企业应处理好以下七大战略性问题。[①]

（1）更精细的成本分析与核算。成熟化行业中的顾客对价格予以了更多的关注，企业在成本核算方面必须做到更加精确，以便合理地进行定价、优化产品结构与资产结构等。在一个成熟的行业中，传统的成本核算往往已无法胜任，企业需要采取基于活动的成本核算方法（ABC 成本核算法）。

（2）流程创新。在成熟行业中，企业各方面能力之间的差距会趋于缩小，此时要提高企业的竞争地位，需要进行结构性的变革，通过流程的创新，来提高企业效率、降低成本和提供特色服务。

（3）经营范围的延拓。在成熟的行业中，对老顾客的深度开发往往好于寻求新客户。对现有的客户提供外围设备和服务、产品升级、扩展产品系列等（顾客解决方案的盈利模式），往往可以以较低的代价开发出新的业务增长点。

（4）购买廉价资产的良机。由于整个产业的产能过剩，存在许多购买廉价资产的机会。总部设在巴黎的汤姆逊公司拥有上百年的历史，其创始人是大名鼎鼎的发明家爱迪生和另一名发明家埃里胡·汤姆逊。目前，汤姆逊公司在录像带和 DVD 生产领域占据世界首位，也是全球第二大电视机显像管设备供应商。汤姆逊公司曾经是法国工业的一面旗帜，是法国最大的电子产品制造商。但是，随着欧洲电视机市场需求增长逐步放缓，汤姆逊公司的日子也越来越难。2001 年，该公司在消费电子领域的销售额是 65.41 亿欧元，2002 年下降到 54.44 亿欧元，2003 年上半年更是同比下降了 33%，亏损 8 000 万欧元。从这种情况以及全球彩电生产基地转移到成本更低的东北亚及南亚地区的大势来看，彩电这块资产已成为欧洲企业不可盘活的资产。因此，TCL 此次才能并购法国汤姆逊集团公司的彩电和 DVD 生产业务和资产。汤姆逊公司以 175 亿欧元净资产换来合资公司 33% 的股份（总资产 450 亿欧元），而 TCL 获得了合资公司的绝对控股权。

（5）选择好的顾客。在成熟的行业中，顾客由于受到极大的竞争压力，会加大其与供应商砍价的力度。因此，企业需要对顾客做出选择，放弃一些没有价值的顾客。

（6）寻找不同的成本曲线。在成熟的行业中，企业应明确自身的定位。一些企业可能发展成为成本领先企业，而另一些则可能会因其他方面的独特技能而成为歧异化的供应商。

（7）开发国际市场。对付市场成熟化的方法之一就是开发国际市场，尤其是那些竞争较为温和、竞争对手相对较弱的市场。

企业应根据自身的实际情况，有选择地运用以上七种策略。另外，在成熟的行业中，撤出也不失为一种合理的选择。同时，成熟化行业中的企业还需要特别注意避免陷入以下八类陷阱。[②]

（1）未能认识到产业结构的变化。由于行业不断地向成熟化方向演变，产业结构正发

[①] 迈克尔·波特. 竞争战略[M]. 陈小悦，译. 北京：华夏出版社，1997：231-233.

[②] 迈克尔·波特. 竞争战略[M]. 陈小悦，译. 北京：华夏出版社，1997：240-242.

生巨大的变化，但企业仍按原来对行业的认识行事。

（2）陷入中间状态。企业没有形成自己的独特优势，被夹在了中间，在日益细分的成熟市场中处于尴尬地位。

（3）现金陷阱。在一个成熟化的行业中，企业仍耗费大量现金以提高自己的市场份额。

（4）为了短期利润而轻易放弃市场份额。这对于"现金陷阱"来讲是另一个极端。即使是成熟化的行业，市场份额仍是有价值的，完全放弃市场份额会使企业在未来的发展中处于不利地位。

（5）对价格竞争做出不理性的反应。在成熟的产业中，价格竞争是必然的趋势。企业无视这种行业竞争的特征，坚持原有的定价方式，或以维持高质量为由不去适应竞争对手的定价策略，往往会被市场所淘汰。20世纪80年代中期，中国彩电业处于起步阶段，各地相继引进了十多条生产线，形成了群雄纷争的局面。到了20世纪90年代中期，供求矛盾日益激化，供给约为需求的两倍。在这样的情况下，谁的市场份额大，谁就能活得更好，而抢占市场最好的武器就是价格大战。于是，长虹首先挑起价格大战，并借此一跃成为中国彩电老大。1998年，康佳再打价格战，成功取代长虹，成为龙头老大。而那些在价格大战中反应迟钝或没有积极应对的企业，如牡丹彩电、黄河彩电、熊猫彩电等，都被淘汰出局。

（6）漠视产业变化或反应迟钝。企业未能在产业结构变化过程中采取适当的应对措施（包括制造、研发和营销方式的变革）。

（7）过于强调创新而忽略现存产品的推销。在成熟的行业中，创新的难度大大增加了，而推销现存产品则变得更为重要。在出清现存产品的过程中，企业将获得大量的现金，为企业的下一步发展提供良好的资本基础。

（8）生产能力过剩。在产业成熟的过程中，未能处理好资产结构的调整，导致产能过剩，给企业造成重大损失。

三、衰退产业中的竞争战略

在成熟的后期，产业开始走向衰退。衰退行业的基本特征是：市场销售量降低，产品类型减少，研究、开发与广告支出、竞争者数量下降等。在这一阶段中，较为普遍的战略是"收割"战略。

（一）衰退行业战略决策的分析框架

分析衰退产业的结构特征，可从三个维度着手。

（1）产业需求。在衰退产业中，其需求的状况如何演变，剩余需求的规模及不确定性、衰退的速度、衰退的原因等，都是分析产业需求的关键问题。通过对这些因素的分析，可以判断产业在规模方面的价值，从而判断是否继续留在该产业。

（2）退出壁垒。退出壁垒过高会加剧行业的竞争程度。退出壁垒主要包括专用性资产、高固定成本、战略性退出壁垒（如由于协同业务导致的退出成本、出于资本市场信心考虑的退出成本、纵向一体化导致的产业链断裂的成本）、信息成本壁垒（由于业务与买方或卖方高度关联，使得与退出决策相关的信息变得难以分辨）、管理或情感壁垒（包括对员工利益的考虑，或其他情感因素等）、政府和社会壁垒、资产处置的方式等。

（3）产业竞争状态。退出壁垒大的行业将是一个竞争惨烈的行业，其剩余市场会因此而变得毫无价值。另外，行业中的企业对剩余市场的认知也是影响产生竞争的一个重要的因素。如果许多企业认为留在行业中具有重要意义，就会加剧剩余需求上的竞争。

（二）可供选择的战略措施

在衰退的产业中，企业可以采取的战略有四种类型，即领导战略（成为产业中仅存的一家公司或少数几家公司，保持企业在产业中的领导地位）、局部领导战略（在某个细分市场中保持领导地位）、收割战略（逐步退出该产业）、迅速撤资战略（以最快的速度退出该产业，尽可能减少损失）。图 6-9 给出了衰退产业战略的决策模型。

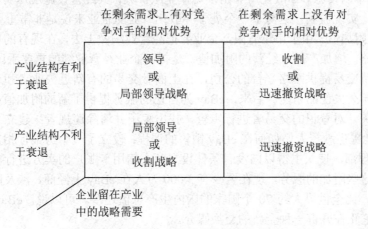

图 6-9 衰退产业中的战略选择

在图 6-9 中，所谓产业结构有利于衰退，是指该产业存在较大的剩余需求，退出壁垒较低和竞争的不确定性较小等。企业确定了产业的特性与自身的竞争地位后，即可定位自己所处的坐标，并采取相应的战略。最后，还要考虑企业留在该产业中的战略需要，以最终确定是否继续留在该产业中以及为此企业需要投入多少资源。

第八节 集中化程度与竞争战略

产业的集中化程度对企业的业务战略也会产生重要的影响。除了考虑产业的生命周期外，企业业务战略还要考虑该产业的集中化程度，从而制定与之相适应的竞争战略。

产业的零散特性会极大地限制企业在该行业中的发展。在一个零散的行业中，采取以下战略措施，是克服产业零散化的"引力"，也是实现产业集中化的有效途径。

（1）创造规模经济或经验曲线。产业零散的主要原因是行业不存在规模效应或学习曲线，因此，如果企业能够创造出规模效应或学习曲线，则可以实现产业的集中，从而把企业做大。例如，便利零售店是一个非常零散的行业，但采用连锁的方法，即可成功地实现规模效应且同时保持便利店灵活、方便、贴近顾客的优点。

（2）创造一致性的市场需求。产业零散的另一个原因是多样化的市场需求，因此，实施产业集中的另一个途径就是通过产品的创新，引起市场的普遍兴趣，实现市场需求的标准化。

（3）通过收购来突破零散的限制。在某些零散化产业中，本地化经营显得非常重要，企业在进行地域上的扩张时往往极为困难。在这种情况下，通过收购来实现集中就是很好的选择。

（4）及早地把握产业发展趋势。一般情况下，新兴产业往往是零散的，但随着产业的成熟，大多数产业会逐步地趋于集中。及早地发现这一趋势，在适当的时候抢占市场份额，可以成功地实现集中。

尽管如此，有许多产业确实存在不可克服的产业结构因素而无法实现集中。在这样的产业中，企业需要在经营上采取以下对策。

（1）严格化管理。零散的产业往往需要严密的协调、本地化的管理趋向、注重个人服务、近距离控制等。实施紧密管理，是提高零散化产业中的企业竞争优势的重要手段。

（2）低成本的设施。零散化产业由于规模无法扩大，其经营设施应尽可能地简单，以降低经营成本，实现盈利。这对于一个处于零散化产业的企业来说是非常重要的。

（3）增加附加值。由于市场有限，企业要把经营业绩做上去，在现有的市场中深度挖掘便是一条出路。增加产品或经营的附加值，是提高企业经营业绩的重要手段。eBay 公司最初只是为旧货交易提供网络平台的公司，在上面做交易的有新近失业者和退休老人，出售的都是一些年久失色的东西。后来，eBay 为自己的服务提供了新的附加值：公司组建了自己的监察机关，对登记的交易者进行审查，找出骗子并清除违规者；建立了一套教育体系，在全国各地提供教授人们如何在 eBay 销售的课程；设立了一个与银行相似的部门——PayPal 支付处理部，使买主得以向没有条件设立商人信用卡账户的卖方进行电子支付。正是因为提供了这些附加的服务，现在至少有 3 000 万人在 eBay 上经商，涉及的商品价值超过 200 亿美元，比全世界大约 70 个国家的国内生产总值还多。可以说，eBay 创造了一种虚拟的经济，它正在开辟一种全新的交换媒介。

（4）集中于某些细分市场。在零散化产业中，企业更需要专业化，包括专业化的技术和产品、专业化的顾客和市场、专业化的供应商和销售渠道等。

（5）简单朴实的经营风格。同样出于成本的考虑，零散化产业中的企业在经营方面应保持简单朴实的经营风格，包括低成本的分销渠道、更高效率的广告等。

（6）后向整合。后向整合可以使企业控制产业链的前端，一方面可能突破零散的经营状态，另一方面会对于没有（能力）实现后向整合的企业造成压力，从而提高企业在行业竞争中的优势地位。

在零散化产业中，缺乏战略约束力，不能很好地集中于某些细分市场，为寻求产业支配地位而扩大生产规模，以高昂的代价建立企业的市场地位等，都是不理性的行为。新产品的推出对于零散产业中的竞争来说是非常重要的，企业往往因此在短期内获得业务量的大大提高。但是，企业需要对新产品的作用保持清醒的认识，不能过度反应，认为行业会因此而集中。随着时间的推移，行业可能会又重新趋于零散。成本是零散化产业竞争的重要因素，在这样的环境中，竞争对手之间的成本曲线的差异是巨大的，对手生产成本之低甚至超出了人们的想象。因此，不能以自己的成本曲线来判断整个行业的成本水平，更不能以此为根据确定企业的竞争方式。

第九节　选择竞争对手

企业在经营过程中，需要理性地对待行业竞争和竞争对手。许多企业的竞争策略往往是把竞争对手赶尽杀绝，以实现自己的垄断地位。然而，实践表明，拥有百分之百的市场份额并不是一件好事。如同滥用抗生素一样，企业在打击竞争对手的过程中，可能损害了整个产业的生态环境，破坏了产业均衡，最终也会伤害到自身的利益。竞争对手在给企业带来压力和威胁的同时，也会给企业提供某些好处。

一、竞争对手的战略价值

某些竞争对手的存在，会给企业带来四个方面的好处。[①]

（1）增加竞争优势。竞争对手的存在会提高行业的竞争压力，从而推动产业的进步。另一方面，竞争对手会吸收企业的经营空间，满足企业不愿意涉足或经营不经济的领域。另外，竞争对手在成本和歧异性上的劣势，也会突出企业这一方面的优势，让顾客认识到企业的价值，为企业提供成本或歧异的保护伞。

（2）改善产业结构。在供应商的选择中，为避免受制于人，顾客往往希望存在第二甚至是第三货源，以防止被供应商"套牢"。而竞争对手的出现正好提供了第二供应货源，消除了顾客应用该产品的顾虑。在一些新技术或新产品出现时，行业中的一些大买主会要求供应商将这种新的技术或生产工艺授权于另一家企业，以保证一定程度上的竞争，从而保证自己的利益。一些竞争对手还会改善产业的价格结构，为企业提供良好的价格保护伞。例如，中国咨询业刚刚出现时，市场对咨询价值的认识是严重不足的。这一阶段中国咨询业的收入一直徘徊不前。但随着麦肯锡等国际咨询巨头的进入，动辄上千万元甚至过亿元的咨询费用一下子打开了咨询业的价格和利润空间，为中国咨询业的发展创造了良好的环境。

（3）协助市场的开发。新市场的开发往往需要巨大的投入，仅靠一家企业来把一个产业推向成熟是不可能的。竞争对手的存在能够帮助企业开发市场，竞争对手的广告和促销行为会推动市场需求的形成，从而形成产业规模并形成配套的经济的产业链，促进产业的标准化和规范化等。

（4）扼制进入。竞争对手的存在使潜在（坏的）竞争对手的进入变得较为困难。市场的相对饱和、原材料供应的控制、销售渠道的占位，这都是竞争对手能够起到的作用，而这种作用正好能够帮助企业封堵一些更坏的竞争对手的进入。

二、"好"的竞争对手的特征

分辨竞争对手的"好坏"是竞争战略管理中的一个重要问题。好的竞争对手会给企业带来好处，而坏的竞争对手甚至会对整个产业造成破坏。竞争对手的好坏可以从以下几个方面进行判断。[②]

（1）有明显且自知的弱点。有明显的劣势，且了解自身的弱点，这样的对手对企业的威胁会相对较小。

（2）了解规则。这样的企业会按产业竞争规则行事，能够分辨各种市场和竞争对手的

[①] 迈克尔·波特. 竞争优势[M]. 陈小悦，译. 北京：华夏出版社，1997：209-219.

[②] 迈克尔·波特. 竞争优势[M]. 陈小悦，译. 北京：华夏出版社，1998：219-223.

信号，不易挑起恶性竞争。

（3）假设与实际。竞争对手对产业和自身能力的假设如果符合实际情况，发生不理性行为的可能性会大大降低。好的竞争对手不会高估自身能力以至于在试图获得更大的市场份额时引发战争，也不会因低估过自身实力而不敢对新插足者实施打击。

（4）改善产业结构的战略。其战略的立足点在于改进整个产业的结构，如提高整个产业的壁垒、强调产品质量和歧异性，而不是通过降价来获取市场份额等。

（5）适度的退出壁垒。较低的退出壁垒使企业不至于深陷于产业中，避免产业内的恶性竞争。

（6）内在节制的战略观念。企业的追求有一定的节制，满足于某一特定的市场，而不是野心勃勃地企图侵占整个产业的版图。

（7）在产业中战略利益适度。如果企业在产业中存在高额的战略利益，为确保这一战略利益，企业会在竞争过程中完全忽略利润，甚至忽略成本而进行市场份额的竞争，这样将会把整个产业拖入整体亏损的泥淖。

（8）注重投资收益目标。注重投资收益的企业是好的竞争对手，这样的企业会维护产业秩序与结构，不会参与不正当竞争。

（9）目标适度。企业满足于现有的状态，不会因试图改变企业的现有地位而发动进攻。

（10）厌恶风险。厌恶风险的企业会更关注利润、现金流而不是增长，这类企业在经营过程中往往趋于保守，其参与恶性竞争的动力会相对较低。

（11）可信且可存活。作为一个好的竞争对手，它自身必须能够生存下去，才能发挥其作用。

具备上述特征的竞争对手是理想的竞争对手，但在现实生活中，同时具备以上所有特征的企业几乎是不存在的。因此，在判断竞争对手好坏时应权衡其各方面的特征，本着"两害相权取其轻，两利相权取其重"的思想，对竞争对手的良莠进行排位，并采取相应的对策。

三、竞争对手管理

在竞争对手分析的基础上，企业需要对竞争对手进行"管理"，使之有利于企业的生存与发展。在这一方面，企业可以采取以下几个方面的战略举措。

（一）选择竞争对手

企业需要对行业中的竞争对手施加影响，选择并扶植一些好的竞争对手，清除一些坏的竞争对手，或防止坏的竞争对手进入。影响竞争对手结构的做法有以下四种。[①]

（1）颁发技术许可证。领先企业可以将技术许可证颁发给一些好的竞争对手，有效地扼制其他对手的进入。提供第二、第三供货源，在许多产业如半导体行业显得特别重要，与其让其他竞争对手进入，不如有选择地引进一些竞争伙伴。20世纪80年代初，英特尔为了使自己的微处理器技术成为行业标准，曾经将"8080"微处理器许可发给15家公司，它们分别是AMD、Zilog、美国国家半导体、Transmeta、摩托罗拉等。

---

① 迈克尔·波特. 竞争优势[M]. 陈小悦, 译. 北京：华夏出版社, 1997：226-227.

（2）有选择地报复。企业可以对坏的竞争对手进行强有力的报复，而允许好的竞争对手进入产业，获得市场份额。

（3）有选择地扼制进入。企业可以选择一些市场，提高其进入壁垒，封堵对手的进入，而开放另一些市场。

（4）与新的进入者联合。与潜在的进入者联合，帮助其进入市场，共同打击另外一些竞争企业。

阅读材料 6-8

科技界最可恨的公司

他不能说没人事先提醒过他。2002 年 6 月，达·麦克布赖德准备接任处境艰难的卡尔德拉（Caldera）（一家位于美国犹他州林登市的公司，后来改名为 SCO 集团公司）国际公司首席执行官时，他心里琢磨，如果声明其拥有颇受欢迎的 Linux 操作系统部分源代码的版权，就可以使公司得以生存。尽管当时卡尔德拉公司的收入正在下滑，每个季度亏损 500 万美元，股票价格已跌落到低于 1 美元的纳斯达克摘牌价格，该公司即将离任的首席执行官伦萨姆·拉伍对麦克布赖德这个想法的反应却是毫不迟疑地拒绝，"别那样做，你可别与整个 Linux 社团做对。"

麦克布赖德未听劝告，一意孤行。2003 年 3 月，他一举震动计算机界，将 IBM 告上法院，称 IBM 非法将 SCO 公司拥有知识产权的 80 万行软件程序代码用于 Linux，要求 IBM 赔偿 30 亿美元。自那以后，麦克布赖德进一步采取行动。2003 年 12 月，SCO 给一千多家 Linux 客户发信，指控他们非法使用 SCO 的产权。如今，SCO 又警告，它将在数日之内控告另一家 Linux 用户。据 SCO 公司称，互联网搜索引擎老大 Google 公司有可能成为下一个目标。Google 公司说它尚未与 SCO 讨论这一问题：该公司使用装有 Linux 操作系统的计算机，而且正准备进行首次公募。

这样一来，SCO 公司至少会暂时取代微软，成为科技界最招人恨的公司。SCO 公司让数十家公司和数以千计的志愿程序员怒不可遏，正是这些人帮助 Linux 成为世界上第二大服务器操作系统。目前，有数千万套 Linux 系统投入使用，仅次于微软的视窗操作系统。Linux 是开放源代码的软件，其最基本的部分是免费的，不归任何人所有。科技界许多大公司，包括 IBM、惠普、戴尔，都攀上了这一火箭般飞速发展的操作系统。对于 Linux 的铁杆支持者来说，怎么臭骂 SCO 公司都不过分。平常脾气温和的莱纳斯·托瓦兹讥讽说："他们如同被逼到墙角的老鼠，我想会咬人的。"1991 年，当时还是一名大学生的托瓦兹初创了 Linux。

SCO 公司迅速遭到了愤怒的反击，枪林弹雨从四面八方射来。自从起诉 IBM 以来，SCO 受到了两次反诉的打击，一次是由 IBM 提出的，另一次是由世界最大的 Linux 软件销售商红帽公司（Red Hat）提出的。SCO 公司的网站三次被黑客攻击，而麦克布赖德本人甚至收到了死亡恐吓信。2003 年 12 月，麦克布赖德在拉斯维加斯的一个科技会议上演讲时，身边需要保镖陪同。

然而这场官司到头来可能不过是一场闹剧而已。虽然群情激昂，但《商业周刊》在采访了 SCO 公司的管理人员、业界领袖、律师、软件专家和科技产品的企业客户后，得到的结论却出奇的一致——SCO 公司可能无法阻止 Linux 的势头。

SCO 对 IBM 和 Linux 客户的指控并非黑白分明。据研究过 SCO 公布的证据的律师和软件开发人员说，那些证据难以起到决定作用。虽然 SCO 声称拥有专利的程序代码与 Linux 的程序代码之间存在相似之处，但软件专家并不能因此就肯定存在侵权行为。要打赢与 IBM 的官司，SCO 必须证明 IBM 的程序员将这些程序代码放了 Linux 之中，但这可能很难找到证据。此外，这项技术甚至可能不为 SCO 公司所拥有。从事软件开发、支持 Linux 的 Novell 公司也声称拥有该项技术的版权。位于美国波士顿市的 Bromberg&Sunstein 律师事务所合伙人托马斯·凯里说："SCO 的说法的确有漏洞。"

能够充分显示 Linux 生命力的最好佐证，莫过于市场上的反应。尽管各公司害怕惹上官司，但它们对 Linux 的兴趣却丝毫未减。根据从事市场调研的国际数据公司的报告，2003 年第三季度的最新数据显示，采用 Linux 的计算机服务器销售额比 2002 年同期增长了 49.8%，达到 7.43 亿美元，远远超过其他服务器 2%的增长率。红帽公司的客户数目，从 SCO 公司起诉 IBM 的那个季度的 1 000 家，增加到上一季度的 3 000 家。包括中国和以色列在内的一些国家已经制订计划，要在台式计算机上广泛采用 Linux。国际数据公司分析师丹·库兹尼茨基说："迄今为止，SCO 公司尚未造成影响。"

但是，SCO 公司仍有可能损害 Linux 的势头。购买科技产品的企业用户在一定程度上有可能被 SCO 公司的威胁吓住。《商业周刊》试探了 20 多家公司，没有一家使用 Linux 的公司愿意谈涉及 SCO 公司要求的情况，都怕惹火上身。如果上述案子于 2005 年 4 月如期开庭，开庭的地点将在盐湖城，这里可是 SCO 公司的老家。SCO 公司的首席律师，大名鼎鼎的大卫·博伊斯，可能会将大公司 IBM 描绘成一个企图欺负犹他州的一家小企业恶霸，以便打动陪审团成员的心。

如果打赢官司，SCO 公司将大获其利。按每台计算机的服务器软件收取 699 美元许可证费计算，仅 Google 公司一家就得掏 700 万美元。2003 年，Linux 服务器的销售额可望超过 40 亿美元，再加上方兴未艾的 Linux 个人计算机和家电产品市场，摆在 SCO 面前的是一个自个人计算机时代以来从未有过的大好机会。

但是，如果 SCO 公司打赢官司，获利最多的将是谁？微软！Linux 是微软称霸计算机界的主要拦路虎。微软一边兴冲冲地大打反 Linux 战役，造成 Linux 客户的恐惧，一边将大把金钱源源不断地输往 SCO 公司。虽然两家公司均未透露具体数目，但据接近 SCO 公司的消息来源说，微软已经向 SCO 公司支付了 1 200 万美元的许可证费用。微软说它需要这些许可证，因为它出售给客户的技术是为 UNIX 操作系统设计的应用程序技术，而 UNIX 正是 Linux 的蓝本。但是业内人士批评说，微软不过是给 SCO 公司出钱打官司。

在 SCO 公司的大本营，白雪皑皑的瓦沙琪山下，这场官司已经让朋友反目。SCO 公司董事长兼卡诺皮（Canopy）集团（一家私人投资公司，曾经支持过犹他州多家 Linux 公司）首要负责人拉尔夫·雅若说："我有好朋友对我说，他们无法相信我们公司的所作所为。"

卡诺皮集团管理着 Novell 前任首席执行官雷·诺达的资金，他就住在普鲁沃街上。颇具讽刺意味的是，诺达退休前曾与微软苦斗多年，现在他的钱却被用来支持一家与其死对头结盟的公司。诺达对卡诺皮集团的日常管理现已很少插手，但听说他的钱被这样利用，他的一些多年老友依然又惊又气。诺达的一位朋友说："我一想到这件事，就感到恶心。"雅若承认，眼下这种局面有点离奇，但是他认为这件事的要害是 SCO 公司的知识产权，而非微软。

麦克布赖德与雅若一样，都曾在诺达手下做事。与雅若一样，他对目前的所作所为未觉丝毫不妥。他激动地说，如果各公司允许其知识产权被用于开放源代码产品，将会毁掉软件产业，"我知道有人想叫我们走开，但我们决不会走开。我们将坚持到底"。

他看上去可不像个吓唬小孩子的妖怪。身为 7 个孩子的父亲，44 岁的麦克布赖德爱开玩笑，是个虔诚的摩门教徒，曾经在日本做过传教士，几年后又回到日本开拓 Novell 公司的日本业务。离开 Novell 公司后，他曾在富兰克林柯维公司（Franklin Covey Co.）做过短期的在线计划业务总经理，之后被卡尔德拉公司挖走。

上任之后，麦克布赖德做了对公司股东有利的事情。SCO 公司的市值，从他上任时的约 500 万美元蹿升到现在的 2.19 亿美元。在最近的一个财政季度，SCO 公司的销售额为 2 430 万美元，与一年前相比增加了 50%，其中大部分来自微软和 Sun 电子计算机公司所付的许可证费用。其非许可证收入则主要来自 UNIX 操作系统的销售。麦克布赖德说："外面可能有一群怒火冲天的 Linux 支持者，但是我必须对一群怒火冲天的股东负责。"

资料来源：吉姆·科斯蒂特（Jim Kerstetter）. 科技界最可恨的公司——SCO 公司诉 IBM 的 Linux 大案可能只会带来怨恨[J]. 商业周刊，2004（3）.

（二）转变坏的竞争对手

对于一些坏的竞争对手，企业可以对其施加影响或发出某种信号，转变其行为，使之成为好的竞争对手。

（三）保持最佳的市场份额

对于企业来说，保有过高的市场份额是一种负担，某些市场不仅不能为企业带来利益，反而因企业不具备在这一市场经营的能力而形成亏损；同时，由于市场份额过高，企业容易缺乏外部环境的保护（有如人类的菌群失调），使得坏的竞争对手得以轻易地进入。因此，企业必须确定一个最优的市场份额，在确保企业收益水平的最大化的同时保护一些竞争企业，形成良好的产业环境。最优市场份额取决于产业的结构以及竞争对手的情况，这是一个动态的管理过程。

（四）保持竞争对手的生存力

企业除了关注自身的经营外，还需要关注好的竞争对手的经营情况。在竞争对手发生困难时，企业要施以援手，帮助其生存下去。

（五）保持产业稳定

产业的竞争状态是动态发展的，即使目前的竞争环境是较优的，也会因其中某些因素发生变化（包括技术、市场、竞争对手的变化）而引发新一轮的产业竞争。例如，某企业由于更换了领导人，其追求与期望发生了重大的变化，不满足于现有的状况，势必会破坏现有的均衡，引发市场的争夺战。比如，英特尔公司的第四任 CEO 克雷格·巴雷特，从他上任伊始就不断地投资于各项新业务。英特尔曾经进行照相机和其他消费电子产品的生产，2001 年，包括戴尔公司和惠普公司在内的几个重要客户纷纷抱怨英特尔在与它们竞争。2002 年，英特尔斥巨资准备打入网络托管领域，但遭到失败。目前，英特尔还计划生产娱乐型个人计算机、便携式媒体播放机和数字机顶盒。同时，英特尔与其盟友微软的关系也逐渐微妙起来，英特尔公司已经悄悄地在其旗下聚集了八千多名软件工程师负责开发新的用户界面、编写 Linux 软件、为 Windows PC 增加许多过去由传统软件厂商完成的功能。

企业必须不断努力去控制其竞争对手的期望与假设，并采取周期性的竞争措施，传递进攻性的市场信号以及在产业移动壁垒上加大投资，以确保竞争对手正确地估计形势和自身的实力，从而避免不必要的市场竞争而造成双损。

本 章 小 结

竞争会损害一个行业的盈利水平。对于业务战略而言，其目的就是谋求一个良好的竞争环境，回避激烈的竞争，从而提高企业的收益水平。竞争战略就是选择一种合适的定位，使企业区别于其他竞争对手。在竞争策略上，应结合市场需求和企业的竞争优势，选择最优的方案（包括成本领先、歧异化、集聚化和最优成本供应商战略等）。

竞争战略的制定需要考虑产业结构特征，如产业的生命周期、产业的集中度等。根据不同的产业特征，制定相应的业务战略，使企业战略随着产业的不断演变而演变，保持与外部环境的和谐。

竞争战略还要考虑产业内同类企业的竞争行为，分析产业内企业的战略形态，确定产业内战略集团的分布及其演变趋势，从而判断竞争对手的行为，为企业战略决策提供支持。竞争对手并非总是带来麻烦，好的竞争对手对企业来说可以形成一种保护。分清谁是恶意的竞争对手、谁是好的竞争对手，是竞争战略的首要问题。选择好的竞争对手，并联合打击和阻止坏的竞争企业进入。

最后，企业要以一种理性的态度对待竞争，不要过度地追求市场份额。企业生存的宗旨并非市场份额最大化而是企业价值最大化，要实现企业价值最大化，需要寻找一个最优的市场份额水平，以确保企业最大的收益和外部的良好竞争环境。

思 考 题

1. 制定企业竞争战略需要考虑哪几个方面的因素？
2. 竞争战略有哪几种典型？
3. 企业在创新过程中如何解决好关键性资源与知识产权保护问题？
4. 实施成本领先战略的前提是什么？企业实施成本领先战略需要具备什么样的资源？
5. 成本领先在企业竞争战略中起到什么样的作用？
6. 实施歧异化战略的前提是什么？企业实施歧异化战略需要具备什么样的资源？
7. 实施集聚化战略的前提是什么？企业实施集聚化战略需要具备什么样的资源？
8. 市场份额和利润之间存在明确的关系吗？为什么？
9. 为什么说分清敌友是竞争战略的首要问题？
10. 竞争对手会给企业带来哪些方面的好处？如何理性地看待竞争？
11. 判断好的竞争对手的标准是什么？
12. 如何利用好的竞争对手来扼制坏的竞争对手？

本章案例："神车"的神话

案例导读：

五菱宏光，一款从天而降的"神车"，从面市起就创造了中国汽车市场的诸多神话。在众多进口车、合资车品牌竞争已经非常激烈的情况下，五菱宏光能够杀出重围，可谓是产品定位方面的一个经典案例。尽管许多行业的市场已经高度细分，但实际上，汽车市场细分的空间依然很大。仔细分析五菱宏光的产品定位，可以依此总结出竞争定位的基本思路。

"昨晚我在秋名山输给一辆五菱宏光，他速度很快，用惯性飘移过弯。我只看到他的车上写着修补房顶漏水，如果你见到他，麻烦你告诉他周六晚上我会在秋名山等他"——一个"头文字D体"段子在网络上疯传。接下来，各种版本的段子不断接龙。在这些段子里，五菱宏光S无所不能，过弯秒GT-R，起步秒法拉利、兰博基尼……这款被国内车友称为"地球上最重要的一款车""神车"的五菱宏光，创造了中国汽车史上的一段神话。

五菱宏光是上汽通用五菱公司旗下的MPV（多用途汽车）汽车。上汽通用五菱汽车股份有限公司是由上海汽车集团股份有限公司、美国通用汽车公司、广西汽车集团有限公司（原柳州五菱汽车有限责任公司）三方共同组建的大型中外合资汽车公司，在国内拥有柳州河西总部、柳州宝骏基地、青岛分公司和重庆分公司四大制造基地，形成南北联动、东西呼应的发展格局。公司占地89.2万平方米，现有在岗员工20 000多人，拥有以冲压、车身、涂装、总装为主体的现代化生产车间，并形成了微型商用车和微型乘用车两大产品系列的生产格局。上汽通用五菱在全国拥有2 800家经销店和2 800家售后服务网点，密集分布在全国的29个省市自治区。2017年，公司全年产销量突破215万辆，连续12年位列全国产销量前茅，进入全国乘用车前四强。乘用车销量占比继续攀升，达到72%，其中宝骏品牌年产销量突破100万辆大关。

在上汽通用五菱的众多产品中，五菱宏光是一款极具传奇性的汽车。它号称可以装满货物飞驰在并不宽敞的乡间小路上，也能通过令硬派越野车都胆寒的崎岖山道，而且曾经登上过著名的福布斯杂志的封面。

"神车"之所以能成为神车，最重要的原因还是它的销量。2010年，五菱宏光横空出世，第二年就跃居MPV细分市场销量榜首，单月最高销量超过8万辆，被称为"人类历史上最畅销的汽车"，连美福特F系列皮卡的销量也不过是其1/10。九年过去了，这款车的销售还经常占据销量榜的第一名（见表6-4），其累计销量已经超过了200万辆。

表6-4　2019年7月MPV销量排名

单位：辆

排　名	车　　型	所属厂商	7月销量	1—7月累计
1	五菱宏光	上汽通用五菱	14 736	194 144
2	别克GL8	上汽通用别克	12 218	76 757
3	宝骏730	上汽通用五菱	10 614	52 227
4	比亚迪宋MAX	比亚迪	4 820	44 668

续表

排　名	车　型	所属厂商	7月销量	1—7月累计
5	东风风行菱智	东风风行	3 516	36 757
6	吉利嘉际	吉利汽车	3 456	18 395
7	本田奥德赛	广汽本田	3 437	24 021
8	宝骏360	上汽通用五菱	3 409	36 988
9	大众途安	上汽大众	2 692	10 009
10	广汽传祺GM6	广汽乘用车	2 654	20 083
11	长安欧诺	长安汽车	2 582	17 326
12	上汽MAXUS G50	上汽大通	2 124	16 150
13	江淮瑞风	江淮汽车	2 094	22 798
14	上汽MAXUS G10	上汽大通	1 789	9 588
15	风光330	东风渝安	1 517	12 661
16	别克GL6	上汽通用别克	1 509	17 215
17	奔驰V级	福建戴姆勒	1 440	8 788
18	金杯阁瑞斯	华晨雷诺	1 400	9 448
19	本田艾力绅	东风本田	1 213	14 889
20	奔驰威霆	福建戴姆勒	1 121	6 458
21	福田蒙派克	福田汽车	739	3 649
22	广汽传祺GM8	广汽乘用车	713	11 416
23	力帆轩朗	力帆汽车	541	2 562
24	长安欧尚A800	长安汽车	512	5 704
25	汉腾V7	汉腾汽车	397	397
26	欧尚COSMOS（科尚）	长安汽车	301	2 378
27	昌河福瑞达M50	北汽昌河	300	3 093
28	北汽幻速H3	北汽银翔	287	6 729
29	金杯F50	华晨雷诺	171	1 314
30	野马斯派卡	野马汽车	165	1 649
31	英致737	潍柴汽车	160	1 215
32	英致727	潍柴汽车	157	1 485
33	海马V70	一汽海马	136	725
34	福田伽途ix	福田汽车	132	2 045
35	日产NV200	郑州日产	131	3 010
36	北汽幻速H2	北汽银翔	112	3 287
37	风光370	东风渝安	105	844
38	开瑞K50	开瑞汽车	87	3 030
39	纳智捷大7MPV	东风裕隆	77	127
40	启辰M50V	东风启辰	76	1 712
41	东风帅客	郑州日产	37	902
42	长安长行	长安汽车	34	1 381
43	华晨金杯750	华晨鑫源	28	1 514
44	北汽幻速H5	北汽银翔	19	399
45	上汽MAXUS EG50	上汽大通	18	18

续表

排 名	车 型	所属厂商	7月销量	1—7月累计
46	东风风行菱智新能源	东风风行	8	160
47	上汽 MAXUS EG10	上汽大通	2	60
48	长安欧尚	长安汽车	-14	11 850

对于大多数中国家庭来说，价格是其购车最重要的考虑因素之一。五菱宏光的价格非常亲民。宏光 1.2L 基本型和宏光 S 1.5L 基本型，售价分别为 4.88 万元和 5.18 万元。4.88 万元的起售价，再算上各种各样优惠，五万元上路没问题。这样的价格，大多数普通家庭都可以接受。

除价格优势之外，超强的产品性能也是其取胜的重要法宝。五菱宏光行驶性能出色，通过性比较好，适合中国大部分地区的道路行驶。另一方面，宽敞灵活的空间带来了极强的实用性，不管是家用还是商用甚至是农用，都十分适合。再者，不管是在多么恶劣的环境中，五菱宏光都有着很不错的质量表现，甚至可以媲美丰田的皮卡和 SUV，优秀的产品表现为它营造了非常好的市场口碑。

你听说过面包车能玩漂移，还能玩动感的吗？别的车不敢保证，但五菱宏光 S 绝对能给你这样的信心。首先，五菱宏光 S 采用前置发动机+后轮驱动，与宝马 3 系、凯迪拉克 ATS 等运动型轿车一样的布局结构。这让五菱宏光 S 拥有了非常不错的驾驶感受和操控性能，甚至后驱车转向过度的特征，都让五菱宏光 S 拥有了更多的驾驶乐趣，甚至让其拥有了漂移和甩尾的潜质。其次，1.5L 直列 4 缸自然吸气发动机，具有 112 匹马力和 147 牛·米的超强数据，配上 5 挡手动变速箱，只要将转速稍稍拉高一点，其动力响应和加速性能可谓是予取予求，官方极速 160 千米/小时。再者，出色的悬架系统，前麦弗逊式独立悬架，后整体桥结构的五连杆摆臂式非独立悬挂，这种后悬结构结实、耐操，而且兼顾一定的舒适性。

可以说，五菱宏光 S 在"发动机布置""动力总成""悬架结构"这三大关乎驾驶性能的因素上，都表现优异。这也为喜欢暴力驾驶的司机们提供了一个非常好的释放基础和发挥平台。

五菱车系被称为神车，不仅是因为它的销量神话，更是因为五菱总是能做出某些"豪举"。它拳打宾利、脚踢保时捷，兰博基尼看见它立刻掉头。五菱作为江湖豪车杀手，可谓是人见人躲、车见车逃。一辆路虎撞上了五菱，路虎损伤很严重，车轴都撞断了，而五菱只是损伤了右前门，车轴都没断；兰博基尼撞上了五菱，前者左前脸受损严重，车灯以及前保险杠损毁严重，而五菱看上去则没什么大事；在某十字路口五菱和宾利发生严重交通事故，五菱一方前脸受损，而宾利整个后轴完全被撞断，其中一个轮子还不知道飞到哪里去了。这些宣传，都为"神车"蒙上了一层更为神秘的光环。

表 6-5 是五菱宏光与其他两个竞品的性能对比表。

表 6-5 五菱宏光与主要竞品的配置对比

主 要 参 数	五菱宏光 S MT 1.5T 豪华型	长安欧尚 A600 1.6L AT 尊贵型	瑞风 M3 2019 款 宜家版 1.8L MT 豪华智能型
价格（万元）	8.18	8.49	8.58
尺寸（mm）	4 655×1 735×1 790	4 510×1 725×1 700	4 715×1 765×1 935
轴距（mm）	2 800	2 680	2 810
发动机	1.5T 110KW L4	1.6L 94KW L4	1.8L 98KW L4

续表

主 要 参 数	五菱宏光 S MT 1.5T 豪华型	长安欧尚 A600 1.6L AT 尊贵型	瑞风 M3 2019 款 宜家版 1.8L MT 豪华智能型
变速箱	6 挡手动	6 挡手自一体	5 挡手动
油耗	7.4	7.5	8.6
最高车速	175	170	155
发动机缸体材料	铝合金	铸铁	铝合金
环保标准	国 V	国 V	国 VI
前悬挂形式	麦弗逊式独立悬挂	麦弗逊式独立悬挂	双横臂式独立悬挂
后悬挂形式	多连杆式独立悬挂	纵臂扭转梁式半独立悬挂	整体式非独立悬挂
车轮尺寸	205/65R16	195/55R16	195/65R16
轮毂材料	铝合金	铝合金	铝合金
驾驶位安全气囊	有	有	有
副驾驶安全气囊	有	有	有
泊车雷达	后	前/后	后
倒车摄像头	有	有	有
ABS 防抱死	有	有	有
EBD 制动力分配	有	有	有
（TCS/ASR/TRC 等）牵引力控制	有	有	无
（ESP/VDC/VSC/DSC 等）车身稳定系统	有	有	无
（EBA/BA/BAS 等）刹车辅助	有	有	无
定速巡航系统	有	有	无
皮质方向盘	无	有	有
多功能方向盘	有	有	有
车灯关闭延时功能	无	有	无
皮质座椅	有	有	选装
车窗一键升降	有	有	有
CD/DVD	无	无	无
外接音源接口	有	有	有
车载蓝牙	有	有	有
扬声器个数	6	6	4
GPS 导航系统	选装	有	有
多媒体特色配置	无	7 英寸中控大屏	无

资料来源：新浪汽车，https://db.auto.sina.com.cn/.

案例讨论：

1. 五菱宏光采取的是什么竞争战略？这一战略的基础条件是什么？
2. 五菱宏光的市场定位于什么样的人群？这些人群购车的关注点是什么？
3. 分析五菱宏光的配置，这一配置设计有什么独特的考虑和成功之处？
4. 五菱宏光存在什么样的战略风险？其未来可能会面对什么挑战？

第七章　竞争优势的培育

在环境高度不确定、跨界竞争、降维打击等竞争环境下，竞争优势的界定变得非常动态化。企业在构建竞争优势的同时，将面临更加巨大的风险，这使战略家陷入了一种两难的境地。

普拉哈拉德（C. K. Prahalad）与哈默尔（Gary Hamel）教授于 1990 年在《哈佛商业评论》上发表的《与核心能力竞争》（*Competing With Core Competencies*）一文中首次提出了核心竞争力的概念。哈默认为，核心竞争能力具备三个方面的特性，即价值性、独特性和可延伸性。核心竞争力这一概念的战略含义是企业应谋求一种持久的竞争优势，帮助企业在相当长的一段时间内获得超出社会平均收益水平的投资回报。

作为企业的核心竞争力，首先能够帮助企业在竞争中获胜，并能带来较好的回报；其次，这种能力是其他企业难以模仿的；最后，它应该能够延伸到其他的业务领域中。从实践上看，完全符合核心竞争力定义的企业能力是难以描述的，它存在于一种神秘的、不可言传的企业内在结构之中（包括文化的、制度的或独特的组织结构）。

核心竞争力是一个动态的概念，世界上从来就没有永恒不变的优势。把核心竞争力绝对化，实际上是一种懒人哲学——希望构造企业的"核心竞争力"而一劳永逸。任何优势资源与能力的生命力都极其有限，从系统科学理论的角度看，核心竞争力需要不断地注入巨大的能量，才能保持这种能力不至于耗散；从动态环境的角度看，随着环境的变化，核心能力的内容和形式都会发生巨大的变化，躺在"核心竞争力"上"顾影自怜"，是一种自我麻痹的慢性自杀。基于这种思想，本章仅探讨影响竞争优势的因素以及如何根据各种环境的变化调整企业的战略性投资，从而获取新的竞争优势。如果说存在核心竞争力，保持永远超越自我以及强大的适应环境的能力，才是真正意义上的核心竞争力。从某种意义上说，永远认为自己不具备核心竞争力，就是一种核心竞争力。而这种能力，严格来说是一种品质，是对人性弱点挑战的斗志。

第一节　价值链与竞争优势

企业的竞争优势最终体现在其产出上，但是，这种优势来源于企业的设计、生产、营销、物流及其他辅助性活动。企业的各类活动是一个有机的整体，除了各个环节活动的效率外，它们之间的相互协作关系也影响着企业的最终产出。企业每一种活动都在为价值创造做出贡献，且它们之间存在一种相互衔接的关系，这种关系形成了被称为"价值链"的系统。

企业的所有活动都可以用价值链的形式来表示，如图7-1所示。

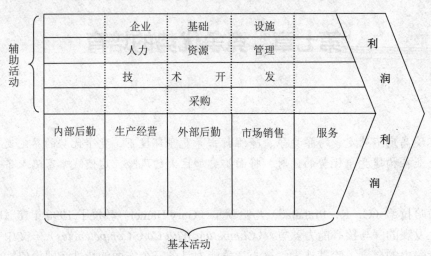

图7-1　基本价值链

资料来源：迈克尔·波特. 竞争优势[M]. 陈小悦，译. 北京：华夏出版社，1997：37.

企业价值链由"基本活动"和"辅助活动"两类活动构成。基本活动是形成企业产品或服务的必要性活动，是企业价值创造的直接性活动。波特把它们分为以下五种活动。[①]

（1）内部后勤。包括物料的接收、存储、配送、退货等。

（2）生产作业。与将各种投入转化为最终产品（或服务）形式有关的各种活动。

（3）外部后勤。从最终产品的集中、存储到将产品送达顾客手中的各种活动。

（4）市场销售。提供给顾客购买产品的方式和引导顾客进行购买的各种活动，包括广告、促销、销售队伍、报价、渠道选择、渠道关系和定价活动等。

（5）服务。提供服务以增加或保持产品价值的各种活动，如安装、维修、培训、零部件供应和产品调整等。

在不同的行业中，产业链中不同基本活动的重要性是不一样的。在流通企业中，后勤活动成为突出因素；对于生产型企业来说，生产活动的作用更为重要；而对于高新技术行业来说，服务功能对顾客价值来说最为关键。但不论如何，价值链上每一种基本活动都对企业的竞争优势产生重大的影响。

辅助活动是为了提升企业基本活动的效率而进行的综合性的企业价值创造活动。辅助活动并不针对某一基本活动，而是为所有的基本活动以及其他辅助活动提供支持。辅助活动包括以下四种。[②]

（1）采购。采购指购买用于企业价值链各种投入的活动。采购活动的价值主要体现在效率方面，即提高企业价值创造活动的效率、降低投入成本。

（2）技术开发。企业任何工作都包含技术活动的成分，它不仅仅体现在新产品的开发上，更体现在其他活动的改进方面。

① 迈克尔·波特. 竞争优势[M]. 陈小悦，译. 北京：华夏出版社，1997：39-40.
② 迈克尔·波特. 竞争优势[M]. 陈小悦，译. 北京：华夏出版社，1997：40-43.

（3）人力资源管理。包括企业所需人员的招聘、雇佣、培训、开发和薪酬管理等活动。它是从人的要素方面提高企业的经营质量与效率。

（4）企业基础设施。包括综合管理、计划、质量管理、财务、会计、法律、公共关系等方面的活动。

不同的企业有着不同的价值链，价值链的差异是导致企业竞争效率高低的结构性因素。用结构主义的观点看，宇宙万物都是一种结构，而任何结构都是由元素以及元素间的关系所组成的，因而价值链这一"结构"同样是由业务活动及活动间的关系（包括业务流程关系和企业组织结构）所构成。因此，价值链的差异一方面体现为各种业务活动的效率差异，另一方面则体现为企业的组织结构与业务流程之间的差异。

业务流程对企业竞争优势的影响是直接的。任何产品的制造（或服务的提供），都有其内在的最优的一种业务流程关系。例如，在制药生产过程中，每一道工序的检验都会大大地降低产品的质量成本；在房地产开发中，市场调查对楼盘的设计工作起着决定性的指导作用。

组织结构对企业价值链效率的影响主要源于其协调性方面。例如，销售部门与工程技术服务部门如果由同一位副总经理领导，会起到更好的协调作用，从而在为顾客提供价值的过程中体现出更高的效率和质量。

注记　价值=整合效应

价值链对于竞争优势分析的意义在于它是构成竞争优势的基本活动。把价值创造分解为一个个独立的活动对竞争优势的分析是方便的，但特别需要注意的是，确立企业竞争优势是价值链的整体效率，而不是单个价值活动的总和。局部最优之和不一定能够得到整体最优，这一准则在价值链管理中同样适用。因此，竞争优势分析的最终依据是产品（服务）到达顾客端时所体现出来的竞争状态。

近年来，企业间的竞争逐渐演变为供应链（产业链方向上的企业的集合）间的竞争，企业要在竞争中获胜，不仅仅需要领先于同行，更重要的是企业所在的供应链要比另外一条供应链更有效率。从这个意义上讲，竞争优势应该是产品（服务）到达最终顾客端时的状态的反应。这样，企业的价值链管理就应该从企业内部扩展到整个供应链中，扩展到自己的供应商、供应商的供应商，扩展到自己的分销商、分销商的分销商。价值链分析自然也就是对整条供应链的状态的分析。

第二节　竞争优势的影响因素

价值链的结构及其所在的外部环境对企业竞争优势起着决定性的作用。对企业价值链产生重要影响的内部及外部因素有细分程度、纵向整合程度、地理布局、产业协同、战略同盟等五大要素。

一、细分程度

对所服务的市场进行细分，可以使企业根据特定的市场需求来安排生产设施、研发活动、销售策略（包括广告、促销的特殊方式与手段），从而在满足市场需求方面更加专业化。市场细分往往可以从产品种类（包括物理尺寸、价格水平、技术或设计特征、投入物的特性、产品性能、更新换代的便利性、辅助服务或设备、捆绑销售等）、买方类型（对于工业和商业买方，往往考虑买方所在的产业、买方战略、技术尖端性、外购代工程度、纵向整合程度、采购的决策过程、规模、所有权、财务力量等；对于消费品买方，通常考虑人口分布、心理状态或生活方式、语言、决策单元和购买方式、购买意图等）、销售渠道（包括直销或分销商销售、直销或零售、分销商和零售商的类型、独家或非独家销售）和地理位置（是否本地市场、气候带、国家发展阶段或国家分类）四个方面进行。

不同的产业细分市场的不同特性，决定了其中竞争优势的来源的差异性。不同的产业细分市场，往往其结构吸引力也大不相同。有些行业在生产的规模性、显著的学习曲线上存在很大的移动壁垒，而另一些市场则在技术研发、顾客需求的把握上存在明显的学习积累效应。这些移动壁垒都将成为企业较为持久的竞争优势。

二、纵向整合程度

纵向整合决定了企业在其供应商、分销商、顾客之间的各种活动的分工和协作性。高度、高效的纵向整合，将在顾客端处显著地体现出来。相比于在产业链的单一环节上经营，纵向一体化一般可为企业带来四个方面的竞争优势。[①]

（1）整合的经济性。纵向整合会提升企业在成本方面的优势。纵向整合由于达到一定的规模，可以收到规模经济的好处。更为重要的是，对于一些产业来说，纵向整合能够减少生产过程的步骤，降低操作成本及运输成本，充分利用由生产步骤不可分性引起的闲置生产能力（包括机加工时间、实物空间、维修设备等）。热轧钢就是一个典型的例子：将炼钢与轧钢整合起来，可以节省将钢坯冷却和重新加热的成本。此外，纵向整合还可以内部行政手段替代市场交易，从而降低交易成本；保持生产、经营的稳定性（如由于对供应链的控制加强，可降低库存量，采用特殊的包装和后勤系统以提高效率、降低成本），从而降低生产和经营成本等。

（2）技术开发和歧异优势。纵向整合使企业对上、下游单位的技术更加熟悉，这对企业的技术开发来说是极为重要的。纵向整合还可以通过内部控制对顾客提供一系列的额外价值，改进企业区别于其他企业的能力。

（3）经营的稳定性。纵向一体化保证企业在供应（销售）紧张时能够得到供应（销售）方面的保障。对上游的整合可以确保企业原材料的供应、质量及价格的稳定，而对下游的整合可以提高企业的生产能力。经营的稳定性使企业在竞争过程中处于主动的地位。

（4）提高产业进入和移动壁垒。与没有纵向整合的企业相比，整合使企业通过以上三

---

① 迈克尔·波特. 竞争战略[M]. 陈小悦，译. 北京：华夏出版社，1997：291-297.

个方面利益而具有较高的战略优势，如较低的成本、较高的价格、较低的风险、较强的歧异化能力等。芜湖海螺型材科技股份有限公司是一家新型化学建材企业，是中国塑料型材行业的知名品牌。随着该公司不断地发展壮大，其在购买模具等环节上的投入越来越大，但由于竞争对手也可以获得这些关键设备，因此难以在技术上形成明显的优势。2007 年年初，公司与在挤出技术方面处于世界一流水平的奥地利泰森公司合作，投资 7 000 万元成立了芜湖海螺泰森挤出技术有限公司。合资公司成立之后，国内其他公司想获得海螺泰森挤出技术有限公司的模具，必须获得海螺型材的许可，自此公司在新产品上遭受假冒伪劣产品冲击的可能性大大降低。通过纵向的整合，海螺型材获得了为未来的型材行业发展树立技术壁垒的机会，从而结束了低水平竞争的局面。

注记　现代马奇诺防线

纵向整合由于对整个产业链的控制大大加强，无疑对企业的竞争优势（不管是成本优势还是歧异优势）起着极为重要的作用。这种纵向整合犹如为企业筑起一条坚固的马奇诺防线，可以抵御竞争者的进攻。然而，纵向整合防线是建立在现有竞争结构不变的基础之上的。一旦竞争对手发起革命性的变革，纵向产业链就会像马奇诺防线般毫无作用，而且企业会因纵向整合的巨大投入而负担沉重，难以实现新的战略变革。这是构筑纵向产业链的企业潜在的最大风险。

三、地理布局

地理布局对竞争优势的获取起着重要的作用。这种竞争优势来自地理上的优化布局和优势地理定位两个方面。

（1）地理上的优化布局。合理的地理布局给企业带来的是巨大的运营成本的节约。根据原材料、供应商和顾客的地理分布性，对企业的生产制造基地、物流系统和渠道网络进行最优化配置，可大大节省物流环节的成本。为了颠覆金龙鱼在食用色拉油市场的霸主地位，中粮集团斥巨资 20 亿元为下属的福临门品牌在沿海一线由北向南重点布防，建立五大生产基地，从天津渤海、山东黄海、张家港东海、广州东洲到广西北海。这充分显示了其精到的战略布局，更体现了福临门公司决策的前瞻性。沿中国东部沿海布局的这 5 家油脂工业公司，可实现一次性采购、沿途卸货。比如，一艘装载了 10 万吨大豆的货轮，可以先在渤海卸 3 万吨，然后顺海南下，在黄海再卸 3 万吨，在东海卸 2 万吨，最后 2 万吨卸在北海，这样一圈转下来，大大降低了原料成本。

（2）优势地理定位。在全球经济一体化的大潮下，全球的产业受地理优势的吸引，正发生大规模的全球化产业转移和重组。波特先生在其《国家竞争优势》一书中提出的产业集聚的"钻石模型"能够很好地阐释这种地理上的吸引力。

钻石模型理论认为，生产要素、需求情况、相关的支持性产业，以及企业的战略和竞争环境构成了产业地理优势的四个维度，如图 7-2 所示。

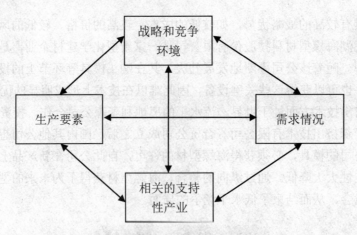

图 7-2　影响地理优势的四大要素

（1）生产要素。生产要素情况指该地区是否聚集了高素质、职业化的员工，高质量的科研机构，完善的基础设施，透明而高效的行政管理以及充足的自然资源等。在这一方面，政府和当地的科研及教育机构起着极为重要的作用。对于美国的硅谷而言，它到底具有哪些特殊的因素，使它特别有利于高智商人才积极性和创造力的发挥呢？根据斯坦福大学研究硅谷以及世界其他地方创业精神的专家罗文的分析，作为创业企业栖息地的硅谷，其特殊优势可以概括为八条，即有利的游戏规则、很高的知识密集度、员工的高素质和高流动性、鼓励冒险和宽容失败的氛围、开放的经营环境、与工业界密切结合的研究型大学、高质量的生活和专业化的商业基础设施（包括金融、律师、会计师、猎头公司、市场营销，以及租赁公司、设备制造商、零售商等）。

（2）需求情况。一个地区的需求情况包括当地的市场规模、产品标准的合理性和该地区顾客的成熟程度。大容量的本地化市场规模使得企业通过本地化经营可消化大量的固定成本和研发上的巨大支出，为其进一步扩张到另一市场提供坚实的业务基础。

（3）战略和竞争环境。这一要素包括该地区约束竞争行为的各种法律、法规以及激励机制、产业规范等。尤其在鼓励投资、保护知识产权、开放市场、打破垄断、预防企业联盟的形成、打击腐败等方面的政策会大大改善地区的投资环境和地区竞争力。瑞士洛桑国际管理学院（IMD）每年发布《全球竞争力评估报告》，其中主要包括四大重要指标，即经济表现（economic performance）、政府效率（government efficiency）、企业效率（business efficiency）及基础设施（infrastructure）。在这四个主要指标中，政府效率与基础设施两项都与政府的政策和表现有关。

（4）相关的支持性产业。产业聚集会对提升整个地区的产业竞争优势起到极大的作用。相关的支持性产业的成熟度、规模、整体活力，都对该地区的产业竞争力产生影响。产业聚集在三个方面影响着竞争能力：第一，提升以该地区为基地的公司的生产率；第二，推动革新的步伐，支持今后的生产率增长；第三，促进新企业的形成。产业聚集使得企业缩短了与相关人力资源以及供应商的距离，在配套产品和相关公共设施的配套上都具有极大的便利，同时可及时获得专业化的信息，这些都大大提高了企业的运作效率。产业聚集还推动了相关技术间的相互融合，为技术创新创造了良好的环境。由于获取生产资料非常方便，地方金融和投资机构对聚集的产业较为熟悉，从而会要求较低的风险报酬。另外，企业一旦发生倒闭，可以减少退出成本。因此，产业聚集对新办企业有着巨大的吸引力。

四、产业协同

产业或业务的协同情况是影响企业竞争力的重要因素。各产业或业务之间共享价值链中的一些关键性资源，可以大大降低业务的经营成本。提供相关产品和服务的能力能够给企业在歧异化方面提供良好的支持。最为重要的是，如第一章有关产业协同的论述，多产业（业务）的协同与单一业务独立竞争相比具有绝对的竞争优势。

产业间协同被称作横向战略。协同效应思想在 20 世纪 60 年代被广泛地应用于多元化战略中，但在 20 世纪 70 年代却遭受怀疑。正如波特所指出的，"寻求协同效应的失败，并非因为其概念的某些本质缺陷，而是由于公司没有理解和执行协同效应的能力。许多公司的收购战略建立在定义得很蹩脚的协同效应形成的概念上。甚至当公司拥有利用协同效应的真正机会时，他们还常常因为缺乏协同效应的工具，或不能解决执行中的实际组织问题而与之失之交臂。"因此，横向战略的思想尽管在应用中屡有失败的案例，但其根源在于企业应用战略协同的失误而不是协同思想本身的问题。

产业关联的可能形式包括有形关联、无形关联和竞争对手关联三种类型。

（一）有形关联

有形关联是指由于共同的客户、销售渠道、技术和其他因素的存在而使相关的业务单元之间的价值链活动有可能实现共享。有形关联包括共享技术开发、共享内勤、共享采购活动、共享市场营销与销售等。这种共享给企业带来巨大的成本优势。在 P&G 集团内部，共享的价值活动累计达到销售收入的 50% 以上。共享还可以带来歧异方面的优势，包括通过增加活动的独特性来促进歧异性和降低实现歧异的成本。例如，以生产胶卷著称的柯达公司也生产相机，并且经常采用搭售的方式促销，因为相机业务与胶卷业务有着共同的顾客和渠道，具有市场关联。有形关联可能存在于多个方面，如表 7-1 所示。

表 7-1　关联的可能来源

关 联 类 型	关联的来源	共享的可能形式
采购关联	共同采购的投入物质	联合采购
技术关联	共同的产品技术 共同的加工技术 在其他价值活动中共享的技术	联合技术开发 联合的界面设计
基础设施的关联	共同的企业基本设施需求 共同资金	共同筹资 共同利用资金 共用会计 共享法律部门 共享政府关系 共享人力资源 勘察共享的基础设施活动
生产关联	原材料的共同产地 相同或相似的装配程序 相同或相似的检验和质量管理程序 工厂共同的资助需求	共享内勤 共享部件的生产 共享检验和质量管理设施 共享工厂的间接活动 共享场地基础设计

续表

关 联 类 型	关联的来源	共享的可能形式
市场关联	共同的顾客 共同的渠道 共同的地理设计	共享商标 产品交叉销售 捆绑式销售 互补产品的交叉补贴 共享销售力量 共享服务和维修网络 共享订货程序系统 共享物流系统 共享雇主和筹资机构的经纪人

资料来源：迈克尔·波特. 竞争优势[M]. 陈小悦，译. 北京：华夏出版社，1997：297-344.

（二）无形关联

无形关联是指不同价值链之间管理专有技能的转化。虽然业务间不存在价值链共享关系，但业务的相似性使得其中一些重要的管理、技术和其他一些经营经验可以为其他业务所利用。无形关联的基础是价值活动的相似性。判断业务间是否存在无形关联可对以下三个方面的问题进行检测。

- ❑ 业务单元中的价值活动的相似程度有多大？
- ❑ 有关的价值活动对竞争的重要性有多大？
- ❑ 拟转让的专有技术对相关活动的竞争优势有多大意义？

（三）竞争对手关联

竞争对手在多个产业中进行竞争，使得企业产生了联系多个产业竞争的动力。多点竞争对手的竞争地位往往取决于其在一组相关产业中的整体地位，而不是在任何一个单一产业中的市场份额。

然而，获取产业（业务）间的协同并非想象中的那么容易。合理的产业（业务）组合只是为发挥协同作用提供了物质基础，而要真正发挥业务间的协同作用，必须克服关联的成本（障碍）。通常情况下关联会受到以下三个方面的阻力。

（1）利益障碍。在关联的过程中，必然会存在一定程度的利益不对称的问题。比如，在关联的过程中一些业务单元收益大一些，而另一些则收益甚小，甚至会产生负效益。因此，会有一些业务单元抵制关联，形成一股阻力。另外，关联也使业务单元失去自主权和控制权，不管这种损失是实际上的还是感觉上的，都会对关联产生阻力。

（2）文化障碍。不同业务间的关联要真正发挥协同作用，文化上的整合是极为重要的。不同的业务单元在其长期的经营过程中形成了自己独特的文化。在关联的过程中，不同的文化之间经常会发生一些激烈的冲突，包括价值观、行为方式、语义体系、目标追求等的差异，会给业务关联活动造成很大的阻力。

（3）制度障碍。由于存在利益和文化上的矛盾，而企业的相关配套制度如果没有从整体上对业务关联进行相应的调整，就会使以上两种内在的矛盾成为现实的行为。比如对业务单元的考核，如果考核指标体系包含业务单元对关联的贡献，并体现在相应的奖励措施上，它们就会对关联活动采取积极的态度；反之，业务单元则会采取抵制的行为。

为实现业务关联的协同效应，必须建立积极的组织机制来鼓励各业务单元的经理们追求公司内部业务间的这种关联，并克服内在的协调和交流困难。这种组织机制被波特先生称为横向组织。横向组织可以分为横向结构、横向系统、横向人力资源管理和横向冲突解决机制等四种类型。在横向组织中，需要建立一个新的概念——横向绩效，即通过业务单元间的横向协作而产生的绩效的增量。

（1）横向结构。这种组织结构打破了业务单元间的界限，通过业务单元集团、部分集权制、跨业务单元的组织机制等方式，促进各业务单元间的关联。其主要做法具体包括以下几种。

① 设立业务单元集团。业务单元集团最常见的形式就是企业集团，各业务单元被整合在一个集团公司内，他们的经理人都向同一个集团公司的总裁负责和汇报。在这种结构中，各业务单元实现了统一领导，为业务关联提供了组织上的保障。然而，业务单元集团的效果取决于集团对业务单位的管控程度、协调能力以及关联方向的选择。集团公司对各业务单元的管控主要有财务管控、战略管控和经营管控三种模式。财务管控对业务单元的控制最少，主要对其财务状况和指标进行控制；战略管控是对业务单元的重大战略行为进行控制；经营管控对业务单元的控制最强，集团对业务单元的经营施加干预，业务单元的自主权很少。要实现业务间的关联效应，集团对业务单元的管控至少应达到战略管控的层面。

对于集团领导来说，其最重要的任务就是辨别业务间的关联关系和营造关联动力的氛围。辨别关联关系需要确定各业务间存在什么形式的关联——技术上的、营销上的、渠道上的还是制造、后勤方面的等。在实施关联方面，集团领导的任务是要营造一个关联的良好氛围，包括从文化上、制度上、激励措施等方面体现出对关联价值的认同，从而使各业务单元产生旺盛的关联动力。

② 实施部分集权。横向结构的第二种途径是实施企业内部的部分集权。尤其在关键的价值活动以及关联性强的活动上，集权的收益是明显的，如采购、销售和后勤系统等。

③ 建立跨业务单元的组织机制。横向结构的第三种途径是建立一些跨业务的专业委员会。这些委员会大多是虚拟型的组织，为解决某一问题而设立，一般包括市场关联委员会（其职责是找出具有潜在关联的关键市场，并任命相应的主管负责协调、指导和监督这类市场中的关联性工作）、技术关联委员会（协调、处理技术关联性工作）、销售渠道关联委员会（协调、指导及监督销售渠道的关联问题）和其他关联委员会（处理其他关联性事务）、临时工作小组（为解决某一特定的关联问题而成立的临时性机构）等方式。

（2）横向系统。获取关联的第二种组织形式是旨在加强业务单元之间协同性的管理系统。这种系统通常包括以下三个方面。

① 横向战略计划。传统的战略计划系统都是纵向化的，即在业务单元内部进行规划和组织实施，而横向战略计划则要求在战略计划的制订过程中，将横向关联的效益引入战略评价的框架内（即从集团的角度，采取多业务总体现金流分析的方式进行战略评价），或要求业务单元的战略计划中增加关联的成分，并将这种任务以责任的形式落实到相应的部门和相应的领导人上。

② 横向程序。横向关联活动给各业务单元带来的利益有时是截然相反的，为了整体的利益，甚至会牺牲一些局部利益。由于各业务单元具有一定的独立性，要在获取业务单元关联的好处同时保持各业务单元的自主性，需要建立一套关联交易的规则，避免集团陷

入无休止的讨价还价式的谈判中。内部关联交易规则的核心是内部转移定价的问题，即通过集团内部的关键资源（包括资金、原材料、销售渠道、人力资源、品牌等）计价，采用市场机制对集团内部的资源进行优化配置。这一方面使各业务单元的横向关联活动得到相应的激励；另一方面，资源计价也促使业务单元在使用集团资源时更加慎重，避免了各业务单元对集团资源的恶性竞争，使集团内部资源能够最大限度地发挥其效益。

③ 横向激励。激励系统必须对横向化行为所产生的绩效进行评价、辨别与奖励。应把横向化绩效作为激励业务单元管理人员的一项指标，促使他们关注集团利益而不仅仅是本单位的利益。在实际操作上，业务单元管理层的考核应分为两部分：一是本单位的绩效；二是集团绩效。通过这种利益上的关联来促进业务活动间的关联。实践证明，大多数成功的企业都具备这一特点。

（3）横向人力资源管理。人力资源的共享是业务单元关联的一个重要内容。以横向绩效为最终目的，横向人力资源管理往往可以从以下三个方面着手。

① 业务单元间的人员轮换。人员轮换对横向关联的促进非常重要。在轮换的过程中，员工对各业务单元的流程、工作内容、工作特性、市场情况、销售渠道、组织文化、行事方式等都有了深入的了解，这对于横向关联的实际操作是极为重要的。

② 培训、教育的导向。在人力资源培训和企业文化建设的过程中，注入企业集团整体利益的意识，加强员工对关联的认同感。

③ 内部提升。内部提升能够使企业的经理人员更具有整体意识和长远的考虑。如果企业的领导岗位主要选择从内部人员中提升，公司的管理人员就会有一个良好的职位提升的预期。这种良好的预期可以使得企业和管理人员在其目前的岗位上"提前考虑"更高层次的问题。当他们一旦被提到更高一层的职位上时，就会以更全面的视角来看问题，包括不同业务的关联性问题，从而在业务关联问题上采取积极态度的可能性大大增加。

（4）横向冲突解决机制。横向组织的第四种形式是建立一整套解决业务单元间冲突的管理体系。业务间关联往往涉及企业内部的权力分配和利益分享，业务单元在争夺集团资源（资源的背后意味着权力和利益）的过程中，冲突会经常发生。这些冲突会给业务间关联造成伤害。企业在业务关联管理上需要建立一整套的解决冲突的规则，为业务单元在企业资源的获取上建立行为准则，使业务单元对自己的行为有一个明确的预期，从而避免恶性冲突的发生，以及在冲突发生时能迅速地予以解决。

注记　协同的价值

多业务协同可以给企业带来三个方面的竞争优势：降低成本、提高歧异化能力以及增强企业的生存能力。然而，多业务的整合需要克服巨大的阻力。氢原子的核聚变能够产生巨大的能量，但要实现这一巨变，首先需要注入一个巨大的能量（必须具备摄氏几千万度以上甚至几亿度的高温）。多业务协同的成功实施，需要巨大协同利益的推动，或者存在巨大的生存压力，否则这种业务关联便会因失去吸引力而流产。因此，业务间协同作用的产生，首先需要有巨大的协同效益为前提，其次是需要形成一个良好的协同环境，尤其是要通过绩效评价体系等一系列的管理制度、企业文化的引导等将这种能量释放出来。

五、战略同盟

影响企业竞争优势的最后一个因素是战略联盟的质量。在激烈的市场竞争中，越来越多的企业为了弥补自己实力方面的不足，或者期望拉开与竞争对手的差距，开始在产业链范围内结成战略同盟，通过联盟内的高效运作，提升企业的竞争优势。随着产业的成熟和竞争的加剧，产业内的企业一定会分化成不同的供应链同盟，企业间的竞争会逐步演变成供应链间的竞争，而供应链中每个企业的经营质量自然会影响到整个供应链的竞争优势。因此，企业的竞争优势不仅取决于自身，同时还取决于其所在的战略联盟。例如，英国罗弗汽车公司与日本本田汽车公司在 20 世纪 80 年代结成了联盟。本田公司拥有罗弗公司所缺乏的一流的汽车生产制造技术，而罗弗汽车公司却拥有较强的生产能力，并熟悉欧洲市场，而这恰好是本田进入欧洲市场所缺乏的。正是基于这种优势互补，这两个公司建立了长期的合作伙伴关系，共同推出多款在欧洲非常畅销的车型。又如，美国石油公司与美孚石油公司达成一项联盟协议，双方共享输油管道、储油设备和加油站等，此举可以为联盟公司节约大量费用。再如，雀巢公司将其速溶咖啡方面的制造技术与可口可乐自动售货机网络结合起来，通过自动销货机出售罐装咖啡。

阅读材料 7-1 ●

为遵守 GPL 授权规则 特斯拉开源部分程序

长久使用 GPL 开源软件却不开源原始代码的电动车巨头特斯拉（Tesla），似乎终于开始遵守游戏规则了。近日，特斯拉在 GitHub 上放出了两个开源项目：一是用来内建嵌入式 Linux 系统映像的工具；二是用于 Tesla Model S 与 Model X，基于 Nvidia Tegra 的娱乐系统 Linux 核心。

特斯拉使用了许多开源软件来建构自家产品，除了操作系统 Linux 核心外，还包括 Buildroot、Busybox 与 QT 等。但是受人诟病的是，特斯拉从来不公开这些项目的原始代码，而此行为违反了 GPL 开源授权规则，不少开源软件的版权所有人对此极度不满。

推动开源软件的非营利组织 Software Freedom Conservancy 从 2013 年开始不停地在法律遵守问题上与特斯拉斡旋，过去他们对特斯拉提出了多份 Tesla Model S 违反 GPL 授权的报告。该组织表示，购买 Tesla Model S 的车主收到的车载系统使用 BusyBox 和 Linux，却没有同时收到原始代码，这很明显地违反了 GPL 授权的规定，而 Software Freedom Conservancy 表示，特斯拉这些年收到了多个组织的类似建议。

特斯拉终于回复电子邮件给了那些要求公开原始代码的组织与个人。信中提到，对于过去对特斯拉开源程序代码有兴趣的人，现在他们附上了两个 GitHub 的网址，其中就包括上述开放的两处原始代码。

信中表示，这些开源程序不包含特斯拉建构在上面的专属应用程序，如 Autopilot 软件以及 Nvidia 的专门软件。程序版本会随着系统发展而更新，而他们现在也正在着手其他部分的原始代码，接下来会有更完整的信息页面上线。

虽然距离完全符合 GPL 规范还有一段路要走，但 Software Freedom Conservancy 表示，至少特斯拉开始遵守大家默认的玩法了。

资料来源：http://safe.zol.com.cn/689/6894959.html，2018-05-23.

第三节　构造成本优势

成本优势是一切竞争战略的基础，不论采取何种战略，都离不开成本控制的能力。一个企业的成本优势，是由其价值链的构成及质量决定的。构造成本优势，需要从价值链的视角进行全面成本管理（TCM）。

一、成本分析

成本管理建立在成本分析的基础之上。成本分析的基本目的是将企业的经营成本，按其内在的逻辑关系，分摊到各个价值活动中去，从而对企业的成本构成及成本优势有一个全面的了解。成本分析基于以下三个方面的考虑。

- ❑　每种价值活动所占成本的比重及其发展的趋势。
- ❑　影响这些活动成本的因素。
- ❑　竞争对手在这些活动上的成绩方面的差异。

在战略性成本管理中，一种被称为 ABC（Activity Based Costing）核算的方法被广泛地应用，它为价值链的成本优势分析提供了非常实用的分析工具。

所谓的 ABC 核算法，就是指基于活动的成本核算方法。这种方法是立足机器的大规模应用、制造费用占企业经营成本的比重大幅度提高的现实而提出的。传统的费用分摊方法是采用某种固定不变的准则，把费用分摊到每一个产品中。这种成本核算方法过于粗糙，不能反映出企业各个价值链的成本状态。ABC 核算法因此应运而生，这种分析方法特别适合于制造类企业。

ABC 核算法的基本做法是：将成本分解到每一个经营活动中，再根据不同产品生产过程中对各种价值活动的运用情况来分摊成本。图 7-3 和图 7-4 反映了这两种成本核算方法的差异。

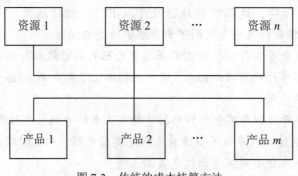

图 7-3　传统的成本核算方法

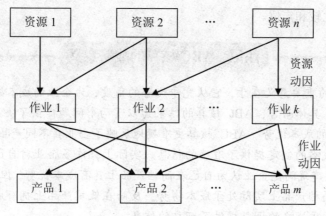

图 7-4 ABC 核算法

传统的成本核算是将制造费用按人工工时或机器工时分摊到各个产品上；而 ABC 核算法是将资源先分解到作业，再按产品生产占用的作业量来核算产品成本。

例如，某企业生产 A、B 两个品种的产品，生产工艺共有 3 个工序，企业生产 A 产品 80 万个，B 产品 100 万个，A、B 产品的生产工时都是 8 小时，其产品占用工序的情况如图 7-5 所示。

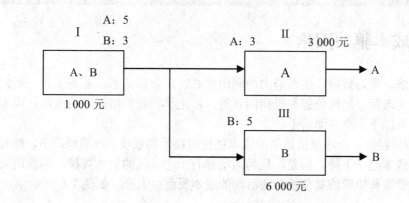

图 7-5 A、B 产品的制造工序

（一）传统的计算方法

每工时成本=(1 000+3 000+6 000)÷[(80+100)×8]=6.944（元/小时）
B 产品应分摊的制造费用=8×6.944 4=55.555（元/个）

（二）ABC 核算法

I 作业工时成本：1 000÷(80×5+100×3)=1.429（元/小时）
II 作业工时成本：3 000÷(80×3)=12.5（元/小时）
III 作业工时成本：6 000÷(100×5)=12（元/小时）
A 产品应分摊的制造费用：5×1.429+3×12.5=44.645（元/个）
B 产品应分摊的制造费用：3×1.429+5×12=64.287（元/个）
ABC 核算法更准确地反映出企业在各种活动上的成本，从而可就价值链上的企业活动的成本优势进行比较和定位。

注记　ABC 核算的战略意义

ABC 核算的重要意义在于，它从竞争优势的角度，为企业的成本战略决策提供了强有力的支持。具体而言，ABC 核算的结果为以下两个问题提供了决策依据。

（1）产品的成本优势。ABC 核算更准确地反映了企业在不同产品上的成本优势，为其产品竞争战略的制定提供了准确的信息。实际上，许多企业对自己的成本优势并不真正了解。某建筑陶瓷企业认为自己在高档产品上具有成本优势，但通过 ABC 核算发现，自己在高档产品上实际处于成本劣势，反而在低端产品上拥有成本优势，从而为企业的产品竞争战略的调整提供了可靠的信息。

（2）企业活动的效率与成本优势。ABC 核算使得企业价值链中各价值活动的成本更加明晰，反映出企业在不同活动方面的效率与成本优势。这为企业的资产优化和提高成本优势提供了决策基础。比如，通过 ABC 核算，企业可以发现自己具有成本劣势的价值活动，从而将相关的资源进行剥离，采取外包的方式，降低企业在这一方面的成本。

二、成本驱动因素

规模经济、学习效应、生产能力的利用模式、产业链关系、业务关联、纵向整合、时机选择、自主政策、地理位置和机构因素等，决定了企业价值活动的成本。成本优势的构造，则主要从以下十个方面着手。[①]

（1）规模经济。一项价值活动的成本往往取决于其规模。一般情况下，随着规模的扩大，活动的成本趋于下降。但是，任何活动都有一个最优的成本规模，当规模大到一定程度时，由于管理和协调的复杂性，该活动的成本反而会上升，如图 7-6 所示。

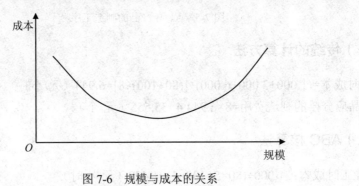

图 7-6　规模与成本的关系

在固定成本较高的活动中，规模的扩大能够分摊较高的固定成本，从而降低了活动的总体成本。另外，如果存在大规模采购的成本优势，规模的扩大则会降低活动的投入物的采购成本，提高企业在这一方面成本优势。例如在微波炉行业中，从生产这个角度来看，

---

① 迈克尔·波特. 竞争优势[M]. 陈小悦, 译. 北京：华夏出版社, 1997：69-89.

年产 1 万～10 万台之间的规模经济最为明显，单台成本可以降低 20%以上；10 万～50 万台，单台生产成本可以降低 15%左右；50 万～100 万台，单台生产成本可以降低 10%左右。从销售这个角度来看，年产 100 万台以上规模效益则更显著。

（2）学习效应。学习活动对价值活动成本的降低是通过提高效率而实现的。学习过程中效率提高的途径包括活动组织安排的改进、进度的提高、劳动效率提高、产品工艺设计的改善、收益增加、资产利用率模式的改善和原材料方面的改进等。表 7-2 列举了一些典型的学习活动。

表 7-2　典型的学习活动

学 习 活 动	效 率 体 现
活动中的累积量	用于决定机器速度或装配作业中的废品率
生产作业中的时间	用于组装中工作流程设计
累计投资	用于工厂效率
累计产业产量	用于降低成本的产品设计改进
外生技术变革	用于基本工艺改进

（3）生产能力的利用模式。在固定成本不变的情况下，生产能力的利用率直接决定了企业的成本优势，尤其当企业的固定成本占总成本比重较大时，这一模式更为重要。格兰仕公司是利用其独特的生产能力利用模式提高成本竞争优势的典型。格兰仕公司为了降低其产品成本，没有强调以"格兰仕"品牌推出的产品在全球市场上的份额，而强调了格兰仕公司生产的产品的份额。格兰仕借助贴牌生产（OEM）来实现这个目标，除了提高自己的微波炉产量以充分利用产能外，还大量地为世界各地的微波炉企业代工产品，将企业的生产能力的潜力发挥到极限。国外公司生产一台微波炉需要 800 元，而格兰仕只需要 400 元，因此许多国际品牌企业纷纷将生产线向格兰仕转移，甚至将世界一流的生产线、装备及技术、管理经验等低成本转让给格兰仕，以寻求优势互补。这样，格兰仕通过不断整合国际资源，目前已经为 250 家左右的跨国公司生产微波炉，从而奠定了企业在行业中成本的绝对领先地位。

（4）产业链关系。价值活动的成本受企业在产业链上的内部、外部关系的影响。企业内部各价值活动的关系（包括协调性、及时性、合理性等），以及各活动的成本都会对价值活动的成本产生直接的影响。同样，外部价值链的关系也会影响到企业价值活动的成本。企业保持与外部供应链之间的关系，有助于企业成本的降低，如更快的供应、更低的价格、更优惠的付款条件等。结成战略联盟的企业更可以在价值活动上实现更高效率的对接，从而大大地降低运营成本。基于与供应商的战略联盟关系，戴尔公司不设原材料仓库，而选择了让众多的供应商把仓库设在戴尔的工厂附近，按生产需要随时供货。货到了生产线上才进行产权交易，之前的库存都是供应商的，戴尔也由此将库存的压力转移给了供应商。为了确保库存的物料没有瑕疵，戴尔把监督的视点延伸到了对源头的控制和对供应商生产过程的监督。因此，在接收供应商原材料时，不需要再次进行质量检验而直接上生产线，减少了工序、降低了生产过程中的存储费用、加快了生产周期、提高了效率，从而大大地降低了成本。在 IT 业界，与戴尔最接近的竞争对手也有 10 天以上的库存，业内的其他企业平均库存更是达到了 50 天左右。由于材料成本每周就会有 1%的贬值，因此库存天数对产品的成本影响很大。总的来说，仅低库存一项就使戴尔的产品比许多竞争对手拥有了 8%

左右的价格优势。戴尔的核心理念就是："我们没有库存，如果有库存的话，库存的也只是信息，我们不是库存具体某个东西，而是库存某个信息，把信息库存起来。"

（5）业务关联。如前文所述，业务关联由于共享价值活动而实现规模效益，从而对企业的成本降低起到重要的作用。另外，业务的关系还可以共享学习效应，将一个业务形成的经验溢出到另一些业务中去，从而提高其运营效率、降低运营成本。

（6）纵向整合。纵向整合由于可以增强供应链的稳定性和技术上的关联，也是企业成本降低的一个重要因素。这一点在前文已有论述。

（7）时机选择。在什么时机介入，对企业运营成本也会产生重要影响。如果在产业前期进入，可能需要大量的研发费用，这会提高其后期的运作成本；若采取追随策略，可以通过学习来大大地降低企业成本。另外，在市场（或产业）的适当周期进行采购（包括劳动力的获取），也可起到节约成本的作用。像石油这样的产品就具有很强的周期性。在1973—1974年以及1979—1980年分别发生的两次石油危机，人们至今记忆犹新。由于石油需求增长带动石油消费不断增加，世界主要国家的石油库存一直保持在较低水平。石油即期和预期消费的增加、库存的下降也使国际市场石油价格于2004年上半年在较高位置盘整并不断创出新高。2004年上半年，国际油价涨幅高达27%，2004年6月1日，纽约商品交易所的WTI原油期货价一度攀升至42.33美元/桶，开创21年来新高。根据以往经验，国际油价每创新高后，将经过一段时间调整。由于欧佩克计划提高原油日产限额，2004年6月21日WTI油价已降低至37.63美元/桶。估计这种调整会持续至第三季度，但调整幅度不会太大，到第四季度受北半球冬季用油量增长影响，油价会重回升势。石油产品的这一波价格波动周期要比棉花和钢材等长得多。国内相关进口部门由于不能及时避开国际油价高峰，总是在油价最高时采购，导致高价油的影响开始在国内市场逐渐显现出来。2004年5月中旬，汽油和柴油价格进行了第三次上调之后，一个月内油价再次上调，汽油出厂价每吨提高300元，涨幅达11%；柴油出厂价每吨提高100元，涨幅为4.3%。

（8）地理位置。由于影响成本的市场（靠近集中市场）、资源（包括自然资源与劳动力资源）与其他的一些因素均与地理位置有关，因此，地理位置在某些行业的成本驱动因素中尤为重要。这一方面的内容在前一节已有论述。位于印度卡邦的班加罗尔已成为全球软件的另一个中心。2003年，印度软件出口首次突破100亿美元大关，达到125亿美元，这其中班加罗尔的贡献超过30%。全球有5 000家软件开发公司，CMM（Capability Maturity Model）将这些软件开发公司分为一至五等，五等为最高级别。全世界大约有75家资质为五等的软件研发企业，其中有45个在印度，而这其中又有将近30个在班加罗尔。在班加罗尔工作的技术工人数量达到16万，直逼美国硅谷所在的加州圣克拉拉县。在班加罗尔市软件园区短短1.5千米的核心区内集中了4.5万个外包工作机会，仅在通用电器公司的印度研发中心内就有1 800名博士在从事软件研究开发工作。

（9）社会因素。一个企业的成本优势还与一些特殊的社会因素有关，如政府的财政、税收政策、对出口的扶持政策、关税及贸易保护政策、劳动保护政策、环境保护政策等。在政策性强的房地产业，土地获取方式与土地款支付方式的变化，已经深刻地影响到了房地产开发的成本结构。政策的变化一方面加大了土地储备的成本，另一方面也提高了行业的门槛，大大地突出了一些资本实力雄厚、融资渠道（尤其是海外融资渠道）宽广的企业在资金成本和渠道上的优势。

（10）自主政策。最终影响企业产品（服务）成本的是企业竞争战略确定的成本水平。

如提供什么品质的产品？是否选择独特的产品造型？是否提供独特的性能？是否有额外的服务？交货期限制在多长时间内？选择哪一种销售渠道？使用什么样的原材料？采用什么工艺？广告、品牌方面支出多少……位于美国拉斯维加斯的洗牌高手公司，为自己订立的目标就是开发生产质量过硬的洗牌机器。为此，该公司投入了巨额的研发费用，每年用于产品研发的预算约占公司营业总额的 12% 以上，这是其余竞争对手远不能及的。而巨额的研发开支使洗牌高手公司凭借一系列具有高精尖技术的新机器在市场上独占鳌头。

三、获取成本优势

成本优势的含义是企业在所有价值活动方面的累积成本低于竞争对手。有时这种成本优势要求体现为低于采取同类战略竞争对手的成本。比如，采取成本领先战略的企业，其成本竞争对象并不是采取歧异化战略的公司，而是同样采取成本领先战略的企业，只有成本低于这样的竞争对手，企业才能确立在行业中的优势地位。同样，采取歧异化战略的企业，其成本优势并不是与采取成本领先战略的企业相比，而是与提供相似歧异化产品或服务的企业相比，因为它与采取成本领先战略的企业提供的产品和服务完全不同。

企业的相对成本地位取决于两个方面的因素：相对于竞争对手的价值链构成；相对于每一项价值活动的成本驱动因素的相对地位。获取成本优势就必须从上述这两个方面着手。

（一）控制成本驱动因素

企业要在最终产品方面体现出成本优势，直接的做法是对每一项成本驱动因素进行控制，即根据下述的十个成本因素进行控制。

（1）控制规模。将企业的运营规模控制在最佳的范围内。可以综合运用兼并、拓展产品种类、扩大市场范围、加强市场渗透、加强业务间的关联、联合其他企业以发挥规模经济效益等。

（2）强化学习。未来竞争最重要的因素将是学习能力与效率。学习效应虽然取决于行业的经营特性，但其中最重要的因素还是企业的主观能力与愿望。企业的竞争，从某种意义上说是一种学习的竞争。创建一个学习型组织，对企业成本优势的提升与巩固是极为根本的。要创建一个学习型组织，需要建立一个学习与共享的机制，包括文化机制、激励机制和评价机制，促进企业的学习效率和效果。群聚是学习的另一种重要途径，包括经常在内部与外部人员进行沟通、交流，会极大地促进组织学习的效果。

（3）优化生产能力的利用。这方面的措施主要体现为均衡安排企业的生产，使企业的各个系统处于平稳运行的状态，更合理地安排物料、资金和人员。

（4）控制关联关系。加强在供应链方面的联系，包括内部的与外部的整合，提高供应链的协调性，从而降低成本。这需要依靠供应链间的良好沟通，而建立一个强大的信息管理系统是保障这方面工作的重要基础。全球零售业巨头沃尔玛在美国总部拥有仅次于美国联邦政府的计算机系统的规模，计算机与卫星通信系统是集团的神经中枢。集团的几大公司、3 000 多家商店、46 座配送中心和 10 万多种商品，以及每天发生的一切与经营有关的购、销、调、存等详细信息，都通过主干网和通信卫星传送到数据中心，从而便于集中在总部的负责补充订货和商品策划人员及经营主管能够依据准确、及时的数据做出科学的决策。沃尔玛的配送中心从收到店铺的订单到向生产厂家进货并送配到位只需两天的时间，而主要竞争对手凯马特和达格特却需要 5 天的时间，因此，沃尔玛的物流费用率比后者低60%以上，如果零售价值相同，仅此一项就比对手多赚 2.5%的利润。另外，数据库还加强了同供应商的信息交流能力，与近 4 000 家制造商建立起了 QR（Quick Response，快速反应）系统和 Retail Link 信息共有系统。通过这套系统，厂商可直接进入沃尔玛的信息系统，了解各商店及商品的销售情况与趋势，以此作为安排生产、供货和送货的依据。这套系统使生产和销售双方都得到了很大的好处。以沃尔玛和 P&G 为例，采用新技术以前，P&G公司的产品从生产出来到沃尔玛的商店销售出去，共需要 10 周的库存时间，而采用新技术后缩短为 4 周。今后，随着 CFAR（Collaborate Forecasting And Replenishment，自动供应系统）的启动，总库存时间可降至一周左右时间，能够为双方带来巨大的经济效益。

（5）控制业务间的相互关系。多业务共享企业的价值活动，实现多业务的协同性，其基本做法是采取集团化运作的组织控制模式。采取相对集中的管理与控制，使得权力的相对集中，对业务间的协同作用是至关重要的。

（6）控制纵向整合的程度。尤其要控制价值链中成本增值比重大、供应波动性强、容易产生垄断控制的环节。

（7）掌握时机。企业应根据自己的情况，掌握适当的时机介入市场或采购。这方面的时机主要有两种：利用先发优势或后发优势。在一些产业中，先行进入是具有成本优势的，比如学习效应强的行业，先行进入可获取重要的地点、人才、原材料、销售渠道等。而在一些行业中，后期介入则可降低技术和市场开发的成本、回避风险。当然，也可以利用行业的周期性波动，在适当的时候进行集中采购。

（8）战略性地理布局。对于企业成本与地理位置依赖性较强的行业，进行战略性地理布局是非常必要的。战略性地理布局包括两种基本考虑：一是对战略性成本洼地（具有成本优势的地点，包括在生产要素价格和市场距离方面）的占据；二是对地理布点的优化，如物流节点的布局、销售渠道的分布等。

（9）影响社会相关政策因素。对政府有关政策施加影响，使其朝有利于企业的经营成本的方向发展，经常是一些大企业的工作重点。

（10）控制策略性成本。不管企业采取何等战略，成本都是最为重要的因素之一。在既定的战略特性和产品品质的基础上，尽可能地降低成本，是一切战略的基础。控制策略性成本通常有两种途径：一是通过技术革新和技术进步来改进工艺，降低成本；二是把准目标顾客的需求，严格实施价值工程管理，避免不必要的功能和品质，降低设计成本。

（二）重构价值链

除了在各种价值活动中增强企业的成本优势外，价值链的重构对企业成本地位也会起到决定性的影响。在成本控制中，价值链的优化属战略性问题，而各种价值活动的成本控制则属战术性问题。价值链重构往往涉及以下几个方面的改进。

- 不同的生产工艺。
- 自动化方面的差异。
- 销售方式选择（直接销售或间接销售）。
- 新的分销渠道。
- 新原材料。

❑ 纵向整合的差异性。
❑ 与市场有关的地理变更。
❑ 新的广告宣传媒介。

阅读材料 7-2

宜家的顾客价值塑造

在一个几乎没有企业可以拓展到自己国家以外的行业里，宜家创造了一个 100 多家商店的全球性网络。1992 年，9 600 万人光顾了这些商店，总销售额达 43 亿美元。宜家也成为一台赚钱机器，过去 5 年平均年增长率达到 15%，而毛利率据外部观察家估计为 8%～10%。

到现在为止，宜家商业成功公式的关键因素已经广为人知了，即简单、高质量、斯堪的纳维亚的式样设计、零部件的全球采购、顾客自己运输和装配的可拆卸的家具套件、有充足车位和附属设施，如咖啡馆、饭店。宜家将通过低成本的组件、有效的仓储及顾客自我服务节省下来的一部分价值以低价的方式返还给顾客，可以做到价格在任何地方均低于竞争对手 25%～50%。

人们往往聚焦在宜家的低成本和低价上，而忽略了它商业创新真正的重点。宜家能够保持低成本和低价是因为它重新定义了角色、关系以及家具业务中的组织实践，结果是一个整体的商业系统通过将参与者各种各样的能力更有效率地匹配来创造价值。

从宜家与顾客的关系开始。宜家提供给顾客的不仅仅是低价。如果顾客认为传统上由制造商和零售商完成的特定关键任务是产品组装和送货上门，那么宜家承诺给顾客的是以极低的价格交付设计好的产品。

宜家商业系统的每个方面都是经过精心设计的，使得顾客很容易便能接受。例如，宜家每年用 10 种语言印刷超过 4 500 万份的商品目录，尽管每一个目录只写了公司约 1 万种产品中的 30%～40%，但是每本目录都是一个"指南"，详细阐明每个参与者在公司商业系统中扮演的角色。公司的商店也是一样的，给小孩提供免费的看护以及游乐场地，同时给残疾人和老年人提供轮椅，提供咖啡馆及饭店供顾客方便进餐，目的是让宜家不仅仅是一个家具商店，而且是一个家庭外出的目的地。

宜家商店为顾客提供了目录、卷尺、笔以及便条等，帮助客户在没有销售人员的情况下做选择。产品被组合在一起，每件物品都带有简单可读的标签，上面有产品的名称和价格，可以提供的尺寸、原材料和颜色，提醒顾客注意的说明书，以及在店里可以订购和拿货的位置。付款以后，顾客把物品装在推车里，拿到自己的汽车上。如果物品太大，宜家可以借给或者以成本价售给顾客一个汽车顶架。

宜家想让它的顾客理解他们的角色不是消费价值而是创造价值。宜家提供给家庭更多"共同生产"的家具，通过"共同生产"提高家庭生活的品质——在所有方面，从内部设计到安全信息、设备、保险以及以一种娱乐的方式采购。

需要注意的是，宜家的目标不是使顾客不用完成某些特定的任务，而是动员他们做特定的任务。换一种说法，宜家通过顾客自己创造价值的活动来发明价值。

资料来源：理查德·诺曼，拉费尔·纳米列兹. 从价值链到价值星座——设计交互式战略[A]. 迈克尔·波特，等. 未来的战略[C]. 余振东，等译. 成都：四川人民出版社，2000：271-272.

注记　品质与成本

　　成本是与一定的品质联系在一起的，高品质的产品和服务意味着较高的成本。这种成本与品质的组合，反映了企业的竞争战略特征。然而，企业还应该注重研究技术、工艺和材料上的革命性创新，在提高品质的同时提高效率、降低成本。比如在卫生洁具的施釉工艺中，传统的方法是人工施釉，但人工施釉的质量非常不稳定，对操作工人的要求很高，而且作业环境对工人的健康也极为不利。20世纪80年代美国出现了机械手施釉，虽然解决了质量和工作条件问题，但成本过高，仍无法实现大规模生产。20世纪90年代，施釉工艺发生了革命性的变化，出现了静电施釉技术，完全突破了传统的喷射涂敷的原理，采用静电对釉分子的吸引进行施釉。其工艺也非常简单：让卫生洁具的素坯带上静电，由施釉柜喷出的极细小的釉雾，受静电的吸引均匀地吸附在陶瓷工件上。这种方法既提高了釉面质量，又降低了成本，成为一种被广泛应用的技术。寻求这种革命性的技术创新，是企业塑造成本优势的一个重要思路。

四、质量成本规划

　　美国著名质量管理专家菲根堡姆指出：质量成本由控制成本和控制失效成本两部分组成。其中，控制成本包括预防成本、鉴定成本；控制失效成本包括内部损失成本和外部损失成本。质量成本除了有形的以外，还有大量的、难以测量的隐形成本，如图7-7所示。随着对质量成本研究的不断深入，人们惊奇地发现，对于大多数公司而言，质量成本占了销售收入的10%～30%。为此质量管理专家朱兰提出"矿中黄金"的质量成本理念，质量成本控制成为企业提高竞争力的有效途径。

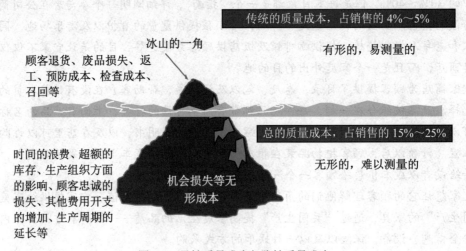

图7-7　显性质量成本与隐性质量成本

　　早期的质量成本研究侧重于鉴定成本的研究，20世纪70年代后随着全面质量管理（TQM）的推广，预防成本研究得到更大的关注。设备预防性维护、工艺改进以及人员培训等措施得到广泛推广，从而导致内外损失和鉴定成本的降低，由此产生了全面质量成本控制的理念（control of total quality costs）。由此，质量成本控制的目标就成为全面质量成本最低点的确定和实现，如图 7-8 所示。

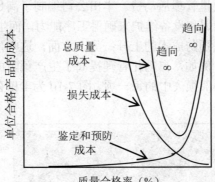

图 7-8 最优质量成本控制点

一些学者研究了各种质量损失函数的曲线方程，对比传统质量成本曲线，提出基于顾客满意的质量成本曲线和基于稳固零缺陷观的质量成本曲线等多种质量成本曲线。与传统的质量成本曲线不同，基于顾客满意的质量成本曲线将顾客满意度和售后服务成本考虑进来，类似于质量损失成本曲线。顾客满意度和售后服务成本将随质量水平的提高而降低，该成本的引入使得总的质量成本曲线向上并向右偏移。根据《质量成本管理导则》（GB/T13339—1991）的规定，除了传统的四类质量成本之外，特意强调了外部质量保证成本。可见顾客满意已经成为质量成本中非常重要的组成部分。

基于稳固零缺陷观的质量成本理论认为预防与鉴定成本将会随着不合格品率的降低先增大再减小，因此总的质量成本将会随着零缺陷的接近而实现最小化。因此，认为质量成本的特征曲线并不是一个简单的二次曲线，而是随着不合格品率从 100% 到 0% 的变化，总质量成本先降低到一个局部最低点，然后再上升到一个局部最高点，而后随着零缺陷的逼近，质量成本不断降低并达到最低点。根据这样的总质量成本特性，企业需要根据自身的管理现状和发展战略制定最适应的质量成本控制策略。当企业的质量水平无法实现零缺陷时，可以考虑将质量成本控制在局部最低点附近。当企业的管理水平提升到一定程度时，应当追求零缺陷状态，只有这样才能真正实现成本的最优化，如图 7-9 所示。

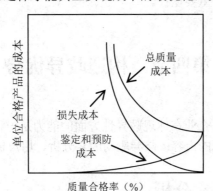

图 7-9 零缺陷的质量成本构成

从丰田公司的质量成本管理经验看，丰田汽车公司采用了面向产品全生命周期，按流程规划的质量成本管理活动。其显著的特点是在预防成本上支出较大，在控制内部损失中的生产损失和外部损失上卓有成效。例如，丰田公司在生产预防和质量管理上花费了较多的成本，这两个科目所涉及的具体内容分别包括操作员质量培训费用、检验设备定期维护费用和质量改进措施费及质量管理活动费。丰田公司编制了满足设计质量的工序，通过合理的汽车检验方法、人员培训和设备维护来确保工序能力，而生产的自动化、5S管理、目视管理等活动都会引起这些预防成本的上升；另一方面，这些预防成本的上升又减少了后面的内部损失和外部损失。例如，自动化管理提高了生产预防成本和质量管理成本，但是极大地降低了生产损失与外部损失中的每一项。图7-10为丰田公司与其他两家公司的质量成本构成比较。

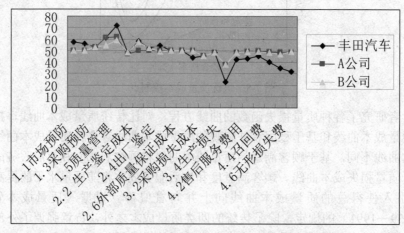

图7-10　丰田公司与其他两家公司的质量成本构成比较

根据丰田汽车 2005 年年报，丰田的生产成本为 16 335 312 百万日元，管理费用为 2 213 623 百万日元，偿付外部损失 252 453 百万日元，其成本比例为 0.86：0.13：0.11。由此可见，管理成本的比重要远远低于生产成本，用前期的预测与预防来换取后期的生产与市场损失是极具价值的。据粗略测算，丰田汽车在质量成本管理上的投入产出比为3.46，而中国一般企业的这一数据一般都在5以上，明显在管理上的投入不足，仍存在巨大的提升空间。

质量成本管理上的投入不足，是企业成本处于劣势的一个重要原因。加强质量成本管理，尤其是质量成本的前期控制，包括加大市场需求预测、产品设计、试制等方面的投入，是增强企业成本优势的一个重要途径。

第四节　构造歧异优势

与歧异化战略相对应，企业在体现歧异性方面的能力是一种重要的竞争优势。构造歧异优势的工作包括三个方面的内容：歧异驱动因素分析、用户价值分析、歧异能力构造。

一、歧异驱动因素分析

歧异性最终体现在公司产品和服务上，但歧异性来源于企业的价值链，即源自企业所进行的各种价值活动和这些活动影响买方的方式。比如在化工生产中，制造环境的控制对产品品质与性能的影响是非常重要的，这种工艺环境的独特性，将体现在最终产品的歧异性上。价值链上各活动对企业歧异性优势的影响可以用图 7-11 来表述。

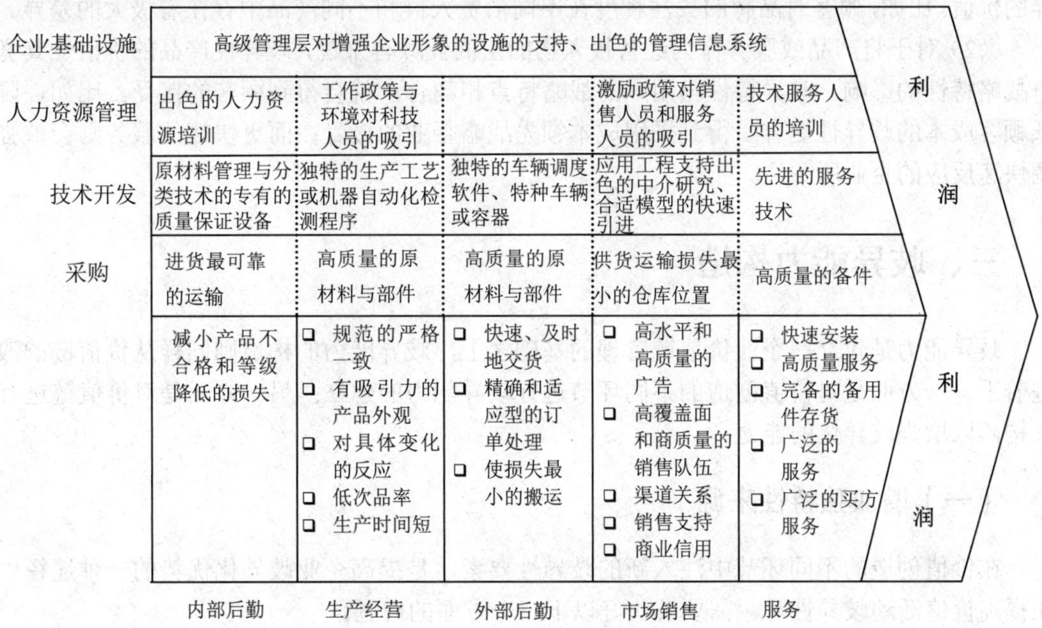

企业基础设施	高级管理层对增强企业形象的设施的支持、出色的管理信息系统					利
人力资源管理	出色的人力资源培训	工作政策与环境对科技人员的吸引		激励政策对销售人员和服务人员的吸引	技术服务人员的培训	
技术开发	原材料管理与分类技术的专有的质量保证设备	独特的生产工艺或机器自动化检测程序	独特的车辆调度软件、特种车辆或容器	应用工程支持出色的中介研究、合适模型的快速引进	先进的服务技术	润
采购	进货最可靠的运输	高质量的原材料与部件	高质量的原材料与部件	供货运输损失最小的仓库位置	高质量的备件	
	减小产品不合格和等级降低的损失	☐ 规范的严格一致 ☐ 有吸引力的产品外观 ☐ 对具体变化的反应 ☐ 低次品率 ☐ 生产时间短	☐ 快速、及时地交货 ☐ 精确和适应型的订单处理 ☐ 使损失最小的搬运	☐ 高水平和高质量的广告 ☐ 高覆盖面和商质量的销售队伍 ☐ 渠道关系 ☐ 销售支持 ☐ 商业信用	☐ 快速安装 ☐ 高质量服务 ☐ 完备的备用件存货 ☐ 广泛的服务 ☐ 广泛的买方服务	利 润
	内部后勤	生产经营	外部后勤	市场销售	服务	

图 7-11 价值链中歧异能力有代表性的来源

二、用户价值分析

歧异优势的最终标准是买方价值，而不是来自产品或服务客观存在的差异。歧异性战略的最终追求是获取更高的经营收益，而如果歧异产品或服务不能为买方提供价值，就无法实现歧异战略最根本的商业价值。企业歧异能力必须与顾客价值相吻合，才能实现其市场价值。因此，准确地分析顾客价值，已成为构建歧异优势的重要基础。顾客价值来自以下两个方面。

（1）降低买方成本。这方面的价值主要体现在降低用户的使用成本上，包括显性成本与时间、便利性、效率方面的隐性成本。超声波洗衣机省去了洗衣粉和漂洗所需的用水而节约了消费者的使用成本，因此可以制定更高的价格；而快速复印机则通过提高用户的效率来降低买方的成本。企业通常可以通过以下方式降低买方的成本。

☐ 降低发货、安装及筹资成本。
☐ 降低要求的产品使用率。
☐ 降低产品的直接使用成本。
☐ 降低产品的间接使用成本或产品对其他价值活动的影响。
☐ 降低买方在其他与有形产品没有联系的其他价值活动中的成本。
☐ 降低产品失败的风险和买方由此预计失败的费用。

（2）提高买方效益。使用户更多地感受到产品带来的独特享受或为顾客在树立自己的歧异优势方面发挥作用。物流公司的快捷性、可靠性对于一些高价值货品运输的顾客来说显得尤为重要，为此他们愿意付出更高的溢价。

顾客对歧异性价值的认知取决于两个方面的因素。

（1）对于最终消费者而言，顾客对歧异产品或服务所提供的特殊功能的需要决定了歧异的价值。比如，顾客对品牌的关注程度在不同消费人群和不同产品中存在着极大的差异。

（2）对于将产品或服务作为经营投入物的工商业顾客来说，歧异性产品的价值受其竞争战略特性的影响。歧异特性与用户的战略特点相契合，就会得到顾客的接受。比如，降低顾客成本的歧异性更容易得到采用成本领先战略企业的接受；而更快捷的服务则会被强调快速反应的企业所关注。

三、歧异能力构造

歧异能力是建立在企业价值链管理的基础之上，歧异能力的构造则同样从价值链的改进着手。一方面是对价值创造的不同环节进行歧异能力的建立；另一方面是对价值链进行重构，以增强歧异化的能力。

（一）增加独特性来源

在价值创造的不同环节中注入新的歧异性要素，是提高企业歧异化优势的一种途径。在提高价值活动歧异性时，需要解决好以下三个方面的问题。

（1）在价值链中增加经营歧异性的要素。企业最终产品和服务的歧异性可以体现在不同的方面，如耐用性、多功能、快捷性、安全性、品牌形象、售后服务等，这些歧异性要素往往集中体现在企业经营过程中的一两个环节。在这些环节上注入新的歧异要素，可以加强企业的歧异能力，如独特的产品配方、独特的服务机构和流程、高强度的广告投放等。

（2）使用户更了解歧异产品的正确使用。顾客必须能够正确地使用产品，方能发挥歧异产品的特殊价值。改进产品的操作设计、设计更加通俗易懂的产品说明书、提供各种培训等措施都可以使得歧异产品更容易操作，从而使得歧异产品（服务）的特殊价值在顾客的使用过程中能够更好地体现出来。在以往的许多电子产品中，消费者实际上对其大部分功能都不甚了解，甚至从不使用。为顾客提供更友好的界面，就成为发挥歧异优势的最常用的做法。傻瓜相机、傻瓜软件、傻瓜机器等，将成为未来企业体现其歧异优势的重要载体。

（3）加强顾客对歧异性的认知。商业价值来源于消费者对产品（服务）的认知，只有当消费者对此有了深入了解，认识到产品（服务）的歧异性是至关重要的，企业的歧异优势才能得以发挥。商务通在导入市场时，就在广告中不厌其烦地详细介绍产品的使用功能，使消费者了解到它的独特功能和商务价值（主要针对商务人士），由此成功地打开了一个全新的掌上电脑市场。

（二）重构独特价值链

通过对价值链的重新构造，往往可以增强企业的歧异性能力。在房地产开发流程中，规划建设规模和设计的前期加入市场调查与市场分析，会使开发楼盘的规划和设计更符合市场需求。重构价值链一般需要涉及以下领域。[①]

[①] 迈克尔·波特. 竞争优势[M]. 陈小悦，译. 北京：华夏出版社，1997：163.

（1）一种新的分销渠道和销售方法。在中国台湾，"象王"是一家专门从事洗涤设备、用品和原材料的研发企业，产品主要销往中国台湾地区之外的日本、韩国、东南亚以及南美等国家和地区。"象王"1998 年刚进入中国大陆市场时，由于拥有不错的洗衣设备和高端的洗涤剂，企图通过经销商的渠道迅速进入市场，但由于"象王"在中国大陆还没有建立起自己的品牌知名度，因此屡屡碰壁，进展缓慢。此时如果"烧钱"买渠道、做广告，则资金风险太大。因此，"象王"决定利用自己丰富的洗衣连锁店的管理经验，嫁接自己产品的优势，通过特许经营逐步将品牌做起来。现如今，"象王"洗衣店遍及北京、上海、江西、湖北、浙江、江苏、甘肃等 24 个省市，在国内开设加盟店共计 132 家，其"洗不掉，找象王"的广告更是深入人心。"象王"以特许经营的形式，将销售产品转化为洗衣服务，充分利用自己的优势，以洗衣连锁店的专业能力树立起"象王"服务和产品的高端形象；利用特许经营的特有机制，规避了资金风险，借助加盟者的本地经验，解决了外来者最头疼的水土不服问题，从而以服务带动了产品销售。

（2）向前整合以替代买方功能或消除渠道。戴尔电脑是这方面的典型，它通过直销的模式，向顾客提供更低成本、更快捷、更符合消费者个性需要的产品。

（3）向后整合以控制产品质量的决定因素。"全聚德烤鸭"的选料非常考究，它强调一定要用北京填鸭，这种鸭子在长到一个月以后要人工喂食，而且喂食要定时定量，这样才能迅速地增加鸭子的肌肉和脂肪。供应给"全聚德"的养鸭厂要经过考察以后定点专供，如它用的鸭雏是哪里的、饲养时间多长、用什么饲料、如何杀等。前期尽管已经如此苛刻，但也不代表后面不需再做工作了。后期送来的鸭子还要经过严格的筛选，如必须养不足百天，体重在 5 斤左右，同时鸭的表皮不能有瘀血，更不能有划伤。

（4）采用全新程序的技术。

总体而言，歧异能力的构造取决于企业的组织结构，包括组织形式、区域分布、业务关联、企业制度与文化等组织因素。歧异能力的建立是一个非常艰巨的工作，而恰恰是这种艰巨性，使得其他企业难以模仿和逾越。

本 章 小 结

对企业而言，真正有价值的并不在于知道有多少种战略可供选择，而应该是企业懂得如何去实现成本领先或者创造出歧异性。一个企业创造出竞争对手无法模仿的成本优势或者歧异性，是企业真正具备核心竞争力的基础，也是企业真正具备核心竞争力的体现。在现代企业竞争中，多业务协同已经成为一个极为重要的竞争手段。如何最大限度地获取多业务协同的效果，需要企业在战略管理中不断地实践和摸索。

思 考 题

1. 如何理解核心竞争力对企业发展的作用？

2. 企业竞争地位受哪些因素的影响？

3. 什么因素导致了产业的聚集？这种聚集对企业竞争战略意味着什么？

4. 如果利用核心资产和创新的独特性来分析价值创造与价值获取的关系？

5. 价值链分析对企业战略的制定有什么价值？该分析工具有什么局限？

6. 纵向一体化给企业带来什么好处？

7. 多业务协同的含义是什么？它对企业竞争优势的建立起到什么作用？

8. 有哪些因素可能导致业务协同？

9. 多业务协同可能存在哪些成本？如何克服这些成本？

10. 企业可通过哪些途径获得成本优势？

11. 企业应如何通过质量成本管理的优化来提升自己的成本优势？

12. 企业如何创造出歧异性？是否所有企业都有必要创造出歧异性？

本章案例：恒瑞医药——坚定的行者

案例导读：

这么多年来，恒瑞医药一直不算什么明星企业。它从不高调宣传，只是默默地搞研发，从"首仿一哥"到"研发一哥"，再到"医药一哥"，慢慢地成了中国医药行业一家龙头企业。2018年，恒瑞医药位列福布斯全球最具创新力企业百强榜第64位，并入选亚洲最佳上市公司50强。2019年，恒瑞医药市值达到3500亿元。这一路走来，恒瑞医药成功的核心经验是什么？这一经验能够复制到其他的行业中吗？

很多年前，有投资者说过这样一句话，"你要是没想好该买哪只股票，就买恒瑞医药吧。"他这样解释，"恒瑞医药很稳！"上市20年来，恒瑞医药为长期投资者带来了丰厚的回报，累计涨幅已超百倍。

2018年5月，福布斯发布全球最具创新力企业百强榜单，中国共有7家公司上榜，恒瑞医药位列榜单第64位。2018年，公司实现营业收入174.2亿元，税收30亿元，利润46亿元。

这家号称中国股市医药一哥的江苏恒瑞医药股份公司的成长历程可谓波澜不兴，它从一家依靠几口大缸、大锅起家的小药厂，发展成如今市值接近3500亿元的中国知名药，创造了中国医药史上一个又一个的辉煌。

恒瑞医药诞生了太多"第一"：第一家将注射剂卖到美国和欧盟的中国药企；第一家对外转让创新生物药品的企业；抗肿瘤药和手术用药国内市场占有率全国第一；公司研发的阿帕替尼成为全球第一个针对晚期胃癌的抗肿瘤血管生成药物……

公司成功的秘诀，就来自当年孙飘扬说的一句话："你没有技术，你的命运就在别人手里，我们要把命运抓在自己手里。"

"恒瑞医药有三个梦想：一是产品制剂出口海外；二是创新药在中国上市；三是真正意义的专利创新药在全球上市。"在公司掌门人孙飘扬的带领下，恒瑞医药实现了从原料药到制剂，从仿制药到创新药的质变。

两次"豪赌"

1990 年，连云港制药厂迎来重要人事调整：32 岁的孙飘扬成为新厂长。

拥有"药界黄埔军校"中国药科大学背景的孙飘扬，生于淮安，求学于南京，1982 年毕业后分配到连云港制药厂担任技术员。这家成立于 1970 年的小药厂，一没品牌，二没技术，主要靠为大药厂加工原料药赚些小钱。年轻的孙飘扬上任时，厂里的账面利润只有 8 万元，职工则有 300 多名，稍有"风吹草动"就可能亏损。

孙飘扬决定改变，他把开发新药作为了突破口。这个决定随即引来不少人的反对声，药厂此前根本没有研发经验，开发新药简直就是天方夜谭。孙飘扬仍坚持自己的判断，他苦苦寻觅，最终找到一款名为 VP16 的热门抗癌针剂。彼时，连云港制药厂没有生产针剂的能力，但却掌握了将 VP16 原料药制成软胶囊药的工艺。事实上，胶囊药更方便患者使用，也拥有更大的市场潜力。

VP16 胶囊推出后一炮而红，原本主要覆盖苏北、鲁南地区的连云港制药厂，突然一脚迈进了潜力无限的全国市场。厂里年营收增长 34%，利润接近百万元！

一场漂亮的翻身仗，让孙飘扬坚定信心再出击，这次他又选择了"豪赌"。

1992 年，在全厂年盈利不足百万元的情况下，孙飘扬拿出 120 万元购买新药异环磷酰胺的制造专利。

此举在当时又引发了强烈反响，能不能把这款抗癌新药从专利变成产品还是未知数，如果失败，药厂又将陷入困境。研发出身的孙飘扬有自己的看法：异环磷酰胺作为国家级新药，技术难度和工艺要求都非常高，谁能抢得先机谁就会成为赢家。

他顶住压力，开始了规模化试生产和临床研究，最终抗癌新药在 1995 年获批上市，并获得美国 FDA 认证。在那个抗癌药匮乏的年代，这款新药"出道即巅峰"。上任后 5 年时间里，孙飘扬主导研发了 20 多个新药，其中 5 个被评为国家级重点产品，一些原料药也打入欧美市场。1996 年，连云港制药厂营收破亿元大关，一举成为国内抗癌药生产的龙头企业。

建立完整的研发体系

1997 年，连云港制药厂迎来了新名字。

这一年，药厂进行了股份制改造，并正式更名为"恒瑞医药"。更名背后，是孙飘扬关于"创新"的更大野心。在 20 世纪 90 年代，国内外医药企业几乎以生产仿制药，即专利保护到期的创新药为主。作为国内首批生产抗癌仿制药的优秀企业，恒瑞医药似乎可以"安枕无忧"一段时间了。但孙飘扬并不满足"仿制"，他想要打造属于恒瑞医药的新产品。

"恒瑞医药是中国医药企业中的龙头。"在隆门资本管理有限公司总经理王海宁看来，恒瑞医药最初的特色就是快仿国外药品，而且它的快仿能力在国内非常突出，治疗领域的布局也不错，同时研、产、销体系搭建得也比较完善。"孙飘扬自己也是一位科学家，他理解研发又敢投入。"

资金保障

医药研发是一头出了名的销金兽，不仅投入的资金巨大，而且风险极高。这从"3 个 10"中就能看出其中的艰难：研发一个一类新药，要花费 10 年时间，投入 10 亿元，却只有 10% 的成功率——任何一个环节出问题，都可能让企业陷入致命的危机中。

遭受早年资金困境的孙飘扬，对医药企业的资金储备非常看重。他多次在董事会上说，间接融资不可靠，往往在你最需要资金的时候，债主反而会釜底抽薪。企业要想有大的发展，进入资本市场是必然的选择。

2000 年 10 月，恒瑞医药在上交所上市，走入了中国创新型经济的前沿阵地，走到了全球医药的大市场。"恒瑞医药在上市前是一家仿制药企业，自有资金不足以支持恒瑞医药的创新发展。正是通过上市募集了资金，才有能力开始创新的发展。"孙飘扬在接受采访时这样说。上市后，恒瑞医药的现金储备一直很充足，宁可牺牲一些资金收益和公司市值，孙飘扬也要保证资金百分之百的可靠。

研发中心布局

上市后，恒瑞医药立即投入 2 亿元在上海设立研发中心，孙飘扬亲自兼任主任。

"当时国内很多设计院甚至不知道如何设计一个国际标准的企业研发中心。"恒瑞医药总经理周云曙此前曾表示，"虽然困难，我们还是坚持做同国际接轨的一流研发中心。"孙飘扬甚至把设计人员送到美国取经，细致到把空调系统和员工咖啡区都搬回来了。

之后，恒瑞医药研发中心建设的步伐就一发不可收拾。

2005 年，恒瑞医药设立美国创新药研究中心，承担前沿靶点等创新药研究，同时也承担 ANDA、API 美国市场准入及销售业务。这是恒瑞国际化战略的起点，不仅为进军美国市场提供基础，也表明恒瑞在研发体系打造上从对标国内到放眼全球。在制剂国际化策略上，恒瑞向内加大研发力量，向外积极考查海外先进技术和项目，内外兼修。

2011 年，成都研发中心成立，主要从事高活性、激素、造影剂等药物的开发。研发中心坐落在成都高新区天府生命科技园。2010 年年底，成都市政府提出了《成都市国家创新型城市建设规划（2010—2015）》，指出成都将在 2015 年初步建成国家创新型城市。恒瑞在此设立研发中心，一方面作为自身在中国西南区的研发总部，另一方面也得益于政策的大力支持和成本方面的优势。

2014 年，恒瑞医药在日本成立日本恒瑞公司，此时是恒瑞国际化战略开花结果的年份。日本研发中心负责高端制剂的注册申报、分装销售等。根据恒瑞公告，日本恒瑞是与岛田诚合资设立的，目标是将产品出口日本至日本的分装平台，这也为后来恒瑞引进日本 Oncolys 溶瘤病毒产品打下了基础。

2017 年 4 月，恒瑞在苏州建立苏州创新及国际化基地项目，包括新药制剂转化基地、全球临床实验中心和临床数据科学中心、创新药和高端制剂生产基地以及恒瑞大学等，一期成立苏州盛迪医药有限公司，注册资金 15 亿元。其中，创新药和高端制剂生产基地负责未来 5 年内上市的创新药以及部分出口欧美的高端制剂的生产；恒瑞大学则负责各类人才的培训，并为企业可持续发展提供人才培养和智力支持。苏州在生物研发方面颇具氛围，因政策在引进高新技术企业方面的力度之大，聚集了一批生物医药创新企业。恒瑞在此地构建生物药研发基地，无疑将助力其进军生物药方面的布局，实现研发的快速落地。

此外，恒瑞先后与上海医科院、北京医工所、天津药研所等科研院所合作，同时借助海外研发资源实现国际化起航。

重金研发

在中国医药企业普遍不重视研发投入的大环境下，恒瑞医药显得极为"另类"。2000 年以来，恒瑞医药研发投入占比基本都维持在 10%左右，位居我国医药行业榜首。最近 3 年，恒瑞医药在研发投入上越来越"痴迷"：2016 年，研发投入 11.8 亿元，同比增长 32.82%，占当年营收的 10.67%；2017 年，研发投入 17.59 亿元，同比增长 49.07%，占当年营收的 12.71%；2018 年，研发投入 26.70 亿元，同比增长 51.81%，占当年营收的 15.33%。

2019 年半年报显示，恒瑞医药上半年实现营业收入 100.26 亿元，同比增长 29.19%；归属于上市公司股东的净利润达到 24.12 亿元，同比增长 26.32%；公司累计投入研发资金 14.84 亿元，研发投入占比达 14.80%，如图 7-12 所示。

图 7-12 恒瑞医药 2013—2018 年的研发投入情况

在 2010 年国家推行基本药物制度改革后，企业想要在激烈的竞争中脱颖而出，需要比拼的主要就是药品的性价比。事实上，每当恒瑞医药赚到足够利润后，孙飘扬都会将其中很大一部分用于开发新药。"经营者急功近利不得，必须要有宽容的胸怀和承担失败的气度"。

作为制药行业的专家的孙飘扬虽然对研发投入非常重视，但他同时也非常看重研发投入的有效性，因而在研发的投入上是小心翼翼的，而非盲目砸钱。一次他在董事会上说，研发的钱如果太多的话，就会造成很大的浪费。所以这十几年来，恒瑞研发投入的增长是一个不断摸索、稳步提高的过程。

在人才引进上，这位"研发一哥"更是不惜血本将来自默克、辉瑞、BI、拜耳、安进、罗氏的一大批顶级研发人才揽至麾下。在这样一家从研发到生产再到销售的全链条企业，差不多每 15 人中就有 1 名研发人员。"我 2003 年刚进公司，上海这边的研发人员也就 20来个。"上海恒瑞医药新药资讯部总监王茜算得上是一名"老员工"了。她告诉记者，恒瑞医药现在仅上海就有 500 多名研发人员，加上美国、欧洲、日本和苏州、成都、连云港等地的研发中心或分支机构，研发团队已达 3 100 多人，其中包括 2 000 多名博士、硕士及 100 多名海归人士。

万事俱备，只欠东风，此后恒瑞医药迎来发展史上的蝶变。孙飘扬将目标指向了抗胃癌的救命药。

胃癌是中国的高发疾病之一，每年有 35.23 万人死于胃癌，死亡率位居第三，但跨国制药巨头对胃癌靶向药并不上心，这也给恒瑞医药留下了难得的机会。

2005 年前后，恒瑞医药逐步确立胃癌靶向药项目，并被国家列为"十一五""十二五"重大新药创制专项。此后 10 年，孙飘扬带领科研团队开始了漫长的研发之旅。

十年磨一剑，2014 年，恒瑞医药研发的阿帕替尼（艾坦）成功上市。这是我国首个完全自主研发的抗癌新药，也是全球首个用于胃癌治疗的靶向药，更是晚期胃癌标准化疗失败后疗效最好的单药。孙飘扬曾专门讲到这样一个案例：一位癌症晚期女患者，原本只想坚持到孙子出生，但在使用这款创新药后，直到孙子1岁多时，她依然活着，"这就是创新药物的价值，这就是研发的价值，所有的坚守都不会被辜负"。

2015年9月，恒瑞医药另一个新药项目PD-1单克隆抗体项目也取得重大突破。它的海外权益被恒瑞医药以7.95亿美元的价格转让给美国Incyte公司。这是中国药企第一次向美国输出创新药技术。

"在癌症治疗方面，现在想要完全治愈还有很大的挑战，但我们可以通过新药研发延长患者的生命，提升患者的生活质量，甚至使癌症变成慢性病。"2019年9月，孙飘扬在接受某媒体采访时透露，目前恒瑞医药已有4个创新药上市。"这4个新药的疗效与国外新药一致甚至是更好，而我们的价格却要便宜很多，保证了中国的患者能够用得起。"

正是由于有了恒瑞医药这个"搅局者"的存在，跨国药企不得不降低药价——即便患者不使用恒瑞医药产品，也可能已从其努力中受惠。

"目前我们处于不同临床阶段的创新药有20多个，在III期临床阶段的创新药也有很多。"孙飘扬表示，近两年恒瑞医药的产品结构将会有很大调整。

"公司目前已经基本形成每年都有创新药申报临床、每2～3年都有创新药上市的良性发展态势。"中信建投研报认为，恒瑞医药2018年的业绩符合预期。"预计2019年对于恒瑞而言仍将是创新药的收获大年。"恒瑞研发的创新药物进展情况如表7-3所示。

表7-3 公司创新药物进展一览表

序　号	品　　名	相关适应症	状　态
1	艾瑞替布	COX-2 选择性抑制剂/骨关节炎	2001 年获批上市
2	甲磺酸阿帕替尼	VEGFR 抑制剂/晚期胃癌	2004 年获批上市
3	硫培非格司亭	长效 G-CSF/贫血或粒细胞减少	2008 年获批上市
4	马来酸吡咯替尼	HRE-2 抑制剂/肿瘤	2008 年获批上市
5	甲苯磺酸瑞马唑仑	GABAa/手术镇静	上市申请审评审批中
6	SHR-1210	PD-1/肿瘤	上市申请审评审批中
7	磷酸瑞格列汀	DPP-IV 抑制剂/II 型糖尿病	III 期临床
8	海曲泊帕乙醇胺	小分子 TPO/血小板减少症	III 期临床
9	苹果酸法米替尼	多靶点酪氨酸激酶抑制剂/肿瘤	III 期临床
10	赖氨酸恒格列净	SGLT-2 抑制剂/II 型糖尿病	III 期临床
11	贝伐珠单抗	抗-VEGF/肿瘤	III 期临床
12	SHR3680	AR 抑制剂/肿瘤	III 期临床
13	SHR-1316	IL-17/银屑病	II 期临床
14	SHR-1314	JAK3 抑制剂/风湿关节炎	II 期临床
15	SHR4640	URAT1 抑制剂/痛风	II 期临床
16	SHR0302	JAK3 抑制剂/风湿关节炎	II 期临床
17	SHR6390	CDK4/6 抑制剂/肿瘤	II 期临床
18	SHR8554	MOR 激动剂/肿瘤	I 期临床
19	SHR-A1403	C-met-ADC/肿瘤	I 期临床
20	SHR9549	SERD 抑制剂/乳腺癌	I 期临床
21	SHR1459	BTK 抑制剂/肿瘤免疫	I 期临床
22	SHR9146	IDO 抑制剂/淋巴肿瘤	I 期临床
23	SHR0410	KOR 激动剂/镇痛	I 期临床

续表

序 号	品 名	相关适应症	状 态
24	呋格列泛	GPR40 激动剂/II 型糖尿病	I 期临床
25	HAO-472	AML1-ETO/肿瘤	I 期临床
26	SHR7390	MEK 抑制剂/肿瘤	I 期临床
27	SHR-1309	Her2/肿瘤	I 期临床
28	SHR0532	ROMK 抑制剂/高血压	I 期临床
29	SHR7280	GnRH 抑制剂/子宫内膜异位症	I 期临床
30	SHR2554	EZH2 抑制剂/肿瘤	I 期临床
31	SHR-1701	抗 PD-L1/TGF-ßRII 双功能融合蛋白/肿瘤	I 期临床
32	SHR-1603	CD47/肿瘤	I 期临床

走出"国际范儿"

孙飘扬有三个梦想：一是产品制剂出口海外；二是创新药在中国上市；三是真正意义的专利创新药在全球上市。如果将他的梦想进一步归纳，那就是恒瑞医药正在力推的"创新"和"国际化"两大战略。

"创新药应该直接到欧美市场去卖，"孙飘扬定下了方向。他在 2018 年全国"两会"期间接受采访时反复强调，"市场、市场，还是市场！"

早在 2007 年，恒瑞医药就启动了美国 FDA 认证。

2011 年年底，公司生产的伊立替康注射液通过 FDA 认证，获准在美国上市销售，恒瑞医药成为国内第一家注射液通过 FDA 认证的制药企业。

2012 年，恒瑞医药注射用奥沙利铂成功获批在欧盟上市。

2013 年，来曲唑片和加巴喷丁获美国 FDA 批准。

2015 年，伊立替康在日本获批……

如今，恒瑞医药已经有包括注射剂、口服制剂和吸入性麻醉剂在内的 10 多个高质量仿制药打入欧、美、日市场并实现了规模化销售。

就在 2019 年 5 月 29 日，恒瑞医药宣布旗下重磅新药 PD-1 抑制剂卡瑞利珠单抗（艾瑞卡）获批上市。恒瑞医药副总经理兼首席医学官邹建军介绍，目前卡瑞利珠单抗联合阿帕替尼治疗晚期肝细胞癌的国际多中心 III 期临床研究，也已被 FDA 批准，在美国、欧洲和中国同步开展临床试验。恒瑞医药的创新药国际化，再次迈出了实质性的步伐。

只有敢于参与国际竞争的创新，才是真正意义上的创新。正如国金证券研报所说，公司开始进入创新药+国际化的新阶段，已经表现出成长为全球大药企的潜力，走出了"国际范儿"。

终得回报

经过多年的耕耘，恒瑞医药终于获得了丰厚的回报。2006 年，孙飘扬成为恒瑞医药控制人之时，恒瑞医药市值首次突破百亿元，2008 年其市值达 200 亿元，2010 年达到 400 亿元。经过三年调整期后，恒瑞医药的市值在 2015 年已接近 1 000 亿元。

潜心深耕医药创新研发 20 余年的恒瑞医药，在 2017 年迎来了在资本市场的大放异彩。11 月 3 日，在重重利好创新政策的指引和资本市场的助推下，恒瑞医药股价一路上扬，终于突破 2 000 亿元门槛，成为 A 股市场第 32 家市值超过 2 000 亿元的上市公司，也成为医药股"市值一哥"。

上市以来，恒瑞医药营业收入从 2000 年的 4.8 亿元增长至 2018 年的 174.18 亿元，是上市之初的 36 倍；净利润从 6 527 万元增至 40.66 亿元，是上市之初的 62 倍。作为我国医药行业首批市值超千亿的上市公司之一，恒瑞医药已成为国内最大的化学与生物药企业之一，其上市与在研产品涵盖抗肿瘤、造影剂、麻醉药、自身免疫疾病、代谢类疾病、心血管疾病等众多重大疾病领域，产品市场覆盖国内与欧美，是国内产品线布局最广、产品质量最优的企业。

2019 年，恒瑞医药继续着稳步增长的势头。据 60 多家专业机构预测，2019 年恒瑞医药的销售收入将达到 225 亿元，利润将达到 60.2 亿元，如表 7-4 所示。行业有关人士表示，未来 5～10 年，恒瑞医药的龙头位置应该还是比较稳定的。

表 7-4　恒瑞医药历年业绩及预测

预 测 指 标	2016 年	2017 年	2018 年	2019 年预测
每股收益（元）	0.585 4	0.727 3	0.919 2	1.202 7
上一个月预测每股收益（元）	0.585 4	0.727 3	0.919 2	1.287 6
每股净资产（元）	5.277 2	5.425 2	5.352 4	5.718 0
净资产收益率（%）	23.24	23.28	23.60	21.61
归属于母公司股东的净利润（亿元）	25.9	32.2	40.7	52.9
营业总收入（亿元）	111	138	174	225
营业利润（亿元）	30.2	38.1	46.0	60.2

"中国的健康事业，还是要靠中国的企业发展来解决。" 2019 年全国"两会"期间，全国人大代表、恒瑞医药董事长孙飘扬说出了不少医药人的心声，也用实际行为践行着这一宣言。

资料来源：马琼. 上市 19 年市值 3 500 亿，恒瑞的"医药一哥"当之无愧[EB/OL]. （2019-09-04）[2020-04-20]. http://finance.sina.com.cn/stock/relnews/cn/2019-09-04/doc-iicezueu3387892.shtml.

案例讨论：

1. 从恒瑞医药成功的案例来看，制药行业的关键竞争要素是什么？
2. 恒瑞医药是通过哪几种方式来培育其竞争优势的？
3. 恒瑞医药的产品定位有什么特征？这与企业竞争力的培育有什么关系？
4. 从恒瑞医药的案例中能否总结出同样适用于其他行业的成功经验？

第八章　动态战略管理

战略本来就是一个动态的过程，虽然静态的结构分析能够给我们提供方法论，但对于战略家来说，更需要动态地思考企业的战略决策。当然，这并不是要抛弃原有的静态分析。所谓的动态地思考，实际上是从一种静态结构转换为另一种静态结构的过程。

本书前七章为读者提供了一个战略管理的逻辑框架，这一理论框架解决的是在某一既定结构下（主要是市场结构、竞争结构和社会结构等外部因素），企业如何进行成功的战略管理，从而实现企业价值最大化的问题。但在当今市场中，企业经常会碰到更为棘手的问题，即在一个经常发生结构性变化的环境中，如何安排企业战略的发展路径，如何管理这种战略的演变，以及如何引发竞争结构的变化并从中获益。值得注意的是，战略逻辑为其提供了动态分析的基础。动态战略管理完全建立在静态分析的逻辑上，它所需要做的就是对结构变化的预测和判断，并实现从一种战略结构向另一种战略结构的进化。

第一节　动态环境中的战略问题

我们已经进入了一个高度动态和不确定的时代，这个时代体现出了以下四个方面的特征。

1. 竞争变得更为宽泛，黑天鹅事件迭发

随着技术革新、全球政治格局的动荡等，一度较为稳定的市场环境不断被打破。新的竞争对手不断进入，跨界横行，贸易战略、金融战略等使环境变得更难预测。

2. 在动态环境中，优势创造和削弱的过程越来越快，优势维持的时间也越来越短

这种市场结构为企业建立竞争战略行业领导者提供了机会，但也使这种竞争优势变得越来越脆弱。那种认为现有的竞争优势可以自然地延续并为企业带来长久回报的想法既不切合实际，也非常危险。一项研究表明，竞争对手可以在任何一种创新产品推出后的一年内，掌握这种新产品 70%以上的详细资料；更有甚者，企业内部流程的改进中 60%～90%的做法最终都会流散到竞争对手手中。[①]

企业的竞争优势，往往体现在一些优秀的资产上，如生产设施的规模、销售网络、销售与服务人员的数量与质量、广告与促销的积累、融资能力与财务成本、原材料成本、品牌价值等。对企业竞争优势的稳固性而言，更为重要的因素是将上述资产以及社会资源进

---

① 乔治·S. 戴伊, 等. 动态竞争战略[M]. 孟立慧, 等译. 上海: 上海交通大学出版社, 2003: 52.

行整合的能力。具有以下五种特性的资源或能力，可以帮助企业保持较持久的竞争优势。

（1）价值性。这类资源或能力对于企业在市场竞争中获取优势地位极为重要，对帮助实现顾客价值和增强企业盈利能力起到决定性作用。

（2）持久性。这类资源或能力不会迅速贬值或失效，不易被技术变化所淘汰。

（3）不可捉摸性。竞争对手难以了解这种优势的根源。

（4）不可复制性。即便部分对手了解到这种优势的来源，也难以模仿和复制这种优势。

（5）报复性。市场后进者始终面临行业先行者对其竞争行为采取报复行为的威胁。

能力之所以能够保持较持久的竞争优势，是因为它们是不能被购买和模仿的。能力渗透到企业的日常经营管理活动之中，包括员工日积月累形成的知识和技能、长期形成的知识体系、知识管理的机制与系统等。这种能力并非通过简单的了解就能模仿，而需要一个相当长的过程才能形成。特定能力的另一种特性是能够延伸到不同的领域，能够在不同的条件和环境下运用，帮助企业提高对竞争环境变化的适应能力。

在动态的环境中，改革是战略的驱动力。企业对自身的部分优势必须采取一种动态的观念，对自身优势进行扬弃，通过革命性的改进，不断塑造新的竞争优势。因此，创造和保持竞争优势是一个不断循环的过程，如图8-1所示。

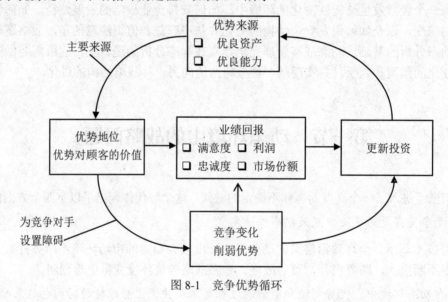

图 8-1　竞争优势循环

资料来源：乔治·S. 戴伊，等. 动态竞争战略[M]. 孟立慧，等译. 上海：上海交通大学出版社，2003：38.

这一过程可通过四种做法实现：一是开发新资产；二是不断改善或更新现有的工作流程，以使现有的能力升级；三是采用一些可能损害现有地位的替代资源；四是为资源向新的竞争领域延伸而进行投资。

3. 对竞争分析框架进行动态分析

迈克尔·波特从产业经济学的角度提出了竞争分析的五大要素，这种竞争分析是基于产业结构的微观分析。然而，产业结构会因宏观环境的变化而发生变化，包括政府管制与干预、技术变革、市场需求的增长和变动等三个方面。竞争因素分析需要将宏观因素与微观因素结合起来，如图8-2所示。

（1）政府的管制与干预。政府对产业竞争结构的影响往往是决定性的。例如，对房地产开发中土地拍卖政策的实施、土地储备相关政策的变化，都提高了整个房地产开发行业的进入壁垒，并将会使一大批实力较弱的房地产开发企业退出该行业。

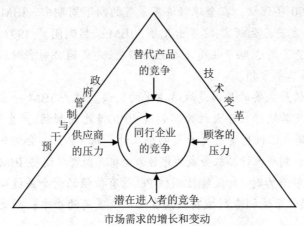

图 8-2 竞争力分析的宏、微观结构因素

资料来源：乔治·S. 戴伊，等. 动态竞争战略[M]. 孟立慧，等译. 上海：上海交通大学出版社，2003：18.

（2）技术变革。技术变革会使行业竞争环境变得更为激烈和动荡。现代技术正以越来越快的速度发展，产品和工艺技术的更新换代越来越快，企业必须面对这种日益加速的竞争挑战。

（3）市场需求的增长和变动。一方面，快速增长的市场会大大减轻行业竞争的激烈程度；另一方面，市场需求的变动加快了企业优势与劣势的转化，使得企业原有的一些优势可能变得毫无价值，企业必须迅速在新的领域内建立竞争能力，展开新一轮的竞争。

4. 劣势的持久化——竞争优势的陷阱

在技术或市场变化的影响下，原有的竞争优势反而成为企业变革与发展的负担，限制企业对新战略做出反应的能力，成为一种持久劣势。这种劣势的持久化源自原有的对竞争效率的追求。为了提高企业的竞争效率，企业进行了一系列基于长远的规划与资源配置，包括对消费者的长期承诺、为扩大规模的资产的巨大投入、为提高效率的设施的专业化设计，以及围绕着这些专业化运作所形成的管理模式和制度体系。在市场和技术结构发生变化时，大量资产便成为一种毫无价值的负担，而且企业难以放弃这些企业以前赖以成功的资产。Intel 公司能够放弃原有的存储器业务，全力转向微处理器市场，确实是一种其他企业难以做到的重大举措，这在 Intel 的发展过程中是最为关键的环节。

尤为重要的是，围绕这种运作所形成的管理模式、思维习惯和行为惯性等，在新的环境下会变得难以适应和改变。成功企业的强大文化使得企业迷信于自己的经营方式，习惯于采用原有思维方式解决新结构下的问题，这无疑是一种刻舟求剑式的举动。

阅读材料 8-1

盛极而衰

20 世纪 50—70 年代，IBM 在计算机行业独领风骚。当时，IBM 这个词几乎是"计算机"的代名词。20 世纪 80 年代，IBM 依然取得了辉煌的成就，IBM 中大型系统的产品（软硬件）持续为公司创造了惊人的业绩。《财富》杂志在 1982 年开始公布世界 500 强的公司名单时，IBM 连续 4 年排名第一。

然而，20 世纪 90 年代初，在全球经济不景气的向下周期中，IBM 陷入了经济困境之中。微软总裁比尔·盖茨甚至断言："不出几年，IBM 必然倒闭。"1993 年 1 月 19 日，IBM 宣布它在 1992 年遭受了高达 49.7 亿美元之巨的损失，是美国公司当时历史上最大的亏损，这实际上已是连续第二年亏损。

造成 IBM 衰落的最主要的原因是战略决策的失误。过去 IBM 一直以大型机及其软件为主营业务。大型机及其软件每年大约为其创造 40 亿美元的利润，产生 70% 的投资回报率。但是，IBM 没有料到自己投巨资首先开发的个人计算机（PC），会彻底改变计算机行业的格局，特别是没有预料到个人计算机会成为代替大型机、微型机这些 IBM 传统优势的产品。当它意识到 PC 的发展潜力时，却没能控制住 PC 最有价值的两个关键部分——微处理器和操作系统。最终，操作系统的专利控制权落在比尔·盖茨的手中；微处理器的专利控制权落在英特尔手中。

其次，是 IBM 一贯坚持的文化出了问题。"真理往前跨了一步"，成了谬误；"对人尊重"，再往前一步就是封闭与保守。"对人尊重"是 IBM 的创始人沃森提出的一种公司理念。在此指导下，IBM 向员工发出了一个在当时几乎是不可思议的承诺——终身雇佣。持续的成功使整个 IBM 充满着这样一种信念：IBM 对一切问题都胸有成竹。这种情况下，对人的尊重就变味了。IBM 一位高级管理人员曾形象地描述当时的情景："对人过分的尊重会让人忘记自己的立场，即使某个人做得很差，人们出于尊重仍然会说，'非常感谢，我们知道你尽力了。'"长此以往，对人的尊重就演化成了盲目地追求意见一致，从而导致了 IBM 全公司的封闭与保守。微软曾要求 IBM 购买其 10% 的股份，但 IBM 不屑一顾。IBM 本来可以开发关系数据库（relational databases），但却拱手将这一机会让给了拉利·艾利逊（Larry Ellison），把 Oracle 建成了一家著名的软件公司。对人尊重在 IBM 还意味着另一个更致命的死结——不解雇政策，这是沃森家族在过去几十年对员工的承诺之一。比如，IBM 当年为制造 360 系统计算机，建了 5 家工厂，使得 20 世纪 60 年代到 80 年代的 20 年间，员工人数从不到 10 万人上升到 40.7 万人，但在 20 世纪 90 年代初连续亏损时，许多改革措施一碰到"不解雇政策"就无法进行下去。

再者，持续的成功使 IBM 充满自信，甚至可以说是自大。IBM 认为自己比任何公司都了解如何把产品投放市场，比任何公司都知道如何去推销产品，也比任何公司都知道如何最大限度地发挥雇员的才能。以至于在 1981 年，IBM 的经理们设定了一个目标，要到 1990 年把收入从 400 亿美元扩大到 1 000 亿美元。

现在我们清楚地看到，这一目标到今天也没有实现。曾担任过 IBM 负责战略和发展的资深副总裁的吉姆·卡纳维诺，在离开 IBM 后有过一番感叹："谁能否认 360 机型的成功？可一旦被这种成功所麻痹，你就会越来越没有竞争力，因为 IBM 那时已觉得自己战无不胜了。"

正是战略上的失误和过于自大、故步自封的企业文化导致了 IBM 的衰落，尽管后来郭士纳力挽狂澜，拯救了"蓝色巨人"，但 IBM 再也没能完全重现昔日的辉煌。

资料来源：中国经营报，2003-07-28，2003-08-26.

从这些方面来看，占据市场主导地位的大型企业越来越容易受到新技术和市场变化的威胁，其损失和风险要更大、反应能力更弱，保持持久的优势越来越难。为避免陷入一种持久劣势的陷阱，需要采取以下六个方面的应对策略。[①]

（1）削减成本。在动态环境下，大规模的资产投入将意味着巨大的风险。最大限度地降低成本，减轻负担，以加强抵御竞争对手攻击的能力，是最为直接的一种考虑。另外，采取更为灵活的资产结构和市场契约结构，减少资产和契约的刚性，以减少市场变化所造成的风险，也是非常重要的应对思想。在动态的环境中，企业需要牺牲效率来提高适应性，在一定程度上牺牲部分盈利能力来实现企业的长寿。

（2）开发替代销售系统。市场需求的不确定性对企业的销售渠道也提出了多样化的要求。产品或新需求的出现，必然会形成新的细分市场，从而需要一种新的销售模式和渠道。

（3）采取措施以提高定价弹性。这类措施要求企业更加了解消费者信息、加强市场研究活动、开发强大的数据库，为企业的定价提供有力的支持。

（4）影响相关政策的制定。相关的国家或行业政策可以对企业起到一种保护作用。当小灵通侵入移动市场时，中国移动、中国联通公司结成的移动联盟与中国电信、中国网通结成的固话联盟就与小灵通在有关产业政策的制定上进行了殊死的争夺，最终信息产业部保持了一个较为中立的政策，使得小灵通在市场中有了立足之地。

（5）更有效地处理公共关系。处理好公共关系，对一些实施差异化定价的企业来说是极为重要的。例如，银行、证券公司针对不同的客户采取不同的收费标准，电话、电力部门、邮政通信对地处偏远的客户实行差别收费时，必须取得公众的理解与接受，而公共关系能力则是这些公司重要的经营技能。

（6）加强风险管理。风险管理能力对一个处于动态环境中的企业来说非常重要。企业要面对随时出现的、不可预知的风险，建立一整套风险防范预案和风险处理机制，以便对出现的危机进行处理，是风险防范的基础工作。但更为根本的是，企业要对由于战略变化而产生的组织抗性（企业所获得的历史成功，一直会对企业的现有行为生产影响）进行管理，避免这种文化的僵化作用影响企业对环境变化的应对能力。企业需要学习，以感受其所生存的环境正在发生的变化，意识到所面临的威胁，并采用以前不可能或不必要的方式进行反应。

基于这样的一个动态环境，企业战略面临着一些新的问题，主要集中在外部环境结构性变化所导致的企业战略失效或原有竞争优势的丧失上。在动态市场中，企业需要从以下四个方面来思考自己的竞争战略问题。

（1）竞争对手可能的反应。企业在采取竞争策略时，还需要考虑竞争对手的反应。竞争对手的模仿或报复行为，可以使得竞争策略失效。2008年5月，在eBay宣布开始强制澳大利亚客户使用其支付服务Paypal一个月后，6月12日阿里巴巴集团旗下的独立第三方支付平台——支付宝公司便对外宣布，其与澳大利亚领先的在线支付公司Paymate公司合作建立的全新中文购物平台"海外宝"正式上线。Paymate将澳大利亚实体店铺商家的特色商品放在这个平台上，该平台支持支付宝作为支付工具，也有统一的物流派送，让中国的消费者可以像在国内购物网站上购买一样很方便地购买到来自澳大利亚的商品。通过此项服务，当一笔网上海外交易发生时，支付宝将以买家的身份帮助买家在境内合作银行用人民币购得外币并结算给卖家，向境内买家和海外卖家提供一站式的资金结算解决方案，

[①] 乔治·S. 戴伊，等. 动态竞争战略[M]. 孟立慧，等译. 上海：上海交通大学出版社，2003：104-108.

彻底解决跨境网上交易的资金流问题。而此项业务将支持包括英镑、美元、瑞士法郎、欧元等在内的 12 种海外货币。此举是支付宝在一个巧妙的时间在澳大利亚市场对 PayPal 发起的一场挑战。通过和 Paymate 的合作，借助澳大利亚客户对 PayPal 的不满气氛，支付宝趁势切入澳大利亚的购物市场。从长远看，这有可能把在中国的淘宝网与 eBay 易趣的惨烈竞争复制成为海外宝与 PayPal 在澳洲的正面交锋。自从网络拍卖巨头 eBay 2002 年收购 PayPal 平台以来，为该支付平台制订了野心勃勃的计划，其收入比重不断上升，2007 年收入达到了 19 亿美元，占其整体收入的 1/4。eBay 的高管曾经表示，PayPal 未来某一天最终会超越其拍卖业务及网络商场业务。不过，阿里系对此块市场也决不会坐视不理，此次的出手正是双方为争夺海外支付市场交锋的第一个回合。

（2）市场的结构性变化。市场结构的变化（包括技术上的变化、市场需求的变化等）会使得企业原来建立起来的竞争优势变为劣势。柯达公司一直是胶片行业的领导者，从发明乳胶片，到发明彩色胶卷，再到 1975 年发明数码摄影技术，百年来不断否定自我不断超越自我。然而，巨大的成功让柯达公司背上了沉重的枷锁。尽管他们发明了数码技术，但却没能完成彻底的业务转型，"成功地"完成了"核心竞争力"向"核心竞争劣势"的转化。2012 年，柯达公司宣布破产。号称 19 年没有关过一家店的大润发被阿里巴巴收购后，其创始人黄明端离职时一句话道出了这个时代的一个特征——我战胜了所有的对手，却输给了这个时代。

（3）高维度竞争。在 2001 年，笔者就提出了，未来的竞争不再是一个业务对另一个业务的竞争，而是一群业务对另一群业务的竞争。拥有高度协同的业务群落的企业对于没有这种业务结构的对手而言，具有绝对的"物种"优势。而现在，这种预言已经成了"新常态"。如今，这种"物种"演化的速度越来越快，而且由于产业生态变得更为复杂，这种演变变得更加难以预测。2017 年 2 月 14 日，美团突然进入网约车市场。美团点评高级副总裁、出行事业部总裁王慧文表示打车业务是源自用户需求，美团点评 2.5 亿日活跃用户中 30% 有出行需求，而且大部分是发生在团购等消费预定之后。用户在线上服务之间跳转时，自然而然就产生了打车的需求，这本身就存在着巨大的出行机会。"你可能刚刚用美团券支付了一次餐费，随后顺手就在美团 APP 里打上一辆回家的车。"在美团点评擅长的餐饮、酒旅、电影、KTV 休闲娱乐等领域之外再加入一个网约车业务，真正地完成了一个"吃喝玩乐行"一体的解决方案。这种协同关系是以前不存在的，但在美团新的商业模式下就产生了。

（4）竞争边界的重构。竞争边界的重构意味着原本不存在竞争关系的行业，突然形成了替代的关系。著名数码相机品牌——尼康，关闭了它在中国的工厂。它给出的理由是：智能手机的崛起侵占了原本属于数码相机的市场。近年来，方便面企业的产品越做越精，宣传越做越猛，但每年的销量仍以几十亿包的数量减少，究其原因便是一夜之间冒出的千千万万的外卖店家给消费者提供了更多的选择。因此就有了这样的说法，打败康师傅的不是其他的方便面企业，而是美团、饿了么。

第二节　预测对手的行为

在进行竞争策略制定时，需要动态地预测竞争对手的反应。博弈论、行为理论和共同进化理论等，为行为预测提供了良好的分析工具。不管采取什么分析工具，行为预测分析都建立在理性反应的基础之上，即竞争对手的行为是理性的，不管是利己还是利他行为，竞争对手的行为和价值取向都保持同一性。在第六章的竞争分析中谈及了竞争对手分析的框架，即对竞争对手的目标、战略、假设和能力四个方面进行分析。这四个方面的分析是对竞争对手的价值取向进行判断，为理性分析提供了依据。本节介绍的分析工具，是在此基础上对对手的行为或反应做具体的分析和判断。

一、博弈分析

博弈论的提出在经济学上是一个重大的成就。1994 年，诺贝尔经济学奖授给了三位博弈论专家——纳什（Nash）、泽尔腾（Selten）和海萨尼（Harsanyi），以奖励他们在博弈论方面做出的巨大贡献。

博弈分析包括三个最基本的要素：参与人、策略和收益。本节介绍两种简单的博弈分析工具：完全信息静态博弈分析与冲突分析。

（一）完全信息静态博弈分析

在信息是完全的、一次性决策的博弈问题下，可以采用这一分析模型。纳什均衡是这一模型的一个重要术语。所谓纳什均衡，是指由所有参与人的最优策略组成的某种结局。纳什均衡意味着参与竞争的各方将稳定在这一结局上。

"囚徒的困境"是最经典、也是最简单的完全信息静态博弈的例子。两个嫌疑犯被警察抓住，分别关在不同的屋子里审讯。警察告诉他们：如果两人都坦白，则各判 5 年；如果两个都抵赖，则各判 1 年（因为证据不足）；如果一个坦白，另一个不坦白，则坦白者被释放，抵赖者被判 20 年。这一例子的收益矩阵，如图 8-3 所示。

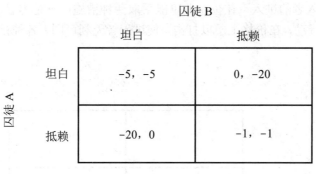

图 8-3　囚徒的困境

在囚徒的困境中，（坦白，坦白）是一个纳什均衡。这是因为给定 A 坦白，B 的最优选择也是坦白；给定 B 坦白，A 的最优选择也是坦白。我们同时也可检查其他三个结局。比如（坦白，抵赖），当 B 采取抵赖的态度时，A 的最优选择是坦白，但 A 选择坦白时，B 的抵赖却不是最优选择，因此这一结局不是纳什均衡。同理，（抵赖，坦白）（抵赖，抵赖）也不符合纳什均衡的定义。因此，这三个结局都不是纳什均衡。纳什均衡是判断竞争对手行为的重要依据，在双方理性的情况下，博弈的最终结局将是一种纳什均衡。

在"囚徒的困境"中，（坦白，坦白）不仅是纳什均衡，还是一个占优均衡，即不论对方如何选择，坦白都是双方最优的选择。

"囚徒的困境"反映了一个非常深刻的问题，即个体理性与集体理性的矛盾。如果两个人都抵赖，各判 1 年，显然比都坦白各判 5 年要好，但是这个结局往往做不到，因为它不符合个体理性——（抵赖，抵赖）不是一个纳什均衡。

纳什均衡现象经常在行业竞争中出现。2000 年，我国彩电企业的九大巨头发起了一次"峰会"，对外宣布了彩电价格联盟的消息，但一如以前农用车、汽车、空调等的价格联盟一样，尽管加入联盟之初都是那样的信誓旦旦，也曾轰轰烈烈地上演了 44 天，但最终仍然难逃联盟瓦解的结局。这一结果其实并不难预测，因为价格同盟不是一个纳什均衡，在其他企业遵守同盟协议的情况下，企业都有动力进行降价。九大彩电企业形成价格同盟，试图维系一个"合理利润"，拉升彩电价格。何谓"合理利润"？想必巨头们并未就此达成公论。再者，歃血为盟的这九大巨头又怎能在一个竞争如此激烈的市场上同生共死呢？彩电一涨价，在本来就是彩电业传统淡季的六七月份的市场上，无疑是雪上加霜。相对势单力薄的企业必然首先无法支撑，为了自己的生存而率先违背联盟，这样的决定也在情理之中。

彩电联盟从一开始就是脆弱的。谁先打破协议价格，以低价抢占更多的市场，谁就能为以后的商战积累更多的资本。另外，降价所具有的轰动效应，也是一种极好的品牌宣传。这就是众多品牌纷纷跳水，唯恐落在后面的原因。对此有专家评论，在目前彩电利润已经很低的情况下，很难有企业能够挑起一场全面的价格大战，像当年长虹那样一次性全面大幅降价的情况很难再次出现。而已经在价格大战中受益的长虹、康佳、TCL 在此次降价中都没有大的动作，是因为它们已经在彩电市场中确立了自己的领先地位，目前已没有生存之忧，不愿因价格战伤了元气。但对于位居中游的第二集团而言，要么上天堂，进入彩电的第一集团；要么下地狱，被淘汰出局。只要彩电供大于求的局面得不到改变，价格联盟和价格跳水都会不可避免地再次发生。

在某一产业中，行业的在位者组成了一个集团，另一些企业则虎视眈眈地要进入这一行业。对于潜在进入者的进入，在位企业可能采取两种措施：一是容忍，默许进入者的存在；二是采取报复行动，在价格上予以打击，使进入者无利可图。各种行为的组合如图 8-4 所示。

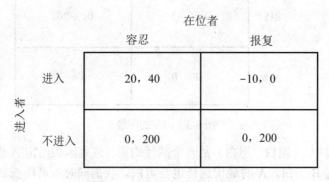

图 8-4　市场进入的博弈分析

在这一竞争问题中，存在两个纳什均衡，即（进入，容忍）和（不进入，报复）。假定潜在进入者进入，在位者选择容忍时得到 40 个单位的收益，而选择报复没有收益，因此在进入者进入的情况下，选择容忍是最优策略；类似地，假定在位者采取容忍的态度，潜在进入者选择进入就是最优策略。因此（进入，容忍）是一个纳什均衡。

同理，当在位者选择报复的态度时，潜在进入者采取不进入是一个最优的策略；而当潜在进入者不进入时，在位者的两种策略收益相同，因此（不进入，报复）也是一个纳什均衡，而（不进入，容忍）则不是纳什均衡。

在本例中，由于存在两个纳什均衡，竞争的结局还存在一定的不确定性，即两种情况都有可能发生。在存在多个纳什均衡的情况下，还需要分析纳什均衡的强弱。所谓强的纳什均衡，是指给定其他参与人的策略，其他参与人的最优选择都是唯一的。相比之下，在弱的纳什均衡中，有些参与人可能在均衡策略与非均衡策略之间是无差异的。最终保留下来的往往是强的纳什均衡，弱的纳什均衡将被剔除。进入者进入的博弈中，（进入，容忍）是强的纳什均衡，（不进入，报复）作为弱的纳什均衡而被剔除，因此结局最有可能是（进入，容忍）。但情况往往更加复杂，如果在位者摆出一副非理性的架势，或具有非理性的报复的历史，往往能够吓住潜在的进入者，取得更高的收益。从这个角度来看，这种"非理性行为"反而显得更加理性。

（二）冲突分析

在通常的博弈研究中，绝大多数是以基数效用为其分析基础的（给出收益的绝对值）。由于众所周知的原因，基数效用分析在许多场合的运用遇到了困难，尤其是在复杂的博弈结局中，数值上的误差对均衡关系的影响有时是决定性的。冲突分析是20世纪60年代末在博弈论领域里发展起来的一种静态分析方法，其主要特点是用序数向量代替效用矩阵，避开了效用测度及传递性假设的难点，而且应用简便、博弈关系清晰，为博弈分析的发展辟出了一片新天地。冲突分析在古巴导弹危机中的成功应用，为博弈论的实际应用树立了光辉典范。其主要缺陷是因偏好的序数化而无法描述类似贿赂、交易补偿等方面的问题，存在一定的局限性。

在进行冲突分析之前，首先对有关概念说明如下。

（1）偏好向量（preference vector）：局中人按照自己的偏好对可能出现的结局按优劣次序排列而成的序数向量。

（2）单方面改进（unilateral improvement）：对每个局中人而言，根据自己的偏好向量，可以单方面改变自己的行动，从而使结局变得对自己有利。

（3）理性稳定（rational stable）：对于某一局中人来说，这一结局已不存在单方面改进的可能性，记为r。

（4）连续惩罚性稳定（sequentially sanctioned stable）：对于局中人A所处的某一结局q，有可能存在若干个单方面改进的方案，但如果局中人A单方面改进到另一结局q'，对方B恰好可以将q'单方面改进到q"，而对A来说，q"比q更坏，这称为对局中人A的连续性惩罚。如果局中人A在结局q上的所有单方面改进方案都存在连续性惩罚，那么q对A而言就是一个连续惩罚性稳定的结局，记为s。

（5）非稳定（unstable）：如果某一结局对于某一局中人来说至少存在一个可以单方面改进而又不会招致连续性惩罚的结局，那么该结局对该局中人是非稳定的，记为u。

（6）同时惩罚性稳定（simultaneously sanctioned stable）：对于某一结局q，两个局中人都是非稳定的，则他们都要进行单方面改进，这样的共同行动造成的另一结局对双方来说比原来的结局 q 更坏或最多相同，则 q 为同时惩罚性稳定结局，记为 P。

（7）博弈均衡（equilibrium）：如果一个结局对于所有局中人都属于 r、s、P 之中任一种情况，这样的结局就是均衡结局。

厂商与经销商之间的博弈便可以采用冲突分析的方法进行对策研究。在此博弈中，有厂商（A）和经销商（B）。厂商需要在两个问题上做出决策。

A1：是否对遵守区域销售的经销商予以奖励。奖励记为 1，不奖励记为 0。

A2：是否加强对经销商窜货行为的监察，如发现则予以处罚。加强监察记为 1，不加强监察记为 0。

经销商 B 需要做出决策：是否遵守区域销售协议。遵守记为 1，不遵守记为 0。

将厂商及经销商各种可能的行动方案进行组合，得到如表 8-1 所示的各种不同结局（结局中各局中人的行为用二进制结构表示）。

表 8-1　厂商/经销商博弈的各种结局

结　　局	A	B	C	D	E	F	G	H
厂商行动方案								
A1	0	1	0	1	0	1	0	1
A2	0	0	1	1	0	0	1	1
经销商行动方案								
B	0	0	0	0	1	1	1	1
对应的十进制记号	0	1	2	3	4	5	6	7
结局的含义	不奖励，不加强监察，不遵守协议	奖励，不加强监察，不遵守协议	不奖励，加强监察，不遵守协议	奖励，加强监察，不遵守协议	不奖励，不加强监察，遵守协议	奖励，不加强监察，遵守协议	不奖励，加强监察，遵守协议	奖励，加强监察，遵守协议

出于厂商的考虑：经销商管理的主要目标是规范经销商的销售行为，不跨区域进行销售；"不奖励"优于"奖励"，因为奖励会增加厂商的成本；"加强监察"劣于"不加强监察"，因为加强监察会提高费用，增加负担；在经营商不遵守区域销售协议的情况下，加强监察优于不加强监察，因为加强监察可以对经销商的窜货行为形成威慑，起到一定的规范经销商行为的作用。

经销商的考虑：假设经销商有天然的窜货倾向，并且"奖励"优于"不奖励"，"不加强监察"优于"加强监察"，因为加强监察会给他们增添麻烦，并会提高窜货成本。

综合上述考虑，可以设想厂商的偏好向量为：4 6 5 7 2 3 0 1。

经销商的偏好向量为：1 0 5 7 3 2 4 6。

同时假设对局双方都清楚对方的偏好。考查各个结局对局中人的属性：

厂　　　商：4 6 5 7 2 3 0 1

局　　　性：r r s s u r u u u

经 　销　商：1 0 5 7 3 2 4 6

局　　　性：r r s r u r u u

这样，对局中有两个均衡点 5 和 2。对局中双方来说，5 优于 2，所以双方的选择为结局 5（即设立奖励制度，不加强监察，遵守协议）。

在本例中，可以看到这种存在多个博弈均衡点的极富意义的现象。我们定义结局 5 为帕累托最优，因为对于对局双方而言，在所有的均衡结局中，没有其他结局比 5 更优。同时我们还可以看到，如果博弈处于非最优均衡点上，则不可能通过连续的博弈而达到最优均衡，如不可能从 2 到 5 或从 7 到 5。结局 2 是一个纳什均衡（对局中双方而言，其局性都为 r），我们把结局从一个均衡点改进到另一均衡点的现象称为博弈均衡的跃迁，如 2 跃迁至 5。

如对局双方处于 2 这样一个结局，为了使博弈均衡发生跃迁，厂商可采取迂回的方法，先采取（1，1）对策，经销商为改进结局，会采取（1）对策，将结局改变为 7，接下来厂商再将对策改变为（1，0），使结局最终稳定在 3 上。从这一案例可以看到，要使双方都达到一个更好的结局，博弈的主导者应首先做出一些牺牲，从长远看却可以得到更大的改进。

在上面的简单模拟中，假设对局双方都清楚地知道对方及自己的偏好，信息是完全的。但在许多情况下，对局双方很有可能对对方的偏好产生误解，造成信息的不对称。虽然有些误解并不影响应有的均衡点，但有的误解却会使局中人对均衡点的判断产生偏差。如果厂商过于相信自己的监察手段和高估经销商对处罚的畏惧，或者处罚过轻，对经销商的偏好误解为 1 0 5 7 3 6 4 2（又假设经销商并不知道对方产生了误解），那博弈的结果又会如何呢？

根据自己掌握的信息，厂商进行如下的博弈分析：

厂　　商：	4	6	5	7	2	3	0	1
局　　性：	r	s	u	u	r	u	u	u
经销商：	1	0	5	7	3	6	4	2
局　　性：	r	r	s	r	s	r	u	u

由于厂商的错误理解，它认为对局均衡点为 6，因此厂商会采取（0，1）的对策，即"不奖励，加强监察"。

经销商的博弈对策分析：

厂　　商：	4	6	5	7	2	3	0	1
局　　性：	r	s	s	u	r	u	u	u
经销商：	1	0	5	7	3	2	4	6
局　　性：	r	r	s	r	u	r	u	u

均衡点为 2、5，最优均衡为 5，因此经销商的对策为（1），即"遵守协议"。这样，总的结局为 4。可见，误解导致了初始结局的变化，由于经销商不知道厂商已产生了误解，因此在本例中受到了损失。但这种结局是不稳定的，一旦经销商发现了厂商的对策，他们最终会采取不遵守协议的对策，使结局变为 2。对此，厂商会感到茫然，无法做出前例所述的迂回到 3 的决策。

从上例可以看出，当出现信息偏差影响对最优决策及所有准合作均衡的判断时，对局双方共同形成的初始结局是不稳定的，它必然通过一系列的博弈最终稳定在对局的其中一个纳什均衡之上（如果存在这一均衡，且无论错误信息是否影响双方对纳什均衡的判断）。在冲突型博弈中，判断错误的一方并非一定是首先遭受损失的一方，但从长期来看，这种误解对双方都会造成一定的损失，这种最终结局的损失就是信息的费用。

做更进一步假设，如果厂商对经销商的偏好所产生的误解被经销商知道了，其结果又会如何？

由前可知，厂商由于误解而认为 6 为最优均衡而采取（0，1）对策，而经销商又知道了这一误解，预知厂商会采取（0，1）对策，所以相应地采取（0）对策，使结局为 2，从而避免了短期的损失。

注记　最优结局的条件

　　冲突与合作是一对对立统一的矛盾体。冲突与合作的对立统一，使得社会福利得以达到本文意义上的帕累托最优状态。严格来说，静态分析中是不存在均衡结局的，因为局中人并非是完全理性的，现实的冲突博弈中普遍存在着一种侥幸心理。因此，对局中各种可能都会发生，只有经过动态的博弈，才可能达到某种均衡。而通过上面的行为模拟又进一步证明了：信息的不完全以及对局双方的非理性合作都阻碍了达到这种最优结局的行动，极有可能使博弈"卡"在非最优的纳什均衡上（尽管许多经济学家不承认这一点）。这种现象被有些学者称为锁住效应（诺斯，1990）。因此，达到帕累托最优博弈均衡（如果存在的话）需要满足三个必要条件，即信息的完全性、理性的决策和充分的合作。社会经济系统是一个相互作用的博弈系统，企业在市场竞争中应采取怎样的行为选择，也许可以从本例中得到点滴的启示。

二、行为理论

　　博弈分析为行为预测提供了很好的分析工具，但这种分析建立在博弈双方都按博弈理论进行思维的假设之上，即企业对其之间的竞争都有一个公认的信念，且每个企业都坚信对方会合乎情理地按照常识做出行动。在现实生活中，企业真的是按这种方式思考问题的吗？在许多行业，如电信、汽车、日用消费品、航空机票、出国旅游等，价格战此起彼伏，这种价格战最终使得行业的盈利水平大大下降，甚至出现了全行业的亏损。博弈论确实预测到，价格战是一个合理的短期策略反应，但它同时也预测到，如果竞争对手们认识到竞争是无限重复的，正在竞争的企业将会相互合作。确实，价格战会在某一个时刻停止，但这种竞争会重返市场，不断地发生。这种现象引出一个问题，即如果一个企业不能确定其竞争对手是否会按博弈论的理性原则进行竞争，那么企业将如何选择其竞争战略呢？

　　实际情况是，当面对幼稚的竞争对手时，最有效的战略往往不是那些博弈论分析中所规定的战略。由于一个人预期竞争行为的能力是有限的，所以在制定战略时，必须在应用博弈论原则前了解竞争对手将如何考虑竞争问题。

　　电信设备商的新产品推出时机也是一个博弈问题。抢先推出新产品对电信设备商来说是非常重要的，因为一旦这一产品被运营商所接受，其后续扩容时也必须采用这一企业的产品，除非该产品存在不可容忍的缺陷。但过早地推出产品也有风险，即新产品的成熟度问题。如果该产品推出时存在严重缺陷，则可能被运营商从系统中卸载下来，给其他竞争对手留下了机会。

　　这种博弈被称作"蜈蚣竞价博弈"。从博弈论的角度看，做出进入决策时的最佳方法是采用临界质量策略，即在新产品进入市场时，如果其产品的质量已达到或者超过临界水平，应立即进入市场。这一原理虽然简单，但要确定临界质量水平却是一件非常困难的事情。事实上，没有一个企业，也没有一种方法能够计算出临界质量水平的准确数字。这意味着，人们很少像一个博弈理论家所希望的那样处理问题，而是采用动态直觉的方法去解决复杂性问题。

短期偏好是人们行为的一个重要特征。许多企业发现，员工对长期的福利总是漠不关心，而对于眼前利益却显示出格外的关注。同样，企业对于长远的成本与收益往往缺乏判断能力。许多研究表明，对长期价值的评价，企业的估价普遍低于实际价值。

阅读材料 8-2 ●

直觉的错误

下面让我们来看看由 125 名华盛顿的 MBA（大多是财务专业）组成的一个团体是如何直观地解决一个与评判储存货物的累计成本有关的问题的。

问题：假定您正在为即将来临的为期 16 周的一个学期做预算，您将每周消耗一袋食品，而且有两种支付这些食品的选择：（a）每周支付 10 元，支付 16 周（合计 160 美元），或者（b）在第一周以每包 6.50 美元的价格买下所有 16 周所要的食品（合计 104 美元），同时支付每周每包 50 美分的仓储费。假设不存在运输费用（如所有的食品都免费运到），而且货款不能用作其他目的也不能获得利息，您选择哪一种付款方式？

这道题目虽然很长，但却是一道很简单的算术题，即计算预先购买节省下的 56 美元是不是大于储存那些食品 16 周的成本。如果正确地计算累积的仓储费，将会发现每周购买（选项 a）在满足需求的同时支出最少（仓储成本最少是 60 美元）。

但是当要求提供这道题目的直觉答案时，大多数（67%）的答题者选择了错误的选项 b，虽然他们被给予与演算数学同样的时间。为什么？在提出询问时，大多数选择 b 的答题者坦承，他们在解决这个问题时过于集中在选项 b 所提供的很大的折扣比例上，直觉地低估了仓储费用的累积影响。而且，那些选择正确答案 a 的人中，很多人也承认他们选择 a 不是考虑到长期运行不会有较低的成本，而是一种预感。

资料来源：乔治·S. 戴伊，等. 动态竞争战略[M]. 孟立慧，等译. 上海：上海交通大学出版社，2003：149-150.

实际上，由于竞争对手缺乏学习和辨认信号的能力，因而极大地限制了有知识的参与者在市场上利用这种知识的可能性。企业运用博弈工具的有效性，取决于对手的行为模式。在实际的竞争中，按理性行事的企业往往处于不利的地位——在一般的情况下，有知识的竞争者是"最好"的竞争者。上述现象说明，在不了解竞争对手的想法和行为模式下，运用博弈论是极为危险的。最佳的做法并不是按博弈论的原则去制定竞争战略，而是了解对手，并针对这些特定对手制定最佳的应对策略。

三、共同进化理论

在一个动态竞争的环境中，决策者必须考虑到问题的复杂性，因为竞争对手的行为是不可能完全预见的，决策存在极大的不确定性。更为复杂的是，竞争对手的行为可能是精心设计的，用以制造不确定性来扰乱竞争者的视线。正如一位经济学家所指出的，如果证券市场的规律真的被人们发现，这一规律马上就会失效，因为这一规律会被投机商利用来制造假象或扰乱市场信息。因此，任何规律在人为的系统中都会失效。共同进化理论即探讨在这种博弈环境中竞争的策略问题。

以博弈论为特色的经济学模式从成本与收益的角度出发，以利益最大化为行为假设，研究人们的行为规律。经济学模式认为，尽管存在个人偏好，但在群体行为中，个人偏好的影响会受到限制，可以忽略不计。[①]

行为学研究则强调决策的偏好，包括理性的与非理性的行为。这些偏好会扭曲人们对其他参与者的感觉，使经济学模式提倡的严密的分析变得非常困难。行为模式则指出：市场可能最终趋近于经济学模式所提出的竞争平衡点，但这一过程将会非常漫长，而市场中的大部分收益都是在这一过程中实现的。[②]

共同进化论是对上述两种模式的补充。共同进化论认为，博弈不一定针对一个理性的对手，甚至不一定是一个具有理性能力的对手。在市场生态系统中，任何系统都可能共同进化——企业可以通过与竞争对手的进化来实现系统的和谐。在这种思想下，市场竞争的着眼点在于如何相互影响与相互依赖，而不是去应对一个理性或非理性的对手。

在中国管理咨询业发展的前期，许多咨询公司开展了大量公开的免费讲座活动。这种免费活动实际上拉动了企业的管理咨询需求，它就像一只蜜蜂，将"管理咨询"的花粉传播到众多的企业中。通过这种对市场的接触来实现对参与者的影响，从而形成共存的生态环境，是共同进化论的主要思想。

第三节　动态竞争战略类型

企业在市场竞争过程中经常会遭受一些突如其来的冲击，如竞争对手大幅度降价、大规模地促销、推出新的针对性产品、利用企业的一些经营问题发难（如百事可乐对可口可乐修改配方一事大做文章）等。面对这些竞争行为，企业必须回答五个重要问题，其关系如图 8-5 所示。[③]

一、应对战略分析框架

（一）竞争态度

是否对竞争行为做出反应？如果需要做出反应，其积极性应达到什么程度？对待竞争对手的攻击，企业往往可以选择四种应对措施。

（1）忽视。这意味着企业决定不采取任何行动。这种应对策略表示该竞争行为对企业没有产生实质性的影响。

（2）接纳。对竞争对手的行为表示一种友好的、和平共处的信号，希望能够达成合作，共同分享市场或共同开发一个更大的市场。

[①] 乔治·S. 戴伊, 等. 动态竞争战略[M]. 孟立慧, 等译. 上海：上海交通大学出版社, 2003：167、172.

[②] 乔治·S. 戴伊, 等. 动态竞争战略[M]. 孟立慧, 等译. 上海：上海交通大学出版社, 2003：169、173.

[③] 乔治·S. 戴伊, 等. 动态竞争战略[M]. 孟立慧, 等译. 上海：上海交通大学出版社, 2003：219-236.

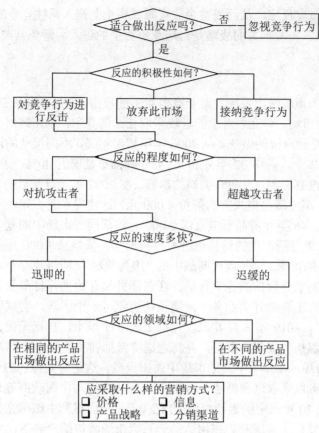

图 8-5　针对竞争行为的反应行动决策模型

资料来源：乔治·S. 戴伊，等. 动态竞争战略[M]. 孟立慧，等译. 上海：上海交通大学出版社，2003：220.

（3）放弃。采取消极的态度，退出相关的市场，以回避与竞争对手的冲突。往往在与竞争对手实力悬殊时采取这种做法。

（4）报复。对竞争对手的攻击采取针锋相对的行为，以打击竞争对手。这是一种发出强烈信号的做法。

（二）程度

反应的程度如何？应采取对抗行为还是超越竞争对手的行为？这一问题需要决定是给予竞争对手一定的打击，还是将其彻底清除出市场。前者是一种警告行为，后者则确定该对手会对企业造成严重危害，且矛盾不可协调。

（三）速度

企业应以什么样的速度对竞争者的行动做出反应？应该避其锋芒、等待时机，还是趁其立足未稳，立即做出反应？反应的速度通常分为三种。

（1）立即反应。其目的是尽快减少竞争对手行为的潜在影响。尤其在一些退出壁垒比较高的行业，一旦竞争对手进入行业，清除它的代价将非常高昂。

（2）延迟反应。等待、观察并确认竞争对手行为的影响，然后再采取行动。其目的是避免对对手的行为过度反应，从而浪费企业资源或将企业拖入恶性竞争的泥潭。

（3）抢先行动。先发制人的战略是封堵竞争对手的进入，避免其产生一丝的幻想。

（四）领域

企业应该在哪一市场做出反应？对于竞争对手的攻击，企业可以从三个方面予以反击。

（1）受攻击的市场。对竞争对手的进攻采取正面的竞争，以击败对手的进攻。这是企业最为常用的、也是最直接的做法。从 2006 年年初到年底，不同尺寸的液晶电视平均销售价格降幅都在 30% 以上，其中 32 英寸和 42 英寸降幅更是逼近 40%。进入 2007 年，这一价格上的竞争不但没有缓和，反而有加剧的趋势。在 2007 年元旦前后的家电市场上，上市仅三个月的康佳 46 英寸液晶电视宣布降价 4 000 元，这使得东芝去年十一期间上市的产品的价格也开始动摇，46 英寸液晶彩电直落 2 000 元，而同一市场中的竞争者，如三星、索尼、LG、长虹、创维等刚上市的新品也纷纷打折出售，降幅从 1 000 元到 5 000 元不等。

（2）竞争对手的市场。这是现代商战中的"围魏救赵"，即进攻竞争对手的细分市场，使其后院起火，从而放弃目前的竞争行动。在美团外卖开始推行打车业务后，滴滴发动了最直接的反击——推出滴滴外卖业务。滴滴很快组织了一个团队，尝试做一款"和美团外卖非常相似的产品"。2019 年 3 月 6 日，首批上线 9 个城市，包括无锡、南京、长沙、福州、济南、宁波、温州、成都和厦门，并将通过降低抽佣和奖励来获得首批商家和用户。

（3）中立的市场。在一个中立的市场中做出反应，这是避其锋芒的做法。当竞争对手过于强大时，往往可以采取这种做法。1998 年，柯达公司与中国政府签订"全行业合作计划"，柯达承诺未来 10 年在中国累计投资 10 亿美元，全面提升中国感光材料行业的整体水平。柯达在中国的发展非常顺利。在柯达的一系列市场政策的攻势下，富士在中国市场上的竞争地位急剧下降，市场份额锐减。这时，富士没有与柯达在感光材料市场上继续争斗下去，而是将重点转为数码设备。2001 年开始，富士的数码冲印设备在中国开始销售，其目标是在数码市场上建立起品牌，确立数码冲印的领先地位。

二、应对手段及影响因素

面对竞争对手的攻击，如价格、广告、渠道更新等的行为，企业应制定相应的措施予以反击。通常可以采用以下应对手段或其组合：价格、广告（包括认知广告与形象广告）、分销渠道、销售力量、促销、现有产品的重新定位，以及投入新产品。[①]

采用什么样的应对手段，除了考虑对手的具体行为外，通常需要考虑以下三个方面的因素。

（1）业务的重要性。在做出反应行动之前，需要确定受攻击业务的重要性，包括市场的成长潜力（如市场成长潜力较大，企业应迅速做出反应，其竞争目的在于赢得市场份额）、客户的转换成本（如果客户的转换成本较高，则无须采取过多的反应）、企业的市场份额（如果企业拥有高的市场份额，意味着这一市场具有重要的战略意义，企业应采取更快速、更强有力的行动，以巩固其市场地位）、市场集中度（在一个高度集中的市场中，竞争对手的攻击会对企业的盈利造成重要威胁，企业的竞争目标在于保持企业的盈利能力，通常不采

---

① 乔治·S. 戴伊，等. 动态竞争战略[M]. 孟立慧，等译. 上海：上海交通大学出版社，2003：229-231.

取价格竞争手段)。

（2）企业的组织能力。企业的组织能力会对反击的效果产生影响。比如，一些手段可以迅速做出反应，如价格战略、促销战略等；而另一些则需要相当长的时间，如新的广告、新销售渠道的构建、新产品的推出等。企业应根据自己的组织与经营能力，选择合适的应对策略。

（3）行动造成的威胁。在做出反应之前，企业还需要确认竞争对手行为的危害性，权衡是否需要做出反应。

三、常用的应对战略

在企业商战过程中，有各种各样的应对战略。下面介绍三种最常用的应对战略，即先发制人战略、信号发布战略、承诺战略。

（一）先发制人战略

先发制人战略是竞争战略中最强有力的形式，其目的是在竞争对手采取行动之前进行攻击，攻击的对象是竞争对手的攻击意图。先发制人战略的制定应着手从以下三个方面来考虑。

（1）判断市场竞争或竞争者正在进入或可能进入的区域。

（2）确定抢先到达或阻碍这些行动的可能战略。

（3）判断这些战略是否与企业当前的战略目标相符，以及这些战略是否可以影响竞争对手的目标、行动和反应。

从这三个方面出发，企业可以按如图 8-6 所示的流程制定先发制人战略。

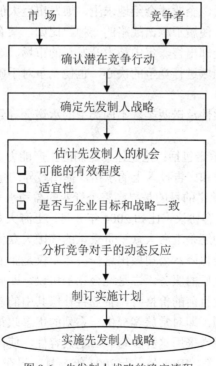

图 8-6　先发制人战略的确定流程

（二）信号发布战略

通过信号的发布来影响顾客或竞争对手的行为，是一种常用的竞争战略。企业的言论、行为都是一种信号，这种信号可能是指向顾客的，也可能是向竞争对手或相关利益群体传递的。

发布信号的基本目的包括以下几个。

（1）影响消费者的行为。通过信息的发布，让消费者的购买行为发生变化，从而达到竞争战略的目的。

（2）阻止攻击。这类信号用于使竞争对手丧失进攻的勇气。

（3）阻挡进入。这类信号主要是宣称企业会增加重要的能力（如兴建大规模的工厂），以阻吓竞争对手的进入。

（4）惩戒出格的竞争对手。该信号是发布一些不利的信息，对竞争对手违背行业规范的行为进行惩戒。

（5）建立行业规范。这种信号往往是表明对一种行业规范行为的态度，旨在建立一个良好的行业秩序，提高整个行业的盈利性。

（6）市场分割。这类信号是指出自己的市场领域，使市场分割行为得到其他竞争对手的承认。

（7）反应测试。这类信号的目的是试探竞争对手的态度和反应，以便采取进一步的行动。

（8）干扰信号。这类信号的发布仅为了干扰竞争对手的视线，可能根本就不计划实施。

（三）承诺战略

承诺战略是指通过减少选择余地来增强企业的竞争地位。中国古代就有破釜沉舟的典故，把自己的退路断绝之后，企业才会绝地求生，焕发出巨大的战斗力。在博弈分析中，被称为"确实可信的威胁"便属于承诺战略的一种。比如，某企业为了表示进军一个新的领域，把自己其他的业务全部出售，集中精力开发新的市场。这种做法把自己的后路完全断掉，表现出全力在某一领域进行竞争的决心，也使竞争对手确实感受到这种决心，从而动摇竞争对手的信心。

承诺分为刚性承诺与柔性承诺两类。不同类型的承诺会导致竞争对手的不同反应。显然，刚性承诺更具威胁性。

（1）刚性承诺。刚性承诺包括：抢先建立过剩的生产能力，从而使竞争对手重新考虑再扩大产能的计划；在品牌和广告投入上的承诺，提高歧异的壁垒。

（2）柔性承诺。柔性承诺的目的是提高整个行业的盈利水平，包括竞争对手的盈利水平。其中包括：一是最惠顾客协议。比如2004年8月，上海大众有关人士表示，降价不是唯一的竞争手段，最根本的还是上海大众一贯秉承的德国大众优越的科技性。经过上半年的降价，下半年的价格不会再降。公司做出这一决定不仅是企业保证正常盈利的要求，更是为了给大众的客户提供优质的服务。二是迎合竞争协议，即向消费者承诺最低售价，当其他供应商的价格低于企业目前的价格时，企业将补偿其中的差价，这种策略在零售业中经常使用。三是常旅客计划，即对常旅客提供一系列的优惠政策，如积分计划、特殊服务等，航空运输、金融业中经常采用这种战略。四是兼容性，使自己的产品与行业标准相兼容。为了对抗来自微软的竞争，IBM公司于2004年8月3日在LinuxWorld博览会上宣布，公司决定将价值 8 500 万美元的 Cloudscape 数据库软件的 50 多万行源代码捐献给 Apache 软件基金会，供基金会作为开放源码项目进行研究。IBM 此举的目的是吸引更多的开放源码开发人员的兴趣，推动他们进行基于 Cloudscape 的开发，最终推动产品的应用。与 IBM 相反，苹果公司从成立伊始就采用了封闭的策略，这使得它在竞争中渐渐败给了竞争对手——微软公司。

阅读材料 8-3

合作博弈

由于扁平的需求曲线和来自外国制造商的竞争，三大美国汽车制造商在 20 世纪 80 年代和 20 世纪 90 年代初期都遭受了巨大的损失。1992 年，仅通用汽车公司就损失了 45 亿美元。损失的部分原因是广泛使用了年终退款、现金回扣和商业折扣等策略。一旦某个厂商采用促销措施来清除年终过多的存货，其他厂商将不得不仿效。更糟糕的是，消费者一旦有了这种促销预期，他们将持币观望，并且会因此而迫使制造商提前进行这些促销活动。福特汽车公司和通用汽车公司要么选择高价策略，要么选择低价策略。但是，他们决策的结果都将受到竞争对手决策的影响，如图 8-7 所示。

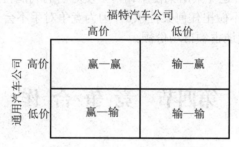

图 8-7 汽车行业价格博弈

由于扁平需求的激烈竞争，每个公司都只能采取低价策略而遭受损失。但对通用汽车公司和福特汽车公司来说，无论谁想把对方赶出市场都要付出高昂的代价(甚至导致出局)。另外，由于进入的成本较高，这两家公司不用担心有新的企业会进入。相反，两家公司都需要寻找一个宽容策略使行业达到高价水平，从而都享有较高的利润，最终形成双赢的局面。问题是，如果只有一家公司单方面提高价格而另一家公司却保持低价，前者的市场份额无疑会相应地降低，进而遭受利润损失。这时就会出现一方成功、一方失败的局面。通用汽车公司要通过什么方法才能使福特汽车公司制定高价而自己也可维持高价呢？

通用汽车公司于 1991 年推出了通用信用卡制度，对购买通用汽车公司汽车和卡车的客户提供一定的退款。表面上看，如果不能大幅增加销量，这样的承诺会减少通用汽车公司的利润，但实际上这种承诺为通用汽车公司和它的竞争对手创造了一个双赢局面。假设平均退款额是 r，行业目前的价格接近成本 c，因为有退款协议，通用汽车可提高价格到 c+r 而不会失去客户，而通用汽车公司的较高的价格允许福特公司提高价格到 c+r，那么通用汽车公司就又可以把价格提高到 c+2r 也不会失去任何客户。这样，退款协议最终的结果是，整个行业的价格抬高到矩阵的高价方格里。

资料来源：乔治·S. 戴伊，等. 动态竞争战略[M]. 孟立慧，等译. 上海：上海交通大学出版社，2003：287.

刚性承诺的目的在于打击竞争对手，而柔性承诺的目的在于提升整个行业的盈利能力。采取什么样的承诺策略，取决于由价格竞争来量度的市场竞争强度和公司战略的初始目的。表 8-2 提供了同竞争对手共存的四种可能的战略。

表 8-2　共存的竞争战略

价　格	刚　性　承　诺	柔　性　承　诺
高价格	木偶狗战略	肥猫战略
低价格	傲狗战略	瘦狗饿猫战略

（1）傲狗战略。增加自己的利润但降低竞争对手的利润。这是在企业做出刚性承诺而市场价格竞争程度不高时采用的战略。这种战略通过占领大量市场份额，使得竞争对手受损而自己获益，是一种"赢—输"战略。

（2）木偶狗战略。这是一种收敛的傲狗战略，不会引起竞争对手的积极反应。当市场价格的竞争激烈程度很高时，竞争对手会对傲狗战略采取强烈的反应。为此，企业应该采取一些较为收敛的战略，虽然损害了竞争对手的利益，但还不至于、也不值得发动反击。

（3）肥猫战略。提高整个行业的利润，使自己获利的同时也使竞争对手获利。这是在价格竞争激烈的情况下，企业通过柔性承诺，达到一种"赢—赢"的战略。

（4）瘦狗饿猫战略。避免采用柔性承诺，不使对手的利润得到提高。在市场价格竞争程度不高时，公司应设法不做出任何柔性承诺，因为竞争对手不会采取强有力的价格行动，此时公司的目标是尽可能地占领市场份额。

第四节　竞　争　合　作

俗话说，没有永远的敌人，也没有永远的朋友。竞争与合作是商战中一个永恒不变的主题。Brandenburger 和 Nalebuff 于 1995 年提出竞合理论（Co-opetition），其理论认为，在市场中不只有竞争，也不只有合作，不是合作与竞争交替出现，而是竞争与合作同时存在。

产业在发展的过程中，各种相关的企业集中在某一个地域，往往会形成一个产业集群。在一个产业集群的各企业之间，往往既有直接或间接的竞争，又有直接或间接的合作，形成一种竞合发展模式。这种竞合发展模式能够为企业建立起一个良好的生态环境，不断促进产业的发展。以温州打火机产业集群为例，一只电子点火器十年前依靠进口要四五元，当地企业通过创新攻克生产难关后，每只仅需一两元；在形成大规模生产后，每只仅需 0.2～0.3 元。打火机密封圈质量要求也相当高，每只打火机需要 5～8 个，当年进口要 0.2 元/个；温州人研制出来后，只要 0.05 元/个，到最后仅需 0.005 元/个。为降低成本，一些厂家甚至直接将一些零配件拼装组合生产，如防风打火机中的微孔片过去要五六元一只，现在包括微孔片在内的 3 个配件组合只要 0.2 元。打火机产业集群的这种演化，本质上就是通过竞合而实现的。

一、价值网

价值网是竞合理论的重要概念。Brandenburger 和 Nalebuff 认为，企业的生存环境包括供应者、顾客、竞争者与互补品，而我们认为，替代品也应引入价值网分析的范畴，如图8-8所示。^①价值网理论与波特教授的五力模型非常相似，不同的是价值网理论强调合作，强调通过改变价值网的结构关系来寻求多方的共赢。

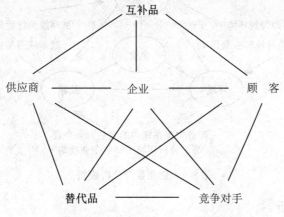

图 8-8　价值网——企业生存环境

价值网理论认为，任何企业都生存在一张网中，这张网的节点包括顾客、供应商、竞争对手、替代品、互补品，这些节点既可能对企业产生威胁，也可能会提供帮助，也就是说既有可能是敌人，也可能是朋友（可参见第六章第八节"好的竞争对手的特征"相关内容）。节点的影响是企业结构性的生态系统，所以对于企业来讲，其最大的战略就是改变这张网，使得企业的价值得到提升。

在价值网中，替代品与互补品的确定并非是那么的显而易见，往往是难以判断的。当计算机出现时，无纸化办公成为人们一种自然的期待，因此计算机被当作了纸张的替代品。但实际上，计算机的广泛应用反而大大促进了办公用纸的使用。以往靠人手书写的纸张，现在却可以用打印机快速印制，纸张的使用成百倍地增加。最后，计算机反而成了纸张的互补品，而非人们所认为的替代品。

在一些情况下，企业的竞争者也会成为互补者。在硅谷、班加罗尔等这样的行业集聚区，竞争对手往往会增加整个区域的活力，促进全行业共同发展。正如 Michael Corleone 所说的，靠近你的朋友，然而要让你的敌人离你更近。

企业在价值网中获利的大小取决于它对这一价值网的贡献，这一贡献可用以下公式来表述

企业价值=企业在网内时价值网的价值-企业不在网内时价值网的价值^②

二、竞合分析模型

企业除了要在行业中进行竞争外，还需考虑商业生态环境的建设与维护。Brandenburger 和 Nalebuff 提出了企业竞合的五个战略思考点——参与者（players）、附加值（added values）、规则（rules）、战术（tactics）与范围（scope），因此，企业竞合分析模型又简称 PARTS 模

---

① 根据 Adam M. Brandenburger 和 Barry J 的 Nalebuff 的 *Co-opetition*（1996）第 17 页相关内容修改。

② Adam M. Brandenburger，Barry J. Nalebuff. *Co-opetition*[M]. Doubleday，1996：45.

型。企业战略需要对环境要素进行影响，使之对自身有利，而环境要素的改善又将进一步推动企业的发展。这种关系可通过图 8-9 来表述。[1]

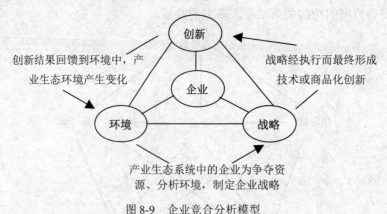

创新结果回馈到环境中，产
业生态环境产生变化

战略经执行而最终形成
技术或商品化创新

产业生态系统中的企业为争夺资
源、分析环境，制定企业战略

图 8-9　企业竞合分析模型

（一）环境分析

在上述分析中，环境因素包括参与者（企业、供应商、顾客、竞争者与互补品，即价值网中的五个要素）、附加值、规则、战术与范围五个方面。

（1）参与者：通过选择或改变产业内的竞争格局，可以改善提供的产品与服务，提供互补品等。例如，美国田纳西河流管理局就利用推动流域沿岸的电器使用来带动社会对电力的消费。

（2）附加值：通过产品的改良或创新，提升企业产品的附加价值；或借助某些方法降低其他企业的附加价值；或拟定长期契约以保护本产品的附加价值。例如，中国国际航空公司通过大笔的航油期货，确保了公司在全球油品大幅度涨价的前提下获得极好的收益。

（3）规则：可利用商业中成文或不成文的规则来降低其他企业的竞争；或者引入新的规则来改变竞争格局。然而，这种规则在中国环境下往往变得非常不稳定而缺乏操作性，如中国彩电协会的价格同盟、方便面协会的提价同盟等都迅速瓦解。

（4）战术：借助信息的不对称，改变其他企业对信息的了解程度，改变竞争对手的商业理论，使其对自身有利。例如，摩根士丹利一再发布中国房市泡沫论，暗地里却斥巨资进入中国楼市。

（5）范围：竞争与合作的范围并不是确定的，也是没有边界的，适当调整所分析的范围，能使企业改变目前的条件和战略。例如，凯迪拉克的前任总裁德雷斯沃不仅将竞争对手定位为同类豪华汽车，还将其他奢侈品如钻石、貂皮大衣、名画等视为竞争对手，并采取针对性的竞争策略，从而挽救了日渐式微的凯迪拉克。

（二）战略的类型

战略的类型可分为竞争战略、合作战略和竞合战略三种。

（1）竞争战略：成本领先、差异化和集中化战略。

（2）合作战略：企业间因互补或依赖的需求，形成合并或联盟的关系。

---

[1] 张威，刘妍伶. 基于生态演化观点的企业竞合分析模式[J]. 研究与发展管理，2007（4）.

（3）竞合战略：竞争应是合作前提下的竞争；合作应是一种竞争基础上的合作。

企业要进行合作式的竞争，就是要变独立的企业间战术联盟为多元的行业间战略联盟，要从单一的价格协议、行业标准、品牌、营销向立体的资源互补、供求合作、风险共担的方向演进，以共赢的竞争观把全球性的市场扩张和资源配置作为企业进一步发展壮大的目标。

（三）创新方式

创新方式是对战略意图的具体体现，创新的基础是社会需求（或是潜在需求），通过各种创新方式对竞合环境进行结构性的变革，使之发生革命性的变化，从而为企业创造出巨大的发展空间。

三、改变价值结构

在价值网中，要从根本上改变竞争的格局，就必须从改变环境着手。参与者、附加值、规则、战术与范围五个要素中，只要改变一个方面，游戏的结构就会改变。

（一）改变参与者

改变参与者，将会改变企业在价值网中的地位，从而可以提升企业的收益水平。改变参与者可从价值网的五个要素着手。

1. 如何入局

进入任何一个新的领域都需要付出一定的代价，但这一代价却因入局策略的不同而大相径庭。1986 年，天（门）冬氨酰苯丙氨酸甲酯[①]专利即将到期时[②]，荷兰甜味剂公司投资 5 000 万美元建造工厂，并在 1987 年进入欧洲市场。但当其进入市场后，原专利持有人孟山都将天（门）冬氨酰苯丙氨酸甲酯的价格从 70 美元/磅降到 22～30 美元/磅。荷兰甜味剂公司损失惨重，后依靠在欧洲法院对孟山都公司进行反倾销诉讼方生存下来。接下来，荷兰甜味剂公司进入美国市场，瞄准了可口可乐和百事可乐两大顾客，以低价进入，欲打破孟山都公司的垄断地位。结果可口可乐和百事可乐却以此为筹码，以同样的低价与孟山都公司签订了长期合同，为此每年节省了两亿美元。[③]

进入一个新的市场，会给价值网带来附加值，但如果不能确保企业的价值获取，那么进入新市场将会使企业无利可图。这一案例告诉我们，竞争是有价值的，不要轻易地把它放弃，而让受益人支付这一竞争行为。事实上，荷兰甜味剂公司在建立工厂之时，就将自己处于不利的地位。对于可口可乐和百事可乐两大公司而言，它们希望出现新的供应商来帮助打破甜味剂供应的垄断，但并非真的想让其替代孟山都公司，因为孟山都公司已经拥有强大的品牌，在配方上更换供应商存在一定的风险。如果荷兰甜味剂公司在进入市场之前就与可口可乐或百事可乐签订合同，甚至让这两家公司出资帮助建设工厂，那么其市场

[①] 天（门）冬氨酰苯丙氨酸甲脂是一种比蔗糖甜 200 倍的甜味剂，也称阿斯巴甜糖。

[②] 该专利在欧洲的保护期为 1987 年，在美国的保护期为 1992 年。

[③] Adam M. Brandenburger，Barry J. Nalebuff. *Co-opetition*[M]. Doubleday，1996：172-175.

地位将会大大改观。

2. 引入顾客

引入顾客越多，企业越能获利。一方面，更多的顾客能带来更大的市场；另一方面，顾客越多，他们在与企业谈判的过程中越处于劣势地位。比如，飞机、发电机、地铁设备等采购活动，往往是大宗业务、非经常性的采购。为了争夺这一业务，厂商将不得不尽全力来进行竞争，因为结局要么是拿到单子，要么是两手空空。这样会使供应商处于非常不利的地位。在这样的行业中，引入更多的顾客就显得更为重要，这样会使企业的生产能力处于供应不足的状况，供应商可各自得到一定的业务，不致引起行业的恶性竞争。

新客户群的加入是有价值的，因此值得企业花费一定的代价来吸引新客户的进入。某企业生产一种大型的超声流量计，用于大型输气、输油管道的流量计量。这种产品的主要顾客是大的能源批发商，企业在与这些客户的讨价还价中往往处于下风。因此，推出中小型的超声流量计，并利诱更多的能源零售商进入这一市场，如为更换计量仪表提供低息或无息贷款，不仅扩大了市场面，而且有助于提升企业的市场地位。

报业也同样如此。报业的有两类顾客：一类是读者；另一类是广告企业。广告为报纸带来的收益远远大于读者购买报纸的收益。因此，对读者市场进行补贴（降低价格或投入巨大的资源办好内容），争取到更多的读者，使其报纸的广告版面费用大幅提高，是报业企业一个重要的经营手段。

3. 引入供应商

供应商的增加会削弱它们的谈判实力，使企业在与供应商打交道的过程中处于上风。引入供应商的途径除了为供应商的进入提供资助外，联合采购、后向一体化也是行之有效的办法。

2004 年 3 月 1 日，我国四大钢铁企业——武钢、马钢、沙钢、唐钢和全球最大的多种资源矿业公司——澳大利亚必和必拓公司（BHP）成立合营企业威拉拉公司（Wheelarra），并通过该公司在今后 25 年内每年向四家钢铁企业提供约 1 200 万吨铁矿砂。这是必和必拓公司迄今与中国钢铁企业签订的最大商业合同，能够确保长期稳定地向这些企业提供铁矿砂供应。这批铁矿砂的协议采购价格在 25 美元/吨左右，CIF（到岸价）约为 59 美元/吨，同当时 120 美元/吨的澳矿 CIF 价相比，无疑是中国钢铁发展史上一次具有历史意义的联合采购。

4. 引入互补品

互补品的引入能增加企业的附加值，因此应尽可能多地引入互补品。引入互补品可以采取三种方式：资助互补品的进入、联合自己的顾客对互补品进行集团采购、自己进行互补品生产。特斯拉为了完善电动汽车的充电生态系统，与中国电网合作，从而使电网与汽车充电技术更好地匹配起来。为了提高胶卷、相纸和冲印药水的消费，柯达公司自己生产大量廉价照相机，很好地带动了主营业务的增长。

5. 引入竞争者

竞争对手可能带来的好处已经在第六章第八节做了详细的描述。引入竞争者的方法包括：一是技术授权，比如特斯拉把他们的技术全部公开，免费授权给其他企业，包括其他竞争对手；二是寻找其他竞争对手以形成比较，从而吸引顾客选择自己的产品；三是自己形成竞争，比如宝洁公司的多品牌策略实际上是使自己的产品之间形成相互竞争的关系，从而保持高度的活力。

（二）改变附加值

增加附加值可以从以下几个方面来实现。

1. 垄断

垄断是增加企业利润的有效途径。在垄断行业中，对供给加以适度的控制，保持市场持续的短缺，是增加利润最为重要的手段之一。石油输出国组织就是利用对石油产量的控制，来达到石油收益的最大化。Apple 的 iPhone 采取了"饥饿疗法"，使市场处于一种短缺的状态，消费者要购买 iPhone 必须等上两个星期的预订期。许多收藏品的限量发售也是采用这种改变附加值的方式。值得注意的是，减少供给必须建立在垄断或产品高度歧异的前提下，否则会吸引竞争对手的进入，为竞争对手留下发展的空间。

2. 增加值工程（Engineering added value）

从价值工程的视角着手，附加值的增加有两种途径。

（1）置换（trade-off）。产品和服务品质与价格之间往往是一种置换关系，品质高意味着高成本，价格低同时也意味着低品质。通过置换过程中消费价值认知与成本变化关系的差异，企业便可从中获利。比如，为汽车增加一万元的配置，消费者会有 2 万～3 万元的增值感受。

（2）双向改进（trade-on）。在有些时候，品质提高与成本下降是可以并存的，这称之为双向改进（trade-on）。通过技术与生产工艺过程的创新，往往可以实现这样的双向改进。比如，电路板焊接的表面涂敷技术（SMT 或 SMC），既提高了生产效率，降低了成本，也提高了焊接点的质量。

3. 忠诚（loyalty）

建立顾客忠诚，是增加附加值的高效方式。顾客忠诚一方面是建立在优质服务的基础上，另一方面也需要其他的维护措施。航空公司的常旅客活动就是一种建立顾客忠诚的典型事例。

4. 模仿（imitation）

在"零和"的商业博弈中，模仿会损害被模仿企业的利益。但在一个双赢的博弈中，模仿则会给双方带来价值。比如，常旅客服务的推出为各航空公司放弃价格战提供了可能，因此常旅客活动的模仿对整个航空运输业来说是有利的。

（三）改变规则

改变规则，意味着打破以往的平衡，利益便会重新分配。规则的改变可从以下几个方面着手。

1. 最惠顾客条款

"最惠顾客"（most-favored-customer）条款是一种常见的商业规则。事实上，"最惠顾客"并非能最终得益。企业有了"最惠顾客"政策，在与其他顾客谈价的过程中就具有了较强的实力。一些房地产开发商在开盘前发售一些购房卡，顾客凭这些卡可以享受 9.5 折优惠。但实际上，由于购房卡的发售，房地产开发商获得了准确的购房需求，会大幅度提高售价，因此购房者反而会支付更高的价格。

阅读材料 8-4

优惠背后的陷阱

本周，《第一财经日报》记者手机上收到一条短信："轨道交通 11 号线旁，35 万平方米生态大盘，一期水岸联排独院，盛大公开，置业优惠 VIP 卡火热发售中。"

记者致电短信所提供的电话获悉，这是一个位于江苏昆山花桥国际商务城核心位置的联排独院楼盘，与上海安亭镇仅一街之隔，毗邻上海 F1 国际赛车场。

该项目的售楼小姐解释说，置业 VIP 认筹优惠活动是这样安排的：前 100 名购买 VIP 卡的客户，花费 1 万元购买 1 张卡，届时可以在总房款中优惠 20 000 元；如果是第 101～200 名，则是 6 000 元买 1 张卡，可以在总房款中优惠 12 000 元；第 201 名以上则是花费 3 000 元买一张卡，可以在总房款中优惠 6 000 元。

此外，售楼小姐强调，前 100 名购买 VIP 卡的客户名额已经满了。目前，只能购买第 101～200 名的卡。昆山市建设局房产科负责全市商品房预售、销售管理的一位科长表示，该楼盘的开发商"昆山房地产开发有限公司"目前还没有拿到预售证，发放置业 VIP 是不允许的。在这样的情况下，客户与开发商是不能签署正式购房合同的。这位人士提醒有购房意图的消费者，确定购房时要签署正式购房合同以便维权。

花样繁多的潜规则

无独有偶，位于苏州工业园区内的一个总占地近 10 万平方米的楼盘，据悉 9 月 15 日起也开始认购 VIP 卡。

"这次推出 260 多套房子，这个星期六开盘。花 3 万块钱，可以买一张白金卡，如果您能选到房子，可以直接转为订金。"该楼盘售楼处先生说，"昨天现场气氛很踊跃，买卡的活动昨天刚刚结束，如果您要买卡的话，只能等到下一次了。"

大华（集团）有限公司营销管理中心策划经理陈进告诉记者，在市场上，个别开发商未取得商品房预售许可证的房地产项目，以繁多的名目"打擦边球"，这类现象在部分中小城市更为普遍。

建设部等九部委 2006 年联合下发的通知强调：未取得商品房预售许可证的房地产项目，不得以任何形式发布广告，不得以预约金、订金、定金、诚意金等名义变相预收款项。

不过，不少业内人士告诉记者，未取得预售许可证便出售 VIP 购房卡，似乎已成"行业惯例"。

"这是潜规则，大家都了然于胸。在目前的火爆楼市行情之下，不是买房子，已经扭曲地变成了抢房子。和开发商比的话，普通的消费者处于弱势的位置，并没有太多的选择。"富阳（中国）控股有限公司（下称"富阳（中国）"）旗下上海富阳物业咨询广告行销处副总经理王哲嘉说。

一位打拼在地产业内多年的人士称，在没有销售许可证的情况下，不少楼盘的开发商通常以少则一两千元，多则上万元的价格发售 VIP 卡。如果一楼盘有 300 套可售房源，按照 1 : 1 的比例发售 VIP 卡，开发商可获取 30 万～300 万元，甚至更多的资金。

购房优惠还是房价隐形推手

据调查，开发商热衷于发放 VIP 卡主要有三个意图——预先圈钱、圈人气、为调价提供市场调研数据。

星空传媒中国有限公司一位广告业务经理刘先生不久之前在上海松江买了一套新房，他不无感慨地总结道："开发商迫不及待地推出 VIP 卡，就是要根据它炒作起来的人气调高房价，而买卡者得到的一点有限的优惠，其实早就被开发商哄抬的房价所淹没。说到底开发商就是通过卖卡炒作人气，从而不断抬高房价。"

刘先生说："一些楼盘通过发放 VIP 卡，向消费者传达楼盘优惠的信息，拿到卡的消费者容易受到'买这家楼盘便宜'的心理暗示，开发商从中达到了锁定客户的目的，为楼盘的销售铺好了路。"

作为专业代理机构人士，王哲嘉的说法与购房者刘先生一致，"部分开发商压根就没有预先确定价格，就开始售卡。一试水发现客户很多，于是就开始上调价格，而客户往往容易一哄而上。"

仁恒置地集团公司（Yanlord Land Group Ltd.）一位管理层人士称，房价一路飙升，各大楼盘房源一经推出，彻夜排队的市民既无可奈何，又不停抱怨。VIP 购房卡的违规销售与炒作，营造了销售旺盛的虚假氛围，误导炒作房价或囤积房源，无疑制造了更为紧张的楼市供求关系，对房价上涨起到了推波助澜的作用。

不过，也有开发企业觉得两难，"如果前期不办理 VIP 卡等形式，就无法较为准确地估算到准客户的数量、期望值等，无法准确地测算开盘的时间和方式等。而且不能收取订金、诚意金等，对客户又没有了约束力。"但类似辩白却依旧遭到了有关部门的严厉抨击。

据新华网报道，位于重庆渝北区的楼盘"上品 拾陆"在未取得商品房预售许可证的情况下，以 6 666 元/张的方式违规发放所谓"VIP 卡"达 2 700 多张。重庆市国土房管部门对这一楼盘进行了查处，要求开发商立即清退所收费用。

资料来源：佚名. "开发商隐蔽发放 VIP 购房卡 优惠还是推高房价的陷阱" [DB/OL]. http://finance.sina.com.cn/chanjing/b/20071026/01334101425.shtml

从厂商的角度来看，"最惠顾客"政策使其在谈判过程中更为强势，减少顾客讨价还价的余地，但也容易让竞争对手乘虚而入，同时难以吸引竞争对手的客户。

对于顾客而言，"最惠顾客"政策可以使其比其他顾客得到更多的优惠，确保其在与对手的竞争中不落于下风，但其他顾客也可能会拿到"最惠顾客"资格，从而使"最惠顾客"变得无多大意义。

2. 保值条款

保值条款（meet-the-competition clauses）保证顾客能获得市场上最优惠的价格。比如沃尔玛承诺，如果顾客在沃尔玛购买了商品，只要发现其他商店同类商品的价格更低，沃尔玛会给顾客退回其中的差价。保值条款打击了竞争对手实施价格竞争的意愿，减少了定价的困难，但也往往受制于竞争对手，尤其是实力较弱时，企业难以确保保值条款的承诺。

3. 定金合同

定金合同（take-or-pay contracts）允许企业以某一价格购买某一数量的商品，如果企业没有购买合同规定的数量，则向供应商支付一定的罚金。打折机票就是类似这种合同，消费者可以以较优惠的价格购买到机票，但不允许更改航班，退票的手续费也非常高。定金合同降低了供应商的风险，同时买方也得到较低的价格。

4. 折扣计划

折扣计划（rebate program）是利用与银行卡的合作，对产品进行打折，同时避免刺激竞争对手，或者可以向市场或产业发布某种特别的信号。比如，由于汽车成本的上升，通用汽车与福特汽车均想提价200美元，但由于法律限制，无法与对方协商共同提价，但单方面提价又担心对方不配合，从而失去市场份额。研究之下，通用汽车决定采用折扣计划。通用汽车宣布，由于成本的大幅上升，为保障品质，每辆车需要涨价200美元，但最近通用汽车与花旗银行合作推出一张联名卡，持联名卡的顾客来购车可以优惠200美元。这一消息发出后不久，福特汽车坐不住了，他们也发布一则消息，福特汽车每辆车也涨200美元，而且福特与美洲银行合作推出一张联名卡，凭卡购车也优惠200美元。有了福特汽车的这一回应，通用汽车再次宣布，由于成本继续上升，每辆车再涨200美元，而福特也宣布，每辆汽车也再涨200美元。这样，双方就顺利达成了涨价的目的。折扣计划的好处是可以在降价时不刺激对手，甚至使一些价格敏感的顾客提高忠诚度，同时还可以与合作银行产生协同作用。不足一点是对忠诚顾客，或者一些低值的商品无效。

5. 信用度检验

信用度检验（the credibility test）是一个新产品进入市场时，为了展示自己的信心而采取的一种方式。它主要有以下几种应用方式。

（1）收入与绩效挂钩。这类行为极大地将顾客的风险转嫁到自己身上，是一种高度自信的信息披露。许多服务型企业，如咨询公司、代理公司等，都提出以为顾客最终创造的价值为依据进行收费。当然，这在增加自己风险的同时，也为自己创造了机会。例如，雀巢公司推出胶囊咖啡时，胶囊咖啡机免费放在咖啡店中，然后从咖啡店售卖的咖啡胶囊中提成。这样，胶囊咖啡这一产品很快就推广出去了。

（2）提供担保。这是增强顾客信心的另一种手段。比如，许多药品广告如减肥药等，就采用这种无效退款的办法来吸引顾客的购买。

（3）免费试用。这类对策往往是全新的产品、业务推出时所采取的手段。免费试用为顾客提供了一个零成本的尝试，不仅获取了可能的商业机会，还利用了人们免费试用后的一些心理变化（如觉得赚了对方的便宜，在心理上产生一些压力，从而影响其购买行为。

（4）大量广告。大量的广告投放意味着企业投入了巨额的固定成本，这也是一种很好的增强信心的手段。一般情况下，投入巨大固定成本的企业，欺骗顾客的风险会大大增加，因此也就缺乏欺诈的动力。大量广告投放对销售者信心的影响就是基于这样的经济学原理。诚然，也有一些企业利用了人们的这种心理，利用广告推销伪劣产品，广告的作用也因此受到了很大的影响。

（四）改变战术

当企业进入一个新的领域时，往往会受到原有市场的在位者的报复，而原有的在位者往往比新入者强大。为了规避在位者的竞争，新进入者可以采用柔性策略的方式进入。柔性策略包括两种手段。

（1）采用高价进入市场。当新进入者采用一个较高的价格进入市场时，就可以避免对在位者产生威胁，从而规避了同业的竞争。比如，8848 手机进入手机市场时，该市场实际上已经处于竞争白热化的阶段，但由于 8848 手机采取 10 000 元的高价进入市场，有效地回避了所有的竞争对手。

（2）通过高不确定性或高风险的产品进入市场。由于在位者对这些高不确定性产品或高风险产品存在疑虑，往往不会采取跟进的策略。例如，在任天堂的 8bit 游戏机处于鼎盛时，Sony 推出 16bit 的游戏机。由于 16bit 的游戏机不成熟，相关的外围产品也不够丰富，同时任天堂也顾忌推出 16bit 的游戏机会对它原有的 8bit 游戏机产生影响，没有在 16bit 的游戏机上做出反应。等到任天堂反应过来时再进入 16bit 游戏机市场，Sony 已经站稳了脚跟。

采取柔性策略之所以有效，主要是出于以下两种原因。

（1）在位者投鼠忌器，即在报复新进入者时会影响自己业务的价值。比如，蔗糖企业不会因为木糖醇企业的进入而采取报复行动，因为要采取报复行动，就意味着要采用木糖醇产品来打败新进入的木糖醇企业，而要打败对手，就必须把木糖醇业务量做大，但做大木糖醇业务，势必会损害自己蔗糖业务的利益，得不偿失。

（2）跟进存在巨大的风险。由于新进入者的产品存在巨大风险，跟进的代价无法判断，因此会在行动上产生犹豫，如上述任天堂的案例。

（五）改变范围

在商业活动中，人们往往把不同的商业活动独立起来考虑，却忽略了它们之间的关联。要改变企业在价值网中的地位，也可以通过突破商业边界的方法来取得进展。

例如，华纳兄弟公司推出两部完全不相关的影片——《亡命天涯》和《人鱼童话》，这两部片子既不会相互竞争，也不会相互促进。在戏院放映高峰过后，华纳兄弟公司准备销售这两部片子的光盘。为了给这两部片子定价，华纳公司对 400 位消费者做了一次市场调查，结果是：

（1）100 人愿意花 20 美元买《亡命天涯》，但对《人鱼童话》不感兴趣。

（2）100 人愿意花 20 美元买《人鱼童话》，但对《亡命天涯》不感兴趣。

（3）100 人会买两部片子，每部愿意出 20 美元。

（4）100 人想看两部片子，但每部片子只愿意付 17.5 美元。

影碟的单位成本为 5 美元，包括光盘、塑料盒、包装、广告、运费等。那么华纳兄弟公司该如何定价，从而实现利润最大化呢？

在这个案例中，如果两部影片独立运作的话，最优定价是每部片子 17.5 美元，这样总的利润是 7 500 美元。但如果两部影片的价值网连接起来的话，就可以制定这样的定价方案——单买一部影片的话是 20 美元，两部都买的话每部 17.5 美元，这样总收益就达到 8 000 美元。从中我们可以看到，把价值网连接起来，发挥两个业务的协同效应，可以产生更大的价值。

第五节　实现非线性增长

在市场竞争的过程中，企业对机会的获取是不均等的，绝大部分的机会总会由少部分企业所把握。这种机会的把握，使得企业得以拉开与竞争对手的差距，建立行业领先的地位。机会的获取对于企业建立竞争优势来说是至关重要的。俗语说，机会总是留给有准备的头脑的。但除了要抓住这些显性的机会外，企业还更应该创造机会，实现超常规的、非线性的增长。

循规蹈矩，按部就班地进行扩张，很难在竞争中超越对手，尤其是超越强大的行业领先者。导致这种现象的原因，是人们头脑中有许多潜在的枷锁（一些假设、一些惯例、一些既定的知识），这些枷锁束缚了企业发展的思路。著名经济学家马歇尔曾说过，自然无飞跃。要实现飞速的发展，必须存在一些内在的合理性，否则不是欺骗，就是无法可持续地增长。哈默博士也曾认为，战略就是一种革命，企业的这种超常规的发展，必须是建立在革命性的结构变化的基础上的。本节介绍两种实现非线性增长的思路：打破行业惯例和引力弹弓理论。前者旨在突破人们对市场和行业规则的束缚，而后者旨在突破资源的约束，实现超常规发展。

一、打破行业惯例以获取快速增长

一个行业形成之后，随之而来的是大量显性的或隐性的惯例。这种惯例是行业秩序的一种体现，对行业的正常运行起到良好的维护作用，但同时也会束缚人们的创造性思想。

为顾客创造价值，为他们提供更多的选择，是企业生存的根本。然而通常的行业惯例无一例外是要求顾客做出让步——这是我们的规定，这是行业的规矩。当我们听到这些解释时，或多或少都会有些不快，但大多数企业对此无动于衷，依旧照样经营。许多成功实现了超常规发展的企业的事例证明，打破行业惯例，可以产生巨大的商业价值，从而实现企业的飞速发展；而习以为常、自以为是，是企业发展最危险的敌人。

阅读材料 8-5

二手车交易的创新

旧车销售是个有点尴尬的行业。在过去，只有买不起新车的人才买旧车；而汽车生产商更愿意销售新车，他们的做法进一步加剧了旧车销售的尴尬处境。当克莱斯勒公司在20世纪 80 年代初推出大受欢迎的 K 系列轿车时，通用汽车公司董事局主席罗杰·史密斯（Roger Smith）被问到如何面对这个挑战，他贬低 K 系列轿车时只说了一句话："通用的回答是，一辆用了两年的车。"

这种对旧车的态度并没有太大的改变。在 1995 年夏季，《新闻周刊》的一位记者就福特的新型 Taurus 牌轿车的价格问题向福特公司的项目主管提问时，项目主管回答说，1996 年的 Taurus 是将价位定在销售 400 000 辆的水平上，"如果乔·布洛（Joe Blow）买不起一辆新车的话，就让他买旧车吧。"

旧车行业可能不受尊敬，但它应该受到尊敬。北美的旧车年销售额超过 2 000 亿美元，使旧车成为继食品和服装之后的第三大消费领域。事实上，小汽车和小型运货卡车的旧车销售量都高于新车，并且对旧车的需求量增长更快。此外，旧车的质量还随新车质量的提高而提高。

除了产品质量的提高外，旧车销售行业几乎没有什么变化。挑选一辆旧车的消费者要面对许多惯例。首先，购车者要选定一辆车，通常是用浏览当地报纸的分类广告的方式。产品种类是有限的。比如，在多伦多，任一时期内在报上刊登出售广告的二手 Taurus 大概有 20～30 辆，这些旧车来自个人、专营旧车的汽车销售商以及兼售旧车的新车销售商。在私人售车的情况下，购车者必须打电话预约，并且希望在约定时间卖车人会出现。购车者必须驱车前去看车，但这辆车却几乎不可能正好是买方想要的那种，要么车的状况有问题，要么价格不合适，甚至车是否仍在那儿都可能有问题——因为它可能已被售出了。

当购车人找到一辆诱人的车时，他别想看到维修记录。虽然有一些汽车销售商给其旧车开出了证明，但这些证明比如在 Ontario，仅仅意味着车窗没有被打碎、车灯和刹车还能使、排气口不漏气、轮胎还够结实。换句话说，证明书担保的不过是该车还能上路行驶这一最基本的要求。

因此，旧车的购买者可能承担的风险是最终买到的是一辆有问题的汽车。此外，他们还必须忍受耗时的、确实令人感到害怕的购车程序。更确切地说是四道程序：找到并购买一辆车，为它融资、投保、售出旧车。购车者由于信息的不对称性而处于不利的地位：售车人比买车人知道的要多。通常，买车人要面对的是高压性的销售手段，并且被迫与他怀疑是不诚实的销售商讨价还价，而一旦出现问题，购车者也得不到明确的帮助。

电器城的主管们注意到了旧车销售的规模和增长速度，并且看到了他们自己的消费者在旧车消费上的潜力，决定进军这一领域以打破加于旧车购买者之上的惯例。

电器城以货品的高度多样化而著称，卡马克斯[①]也采用了同样的方式。一个典型的大型旧车销售商只能拥有 30 辆车的库存，一个大型的兼售汽车的新车销售商能够有 130 辆车的库存，而在里士满（Richmond）的维吉利亚开张的第一家卡马克斯商店就有 500 辆车。1995年 8 月在亚特兰大开张的另外两家销售商店，每家都有 1 500 辆车的库存。

在卡马克斯，通过利用计算机系统，消费者在计算机终端就能得到所需信息。他们不仅可以查询所在商店提供的汽车现货，也可以查询该地区内所有商店的情况。当卡马克斯在里士满或亚特兰大的任一家报纸上刊登广告时，它会同时登出两个地方的存货状况。

与电器城不同的是，卡马克斯并不把它的存货放置在室内。在陈列室中只有一辆汽车展出，它配有明显的方向箭头指向 110 处进行过性能和安全检查的地方。陈列室中计算机的终端提供库存汽车的资料，包括它们在车场的位置。如果顾客是与家人一起购物，并且想要看一看、开一开某辆车的话，卡马克斯为孩子们提供了一个日托中心。

卡马克斯雇佣的职业销售代表着装统一，他们的首要工作就是向顾客解释如何使用这些计算机终端，然后帮助他们找到想要的车。卡马克斯并不倾向于雇佣具有销售新车或旧车经验的人；相反，它要雇佣的是适于在公开场合露面的人。卡马克斯对这些人进行为期两周的培训，并且就他们售出的每辆车支持固定酬劳，不管这辆车卖了多少钱。较之电器城采用的按销售额提成，即鼓励进攻型的"高价售出"的方式，这是一个很有趣的背离。卡马克斯不想使它的顾客受到这种压力，所以它设计了一种旨在消除其销售代理所承受压力的激励机制。

卡马克斯将价位定在蓝皮书规定的平均价位之下，并采用不讨价还价、不强买强卖的方法。每一辆卡马克斯的车都提供 110 点的安全检查和 30 天的保修期。对有些车，保修期可达 4 年。此外，卡马克斯的顾客们得到 5 天内退货的承诺：只要该车行驶不超过 402 千米，卡马克斯就会不问任何问题地将它购回。

　　消费者可以从国民银行和电器城的财务公司处获得融资。但电器城的融资期限更长，并且通常对存款额要求更低。前进保险公司将及时对车和车主保险。从卡马克斯购车的人同时也能售出他们的旧车，出售旧车和购买另一辆车是独立的交易。卡马克斯会买进任何一辆——尽管它开出的价钱不是每个人都会接受。

　　电器城并没有透露卡马克斯的业绩，不过在1995年有4家车行开张，并计划在2000年再开90家。竞赛开始了，不管是旧车销售商还是新车销售商都有可能受到重创。历史上，新车销售商售出了使用期在4年以下的旧车中的80%——这些车也正是卡马克斯的主要货品，而这些销售在任何一个地方都占到销售商利润总额的35%~65%。

　　此外，新车销售面临着风险。汽车行业一个流行的说法是：当你买了一辆新车并将它开出停车场后，你拥有的就是一辆非常昂贵的旧车了。一辆新车的价值在售出后的第一周内平均要下跌28%。在卡马克斯不难发现那种行程较短、年份较近的车，而它们的价格比新车要低得多。通过打破加于旧车购买者身上的诸多惯例，卡马克斯有可能让消费者结束在购置新车还是旧车之间徘徊的局面。

　　资料来源：小乔治·斯托尔克. 打破惯例：寻求增长契机[A]. 赵锡军，等译. 企业成长战略[C]. 北京：中国人民大学出版社，1999：9-14.

　　波士顿顾问集团的小乔治·斯托尔克等人认为，可以采取至少七种方式来寻找和利用打破惯例的机会。[①]

　　（1）按照消费者购物的方式购物。用顾客的眼睛看世界，是打破惯例最根本的方法。而这种"顾客眼光"必须通过一个普通消费者的心态来使用自己的产品，并按普通消费者的购买方式购买自己的产品来获取。航空公司的高级管理人员从来不自己购买机票，汽车厂商的经理们也不会在经销商那里购买自己公司生产的汽车。这一切购买体验的机会都因为其拥有特殊的便利而被挥霍掉了，而这正是了解企业经营过程存在的盲点的最好的途径。企业的高级管理人员以及产品研发人员必须"微服私访"，通过切身的消费体验，来获取重大创新的思想源泉。日本的许多汽车公司在休假期间经常组织越野赛车活动，而所驾车辆必须是公司生产的汽车。这种活动不仅可以增进员工间的交流，更为重要的是在赛车的过程中，员工们可以了解自己产品的缺陷和消费者的潜在需要，这对公司产品的改进和创新是一种非常重要的途径。

　　（2）关注消费者实际使用产品和服务的方式。在从正常渠道获得正常产品后，消费者往往还要采用一些补偿性行为，以更好地满足自己的需求。这种补偿行为如果呈现出一种共性的话，则将成为创新的来源。比如在股票经纪行业，顾客在进行股票买卖时，会不断查询其交易是否成交，而证券公司对这种行为予以高度重视并提供相应的服务时，就可以产生一种价值创新活动，实现业务的快速增长。青岛海尔的维修人员在为顾客修理洗衣机时经常发现洗衣机桶内因为沉积了大量的泥沙而无法工作，询问之下才得知许多农村顾客经常用洗衣机来洗土豆和红薯。为此，海尔公司开发了能够洗土豆和红薯的洗衣机。

　　（3）找出顾客潜在的不满。在顾客的使用过程中，会存在一些潜在的不满，但由于惯例的作用，顾客往往接受了这种产品或服务状态。消除这些不满，会给企业的产品或服务

---

　　① 小乔治·斯托尔克. 打破惯例：寻求增长契机[A]. 赵锡军，等译. 企业成长战略[C]. 北京：中国人民大学出版社，1999：17-21.

带来巨大的优势。比如在白板纸市场中，顾客购买到的是成吨的卷成一卷的产品。产品购回后，顾客还得根据自己的产品需要，对这些纸张进行切割，既耗时，又产生大量的边角料，浪费严重。为此，一些企业根据顾客的需要，按顾客要求的尺寸进行生产，并在生产线的终端加一道切割工序，将纸张切割成一张一张并包装好，大大方便了顾客，也提高了产品的售价和产品的竞争力。

（4）对市场进行细分。长期以来，企业习惯于把消费者看作一类相同的人群，假设他们有相同的需求，继而向市场提供能够满足大多数消费者的产品和服务。但如果把市场细分出来，便可创造出新的需求。比如保健品市场，目前开始出现按年龄进行细分的系列产品，针对不同年龄消费者的生理需要，添加相应的营养成分。

（5）密切关注异常情况。异常情况通常都是打破惯例的丰富源泉。"9·11 事件"带给建筑界许多关于如何设计和建造能够抵御恐怖袭击的大厦的思考，为新型设计和新型建材开辟了一个巨大的新的市场。

（6）寻找行业中价值链上的不经济点。对行业价值链的仔细分析，存在着极大的机会。尤其是对价值链中不经济的环节，如果能够进行突破，便会释放出巨大的商业能量，而突破企业也会从中获得巨大的利益。比如我国的药品销售链中，众多的环节使得产品到达最终消费者手中时成本已成倍地增加，在零售市场上药品的价格往往是其生产成本的 10 倍。这种不经济的价值环节，正是企业突破的重点和方向。

（7）从其他行业吸收创新的营养。一些打破惯例的做法可能已经在其他行业实行，企业通过借鉴其他行业的做法，可以轻易地对自己所处行业的一些不良惯例进行突破。卡马克斯的创新就借用了许多行业的做法，如对旧车提供延长维修期的做法来自大型家电零售业；为使存货周转起来并保持有新的选择货品，卡马克斯仿效了商品零售业的惯用做法，即对过期商品自动打折；卡马克斯提供固定销售佣金和采用低压力销售策略的做法在很多行业也屡见不鲜。

二、引力弹弓理论

企业战略是外部需求与内部能力的结合。对于战略的可行性来说，企业能力是非常重要的一个考虑因素。很多企业在制定战略时，是由内向外来考虑的，即根据自己的资源和能力来选择战略方案。实际上，能力是一个非常动态的概念，许多企业由小到大实现了惊人的成长，就是运用了一种动态能力的思想。UT 斯达康在 1990 年成立时还是一个默默无闻的小企业，其主要产品小灵通所采用的 PHS 技术是一项业界公认落后的、被淘汰的技术，但在 2003 年华尔街进行的全球最受人尊敬的小企业的评选中，UT 斯达康却名列第二名。

从常理来看，UT 斯达康不可能取得这样的成就，但它却成功了。我们从众多类似的案例中，总结了一套引力弹弓理论。比如，探测太阳系以外的空间，是人类多年来的梦想。为了更好地探求宇宙的奥秘，人们设想发射一颗卫星飞出太阳系，进入宇宙更深的空间中。要把卫星送出太阳系，必须要求运载火箭达到第三宇宙速度。然而，人类目前的火箭技术还无法达到第三宇宙速度。为了解决这一问题，航天技术人员提出了引力弹弓理论：选择一个发射窗口，用超过第二宇宙速度（能够摆脱地球的吸引力）的火箭把卫星发射出去。当卫星经过土星轨道时，土星正好运行到合适的、较近的位置，土星引力给卫星一个加速度；当卫星经过木星轨道时，木星也恰好运行到合适的位置上，也对卫星进行一次加速。

这样经过逐级的加速，卫星就达到了第三宇宙速度，从而实现飞出太阳系的梦想。

把航天技术思想引入企业的战略发展中，同样会给企业带来超常规的发展，即能够做成自己力所不及的事情。能量守恒是宇宙不变的定律，要做自己力所不及的事，靠的不是投机取巧，而是必须借用外力来帮助实现企业的目标。

引力弹弓的基本思路是寻找一个适合企业的"弹弓"，帮助企业实现更快的发展。"弹弓的寻找"，实际上是对市场中战略需求的一种深入分析。传统的战略制定只强调顾客需求或市场需求，却忽略了另一类更为重大的需求——战略需求，即企业出于战略上的需要，希望能够从其他企业那里得到某些帮助，而这些企业可能是我们潜在的战略客户（以下称"弹弓企业"），也可能是我们的战略合作伙伴。

（一）战略场

引力弹弓理论应用的核心是寻找"弹弓企业"的战略需求。从价值网的角度来看，"弹弓企业"的战略需求会来自以下六个方面：供应商、顾客、竞争对手、替代品、互补品、政府。也就是说，"弹弓企业"可能会受到来自以上六个方面的压力，需要改善其外部价值网的结构，但是当其自身能力不足以改变这一结构时，就会产生战略需求，如图8-10所示。因此，战略场的模型可以描述为

$$E = \prod (u,d,i,s,c,g)$$

其中：E 为"弹弓企业"的战略场；u 表示上游即供应商；d 表示下游即顾客；i 表示产业内竞争者；s 表示替代品竞争者；c 表示互补品；G 表示政府。企业只要通过某种特定的行为，就可以利用这六个维度的场能。

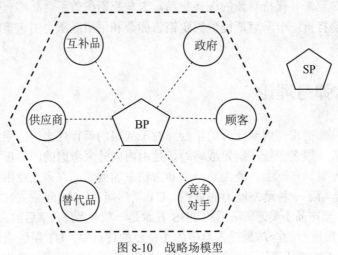

图 8-10　战略场模型

（二）战略场强模型

产生战略需求的根源是"弹弓企业"无法实施改善外部价值网结构的愿望而产生的心理张力。因此，从这一机理来看，战略场实际上是一种张力场，因此其场强公式可以定义为

$$V_j = K \cdot M^\alpha \cdot R_j$$

其中：V_j 表示某个维度 j 上的场强，其具体的含义是"弹弓企业"可能给予我们的帮助。这一场强公式用于评估战略客户的优劣。

K 为"弹弓企业"对于其目前状态是否需要改变的认知，即意味着其愿意帮助你的动机或可能性。这一认知取决于以下几个方面因素。

（1）企业的当前经营状况。"弹弓企业"的经营状况越差，与你结成战略同盟的意愿越强；反之，则越弱。

（2）该业务战略在企业的总体战略中的战略意义。该业务对于"弹弓企业"越重要，其合作的意愿就越强。

（3）该业务与公司其他业务的关系。该业务与"弹弓企业"其他业务的关联度越高，合作的意愿越强。

（4）企业是否有多元化计划。"弹弓企业"有多元化计划，其注意力会分散，合作的意愿就会弱。

（5）企业的组织结构。一般来说，"弹弓企业"的结构越扁平，合作的意愿越强；或者负责该业务的领导级别越高，合作的意愿越强。

（6）企业中某些高层管理人员对于某些业务部门具有独特的感情。高层管理者对该业务的感情越深，合作的意愿越强。

M 表示"弹弓企业"的总资产，α 为调整参数，M^{α} 代表着"弹弓企业"能够帮助你的能力。α 包括以下两个方面的调整。

（1）资产质量。"弹弓企业"的资产质量越好，帮助你的能力就越强。

（2）社会网络资源。"弹弓企业"的社会网络资源越多，则与你合作时可以动用的外部资源越多，从而帮助你的能力就越强。

R_j 表示某一维度 j（供应商、顾客、竞争对手、替代品、互补品、政府）上的心理张力，意味着"弹弓企业"可能会动用多大的力量来帮助你。

（三）供应商维度上张力的产生

"弹弓企业"可能在其供应商维度上产生心理张力，而这种心理张力源自以下三种原因。

（1）"弹弓企业"的供应商高度集中。供应商越集中，企业的压力就越大，就越迫切希望改变这种状态，这一维度上的 R 就越大。可以表述为 $R=1/n$。其中，n 是供应商的数量。

（2）"弹弓企业"的上游产品高度差异化。供应商差异化越大，企业的压力就越大，这一维度上的 R 就越大。

（3）上游产品缺乏替代品。上游产品的替代品越缺乏，企业的压力就越大，这一维度上的 R 就越大。

因此，当存在以上三种情况时，"弹弓企业"就会产生改变这些状态的战略需求，我们就可以在这几个方面与"弹弓企业"进行合作。在第四节荷兰甜味剂公司的案例中，可口可乐和百事可乐的甜味剂供应商只有一家孟山都，因此其张力非常大，也迫切需要改变这种状态。荷兰甜味剂公司本可利用这种张力进入阿斯巴甜市场，最后却因可口可乐和百事可乐利用它与孟山都的竞争矛盾压低价格而进入失败。

（四）顾客维度上张力的产生

"弹弓企业"也可能在顾客这一维度上产生战略需求。当存在以下三种情况时，"弹弓企业"就会产生心理张力。

（1）"弹弓企业"的顾客高度集中。顾客越集中，企业的压力就越大，就越迫切地希望改变这种状态，这一维度上的 R 就越大。可以表述为 $R=1/n$。其中，n 是顾客的数量。

（2）"弹弓企业"的下游需求高度同质化。"弹弓企业"顾客需求如果高度同质化，企业的压力就大，这一维度上的 R 就大。

（3）"弹弓企业"产品的应用范围很窄。"弹弓企业"产品的应用范围越窄，其压力就越大，这一维度上的 R 就越大。

（五）竞争对手维度上张力的产生

由于竞争对手会给"弹弓企业"造成竞争压力，因此"弹弓企业"也会在这一维度上产生战略需求。这种战略需求主要源自两个方面。

（1）竞争对手的竞争威胁。Linux 是一个开放的免费操作系统，对微软的 Windows 产生了很大的竞争威胁，因此，微软在这方面产生了巨大的心理张力。Linux 最初有 40 万行代码是来自 UNIX。当 UNIX 的版权拥有者 SCO 公司要求 Linux 的用户为这 40 万行代码付费时，遭到所有用户的抵制。因此，SCO 公司起诉 IBM。这时，微软"挺身而出"，主动为 SCO 公司每年付费 1 000 万美元，其给出的理由是：我们的客户也可能在 Linux 环境中运行，所以我们替我们的客户把这笔钱付了。实际上，SCO 的收费行为满足了微软瓦解 Linux 联盟的战略需求，因此微软才主动出来帮助 SCO 公司。

（2）潜在竞争对手的威胁。液晶显示器生产工艺曾经是一项非常尖端的技术。IBM 拥有这一技术，但由于当时 IBM 在郭士纳的领导下全力转向 IT 服务业，无暇顾及液晶显示器业务，而 IBM 又不愿意日本企业、韩国企业独占这一市场，以后对 IBM 形成威胁，因此在这一方面就产生了心理张力。最终，IBM 将这项技术以很低的价格授权给了明基公司，希望明基公司能够对日本和韩国企业形成扼制。这帮助明基解决了液晶显示器生产中最重要的技术问题，为明基日后成为全球第三大液晶显示器企业奠定了良好的基础。

以上这两个案例可以看到，"弹弓企业"战略需求往往是可以通过某种行为来满足的，并不需要为其提供任何的产品或服务。

阅读材料 8-6 ───────────────────────────────────●

科技界最可恨的公司
——SCO 公司诉 IBM 的 Linux 大案可能只会带来怨恨

早在 2002 年 6 月，达·麦克布赖德准备接手处境艰难的卡尔德拉（Caldera）国际公司首席执行官时，他便心里琢磨，如果申明其拥有颇受欢迎的 Linux 操作系统部分源代码的版权，就可以使公司得以生存。这家位于美国犹他州林登市的公司，后来改名为 SCO 集团公司。尽管当时卡德拉公司收入正在下滑，每个季度亏损 500 万美元，股票价格已跌落到低于 1 美元的纳斯达克摘牌价格，该公司即将离任的首席执行官伦萨姆·拉伍对麦克布赖德这个想法的反应，却是毫不迟疑。"别那样做，"拉伍称他如此对麦克布赖德说，"你可别与整个 Linux 社团作对。"

麦克布赖德未听劝告，一意孤行。2003 年 3 月，他一举震动计算机界，将 IBM 告上公堂，称 IBM 非法将 SCO 公司拥有知识产权的 80 万行软件程序代码用于 Linux，要求 IBM

赔偿 30 亿美元。自那以后，麦克布赖德进一步采取行动。2003 年 12 月，SCO 给一千多家 Linux 客户发信，指控他们非法使用 SCO 的产权。如今，SCO 又警告，它将在数日之内，控告另一家 Linux 用户。据 SCO 公司称，互联网搜索引擎老大 Google 公司有可能成为下一个目标。Google 公司说它尚未与 SCO 讨论这一问题：该公司使用装有 Linux 操作系统的计算机，而且正准备进行首次公募。

这样一来，SCO 公司至少暂取代微软，成为科技界最招人恨的公司。SCO 公司让数十家公司和数以千计的志愿程序员怒不可遏，正是这些人帮助 Linux 成为世界上第二大服务器操作系统，目前有数千万套投入使用，仅次于微软的视窗操作系统。Linux 是开放源代码的软件，其最基本的部分是免费的，不归任何人所有。科技界许多大公司，包括 IBM、惠普、戴尔，都攀上了这一火箭般飞速发展的操作系统。对于 Linux 的铁杆支持者来说，怎么臭骂 SCO 公司都不过分。平常脾气温和的莱纳斯·托瓦兹讥讽说："他们如同被逼到墙角的老鼠，我想会咬人的。"1991 年，还是一名大学生的托瓦兹初创了 Linux。

SCO 公司迅速遭到了愤怒的反击，枪林弹雨从四面八方射来。自从起诉 IBM 以来，SCO 受到了两次反诉的打击，一次是由 IBM 提出的，另一次是由世界最大的 Linux 软件销售商红帽公司（Red Hat）提出。SCO 公司的网站三次被黑客攻击。麦克布赖德本甚至收到了死亡恐吓信。以至于 2003 年 12 月，麦克布赖德在拉斯维加斯的一个科技会议上演讲时，SCO 公司一名百发百中的保镖也陪同在场。他说："这种闹剧简直让我们感到难以置信。"

"尚未造成影响"

然而这场官司到头来可能不过是一场闹剧而已。虽然群情激昂，但《商业周刊》在采访了 SCO 公司的管理人员、业界领袖、律师、软件专家和科技产品的企业客户后，得到的一致结论是：SCO 公司可能无法阻止 Linux 的势头。

SCO 对 IBM 和 Linux 客户的指控并非黑白分明。据研究过 SCO 送的证据的律师和软件开发人员说，那些证据难以起决定作用。虽然 SCO 声称拥有专利的程序代码与 Linux 的程序代码之间存在相似之处，但软件专家并不能因此就肯定存在侵权行为。要打赢与 IBM 的官司，SCO 必须证明，是 IBM 的程序员将这些程序代码放入了 Linux 之中，这可能很难找到证据。此外，这项技术甚至可能不为 SCO 公司所拥有。从事软件开发、支持 Linux 的 Novell 公司也声称拥有该项技术的版权。位于美国波士顿市的 Bromberg&Sunstein 律师事务所合伙人托马斯·凯里说："SCO 的说法的确有漏洞。"

能够充分显示 Linux 生命力的最好佐证，莫过于市场上的反应。尽管各公司害怕惹上官司，它们对 Linux 的兴趣却丝毫未减。根据从事市场调研的国际数据公司的报告，2003 年第三季度的数据显示，采用 Linux 的计算机服务器销售额比 2002 年同期增长了 49.8%，达到 7.43 亿美元，远远超过其他服务器 2% 的增长率。红帽公司的客户数目，从 SCO 公司起诉 IBM 的那个季度的 1 000 家，增加到上一季度的 3 000 家。包括中国和以色列在内的一些国家，已经颁计划，要在台式电脑上广泛采用 Linux。国际数据公司分析师丹·库兹尼茨基说："迄今为止，SCO 公司尚未造成影响。"

但是，SCO 公司仍有可能损害 Linux 的势头。购买科技产品的企业用户在一定程度上有可能被 SCO 公司的威胁吓住。《商业周刊》试探了 20 多家公司，没有一家使用 Linux 的公司愿意谈涉及 SCO 公司要求的情况，都怕官司惹火上身。如果上述案子于 2005 年 4 月如期开庭，开庭的地点将在盐湖城，这里可是 SCO 公司的老家。SCO 公司的首席律师，大名鼎鼎的大卫·博伊斯，可能会将大公司 IBM 描绘成一个恶霸，谋略欺负犹他州的一家小企业，以便打动陪审团成员的心。

如果打赢官司，SCO 公司将大获其利。按每台计算机的服务器软件收取 699 美元许可证费计算，仅 Google 公司一家，就得掏 700 万美元。2003 年 Linux 服务器的销售额可望超过 40 亿美元，再加上方兴未艾 Linux 个人电脑和家电产品市场，摆在人们面前的是一个自个人电脑时代以来从未有过的大好机会。

微软因素

但是，如果 SCO 公司打赢官司，获得最多的将是谁？微软。Linux 是微软称霸电脑界的主要拦路虎。微软一边兴冲冲地大打反 Linux 战役，造成 Linux 客户的恐惧，一边将大把金钱源源不断地输往 SCO 公司。虽然两家公司均未透露具体数目，但据接近 SCO 公司的消息来源说，微软已经向 SCO 公司支付了 1 200 万美元的许可证费用。微软说它需要这些许可证，因为它出售给客户的技术是为 UNIX 操作系统设计的应用程度技术，而 UNIX 正是 Linux 的蓝本。但是批评说，微软不过是给 SCO 公司出钱打官司。

在 SCO 公司的大本营，白雪皑皑的瓦沙琪山下，这场官司已经让朋友反目。SCO 公司董事长兼卡诺皮（Canopy）集团首要负责人拉尔夫·雅若说："我有好朋友对我说，他们无法相信我们公司的所作所为。"卡诺皮集团是一家私人投资公司，曾经支持过犹他州多家 Linux 公司。

卡诺皮集团管理着 Novell 前任首席执行官雷·诺达的资金，他就住在普鲁沃街上。颇具讽刺意味的是，诺达退休前曾与微软苦斗多年，现在他的钱却被用来支持一家与其死对头结盟的公司。诺达对卡诺皮集团的日常管理现已很少插手；听说诺达被这样利用，他的一些多年老友又惊又气。诺达的一位朋友说："我一想到这件事，就感到恶心。"雅若承认，眼下这种局面有点离奇；但是他又说，这件事的要害是 SCO 公司的知识产权，而非微软。

麦克布赖德与雅若一样，都曾在诺达手下做事。与雅若一样，他对目前的所作所为，未觉丝毫不妥。他激动地说，如果各公司允许其知识产权被用于开放源代码产品，将会毁掉软件产业，"我知道有人想叫我们走开，但我们决不会走开。我们将坚持到底。"

他看上去可不像个吓唬小孩子的妖怪。身为 7 个孩子的父亲，44 岁的麦克布赖德爱开玩笑，是个虔诚的摩门教徒，曾经在日本估过传教士，几年后又回到日本开拓 Novell 公司的日本业务。离开 Novell 公司后，他曾在富兰克林柯维公司（Franklin Covey Co.）做过短期的在线计划业务总经理，之后卡尔德拉公司聘任了他。

上任之后，麦克布赖德做了对公司股东有利的事情。SCO 公司的市值，从他上任时的约 500 万美元蹿升到现在的 2.19 亿美元。在最近的一个财政季度，SCO 公司的销售额为 2 430 万美元，与一年前相比增加了 50%，其中大部分来自于微软和 Sun 电子计算机公司所付的许可证费用。其非许可证收入则主要来自于 UNIX 操作系统的销售。扣除 900 万美元与聘请律师相关的开支，该公司应该还有 740 万美元的利润。麦克布赖德说："外面可能有一群怒火冲天的 Linux 支持者，但是我必须对一群怒火冲天的股东负责。"

法律纠纷

这场官司的核心，是 UNIX 的原始版权。UNIX 是由 Sun 公司、IBM、惠普公司出售的一种高性能操作系统。UNIX 最初由贝尔实验室开发，1993 年美国 AT&T 公司将版权及 UNIX 的一个版本卖给了 Novell 公司，Novell 公司随后又将 Unix 产品出售给 Santa Cruz Operation 公司，该公司后来与 IBM 合作准备开发 UNIX 的一个新版本，这项合作未获成功。此后卡尔德拉公司于 2001 年从 Santa Cruz Operation 公司手中收购了 UNIX 软件业务，打算将 UNIX 的某些部分与 Linux 并在一起。卡尔德拉公司后来改名为 SCO 集团公司，但是其 Linux 业务却未曾做大。

在法律专家和软件专家看来，SCO 公司的法律权利要求理由并不很充分。首先，SCO 公司是否拥有该知识产权目前还不清楚。Novell 公司声称卖给 Santa Cruz Operation 公司的只是 UNIX 产品的销售权，但原始代码的版权仍归 Novell 公司所有。Novell 公司称有一份合同可以证明其权利要求。SCO 公司则说文件措辞模糊。

即使假设 Unix 软件版权归 SCO 公司所有，它所公布的几段程序代码仍未让专家们确信 Linux 存在实质性的侵权情况。明显来自于 UNIX 的一小段代码已经从 Linux 中删掉了。对 SCO 公司的几段 UNIX 代码进行认真研究的软件行业分析师说，它与 Linux 之间有一些相似之处。从事工业咨询的恩德尔集团合伙人罗伯特·恩德尔仔细分析了 100 行代码，说二者之间的某些相似之处"非常明显"。他认为对于 SCO 公司的要求，应该予以认真对待；但他同时又提醒道："他们是否能证明拥有这些代码的版权还是个未知数。"

同时，SCO 对 IBM 的一仗也将是一场苦战，它要证明 IBM 确实将受版权保护的代码提供给了 Linux 社团。IBM 予以否认，称在 Linux 开发人员与专有软件开发人员之间，IBM 一直设有严格的界限，并能在法庭上证明这一点。此外，SCO 公司甚至有可能无能权起诉。IBM 在其反诉中称，因为 SCO 曾经开发并出售过 Linux 软件，它应该遵守一份开放源代码合同，该合同禁止出售 Linux 社团工作成果的公司，反过来起诉发布该成果的其他公司。

如果 SCO 公司开始起诉 Linux 客户，将会有人替这些客户辩护。Novell 公司和惠普公司已经对 Linux 客户因 SCO 公司官司而受到的损害提供赔偿。2004 年 1 月 12 日，开放源代码开发实验室在 IBM 和英特尔等公司的支持下，宣布为 Linux 客户建立数额达 1 000 万美元的法律辩护基金。

如果不是博伊斯的话，SCO 的案子可能更容易打发，毕竟是他替美国司法部扳倒微软的。现在，这位 63 岁的律师又将他的名誉押在了 SCO 这件案子上。他喜欢帮助弱小斗强梁。博伊斯说："你遇到的情况是，一家很小的公司碰上了一个很大的法律问题，而且你也知道，这家小公司的对手将是业界的超级大公司。即使到了我这个岁数，也难以拒绝接手这个案子。"

他这么做当然不是白干。SCO 公司称，根据一项非同寻常的报酬约定，它要付给博伊斯及其他律师 10 万美元现金和 40 万股公司股票；股票现价为每股 15.77 美元。德意志银行估计，如果 SCO 公司打赢官司，每股将达 185 美元，那样律师所获得的报酬将达 7 400 万美元。他们还将获得 SCO 公司 20%的知识产权使用费。

这些数字使 SCO 公司显得更像是一场官司而非一家普通公司。在这个喜好争讼的社会，这全不是一件很丢脸的事。但是与普通公司的案子不同的是，如果这场官司输了，麦克布赖德和他的股东们可能会损失惨重。如果这样，科技史上的一桩离奇怪事将以几声呜咽收场，而许多人则将额手称庆。

背景：

1969 年，贝尔实验室的科学家开始开发 UNIX。

1993 年，美国 AT&T 公司将 UNIX 及其版权卖给 Novell 公司。

1995 年，Novell 公司将其 UNIX 业务同售给另一软件公司——Santa Cruz Operation 公司。

1999 年，Linux 开始成为一个重要的操作系统。

2001 年，卡尔德拉公司从 Santa Cruz Operation 公司手中收购其 UNIX 软件业务。

2002 年，达尔·麦克布赖德被任命为卡尔德拉公司首席执行官，开始考虑对 Linux 要求知识产权。该公司改名为 SCO 集团公司。

2003 年 3 月，SCO 公司状告 IBM，称其将部分 UNIX 程序代码用于 Linux。IBM 予以否认。

2003 年 5 月，SCO 公司给 Linux 客户发信，称他们侵犯其版权。

2003 年 11 月，SCO 公司称很快将控告一家 Linux 主要用户。

2004 年 1 月 8 日，SCO 公司要求美国国会反对开放源代码软件。

资料来源：吉姆·科斯蒂特. 科技界最可恨的公司[J]. 商业周刊，2004（3）.

（六）替代品维度上张力的产生

替代品对"弹弓企业"的威胁类似竞争对手，但这一方面的战略需求主要源自以下两个方面。

（1）替代品价格。替代品价格越低，对"弹弓企业"的竞争威胁就越大，其战略需求就越强，这一维度上的 R 就越大。

（2）替代品的应用范围。替代品的应用范围越窄，其注意力就越集中在与"弹弓企业"争夺市场上，这一维度上的 R 就越大。

（七）互补品维度上张力的产生

"弹弓企业"在互补品这一维度上受到的压力来自以下三个方面。

（1）互补品价格居高不下。互补品价格过高，会影响到企业的业务发展，因此，企业有压低互补品价格的需求。

（2）互补品更新换代速度跟不上。

（3）互补品很难获取。

微软和英特尔是两家互补品企业，他们在新产品更新换代速度上结成了 Wintel 联盟，但在互补品价格这一方面的利益上却是冲突的。因此，英特尔暗中支持 Linux，而微软则暗中扶持 AMD。由此看来，Linux 和 AMD 就从英特尔和微软在互补品价格上的张力中获得了自己的利益。

（八）政府维度上张力的产生

由于政府对市场的干预，社会资源不能自由流动，因此必然会产生战略上的张力。来自政府维度的压力包括以下两种类型。

（1）政策壁垒。由于政策的限制，"弹弓企业"无法实施其商业目的时，就会产生战略上的张力，成为可以利用的势能。

（2）政策刺激。例如，对于财政刺激政策这样的政府投入，往往许多企业无法获得这些政策的好处，也会形成战略需求。

UT 斯达康正是利用第一点找到了自己的"弹弓"，实现了企业的超常规发展。中国政府为了将竞争引入电信运营业，将移动业务与固定电话业务分割开来。与固定电话相比，移动电话业务的盈利水平显然要高得多。中国电信和中国网通对移动通信业务垂涎三尺，但苦于没有移动牌照，无法进入移动通信市场。这时 UT 斯达康出现了，利用 PHS 这么一个落后的技术实现了将固定电话移动使用的功能,使中国电信和中国网通能够切入移动通信市场,因此得到了这两家电信巨头的鼎力支持,而小灵通业务也因此在中国市场迅速地发展起来。实际上,真正推动小灵通发展的不是 UT 斯达康,而是中国电信和中国网通。

本 章 小 结

　　企业面对的并非一成不变的环境,市场需求的变化、新技术的出现、新竞争对手的进入都会对企业战略提出新的要求。尤其在市场竞争过程中,企业更面对着主动创造变化或根据企业的行动做出相应反应的对手。在这样的环境中,一成不变的战略比最强大的对手还要危险。因此,企业需要进行动态战略管理。动态战略管理最重要的一个工作是对竞争进行博弈分析,通过对竞争对手的研究,采用博弈论的工具与方法,预测竞争对手的行为,从而采取相应的对策。另外,动态管理要从动态复杂的市场环境中通过创造变化、打破行业惯例来获取主动,并善于利用外部力量,研究其他企业的战略需求,从这种战略需求中寻找自己的利益,从而实现超常规的发展。

思 考 题

1. 何为博弈论?为什么要站在博弈论的角度来研究战略?
2. 何为行为理论?你在现实生活中观察到哪些企业行为可以归为非理性行为?
3. 何为共同进化理论?该理论对公司战略制定有什么意义?
4. 在企业商战中,常见的应对战略有哪些?
5. 如何利用信号来进行竞争?
6. 承诺战略分为哪两类?它们分别解决企业竞争中的什么问题?
7. 先发制人有什么好处?有什么弊端?
8. 何为非线性增长?企业如何实现非线性的增长?
9. 如何打破行业惯例以实现企业的快速发展?
10. 何为引力弹弓理论?该理论对企业战略决策有什么指导意义?
11. 何为战略需求?如何寻找外部企业的战略需求?

本章案例:五十年,与国球共同拼搏
——红双喜成长实录

案例导读:

五十前的它初露头角,同中国乒乓球一起踏上世界舞台的征程;经过半个世纪的起伏跌宕，历练后的它甚至比"年轻"时更光芒四射，以独特而强劲的势头成为中国体育用品行业中引人注目的焦点。在乒乓球界，红双喜是无冕之王，占据了国际乒乓球大赛90%的比赛用球，并不断引领着技术的标准和时尚的潮流；在羽毛球、举重、帆船等领域，它是后起之秀，开始在奥运会等世界大赛上初露锋芒，成了世界体育器材商的领军人物之一。这个令人深深敬佩的企业就是上海红双喜股份有限公司。

一、红双喜的诞生

如今，红双喜品牌早已家喻户晓，但却鲜有人知，这个响当当的名字当年是敬爱的周总理亲自提名的。

时间回溯到1959年的第25届世乒赛，容国团勇夺男单金牌，举国上下为之振奋。当周恩来总理向这位新中国第一个世界冠军伸出祝贺之手时，容国团对总理道出心愿："如果来年能在北京举行的第26届世乒赛上，使用我国自己生产的乒乓球该多好啊！"

周总理把这一期望寄托在了上海。当时，上海只有一家"华联乒乓球厂"生产乒乓球，他们的产品都只是手工缝制的儿童玩具，根本谈不上任何质量标准和技术数据。国际比赛用球严格规定了重量、圆度、软硬度、偏心度以及腰部、顶部的尺寸等10项质量标准，而以华联乒乓球厂的实力，达到其中的几项都非常吃力。为了能顺利完成周总理下达的光荣任务，华联乒乓球厂又联合了上海其他三家体育器材生产企业的研发技术人员，先从当时独享世乒赛用球资格的英国"海力克斯"乒乓球上着手研究。经过百余天的奋战，在进行了200多次原料配方试验之后，终于研制成功了。

当上海制作的乒乓球通过了国际乒联鉴定的消息传到北京时，周总理顿感欣慰，亲自提笔，取名为"红双喜"。取此名一是恰逢中华人民共和国成立10周年，二是庆贺容国团夺得我国第一个世界冠军。1960年4月，红双喜乒乓球正式被国际乒联指定为1961年第26届世乒赛比赛用球，从而打破了当时英国"海力克斯"独尊世界乒坛的局面，中国也因此拥有了第一只国际比赛用球。

从此，红双喜与中国乒乓球一起，展开了扬名世界的辉煌之旅。

二、聚焦一业，世界第一

虽然红双喜有着振奋人心的开始，又身处于中国这样一个乒乓大国，企业未来的发展道路看似是一马平川，但是作为计划经济体制下的一个老国企，在20世纪70年代前后，红双喜也逐渐陷入了体制落后、管理混乱的泥潭中。

1995年6月，原来的上海乒乓球厂、上海球拍厂、上海体育器材一厂、上海体育器材三厂、上海体育器材四厂被合并成上海红双喜体育用品总厂。

但是，这次合并并没有给红双喜带来任何实质上的改善，反而让这个"大杂烩"企业看起来更加杂乱无章。合并后企业的总员工加起来有1400人之多，退休职工700多名，其中有想辞职的，有怕分流的，还有提议全部转型搞三产的，更有主张各厂竞争百花齐放的；企业的账面总资产仅2000多万元，账面利润仅有27万元，现金流几近枯竭，负债则高达1.1亿元，这其中还不算拖欠职工的大笔应报医药费和集资款；产品上更是五花八门，品种多达几千种，既有地上立的篮球架，也有水里走的航模，甚至还有天上飞的滑翔机。

此时，原上海乒乓球厂厂长、红双喜首任及时任厂长黄勇武临危受命，拉开了红双喜品牌的第二次革新。

十几年积累的工作经验让黄勇武深知，老国企人多钱少设备陈旧，必须五根手指攥成拳头，有所为有所不为。在这种情况下要进行体育用品"全覆盖"，只会让红双喜顾此失彼。该从哪个点突破？在为红双喜细致全面地把脉之后，黄勇武把目光锁定在了红双喜乒乓器材上。相比于其他产品来说，红双喜乒乓产品历史最长、知名度最大且群众基础最广。同时，他又清楚地看到，中国乒乓球运动员在世界赛场上具备争金夺银的实力，而竞技体育创佳绩往往会推动群众体育加快发展，并且运动员个人器材取向更影响着体育运动爱好者的消费偏好，这就是强势体育项目对市场的影响力。无论从企业自身积累的资源角度来看，还是从外部环境来分析，乒乓产品都是红双喜最佳的发展方向。

为了对症下药，1996 年，黄勇武花费了很大的精力制订了红双喜第一个三年战略规划——收缩战线，将有限的资源集中起来，做强乒乓器材，做强"红双喜"品牌，利用强势体育项目打造强势品牌。

"我们就是要做世界第一！"如今这句挂在红双喜员工嘴边、融入红双喜文化骨子里的话，在十几年前刚写进公司战略时，被很多人所不理解，以为只是用来"赶时髦"的。有的同志轻描淡写："听来很鼓舞人心。"一些员工满脸困惑："战略是个啥玩意？"黄勇武用一句掷地有声的话语回答他们："人们永远只记得冠军，'红双喜'就是要做世界第一！"

三、做出中国人的标准

最关键的机遇可能伴随着最大的风险，也可能孕育着最大的成功。1996 年，红双喜的 40 毫米大球试制成功，揭开了乒乓运动近年来最大变革的序幕。"三流企业做产品，二流企业做品牌，一流企业做技术，超一流企业做标准。"黄勇武深谙其道。

小球改大球，这个在乒乓球运动史上堪称最重大的改革始于 1996 年亚特兰大奥运会期间。一天深夜两点，黄勇武接到时任国际乒联主席徐寅生来自美国的国际长途："乒乓球运动发展到今天，球速越来越快，旋转越来越强，技术是发展了，但同时也出现了一个问题，乒乓球比赛的观赏性正日益减弱。现在国际乒联有意放大乒乓球，让比赛变得更精彩。"徐寅生似乎在征询黄勇武的意见："现在的状况是国外的器材商对这个提议都不太支持，你们看看是否能够率先试制一下呢……"

放下电话，黄勇武陷入了沉思之中。做，还是不做？作为一个企业家，他意识到徐寅生的设想蕴含了许多复杂的科研及技术含量，需要冒相当大的风险，而且徐寅生说得很明白，大球还只是国际乒联的设想而非决议，一旦被否决，红双喜所有投入将血本无归。同时，他又顿感压力，因为乒乓器材的标准长期由欧、日企业垄断。尽管乒乓球被称为中国"国球"，但是在器材制造上只能仰人鼻息。红双喜作为中国乃至国际乒乓球器材的著名品牌，完全应该承担起试制大球的重任。但更重要的是，他深深地意识到，这是红双喜品牌真正拥有世界话语权的战略机遇，因为一旦正式使用红双喜的大球，红双喜就是占据了世界乒坛"国际标准"的战略制高点。于是，黄勇武下定决心："只有改革，国球才会更兴盛。我们红双喜决定吃这第一只'螃蟹'。"

　　冒着大额资金打水漂的风险，红双喜咬着牙毅然接下了这个苦差事。作为一个全新的概念，大球究竟"大"到什么程度才合理，谁心中都没谱。他们只知道专业使用的38毫米小球，最快飞行时速可达160千米，而日本生产的44毫米大球却完全是一种供老年人娱乐健身用的球。红双喜为此投入了数百万元的专项研发基金，调集全部技术精英成立"大球项目组"，与国家体育局科研所合作研发。

　　经过了整整一年的摸索后，红双喜选择了40毫米。别看只是改动两毫米，技术人员为此所做的科学实验却不少。为了证明40毫米的大球比38毫米的小球耐打，从击球回合、观众反映、转播效果上，技术专家们设计了大量的测试实验。实验数据表明，40毫米的球要比38毫米的球在旋转和速度方面确实减少了，可以让球赛的观赏效果得到保证。

　　1999年8月4日，在荷兰艾恩德霍芬国际乒联代表大会上，代表红双喜参加的楼世和美滋滋地将38毫米小球改为40毫米大球的标准提交国际乒联技术会议讨论，哪知道迎来的却是当头一盆冷水。国外企业纷纷发出不屑的质疑声，"中国企业也能搞标准？"首次参加此类会议的楼世和措手不及，铩羽而归。

　　红双喜提出的标准在首次表决中没有被通过，不少反对改大球的乒乓球制造商松了口气，而正在冒着风险试制大球的红双喜不但没有停步，反而加快了新品研发。同时，在所有乒乓器材厂家"按兵不动"时，红双喜不惜以库存小球全部报废、生产流水线全部更新为代价推广大球。红双喜相信，大球时代的到来只是时间问题，是大势所趋。

　　1999年下半年，国际乒联再次研讨大球标准。这一次，楼世和可是有备而来。一周里，他天天与国外制造商代表争得脸红脖子粗，不厌其烦地用详尽的数据有力地回应"为什么选这个重量""为什么定这个尺寸"等质疑，终于为红双喜的标准争取到了国际乒联的临时推荐标准。随后半年，楼世和在国际航班上颠倒晨昏，绕了地球好几圈来游说相关人员。

　　2000年2月23日，吉隆坡团体世乒赛如期举行，国际乒联180多个成员再次齐聚一堂，就"大球"召开会议投票表决。虽然红双喜前期做了大量的准备工作，但仍有不少质疑声，讨论又陷入了僵局。最终，在新任主席沙拉拉的力主下，国际乒联仗义执言：如果谁能像红双喜一样，在大球试验过程或标准结构制定中能拿出更好的切实可行的方案以供研究，可以拿出来讨论……此言一出，喧嚣顿止，大球决议终获通过，红双喜的中国标准在乒乓领域内第一次成为国际的"风向标"。这次会议还同时通过了2000年奥运会后正式启用大球的提案。当天，经销商就开始拼命下订单抢货源，当时只有红双喜一家能够生产大球，黄勇武照单全收，加足马力投入生产。

　　没想到的是，没等楼世和传出捷报，风云又变。国际乒联听取了部分制造商的意见，要将大球推行时间延后两年。这时，许多人劝他们见好就收，忍忍算了。可是黄勇武认为，标准创新的目的是先行一步规模生产，主导世界市场新格局；如果延后两年，意味着红双喜的先行优势将丧失殆尽。楼世和在会议上寸步不让，据理力争，国际乒联最终决定立即推行新标准。

　　2000年10月15日，当马琳击败最后一个对手，夺得第21届扬州世界杯男单冠军时，黄勇武将一尊用水晶球制成的大球纪念杯交给徐寅生手中，此时此刻宣告了一个时代的结束和另一个时代的开始。曾经风靡世界的38毫米乒乓球终于完成了它的历史使命，取而代之的是中国红双喜的40毫米大球。红双喜顺利地接连成为荷兰、巴黎、多哈和上海世乒赛的指定器材供应商。在担任了世界乒乓器材制造商联盟的主席成员后，红双喜在相关的技术改革和器材改革标准的制定方面拥有优先权。"以前的技术标准是别人制定的，我们只是照样学样，很难有超越机会，也没有什么发言权。"回想当年，黄勇武这样分析大球改革的一波三折。但是，从40毫米大球标准出台后，红双喜在国际乒联器材委员会中逐渐奠定了自己的权威地位。

手握国际标准，加上一系列切实有效的改革措施，红双喜逐渐开始重新焕发活力。但是，由于乒乓器材行业进入门槛并不高，许多机制灵活的民营销售公司纷纷涌现，红双喜产品销售上的问题又暴露出来。此时的红双喜还是像大多数老国企一样，产品内销靠内销公司，外销靠进出口公司。当以往计划经济时代的销售体系开始溃败时，红双喜的产品销售也跟着节节下挫。

就在40毫米大球研发到了关键时刻的1999年，红双喜在销售环节上也出了问题。这一年，红双喜的账面销售额虽有1亿元，但利润只有区区400万元，应收账款几千万元，审计亏损几千万元，流动资金降为零，加上此时研发大球急需大笔资金投入，红双喜几乎走到了绝境！

绝不能坐以待毙！就在1999年年底，红双喜一方面忙着研发40毫米大球标准，另一方面下决心彻底变革仰赖他人的营销体制。然而，变革遭遇的阻力远比他们想象的要大。在内销渠道上，合并后的红双喜曾与传统的内销伙伴合建了销售公司。合作协议规定，销售公司总经理必须由对方担任。最后，红双喜以每年保底给对方80万元收益为代价，"赎"回了销售公司的总经理位子，开始建立自己的内销队伍与内销通道。

接下来的外销渠道谈判中，局面就更加紧张激烈了。与外销伙伴的谈判一开始就陷入了僵局。红双喜请求他们把红双喜产品的出口价提高一些，却遭到对方的一口回绝。"你不提价我就自己卖！"红双喜第一次直接接触了海外代理商，第一次自己组团参加了境外产品交易会。短短数年，红双喜在北美、东欧、东南亚、南美、西亚等地建立起了十几个海外代理点，一张全新的、由自己控制的销售网络在国际市场上铺开。

自主掌握了内、外销渠道，就等于搭住了市场脉搏，市场需要什么样的畅销产品，很快会反馈到红双喜的研发部门。公司国际贸易部经理谢一明对此体会最深："2003年，设在美国的红双喜代理点向上海总部汇报说，一位美国体育用品经销商提出，美国人打乒乓球多数只作为娱乐，真正去比赛竞技的很少，出口美国的乒乓球台如能多块分解，方便美国家庭使用、搬运、储藏，将会更加畅销。上海总部的研发人员马上行动，收集资料、比对样板、勾画草图，三个月后就拿出了可以一分为四的多功能球台，红双喜球台在美国的销售量因此提高了25个百分点！"

四、"明星造势、赛事推广"打造强势品牌

1996年对于红双喜来说有着极其重要的意义。在这一年，红双喜不但经历了体制上的国企转合资，也吹响了品牌经营上"二次创业"的号角。从这一年起，中国乒乓代表团的肖像第一次出现在了红双喜球拍上；从这一年起，红双喜与中国乒乓世界冠军签下了第一份形象代言合同；这一年起，红双喜第一回参与了奥运会指定比赛器材的赞助投标；还是在这一年，尚未完全走出困境的红双喜定下"铁律"——宁可断掉原料、停掉生产，每年500万元的品牌推广费用一分不能减。

体育运动往往与体育明星密不可分，运动明星的号召力在于运动员在其从事的体育领

域内的竞技状态和竞技水平。中国乒乓运动成绩如此突出，中国有那么多关注乒乓运动发展、关注运动明星的体育爱好者，寻找顶级运动员提升产品号召力是很自然的事。从1996年起，红双喜开始尝试明星代言的品牌宣传模式，首次选择了邓亚萍、刘国梁、孔令辉和丁松，国家乒乓球队集体肖像；1998年，红双喜选择了王励勤、阎森；2000年选择了刘国正。当时，红双喜旗下拥有世界排名前三的张怡宁、王楠、王励勤、马林、王皓等5名世界冠军，同时可以使用中国国家队的集体肖像。

经过多年的精心运作，红双喜在选择运动员品牌代言人方面形成了一套独特的挑选机制。比如，挑选运动员时对运动员技术打法、未来竞技状态和发展前景进行预测；由技术开发人员、市场开发人员组成的小组对运动员的技术发展和器材使用状况进行跟踪、调整和即时服务，使器材最大限度地符合运动员的技术需求。这些有效措施保证了红双喜代言人运动成绩的稳定和技术的不断发展。

现在，红双喜不但继续推行明星运动员代言的方式，还将运动员与产品直接联系起来，摸索出一套成熟的运动员商业价值开发的运作方式，即不但借助知名运动员的名气来扩大品牌影响力，还成立专门的研发小组开发满足运动员的个性化需求的产品，帮助运动员提高成绩的同时又进一步提高产品及品牌的知名度和影响力。借助这个"明星造势"的手法，红双喜把品牌强势做到了"最大化"。

20世纪80年代后期，日本蝴蝶、瑞典斯的卡等国外厂商的乒乓球拍底板涌进国门，以良好的控制性、运动员上手就能打等优势取代了红双喜底板，成为中国专业乒乓球队的首选。2003年，红双喜公司决定夺回底板的优势地位。研究所专家选定当时品牌代言人之一的王励勤，针对他的打球特点研制了几块底板，但没想到巴黎世乒赛男单决赛中，王励勤使用这个底板却输给了瑞典选手施拉格。2004年年底，王励勤打电话给研究所所长张振宇，让红双喜给他做几块"控制大"的底板。

可什么是"控制大"呢？为了"破译"王励勤等国家队球员的感觉口语，研究所花大价钱制作了一台模拟击球底板的测试系统，经过成千上万次模拟测试，总算把球员们的感觉口语一一对应成了可量化的技术参数。"控制大"是要求球在底板上停留时间足够长，让球员有充足的时间手上做功对球施加影响；"底劲足"是球离开底板一刹那的初速度，底劲越足，击出去的球速越快等。

在测试系统的指引下，研究所对王励勤专用底板先后进行了几十次改进。2005年上海第48届世乒赛上，王励勤用千锤百炼制成的这块乒乓底板夺取了男单世界冠军。红双喜"狂飙王"底板亦一战成名，一经推出，市场价被抬升到1 200元一块。套胶的专业队使用率从1995年的不足15%一度上升到68%（以中国国家队使用率为基准）。顶尖运动员在顶尖赛事上用顶尖产品证明了自己的运动价值，而产品也因此得到了有效的推广。在大众市场上，"狂飙"系列套胶尽管采用高出竞争对手约一倍的价格策略，仍然占据了中国市场套胶销量的前3名。

红双喜品牌紧紧地与这些顶尖运动员联系在一起，当人们为这些运动员在世界赛场上取得一个又一个冠军头衔而心生尊敬之意时，能快速地联想到正是红双喜为这些顶尖运动员提供了出色的装备。

红双喜对赛事的赞助也直接成为红双喜积极参与乒乓运动改革的一个缩影。红双喜的"赛事推广"结合了其他媒体进行品牌整体宣传推广，包括球员纪念品开发、为运动员提供技术保障等。

品牌不负苦经营。2001年，红双喜与国际乒联及法国组委会签订世乒赛器材供应协议后，就组建了世乒赛项目组。项目组要完成4个主要工作内容：赛事器材、个人器材、市场推广、赛事协调。其中，赛事器材组的主要工作包括为世乒赛的球台进行外观造型与结构设计、采用新材料和新结构设计新型运动挡板、研制新型电子翻分器、研制新材料乒乓球，这几乎囊括了所有赛事器材的研制。

自法国世乒赛起，红双喜又接连拿下了三届世乒赛的器材提供商。这些大赛的经历使得它顺利地赢得了2000年的悉尼奥运会的入场券。"红双喜"品牌标志的乒乓球和乒乓记分牌终于与中国乒乓健儿一起来到了世界最高水平的赛场上，使得红双喜成为中国首家奥运会器材赞助商，实现了中国企业对奥运会赞助"零"的突破。

2005年，第48届世乒赛在上海举行，主场作战的红双喜精心准备了"礼物"，包括专为开幕式和决赛设计的底架可发光的彩虹球台，弧型、透明材质的裁判桌椅、毛巾架，挡板外的计算机计分显示屏等。

从世乒赛到奥运会，从巴黎到北京，十几年来，红双喜赞助国际顶级赛事20余次。无论是大力支持世乒赛，还是全力挺进奥运会，红双喜"赛事推广"的理念可见一斑。红双喜的新产品随着各大赛事亮点频闪，国际品牌形象随之提升，成为国际乒乓球运动发展中极其重要的角色。

五、"神来之笔"的彩虹球台

在2000年的悉尼奥运会比赛期间，国际乒联主席向总经理黄勇武提出一个构想——可否设法对世乒赛的场地布置做点创新，让视觉更美观。

球台是赛场上的视觉中心，要创新就从球台做起。传统球台都是八条腿，能不能不用腿呢？黄勇武在观摩比赛间隙一直冥思苦想这个问题该如何解决。一天在餐厅用餐时，被一个倒置的瓷拱筷架吸引住了，有着深厚美术功底的黄勇武脑海中灵光一现，突然意识到筷架倒过来就是一个赵州桥。乒乓球台是不是也可以拱代腿呢？用这样的造型替代乒乓球台方方正正的八条腿设计，是不是很大气？想到这，他按捺不住激动的心情，连饭也顾不上吃，马上跑回酒店画草图，一直画到凌晨4点终于有了基本雏形。心潮澎湃的他等不及回国了，第一时间用国际长途传真将草图发回公司让技术人员马上研制。当上海部门的设计人员接到黄总的草图之后，都交口称赞创意的巧妙，马上集中力量投入产品的实际研发中。

经过一千多个日夜的艰苦攻关，2003年，黄勇武当时的构想变成了现实，红双喜制造出了第一台弧线型红、蓝两色的彩虹球台。它巧妙地利用了中国拱形桥式的结构，从力学角度提供了球台支撑力的均匀性，赋予乒乓球均匀的回弹能力。球台的曲线美颠覆了乒乓球台横平竖直的传统形象，让乒乓赛场更赏心悦目。当彩虹球台在巴黎世乒赛上首次亮相时，立即惊艳全场，一时间风靡世界，被当时的国际乒联主席沙拉拉誉为"我所见过最漂亮的球台"。在比赛结束后的一个月内，彩虹球台的销售量已经相当于2002年全年销售量。普通彩虹球台一副8000元仍供不应求，特制的透明彩虹球台甚至创出了市场价8万元、拍卖价48万元的"天价"！

为了更好地提高比赛的观赏性，红双喜还推出了与彩虹乒乓球台相配套的赛场运动挡板、灯光等。而在北京奥运会上，红双喜又增添了新的元素，使球桌侧面看上去犹如北京奥运会的会徽——象形文字"京"。如今，这种球台已成为各种世界大赛的指定球台。第26届和第48届的乒乓球台还被国际乒联永久收藏，并在瑞士洛桑总部展示。

六、发挥优势进行品牌延伸

面对市场激烈的竞争，红双喜为自己的企业确定了"一业撑强，品牌延伸，由乒乓产品向综合产品发展"的发展道路。在几十年的体育器材研发过程中，红双喜形成了非常成熟的运动分析机制和以运动者为中心的开发机制，这些宝贵的经验为红双喜在相关体育行业的延伸提供了极好的指导作用。

在羽毛球领域，红双喜自2003年正式进入后，迅速加大器材开发力度和开发速度，在短时间内红双喜101羽毛球即获得国际羽毛球联合会（IBF）批准，可用于国际级的专业羽毛球比赛。红双喜在小球上的技术和经验是101羽毛球迅速获得IBF批准的重要原因。同时，红双喜还与世界级的羽拍开发机构在碳纤维树脂配方应用领域开展了密切的合作，全球首创的"记忆碳"碳纤维（MEM—O）系列羽拍即将面世。

在中国体育的另一大强势项目——举重上，红双喜近来的表现也非常抢眼。实际上，红双喜牌举重器材进入人们的视野仅有短短五年的时间。以往的国产举重器材通常给人较为笨重的感觉，这极大地降低了举重比赛的观赏性。针对这一问题，红双喜特别在产品的外观设计上做了改进：杠铃片采用夹片式，举重台上的镁粉盒、插片车等辅助器材也设计得更为精美，这些看似简单的设计都将让前来观看比赛的观众眼前为之一亮。在这几年间，他们始终与各参赛国运动员保持"亲密接触"，详细了解运动员的潜在需求。红双喜在杠铃片弹性适中度、小铃片的易安装、卡箍锁紧装置的安全度和易装度等方面进行了创新；在握感舒适度方面，根据运动员手型的特点对滚花进行了改进，使其更为人性化。

红双喜以其出众的精准度、安全性、转动灵活性、美观性得到了国际举联的好评。2005年5月，红双喜举重比赛杠铃成为国际举联批准的全球5家A级标准杠铃之一；2006年6月，红双喜成功为世界青年举重锦标赛提供了全套器材，这为他们最终走向奥运赛场迈出了坚实的一步。

在北京奥运会上，女举四十八公斤级陈燮霞举起一百一十七公斤的红双喜杠铃，为中国队夺得奥运首金；中国乒乓球队手持红双喜的球拍包揽男单比赛的所有奖牌，五星红旗一次次地飘扬在颁奖仪式上，红双喜的名字也伴随着这些激动人心的时刻铭记在人民的心中。红双喜成了中国器材制造商在同一届奥运会上同时向两项赛事提供比赛器材的第一家。

作为红双喜品牌战略的重要组成部分，乒乓、羽毛球、举重是红双喜体育品牌规模化发展和国际化的三个重要领域。在这一品牌延伸的过程中，坚持专业路线使其保证了品牌核心价值观的延续和积累，是红双喜"明星造势、赛事推广"品牌战略的又一成功印证，也是红双喜向世界顶级体育品牌目标迈进的保证。

七、与李宁强强联手

2007年11月，红双喜对战略做了一次大调整。红双喜作为运动器材类的领先品牌，与国内综合类体育用品的领先品牌李宁结成了战略合作关系，共同推动红双喜、李宁品牌的发展。通过联合，双方将集中各自优势，实现优势互补，提高红双喜和李宁的品牌价值。"稳固尖端的领先地位，普通消费市场的领导地位。"红双喜对自己如此定位。李宁一直以来采用的"农村包围城市"的战略，正好可以较大范围地实现红双喜在普通消费市场中的领导地位。

双方将在营销渠道建设上互相开放资源，在国内的零售专营店、经销商资源将实现共享。红双喜在欧洲、日本和美洲的市场将与李宁的海外市场形成互补和共享。从目前来看，李宁在全国共有 4 000 多家门店，而红双喜的销售网点只有 700 多家，联手后，在李宁的大部分商店都可以看到红双喜的产品。销售渠道的拓宽在提升红双喜销售业绩的同时也提升了红双喜的品牌价值。

双方的联合也在产品线上形成互补，形成运动器材、服装、鞋类的整体竞争力，共同加强在乒乓、羽毛球和举重领域以及其他体育领域的影响力和作用。双方的联合还将加强双方在各自领域内的生产、营销、品牌发展和研发创新能力，提高企业运营能力。

案例讨论：
1. 红双喜取得如此骄人的业绩，是借助了谁的力量（其战略客户是谁）？
2. 红双喜解决了其战略客户哪个维度上的问题，从而获得了外部的助力？
3. 红双喜品牌延伸到其他运动器材产品的战略正确吗？
4. 红双喜与李宁集团的合作能产生好的协同效应吗？
5. 选择一家企业，为其寻找一个弹弓，从而实现跨越式发展。

第四篇

战略实施与调整篇

第九章 战略实施——思想与手段

一个公司的战略实施，跨度如此之大、涉及面如此之广、实施时间之长、参与人数之多，若没有一个强有力的保障系统，战略能够得以有效实施的可能性几乎为零。

第一节 战略实施概述

战略制定与战略实施属于两个不同的管理范畴，它们之间虽然有诸多联系，但也存在许多不同，如表 9-1 所示。

表 9-1 战略制定与战略实施的区别

战 略 制 定	战 略 实 施
行动之前配置资源	行动中配置资源
注重效能	注重效率
思维过程	行动过程
直觉与分析技能	激励和领导技能
对几个人进行协调	对众多人进行协调

资料来源：弗雷德·R. 戴维. 战略管理[M]. 李克宁，译. 8 版. 北京：经济科学出版社，2002.

上述差异决定了战略制定与战略实施对团队组织存在不同的要求。

（1）涉及的范围不同。战略制定阶段的参与人员一般都非常有限，当然在战略制定过程中，战略决策小组会大量咨询外部技术专家、政府官员以及相关人士，也可能会进行大规模的市场调研，并会听取内部关键成员的意见，但最终决策还是在有限的几个人中完成。而战略的实施则是一个全员性的概念。企业经营管理工作是一个完整的系统，研发、生产、物流管理、销售、市场营销、人力资源管理、资本结构优化，各个层次、各个环节之间的工作是紧密相连、相互影响的，也许一个小小的问题就可以导致企业全盘战略的失败。因此，战略的实施需要全体人员的支持与配合，当然首先需要全员对战略有一个较为正确与深刻的理解。

（2）对人的要求不同。在战略的制定阶段，需要的是分析能力与良好的直觉，注重的是一种概念技能。而战略的实施则需要脚踏实地，需要一种迅速有效地行动的能力。如果战略制定是运筹帷幄、决胜千里，那么就需要一批攻城略地、攻无不克、战无不胜的将才来实施这些战略设想。因此，在这两个不同的阶段，对领导人素质、个性和能力方面的要求是截然不同的。选择合适的人选来担任战略的制定与实施的指挥工作，是战略管理得以成功的关键。

（3）所需的文化氛围不同。由于战略制定与实施这两个阶段的工作性质的不同，它们所需要的环境氛围也不尽相同。在战略的制定过程中，创造力是至关重要的，这就需要一种灵活、创新的团队氛围，需要"高瞻远瞩"；而战略实施追求的是效率，强调执行力，此时更多的是注重"埋头拉车"。

在战略管理中，战略实施是最为关键的环节，只有正确地实施战略，战略管理才能最终取得其应有的价值。当战略制定的工具、方法、概念得到基本普及后，战略执行力的问题越来越受到企业界的关注。

注记　艰难的战略实施

事实上，正确地实施战略要比战略决策困难得多。战略决策是一种小范围的管理活动，而战略的实施却涉及企业的每一位员工，而且往往历时多年。在漫长的执行过程中，其中任何一个关键环节出现纰漏，都可能导致企业战略的全盘失败。战略实施就像是一个线路很长的串联系统，它对系统各个组成部分的可靠性要求极高。假设一个战略的实施有 500 个关键环节（对于一个五年的战略，500 个关键环节并不算多），每个环节的可靠性是 99%，那么整个系统最终的可靠性则只有 0.657%，这还没有考虑由环境变化所带来的不利影响。因此，一个战略的成功实施，不仅难度极大，而且涉及企业的所有员工，这无疑大大增加了管理的复杂性。

战略实施是在企业组织架构下，通过组织协作，发挥"1+1>2"的协同效应，从而更有效地实现企业的战略意图。因此，战略实施是一个有机的过程，即一个各职能有机协调、合作的过程。企业战略意图的实现，需要技术研发、生产、营销、财务、人力资源等各个职能间的密切配合，在企业内部价值链上进行强有力的整合，并与外部的产业价值链保持高度的一致性。然而，目前大多数企业仍按职能分块进行运作，部门间的割裂是必然存在的。要确保每一部门的工作都是企业经营有机整体的一个部分，就需要一个共同的规则来加以整合，这个规则就是企业的战略思想。尤其在目前复杂动态的市场环境和激烈的竞争中，对企业运作的整合性要求越来越高，企业内部不同职能之间的运作必须结合得更加紧密。

由于环境的变化，企业内部价值链的每一个环节都需要相关部门的动态协同，而不再是部门工作的静态组合。在这样的环境下，不仅需要一个明确的战略整合，而且需要各个执行部门深刻地理解企业的战略意图和战略思想。这样，不同部门间的动态协同才能合拍，部门间的横向沟通也才具备基础。

战略实施的核心是整体性，即通过战略来协调各种活动之间的关系，它追求整体最优性而不是局部最优，追求相互协作、配合而不是各自为战。战略的实施是战略定位、战略意图的逻辑分解和逻辑延伸，是对经营管理各职能的有机整合。

企业战略思想通过战略意图、战略基石与战略风险这三个方面来沟通与企业各职能之间的联系。战略意图是希望达到的目的，是企业经营管理的最终目标；战略基石是实现战略目标的条件，对职能发展提出直接要求；战略风险是职能规划中予以特别防范的。战略与企业其他各个职能间的关系如图 9-1 所示。

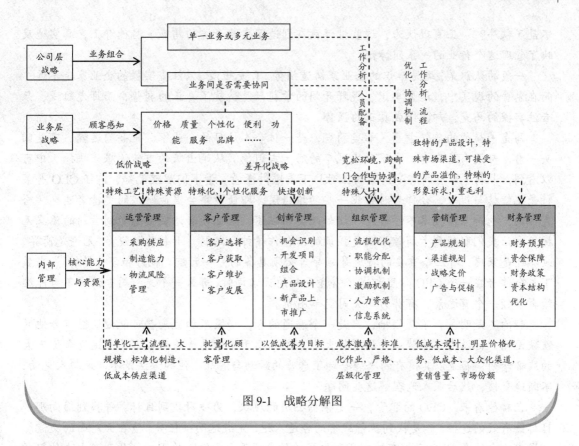

图 9-1　战略分解图

阅读材料 9-1

在人们的想象中，世界级企业家一定是那些高瞻远瞩和极富创新精神的领导者，他们开阔的视野、纵横捭阖的战略思维以及对创造的痴迷，使得企业出类拔萃。可是三年来发生在惠普公司身上的奇迹却有理由使人们对此产生怀疑。

三年前的 2005 年 3 月，当惠普董事会辞掉全球知名的企业家卡莉·菲奥莉娜、换上名不见经传的马克·赫德担任公司 CEO 时，这家企业正处于内外交困之中。然而三年过去了，马克·赫德不但挽救了岌岌可危的公司，带领惠普超越老对手戴尔重夺全球 PC 霸主的宝座，而且还一举超过 IBM 历史性地成为全球最大的 IT 企业。惠普公司的股价扶摇直上，比 3 年前翻了一番。

奇迹为什么会发生？在人们聚焦惠普的战略和变革时，著名商业评论人士王育琨却对马克·赫德的企业管理方式情有独钟。

相比豪华的盛典和大型论坛，马克·赫德更喜欢挽起袖子和团队一起干活，他会花更多的时间跟员工待在一起。他不是明星，只是一个普通的人，反而容易融进惠普人中。他唤醒每一个像他一样的惠普普通人，让他们对惠普的发展承担起责任来。这种具体深入的工作作风，是许多大公司 CEO 想做而没法做到的。

深知自己，也知道每个员工的感受和兴奋点，正是马克·赫德的看家本领。但这个看家本领往往不被人们重视。"没有判断力的人才打情感牌"；"像惠普这样 15 万人的公司，有着健全的体系，一个 CEO 不懂得充分授权和发挥人的作用，而一个劲地往下面跑，这还不乱了秩序？"王育琨认为，这些批评放在创造了惠普奇迹的马克·赫德身上，真实地反映了管理这个行业的一系列悖论。

一般的认识是，远见卓识的企业家铸造强势，目光短浅、只注重实操的企业家走不远；而在惠普的现实中，远见卓识、视野开阔的卡莉只是造就了真正的弱势，而目光短浅、只专注实操的马克，却能铸成真正的强势。

马克·赫德的前任卡莉·菲奥莉娜，是一位令人炫目的企业家。她高瞻远瞩，可是回头一看，却没有后来者，成了独战风车的唐·吉诃德。从她出版的自传《艰难抉择》中可以看到，卡莉·菲奥莉娜是何等的孤独！下属懵懵懂懂，董事们龌龊无知，前任CEO普莱特毫无智慧与锐气，合作者时常犯一些幼稚错误，即便董事会里最坚定的支持者迪克·哈克伯恩，也是只懂技术不懂管理。诸如此类的描述，既让读者切实地感受到卡莉的孤立无援，也让我们联想到卡莉曾经反复强调的"合作精神"之弱。卡莉曾经说："无论是商界、政界还是家庭，有三个重要的特质是领导者必须具备的——天赋、能力和合作精神。"当属下与合作者在一个CEO心里都成了懵懂无知的代名词时，那么一个光杆司令注定不可能继续再带领一个有远景、有潜力的公司变革图新。

赫德不是明星，不是领袖，只是一个普通的人，如果不加盟惠普可能他还继续着他的默默无闻。他没有搞声势浩大的誓师大会，也不急于率领惠普的千军万马去追逐看似宏大的战略计划，而是以其惯有的冷静冷却了惠普的躁动与混乱。他的方法是不断地与人见面，不断地交谈，然后深入地理解这些问题。

在赫德看来，CEO的职责，一是根据公司的现状，为公司找到目标，并找到通向那一目标最有效的途径；二是找到执行战略的合适人选。完成这两项任务，重在面对面的交流。如果以为自己是CEO了，有着充足和权威的信息资源，已经不屑于从一些个案上去捕捉信息了，或许就没有了赫德今日的成就。

马克·赫德抓住了惠普的灵魂，而他的前任卡莉却无意中伤了惠普人的情感和自尊，这是马克·赫德与卡莉·菲奥莉娜的最大区别。卡莉·菲奥莉娜没有时间和精力用情感去触摸惠普公司和惠普人；而朴实的马克·赫德却能从普通人的情感出发，用做事的理性和对人的情感去把握一个个机会和可能。

自以为第一等聪明的人，是世界上最笨的人；笨到绝顶、见人就问的人，却是第一等聪明人。

设想一个白丁和一个聪明绝顶的人要到同一个陌生的地方，那个一无所知的白丁见人就问，或许有人指错路，但他有一种从零开始的精神，在不断的试错中很快找到了路径；而那个聪明绝顶的智者，不屑于见人就问，他只能找到与他身份相近的人探询，失去了跟每一个新人接触的能力。

马克·赫德对深入一线的效能坚信不疑。在进入公司的最初四个月时间里，他会见了成千上万名员工，也会见了成百上千名客户，还有近百个合作伙伴；他花了很长时间了解惠普公司的市场，了解这个公司的财务状况，在此基础上才形成了一个裁员1.5万人的重组计划。他一直以来的经验就是告诉员工全部事实。他们是聪明的，他们完全知道什么是不对的，他们知道如何做得更好，他们知道什么事情效率最低，他们知道管理层对他们隐瞒了什么，他们知道一切，而他们不知道的就是全局。

当他们通过面对面的交谈，得悉公司为什么做出一些决策，为什么在一些地方投入资金，为什么在一些地方削减成本时，会激发起他们的激情和智慧。交流得越多，员工的士气越高。越多地阐释公司所做的一切，他们就变得越有活力。

一个人永远不会对所有事情都很有把握，真正的智者总是对未知事物有着很深的敬畏，在与人交流互动的过程中，不断地修正自己的判断。

一个公司从顶端到底端，可能有 6~30 个层次。最高层高瞻远瞩的决策背景，并不为下面的员工所理解。马克·赫德深知最大限度地跟员工分享信息的妙处。最大限度地将决策出台的背景和所要达到的目标与一线员工交流，不是作秀或走过场，而是马克·赫德不断试错求真的过程。在这样的背景下形成的决策，才能被不走样地执行下去。作为最终对决策负责的人，马克·赫德清楚必须不停地保持一线鲜活的变化和动态，才能对决策的执行有个客观的判断。

一把手深潜到一线上去，不只是能保证决策不走样，而且还会对中高层形成一道很强势的压力，容不得你偏离路径。人都有惰性，当大老板都深入第一线，能够掌握一手的资讯时，你不深入基层，你不比老板知道得更多，那将如何行事？这不是一个人的走向，而是一个体系的走向。这个体系是不是从群众中来、到群众中去，是不是能真正建立在每个人的基础上，关键看一把手是否能够深潜。

中高层一般都喜欢 CEO 停留在上层，最好不要来管自己分管的事，还要美其名曰信任。可是，这样的信任是建立在人的惰性基础上的。一般人都会说要建立自下而上的体系，可是怎么建立？是停留在开誓师大会上，还是实现于现实的操作之中？这是最大的不同。

叶公好龙，龙真来了，没有几个人喜欢。深潜不是一件简单的事，要做很多的准备，对许多事都要有具体的判断，还必须有闻过则喜的胸怀。

身居高位，一般都会有许多盔甲来遮挡无数双眼睛的审视与扫描。一旦卸掉盔甲，会周身不自在。应付一双眼睛的审视容易，应付不知来自何方的无数双眼睛的审视，就不容易了。不知什么时候，一个轻微的眼神或动作都会招致属下负面的评判。与正面评价相比，非议向来都有着更快、更广泛的复制能力和速度。

深潜过程中没有显示身份的机会，有的只是每天扒层皮的辛苦。没有两把刷子的一把手，不敢深入一线显示自己的无知，只可以徘徊在会议中而不省人间事。

马克的成功也有许多说法，最通常的说法是，只不过他延续了卡莉的路线和战略，所以说马克的胜利应该是卡莉的胜利。可是卡莉的战略在卡莉手里是四面楚歌，在马克手里却是披荆斩棘。为什么？

资料来源：王育琨. "惠普奇迹"引发四大管理悖论[N]. 大洋网-广州日报, 2008-05-17.

第二节　战略实施中的组织设计问题

一、组织设计问题

结构随战略而动，组织设计的考虑在很大程度上是企业战略意图在组织结构上的反应。战略与组织设计的关系体现在以下两个方面。

（1）企业总体战略（公司层战略）定位一旦明确，就意味着选择了自己所从事的事业领域，即选择了企业的外部环境（包括产业环境）。不同产业，对企业能力的要求是不尽相同的。有的产业强调生产效率，如一些产品高度标准化的行业，如铝业、盐业、制氨、大宗香料（肉桂油、茴油等）；有些产业强调响应速度，能够对顾客需求的变化做出迅速而正确的反应，如时装业、娱乐业、报业等；还有一些行业对技术创新能力有特别的要求，如电信设备业、计算机业、飞机制造业等。这些竞争能力的形成，是建立在相适应的组织结构的基础之上的，企业应针对行业的这些特殊要求来规划、设计自己的组织体系。

（2）公司战略侧重点的不同，对企业组织结构的要求也不相同。采用成本领先战略的企业，其核心优势在于高效率，其组织形态必然是以追求效率为目标的科层制（官僚制）组织结构；采用歧异化战略的企业，由于其核心优势是创新能力和应变能力，企业就会采用横向化、扁平化、模糊化的组织结构。

企业运作的根本特质是有机性，一个企业的战略目标能否成功实现，首先取决于它的组织机构是否与战略相匹配、是否反映了战略对组织结构的要求，这是战略实施中最重要的因素。

要使企业战略更有效地实施，需要在战略的指导下对企业的组织及其运行体系进行系统的规划设计。因此，组织结构与战略的匹配就涉及组织设计工作的方方面面。一般而言，它需要从以下十个方面进行规划。

（1）工作需求分析。工作需求分析是组织设计的第一步，企业管理是最为基础的环节之一。工作分析要对企业的战略意图进行全面、系统的分解和界定。

（2）机构设置。在企业的运作中，各种经营活动是以部门为单元来开展的，所以部门的设置是企业组织结构的标志。

（3）岗位设定。岗位设定是在部门的基础上，对工作进行进一步的分解和分配，按专业分工协作的原则，设定部门职位。

（4）工作标准的设定。工作标准是在工作职责的基础上提出预期的工作结果状态，它是对企业战略目标的分解。

（5）工作规范的建立。要达到组织工作目标和绩效要求，仅靠员工个人的素质和努力往往是不够的。工作规范的建立就是为了帮助员工迅速掌握工作要求，提高工作质量和工作效率，减少差错，使更多、更普通的员工能够胜任更复杂的工作。工作规范的制定应该是企业内外部知识的一种显性化整理的过程，它建立在经营实践的经验和教训的基础上，并结合企业外部经验，为企业的经营管理活动提供一种科学、合理的工作模式。

（6）沟通协调规则设计。组织的根本使命是通过对社会资源的整合，产生"1+1>2"的协同效果。在组织内部，资源按什么样的规则进行协调是组织运行的基本前提。

（7）考核与激励模式设计。制度决定人的行为。由于涉及员工的切身利益，考核与激励制度对员工行为的影响是最大的。战略实施中的一个重要问题就是如何设计考核与激励模式，使之能够将组织成员的行为引导到符合组织利益和组织战略的轨道上，使组织战略实施更具可靠性和稳定性。

（8）文化模式的倡导。在战略实施过程中，除了制度保障外，还需要建立一种与战略相适应的文化模式，形成一种良好的软环境。

（9）信息系统的建立。信息系统是组织运作的重要基础，它应该保证组织内部信息流通以及与外部进行有效的信息交换。

（10）公司治理结构。公司治理结构从组织法人的角度，对最高管理层进行管理，解决核心管理层的激励、监督、控制以及权力制衡问题。在集团型企业中，还要考虑子公司与母公司战略上的关系以及相应的管控模式。

注记　组织设计与战略的结合

战略实施中的组织结构匹配，就是以战略为核心，在以上十个方面进行整合性的规划设计，从而为战略实施建立一个有形的、高效的结构体系。结构与战略相匹配时可遵循以下几个指导原则。

（1）分析成功地实施战略所涉及的主要价值链活动、能力和竞争力。

（2）对价值链活动（尤其是关键的支持活动，但也许是挑出来的主要活动）进行考查，确定哪些通过外购、哪些在企业内部完成。

（3）在一些具有战略关键意义的活动上与供应商密切合作，以及与前向渠道联盟（分销商、特约经销商或特许权）、互补产品制造商甚至与竞争对手进行密切合作。

（4）在内部运作/开发那些主要的价值链活动和能力，并使那些具有战略关键意义的组织单元成为组织结构中的主要构成单位。

（5）决定管理每个组织单元所需职权的程度，并在具有相等职权的单个经理的集中决策和将决策权下放给能够做出及时、正确、有能力的决策的组织层次之间寻求平衡。

（6）如果一种内部的、具有战略关键意义的活动和能力，其所有方面都不能在一名经理的职权范围内完成，那就需要设法建立各部门间的联系，获得必要的合作。

（7）决定如何建立与外部各方的关系，并对建立必要的组织联系确定责任。

二、工作分析

公司战略发生变革时，由于业务领域和经营区域的变化，公司的工作结构必然发生相应的变动。工作分析就是根据新的业务结构对工作内容及职位进行清理与调整，以保证组织工作不缺位、不多余、不重复。工作分析的内容主要包括以下几个方面。

- ❑ 由于组织的战略要求而产生什么工作需求？
- ❑ 各种工作之间的关系是什么？
- ❑ 各种工作需求的强度、频度、重要程度如何？
- ❑ 各类工作需要何种工作条件和环境？
- ❑ 完成各类工作需要何等技能？

要使工作设计不遗漏，需要通过分解的方式来进行。工作分析一方面来源于业务范畴，另一方面以竞争战略为依据。从战略逻辑上看，工作分析可以按照图9-2所示的流程来进行。

（1）分析的第一步是业务需求分析。公司层战略决定了企业做什么，从而也就决定了企业的业务需求（需要开发什么业务）。其中可再分为产业层面和具体业务层面。对于纵向一体化战略（包括前向一体化和后向一体化）、多元化战略（包括集中多元化、横向多元化和混合多元化）来说，由于涉及进入新的领域，因此必然会产生相应的业务需求。对于加强型战略（包括市场开发、市场渗透、产品开发）和横向一体化战略，除了产业层面上的考虑外，还需要考虑战略重心的特殊要求。比如，横向一体化战略必然会产生大量兼并、重组的业务；产品开发战略涉及大量技术与市场研发活动；市场开发战略必然提出许多市场开拓方面的业务需求。

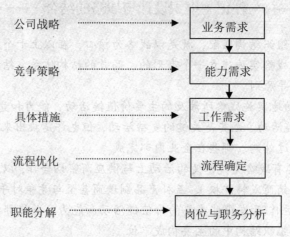

图 9-2　组织设计的总体工作流程图

（2）在业务分析完备的前提下，还需要关注那些具有战略关键意义的活动和竞争力。在主要的价值链活动中，有某些关键的经营过程，它们运行的好坏或这些方面竞争能力的强弱，直接影响到战略的成功实施。例如，巧克力生产商必须精于以低价购买高质量的可可豆，有效率地生产、商品推销和促销；在房地产业，开发商必须有能力获取价格低廉和品质上佳的土地，具有高效的资金使用效率和强大的资本实力或融资能力，并对目标客户生活方式熟悉等；在特殊化工制品行业，关键的能力是研究与开发、产品革新并迅速将产品推入市场、有效营销以及在辅助顾客方面的技能，或者是对独特资源的垄断能力；在技术发展日新月异的电子行业，关键的组织能力是公司将先进的新产品推入市场的周期长短。

（3）在上述分析的基础上，将完成上述业务所需开展的工作进行系统的分析，确定企业工作需求，即企业都应该开展哪些具体的经营管理活动，包括一般性活动和战略性活动。

（4）确定企业的经营管理流程，搞清企业经营管理活动间的先后次序以及逻辑关系，确定工作节点的工作单元。

（5）将企业活动进行归类和工作负荷分析，将活动落实到具体的岗位，制定相应的职位描述和权责划分，并设定岗位工作标准。岗位设定的问题包括以下几个方面。

- ❑　完成工作的专业需求与岗位设置的关系。
- ❑　工作负荷平衡与岗位设置的关系。
- ❑　岗位设置的其他特殊考虑。
- ❑　岗位人员定编。

为每一岗位设定工作标准，可使企业的运作达到一个预期的水平。工作标准的设定需要协调好以下几类关系。

- ❑　部门（岗位）工作与企业战略特征之间的关系。
- ❑　工作标准与企业市场竞争力之间的关系。
- ❑　工作标准与企业客观条件之间的关系。
- ❑　不同工作标准之间的匹配关系。

注记　工作分析的战略

在进行工作分析时，具有战略关键意义活动的辨识与确认，对于组织管理工作而言是重要而基础的。在关键活动的辨识过程中，可以从以下两个方面着手进行检测。

☐ 什么样的职能对企业获得持续的竞争优势至关重要？

☐ 在什么价值链活动中，不良业绩会严重危及战略成功？

三、结构设计

对于组织而言，部门结构相当于人的骨骼，它是组织成形的关键环节。组织结构的差异会对组织运作产生较大的影响。对于战略匹配而言，结构设计是特别需要考虑的问题之一。结构设计需要解决下述问题。

☐ 企业的工作需求可分为哪几大类？

☐ 整合各大类工作之后需要设置什么部门？

☐ 部门之间横向、纵向的关系如何？

组织结构大体分为直线制、职能制（包括直线职能制）、事业部制、矩阵制、集团控股型、网络型与蜂团型等七种形态。这七种组织结构各有优劣，如表9-2所示。

表9-2　不同组织结构的优劣

组织形态	优　点	缺　陷
直线制	管理结构简单，管理成本低，指挥命令清晰、统一，决策迅速，责任明确，反应灵活，纪律和秩序的维护较为容易	要求各级管理者有管理和生产的全面知识；成员之间和组织单位之间的横向联系较差，沟通周期长，对环境变化反应缓慢，专业化分工不足
职能制	能充分发挥专业管理人才的作用；弥补各级行政领导人管理能力的某些不足	易形成多头领导，削弱统一指挥；各职能部门的指挥有可能相互矛盾，下级无所适从
直线职能制	既有利于保证集中统一的指挥，又可发挥各类专家的专业管理作用	各职能部门自成体系，不重视横向信息沟通，加上本位主义，可能引发组织运行中的各种矛盾和不协调现象；若职能部门不被授权，则容易引起它们的不满，而授权过大、过宽，又容易干扰直线指挥系统的运行；按职能分工的组织通常弹性不足，对环境的反应比较迟钝；不利于培养综合管理人才
事业部制	公司能把多种经营业务的专门化管理和公司总部的集中统一领导更好地结合起来，总公司和事业部间形成比较明确的责、权、利关系；事业部制以利润责任为核心，既能够保证公司获得稳定的收益，也有利于调动中层经营管理人员的积极性；各事业部门能相对自主、独立地开展生产经营活动，从而有利于培养综合型高级经理人才	对事业部经理的素质要求高，公司需要有许多对特定经营领域或地域比较熟悉的全能型管理人才来运作和领导事业部内的生产经营活动；各事业部都设立有类似的日常生产经营管理机构，容易造成职能重复，管理费用上升；各事业部拥有各自独立的经济利益，易产生对公司资源和共享市场的不良竞争，由此可能引发不必要的内耗，使总公司协调的任务加重；总公司和事业部之间的集分权关系处理起来难度较大，也比较微妙，容易出现分权过度，削弱公司的整体领导力，或者分权不足，影响事业部的经营自主性

续表

组织形态	优　点	缺　陷
矩阵制	加强横向联系，克服了职能部门相互脱节、各自为政的现象；专业人员和专用设备随用随调、机动灵活，不仅使资源保持了较高的利用率，也提高了组织的灵活性和应变能力；各种专业人员在一段时期内为完成同一项任务在一起共同工作，易于培养他们的合作精神和全局观念，且工作中不同角度的思想相互激发，容易取得创新性成果	成员的工作位置不固定，容易产生临时观念，也不易树立责任心；组织中存在双重职权关系，出了问题往往难以分清责任
集团控股型	适合于非（弱）相关领域开展多种经营的企业	易产生管理缺位现象，从而导致投资效益下降
网络型	企业可以利用社会上现有的资源使自己快速发展壮大起来	结构的松散易导致组织不稳定，从而影响组织的长远发展
蜂团型	决策迅速，能适应市场的快速变化，把握机会，回避风险	只适合少数类型的企业

　　组织结构的差异决定了它们的核心能力体现在不同的方面，从而决定了它们对不同类型的战略的影响是不一样的。因此，对于特定的战略及其内、外环境而言，存在一种"最优"的结构形式，这就是结构与战略匹配的逻辑基础。

　　组织结构设计的战略性考虑是从环境、竞争属性和内部条件三个方面来分析的。环境分析从复杂性、稳定性入手，用"确定性"这一指标来反映企业的外部环境特性。按这一分类，组织环境可分为如图9-3所示的四种类型。

简单+稳定=低不确定性 1. 少数外部因素，因素是类似的 2. 因素保持相同或变化缓慢 如：软饮料商、啤酒分销商、容器制造商、食品加工商	**复杂+稳定=中低不确定性** 1. 大量外部因素，因素不类似 2. 因素保持相同或变化缓慢 如：用具制造商、化学公司、保险公司
简单+不稳定=中高不确定性 1. 少量外部因素，因素是类似的 2. 因素变化频繁并不可预期 如：化妆品、时装业、音乐业、玩具制造商	**复杂+不稳定=高度不确定性** 1. 大量外部因素，因素不类似 2. 因素变化频繁并不可预期 如：计算机企业、航空企业、电信企业、民航业

图 9-3　不同行业的环境特征

资料来源：理查德·L. 达夫特. 组织理论与设计精要[M]. 李维安，译. 北京：机械工业出版社，1999.

　　公司层战略在选择企业的业务领域的同时，也选择了自己的经营环境，从而对组织能力也提出了特定的要求。一般而言，当外部环境稳定时，组织追求效率最大化，强调利润，具有规章、程序和明确的权力层级特点，组织被规范化，也被集权化，大多数的决策由高层管理者做出，这种组织称为机械性组织系统。在迅速变化的环境中，组织追求适应性，强调生存，其结构是相当松散、自由流动和具有适应性的，而且规章和规则通常是非书面的，权力的层级是不明确的，决策权力分散化，这种组织称为有机性组织系统。不同环境下的组织特征如图 9-4 所示。

低度不确定性	中低度不确定性
1．机械性结构、规范、集权化	1．机械性结构、规范、集权化
2．部门很少	2．部门很多、某些跨越边界
3．无整合作用	3．很少的整合作用
4．很少模仿	4．某些模仿
5．当前经营导向	5．某些计划
中高度不确定性	**高度不确定性**
1．有机结构、团队、参与性、分权化	1．有机结构、团队、参与性、分权化
2．部门很少、边界跨度大	2．很多不同部门、广泛的边界跨越
3．很少的整合作用	3．很大的整合作用
4．模仿迅速	4．广泛的模仿
5．计划性导向	5．广泛的计划、预测

图 9-4　环境对组织结构的要求

资料来源：理查德·L. 达夫特. 组织理论与设计精要[M]. 李维安，译. 北京：机械工业出版社，1999.

竞争属性分析则可从企业的竞争战略入手，提取出战略对组织结构的相应要求。

成本领先战略的组织要求如下。

❑　结构分明的组织和责任。

❑　以严格的定量目标为基础的激励。

❑　严格的成本控制。

❑　经常、详细的控制报告。

歧异化战略的组织要求如下。

❑　研发与销售部门间的密切合作。

❑　重视主观评价与激励。

❑　轻松愉快的氛围，以吸引高技能工人、科学家与创造性人才。

除了外部环境因素的要求外，内部条件也对组织变革形成一定的制约。内部条件分析包括组织特征（所用技术、组织规模）、人力资源状况、管理基础和企业文化等四个方面。

注记　组织的三维设计

组织结构的最终选择是非常复杂的工作，行业所处环境的特性、竞争战略的要求以及企业的内部环境，都对组织结构产生决定性的影响。整个设计应该是一个从分析到综合的过程：从以上三个维度进行分析，提取出其对结构的要求或制约作用，最后进行综合，得出合适的组织结构。如果三个方面的要求发生矛盾，企业还需要解决主次矛盾（两害相权取其轻，两利相权取其重）、短期与长远考虑的矛盾（过渡结构与最终结构的区分）、现实与理想的矛盾（在无组织约束的最优结构与企业内部环境制约下的次最优化之间选择）。

四、职能分配

职能分配要对工作分析后所得出的工作需求进行分配，其中包括内部分配与外部分配。

职能分配的第一个问题是，确定价值链活动中哪些需要外包，哪些在组织内部完成。外包似乎已成为目前商界的一股潮流，将一些非关键业务外包，可以使企业将时间、精力、资源集中到自己的核心业务中去。外包最基本的出发点是外部企业在这些业务上具有专长、质量更好、成本更低等优势。外包还有另一种考虑，从战略的角度出发，通过外包获得非关键的支持性活动的服务（有时也可能是从价值链中挑选出来的重要活动），使组织结构扁平化，突出公司战略重点并且增强竞争敏感性。

一些管理人员担心广泛的外包会使一个公司空心化，使其受制于外部供应商，并且缺乏掌握自己命运所需的能力和组织才能，但越来越多的企业成功地依靠外部的供应商、设计所、分销渠道、广告代理和财务公司等代为完成重要的价值链活动。例如，宝丽来公司多年来都是从柯达公司购买其需要的胶卷介质，从德州仪器公司购买电子部件，从泰姆克斯和其他公司购买相机，而它自己则集中于生产其独特的自主开发的盒装胶卷，并设计其下一代相机和胶卷。又如，耐克公司将精力集中于设计、营销和对零售商的销售，而在外部进行其鞋类和运动装等几乎所有的生产。再如，许多房地产开发商将规划、设计、广告、销售、物业管理等重要的业务进行外包，自己则只进行房地产开发的整合工作。因此，当外部企业能够以比自己运作更低的成本和较高的增加值来运作某些价值链活动时，外包从战略上讲就是可取的。

寻求外部的合作还有另外一个非常重要的原因，即通过战略伙伴、战略联盟等方式，与供应商、分销商、互补产品和服务的生产者甚至与竞争对手密切合作，能增强公司的竞争能力，有助于更好地实施战略。与外部的合作能够使公司更快地引进新技术，实现更快的发货速度和更低的零售部件库存，并且能为顾客提供更好或更快的技术支持，还可以使公司具备地理范围更广泛的分销能力，发展多种分销渠道，提高专有技术水平，使生产具有经济性，开展更广泛的售后服务等。

职能分配的第二个问题是将组织内部活动分配到组织的各个部门中。在进行职能分布的过程中，需要注意以下几个原则。

（1）专业分工原则。专业相近的业务应安排在同一部门或同一主管下的其他部门之中。专业的聚集可以发挥专业分工的优势，同时方便业务管理，有利于部门内的合作与沟通。

（2）统一指挥原则。需要经常进行联系的职能最好安排在同一主管下，以缩短协调路径，提高沟通与协调效率，避免因平行部门的分歧而导致工作的停滞。

（3）名实相符原则。中国有句古话："名不正则言不顺，言不顺则事难成。"职能在进行分配时应名实相符，否则该职能将很难得到应有的重视。一家将总经办职能分配到人力资源部的公司的总经理说："人家是人力资源部，连我都不好意思将一些办公事务交给他们去办。"

（4）完备性原则。确保所有的活动都有明确的部门或人员负责，不会出现有事没人管，或者有事大家管的现象。职能与部门间必须建立起一个完备的一一对应关系，保证不漏缺，不重复。

（5）合理跨度原则。在一个部门内，活动类型过多会使工作人员精力分散，导致负荷过重、工作效率低下。合理跨度是一个动态的概念，它受部门人员的能力、工作性质、工作环境、管理基础等一系列因素的影响。因此，跨度与其说是一个操作性指标，倒不如说是一个概念，其作用主要在于提示组织设计中这一方面的考虑。

五、战略目标的设定

战略目标的设定是实施战略最为基础的工作。目标的设定一般来说主要体现企业自身的追求，但战略目标的设定还存在另一个目的，即体现企业的战略意图与战略性特征。采取成本领先战略的企业，需要确定相对于主要竞争对手自己的成本优势要保持在什么样的落差上，才能在市场竞争中体现出这一战略特征，帮助企业在正确的定位下达到其战略目的。采取歧异化战略的企业，也必须明确产品的企业歧异化程度，同时还要确定歧异化的成本，过高的价差是歧异化战略的主要风险之一。因此，企业必须在这两者之间保持一种平衡。

年度目标设定往往还是长远战略目标倒算以及总体战略目的分解的结果，它以企业的长远计划为基础，将各项指标分解到各个年份之中，这是一种以目标为导向的目标设定方法。这一方法有利于促进企业目标的实现，但由于环境是动态发展的，采取这一目标设定法时应注意目标的适应性和灵活性，避免犯主观代替客观的错误。

标准分为两大类：一类为业绩，如销售量、劳动生产率等，这是一类直接的业绩指标；另一类为工作标准，对于一些没有直接业绩度量指标的工作，需要用一定的标准来确保其工作质量，如按标准程序进行工作、工作成果应包括的既定内容和结构等。

注记 战略目标的目标

正如迈克尔·波特所说的，战略就是定位，即区别于其他竞争对手。战略目标的目标，就是要在市场中的一些特殊价值活动方面体现出相对于竞争对手较高的效率或独特性。这种差异一方面要体现出价值性，要使企业在一些消费者特别关注的需求点上突出自己的价值；另一方面要体现出显著性，要使消费者感受到这种差异并在一定的价格水平上接受这种差异性。上述两点，是确定战略目标的根本考虑。

六、沟通协调规则设计

沟通协调规则是企业协调运行的依据。对于战略的实施来说，注重的是整体运作，这使得部门之间的依赖性加强，也就不可避免地产生大量的协调工作。依靠组织结构性的力量而不是个人化的协调工作，组织协调工作才有保障。以制度的方式将沟通与协调规则明确下来，是确保不出现扯皮、工作停滞等不良现象的基本手段。

沟通协调规则的设置需要解决这样的问题：当组织内部出现分歧、冲突或其他需要出现时，需要有一套预先设定的解决问题的规则，减少无谓的扯皮，避免重要事情被耽误，从而提高企业运作的效率。

　　由于企业外部环境的剧烈变化，组织的横向化将成为未来企业沟通协调规则的主要特征。横向化注重的是部门间的沟通与协调，强调部门间的合作，以加快信息流动，使企业对环境变化具有更好的整体应对能力。

　　后工业化社会孕育出的另一个重要的组织管理工具就是流程再造（BPR）。所谓的流程再造，就是以流程为核心，对企业运作模式进行根本性的变革。以流程为核心的概念是针对以职能为核心的工作模式而提出的。在传统的职能结构中，活动是以职能部门为单元进行的，各种业务活动封闭在职能部门内完成，然后在企业既定的规则下整合。这种模式在变化缓慢的环境中是有效的，但如果企业面对的是一个极不稳定的环境，此时既定的整合规则就会失效，而需要根据新情况进行实时的业务整合。以流程为核心的模式（也称为同步工程）是以流程为单元，各部门围绕着各个流程开展协作活动，它强调多部门的全过程参与和合作。比如在房地产开发中，从项目选择开始，到规划、设计、施工，直至物业的交付使用，每一个环节都由市场部门、设计部门、工程部门、销售部门、财务部门等协同作战，以保证各个环节工作的整合性。职能导向和流程导向的组织方式如图9-5所示。

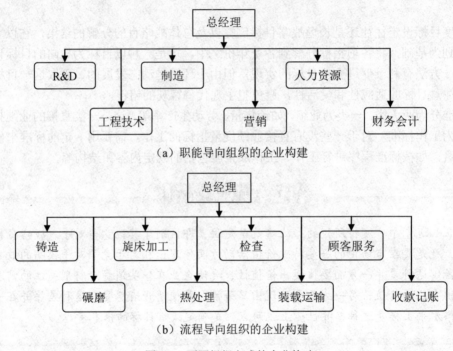

（a）职能导向组织的企业构建

（b）流程导向组织的企业构建

图9-5　不同组织方式的企业构建

资料来源：汤姆森，斯迪克兰德. 战略管理[M]. 段盛华，王智慧，译. 10版. 北京：北京大学出版社，2000：304.

　　以流程为核心的协调模式在后工业社会中是一个非常重要的战略考虑。在这样的社会中，唯一不变的就是变化，迅速适应环境的变化，保持整体运作的优势，是企业生存的基本前提。例如，朗讯公司拥有世界一流的贝尔实验室，但由于其运作模式还是传统的职能模式，导致设计与生产、物流完全脱节，不可避免地产生设计与制造之间的冲突。在朗讯经常发生这样的问题：设计图纸上标明的一些零部件型号在市场上早已淘汰，或在当地市场无法采购。外部环境在不断变化，但朗讯公司的业务活动却各自为政，仍按既定的方案运作，设计资源与制造资源、市场资源无法对接，这是朗讯衰落的主要原因之一。

七、考核与激励模式设计

在整个组织设计工作中，考核与激励模式是最为重要的环节。企业中的任何工作都是由人来完成的，除了有一整套实施标准和工作规范，从技术上确保战略实施的正确性外，更重要的是组织成员积极地、建设性地参与战略的实施。要稳定地解决员工积极性与建设性的问题，需要良好的利益驱动，即创造一个利益场，驱使员工朝企业的战略方向努力。绩效考核与激励体系就是建立利益场的具体体现。

考核是确认员工行为是否与组织战略需要相吻合，而激励则解决员工的主动性问题，因此考核和激励必须紧密结合。

建立考核指标体系是考核工作的基础，也是绩效考核工作最重要的环节。对于一个组织而言，绩效往往是一个多指标体系，要确定考核指标及其权重，需要以战略为核心，建立相应的考核指标体系。相比较而言，以战略目标和战略阶段性要求进行考核比财务指标考核更具体，也更能落实到企业的各个部门和岗位中。考核与激励的详细内容可参见第十章的相应部分。

八、文化模式的倡导

战略实施除了利益驱动外，还需要文化上的支持。与战略实施所需的价值观、习惯和行为准则相一致的文化有助于激发人们以一种支持战略的方式进行工作。例如，将节俭这一价值观广泛植根于组织成员中的文化会非常有利于成功地实施和执行追求低成本领导地位的战略；而一种以支持创造性、支持变化和挑战现状为主题的文化对于实施和执行追求产品革新和技术领导地位的战略非常有利；一种以顾客导向、鼓励员工以他们的工作而自豪、给予员工高度的决策自主权等原则建立的文化对于实施为顾客提供更卓越服务的战略是非常有帮助的。但是，文化的形成过程是漫长的，文化的变革也是非常困难的，因此，建立一种支持战略的公司文化，是战略实施中最为重要也是最为困难的工作。

新的经营战略往往是受市场驱动的，并受到各种竞争力量的支配。因此，当一个公司的文化无法与取得战略成功的需要相匹配时，就应改变这种文化以适应新的战略。当然，文化现状的制约性也不是不予考虑。在进行文化培育时需要把握两个原则：一是承认历史，尊重现实，考虑到文化变革的成本；二要体现改良性，要逐步使组织文化朝适应环境变化的方向发展，毕竟要生存，就要适应环境的变化，否则这种没落的文化只能阻碍企业前进的步伐。

联结企业文化与企业战略最有效的因素如下。

- ❑ 对企业宗旨、章程和纲领的正式陈述。
- ❑ 企业的布局与外表形象设计。
- ❑ 树立榜样，内部培训。
- ❑ 明确的奖励和级别制度及提升标准。
- ❑ 有关关键人物的事件和故事、传说与格言等。
- ❑ 企业领导人的工作重点、手段和控制方式。
- ❑ 领导人对关键事件和企业危机的反应。

- 组织的设计和构造方式。
- 组织系统和工作程序。
- 人员的招聘、选用、提升、退休等方面的工作标准。（Schein，1983）

将文化与战略相匹配的第一步就是要找出现有文化中哪些是支持战略的，哪些不是。在将文化与战略结合起来的努力中，既有象征性的行为，也有实际性的行为。象征性行动的价值在于它可以向人们发出关于战略实施者希望鼓励的各种行为模式和业绩的信号。最重要的象征性行动是高层领导人采取的、被视为榜样的活动。最好的公司和最好的领导人会熟练地运用象征、角色榜样、仪式性场合和集会来加强战略和文化间的匹配。例如，沃尔玛就因其简朴的设施、领导人的节俭、对浪费的杜绝和积极地进行成本控制而闻名，其文化深入企业经营管理的每一个环节中，如制度的确定、决策的规则、价值判断的准则等。

在文化建设过程中，道德标准和价值观的建立是最为重要的。价值观的建立可以有多条途径，一些历史悠久的企业依靠口头教育和传统力量来注入价值观和强化道德行为，而许多公司则将它们的价值观和道德标准以书面的形式描述下来，具体说明公司想做和期望大家做的事情，并且可以成为判断公司政策和行动以及个人行为的基准。不论怎样，价值观和道德标准一旦被确定，就应渗透到公司政策、实践和实际行为当中，通过这些活动来促进文化的形成。实施这些活动往往可能从以下几个方面入手。

- 将价值观宣言和道德准则融入员工的训练和教育计划中。
- 在招聘和雇佣员工时要明确注重价值观和道德，剔除那些性格特征与公司价值观和道德准则不相一致的人。
- 对所有员工传达价值观和道德准则，并向他们解释需要遵守的规章。
- 从企业最高层到基层员工的参与和监督。
- 最高层领导的强烈认可。
- 口头的教育。

注记　文化的独特功能

文化在企业战略实施中所起到的作用是其他因素无可替代的。首先，文化模式的形成是制度起效的基础。正所谓"徒法不足以自行"，管理的对象是有主观意志的人。没有文化的支撑、没有员工的认同，再完备的制度也会失去其效力。其次，文化建设能弥补制度的不足。任何制度都是不完备的，尤其在环境复杂多变的情况下，在制度、规范无法涵盖时，企业需要一种一致的文化来协调内部的群体行为，从而确保组织活动的有机整合。再次，企业文化的保障作用能最大限度地降低管理成本。文化的功能在于规范、协调人们的行为，实现企业员工的自我管理与自我控制，从而在管理上大大降低监督管理成本，同时提高控制的时效性。

文化的构建是一个漫长的、潜移默化的过程，还像威廉·大内在他的《Z理论》一书中所阐述的那样，"据粗略估计，由开始实施到全面接受，大概需要两年的时间……从A型到Z型，遍及公司和工厂的每一个工人，可能需要十年到十五年的时间。"对此，企业应有足够的思想准备和决心。

九、建立运作支持系统

如果没有一个强大的信息支持系统，公司的战略就很难得到很好的实施和执行。航空公司如果没有一个计算机自动订票系统、一个准确而又迅速的行李处理系统和一项强大的飞机维修计划，很难想象它能提供一流的航空服务。联邦捷运公司利用其计算机包裹跟踪系统，能够立即报告处于其运送过程中的任何特定包裹的所处地点；利用通信系统，使其能够协调它在各地的 21 000 辆货车每天平均停靠 720 000 次以收取顾客的包裹；利用其先进的飞行操作系统，使得一个人就可以同时控制多达 200 架联邦捷运的飞机。所有这些运作对于联邦捷运的战略——保证一件包裹于次日能够"绝对地、确定地、必须送达目的地"都是非常必要的。

精心组织的现代化的支持系统不仅促进了更好的战略实施活动，而且能够加强组织实力使之足以产生相对于对手的竞争优势。例如，一家基于产品的优越质量来追求差别化战略的公司如果拥有在质量技巧方面对员工进行培训、在生产的每一阶段监测产品质量以及保证所有发出产品符合质量标准的系统时，它就增强了自己的实力。一家努力想成为低成本供应商的公司如果有一套标杆学习系统以识别降低经营成本的机会，它就具有了更强的竞争力。想将业务扩展到很广的地域，迅速增长，发展为公众公司并在行业中获得永久地位的年轻的企业，不得不比满足于在一个地域保守经营的小公司在组织系统和基础建设上投入更多。在现代经营环境中，竞争优势属于那些能够促进信息流动并能创建有关系统、有效地利用知识的公司。

准确的信息是行动的必要指导。每一个组织都需要系统地收集和储存资料、拥有关键的业绩指标、识别和诊断问题、报告具有战略关键性的信息。电话公司通过精密的信息系统来测量信号质量、接通次数、断线次数、错接次数、收费错误数以及其他一些衡量可靠度的指标。为跟踪和管理对乘客服务的质量，航空公司设置了信息系统以监测登机延误时间、按时离港和到达次数、行李处理的次数、对丢失行李的不满意见的次数。许多公司为与顾客直接联系，提供了与顾客数据库相连的时时电子路径，这样他们就能对顾客的要求做出高效的反应，实现顾客服务的个性化。例如，一些五星级宾馆备有全球联网的信息系统，记录每一个曾经入住该酒店集团任何一家宾馆的顾客的个性特征，从而不论该顾客到全球哪一家连锁店，服务人员都能掌握该顾客的个性需求，进而提供更好的服务，使顾客真正感受到宾至如归。

电子信息系统使管理人员可以监测战略实施的状况和日常运营，在早期步骤没有取得预期进展或事情好像正在脱离正常轨道时指导它们成功地采取措施。信息系统需要覆盖五个领域：一是顾客资料；二是运营资料；三是员工资料；四是供应商、合伙人、合作企业资料；五是财务业绩资料。所有关键的业绩指标要尽可能地经常进行度量。许多零售商为每个商店做出每日销售情况的记录。制造业企业常常做出每日生产报告，并跟踪每一班工人的劳动生产率。从长期来看，每月的损益表和统计总结正越来越快地被每日统计，甚至被即时业绩监测（电子技术使之成为可能）所代替。这样的诊断控制系统使管理者可以及早地发现问题，需要时进行必要的干预，并对战略或其实施方式进行调整。

第三节　战略实施中的人力资源问题

　　管理的核心是人，知识经济的出现意味着在未来的生产中，人力资源在生产要素中所占的比例越来越大；在战略的实施过程中，评估各备选战略的人员需求与成本并为战略的有效实施而制订人员计划显得越来越突出。因此，人力资源管理部门必须将战略实施同人力资源管理战略紧密结合，从而达到最佳效果。例如，在对管理者和雇员激励的过程中，通过使他们参加战略管理活动和提出建设性意见，给他们个人和公司带来益处。与此相反的是，如果人力资源战略背离公司总体战略而一意孤行，结果自然是得不偿失。

一、流动性管理

　　在对离职人员的控制和管理过程中，不同的战略会带来不同的收效。企业的目标是留住那些对企业有价值的员工，而这主要是由员工的总体绩效和其可替代性来决定的。通过图 9-6 可知，根据可替代性的难易程度和绩效的不同，可以找到对应于 A、B、C、D、E、F 各个不同的员工类型。

可替代性

	难	易
高	A　严重破坏性的跳槽（保留/开发员工）	B　破坏性的跳槽（保留/开发员工）
绩效　中	C　破坏性的跳槽（保留）	D　是否有利取决于企业的花费（保留）
差	E　短期有害，长期有利（后备人员，改进绩效，或终止）	F　有利的跳槽（改进绩效或终止）

图 9-6　绩效和其可替代性战略矩阵

　　（1）A 类员工的离职对于公司来说属于严重破坏性的离职。由于该类员工绩效高、可替代性差，在市场上很难很快找到相应的替代者。

　　（2）B 类员工的离职对于公司来说属于比较具有破坏性的离职。由于该类员工绩效高但可替代性也高。在市场上很容易找到相应的替代也者，所以对于这类员工的跳槽，公司只要有足够的时间应付还是可以找到替代者的。但是，如果员工是突然提出辞职的，就会在找到替代者之前给公司带来很大的损失。

　　（3）C 类员工的离职对于公司来说也属于破坏性的离职。虽然该类员工绩效不高，但可替代性差，在市场上也不容易很快找到相应的替代者，所以他们的跳槽会给公司引起不小的风波。

（4）D类员工的离职对于公司的破坏性程度，取决于公司的花费，即招聘新员工和留住一名老员工的花费孰低孰高。如果招聘的费用低，则离职给公司带来益处；反之，则离职给公司带来损失。

（5）E类员工的离职在短期内属于破坏性的离职，然而对于长期而言则是属于有利的离职。由于该类员工绩效低，所以从长远来看，找一个高绩效的替代者对于公司的长远发展有益，但是由于这类员工的可替代性差，在市场上又很难很快找到相应的替代者，所以短期而言还是会给公司带来麻烦。

（6）F类员工的离职对于公司来说是属于非常有利的离职。由于该类员工绩效低、可替代性好，在市场上能够很容易地快速找到相应的替代者。

针对以上六种类型，公司应该有的放矢，采取以下措施留住最需要的人才。

A类：保留和开发这类人员。

B类：保留和开发这类人员，但是在程度上要稍稍低于A类。

C类：保留该类员工。

D类：衡量招聘新员工和继续雇佣老员工的成本大小。

E类：使用后备人员或者改进这类员工的绩效，如果以上措施都不奏效就终止合同。

F类：改进该类员工的绩效，不奏效就终止合同。

二、人力资源开发

除前文已有阐述的业绩考核问题外，人力资源管理的内容还包括人员的规划、招聘与培训、提升等重要职能。人力需求是依据企业的战略定位和竞争特性来进行规划的。在人力资源计划的基础上，结合绩效考核的情况，开展人力资源管理各个职能的工作。在人事招聘培训方面，公司制订员工招聘培训计划之前，人事部门必须有指导性的战略原则——培养公司战略相符合的人才，决定到底是提供上岗培训式的职业培训还是提升员工潜力的职业培训，最终使得企业在招聘培训项目的成本效益达到最佳。因此，在企业制定其战略时，如何分析企业自身的竞争性地位，将战略同企业人力资源的最优化配置紧密联系，从而最终促进企业战略的成功实施，成了企业所需要考虑的重要问题。人力资源开发战略的差异体现在以下几个方面。

（1）关键人员的来源方面。从战略与招聘及选拔的匹配情况（见表9-3）可以看出，不同的战略背景下有着不同的人力资源战略与之适应。

表9-3　战略与招聘及选拔的匹配情况

战略方案1：从外部资源选拔	战略方案2：从内部资源选拔
有限的社会化	规范广泛的社会化
对特定技能的评估	对多种技能的评估
较窄的专业发展途径	较宽的专业发展途径

"战略方案1：采取从外部资源选拔"适用于那些存在较多容易替代岗位的公司。这些公司的特点是规模不大、刚刚起步或者是没有较多的时间和精力关注长期的人力资源的开发与储备。

"战略方案2：采取从内部资源选拔"适用于那些规模较大的企业，或者那些存在较多不容易替代岗位的公司，因为从长远考虑，从内部资源选拔有利于提高员工的积极性，避免员工对选拔制度的不满而跳槽所带来的损失。例如，广州宝洁 P&G 采取的就是内部资源选拔，该公司首先在全国的各类名牌大学宣传，然后招聘优秀的人才进入宝洁成为新一轮的受训者，给他们提供良好的职业生涯计划以及丰富的提升机会。从这一点看，P&G 采取的就是规范而且广泛的社会化选拔方法。又如，通用汽车公司每年都是通过基于"团队合作"的绩效考评成绩来决定最后的内部提升人选。同样的道理，通用汽车也是使用了内部提升与选拔的方式，对员工的综合技能进行考查，从而留住一些绩效高、可替代性差的员工。

（2）从员工技能的培训与发展角度方面，也可看到两类不同的战略，如表 9-4 所示。

表 9-4　战略与培训及发展的匹配情况

战略方案 1：更关注员工目前的技能	战略方案 2：更关注员工今后发展的技能
基于个体导向	基于集体导向
针对少数员工	针对大多数员工
自发性的，没有计划性	有计划性，有长远的规划

"战略方案 1：更关注员工目前的技能"适用于那些涉及较多事务性工作的岗位。这些岗位培训的特点如下。

❑　基于个体导向，即针对某个员工的不足提供适当的培训。

❑　培训的规模不大。由于是针对性的培训，所以其规模较之战略方案 2 要小。

❑　一般来说，该类培训没有计划性。因为只是存在某些员工不能很快适应工作的情况而提供简单的类似上岗培训的内容，所以它的实施是没有计划性的，很有可能是部门负责人自发性的行为，不需要事先制订计划。

"战略方案 2：更关注员工今后发展的技能"适用于那些涉及较多挑战性的工作岗位。这些岗位培训的特点如下。

❑　基于集体导向。由于工作的复杂性与挑战性，采用团体合作的形势是首选方案，所以在提供培训时就要考虑到培训目的在于提高团队绩效，而非个人绩效。

❑　培训的规模很大，主要是针对大多数员工。由于战略方案 2 是长远规划，所以需要对团队中的所有员工进行培训。

❑　一般来说，该类培训有着完备的计划性。因为这实际上是公司的一项长期投资，初期投入的成本将会是相当大的一笔开销，而且它的回报不能立竿见影，所以该类培训的实施需要谨慎的规划以及有步骤地实施。

（3）在员工薪酬方面，两类不同战略的差异如表 9-5 所示。

表 9-5　战略与薪酬的匹配情况

战略方案 1：更关注员工工资和福利	战略方案 2：更关注员工奖金
短期的奖励	长期的奖励
强调内部公平性	强调外部竞争性
主要采用个体激励	主要采用集体激励

采取"战略方案 1：更关注员工工资和福利"的公司具有以下特点。

❑　强调短期的奖励，而不是类似员工持股、期权（Share Option）之类的长期奖励。

- 强调内部公平性。由于行业的特殊性或者员工群体的特征，员工对于内部公平性更为敏感。
- 主要采用个体激励。因为员工更为关心内部意志、内部公平，这就决定了公司的福利要么是固定的，要么是没有，这样才能保持统一，所以唯一可以激励员工的方式就是采取个体激励的方式，这样才能拉开差距，形成激励。

采取"战略方案 2：更关注员工奖金"的公司与战略 1 的特点正好相反。

- 强调长期的奖励。这是公司要保持它的外部竞争力而采取的必要手段。
- 强调外部竞争性。
- 主要采用集体激励。因为在一个强调外部竞争力的企业中，员工的任务往往更复杂、更具有挑战性，所以一般来说会采用团队合作的方式来提高绩效、降低风险。这类公司以团队作为激励的目标，来激发员工最大的积极性，从而达到最好的绩效。

（4）从生命周期考虑。结合波特的竞争战略分析，我们可以进一步清晰地发现战略与人事的匹配要求。我们知道，波特将企业的成长归纳为四个生命周期（形成阶段、成长阶段、成熟阶段和衰退阶段），由于各个周期的战略不同，因此最终的人力资源的实施方向也有所侧重。下面就形成阶段所应采取的区分战略和成长阶段所应采取的成本领先战略来进行比较，如表 9-6 所示。

表 9-6　战略与人事匹配情况

比 较 项 目	战略方案 1：歧异化战略	战略方案 2：成本领先战略
公司关注点	更注重于创新、承担风险	注重于效率
员工角色	比较宽泛的工作任务	专门化、重复性的任务
培训方面	较广阔的职业发展道路	特定的、短期的上岗技能培训
人员招聘	外部招聘	内部提拔
报酬	外部竞争性 结果导向	内部公平性 行为导向

从表 9-6 所示的比较中可以发现，采取"战略方案 1：歧异化战略"的公司具有以下特点。

- 更注重于创新、承担风险。公司创立之初，需要创新的观念来节约成本。
- 创造财富，只有这样才能在激烈的竞争中存活下来。同时，由于公司创立之初举步维艰，所以处处都需非常小心。
- 比较宽泛的工作任务。因为公司采用区分战略，鼓励员工创新，并且敢于承担风险，所以必须要有宽泛的工作任务与之相匹配，否则会束缚员工的创造力。
- 较广阔的职业发展道路。同样的道理，鼓励员工推陈出新，就要给予员工较为广阔的发展空间，从而避免遏制员工在某一方面的天赋的发挥。
- 外部招聘。
- 外部竞争性。

采取"战略方案 2：成本领先战略"的公司具有以下特点。

- 更强调效率。因为公司处在成长阶段，生存已经不是主要的问题，如何打败竞争对手并迅速成长为该行业的领头人是要考虑的首要问题，所以成本的领先是实现这一目标的最有效的手段，自然提高效率、降低成本成了新的关注点。

- 专门化、重复性的任务。同样的道理，由于战略的转移，企业对员工的角色定位会发生变化，为了追求高效率，企业会放弃宽泛的任务而提供专门化、重复性的工作岗位。
- 特定的、短期的上岗技能培训。由于公司强调的是效率第一，招聘一个有经验的员工，远比找一个新人要有效率得多，前者只需提供短期的、特定的培训即可上岗。
- 内部提拔。
- 内部公平性。

三、其他人力资源管理问题

现代企业人力资源管理还会关注员工持股（ESOP）、工作丰富化与员工职业生涯规划等问题。

员工持股（ESOP），即雇员可以利用贷款或者现金购买公司股票，它是一种减免税收的、固定缴款式的员工福利制度，使得雇员能够以所有者的身份进行工作。正是因为如此，ESOP 在 20 世纪 80—90 年代得到了飞速发展。除了加强员工的责任感和提高员工的积极性外，ESOP 还给企业带来了减少纳税的好处，因为 ESOP 长期借款的本金、利息和股息支付均可以冲减所得税。目前，类似 ESOP 的薪酬政策已经被人力资源总监列为减少跳槽的最有效的战略。

此外，将管理者与企业战略相匹配时会遇到一个问题，即工作责任是非常具体并相对稳定的，但个人发展则是动态的，所以时常会出现个人发展的要求远远超过工作责任的要求。这时就需要通过工作的丰富化手段调动员工的积极性、开发员工的潜能，使得每一个员工能够成功地经历以下三个心理阶段，从而达到高自我激励、高绩效、高工作满意度以及低的缺勤率和跳槽率，如图9-7所示。

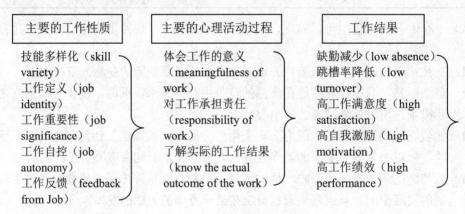

图 9-7 工作丰富化的流程

第一个阶段：通过工作丰富化的不同扩展形式，如技能多样化、工作的重新定义、工作重要性的突出、工作自控性的加强、工作反馈的增加来重新定义工作的性质。

第二个阶段：员工通过重新认识工作的意义，开始逐步加强自身对工作的责任感，从而开始对工作承担责任，一步一步地了解实际的工作结果。

第三个阶段：通过工作丰富化这个手段，使得员工重新找回工作的积极性与热情，从而达到高绩效。

另外，为员工规划同组织战略完全契合的职业生涯设计，也会使得员工的工作满意度得到提高、减少跳槽率，从而提升组织的绩效。

第四节　战略实施中的生产问题

企业生产作业能力与特性是企业实现其经营目标的重要因素。生产过程通常占企业资产的 70%以上，生产成本也往往占总成本的 50%以上，所以生产环节对产品的功能、质量、成本等重要的竞争要素起着至关重要的作用，对战略的实施影响很大。表 9-7 给出了不同组织调整生产系统以满足各种战略实施的例子。

表 9-7　战略实施与生产系统的调整

企 业 类 型	将实施的战略	生产系统的调整
医院	增加一个癌症治疗中心（产品开发）	采购专用设备和增加专业人员
银行	增设 10 个营业部（市场开发）	进行选址分析
啤酒酿造	收购一家大麦农场（后向一体化）	调整库存控制系统
钢铁制造	收购一家快餐连锁公司（混合多元化）	改进质量控制系统
计算机公司	收购一家零售连锁店（前向一体化）	调整送货、包装和运输系统

一、生产系统的目标规划

企业环境以及用户对产品的要求主要分为以下八个方面。

（1）生产规模。企业规模的确定是以战略目标为依据的，它建立在对未来市场的预测与判断之上，战略目标的确定直接决定了企业的生产规模，从而决定了配套生产设施、技术设施、物流能力、投资预算、流动资金预算等一系列的相关问题。另外，不同的战略对生产规模的要求是不同的。成本领先型企业都有大规模制造的需求，其生产规模一般都非常庞大，而歧异化战略企业对低成本的依赖并不突出，因此生产规模并不是这类企业的主要问题，这些企业甚至可以将生产制造业务完全外包。

（2）生产区位。首先，选择区位一方面是出于成本的考虑，如人力资源成本、物流成本、生产的外部性成本等。比如能源的生产，就是一种资源本地化的典型。其次，区位选择是出于目标市场导向的问题。一些行业的区域化消费特征非常明显，属地化生产也非常有吸引力。此外，生产区位还考虑产业集聚的问题。在产业集中的区域中，不仅生产成本较低，而且信息流动、技术创新等方面都比其他地区具有很大的优势。在进行生产布局之前需要考虑的因素包括以下方面。

❏　主要资源的可得性。

❏　地区工资水平。

- ❑ 与发货和收货相关的运输成本。
- ❑ 主要市场的位置（顾客需求响应周期）。
- ❑ 地区或国家的政治风险及高质量员工的供给情况。

（3）产品设计。产品设计主要是指产品的外观和结构设计，不同的消费人群对产品的外在形态有不同的偏好，因此，需要针对企业的目标客户群来定位。

（4）加工方式。加工方式的确定取决于企业的竞争战略，歧异化的战略要求独特的加工方法或手工生产的方式，而成本领先战略的企业则会采用大规模的、机械化的生产方式。

（5）物流管理。不同行业和不同战略对物流的要求也是不同的，有的对物流的成本特别敏感，有的要求物流系统有很快的反应能力，有的却对物流系统的可靠性要求很高。

（6）质量控制。质量控制取决于产品的使用特征与顾客层次的定位。对于一些时尚性的产品而言，质量相对来说是不重要的，而对于耐用品来说，质量就成为消费者决定性的考虑因素之一了。另外，对于低消费层次的消费者来说，价格要比质量更为重要，而对于一些高消费层次的消费者而言，质量会更受关注。

（7）成本管理。成本定位直接受企业竞争战略的影响。作为一个成本领先的企业，其在成本上的定位就会以低于同行的成本水平为基准，即使会降低产品的质量或功能；而采取歧异化战略的企业则会在成本上留足一定的空间。

（8）过程控制。过程控制是生产管理精细化程度的一种反应，也是工作质量的良好保证。然而过程控制也须遵循成本效益原则，而评判成本效益也需从企业的战略要求着手。

二、战略性生产技术问题

现代生产管理问题基本围绕着成本的降低和品质的保障来展开，如准时生产制（JIT）、柔性制造系统（如何用低成本制造个性化产品）、供应链管理（SCM，降低物流费用）、清洁生产、TQC、6 个 σ 等。在企业竞争战略中，成本优势是最为基础的。当然，这种优势可以体现在价格上，即用低价格进行竞争从而获胜，也可以体现在服务、质量、新技术开发上（歧异化战略）。没有成本上的优势（至少没有太大的劣势），无论采取哪一种竞争战略，都是难以长久的，从而也是不可靠的。品质保障是企业产品歧异化的表现，但同时它对产品成本降低而言也是至关重要的。可以说，不论采取什么类型的战略，在生产技术问题上都需要体现出自己独特的优势。

生产决策中的产品设计、质量水平等问题，是依据公司的战略定位（目标客户群）来确定的。这一部分工作应以营销管理中的相关问题为依据，这也反映出企业内部工作之间的有机关系。

第五节　战略实施中的营销整合

营销整合是企业战略实施中最重要的环节。所谓营销整合，就是对产品、价格、渠道、

表 9-8 战略实施中的关键营销要素

产 品	价 格	渠 道	促 销
质量 特性与选择 样式 品牌 包装 产品系列 质量保证 服务水平 其他服务	价格水平 折扣 付款条件	销售渠道 销售覆盖范围 销售点布局 销售区域 库存数量与布局 运输工具	广告推销 人员销售 促销 公关宣传

一、市场细分

定位学派认为，战略就是一种定位，即在市场中找到一个最适合自己的市场。市场细分是被广泛采用的营销策略。市场细分的基本观念是：通过统计方法，研究基础变量（如消费者的性别、年龄等）和行为变量（如对产品的购买率）之间的关系，并在此基础上选择特定的顾客人群，制定相应的营销组合。

对于顾客而言，细分意味着更合乎自己需要的产品和服务，这种个性化的服务是顾客以最小的代价获得最大效用的最佳方式。因此，细分是争取顾客最有效的手段之一。对于采取细分策略的企业来说，可以从两种途径着手，一种是"纵向细分"，即对现有的产品、市场进行更有针对性的区分并采取相应的营销策略；另一种是"横向细分"，即选择一个与现有产品或市场不相冲突的细分领域。前者更多的是加强自己的竞争优势，后者则注重回避竞争，寻找更适合自己的经营领域。

> ## 注记 细分与进取
>
> 市场细分最终的选择，是企业根据行业竞争态势、自身能力、细分市场的吸引力等三个维度综合考虑的结果。无论对于"纵向细分"还是"横向细分"，都是从获取价值出发的，其细分的目的就是实现企业利益的最大化。因此，细分不是盲目争胜，也不是偏安一隅苟且偷生，而是积极地寻求适合自己的生存空间，更好地实现企业目标。要达到这一目的，需要从外部（行业竞争状况）和内部（企业自身能力和优势）两个方面来进行系统考虑，这一点正是战略思维的特征。市场细分实际上是构造企业营销与企业战略的重要桥梁。

二、营销组合与战略

产品定位、价格定位、销售渠道的选择、促销手段的安排等，是企业营销工作的核心内容。这些销售手段的选择，完全应该由企业的战略定位来决定。

产品定位是由企业所选择的细分顾客群决定的，这些顾客的需求决定了企业的产品定位。宝马汽车突出驾驶的乐趣，它是为爱好驾车的顾客设计的；劳斯莱斯凸显尊贵，是为达官显贵们生产的；凯迪拉克是政治家的象征；沃尔沃强调安全，其顾客群是企业家等。

价格定位一方面由顾客选择决定，另一方面也由企业的战略目标决定。当然，特定顾客群的价格接受能力是定价的根本因素。但除了这一点考虑外，企业的战略目标也是重要的决定要素。企业的目标是盈利、增长，还是打击竞争对手，对于价格的制定起着决定性的影响。如果企业追求盈利，那么一般价格会定得高一些；如果追求的是增长，一般价格会定得低一些；如果要打击竞争对手，其价格一般都会非常低，而且定价会以竞争对手的产品作为主要依据。另外，企业的竞争战略也是决定因素之一。如果采取的是成本领先战略，其定价就会尽可能得低；如果采用歧异化战略，那么其价格一般会比较高。因此，产品价格的确定是以市场定位、战略目标与竞争战略为逻辑依据的。

销售渠道与促销手段是由企业目标顾客的特性所决定的。一家做老年人保健品的企业在做促销时给顾客赠送啤酒瓶的开瓶器，显然没有起到吸引顾客的作用。广告代言人完全是按消费人群的影响力来进行选择的。销售渠道与目标顾客的购买习惯有关，高档服装不会在大型卖场出现，而专业化的产品也不会走大众消费品渠道。

注记　营销的起点

要保证定价政策的一致性，市场定位、战略目标与竞争战略这三者之间必须相互协调，即它们之间不能相互冲突。营销定位必须准确回答以下问题：这样的目标市场能否达到战略目标？采取这样的竞争战略是否能确定优势？为了这个战略目标，采取这样的竞争战略是否合理？在这三个问题中，战略目标是最为基本的，因此在考虑三者的协调时，应以目标为出发点进行考虑，保持营销思想的一致性，否则就会引发营销活动的混乱。

第六节　战略实施中的财务问题

战略实施中的财务问题主要是财务保障与绩效分析问题。对于前期的战略选择而言，财务可行性问题在内部条件分析时实际上就已有所考虑，但前期的财务分析是一种事前分析，不可能做到对确切的战略方案进行具体的财务安排，更不可能对环境的变化进行动态的调整。财务战略要实施的就是在较为长远的战略规划期内，为企业的战略运作提供可靠、稳定和低成本的资金保障，包括资金需求预算、融资渠道建立、企业价值评估等。

一、财务预算

准确的财务预算与资金计划是提供资金保障的前提。长远的战略规划应分解出具体的年度目标，而年度目标应分解到企业的每一个部门，对每个部门的活动进行预算，并汇总

年度目标，而年度目标应分解到企业的每一个部门，对每个部门的活动进行预算，并汇总到财务部门，由财务部门再进行资金优化调度，从而得到企业的资金计划。因此，资金计划并不是各部门预算的简单加总，而是对各部门的资金需求进行整合，使资金流动最合理、效率最高，以达到降低资金成本、保障资金供给的目的。

资金计划是融资、投资管理的主要依据。在此基础上，预测企业的现金流，确定资金缺口，可以提高筹资活动的计划性和适时性。资金渠道管理是财务战略最重要的环节之一，要求企业对资金渠道要有一个长远的规划——如何使资金的使用与资金的来源相匹配，对现金的不足以及现金的溢出应做何应对等。

资金计划的编制是通过财务预测得来的。财务预测的一般步骤如下。

（1）销售预测。

（2）估计需要的资产。

（3）估计收入、费用和保留的盈余。

（4）估计所需融资。

对于在市场经济体制中运作的企业，市场导向是分析问题的源头，因此财务预测的第一步就是销售预测。销售预测的依据是企业的战略目标，这属于市场营销的范畴，此处不再赘述。在销售预测的基础上，根据以往的资产—销售结构进行资产规模的预测，然后计算出资金缺口，即所需融资或资金溢出的具体数字。

A 企业预计下一年销售 4 000 万元，需做一个财务预测，其本年的相关材料如表 9-9 所示。

表 9-9　A 企业的财务预算表

单位：万元

项　　目	上年期末实际	占销售额百分比 （销售 3 000 万元）	本年计划 （销售 4 000 万元）
资产：			
流动资产	700	23.33%	933.33
长期资产	1 300	43.33%	1 733.33
资产合计	2 000	66.66%	2 666.66
负债及所有者权益			
短期借款	60	NA	60
应付票据	5	NA	5
应付款项	176	5.87%	234.8
预提费用	9	0.3%	12
长期负债	810	NA	810
负债合计	1 060	6.17%	1 121.8
实收资本	100	NA	100
资本公积	16	NA	16
留存收益	824	NA	950
股东权益	940		1 066
融资需求			478.86
总　　计	2 000		2 666.66

NA：表示缺少数据。

从上述财务预测可知，A 企业该年需融资 478.86 万元。这是资金计划的一般流程，在操作过程中，这一流程还应根据具体情况做一定的调整。比如，经营规模与资产规模之间是不是一种线性的关系？按上例来说，该企业销售额为 3 000 万元时，其资产规模是销售额的 66.66%，负债是销售额的 6.17%，而销售额提高到 4 000 万元时，这些比例是否还保持不变，或者通过企业内部管理流程的改进，这一比例会发生什么变化，都需要做出一定的调整，以使财务预测更能反映企业最新的经营管理状况。

二、资金保障

有了明确的资金需求，下一步就是决定通过什么途径筹集资金以及如何落实资金来源了。资金筹集途径基本上有三大类：一是权益融资，即通过增资扩股来募集资金；二是负债融资，即通过银行贷款、发行债券等方式筹集资金；三是商业信用，通过调整与供货商以及顾客的信用条件来改变企业的资产—销售结构，从而改变企业的资金需求。

选择什么融资方式，最根本的考虑就是资金成本的问题。当然，除了资金成本最低外，还需考虑融资方式的可行性。这在财务管理上并不是什么新鲜的东西，但作为战略管理上的考虑，资金成本就不是一般财务处理上的资金成本的概念了。简单地说，此时的资金成本是一种战略成本，包括了有形成本、无形成本和机会成本，它是从整体、长远的角度来衡量的。例如，为了减少资产/销售比例，企业采取紧缩信用政策的做法，这一做法一方面会降低对资金的需求，但另一方面也会造成销售增长的放慢。销售增长的放慢对企业的战略实施造成的影响，便是这一政策的战略成本。

每股收益与息税前收益（ESP/EBIT）分析是在战略实施中，确定如何在借贷融资、股权融资之间选择一个最优的资本结构的最常用的财务技术。这一技术用于分析不同的资本结构对每股收益的影响。ESP/EBIT 分析是进行战略实施中融资决策的一种很有价值的工具，但采用这一技术时应当考虑到如下几点。

（1）当每股收益水平更低时，股票融资的盈利水平可能更高。当公司的经营目标是利润最大化而不是股东财富最大化时，采用股票融资是最好的选择。

（2）ESP/EBIT 分析时还要考虑灵活性的问题。当企业的资本结构发生变化时，其满足未来资金需求的灵活性也会发生变化。仅采用负债融资或仅采用股票融资可能会导致过于僵硬的责任和义务，而限制性的契约关系会严重削弱企业未来进一步融资的能力。

（3）在进行 ESP/EBIT 分析时，与股票价格、利率和债券价格相关的时机因素非常重要。在股票低落时，从成本和需求两个方面看负债融资都是最有利的选择。然而，当利率高昂时，发行股票则更具吸引力。

三、财务政策

除直接的资金保证和预算管理外，财务政策的制定也对企业现金流产生很大的影响。财务政策包括现金管理政策、信用政策、负债结构政策、备用金政策等。其中，信用政策、负债结构政策对企业现金流的影响最大。

信用政策由信用条款和信用期间两个要素组成。前者指可以享受公司商业信用的客户的资质条件；后者指客户享用商业信用的周期，如一个月、三个月、半年的延迟付款期等。信用政策收得过紧，会影响企业产品的销售，在扩张型的战略中，这样的财务政策显然会对企业战略意图的实现造成影响；但信用政策过宽会延长资金回收期，加大企业的现金需求。因此，财务政策的制定需要在企业的战略目标及财务资源之间找到一个平衡点。

负债结构对战略实施的影响也非常大。高负债对企业利用财务杠杆，充分把握业务发展机会是极有作用的。但是，高杠杆带来高收益的同时也带来高风险。同样，负债结构也应在企业战略与经营环境之间寻求平衡。

第七节　战略实施中的研发问题

研究与开发（R&D）人员在战略实施中起到综合的作用。他们通常被赋予为实施战略而开发新产品和改进老产品的任务，包括引进复杂的技术、使生产工艺适于本地生产，以及使产品满足特定的消费口味及要求。例如，产品开发、市场渗透、集中多元化等战略均要求成功开发新产品或明显改进老产品。目前，全球的企业对于研发的重视程度都在不断提高，统计资料表明，美国公司研究开发费用平均为销售额的 3.5%，日本公司为 5.5%，德国公司为 5.4%，加拿大为 5.2%，瑞士公司为 6.3%，瑞典公司为 5.8%。一些高科技企业的研发费用甚至高达销售额的 10% 以上。即便如此，管理层仍会抱怨对研究开发的支持受到可利用资源的制约。人们容易忽略的一件事情是，可利用资源是一个相对的概念，尤其是对于研究开发这样一种以大脑智力为主的活动，资金的实力是一个影响因素，企业在人力资源的组织和管理上的能力也是不容忽略的。

从外部得到研究开发力量还是建立企业自己的研发力量，是一个较难决策的问题。在这一问题上可以借助以下决策准则。

（1）如果技术进步速度较慢，市场增长速度适中，而且对新的市场进入者存在明显的障碍，那么在企业内进行研发是可取的。这是因为成功的研究开发将带来一时的产品或工艺垄断，公司可以利用这一机会。

（2）如果技术变化迅速而市场发展缓慢，那么大力进行研究开发可能会有很大的风险，因为这样最终可能会开发出过时的和没有市场的技术。

（3）如果技术变化缓慢但市场增长迅速，那么企业可能没有足够的时间进行内部开发。可行的办法是以专有或非专有的形式从外部公司得到研究开发的能力。

（4）如果技术与市场均发展得很快，则应当通过收购该产业中的一家优良公司来得到研究开发能力。

研究与开发战略主要有三种：一是做营销新技术产品的领先企业。这是一种既令人兴奋，又十分危险的战略。3M、宝丽来、GE 公司等都曾成功地实施了这种战略，但也有不少采用这种战略的企业已经落伍甚至被淘汰了。二是创新性地模仿成功产品，这样可以将风险和初期费用降至最低。日本公司是采取这类战略的典型。三是大规模地生产与新产品性能类似但更为便宜的产品，从而做低成本生产者。我国的 VCD、DVD 厂家就是这种战略的执行者。

采取什么样的研发战略，是由企业的实力、传统及其具有优势的细分市场的特征共同决定的，其最根本的原则就是扬长避短——发挥自己的长处，回避自己的不足，尤其是风险的承受能力等。

本 章 小 结

战略的成功实施依赖于企业各职能间的有机整合，战略意图、战略基石与战略风险对企业的组织结构以及生产经营等各个职能都提出了具体的要求。建立不同职能与战略的关系，是一个个性化极强的问题，需要从具体的战略意图、战略基石和战略风险入手，结合企业的具体情况，本着实现企业战略意图，建立企业战略核心条件和防范战略风险的思想，构造相应的组织结构，规划和运作企业内部的各个专业职能。

工作分析是组织设计最为基础的工作，它是通过战略核心业务的业务需求分析来建立与企业战略的联系的。有什么样的业务选择，就会有什么样的工作需求；有什么样的战略意图，工作的重心自然会得到明确。

工作分析形成的工作需求，是进行职能分布的重要基础。职能分布首先考虑哪些职能可以外包，哪些职能在企业内部完成，然后按专业化分工原则、统一指挥原则、名实相符原则、完备性原则、合理跨度原则等，把各个职能完整地、独立地分配到不同的部门中去。

结构设计是组织的重要显性特征，不同的结构各有利弊，而不同的战略环境对这些要素的要求是不尽相同的，应本着权衡利弊的思想，选择一个与企业战略相匹配的组织结构。

为更好地实施企业战略，除了结构的匹配外，还需对企业的工作标准与工作规范、沟通与协调规则、绩效考核与激励模式、企业文化体系等软件方面进行系统的规划与构建。

企业的人力资源管理规划、生产及管理规划、营销规划、财务规划、研发规划等，也都要紧密围绕企业的战略意图，站在战略的高度，规划和实施各职能的工作。

思 考 题

1. 与战略的制定相比，战略实施在思维方式上有什么不同？
2. 结构随战略而动在操作过程中应该考虑什么问题？
3. 战略性结构设计的具体内容都有哪些？它们之间的关系如何？
4. 战略与组织结构之间是一种一一对应的关系，还是存在不同的匹配模式？
5. 在将工作单元分配到部门时，应该遵循什么原则？
6. 后现代组织理论认为，未来的组织越来越朝小型化的方向发展，你同意这样的观点吗？为什么？
7. 在组织设计中，如何平衡效率与柔性的关系？
8. 组织文化是从哪些方面降低管理成本的？
9. 在促进良好组织文化的形成方面，需要考虑哪几个方面的问题？
10. 绩效考核可能存在的副作用有哪些？如何避免？

11. 绩效考核体系的设立应考虑哪些基本原则？

12. 组织结构再造除了考虑战略的需要外，尤其要注意哪几个方面的问题？

13. 如何协调好结构稳定性与环境动态性之间的关系？

14. 从哪几个方面判断人力资源需求与战略实施的联系？

15. 战略实施中的生产问题都体现在哪些方面？

16. 年度战略目标是如何得来的？

17. 成本控制在战略实施中处于一个什么样的地位？

18. 在确定选择哪一细分市场时应考虑什么因素？

19. 如何处理好市场需求的多样性和生产规模的经济性之间的矛盾？

20. 传统行业中企业的研发活动应该朝哪一个方向发展？

21. 研发战略的选择应遵循什么样的原则？

22. 财务决策中的信用政策与战略实施间的关系是怎样的？

23. 资本结构优化中除考虑每股收益情况外，还需要考虑什么问题？

24. 如何通过战略意图对各个职能进行整合？

25. 在研发竞赛中，资本实力处于劣势的企业如何弥补这一不足？

26. 资源进行配置时应遵循什么样的原则？

本章案例：花红药业的战略实施（A）

案例导读：

经过几年的艰苦奋斗，在 1999 年，花红药业终于走出了低谷，迎来了新一轮大发展的机遇。为此，公司领导层确立了"中国妇儿用药及卫生用品第一品牌"的战略目标，并围绕这一战略目标制定了相应的战略规划。为了实施这一宏大的战略，企业如何有效地实施战略，使花红药业早日成为中国妇儿用药的知名品牌，是各个职能部门思考以及确定相应部门规划时应该考虑的问题。

1999 年 12 月 15 日晚上十点，花红药业厂厂长韦飞燕驱车驶过柳江大桥，望着桥下静静流淌的江水，韦飞燕心中的兴奋仍难以平抑。下午，公司的五年发展战略刚刚通过，企业确定了"中国妇女儿童用药及卫生用品第一品牌"的战略目标。晚上全体中层以上管理人员一起聚餐，大家情绪高涨，雄心勃发。企业的战略是提出来了，但如何有效地实施这一战略，使企业的战略目标得以顺利实现，才是最为困难和艰巨的任务。韦飞燕想，明天要与各部门分别召开一次战略座谈会，希望各部门能尽快拿出配合企业总体战略的部门职能战略方案。

一、花红药业

广西花红药业厂（原广西柳州中药厂，以下简称花红药业）始建于 1971 年，是国家重点中成药生产企业，总资产 5 000 万元，是妇女儿童药品专业生产厂家。1999 年，企业实现工业总产值 4 503 万元，销售收入 3 684 万元，实现利税 437 万元。目前企业拥有包括花红片、花红颗粒、咳宁糖浆、咳宁冲剂、葛根芩连微丸、消肿止痛酊、复方两面针含片、解毒生肌膏 8 种独家产品在内的 50 多种中成药产品。其中，花红片、花红颗粒、葛根芩连微丸、消肿止痛酊为国家中药保护品种；葛根芩连微丸被国家定为全国中医院急症必备用药（广西唯一入选品牌）；花红片、花红胶囊、消肿止痛酊、葛根芩连微丸、解毒生肌膏五个独家产品列入国家医保目录；主导产品花红片品质优良、疗效显著，是全国治疗妇科炎症用药的知名品牌。经过几年的市场培育，企业已逐步树立"花红"品牌，年内企业将推出"花红爱佳洗露"和"花红养血当归精"两个"花红"系列产品，以进一步拓宽产品市场。企业现有职工 422 人，其中工程技术人员 80 人，个别生产和检测仪器在国内已达到领先水平，拥有德国生产的 SWC-CD-120H 一步制粒机、日本岛津 CS-9000 型薄层色谱扫描仪，实行 GMP 管理，形成了高效、高质的生产供给系统。销售方面，目前已经建立了总代理制下层层分销的全国销售网络，拥有一支 50 余人的精干的销售队伍和近 200 人的分销队伍。在 30 个省、自治区、直辖市布设了销售网点，形成了全国性的销售网络。

由于种种原因，20 个世纪 90 年代初，企业曾陷入十分困难的境地，至 1993 年年末，全厂总债务达 4 000 万元，资产负债率突破 100%。当年的销售收入仅 963 万元，亏损达 600 万元，企业已处于停产状态，濒临破产。1994 年，上级对厂领导班子进行全面调整。新班子上任后，狠抓企业改革整顿，通过不断地进行三项制度改革，强化内部管理，建立各种具有活力的机制，大力调整产品结构，努力提高产品质量，积极开拓市场，很快扭转了被动局面，当年就扭亏为盈，产销量均比 1993 年增长 120%。1995 年以后，产销量每年平均以 20% 的速度递增。1998 年，企业凭借几年来的市场磨炼经验，经过艰苦细致的谋划，果断地做出新的决策——对企业及产品进行重新定位，实施名牌战略。把企业定位于妇女儿童用药专业生产厂；产品定位为以花红系列产品为企业品牌；以花红片为龙头，形成主导产品群，带动咳宁糖浆、复方两面针含片、消肿止痛酊等主导产品的销售，使主导产品梯队式进入市场，确保企业的持续发展。经过几年不懈的努力，花红系列产品行销全国，"花"开大江南北。主导产品花红片的销量从 1997 年的 350 万元增加到 1998 年的 711 万元，1999 年又跳跃式地增至 2 697.35 万元，企业基本走出困境，步入良性发展的轨道（见表 9-10 和图 9-8）。

表 9-10　花红药业 1995—1999 年的销售收入与利税总额

项　　目	1995 年	1996 年	1997 年	1998 年	1999 年
销售收入（万元）	2 196	2 449	2 477	3 039	4 459
利税总额（万元）	143	194	217	340	445

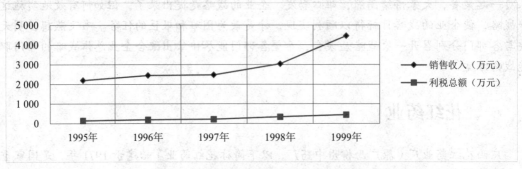

图 9-8　花红药业销售收入与利税增长趋势

在快速成长的过程中，企业面临着长远发展战略规划的制定和实施问题。制定明确、有利于企业竞争优势充分发挥的战略方案以及具体可行的实施方案，是企业可持续发展的保证。就花红药业的具体问题而言，如何从目前 1 亿元左右的销售规模迈上一个新的台阶，成为广西乃至全国的大型制药企业，逐步实现成为"国内一流女性健康专家"的目标，以及为了达到这一目标而确定什么样的目标市场、目标品种、销售和管理模式的变革……这些都成为花红药业领导层关注的问题。

二、中药行业

中药行业是一个既传统又现代的行业，是增长最快的行业之一。这一方面为制药企业带来巨大的机会，也加剧了行业的竞争，而随着国家对医药行业管理的逐步规范，将极大地影响中药行业的运作模式。医药行业的特殊性决定了外部环境因素对其的影响将大大高于一般行业。

（一）行业特征

1. 粗放型经营基础、基本技术成熟的传统行业

中药行业诞生于我国并具有悠久的历史，由最早的"祖传加经验""前店后厂"的形式发展而来，经过漫长的发展历程，基本技术已经成熟，且技术密集度和资本密集度较低。中药现代化作为中药行业发展的一个方向是现代科学技术在中药行业的应用，目前尚处于初创期，在相当长时期内不能改变行业的基本现状。

2. 行业的生命周期长，产品的商业周期取决于品牌与特色效应

中医药理论的博大精深，对于传统文化瑰宝的继承和发展以及国际社会与日俱增的认同，决定了中药行业生命周期长，目前仍处于朝阳阶段。但是，由于行业基础是粗放型的，相对进入壁垒较低，所以产品的市场竞争十分激烈，导致一般产品的商业周期较短，特别是大宗制品。有效地延长产品商业周期的决定因素是"品牌"和"特色"。比如，我国"同仁堂"的牛黄清心、乌鸡白凤和漳州的"片仔癀"历经数百年而不衰主要是品牌效应。

3. 需求的价格弹性较小，与西医药在互补中竞争

由于中药行业的产品作为医药产品的一类，关系到人的生命健康，因此人们一般不会因为其价格的下降而大量增加消费，也不会因为其价格的提升而拒绝治疗。该行业表现为产品需求量变动的比率小于价格变动的比率，是需求价格弹性较小的行业。中医药的特点是具有在整体调理中治疗的作用，与西医的竞争主要表现为互补性竞争，在协同中发生作用。

4. 医药行业的新热点，逐步成为高新技术的应用行业

由于科学理论的发展、疾病谱的演变、人们健康和医疗观念的变迁，同时化学制药的投入大、开发周期长以及西医药难以全面满足人类健康需求等因素，中医药与植物药已经成为世界医药发展的主流趋势之一，引起全世界的关注，成为医药行业的新热点。为了适

应发展的需求，中药现代化成为中药行业的一个重点发展方向，中药行业将逐步成为高新技术的应用行业。

5. 相对低的投入、短开发期使风险降低

目前，一般化学药品或生物制药的研发投入至少是 3 亿美元/种，开发周期长达十余年。比起这种高投入、长周期的开发，多数中成药品种是对一些应用效果良好的成方的开发，可以直接进入临床研究阶段，前期投入相对较少，开发周期大大缩短。另外，目前中成药的有效成分分析方法、作用机理等基础研究还不到位，大部分中成药是复方制剂，更容易低水平地重复开发，而且中成药的处方多来源于验方或者具有独特疗效等，所以中成药行业进入门槛低。以上因素使中成药相对于化学药的开发生产风险要低得多。

6. 产品的市场导入期较长，附加值将与产品科技含量和质量正相关

中成药产品市场化的一个关键因素是依靠其特色疗效和质量来形成品牌，而目前中成药常常与西医药联合使用，并且由于科学研究手段不健全，疗效的鉴定方法也不完善，许多药品的疗效只能靠患者的切身体会，难以客观地评价和表达，所以中成药产品的市场导入期一般较长。广告效应可以推进一些不具品牌特色的产品的市场化过程，对此许多生产厂商屡试不爽。国家对药品广告已经采取限制措施，虽然短期内可能对中成药产品的市场导入期有延长的可能，但是从长远来看可以净化药品市场，使产品依靠质量求生存。

中成药是具有高附加值的医药产品，基于粗放经营基础的中成药开发生产的投入相对于西药又少，使中成药的附加值进一步加大。为了使这种附加值进一步合理化并促进行业产品结构升级，国家规定一类新药的价格高于二类，依次类推；通过 GMP 认证的企业的产品价格可以上浮一定的百分比。

（二）中药行业现状

我国医药行业经过多年的发展，已经形成一个完整的行业体系。迄今为止，已有医药生产企业 7 000 多家，产值达到 2 000 亿元左右，其中中成药产值约 500 亿元。

我国医药市场总量在世界排名第 10 位左右，但人均用药量低，不到 10 美元，仅为中等发达国家的 1/4～1/5，存在巨大的潜在发展空间。随着我国医疗卫生事业的发展和人均生活水平的不断提高，我国医药行业的发展将会大大高于世界医药行业的平均发展水平。据专家估计，世界医药行业的年增长率为 6%～8%，而我国医药生产和销售年增长率可达 15%。预计在 21 世纪中叶，我国人均药品消费将达到 50 美元以上。

中成药品种及天然药物制剂的市场增长空间无疑是巨大的，在消费者用药的选择中，植物药已成为一种新的潮流。在欧洲市场，德国无论在市场规模还是在产品开发趋势上，都占有举足轻重的地位。而美国的植物药市场也是异军突起，预计今后的年增长率将达到 10%～100%。

（三）行业政策

医药行业关系到人民群众的生命健康，国家在政策法规上对其进行了严格的管理。

1. 医药卫生体制改革

即将出台的《关于城镇医药卫生体制改革的指导意见》，为我国城镇医疗机构、医疗服务价格和药品价格、药品生产和流通体制等重大改革提供了政策依据。其中，对卫生服务体系进行结构性调整，要求加强社区服务，扩大农村医疗。改革后的城镇医疗服务体系将由社区卫生服务组织和综合医院及专科医院组成，实现"大病进医院，小病在社区"。

此外，医疗机构将被分为非营利性和营利性两类进行管理。由政府等举办的非营利性医院占主导地位，营利性医疗机构则放开服务价格，自主经营，照章纳税。

"医药分家"最为引人关注。医院的门诊药房将逐步转为必须独立核算和纳税的药品零售企业，此举目的在于切断医院和药品营销之间的直接经济利益联系，规范市场秩序，减少恶性竞争。医疗机构的药品采购将实行集中采购、公开招标。

2. 医药企业规范化管理改革

强制性实施制药企业的 GMP 方案，同时加快国家级的 GSP、GLP、GCP 项目的进程，这些政策的出台对于加强国内医药企业的标准化、规范化管理，积极参与国际合作有着较强的促进作用。其目的旨在培育企业的产品标准理念，增强企业竞争力，是解决当前药品经营鱼龙混杂、无序竞争问题，依法规范医药市场的必由之路。

1995 年，我国正式实施 GMP 管理规范后，从物料管理系统、生产管理系统、质量管理体系三个方面对企业提出了强制性要求，没有达到 GMP 认证资格的企业必须通过 GMP 认证，否则会被清理出制药行业。该项工作已经取得了阶段性成果，血液制品、粉针剂、大容量注射剂的生产已全部通过 GMP 认证。

3. 药品分类管理制度改革

我国政府于 1999 年 7 月 22 日正式颁布了《处方药与非处方药管理办法（试行）》及第一批《国家非处方药目录》，于 2000 年 1 月 1 日起正式实施，这标志着我国药品分类管理制度初步建立。据统计，1990 年我国 OTC 药品市场销售额为 19.1 亿元，1994 年为 77.16 亿元，4 年间增长了 305%。据国外有关机构对中国 OTC 市场的研究显示：1996 年我国 OTC 药品市场为 13 亿美元，此后每年的平均增长率为 30%～36%，占中国医药市场总额的 12%～17%。分类管理实施后，生产非处方药的企业将会以较快的速度分化，生产非处方药的集中度逐步提高；受经营非处方药的利益驱动，将会有一部分企业及研究单位着手研究开发更多安全有效、价格低廉的药物，扩大非处方药市场。OTC 药品的兴起，也为我国医药零售行业的发展提供了良好的契机。

4. 医药流通体制改革

我国医药流通企业虽然历经几十年的改革开放，开展了转制、联合、兼并等改革，但经营方式依然保持着从工厂到总代理商，再到分销商，最后到达消费领域的传统方式。这种方式环节复杂、效益低下，不利于集约化发展。面对当前日趋激烈的市场竞争，医药流通体制改革势在必行。

首先，国家加强了专项治理。依靠"高定价、高折扣""高进销差率、高费用率"的营销方式将逐步失去生存条件，而以减少流通环节为主要目标的现代营销模式将成为药品流通的主要方式。同时，随着医院体制改革和转制的逐步到位、反腐倡廉工作的深入进行，不正之风可望有所好转。

其次，医院开展对药品的集中招标采购。依据《关于城镇医药卫生体制改革的指导意见》的规定，全国绝大多数省、市、县级医疗机构近期将在各级、各类、各种形式的药品集中招标采购机构的组织下，轮番进行药品集中招标采购活动。药品招标采购对加快我国城镇医药卫生体制以及医药流通体制改革是一项重要举措，对当前制止和纠正药品购销中的不正之风也具有一定的作用。但当前的药品招标采购依然存在着如何克服属地意识、解决在全国统一市场范围内选择竞投者和合理兼顾医院、患者与竞投者三方的利益等问题。同时，药品消费的终端主要是医院，医院的运作方式将决定着医药流通方式转变的方向。

再次，医药电子商务浪潮开始萌芽，催化医药流通方式的改革。随着规模和经营渠道日益壮大，大型医药批发企业将加速推行配送制，最终将成为专业化、社会化的配送中心，为全社会的医药零售店、中小批发商提供服务。网络将成为企业资源规划、客户关系管理及供应链管理的中枢神经。有关部门对此基本形成共识，正在个别地区推行网上交易试点。

最后，医药零售连锁网络建设速度加快。在当前 OTC 制度和医疗保险制度已经推行、医药分类管理正在酝酿实施的宏观背景下，OTC 药品和医疗器械中的一些小品种将一改传统的消费方式，更多地直接面向患者和零售药店。目前，零售连锁网络正在各地全面展开，最终的布局将由以中心县市为核心的批发网络来组织进行，有可能布局到重点乡镇一级。大型医药批发企业将建成零售连锁网络的配送中心，在实现连锁经营后将由传统的批发商走向批零一体化。

（四）医药技术环境

经过几十年的艰苦努力和探索，我国在新药研究工作中已经积累了丰富的经验，提高了技术水平，建立了具有一定规模和相当实力的研究机构，形成了配套的研究体系，培养了大批新药研究人才，为我国的新药研究奠定了基础。中国具有丰富的传统药物资源，随着生物医学理论与药学基础研究的进步，以及分离提取技术、分析鉴定技术、药物筛选技术、化学合成技术的迅速发展，样品库的建立条件已经成熟，利用新技术、新方法对中草药进行更大规模的研究已成为现实。天然资源的化合物、海洋药物将愈来愈受到重视。

三、企业生产经营状况

（一）产品结构情况

花红药业现有的主要品种有花红片、花红冲剂、咳宁糖浆、咳宁冲剂、葛根芩连微丸、消肿止痛酊、复方两面针含片、解毒生肌膏等 8 种独家产品，其中花红片、花红冲剂、葛根芩连微丸、消肿止痛酊为国家中药保护品种。主打产品花红片疗效显著，经临床验证，其总有效率达 99%以上，深受患者欢迎。葛根芩连微丸是我国唯一一种微丸剂型的产品，也是广西唯一被国家定为全国中医院急症必备用药的品牌。该产品生产技术含量较高，药效显著，已被列入国家基本药物目录中。消肿止痛酊是集传统经验和现代科学制法为一体的纯中药制剂，为该厂独特的传统产品，也已列入国家基本药物目录。咳宁糖浆、复方口喉宝含片与解毒生肌膏均具有显著疗效，市场前景广阔，可作为后续开发的较好选择。

从总体结构看，花红药业拥有一批独家生产的中药品种，且已开始体现出较好的经济价值，也为今后的市场开发提供了很好的品种保障。同时，在今后两三年内，花红药业厂产品品种结构会保持一个较好的态势，这对于企业的生存和发展至关重要。花红药业的产品品种结构在广西制药企业中处于较好的水平，但这些品种除葛根芩连微丸外，都是传统中药品种，科技含量不高，难以作为未来竞争的战略依托。因此，加快高科技含量的新产品开发，是花红药业战略框架中的一个重要组成部分。

（二）企业管理水平

花红药业最初是一家国有企业，至今在管理上还存在许多计划经济时代的烙印，而且在组织机构设置、部门工作协调、人力资源管理上确有许多薄弱的环节，企业综合管理水平在国内同行中处于中等水平。但花红药业高层领导的管理意识比较超前，对企业目前存在的管理问题有着清楚和系统的认识，并有逐步改进和完善的明确计划。在这方面，花红药业走在了一般企业的前头。另外，企业的凝聚力很强，而且大力推行三项制度改革，逐步形成了竞争上岗的内部竞争机制，对充分利用企业的人力资源、提高员工工作积极性起到了较大的促进作用，并为企业今后的管理创新和管理升级打下了较为坚实的基础。

（三）人力资源状况

花红药业现有员工 422 名，其中研究生 2 名，占 0.5%；大专以上学历的人数 20 人，占 4.74%；企业拥有高级职称的人员 4 人，中级职称 15 人。由此可见，企业人员的文化程度和专业技术力量在同行中并没有明显的优势，而且人员的知识结构不尽合理，专业技术人员多为中药专业毕业的人员，缺乏制药工程、药物分析等专业人才，不利于全面提高企业的技术和工艺水平。

另外，花红药业作为一个老企业，不可避免地会遇到新老交替的问题。当前员工普遍较为年轻，工作经验不足（从技术、销售、内部管理到车间生产工人，都不同程度地存在这一问题），加之花红药业连年来业务迅速发展，对各方面人才的需求越来越突出，企业现有人员素质和知识结构已不能适应企业的发展要求。例如，由于缺乏专业的市场数据分析人员，企业对市场需求的判断往往不够准确，经常造成积压和断货，给企业带来了不小的损失。

同时，制度安排上还有许多有待改进的地方，如在部门和人员的绩效考核上、激励和分配制度的改进上、人员的选拔和培养上都存在许多不尽合理的地方，现有人员的潜力还没有充分地挖掘出来，造成一定的人力资源浪费。这一方面存在较大的改进空间。

（四）销售能力分析

花红药业经过多年的摸索和努力，在销售方面形成了自己的独特风格。花红药业通过总经销商的渠道进行市场开拓，充分利用代理商的市场资源。由于充分保证了经销商的利益，提高了经销商的积极性，现有中南、西南、华中华南、东北、华北五个片区，市场覆盖30个省、市、自治区。另外，配合良好的市场策划和广告宣传，其主导产品花红片的销售每年都以很大的幅度增长，并带动了其他产品的销售。可以说，近年来花红药业的市场开拓能力已有了长足的进步，使其在市场竞争中占有一定的优势（见表 9-11、图 9-9 和图 9-10）。

表 9-11　1995—1999 年各主要品种的销售数据

年份	花红片		消肿止痛酊		葛根芩连微丸		咳宁糖浆		两面针含片	
	数量（万盒）	金额（万元）	数量（万盒）	金额（万元）	数量（万盒）	金额（万元）	数量（万盒）	金额（万元）	数量（万盒）	金额（万元）
1995	5.5	84	283	293	7.7	69			3 451	406
1996	17.6	134	356.2	312.9	8.2	72	0.5	2.6	4 076	470
1997	36	300	385	390	15	167	8.2	48	1 306	149
1998	66.28	607	422	537	30.4	345	15	83	848	90
1999	286.2	2 305	409.5	502	23	258	23.8	67.5	305	36
合计	4 115.8	3 430	1 855.7	2 027.9	84.3	911	47.5	201.1	10 031	1 151

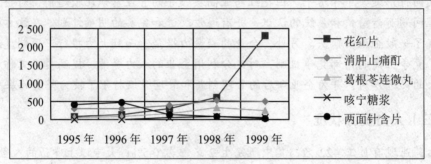

（a）总图

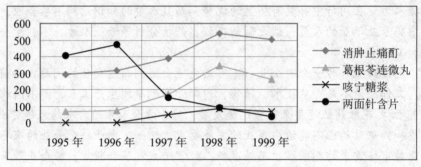

（b）销售额在 600 万元以内的品种

图 9-9　1995—1999 年主要品种销售金额趋势图（单位：万元）

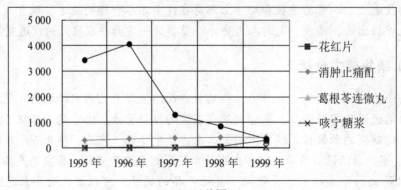

（a）总图

图 9-10　1995—1999 年主要品种的销售量趋势图

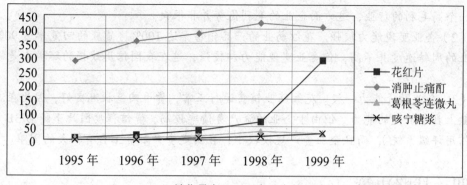

（b）销售量在 500 万盒以内的品种

图 9-10 1995—1999 年主要品种的销售量趋势图（续）

（五）生产工艺的技术现状

花红药业现有的硬件设施比较陈旧，生产场地窄小，周边环境杂乱，不仅影响了整个企业的厂容厂貌，还直接制约着企业的供应链管理，无法实现规模化、标准化生产。更重要的是，企业还没有建成一座符合 GMP 规范的生产车间，这对于企业的发展极为不利。另外，花红药业的生产、检验设备相对滞后，基本上都是传统型的生产、检验手段。

花红药业的主要剂型片剂的生产能力为 10 亿片/年，这一生产规模远远比不上其他的区内大型制药企业，如桂林三金、南药集团等，基本上处于中等水平。由于生产规模的限制以及生产安排的问题，花红药业的成本也并不具备明显的优势，依靠成本带动企业竞争是不可能的。

在工业和质量管理上，企业多年来形成一套严格的管理制度，质量检测、成本检测基本处于一个较好的水平。近年来，企业急速发展，产量逐年大幅增加，但企业的产品质量仍能保持原有的水准，这体现出花红药业在质量管理上扎实的基础以及较强的全员质量意识，这在质量上保障了企业的可持续发展。

（六）企业财务状况

随着销售形势的好转，花红药业的财务指标有了较大的改观，其与全国平均水平的比较情况如表 9-12 所示。

表 9-12 主要经济指标比照表

指 标	花 红 药 业	全国平均水平
总生产贡献率（%）	18.8	10.7
资产保值增值率（%）	105.53	120
资产负债率（%）	78.3	60
流动资产周转率（%）	1.25	1.52
成本费用利润率（%）	12.41	3.71
全员劳动生产率（元/人年）	47 947	35 117
产品销售率（%）	100	96

（1）企业的利润率水平较高，达到了 12.41%，是全国平均水平的 3 倍多，但制药行

业是一个高毛利的行业，这方面企业的毛利优势并非很大。

（2）企业变现能力较强。花红药业的产品销售率达100%，货款的回笼率达90%，显然企业的周转速度并不高，但企业变现能力却较强，这在我国信用缺损的环境中是极为重要的。

（3）企业融资能力一般。花红药业销售运行正常，货币回笼状况良好，因此在流动资金贷款上具备一定的能力。但由于企业的资产负债率较高，资信程度因此下降为3B（工商银行信用评级系统），而且企业资产规模较小，在固定资产融资上会有较大的困难。

四、战略决策

为制定企业的五年战略规划，花红药业与国内某咨询公司合作，经过多轮研究讨论，确定了花红药业2001—2005年的发展战略。花红药业的五年发展战略可分为三个阶段。

（1）第一阶段：采用市场渗透、横向一体化和市场开发战略。战略实施的具体做法如下。

① 将竞争战略定位在专一化经营上，根据目前花红片的品牌价值，选择妇女儿童用药为企业的主导市场。

② 继续加强对花红片的市场开发投入，继续提高现有市场的占有率，另外开辟新的市场，把花红片的量进一步做大，力争到2002年，花红片的销售达到2亿元。

③ 实施兼并和资产重组的低成本扩张战略，充分利用花红系列产品的品牌价值和销售渠道，对广西区内的一些可以发挥战略协同的制药资源进行兼并和重组，成立企业集团，迅速扩大企业的规模。

④ 将葛根芩连微丸等与妇儿用药不相关但很有市场价值的产品转移到集团内的其他企业进行生产和市场开发。计划2002年，整个集团的生产和销售额达到3.5亿元。

（2）第二阶段：采用开发新产品、后向一体化、前向一体化、进入资本市场的战略行动，并开始建立自己的终端销售网络。具体的战略方案如下。

① 大力开发新产品，形成门类齐全、品种繁多的妇女儿童产品系列，基本上形成一个妇女儿童药品专业生产厂家的特色。

② 建立2～3个原料生产基地，除保证主导产品的原材料供应外，用现代化的手段和方法栽种经济价值高的药材品种，提高基地的经济获利能力。

③ 通过收购、合资或股权置换等方式，进入药品流通领域，同时建立自己的终端销售网络，发挥销售资源的协同效应，为企业规模的进一步扩大提供市场保障。

④ 积极进入资本市场，加强企业参与资本运作的力度，争取在科技板证券市场上市，为企业前向一体化、后向一体化和开发新产品提供强大的资金来源，并在资本运作中获取丰厚的回报，进一步增强企业的实力。

根据这一战略安排，第二阶段花红药业经营规模的目标为7亿元，其中药品生产5亿元，药材生产、医药流通、资本运营等收入2亿元；企业进入药品生产企业前60名的行列。

（3）第三阶段：开发高科技产品、进入国际药品市场。这一阶段主要采取开发高科技产品、开发国际市场等战略，在加大在高科技产品开发上的力度的同时进军海外市场，尤其是日本、欧美等重要国际市场，向企业全球化迈出第一步。第三阶段发展速度可以适当放慢，利用企业进行调整的机会，加大资本运作的规模和水平，提高企业资产的盈利水平。

第三阶段的战略目标是年生产和销售达到 10 亿元以上，产品出口比例达到 20%，在全国同行的排名上升到前 50 位。

根据花红药业的竞争优势和其目标市场，其竞争战略定义为歧异聚集，即围绕花红片的营销，塑造出花红品牌，并将这一品牌延伸到妇女、儿童类系列产品上，使花红药业成为一家妇女、儿童类药品、卫生用品的专业生产厂家。

案例讨论：

在花红药业的战略意图下，分部门提出五年规划期内各部门的战略实施纲要，包括以下三个主要部门。

（1）生产部：生产规模要不要扩大，什么时候扩大？GMP 改造什么时候完成？产品质量与成本如何取舍？生产模式采取集中布局还是分散布局？产品外观设计需要考虑什么特殊问题？

（2）营销部：销售的主渠道是什么，是医院（推动式战略）还是药店（拉动式战略）？采取什么样的定价策略？销售结构（主打产品花红片和其他产品的结构）如何确定？广告诉求、媒体策略是什么？销售考核有什么特殊的考虑？

（3）研发部：研发哪些方面的新药？研发哪个级别的新药（I 类，II 类，III、IV 类新药，还是保健品、卫生用品）？采取什么研发模式（自主开发、联合开发、购买）？研发费用占销售收入的百分之多少？

第十章 战略评价与控制

任何战略研究，都不可避免地发生偏差，即便没有较大的偏差，战略的执行过程中也会偏离战略方向。没有战略控制职能，就像一个人闭着眼睛走路，哪怕预先画好了一根直线，也会逐步走偏，或者被线路上没有事先发现的石头所绊倒。

战略评价与控制出于以下两种现实：第一，企业的内、外部环境不断地发生着变化，当这种变化累积到一定程度时，原有的战略便会过时，尽管战略的制定在很大程度上依赖于对未来的预测，然而这种变化是没有办法完全预知的；第二，即使战略基础没有发生变化，战略方案也非常正确，但由于种种原因，战略在执行的过程中也会经常发生偏离。因此，战略评价与控制就是监控战略实施，及时反馈，并对战略目标或实施进行调整，保证既定战略目标的实现。

第一节 一般控制结构

战略评价与控制的根本目的在于保证企业的经营与既定目标之间保持一致，如果出现偏差，则采取措施予以纠正。一般来说，控制分为计划制定、业绩量度及信息反馈、衡量偏差、纠偏措施等四部分内容。在现实生活中，偏差是绝对的，一致是相对的，如果稍有偏差就要采取纠正行动，那么经营和管理成本就会非常高昂，企业也就失去了竞争力。因此，对于控制而言，还需要对偏差进行判断，以确定是否在预期的波动范围内。一般控制系统可以分为四个子系统。

（1）标准系统。标准系统由一系列的目标构成，它是企业预期的业绩水平的综合反应。标准系统是控制的基础，整个控制流程围绕这一目标来运作。但这一标准并非一成不变，如果通过控制分析，发现预定标准确实存在问题，也需要对标准进行一定的修正。

（2）信息系统。信息系统的工作是收集业绩信息，将实际业绩与目标相比较，找出其中的差距。其核心任务是将有价值的信息从庞杂的企业数据中挖掘出来。

（3）控制算法系统。控制算法系统是控制系统的主体部分，负责对偏差进行分析，确定是否需要采取纠正措施（阈限值核查），并分析偏差的原因，决定修正标准或如何纠正执行措施。

（4）执行系统。执行系统涉及具体的经营行为，它执行目标系统和控制算法系统发出的指令。

一般控制系统结构如图 10-1 所示。

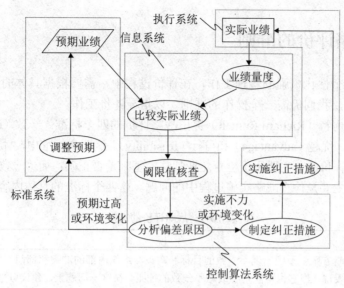

图 10-1　控制系统结构

第二节　战　略　评　价

与一般管理控制评价不同的是，战略评价不仅评价经营计划的执行情况，更重要的是时刻保持对企业内、外部环境的监控，确认企业的战略基础是否发生了变化，以保证企业对环境变化的感知和适应，增强企业抵御风险的能力。

一、战略评价的基本活动

战略评价包括以下三项基本活动。

（1）考查企业战略的内在基础。战略选择是内、外部综合分析的结果，其基础是企业对内、外部环境的认定。如果这些基础发生了变化，那么战略方案的合理性就会受到冲击。战略评价最大的特征就是注重对环境变化的监测，对于战略管理来说，更重要的是对未来的市场演变趋势的把握。即使目前的业绩是令人满意的，如果环境发生根本性变化，将影响到企业的生存与发展基础，企业也应尽早地发现这种趋势，及时做出合理的应对。

（2）将预期业绩与实际业绩进行比较。业绩比较是传统的评价内容。通过业绩的比较，企业可以解决两个方面的问题：一是检查战略执行过程中的工作偏差；二是从中发现战略制定的失误或环境变化所带来的影响。当确认战略实施无误而企业绩效不佳时，就应该反思企业战略的正确性和适应性。

（3）分析偏差的原因及应采取的对策。这一部分属于控制算法系统，其工作的重点在于判断偏差的产生是由于执行不力，还是原有战略方案的问题，或是环境变化使企业战略失效。在上述问题的正确判断下，才可能做出有效的调整。

二、战略评价的准则

战略评价是个性化极强的管理工作，在评价过程中，需要根据具体的情况进行分析与判断。尽管如此，我们仍需一个操作的准则，以指导评价工作。

理查德·鲁梅特（Richard Rumelt）提出战略评价的四个标准：一致（consistency）、协调（consonance）、优越（advantage）和可行（feasibility）。这四个标准中，"协调"与"优越"是针对外部环境评价的，主要用于检查企业战略的基础是否正确；而"一致"与"可行"则用于内部评价，主要是检查战略实施过程中的问题。这四个标准的具体内容如表 10-1 所示。

表 10-1　战略评价的准则

标　准	说　明
一致	一个战略方案中不应出现不一致的目标和政策。组织内部的冲突和部门间的争执往往是管理失序的表现，但它也可能是各战略不一致的征兆。在这一问题上，建议可采用以下判断准则。 （1）尽管换了人员，管理问题仍然持续不断，以及这一问题因事而发生而不是因人而发生，那么便可能存在战略的不一致； （2）如果一个组织部门的成功意味着或被理解为另一个部门的失败，那么战略间可能存在不一致； （3）如果政策问题不断被上交到最高领导层来解决，那么便可能存在战略上的不一致
协调	协调指在评价战略时既要考查单个趋势，又要考查组合趋势。经营战略必须对外部环境和企业内发生的关键变化做出适应性反应。在战略制定中将企业内部因素与外部因素相匹配的困难之一在于，绝大多数变化趋势都是与其他多种趋势相互作用的结果。例如，幼儿园的迅速增长便是多种变化趋势共同作用的结果，这些趋势包括平均受教育水平的提高、通货膨胀的加剧及妇女就业的增多。因此，尽管单一的经济或人口趋势看上去可能多年保持不变，但各种趋势的相互作用却一直在发生着巨大的变化
可行	一个好的经营战略必须做到既不过度耗费可利用资源，也不造成无法解决的派生问题。对战略的最终的和主要的检验标准是其可靠性，即依靠企业自身的物力、人力及财力资源能否实施这一战略。企业的财力资源是最容易定量考查的，通常也是确定采用何种战略的第一制约因素。但有时为人们所忘记的是，融资方法的创新往往是可能的。如内部财务公司、销售—回租安排及将厂房抵押与长期合同挂钩等方式均曾被有效地用于协助在突然扩张的产业中获得关键优势。对于战略选择的实际上更严格的、但定量性却差一些的制约因素是人员及组织能力。在评价战略时，很重要的一点是要考查企业在以往是否已经展示了实行既定战略所需的能力、技术及人才
优越	经营战略必须能够在特定的业务领域适合企业创造和保持竞争优势。竞争优势通常来自如下三方面的优越性：资源、技能和位置。对资源的合理配置可以提高整体效能，这一道理已为军事理论家、棋手和外交家所熟知。位置也可以在企业战略中发挥关键作用。好的位置是可防御的，即攻占这一位置需要付出巨大的代价，这会阻止竞争者向本公司发动全面的进攻。只要基础性的关键内、外部因素保持不变，位置优势便趋向于自我延续。因此，地位牢固的公司很难被搞垮，尽管它们的技能可能只是平平。虽然并不是所有的位置优势都与企业规模相关，但大企业的确可以将其规模转化为竞争优势，而小企业则不得不寻求能够带来其他方面优势的产品或市场位置。良好位置的主要特征是，它使企业从某种经营策略中获得优势，而不处于该位置的企业则不会类似地受益于同样的策略。因此，在评价某种战略时，企业应当考查与之相联系的位置优势特征

资料来源：弗雷德·R.戴维.战略管理[M].李克宁，译.8版.北京：经济科学出版社，2000：325-326.

三、评价的内容与方法

环境监测与业绩度量是战略评价的两大内容，而当今多变的环境下，前者显得更为重要。企业外部环境包括经济环境、政治法律环境、社会文化地理环境、技术环境、竞争环境等，而上述五种环境中又包含无数具体的影响因素。要在如此众多的环境变量中把握住关键要素，对于一般人来说的确是一件不容易的事情。要做好环境监测工作，一方面需要对行业运作的特征非常熟悉，需要经常训练对环境变化的敏感性；另一方面也需要理论上的系统思维方式，帮助提高对环境变化的分析与把握。

环境监测的目的是了解企业战略方案赖以存在的基础是否发生了变化，那么环境分析的着眼点就应放在那些可能会使战略基础发生动摇的因素上。由此可知，只有找准企业战略方案的基础，才可能对环境变化进行有效的分析和应对。所有的战略选择的背后都有一套完整的商业理论，而所谓的商业理论，其实是企业对环境和自身条件的判断总和，简言之是一系列的假设。商业理论决定了一个组织的运作方式，指导其经营策略的制定，定义该组织存在和发展的根本目的。

一般来说，商业理论包括三个方面的内容：对外部环境及其变化趋势的假设、对自身根本目的的假设、对自身竞争优势所在的假设。这些假设就是企业制定战略的根本基础。

商业理论对企业的影响是深刻和全面的，因此，商业理论的错误会给企业带来灾难性的后果。因此，战略评价的第一考虑，就是不断检验企业对上述三个问题的判断是否符合现实。

监测环境的变化是评价的第一步，我们真正的目的是判断这些变化是否使得原有的战略方案必须进行调整。做出这样的判断需要回到战略选择阶段，根据现有环境进行重新分析，检查战略选择与原有方案是否有出入。一般而言，当环境迫使战略发生转变时，企业应及时调整其战略部署。但如果战略对路径产生依赖，情况就变得更为糟糕了。在这种情况下，企业变换战略已不可能，或代价极为高昂。如果企业战略存在路径依赖的可能，除了制定战略时应十分谨慎外，当环境出现长期不利情况时，最好的选择就是迅速清算这一方面的业务，以免陷入不利环境的泥潭中。

环境监测是最主要的战略评价工作，但除此之外，战略执行情况的评价也是不可缺少的。在许多情况下，战略的执行往往比战略的制定还要重要。

第三节　价值评估与战略评价

战略评价应以战略管理的目的为基准，企业进行战略管理的最终追求是什么，应该成为评价的根本指标。对于任何一个企业来说，其宗旨都是盈利，企业价值最大化是企业最根本的追求。因此，战略评价应建立在企业价值评估的基础之上，以企业价值最大化为基本的判断准则。

一、传统的价值评估

传统的价值评估是以财务指标为主的评价体系，对于企业的根本目的而言，财务数据是最为直接的量度指标。财务指标与企业宗旨的高度相关性使得财务指标体系一直以来都是价值评估最重要的变量。

价值评估的模型有数十种，但最基本的模型有两个。

（一）静态模型

$$V = \frac{R}{i} \tag{10-1}$$

其中：V 为价值；R 为资产收入；i 为利率。

该模型是最早的价值评价模型，也称为土地租金模型。这一模型假设该项资产的收益水平不变，以及资产可以永久使用。在会计永续经营的假设下，这一模型在用于一般性价值判断时是有效的。

（二）动态模型

$$V = \frac{R_1}{1+i} + \frac{R_2}{(1+i)^2} + \frac{R_3}{(1+i)^3} + \cdots \tag{10-2}$$

其中：R_i 为第 i 年的收入。

这一模型是目前最常用的一个价值评估模型，与其说是一个数量模型，倒不如说它是一个概念模型。这是因为在现实的价值评估中，往往很难满足这一模型的数据要求。目前的价值评估方法都是在这一模型的基础上，加上一定的假设，用近似的方法来测度资产的价值。

作为战略评价中的价值评估，并不需要精确地得到价值的数值，它需要得到的是价值变动的方向和大致的幅度。因此，战略评价中需要的是一种概念模型而非精确的数量模型。

要把上述的概念模型转化为具体的评价指标，需要进一步概念化。动态价值模型的核心要素有三个：收益性、成长性、风险程度。这引出了更为清晰的价值概念模型：

$$V = f（收益性，成长性，风险）$$

在实际操作上，任何价值评估模型都是围绕这一概念模型，根据企业的具体情况，用这三个方面的财务指标来对企业价值进行反映。常用的财务评价指标体系如表 10-2 所示。

表 10-2　常用的财务评价指标体系

指标类型	常用指标
收益性	净资产收益率、利润总额、总资产收益率、每股收益、销售收益率等
成长性	销售增长率、利润增长率、市场份额等
风险	负债比率、流动比率等

根据企业所处行业和企业自身的战略规划，选择合适的指标和权重，组成一个线性评价系统，便可用于企业价值的评估。其基本模式为

$$V = \alpha_1 p_1 + \alpha_2 p_2 + \cdots + \alpha_n p_n \tag{10-3}$$

其中：α 为权利重；p 为指标评价值。

这一评价模式能够简单地、直观地反映出战略实施对企业价值的影响程度，因此在实际操作中被经常采用。

但是，近年来越来越多的研究指出，财务评价指标存在许多严重的缺陷。在用财务指标反映企业价值时，其潜在的假设是企业的收益水平、成长水平或风险水平将保持结构上的稳定。然而这一假设往往是不成立的，财务指标能很好地反映企业过去或现在的价值，但往往很难反映企业未来价值。

正是因为财务指标是一种事后指标，而在评价中这种指标又被用作一种未来的测度，因此造成企业行为的一些畸变，如短期行为，只顾当期的财务指标，而不考虑企业未来的发展，或在财务报表上弄虚作假。

另外，会计记账上的谨慎原则也往往会低估企业或某些经营行为的价值，使得企业的经营决策趋于保守。这些都是财务评价指标难以克服的缺陷。

二、平衡计分法

近年来在企业绩效评价方面出现了一些新的思路，这其实也是一种价值评估方法。总之，新思路主要是采用各种各样的经营性指标来弥补财务指标的不足。这一方面最为成熟、应用最多的是卡普兰和诺顿教授提出的平衡计分法。

平衡计分法的主体思想是从顾客角度（顾客如何看我们）、内部管理角度（我们擅长什么）、创新和学习角度（我们能否继续提高并创造价值）和财务角度（我们怎样满足股东）四个方面来衡量企业的价值。

企业价值是通过与外部社会进行交换体现出来的，顾客角度这一类指标正是反映出企业价值中最为根本的要求。企业要实现自身价值，首先要为顾客提供价值。所谓顾客价值，就是顾客关注的一系列需求的总和。一般而言，顾客关心的事情有四类：成本、性能和服务、质量、时间。因此，顾客角度类的衡量指标可以从这四个方面来进行设计。

内部管理角度与企业价值之间虽然不是直接的一一对应关系，但它却是企业价值持续提升的必要条件，很难想象一家管理混乱的企业能维持长久的盈利和发展。由于顾客角度的基础地位，内部管理角度的测量指标的确定应从对顾客满意影响最大的业务程序入手。一般包括各种经营管理周期、质量控制水平、员工技能、生产率等。

创新与学习角度是从持续不断地开发新产品、为顾客提供更多价值并提高经营效率出发，开发新的市场，增加收入和毛利，使企业不断发展壮大，从而增加股东的价值。创新与学习的评价指标集中于企业开发新产品的能力、新产品在企业业务中的比重和工作流程的改进等。

注记 平衡计分的潜台词

永远不要忘记，财务指标是企业价值最直接的反应，是衡量企业价值最重要的指标。在批评财务指标时，有些人走得过远，他们认为，财务绩效是经营活动的结果，通过改善基础的经营性活动，自然会得到理想的财务数据，因此，应该停止使用财务评价指标。持这些观点的批评家们忘记了关键的一点，经营性指标与财务指标之间并非一种确切的逻辑关系，完全忽略财务指标会走向另一个极端，使人忘记了企业的根本目的而过于关注过程性指标。

最终，平衡计分法对上述四个方面的指标进行综合，得出对企业绩效或价值的总体性评价。平衡计分法的逻辑框架如图 10-2 所示。

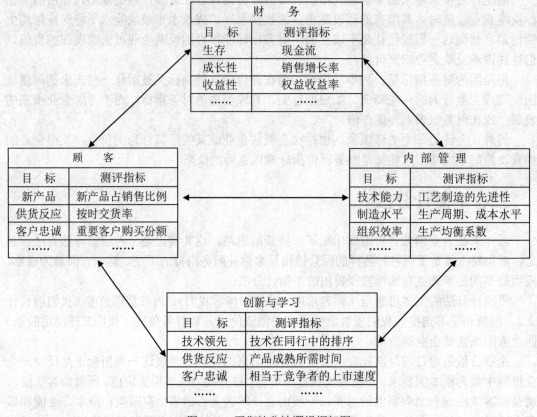

图 10-2　平衡计分法逻辑框架图

资料来源：彼得·德鲁克，等. 公司绩效测评[M]. 李焰，江娅，译. 北京：中国人民大学出版社，1999.

在平衡计分法的具体应用中，战略始终被置于中心地位。因此，平衡计分法除了可以克服财务指标的一些不足外，其另外一个好处就是可以将企业的战略分解到每一个具体的部门中，使得企业的战略目标转化为实际的目标和行动，解决了传统管理体系不能把公司的长期战略和短期行动联系起来的严重缺陷。有了这些具体的、与战略有直接关系的考评指标，战略控制就可以深入到企业经营活动的每一个环节。

平衡计分法通过四个程序，将长期战略目标与短期行动联系起来，这四个程序既可单独作用，也可共同发挥作用。

第一个程序是说明远景，它有助于经理们就组织的使命和战略达成共识。虽然最高管理层的本意很好，但"追求卓越""成为一流企业""成为行业领导者"等豪言壮语很难为具体的业务提供明确的行动指南。尤其对于基层的员工而言，战略目标与其具体行动的联系路径是如此之长，很容易导致对企业战略理解不够深刻，也就很难将这些口号与自己的工作紧密地联系起来。不幸的是，这种情况经常发生。对负责制定企业远景和战略表述用语的人员来说，这些术语应该成为一套完整的目标和测评指标，得到公司高层管理人士的认可，并能描述推动成功的长期因素。

第二个程序是沟通与联系，它使管理者能在组织中对战略上下沟通，并把它与各部门及个人的目标联系起来。在传统上，部门是根据各自的财务绩效进行测评的，个人激励因素也是与短期财务目标相联系的。平衡计分法使经理能够确保组织中的各个层次都能理解长期战略，而且使部门及个人目标与之保持一致。

第三个程序是业务规划，它使公司能实现业务计划与财务计划的一体化。如今，几乎所有的公司都在实施种种改革方案，每一个方案都有自己的领导、拥护者及顾问，都在争取高级经理的时间、精力和资源支持。经理们发现，很难把这些不同的新举措组织在一起，从而实现战略目标。这种状况常常导致对各个方案实施结果的失望。但是，当经理们利用为平衡计分法所制定的宏伟目标作为分配资源和确定优先顺序的依据时，他们就会只采取那些能推动自己实现长期战略目标的新措施，并注意加以协调。

第四个程序是反馈与学习，它赋予公司一项被称为战略性学习的能力。以前的反馈和考查程序往往注重公司及其各部门、员工是否达到了预算中的财务目标，当管理体系以平衡计分法为核心时，公司就能从另外三个角度（顾客、内部管理以及创新与学习）来监督短期结果，并根据最近的业绩评价战略。因此，平衡计分法使公司能修改战略，以随时反映学习所得。

通过以上四个程序，企业可以建立起一个战略管理体系。图 10-3 和图 10-4 是某公司战略管理体系的建立过程。

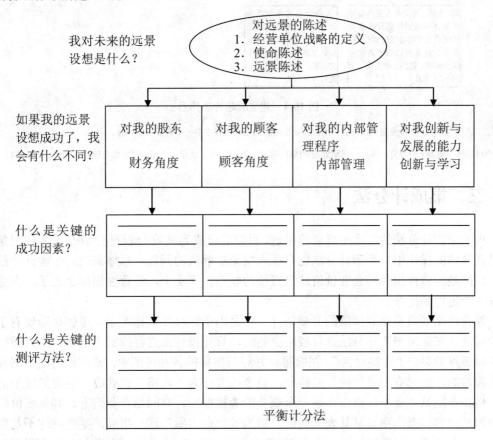

图 10-3　通过把测评方法与战略联系起来开始行动

资料来源：彼得·德鲁克，等. 公司绩效测评[M]. 李焰，江娅，译. 北京：中国人民大学出版社，1999：166.

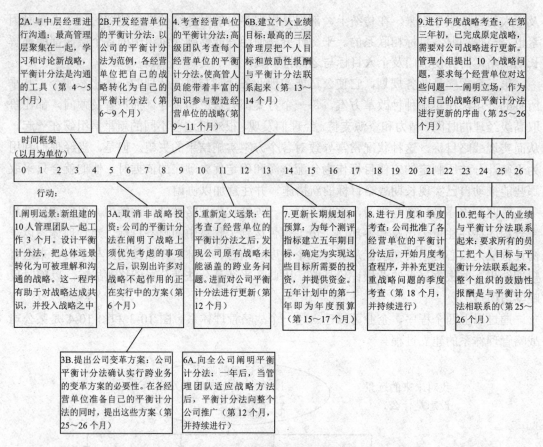

图 10-4　建立战略管理体系

注：第 7、8、9、10 步是定期执行的。平衡计分法现在成为管理程序中一个常规组成部分。

资料来源：彼得·德鲁克，等. 公司绩效测评[M]. 李焰，江娅，译. 北京：中国人民大学出版社，1999：176-177.

三、集成计分法

由于平衡计分法的广泛而重要的用途，目前它已成为绩效（或价值）评估的主流思想。但是在具体的操作中，平衡计分法也存在一些无法解决的问题。总体来说，平衡计分法最大的缺陷是经营性指标与企业价值缺乏直接的联系。事实上，经营性指标上去了，企业价值并不一定得到提升。

经营性绩效只是企业价值的必要条件，正是由于这种非间接关系，道德风险便有了产生的可能。在采用平衡计分法进行战略控制时，只凭指标来进行控制可能会产生只顾指标而不顾最终效果的"短路行为"。在取得良好经营指标的各种可能中，通往价值的道路往往是最艰难的，既然有更"便捷"的路径，被考核者行为"短路"也就成了最可能发生的事情。例如在网站企业中，点击率是一个重要的考核指标。对网站企业而言，其真实价值应源自网站内容，点击率只是其表象而已。但为了"点击率"这一指标，某些网站不是靠内容取胜，而是采用利诱的手段，靠"烧钱"来提高点击率，这种经营性指标的提高显然与企业价值毫不相关。

在指标的设计中，平衡计分法不存在"短路"问题，但在执行的过程中，这一问题就显露了出来。因此，平衡计分法的执行，仅仅简单地对指标进行考核是不够的，为此本书提出了集成计分法的思路。

平衡计分法虽然综合考虑了影响企业长远价值的各个方面的要素，但在计分时这些要素与评分值的关系是一种线性关系，而被考核者的行为显然不都是线性的，因此，用线性系统去描述非线性系统必然会存在较大的漏洞。基于这一点，集成计分法试图建立一个以价值为核心的非线性评价体系，以封堵"短路"行为。

企业的经营目的是价值最大化，因此集成计分法的核心也是企业价值。在平衡计分法的四类指标中，只有财务指标与企业价值有着直接的关系，其他经营指标与企业价值只是一种间接关系。因此在进行考核或战略控制时，不仅要考查经营性指标的好坏，还需要考核这些经营性绩效与企业价值的关系，这样才能完全杜绝经营过程中的"短路"行为。

集成计分法的逻辑结构如图 10-5 所示。在图中，任何指标都只是评价过程中的一个过渡性变量，财务指标与经营性指标都需转化为企业价值，战略控制的目标是集成计分法的"核心"——企业价值，控制的标准为价值最大化。

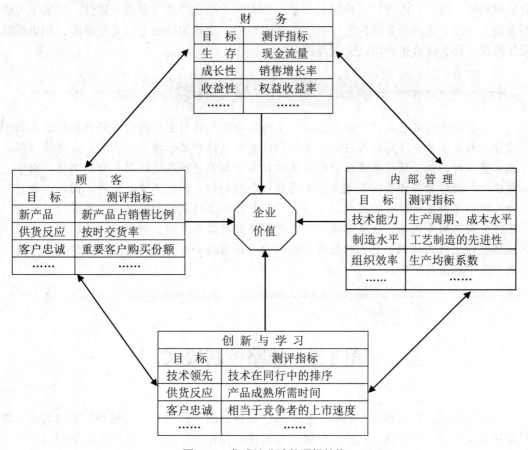

图 10-5　集成计分法的逻辑结构

在集成计分法中，评价指标与企业的根本目的保持了一致性，这就从源头上去除了"短路"行为的动机。解决了思路问题后，如何将经营性指标与企业价值联系起来，就成为最关键的问题。最为理想的是，能够将每一经营管理活动的价值都量度出来，从而彻底解决价值评价和战略控制的问题。显然，这一要求是无法达到的。这意味着，集成计分法要进行实际操作，需要从另外的思路着手。

战略是联结企业目标与具体经营活动的纽带，因此，集成计分法完全可以将战略作为企业价值的判断标准。战略关联度法，就是评判经营结果与战略的关联程度，据以判断其价值的大小。

对于平衡计分法而言，其测评模型为一种线性系统，即

$$V = \alpha_1 p_1 + \alpha_2 p_2 + \alpha_3 p_3 + \alpha_4 p_4 \tag{10-4}$$

其中：α 为各类指标的权重；p 为该类指标的评分。

而集成计分法不仅考虑指标评分及指标的权重，还要具体考查经营结果与战略的关系，其测评模型为非线性系统，即

$$V = \gamma_1 \alpha_1 p_1 + \gamma_2 \alpha_2 p_2 + \gamma_3 \alpha_3 p_3 + \gamma_4 \alpha_4 p_4 \tag{10-5}$$

其中：γ 为各经营性绩效与战略的关系，$-1 \leqslant \gamma \leqslant 1$。

集成计分法的评价方法是紧密围绕战略而进行的，γ 的取值突出了这一导向。如果经营行为背离了战略方向，那么在考评上将会受到惩罚；这一行为的经营性指标越好，得到的分值就越低。这样的考评体系虽然复杂了，但确保了企业经营方向的一致性，堵塞了考核的漏洞。当然，集成计分法的应用有一个基本前提：企业的战略方向是正确的。如果战略发生错误，那么评价也会随之出现问题。

注记　集成计分与平衡计分

平衡计分法是集成计分法的基础，平衡计分法的运用主要集中在评价指标体系的设计，而集成计分法则是在进行具体评价时对平衡计分法的修正。当然，在评价指标体系建立时，就必须将集成计分的具体操作方法与被评价人员进行充分的沟通。由于被评价人的行为与评价结果之间并不存在一个确切的、固定不变的关系，因此，被评价人需要了解集成计分的思想，才能在行为的修正上起到预期的效果。集成计分法除了排除短路的考虑外，还需要被评价者了解企业的战略意图，并有能力根据战略意图和环境的变化正确调整自己的经营管理活动。正因为如此，集成计分的评价方法可能大多集中在高层使用。

第四节　战略控制模式

战略控制属于管理控制的范畴，它遵循管理控制的一般原则，但战略控制与其他管理控制在侧重面上有所不同。战略控制除了根据控制目标进行测评、反馈和调整控制外，更重要的是对企业的外部环境进行监控，保证企业的战略不发生方向性的错误。

一、战略控制的内容与模式

战略控制的内容分为两大类型：一是在变化的环境中，战略是否还适用；二是既定战

略方案的执行效果如何。

由于战略涉及企业整体的以及长远的行动，对于战略控制而言，战略的正确性和适用性是最重要的考虑因素。这一类控制主要体现在两个方面：企业战略在执行过程中，不断检查制定战略时的假设是否出现重大失误；在战略的实施过程中，环境是否发生了重大的变化，导致战略的失效。这两个方面的控制都是对环境进行检查。实际上，这两个方面的控制工作一般是依次进行的，首先求证当初战略制定时的一些因素假设，在确认战略制定无重大失误之后，仍需不断检测环境的变化，以尽早发现不利于企业战略的变化因素，尽早做出应对措施。

既定战略的有效性建立在原有的内、外部环境结构的基础之上，一旦这种基础被动摇，既定战略就需要调整，这是战略管理的基本逻辑。环境总是变化的，实际上并非所有的变化都会导致战略的变更。前文的控制结构模型中，阈限核查是实际操作中非常关键的环节。而战略控制中环境因素变化的阈限核查，需要回溯到当初战略制定过程中的最终决策依据，重新对环境进行评价，检查其对战略方案评价的影响程度，并根据具体情况，决定是否对战略进行调整，以及如何进行调整。

战略控制的另一项内容是检查企业在运作过程中，有无偏离战略方向，是否完成预期的战略目标。这一方面的内容是通过绩效考核体系来完成的。

在某些企业中，其实行的是一种阶段性的滚动战略。在这种情况下，战略目标的完成就成了下一阶段战略的基础，战略执行效果的检查也就具有了战略基础评价的意义。因此，实施滚动战略的企业，必须在战略控制过程中关注各阶段战略间的关系，以动态调整企业战略的实施方案。

战略控制的内容及其之间的关系如图 10-6 所示。

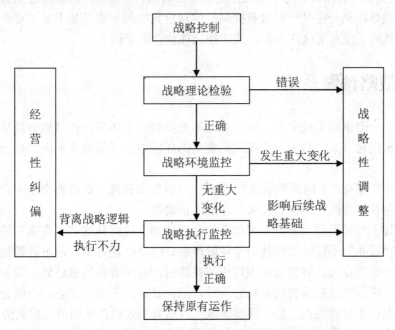

图 10-6　战略控制的内容及流程

战略制定并实施后，往往需要按图 10-6 所示的流程，不断地对战略理论、战略环境以及既定战略的执行情况进行监控，必须时时对战略方案或企业经营活动进行调整，保证战略的适用性和高效性。

二、控制的前提

战略控制建立在组织基础之上，以上的控制模式是否得以良好的运行，取决于相应的组织模式是否匹配，其中组织的硬件设施和软件设施两个方面都要具备。一般情况下，良好的战略控制需要以下的基本条件。

（1）战略思想、战略意图、战略逻辑必须明确而且形成固化的检查工具。战略控制面对的是一个多维动态的环境，在实施控制中很难确定确切的控制指标。战略控制指标必须具有较大的弹性，同时又不能失去方向。因此，企业的战略思想、战略意图和战略逻辑必须明确，而且被作为一种程序来对企业运营的各个方面进行监控和检查。

（2）企业目标与战略原理的宣传和理解。战略的实施是全员性的，其控制也应是全员的。尤其在动态多变的环境下，基层员工对环境变化的感受是最为直接也是最为迅速的，战略控制脱离了这一层面的员工，必然会使控制的效果大打折扣。要实现战略控制的全员性，将企业目标与战略原理进行广泛宣传，使之深入每位员工的头脑中，就成为必要的条件。

（3）控制职能的有形化。尽管战略控制有全员性的要求，但是战略是一项整体性的运作，且鉴于它的重要性，战略控制必须形成一项职能，由某一部门来组织和实施。

（4）战略评价体系及运作模式的建立。控制职能建立起来后，还需要确立其运作模式，以及建立战略评价体系，保证控制职能有序、正常地展开。

（5）企业文化的保障。对于全员性的战略控制而言，传统的考核与控制方法显然是不够的。全员战略控制一定是一种自我控制，实现自我控制一定是基于员工对企业价值观和战略目标的认同，没有文化作保障，战略控制往往会陷于孤立。

三、战略预警系统

对于任何一个控制系统来说，预警都是其重要的一个环节。如何能够及早发现问题，并提出警告和应对方案，对于一个在剧烈变化的环境中生存的企业来说，是一项非常重要的核心能力。

控制系统需要有"早期预警系统"，该系统可以告知管理者在战略实施中存在的潜在问题或偏差，使管理者能及早警觉起来，尽早纠正偏差。

战略预警主要是根据"警兆"来预示。在感知和正确解释这些"警兆"的情况下，允许管理者在"警兆"不连续性出现的早期阶段制订战略处理方案，而不必等到警情呈现出清晰的轮廓才做出反应。对警情认识得更清楚的时期意味着在发展趋势上限制了战略处理范围。因此，应借助战略预警实施动态管理，把问题解决于萌芽状态。一些企业往往由于未能及时捕捉已出现的苗头，当"问题成堆"以后再去处理，从而造成重大的损失。

一般而言，人对预警信号的反应往往需要一个较长的过程，而对于组织来说，它的反应则更慢。造成这种现象很可能是因为：一是等待领导的命令（或组织者、管理部门的命令）；二是看别人怎么做。

导致行动迟缓或抵制突变的根源与下列因素有关。

（1）组织的规模。由于上述原因，组织规模越大，对变化的响应速度越慢，这就是通常所说的大企业病。然而规模并非是问题的本质，问题的根本在于组织内部运作的模式已不适合组织规模的扩张。

（2）在组织文化中，对严格和正式的规章制度的重视程度。越重视规范化的组织中，人们已习惯于按组织规范进行操作，对变化的反应往往就越慢。

（3）行政人员和管理者的行为在事后评估中的重要性。越是重视事后评估的组织，越容易忽略事前的信息收集、应变管理等前馈控制活动。

（4）系统内部沟通不充分、缺少沟通人员、缺乏主要骨干和对资源配置的管理者等。

因此，要从根本上解决组织响应速度的问题，就必须建立起一种"智能型"的组织模式，通过事先建立的一系列应变规则，包括设置专门的职能和专门的人员来管理、运作这些流程，从而在结构设计上保证组织的应变能力。然而，更重要的是形成一种强调应变能力的组织文化，使之成为组织的一种内在的核心能力。

战略预警系统是一个信息系统，在结构上以动态环境分析为基础，并且与企业的生产经营活动息息相关。它在某种现象（警情）尚未成形的时期预告企业远期不利的发展趋势，显示偏离信号并寻求纠正这些偏离的战略对策，然后分析判断。战略预警系统的结构原理和作用方式可划分为五个阶段，如图 10-7 所示。

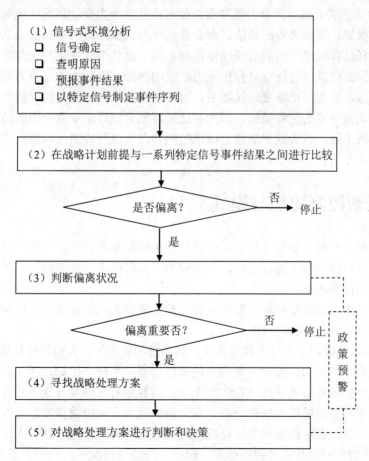

图 10-7　企业战略预警系统的原理结构示意图

（1）建立安全经营预警系统。安全经营预警系统主要由指标设计、监测、评价等构成。其中，指标设计是指建立指标评价体系、确定预警临界值，利用这些指标分析企业的安全经营状况。设计的指标应遵循敏感性、及时性、可测性等原则，并能反映企业的总体经营安全状况。监测是指根据设计的指标体系，分析企业实际运行过程中反映出来的指标实际值。评价是指根据指标实际值和预警临界值，做出对企业安全经营状况的综合判断。

（2）建立风险预警系统。企业要想有较强的"免疫力"就必须加强风险预防。因为风险预防是一项系统工程，因此要求企业全面设置和启动风险预警系统以加强对风险的预防管理。首先，要对风险进行科学的预测分析，预计可能发生的风险状态。企业的经营管理者应密切注意与本企业相关的各种因素，如环境因素、技术因素、目标因素和制度因素等的变化发展趋势，从关键因素变化的动态中分析预测企业存在的"阴暗面"，即可能发生的风险。其次，应建立一个便于风险信息情报传递的风险管理信息系统。通过建立风险管理信息系统这样一个"绿色通道"，使得企业各部门、各员工在发生紧急情况时都有途径将情况迅速上报给有关决策者，从而保证风险信息传递的真实、准确、快捷、高效。最后，要有对风险的超前决策，尽可能使风险消除在潜伏期。"冰冻三尺，非一日之寒"，企业发生风险损失前必然会显示出一些征兆。企业的经营管理者应充分给予重视，及时采取措施矫正和扭转这种风险现象，避免小风险经过"蝴蝶效应"放大后造成对企业的致命打击，做到防微杜渐，使企业运行保持良性状态，保证企业的持续健康发展。

（3）竞争力预警系统。竞争力预警系统是对企业竞争力变动状况实施监测和预报的系统，具有提前报警、规避风险的价值。在企业竞争力数据分析的基础上，从资源、能力、环境因素中选择具有代表性的超前或同步指标。由于这些指标变化与企业竞争力变动存在密切的关系，因此可以通过这些具有指示器功能的指标来推断企业竞争力的变动方向及程度。当确定了指示器指标正常变动区域后，对于超出正常区域的变动，就要高度重视，在需要的情况下采取必要的挽救措施，因为其结果可能会导致企业竞争力的超常变动。如果指示器指标跌破下限，则必须采取紧急措施控制和改变这种局面，以阻止企业竞争力的大幅度下降。

四、最新控制思想与模式

传统的控制是一种诊断型的控制。诊断型控制的思想是先确定一个标准，然后控制系统围绕这一标准对控制对象进行监控，发现偏差，及时纠正，其主要目的是保证受控对象永远处于预定的标准状态下。

为了保证效率，诊断型控制一般建立在一整套明确的控制标准之上，但近年来人们发现诊断型控制存在两个方面的问题。

（1）控制系统被定义得过于狭隘。在控制系统的压力下，人们往往只顾评价指标，而忘了其工作最根本的目的。控制系统带来的副作用屡见不鲜，比如，西尔斯公司向消费者推销不必要的维护服务后被罚款 6 000 万美元；渣打银行在涉及一次不正当的股票交易之后被永远禁止参与香港股票市场的业务；安达信公司为争取收益替安然做假掩饰导致公司多年积累毁于一旦。在这些案例中，诊断型控制造成的负面影响是值得认真考虑的。

（2）诊断型控制的基础是控制标准，但在一些特殊情况下，企业无法确定控制标准，而是依靠员工的主动精神去对环境的变化做出正确的反应。失去了控制的标准，诊断型控制就无法实施，在这种情况下就需要一种新的控制模式。

在所谓的后现代社会中，环境变化的速度大大提高，环境的失稳使得诊断型控制越来越不能适应后现代管理的需要。在这种背景下，一些非诊断型控制的思想相继被提出。有关非诊断型控制的理论很多，但综合起来一般分为以下几类。

（一）预防性控制

预防性控制指依靠员工的综合素质的提高来适应环境的变化，达到减少差错、提高应对能力的目的。预防性控制是通过学习来达到的。所谓的学习，是指不断地根据环境的变化进行自我更新的过程。学习型组织是将企业的学习与组织成员的学习有机地结合起来，使员工的学习成为提高组织自我更新能力的一部分。预防性控制需要花费大量的精力从组织的外部学习知识，包括向顾客、供应商、竞争对手以及不相关的行业或非顾客群体学习等。这样的学习保持了与外部环境的紧密联系，使企业对外部变化进行迅速反应成为可能。学习的另一个含义是超越自我，企业通过对自身综合能力的不断提高来增强抵抗风险的能力。

（二）信仰控制系统

在需要员工根据工作环境的变化而自我控制的情况下，使用信仰控制系统是十分必要的。信仰系统是让员工接受企业的价值观和战略方向，按这种高度概括性的控制标准来把握自己的行为。一般而言，信仰系统是简明的、启示性的，充满了价值道德观念。其目的是将员工的注意力集中在经营的核心理念上——企业如何创造价值，企业所努力追求的工作质量标准，以及个人如何处理各种内部和外部关系。

信仰系统设计应尽量广泛，以便能够吸引企业内部销售人员、管理人员、文员以及工人等企业内部不同的群体。由于是泛泛而谈，价值系统往往因其空洞而被员工甚至一些高层管理者们当作笑话。但是，人们往往忽略了价值系统建设的一个理论原则：去鼓励和焕发对于企业核心价值的信奉。只有员工们通过观察高层管理人员的言行，相信公司的宣言真正代表了深层次的价值，宣言才能够发挥功效。如果员工们认为上级仅仅是在追求时尚或是做做样子，那么无论如何，价值系统都永远无法内化到企业的文化中。

事实上，许多企业在采用某些信条及选择某些使命时并非出于一种真正的承诺，而是因为它们显得比较流行。但是，那些将自己的使命作为活教材——指导正确行为模式系统的一部分——的管理者们发现了一个力量强大的控制手段。比如在强生公司，高级管理者与公司全体职工定期集会，检查、核对强生公司多年坚持的信条中所记录的各种信仰。这些信仰明确表达了公司对于消费者、雇员、当地社区以及股东的责任。全公司的管理者都懂得这些价值观，并且能够相应地在日后工作中加以应用。当类似"泰诺危机"之类的问题出现时，强生公司强大的信仰系统能够为解决措施提供指导原则。

近年来，公司业务变得越来越复杂，个人在理解公司目标和方向时也就变得愈加困难。另外在许多公司中，规模精简和重组安排已经粉碎了人们关于价值观、业务基础以及他们上级的种种假设，员工们不知道要去信任准。与此同时，随着教育程度的增加，员工对职业道路的期待也有所提高。如果没有信仰系统，那么在一个大型的、组织松散的企业中，员工们并不能明确理解企业业务的核心价值以及他们在企业中的相对地位。由于没有明确的价值观，他们对于在遇到各种不同的、无法预料的情况时应当采取什么样的行动感到迷茫。

信仰系统同样能够激励员工们去创造新的机遇，能够鼓励个人寻求创造价值的不同道路。人们都拥有一种与生俱来的贡献的需求——为了有价值的努力而投入时间和精力。但是，公司往往使得员工们无法理解自己努力的目标，或是无法发现他们如何可以以一种不同的方式来创造价值。员工个人希望了解公司的目标，以及自己如何为之贡献力量，但是高层管理者们必须释放这一潜能。高效的管理者能够通过积极主动地交流使命和核心价值来鼓舞自己的员工。随着高层管理者越来越依赖于授权后的员工们所创造的新鲜创意和竞争优势，来自企业所有部门的参与者都应该尽可能清楚地了解企业的目标和使命。

信仰系统能够作为诊断系统的补充，为今天的企业管理者们提供更多数量的控制，但是它只是答案的一部分。

（三）禁区系统

禁区系统基于一个简单但却深远的被称为"负面思维力量"的管理原理。如果希望自己的员工能够充满主动和创新精神，那么应该告诉他们哪些是不能做的而不是应该怎样做。通过建立标准操作规程或操作手册可以告诉员工如何工作会破坏他们的主动精神和创造性，而仅仅告诉他们不能做什么却给员工留下了更多的创新空间，当然这一空间应是有明确的限制范围的。

与诊断型控制系统（监督主要的工作成果）和信仰控制系统（宣传核心价值观）不同的是，禁区系统是以消极的条款和最低标准为主要词汇的。在现代企业中，植根于道德行为标准和行为规则中的界限无一例外是以行为禁区的方式表达的。它们的作用如同企业的刹车控制。每个行业都需要它们，而且就像赛车一样，那些发展最快、以工作业绩为中心的企业需要最好的刹车装置。

当面对新的机遇或是挑战的环境时，人们通常要寻求新的方式来创造价值或者克服障碍。但是，权力委任要以业绩回报为动力，而不是让下属为所欲为。一般来说，人们愿意做正确的事情时会以，与现存的道德规则一致的方式行事，但是获得卓越成就的压力有时会与严格的道德规则相冲突。由于工作环境中的诱惑和压力，员工个人有时选择去篡改规则。就像在肯德尔、皮博迪以有所罗门兄弟公司出现的问题所代表的那样，企业家型的员工有时会混淆或是误解正确行为和错误行为之间的界限。在巴林银行，一个创新的员工——尼克里森因为试图增加投资的回报而进行了违规操作，从而导致这家具有100多年历史的银行破产，其个人也锒铛入狱。

阅读材料10-1

小米企业战略调整前后及评价

将消费痛点放大，激发消费者解决痛点的需求

小米进入手机市场，定义就是"发烧友手机"。过去只有极客才会去刻意追求的体验，小米将其完善，并喊出口号，引导消费。对于消费者使用产品的各种貌似多余的细节改进，在传统企业看来都是一些画蛇添足的事情，但小米却引导消费者去关注它。小米的产品并没有达到颠覆的境界，但却依靠细节的微创新，真正地解决了消费者的痛点。让消费者本身可以忽视的痛点，成为消费者关注点。

启示：创新不是排山倒海，而是你真正走进消费者的生活场景，从消费者的痛点出发，将痛点变成一种新的体验。

消费意见社区化，实时捕获消费者的需求，让消费者参与创造

传统企业了解消费者的需求，往往具有"滞后效应"。比如，产品上市后去了解消费者是否满意，反馈速度很慢，因此，这几年有很多传统企业都在尝试建立在线消费者社区，希望能够随时捕获消费者的需求和对于产品的各种评价。小米通过社区解决了这个问题，小米社区每天有若干的粉丝集结，并在上面发表各种吐槽，这些吐槽都成为小米发现痛点的关键。比如，小米的 MIUI 就是与消费者共创的价值，超过 60 万的"米粉"参与了小米MIUI 操作系统的设计和开发。MIUI 每周的更新，就是小米与"米粉"合作的结晶。

启示：互联网时代，消费者就是生产者，消费者不仅仅希望参与产品购买体验和分享的环节，也希望介入生产。这种众包模式，值得传统企业重视。如何让消费者参与产品的研发设计，值得思考。

制造可以供消费者谈论的故事，进入公共传播议题

曾经有一个传统手机厂商来咨询，问如何能够让自己的手机品牌被人谈论，但是沟通了很久，发现没有任何可以谈论的嚎头。这个厂商每年出十几款手机，运营商渠道、专卖店、电商渠道覆盖完整，但是产品毫无亮点，除掉依靠渠道的出货量大，根本没有话题可言。小米的营销主要靠互联网，靠社会化媒体和自媒体，而小米在应用这些媒体时，非常善于制造故事和嚎头。无论是雷军被刻画成雷布斯，还是小米的各种新闻，小米都将这些故事成功地通过自媒体扩散进入公共媒体，成为人们谈论的对象和话题，让品牌本身带来时尚感和流行度。

启示：很多传统厂商的产品，从来没有任何故事。但是，品牌要让消费者谈论，这是一种消费者主权。在科技时尚领域，一个产品如果消费者都不想谈论，那么要在互联网时代生存会越来越难。一个产品不能被卷入大众传播议程，对消费者来说仅仅是"凑合买""凑合用"，很快就会被遗忘。"流行度"是传统企业需要去思考的关键词。

抓住族群，制造粉丝效应，扩展粉丝经济

小米利用手机发烧友概念，定义出一个新的消费族群。这个族群，和人口学社会学无关，和是不是屌丝无关，只和他们是不是追逐科技新潮流有关，和他们是不是小米手机的铁杆粉丝有关。这种将消费者标签化和族群化的方式，有点类似于建立一种品牌宗教的概念，因为所有手握小米手机的人都会为其摇旗呐喊，而小米通过各种氛围的营造，让这些粉丝心甘情愿为之奔走相告并集结成为拥有共同兴趣爱好的群体，分享和推动品牌的发展。

启示：今天传统企业还在用非常传统的手段细分消费者，如性别、代际等。事实上，消费心理、价值主张和兴趣爱好才是真正的关键。小米抓住的是科技消费群体中的"精众"，他们在引领大众时尚，建构大众文化。

专注精品战略，制造稀缺效应

传统科技企业，每年制造若干产品，但是每个产品无一亮点。小米学习苹果，每年只做一款产品，并将体验做到极致。这种"聚焦精品"的策略，实际上也是一种单品带来的聚光灯效应，小米将其发挥到最大化。同时，只专注一个核心产品，使制造具有稀缺性，

也让产品的营销本身带有很强的神秘色彩，这点在乔布斯时代的苹果身上一样被充分利用。让消费者尖叫的产品，一定是精品，而不是随处可见的，距离让产品更有价值。

启示：消费者越是个性化细分时，越需要聚焦。传统制造业尽管有细分，但是这种细分都是粗放的。传统制造业试图以多个产品满足所有的消费者，实际上最终却无法实现与消费者的对应。砍掉那些没必要的重复的产品，聚焦精品，才能赢得粉丝。

互联网是体验经济和服务经济

小米卖的智能手机和智能电视，都是低价格，而且在传统企业看来，这种低成本根本无法支撑企业的生存。但是，小米依然在坚持，从小米1到小米3，价格都是一样的，而智能电视更是低至2 999元。这个价格让传统电视机厂商大为惊愕，小米的产品为什么如此便宜？互联网经济是体验经济，也是服务经济，单纯靠功能打动消费者的时代已经过去，基于产品构建周边的服务链条、信息链条、内容链条才是核心的商业模式，这是互联网时代的商业生态。

启示：传统企业往往是做一卖一，最终陷入产品功能化竞争的泥潭。互联网时代的企业注重对于消费者需求的延展性开发，这种开发更多地从服务、内容等入手，就如同乐视、爱奇艺和TCL推的智能电视一样，内容、广告和体验才是其真正卖点。传统企业需要思考的是，如何挖掘消费者围绕产品的需求链条并通过更多的服务形式和体验来满足他们的需求。

面对新的消费需求变化，所有企业都需要重新定义消费需求，重新定义传播和商业模式。

资料来源：https://zhidao.baidu.com/question/1884721460890432228.html.

在中国上市公司中，银广夏、蓝田集团等公司的造假行为不仅影响其公司未来的发展，甚至拖累了整个中国上市公司和注册会计行业的声誉。针对这些事件，证监会规定，所有新上市公司必须请国际上的"五大"会计师事务所进行审计。当时有人评价这一规定表明人们对中国注册会计师行业的信任降到了冰点，这种对中国注册会计师的不信任状态一直持续到美国安然事件的爆发。

在那些以声誉为主要竞争要素的行业中，禁区系统更是显得尤其重要。一家国际知名银行在其主要的经营理论中指出，员工、资本和声誉是其最主要的三项财富，而在这三者之中，最后一项一旦被损坏是最难重新恢复的。为了防止对于声誉的破坏，这家银行的行为准则不仅禁止员工与行业声誉不佳的客户建立关系，而且禁止员工参与恶意收购，因为后者可能降低银行的可信任度。

麦肯锡和波士顿咨询集团等大型咨询公司的日常业务是与客户共同分析高度机密的决策数据。为了维护自己的道德声誉，这些公司建立了严格的限制规则，严禁咨询人员向包括配偶在内的任何公司以外的其他人泄露信息，甚至是客户的姓名。同时在职业行为规则中阐明，员工个人在为客户收集竞争信息时不能够伪装身份。

不幸的是，对于高层管理者而言，建立商业行为禁区的优点并非总是那样一目了然，他们往往要从残酷的现实中接受教训。许多企业的行为规则都是在历经了轰动性的丑闻或是政府部门的调查之后才建立实施的。多年以来，通用电气公司关于政府合同的不当收费、价格固定以及不当的成本分配建立了一套详尽的职业行为规范，这些规范中的每一条都是在经历了影响企业声誉的重大危机之后才确立的。比如，1985年，当通用电气被迫中止一份价值450亿美元的政府合同时，CEO杰克·韦尔奇的反应是加强内部控制，发布明确的规范说明，禁止再次出现使得公司陷入危机的行为——在政府合同中不正当的成本分配。同样，华尔街投资公司的高层管理者对于商业行为的禁区系统一直并不在意，直到所罗门兄弟公司一小撮职员险些毁掉公司的不当行为被曝光，这个国家的所有投资公司立刻开始手忙脚乱地建立控制系统，以防类似的危机出现在自己的公司中。

高效的管理者在自己的企业中能够预先估计到各种不可避免的压力和诱惑。他们基于决策内在的风险性编制了游戏的规则，并明白无误地加以实施。一些行为是永远不能容忍的，在许多公司开除虚报50美元开销的经理都是人尽皆知的故事。从表面看来，这样的处罚过于严厉，但是处罚的目的是向所有的员工表明，步入道德禁区的后果是惨重的、不容商量的。当以业绩为中心的企业变得更加松散时，失败的风险也就更大。为了确保行为界限能够被明确地贯彻理解，管理者必须越来越多地依赖于正规系统。

并非所有的禁区都是关于道德行为的。决策禁区的目的是告诫员工回避可能影响企业竞争地位的机遇。比如，一家大型计算机公司通过决策计划过程，将产品和市场机遇分为"红色空间"和"绿色空间"两类。绿色空间是可接受范围，而红色空间则是虽然有可能参与，但最终还是放弃的那些产品和市场机遇。在自动数据处理（ADP）公司，经理们通过一份决策禁区列表记录了必须回避的各种商业机遇。它使得ADP的经理们的精力更加明确集中，而公司能够因此在连续133周内维持两位数的每股收益，这是所有在纽约证券交易所上市的其他公司都无法比拟的。[①]华为公司在其著名的《华为基本法》的开头就明确指出："为了使华为成为世界一流的设备供应商，我们将永不进入信息服务业。通过无依赖的市场压力传递，使得内部机制永远处于激活状态。"

如果禁区系统和信仰系统能够配合得当，那么它们就能够创造动态压力的阴与阳。温暖、积极、鼓励性的信仰是寒冷、黑暗限制的烘托，其结果是奉献与惩罚之间的动态压力。它们一起将无限的机遇转变为企业主动开拓的集中领域。二者的结合能够引导企业员工的行为，并使得企业获得对于破坏性投机行为的免疫力。

（四）互动控制系统

当企业组织规模较小时，总经理可以让员工围坐在一张桌子前，以闲聊的方式，对企业所面临的重大问题进行广泛的、非正式的探讨。在这种企业里，沟通并不成其为问题。然而随着企业的发展壮大，公司高层管理人员与普通员工的个人接触越来越少，在企业内部必须建立新型的正规系统以交流信息，通过这种交流创造出新型产品、生产线扩张、新工艺乃至市场的创意。然而，诊断型控制系统过多地强调监测预定计划的执行情况，从而使系统的工作失去了创造力。

事实上，高级管理者需要的是类似于国家气象局所使用的监测感知系统。分布在全国各地的气象站监测着气温、大气压、相对湿度、云量、风力、风速和降雨量。气象气球和微型仪器能够提供额外的分析数据，所有这些数据都在被力图发现气象模式变化的气象中心不断监测着。

经理们需要同样的监测系统。与气象跟踪系统相仿，互动式控制系统是经理们用来定

---

① P. 德鲁克，等. 未来的管理[M]. 成都：四川人民出版社，2000：239.

期亲自参与下属决策过程的正规信息系统。其原理一目了然。通过该系统，高级经理们参与执行的决策过程，将企业的注意力和学习方向转移到重要的决策问题上。

沃尔玛为了处理它庞大的数据，专门租用了一颗通信卫星，每日将世界各地的商品销售情况、库存情况、商品采购报价等信息实时地传送到公司总部。沃尔玛的竞争优势（包括低成本优势）在很大程度上来自这一强大的数据处理系统。

互动式控制系统具有四个不同于诊断型控制系统的特征。第一，它关注的是高层经理们认为存在战略意义的不断变化的信息。第二，这些信息的重要性足以引起企业各层业务经理们的不断关注。第三，互动式控制系统所生成的数据最好由上级、下级以及他们之间面对面地讨论分析。第四，互动式控制系统是关于潜在数据、假设和措施计划持续讨论的一种催化剂。

高层管理人员对于某一特定控制系统做出互动使用的决定。换言之，在面对面的会议中投入时间和精力来检查新型信息，向企业全体传递了一个明确的信息，告诉他们什么是最重要的。通过互动式的对话和讨论，新的决策往往能够因此诞生。比如，花红药业采取歧异聚集的竞争战略，以原有某一产品的品牌为基础，通过品牌营销，将其延伸到妇女、儿童系列用药上，从而打开企业成长的上升空间。虽然生产效率、质量和成本控制是非常重要的竞争优势，但是这些并不是最令人担忧的。事实上，高层管理者担心的是消费者对原有企业品牌的认识能否成功引导到妇女、儿童专业生产品牌之上。因此，他们通过一个互动式的项目管理系统将企业的关注重点放在若干个与品牌延伸相关的问题上，包括药品的仿制、新品的研发、产品功能设计、包装、广告等方面。

《今日美国》的高级经理们使用了一个类似的程序，他们从每周五收到的一套报告中检查其中所包含的信息。其中，每周报告介绍了上一周的工作情况以及以后几周所面临的问题；周末报告的数据包括年度数据以及当天的特定账目的信息。这些数据能够提供关于变化中的行业环境和主要客户广告策略的精辟分析，经理们能够因此既掌握全局又了解具体弱点、机遇和问题的具体细节。

每周，《今日美国》的高级经理们都要和主要的员工进行面对面的会议，分析和讨论报告的数据。主要的讨论议题包括相对预期计划的广告量、未来计划的广告量以及根据客户类型划分的新的业务来源。除了寻找未被预料的不足之外，经理们同样关注意料之外的成功。经过这样的会议之后，关于失败的变革方案和意外成功机遇的投资计划都得到了具体的安排。变革方案可能包括对汽车代理提供一种新型的市场调查服务，推出分页彩色广告业务，对于特殊客户和产品提供全版的插页广告，以及通过发行销售人员在各个地区销售广告版面。[①]

当然，根据决策未知数的不同，其他行业的经理们会选择各自的互动式控制系统。比如，强生公司使用利润管理系统，将注意力集中于不同市场革命性产品的开发和维护。经理们定期重新评估竞争战术以及当前新款式产品的预计效果。而经理们经常提出的问题是：自从上次预测以来出现了什么变化，为什么，以及应该如何应对。其结果是新的创意和行动方案出台。

通过一系列的非诊断型控制系统，公司经理们仍然获得了更多的控制，其中包括利润计划、财政预算以及目标和任务的确立。与设定年度目标和监测异常情况类似，这些控制

---

① P. 德鲁克，等. 未来的管理[M]. 成都：四川人民出版社，2000：242.

系统并不需要高级管理层投入过多的时间和精力。项目管理系统关注的是管理层希望所有员工都能够监督的决策未知数：公司的商业名誉、客户观念的转变以及在不同的小组、团队中理想的技巧组合。通过系统获得的新型数据像催化剂一样决定着定期面对面会议的召开，在会议上，经理们可以交流信息，寻找在变化的市场中制定服务和调整战略的更好的方法。

通过相互支撑和配合，这四种控制手段能够相互加强。但是，当企业变得愈加复杂时，经理们不可避免地要耗费时间和精力来面对日益增加的机遇和竞争力量。通过有效地使用控制手段，经理们可以自信地宣布，革新的创造性的优势不用再建立于控制的牺牲上。

注记　控制的最终目的

非诊断型控制的最终目的是对员工的行为进行调整，使之符合企业的期望。非诊断型控制的另一个根本目的是实现员工的自我控制。在一个不确定的环境中，任何既定的解决方案都很难应对各种各样的突发性问题。因此，"无为而治"便成为解决问题最根本的途径。如何实现员工的自我控制，便成为非诊断型控制的立足点。

本　章　小　结

除了一般管理控制"制定标准、衡量业绩、纠正偏差"的内容外，战略评价与控制还特别关注战略环境的变化问题。企业的内部和外部环境都在不断地发展、变化，这种变化是否会导致原有战略的失效，是战略管理中非常重要的问题。关于战略环境变化的影响，需要回过头去，按照战略制定的流程对战略进行重新评价，从而确定现行战略的有效性。

平衡计分法的基本思想是通过引入经营性指标来弥补财务指标的不足，然而平衡计分法也存在一些致命的缺陷。为此，本章提出一种集成计分法的思路，来杜绝可能出现的一些"短路"行为。

在复杂动态的环境中，除了事后控制外，企业还需加强预防性控制措施，建立预警系统，提高企业员工应对变化的能力。

在所谓的后现代社会中，新事物层出不穷，环境的变化越来越快，控制标准因此而失效，传统的诊断型控制模式越来越不能适应企业经营管理的需求。此时，预防性控制、信仰型控制、禁区型控制和交互式控制等非诊断型控制模式的应用就显得极为重要。

思　考　题

1. 企业的最终追求是什么？它与战略控制的关系是怎样的？
2. 战略控制与一般管理控制的区别在哪里？

3. 如何评价战略行动的价值？

4. 传统价值评估的三大要素是什么？

5. 从财务角度来评价企业价值有什么好处及不足？

6. 平衡计分法是从什么方面来弥补财务角度的不足的？

7. 平衡计分法在操作过程中有什么致命的弱点？

8. 集成计分法在操作过程中需要注意什么问题？

9. 战略预警系统的主要内容是什么？

10. 诊断型控制的前提是什么？

11. 非诊断型控制的基本前提是什么？

12. 学习的具体含义是什么？

13. 组织的学习与个人的学习是什么样的关系？

14. 学习能力是不是一种核心竞争力？

15. 为什么要向非相关行业的人士以及非顾客群体学习？

本章案例：花红药业战略实施与变革（B）

案例导读：

经过几年的艰苦奋斗，广西花红药业股份有限公司终于走出了低谷。2000年，企业实现销售收入7 009万元，利税总额1 379万元。2001年，销售收入突破亿元，达到1.2亿元，企业主导产品花红片成为妇科用药全国知名品牌。花红药业迎来了新一轮大发展的机遇。为此，公司领导层确立了"中国妇儿用药及卫生用品第一品牌"的战略目标，并围绕这一战略目标制定了相应的战略规划。2002年，花红药业实行了国有企业改制，并引入复星药业作为自己的战略投资伙伴。在复星药业资金、技术、渠道、人力资源等平台的帮助下，2004年花红药业完成了GMP改造，并有效地实施了后向一体化战略，完成了GAP建设。同时，花红药业在董事长韦飞燕的带领下，对公司原有的营销网络、人力资源体系进行了改革，以适应市场需求。2005年，花红片销售额突破2亿元。然而，韦飞燕看到了未来不断激烈的行业竞争，危机感促使她为花红药业制定了2006—2010年的发展战略。

一、花红近年来的改革历程

（一）改造和战略合作

1999年，花红药业制定了明确的战略定位后，面临的最大难题是市场投入的资金。2002年9月，广西花红药业厂完成改制，由员工及经营层买断企业，改制为多元投资主体有限责任公司——注册更名为"广西花红药业有限责任公司"，注册资本为1 000万元。

新花红在诞生之初面临的是前所未有的巨大挑战，花红明显受限于企业的硬件（设备、生产设施）和软件（人才、管理）的落后，同时行业GMP认证也必须限期通过。根据当时花红的五年发展规划目标，原有的生产场地已不具备改造条件，必须异地整体搬迁，首期投入预计一亿元，企业面临着第二次创业资金的瓶颈。上海复星医药的加盟，不仅解了燃眉之急的改造资金问题，更重要的是花红从此引入了东部企业很多先进的管理理念、人才资源和社会资源。

（二）GMP 改造

在解决合作后内部管理问题的同时，花红药业最重要的动作就是抓紧时间通过国家强制性的 GMP 认证。为此，企业投资了 9 000 多万元进行 GMP 技术改造工程。经过两年的建设，位于柳州市郊区的新生产基地于 2004 年 4 月通过国家药品监督管理局 GMP 认证，并于 2004 年 7 月正式投入使用。投产后的 GMP 生产车间，年生产能力达 10 亿元以上，设备达到目前国内先进水平，生产能力规模居广西中成药行业首位，为花红销售的快速增长奠定了基础。

（三）销售渠道改革

2005 年 4~5 月，花红药业在全国范围内开展了一次终端药店物流和价格专项抽样调查活动。此次专项活动历时一个多月，抽查了湖南、山东、吉林等五省区 750 家终端药店。通过此次活动，企业进一步了解了花红片的销售渠道物流情况、零售药店的价格情况，同时对规范花红片的渠道秩序和价格秩序提供了客观的依据。韦飞燕认为 OTC 营销将越来越规范并呈现以下发展趋势：由于前期的投入，品牌产品仍有竞争优势，在后进产品上大规模投入市场费用的做法并不明智；连锁药店深入乡镇，规模越来越大，促使原来不直接进连锁药店的企业纷纷与连锁店讨价还价，而乡镇连锁药店经过优胜劣汰后，规模有所减少，但议价能力加大；虽然代金销售的方式在现阶段还比较普遍，但由于 OTC 销售模式的变化，这种销售方式正在由个人行为向企业行为转变，厂家必须加大在广告和终端的投入，因此代金销售寿命不会长，而且毛利空间小的企业不得不退出竞争，留下的企业将更具竞争力；物流大流通企业越做越大，渠道在向扁平化发展，大流通如九州通议价能力越来越强，迫使厂家向其靠拢。2006 年，在新一年的营销计划中，韦飞燕决定调整商业渠道结构，改变原有的个体代理占主导地位的状况，吸纳资金、网络实力强大的药品商业公司作为特约经销商结成战略联盟，增强产品在渠道中的调拨能力，加快资金流转，并利用其网络增强对渠道的覆盖，同时带动新产品在全国的销售。花红新增的 26 家特约经销商，全部是各市场销售额排名前三位的大型商业物流公司。

（四）后向一体化

在获得复星的资金支持后，花红药业开始谋求实施向后一体化，调整产业结构，培育新的产业链。花红药业利用广西优势的气候和环境，按国家 GAP 要求，建造了一点红、鸡血藤、白花蛇舌草等 3 个大型药材种植基地，预计企业达到 6 亿元的主业销售目标时，药材的使用量约 1 亿元。2003 年，一点红规范化种植项目完工。2004 年 4 月，花红药业鸡血藤规范化种植项目二期工程按计划完工，占地 800 亩。鸡血藤规范化种植基地计划总面积为 2 000 亩，分三期完成，总投资 400 万元。项目三期完成后每年可提供优质药材 1 200 吨。

根据我国行业药材使用的发展趋势，GAP 药材将是供应中药企业的主流，预计企业外部的需求会大于企业的需求，包括出口。

二、产业环境

（一）医药工业的发展情况

21世纪初，为了追求规模效应和占领市场，国际大制药企业之间的收购合并开始盛行，2000 年英国制药业两大巨子葛兰素威康与史克必成的合并可以作为代表。虽然我国现已是世界原料药第二大生产国，但远非制药强国。我国制药企业有"一小二多三低"之说："一小"是多数生产企业规模小，无法形成规模效应；"二多"是企业数量多、产品低水平重复多；"三低"是大部分生产企业科技含量低、管理水平低、生产能力低。因此，我国制药企业生产成本高，规模效益差，产量总体供过于求，缺乏科研开发能力和市场竞争能力，导致企业之间恶性竞争，乃至自相残杀。

随着全球经济一体化趋势的加强，市场竞争环境日趋激烈，来自行业外部的宏观调控、行业内部改革发展的客观要求均促使医药行业整合的步伐提速。一批有实力的企业相继加快了购并重组的步伐，成为区域性的龙头企业，如云药重组并购、华源生命和北药集团重组、哈医药与中信资本、美国华平投资重组。企业之间的并购重组，一方面反映出医药行业的长期增长趋势为众多资本所看好；另一方面表示医药行业竞争加剧，行业重新"洗牌"。

据中国医药商业协会 2005 年全国医药商业企业基本情况调查资料显示，进入百强企业的销售规模底线由 2004 年的 3.7 亿元提升到 5.3 亿元。在百强企业中，销售规模达 30 亿元的有 13 家，过 20 亿元的有 23 家，销售超过 10 亿元的有 56 家，均比 2004 年大幅增加。其中，前三甲企业的销售规模占全国医药市场比重的 17%，比 2004 年提高了 2 个百分点。另据统计，2005 年医药工业销售收入和利润排名前 10 位的省份占整个行业比例的 70%左右。医药商业 532 家重点企业（销售额 5 000 万元以上）的商品销售收入净额为 2 035.30 亿元，占全行业的 84.80%，其中排名前 10 位的企业的销售收入合计为 553.69 亿元，占行业的 23.07%，占重点企业的 27.20%。532 家企业利润总额为 21.86 亿元，其中前 10 位的利润合计为 7.68 亿元，占行业利润的 48.52%，占重点企业的 35.13%。数据显示，行业的市场集中度进一步加大。

2006 年上半年，医药工业生产保持快速增长，实现总产值 1 134 亿元，同比增长 20.7%。医药工业产销率为 93.6%，同比降低 0.3 个百分点，比全国工业平均水平低 3.7 个百分点。医药工业实现利润总额 78.9 亿元，同比增长仅为 6.3%，增速大幅下滑并跌至历史低点，不及全国工业利润平均水平的 1/3，在全国十二大工业行业中名列倒数第 2 位。化学药物制剂、中成药和生物生化制品等分行业的减利是造成医药行业利润增幅下滑的主要因素。企业亏损面达到 29.8%，同比提高 10.3 个百分点；亏损企业亏损额 13.8 亿元，增长 30.8%，企业亏损面和亏损额均呈扩大之势。受政策因素及市场理性、非理性竞争的影响，未来医药商业的毛利只会下降而不会上升，预计将由目前的 8.60%逐步降到 6%~7%或更低，流通费用率也会由目前的 7.68%逐步下降。

农村市场发展潜力巨大，一方面受大物流、大连锁店影响，将来势必成为销售终端；另一方面，农村市场现阶段竞争相对缓和，为中小企业的进入提供了平台。

（二）中药行业的发展情况

整体来看，我国中医药产业发展水平仍然偏低。制约我国中药产业发展的因素主要是制剂工艺、质量控制、剂型和包装技术相对落后，以及基础研究滞后等，具体表现在以下四个方面。

（1）研发投入严重不足，科技含量不高，创新能力薄弱。根据美国制药协会 2000 年的一项统计，美国企业成功开发一个新药需要投入 8.02 亿美元，研发投入占总销售额的 15% 以上，而我国企业远远低于这一水平，还不到 5%。其次，美国新药的研发周期需要花费十多年的时间，而我国一些企业或者研究机构花费 5~6 年时间就已经认为过于漫长了。另外，在药物监管方面，国内与美国等发达国家相比也相距甚远，一万个提出申请的化合物只有 1~2 个被美国食品与药物监督管理局（FDA）批准为药物。

（2）规模小、产业化程度低，仿、改制品种泛滥市场。数据显示，2002 年，我国中成药已发展到 35 大类、43 种剂型，可生产中成药 4 000 余种，产量达 50 多万吨。截至 2005 年 7 月，中药企业已发展到 1 231 家，其中约 80% 以上通过 GMP 认证。但是，这些企业生产规模普遍偏小，各自为战，缺乏龙头企业，抵御市场风险的能力十分有限。制药企业是一个高技术、高风险、高投入、高回报的产业，而这些小企业用于新药物的开发研究投入微乎其微，技术附加值极高的新制剂的开发也处于落后状态。因此，为了生存需要，"进行有限的仿制"便成为许多企业选择的捷径。目前，我国新药的审批条件是，只要符合安全、有效的标准就有可能获得批准，有没有优势和特点并不在审批考虑的范围内，因此每年都会有大量新药上市，其中仿、改制品种占有很高的比例。新药不"新"，几十甚至百家企业竞相申报仿制药物或制剂，最终造成大家互相倾轧，争先降价。

（3）缺乏知识产权保护意识，使"洋中药"大举进入中国市场。目前，许多中医药企业、研发机构和科研工作者不谙专利，缺乏品牌意识，结果导致不少我国科技工作者的发明反而由外国人抢先申请了国际专利，如青蒿素、六神丸、牛黄救心丸等，使"洋中药"大肆入侵，给我国中医药的发展带来巨大的冲击和经济损失。

（4）缺乏完善的中医理论、标准和规范。中国民族医药学会会长储国本介绍说，与西医的"对抗医学"不同，中医属于"平衡医学"，它是依靠药物、非药物疗法调整人体机能，达到治疗的目的和效果，强调的是整体调理、综合治疗，具有鲜明的个性特点。但是，一直以来，人们对医药疗效的认识，普遍是以西医药的标准来衡量，国际标准也是按西医标准制定。目前，我国还没有一个完善的评价中医药疗效的办法和指标，实际上是借鉴西医的评价体系。这不符合中医的治病机理，也不能充分体现中医药的特点和优势。

（三）行业政策

1. 下调药品价格

2003 年以来，国家发布了一系列药价改革政策，抑制过高的药价。2004 年上半年的抗生素"降价令"对包括阿莫西林在内的 24 类约 400 个规格的抗生素实施降价，实行最高零售限价，涉及金额达 35 亿元。同年 10 月，政府又相继出台了《关于进一步加强医药价格监管减轻社会医药费负担有关问题的通知》和《关于进一步规范医疗机构药品集中招标采购的若干规定》，要求各地相关部门做好继续降低政府定价药品价格、规范企业自主定价药品和医用耗材的价格行为、建立健全医疗机构内部价格管理制度等六项工作，同时要求县级以上非营利性医疗机构必须全部参加药品集中招标采购，而且规定采购支出中 80% 以上的品种（中药饮片除外）要纳入集中招标采购。

此后几年国家药品降价力度不减，2005年10月起，国家降低22种药品的最高零售价格，平均降幅40%左右，降价金额约为40亿元。自政府恢复对部分药品价格实行管制以来，这是我国第17次药品降价，也是降价幅度最大的一次。降价涉及22个品种，都是临床使用量非常大的品种，主要是高档头孢类抗生素为主，同时还有胸腺肽、干扰素、水溶性多种维生素等品种。这对国内的制药企业，特别是抗生素制药企业将造成重大打击。近年来政府出台的政策"组合拳"，意图是规范医药行业，特别是想解决药价虚高的问题，减轻群众的医药费负担，但降价的效果似乎并不令人满意，相关医药企业感到压力很大，而患者依然觉得药价贵。随着新一轮医保目录药品价格的调整陆续出台，预计未来几年药价指数仍将呈下降之势，导致企业盈利空间持续下降。

此外，造成药品价格下降的另一客观因素是激烈的市场竞争。国内制药企业生产的绝大多数为仿制药，而新的药品管理注册办法实施后，仿制药品的门槛大幅降低，一个单纯的仿制药开发成本不足20万元。以2004年1～5月份为例，国家药品审评中心批准的仿制药数量猛增，与上年同期相比几乎有翻番的趋势，获准上市的仿制药数量达到了4 237个，而2003年全年仅为6 400个，2002年只有1 400个，其中大部分都是国内仿国内的。这种趋势将会加剧同质化竞争，价格的下降将不可避免。

2. 加快医药流通领域改革

2004年7月1日，国家颁布抗生素限售令，使得零售药店首遭棒喝。由于处方流向零售药店的很少，很多药店都因为无法得到医院的处方而损失了近20%的销售额。然而对于零售药店来说，这还仅仅是一个开始。在这之后，国家药品分类管理的脚步明显加快，目前国家食品药品监督管理局已经列出了解除处方药"双轨制"的时间表：2005年1月1日起，抗肿瘤药、激素类药品等处方药必须凭医生处方才能销售；2005年7月1日起，治疗神经系统疾病、心脑血管疾病、糖尿病及内分泌疾病的处方药必须凭医生处方才能销售；2005年12月31日以后，实现全部处方药必须凭执业医师处方销售，在药师指导下使用。

多年来我国流通领域的处方药销售均按照"双轨制"运行，即部分处方药可凭处方销售，也可不凭处方销售。在市场发展之初，药店经营者没有处方照样卖处方药已成为行业公开的秘密。通过上述的时间表可以看出，对于处方药作为重要利润来源之一的零售药店来说，将会一天比一天难熬。但是对零售药店来说，并不是只有处方药"双轨制"取消的消息令它们沮丧。2004年12月31日是县以上医药零售企业GSP认证的最后期限，根据规定，在最后期限没有通过认证的药店将被取消经营资格。即使过了GSP认证这一关，大量的资金投入也使得众多中小零售药店的经营成本一再提高。另外，2004年年底我国取消了对外资参与药品分销领域的一些限制，包括参与佣金、批发服务及零售服务的地域、股权和数量限制，参与特许经营的所有限制。这意味着更多的"洋"药店加入零售药店的竞争行列。可以预见，未来几年我国零售药店面临的形势将更加严峻，甚至注定会有一定数量的中小零售药店遭到淘汰。

3. 推进"医、药分业"改革

由于医院长期以来一直是药品分销最主要的终端市场，通过医院销售的药品占整个药品销售的80%，药品成为医院的利润中心，而不是医疗服务。这导致医院将药品作为创收的主要手段，而药品生产和销售企业则把医院作为主要公关和销售的对象，严重影响了医药流通的正常秩序,形成大量不正当的黑幕交易,同时在医院内部也形成了不正常的风气,医生非专业因素开方的情况大大增加,使得药品价格一直居高不下。要从体制上解决"以药养医"问题,就必须实施医药分业,把医院门诊药房分离出来,变成社会零售药店,独立经营,彻底切断医院与药房的经济联系。

2002年4月,由国家计委等九部委联合下发了《关于完善"三项改革"试点工作的指导意见》,选定了青岛、西宁、柳州三个城市,作为城镇职工基本医疗保险、医疗卫生和药品生产流通体制三项改革试点的城市,以此来推进医药分家的改革试点。从目前试点的情况来看,合理用药水平明显提高,药品占医院收入的比例明显下降,药品价格也有进一步降低。但是,尽管国家财政部已经给了一定的补助,但补偿仍然不足,造成医院资金紧张,增加了医院对改革的顾虑。之前开始的医药分业试点工作一直是在一种低调的状况下进行,随着《医院体制改革指导意见》等相关政策的出台,未来几年医药分业的进程将进一步加速。

4. 推进新型农村合作医疗和"两网"建设

2005年8月10日,国务院第101次常务会议决定,从2006年开始,提高中央和地方财政对参加"新农合"农民的补助标准。中央财政由目前的每人每年10元提高到20元,地方财政也相应地增加10元,农民个人的缴费标准不变,仍为10元。

根据规划,到2006年,"新农合"试点覆盖面将扩大到全国县(市、区)总数的40%,2007年达到60%,2008年在全国基本推行,2010年实现基本覆盖农村居民的目标。这意味着,未来5年内,"新农合"制度的推行将带来大约450亿元的医药市场空间,而其中的80%是由财政埋单。同时,国家也将加强农村药品监督网和供应网的"两网"建设。

新型农村合作医疗的特点之一是以大病统筹为主和多方筹资。但面临的新情况不可小觑:医疗费用上涨、过度检查和保养药物增加等现象,既增加了农民的负担,又浪费了基金。因此,办好合作医疗的根本是加强管理,紧扣"基本医疗",让有限的资金用得有效益,同时及时建立一套合理的评价体系,作为管理部门及时、科学地调整工作的标准。这算是医药行业难得的利好政策。过去的农村药品消费市场,由于农民收入增长缓慢,相对来说购买力较低,而且农村交通、信息不畅,企业投入成本过高,因而农村药品市场长期处于被忽视的状态。随着相关利好政策的实施,相信今后农村药品市场将成为医药企业新的利润增长点。

三、企业运营状况

花红药业自2002年11月与上海复星合作以来,利用上海复星的资金、技术、管理等综合资源,实行强强联合和优势互补,形成规模化、多元化的企业治理结构,在现代中药、药材种植、医药流通、资本运营等领域寻求更大的发展。通过以上的努力,企业在三年内全面完成公司信息化流程管理的硬件和软件的建设与应用,员工队伍素质与工作效率及品牌形象全面提升,同时花红药业保持着快速发展的势头,销售收入逐年提高,2005年提升到2亿元,其中花红片市场份额在中国妇科炎症口服中成药市场排名跃居第二位,如表10-3所示。

表 10-3 花红药业 2000—2005 年销售及利润表

年　份		销售收入（万元）	净利润（万元）
改制前	2000	7 009	310
	2001	12 000	480
	2002	17 000	1 851
改制后	2003	15 600	1 564
	2004	20 000	2 106
	2005	23 000	5 300

几年来，花红药业在发展中采用了"充实基础—快速成长—稳步发展"的三步走战略，必然要经历创立花红药业的品牌形象、快速积累战略性资源、突破发展等几个过程。企业将花红药业定位为妇女儿童用药专业生产厂家，使花红药业将主要精力集中在了一点，更明确地将花红片定为主导产品，为花红药业的快速发展提供了强大的动力，也为花红药业的发展提供了坚实的基础。尽管前期战略制定依据的内、外部环境已经发生了一定的变化，但它毕竟一定程度上统一了企业的认识，为花红药业提供了一个系统的发展战略。

从当前企业的实际情况来看，近两年内花红药业逐步成长：在市场营销方面，花红片作为成熟产品已拥有诸多老市场和固定的忠诚客户群，销售额仍然保持增长，同时配合良好的市场策划和广告宣传能力，销售队伍得以不断地完善、扩大，新的销售创意在销售过程中得到应用和实践；在企业内部管理方面，建立起规范的财务预算体系和控制体系，内部管理结构协调性提高；在产品方面，GMP 生产能力稳定且具有相当的实力，品牌意识加强，新产品保护专利增加；股份公司正式成立，为公司的上市工作奠定了基础。

但是，受到医药行业环境变化的影响，特别是 OTC 药品销售业态发展急速变化的趋势，企业内、外部的潜在矛盾开始爆发，以至于造成企业深陷营销收入迅速下滑的困境中难以自拔。主要体现在：随着终端拦截越演越烈，原有的"广告+经销商"OTC 营销模式弊端不断凸现，已远不能适应行业发展的需要；由于经销商实力的因素，企业原有营销渠道模式的劣势正不断显现，直接导致企业网络资源迅速流失；在企业内部方面，新产品研发能力仍然跟不上企业发展的要求，妇儿类新产品迟迟未能上市；企业内部管理对外部环境反应迟钝，管理流程太长，环节过多，造成中下层工作效率低下，执行能力偏弱，直接导致了企业竞争力的下降。

未来一段时间，企业销售、市场利润还会逐步萎缩，竞争将更加激烈，企业应该顺应市场趋势的变化，迅速调整内外部结构，迅速完成经营方式及经营理念的转变。要实现公司制定 2006 年、2007 年各项指标增长 30%，实现 3.47 亿元以上的销售额的目标，花红药业面临巨大的挑战。

（一）企业主导产品

花红片及消肿止痛酊是花红药业两大支柱产品，花红片年销售额在 1.5 亿元左右，消肿止痛酊年销售额在 5 000 万元左右。这两种药品的竞争优势如下。

（1）花红片：妇科中成药国内知名品牌，市场基础好，有部分忠实消费者；药品效果良好，复发率低；安全，无明显毒副作用；中成药市场份额不断增加，市场前景广阔。

（2）消肿止痛酊：天然药物，国内市场基础好；市场前景广阔，而且发展迅速；在国内中成药行业赢利能力强，是进入国际市场的潜在突口，技术革命带来新的机会。

（二）主要竞争品牌分析

近年来，国内制药业巨头利用研发、资金优势，纷纷介入妇科领域，好产品、新产品都集中在这些企业手中。这种行业竞争发展的趋势，客观上增加了花红企业的发展压力（见表10-4）。

表10-4 竞争态势分析——主要竞争对手及产品分析

本公司产品名	销售额（万元）	市场份额（%）	行业排序	竞争企业名	同类产品名	销售额（万元）	市场份额（%）	行业排序
花红片	21 293	9.1	2	株洲千金药业股份有限公司	千金片	37 105	15.9	1
				珠海东鑫药业等	妇炎康片	19 760	8.5	3
				广西灵峰药业	金鸡胶囊	11 410	4.9	4
消肿止痛酊	5 500	1.7	3	云南白药	云南白药气雾剂	16 100	4.8	1
				玉林制药	正骨水	7 353	2.2	2
				滇虹药业	骨痛灵酊	5 000	1.5	4

在妇科炎症市场，市场竞争集中度很高，花红片占妇科炎症口服用药9.5%的市场份额，而消肿止痛酊占外用止痛用药1.7%的市场份额。

（三）花红片竞争对手分析

以花红片为例，竞争对手的营销能力逐日增强：千金药业资金雄厚，销售网络成熟稳定，仍然保持稳健增长；灵峰药业通过资本运作"登陆"美国证券交易所，使其获得了发展壮大的资金和管理经验。

1. 花红片竞争对手分析——千金药业（见图10-8）

千金药业是花红药业最主要的竞争对手，如图10-8所示为千金药业与花红药业2004—2006年的销量对比。千金药业的主营业务包括中药、西药生产和药品批发、零售等。中药生产包括妇科千金片、舒筋风湿酒、补血益母颗粒、养阴清肺糖浆等产品。千金药业于2004年2月26日首次公开发行A股1 800万股，募集资金39 785万元。进入资本市场之后，千金药业中药制造部分的销售收入稳步迅速增长，与花红药业的差距渐渐拉开。主导产品妇科千金片从区域性的小品种，增长到年销售近4亿元。2004，"千金"商标被授予"中国驰名商标"。目前，千金药业不仅开发出千金胶囊、千金灵洗液和治疗宫颈炎的凝胶剂型外用药千金椿乳凝胶等妇科炎症类系列产品，更针对第3次生育高峰期开发出了主治产后血虚的益母补血颗粒和适用于产后少乳的乳泉颗粒，以及功效与目前销售近亿的宫血宁胶囊相似的主治功能失调性子宫出血的断红饮胶囊。

2. 花红片竞争对手分析——灵峰药业分析

灵峰药业创建于1975年，是广西壮族自治区重点植物药生产企业，致力于女性健康药品的研发与生产。灵峰药业可以说是业内的一匹黑马，曾经在2000年向妇科炎症市场发起猛攻，并于2003年市场份额超过花红，但2004—2005年突然从市场淡出。2006年，灵峰药业被美国东方生物技术有限公司（AOBO）收购，成为AOBO植物制药的主体生产基地。

与美东生物进行资本合作后，2006年又重新发起市场进攻。美东生物2007年第一季度营收为2 570万美元，较2006年同期的1 910万美元增长了34.8%。这一增长部分源自该公司金鸡产品组合640万美元的营业收入。金鸡产品系列中包括该公司新近推出的用于缓解经期前症状的益母草产品。

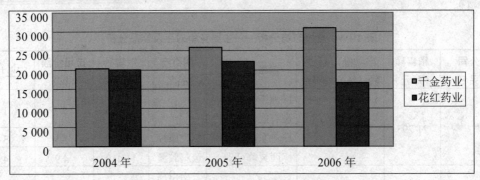

图10-8　千金药业与花红药业的销量对比

3. 花红片竞争对手分析——康缘药业分析

江苏康缘药业股份有限公司于2002年9月5日上市，2006年主营业务收入为85 269万元，2007年主营业务收入为99 863万元。公司主导产品是妇科炎症RX口服用药桂枝茯苓胶囊，已获准在美国进行二期临床试验。该公司成功开发了六味地黄软胶囊等近十余个软胶囊系列新药，软胶囊制剂技术达到国内领先水平。桂枝茯苓胶囊占据医院妇科炎症口服中成药的大半壁江山，单品年销售量一直稳定在2～3亿元。

四、花红战略调整

如何应对当前的宏观局势，如何解决公司当前存在的诸多问题，是花红药业顺利完成销售目标、为公司将来迅速发展打下良好的经济和市场基础所不可避免的问题。花红药业战略发展方向定位为市场导向型产品开发战略，但是鉴于当前的严峻形势，在保持原有战略稳定因素的基础上，有必要对战略规划进行针对性的调整。本次战略调整是以产品为核心，立足于产品的生产与销售，对战略进行调整。其主要目的是：培育企业核心竞争力，调整销售目标和任务，保证建立可行性的营销模式和管理模式，使企业在生存的基础上保持健康、稳定的发展。

花红药业坚持走"妇儿用药"这一条路线，在巩固已有的品牌产品的同时，将围绕女性的五个生理周期，研制开发新产品，形成独有的产品链，同时提高产品专利保护意识；调整营销网络，适应市场发展规律，寻找与时俱进的营销模式；内部管理进一步走向独立与协作的模式，使责、权、利统一；同时，利用当前医药经济形势下一些医药企业由于主客观原因陷入困境的机遇，积极寻求投资对象和投资产品，补充企业产品链，并为将来上市打下基础。因此，基于上述思路，我们把花红药业五年战略分解为两个阶段。

（一）第一阶段：激烈竞争，适者生存；保证企业生存，奠定再发展基础

在2006—2007年内，企业在力争保持2004、2005年销售水平的基础上，实施以下

策略。

1. 必须迅速调整企业营销模式，适应形势发展

当前医药经济发展及 OTC 药品销售业态发展趋势，既使我们认识到严峻的形势，也为我们提供了机会：OTC 营销中品牌产品仍有优势，在激烈的竞争中要继续坚持品牌营销；药店特别是连锁药店的议价能力越来越大，通过合理的管理办法进入是扩大营销的好机会；渠道重组越演越烈，公司此时介入是最好的机会切入点；农村药品市场面临转型，第三终端发展为中小企业回避竞争进入农村市场提供了很好的机会；产品力强的医药保健品也是营销规模增大的机会点。

为此，企业力图通过一年左右时间完成营销模式重组，重新培育建立 OTC 药品销售核心竞争力，完成营销渠道的重组。具体做法有以下几个。

（1）重组营销渠道，寻求符合市场规律的渠道营销模式。

第一，淘汰一批现有经销商。由于医药行业政策的限制和规定，有些经销商缺少完善的资格条件，而条件完善的经销商或缺乏资金的支持，或辐射能力有限。内、外部的因素极大地限制了企业的销售水平。因此，我们将在一年的时间内完成对 50%~60%现有经销商的资格审核和淘汰。

第二，与大物流、区域强势渠道建立联系。发展新的经销商，选择有强大实力和辐射能力的经销商，加强企业与这些大物流的议价谈判能力，选择合适的机会切入点。在较短时间内完成区域代理向大物流及区域强势渠道合作模式的转变。

第三，深化与大连锁药店的合作。确定与大连锁药店的合作模式，对连锁药店的数量和规模进行有效的控制，纵向深化。

（2）尽快完成对网络终端的调整，建立一支终端管理队伍。

第一，加强对城市终端队伍建设，特别是大连锁药店终端建设。适应从业人员年轻化、专业化、资质化、规范化的特点，尽快组织成立一支全新的营销力强的城市终端队伍，在保证原有品牌产品营销增长的前提下梯队式向渠道推入新产品，带动新品的开发。

第二，加强考核、业绩挂钩。对相关销售人员明确考核标准和制度，在一年内，建立完善的激励机制和奖惩机制，在进行人性化管理的同时，以业绩作为对销售人员能力的评估标准。

第三，探索第三终端操作模式，迅速渗透 2、3 级市场。通过调研规划、借力渠道、执行到位、会议订货、商业配送和会后跟进等终端运作，保证产品或者新产品能在最短的时间内渗入二三级市场。

（3）调整品牌策略，科学筹划，有效地组合促销策略、分销策略、产品策略、价格策略，使公司品牌资源向新产品合理分配，最大限度地利用好有限的营销资源。

2. 改革企业管理模式，本着权、责、利统一的原则，建立公司利润中心、成本中心、管理中心，提高工作执行力

（1）公司利润中心建设。成立销售公司作为企业的利润中心，模拟承包及提供企业利润指标，直接与成本中心与管理中心结算，以加强企业在营销方面的监控能力和执行能力。一方面，公司通过建立以人均销售额、销售费用率为量化指标的科学考核体系，层层落实指标管理和目标管理；另一方面，围绕利润中心建设提升营销高层人员的综合管理素质，建设好管理制度创新和体制创新，培育企业以人为本的 OTC 营销核心竞争力，同时制定符合市场规律风险防范体制，有效地抵御经营风险、财务风险和税务风险的能力。

（2）成本中心建设。针对企业生产成本价值链进行成本综合分析，在降低企业总生产成本的原则下建立企业成本中心，建立层层的考核体系，形成完善的、相对独立的成本中心运作系统，提高生产运作的效率，为企业将来建立成本优势核心竞争力打下基础。

（3）管理中心建设。强化企业的服务职能，提高企业对外界突变形势的敏锐度和快速适应度，提高管理中心的执行能力。一方面，进行改革和重组，各部门之间明确职、权、责；另一方面，在此基础上完善管理流程，削减管理费用，提高办事效率。

3. 加大新产品投入，确保未来企业发展产品保障

（1）在研发方面加大投入。展开市场调研，开发对路产品，想尽一切办法在 2007 内完成参茶阴道凝胶、乳增宁胶囊、更年舒片、小儿咽扁颗粒、小儿清热止咳口服液、消肿巴布剂、伤风止咳冲剂、消热祛湿片（胶囊）的上市工作。

（2）对外投资，寻找合适产品。利用当前医药经济形势下一些医药企业由于主、客观原因陷入困境的机遇，积极寻求投资对象和投资产品，补充企业产品链，为公司渠道和网络建设提供梯队式进入的新产品群。

2006 年，是医药行业的拐点。在这一年，诸多药企不得不退出市场，特别是降价风暴、反商业贿赂带来的一系列影响，使得整个医药行业处在比较低迷的状态，企业的亏损额出现了新高。可见，外界环境的变化对药企亦有不可低估的作用。同时，公司内部管理模式调整、政策调整不可避免地会给销售业绩带来负面影响。基于此，在战略规划中，应该把预计风险系数折算在内，形成一个能够概括任何突发状况的经济增长目标。应对2006—2010年的企业具体战略指标向下进行如表 10-5 所示的修正。

表 10-5　修改后的公司 2006—2010 年五年经济目标

销售收入（万元）		年份				
		2006	2007	2008	2009	2010
医药生产	花红股份	18 000	21 000	23 000	46 453	59 270
	××药业				2 000	3 000
医药流通	医药公司		—		5 000	10 000
	连锁药房		—			4 000
医药种植		100	200	400	600	700
花红俱乐部		300	500	600	700	1 000
合　　计		18 400	21 700	24 000	54 753	77 270

（二）第二阶段：全面突破，高速发展

如果上述目标和任务能够顺利达成，花红药业的销售模式、管理模式以及产品都将趋于成熟，企业内部也有了比较稳定的运作系统和抵御风险的能力，并计划在第二阶段的三年内（2008—2010 年）完成以下核心任务。

（1）年生产和销售规模达到 5 亿元，平均年销售增长率达到 30%，权益资本收益率达到 15%，成为中药行业中的一流企业。

（2）构筑中成药的研发、生产基地，保持国内市场的领先地位和进入适当的国际市场。

（3）企业规模进一步扩大，形成以药品生产为核心、医药商业为重心、原料药种植产业化为侧重点的产业体系格局。

（4）积极寻求进入资本市场。

具体的战略实施包括以下内容。

（1）完善企业内部管理，进一步加强企业的产品研发能力、生产制造能力，每年推出1～2个新产品上市，形成产品梯队。

（2）建立2～3个原料生产基地，除保证主导产品的原材料供应外，形成产业化经营。

（3）利用花红品牌、复星的资源优势，用收购、合资或股权置换等方式，进行地区、地域性整合，联合广西境内具有发展潜力的医药企业，发挥企业资源的规模协同效应。

（4）进一步加大对国际市场的开发力度，在保持对重点市场、重点产品开发的同时，有选择地多方面发展。

（5）积极进入资本市场，加强企业参与资本运作的力度，争取在证券市场上市，为企业前向一体化、后向一体化和开发新产品提供强大的资金来源，并在资本运作中获取丰厚的回报，进一步增强企业的实力。

本阶段中花红药业的工作重心除进行新产品上市、市场营销与生产外，更重要的是必须进行行业整合，选择1～2家具有成长性、有利润、有人才的企业进行兼并、合资，进一步实现规模扩张（包括医药商业、医药生产类企业的扩张整合），这样有利于快速扩大企业规模，并进一步为花红药业进入资本市场提供条件。

2010年以后，在第二阶段的战略目标达到后，企业的实力有了很大的增强，主要体现在品牌价值、资本运作能力、技术开发能力、人才队伍、市场网络和自然资源上。同时，外部环境也发生了较大的变化，主要是国际经济一体化增强、竞争加剧、中药生产技术有较大的突破。

花红药业的目光，不能仅局限于国内，而应该在和外国药企争夺中国市场的同时使花红产品进入国外市场。电子商务形式是商品发展到一定成熟程度后的必然趋势，因此，花红药业将建立自己的配送系统。花红药业还要形成全新的与时俱进的销售模式，利用兼并的方式将触角深入药品以外的行业，采取投资形式，以资本运作来完成利益的再生。

附录1：花红历年大纪事

2001年10月，企业销售收入突破亿元大关，花红片成为妇科用药全国知名品牌。

2002年5月，企业现代化新办公大楼落成。同时，投入1亿元建造的GMP生产基地奠基。

2002年9月，完成国有企业改制，注册更名为"广西花红药业有限责任公司"。

2002年11月，引入上海复星实业股份公司投资。

2004年，推行职务双轨制，满足各类员工的发展需求。为满足各类员工的发展需求，提升公司人力资源的整体素质水平，公司于下半年出台了《公司实施职务双轨制纲要》《2004年公司专业技术类等级评聘办法》。该项目已于11月组织理论知识考试，下一阶段是等级评聘工作。在公司内部大力推行职务双轨制，为员工设置行政管理职务和专业技术等级两条平等的职业发展道路。

2004年4月，"葛根芩连微丸提取有效部位群的二次开发"项目获得国家科技部中小企业创新基金支助。

2004 年 4 月，花红片、花红颗粒、消肿止痛酊进入中成药第三批（二）至第四批（二）非处方药目录双跨品种名单。

2004 年 4 月，公司以优异成绩通过国家 GMP 认证。GMP 生产基地生产能力规模居广西中成药行业首位。

2004 年 4 月，公司生产车间全部迁入柳江拉堡 GMP 生产基地。

2004 年 9 月，公司聘请著名影视明星徐帆为花红形象代言人。

2004 年 9 月，花红片、花红胶囊、消肿止痛酊、葛根芩连微丸、解毒生肌膏五个独家产品列入《国家基本医疗保险和工伤保险药品目录（2004 年版）》。

2004 年 11 月，企业销售收入突破 2 亿元大关。

2005 年，"花红片品牌发展之路"被评为"2004 年度中国医药十大营销案例"。

2005 年，加盟央视《绝对挑战》栏目，招聘产品经理。

2005 年 4 月，广西花红药业鸡血藤规范化种植基地二期工程完工。

2006 年 1 月，完成股份制改制，注册更名为"广西壮族自治区花红药业股份有限公司"。

2006 年 6 月，花红片及相关剂型获得中国知识产权局授予处方和工艺发明专利证书。

2006 年 10 月，"花红"商标被国家工商行政管理总局认定为中国驰名商标。

2006 年 12 月，"花红片"被认定为广西著名商标。

2007 年，花红迎来了全新的商业模式，全部由过去的代理销售转为现在的现款销售，渠道得到了充分拓展和理顺。2007 年上半年，销售收入增长 57%。

2007 年 5 月，消肿止痛涂膜剂获国家发明专利。

2007 年，牵手名校联合办学，组建"花红营销班"。

2007 年 8 月，加速新品上市步伐，二期技改项目启动。GMP 二期改造项目拟在公司九层旧综合制剂大楼内进行，改造其中的三至六层，兴建凝胶剂、栓剂、膏剂车间。整个工程已在 9 月全面启动。

2007 年 9 月，"白花蛇舌草规范化种植"项目顺利通过验收。"白花蛇舌草规范化种植"项目是继"一点红"项目之后花红公司与广西药用植物园合作发展的新项目。作为花红片主要原料药材之一，发展"白花蛇舌草规范化种植"项目对稳定药源、提供优质原料药材有重要意义。

2007 年 9 月，荣获"2006—2007 年度自我药疗教育先进工作单位"、花红片获得妇儿科类"中国非处方药重点类别领先品牌"。

2007 年，消肿止痛酊销售额突破 5 500 万元，成为花红 2 号拳头产品。

2008 年 1 月，GMP 二期工程竣工。

附录 2：花红新品推出情况

2002 年 2 月，咳宁冲剂获中药品种保护证书，同年 9 月转换批准文号为[国药准字 Z45020401]。

2003 年 3 月，消肿止痛酊批准文号转换为[国药准字 Z45021991]；花红颗粒的批准文号转换为 [国药准字 Z45021992]；花红片的批准文号转换为[国药准字 Z45020922]；葛根芩连微丸的批准文号转换为[国药准字 Z45021989]。

2004 年 4 月，"花红胶囊修改工艺"获得国家食品药品监督管理局生产批件。

2004 年 6 月，"葛根芩连微丸增加适应症"获得国家食品药品监督管理局生产批件。

2007 年，氨酚麻美口腔崩解片获得 SFDA《药物临床批件》。

案例讨论：

1．花红药业是否实现了既定的战略目标？

2．花红药业的营销策略与其战略意图是否保持一致？

3．花红药业未来的战略应该如何调整？

参 考 文 献

[1] Henry Mintzberg. Strategy Safari[M]. The Free Press, 1998.

[2] 亨利·明茨伯格, 布鲁斯·阿尔斯特兰德, 约瑟夫·兰佩尔. 战略历程——纵览战略管理学派[M]. 刘瑞红, 等译. 北京: 机械工业出版社, 2002.

[3] 马云龙. 走下神坛的星河湾: 现金流之殇[N]. 法制晚报, 2013-08-15.

[4] 加里·哈默, 迈克尔·波特. 未来的战略[M]. 徐振东, 等译. 成都: 四川人民出版社, 2000.

[5] 俞军利. 基业长青[M]. 北京: 中信出版社, 2002.

[6] 弗雷德·R. 戴维. 战略管理[M]. 李克宁, 译. 8 版. 北京: 经济科学出版社, 2001.

[7] 杜豪. 乐视收缩战线 能否保住电视的小生态? [N]. 第一财经日报, 2017-06-15.

[8] 张梅. 乐视开银行难关重重: 没大牌照 必须解决信任问题[N]. 南方都市报, 2017-06-16.

[9] 赵争铮. 乐视能否撑得起他的互联网造车梦? [N]. 中国能源报, 2017-06-10.

[10] 亚当·斯密. 国民财富的性质和原因的研究[M]. 郭大力, 王亚南, 译. 北京: 商务印书馆, 1996.

[11] 汤姆森, 斯迪克兰德. 战略管理: 概念与案例[M]. 段盛华, 王智慧, 译. 10 版. 北京: 北京大学出版社, 2000.

[12] 亚德里安·J. 斯莱沃斯基, 等. 发现利润区[M]. 凌晓东, 等译. 北京: 中信出版社, 2000.

[13] 张春蔚, 常楠溪. 标准之争得先手, EVD 启动产业链[N]. 南方周末, 2004-07-15.

[14] 梁小民. 高级宏观经济学教程[M]. 北京: 北京大学出版社, 1994.

[15] 国家统计局. 中国统计年年鉴——2000[M]. 北京: 中国统计出版社, 2002.

[16] 西蒙·库茨涅兹. 现代经济增长[M]. 戴睿, 易诚, 译. 北京: 北京经济学院出版社, 1989.

[17] 黄丹, 席酉民. 边际消费倾向递减论[J]. 数量经济技术经济研究, 1999 (5): 16-19.

[18] 黄丹. 收入分配系统特性研究及其对宏观经济管理的启示[J]. 美中经济评论, 2003 (10): 1-8.

[19] 张文扬. 特朗普启动美 30 年来最大税改, 良药还是苦药? [N]. 经济观察报 (北京), 2017-12-10.

[20] 吴清津. WTO 反倾销规则[M]. 广州: 广东人民出版社, 2001: 1.

[21] 马楚. WTO 补贴与反补贴规则[M]. 广州: 广东人民出版社, 2001.

[22] 张宏君. SA800 "大棒" 直戳中国企业软肋[N]. 中国经营报, 2004-06-28.

[23] 斯蒂芬·乔治. 管理是金[M]. 海通证券交易所，译. 上海：百家出版社，2002.

[24] Saloner，Shepard，Podolny. Strategic Management[M]. John Wiley & Sons Inc，2008.

[25] 迈克尔·波特. 竞争战略[M]. 陈小悦，译. 北京：华夏出版社，1997.

[26] 迈克尔·波特. 竞争优势[M]. 陈小悦，译. 北京：华夏出版社，1997.

[27] 郎朗. 七星购物2007年巨亏3.8亿，手机电视直销神话破灭[N]. 21世纪经济报道，2008-05-06.

[28] 吉姆·科斯蒂特. 科技界最可恨的公司——SCO公司诉IBM的Linux大案可能只会带来怨恨[J]. 商业周刊，2004（3）.

[29] 迈克尔·波特. 国家竞争优势[M]. 李明轩，邱如美，译. 北京：中信出版社，2012.

[30] 乔治·S. 戴伊，等. 动态竞争战略[M]. 孟立慧，等译. 上海：上海交通大学出版社，2003.

[31] Adam M. Brandenburger，Barry J. Nalebuff. Co-opetition[M]. Doubleday，1996.

[32] 张威，刘妍伶. 基于生态演化观点的企业竞合分析模式[J]. 研究与发展管理，2007（4）.

[33] 小乔治·斯托尔克. 打破惯例：寻求增长契机[M]. 赵锡军，等译. 北京：中国人民大学出版社，1999.

[34] 理查德·L. 达夫特. 组织理论与设计精要[M]. 李维安，译. 北京：机械工业出版社，1999.

[35] 彼得·德鲁克，等. 公司绩效测评[M]. 李焰，江娅，译. 北京：中国人民大学出版社，1999.

[36] P. 德鲁克，等. 未来的管理[M]. 成都：四川人民出版社，2000.